U0896045

“十一五”国家重点图书出版规划项目

·经/济/科/学/译/丛·

Foundations of Microeconomics

(Fifth Edition)

帕金
微观经济学原理

（第五版）

罗宾·巴德（Robin Bade）
迈克尔·帕金（Michael Parkin） 著
王秋石　李胜兰　等译

中国人民大学出版社
·北京·

《经济科学译丛》编辑委员会

《经济科学译丛》总序

中国是一个文明古国，有着几千年的辉煌历史。近百年来，中国由盛而衰，一度成为世界上最贫穷、落后的国家之一。1949 年中国共产党领导的革命，把中国从饥饿、贫困、被欺侮、被奴役的境地中解放出来。1978 年以来的改革开放，使中国真正走上了通向繁荣富强的道路。

中国改革开放的目标是建立一个有效的社会主义市场经济体制，加速发展经济，提高人民生活水平。但是，要完成这一历史使命绝非易事，我们不仅需要从自己的实践中总结教训，也要从别人的实践中获取经验，还要用理论来指导我们的改革。市场经济虽然对我们这个共和国来说是全新的，但市场经济的运行在发达国家已有几百年的历史，市场经济的理论亦在不断发展完善，并形成了一个现代经济学理论体系。虽然许多经济学名著出自西方学者之手，研究的是西方国家的经济问题，但他们归纳出来的许多经济学理论反映的是人类社会的普遍行为，这些理论是全人类的共同财富。要想迅速稳定地改革和发展我国的经济，我们必须学习和借鉴世界各国包括西方国家在内的先进经济学的理论与知识。

本着这一目的，我们组织翻译了这套经济学教科书系列。这套译丛的特点是：第一，全面系统。除了经济学、宏观经济学、微观经济学等基本原理之外，这套译丛还包括了产业组织理论、国际经济学、发展经济学、货币金融学、公共财政、劳动经济学、计量经济学等重要领域。第二，简明通俗。与经济学的经典名著不同，这套丛书都是国外大学通用的经济学教科书，大部分都已发行了几版或十几版。作者尽可能地用简明通俗的语言来阐述深奥的经济学原理，并附有案例与习题，对于初学者来说，更容易理解与掌握。

经济学是一门社会科学，许多基本原理的应用受各种不同的社会、政治或经济体制的影响，许多经济学理论是建立在一定的假设条件上的，假设条件不同，结论也就不一定成立。因此，正确理解掌握经济分析的方法而不是生搬硬套某些不同条件下产生的结论，才是我们学习当代经济学的正确方法。

本套译丛于 1995 年春由中国人民大学出版社发起筹备并成立了由许多经济学专家学者组织的编辑委员会。中国留美经济学会的许多学者参与了原著的推荐工作。中国人民大学出版社向所有原著的出版社购买了翻译版权。北京大学、中国人民大学、复旦大学以及中国社会科学院的许多专家教授参与了翻译工作。前任策划编辑梁晶女士为本套译丛的出版做出了重要贡献，在此表示衷心的感谢。在中国经济体制转轨的历史时期，我们把这套译丛献给读者，希望为中国经济的深入改革与发展做出贡献。

《经济科学译丛》编辑委员会

中文版序

你正在一个急剧变化的时代学习经济学。30 年以前，中国曾是一个贫穷的发展中国家；中国的人口是美国的 4 倍，生产的产品和服务仅是美国的六分之一。今天，中国的产值——国内生产总值或 GDP——是美国的五分之四。

国际货币基金组织的“世界经济展望”数据库预测，到 2016 年，中国的实际 GDP 将增长到超过美国。中国人将成为世界上最大的经济体的公民，实际 GDP 将几乎达到 120 万亿元人民币，或 17 万亿美元。到 2030 年，中国的人均收入将增长到美国今天的水平。到 2040 年，中国家庭将达到美国家庭的平均收入水平。

中国经济如此扩张已经并且还将继续改变着你的生活。互联网、在线音乐和电影、智能电话、平板电脑以及其他大量的技术进步已经改变了你的工作和娱乐的方式。国际贸易与合作使得百万名中国学生以及你亲赴美国、欧洲和澳大利亚的研究生院求学的梦想成真。

但是，这个世界是个危险的地方。地震和海啸依然在摧毁着社区，对来自核电厂的放射性污染的恐惧还在弥漫着。战争和恐怖主义依然是经济进步和繁荣的主要障碍。在今日之世界，许多人还被甩在了后面。世界 60 亿人口中就有 10 亿人口还以每天一美元或更少的收入挣扎般地生存着。

学习经济学有助于你理解影响你的世界的重要力量，有助于你解释影响你和他人工作和生活的经济事件。你将理解是什么使得中国和其他国家繁荣，而为什么有些国家则停滞不前。你将学习国际贸易所得——对所有方都是所得——以及经济增长的源泉。

我们希望，这部教材在中国出版了新的中文版，将帮助你致力于学习经济学。

我们还非常高兴地获悉这部在全世界成千上万学生使用过的教材是由我们在西安大略大学的学生王小平（笔名王秋石）、他的妻子李胜兰以及他的学生李国民和刘江会等翻译的。

2004年我们曾访问过中国，在江西财经大学、复旦大学、清华大学和北京工商大学，我们十分愉快地见到了许多学生和老师。我们希望下次再访中国时能与你们相见！

谨祝你学习好运！

罗宾·巴德和迈克尔·帕金

加拿大 西安大略 伦敦

2012年3月13日

目 录

第 1 章

导 论

贪婪的华尔街银行家们导致了这次全球经济不景气吗?

这些银行招致了巨额亏损，但它们的高管却得到了丰厚的奖金，并且乘坐私人直升机飞往华盛顿要求纳税人救济。然而，他们导致了全球金融危机吗?

本章要点

学完本章，你将能够：

1. 定义经济学并且解释经济学家试图回答的各种问题。
2. 解释那些界定经济学思维方式的核心观点。

1.1 定义和问题

华尔街银行家们可能是贪婪的，但他们并不孤独。我们大家都想要的大于我们能够得到的。我们想要健康和长寿；我们想要宽敞和舒适的住宅；我们想要跑鞋和滑雪板；我们想要有时间去享受喜爱的体育比赛、电子游戏、小说、音乐以及与朋友聚会。人类的欲望超出了资源所限，这一事实就是所有经济问题的根源。

□ 1.1.1 稀缺

我们无力满足自己所有的需要被称为**稀缺**（scarcity）。我们每个人满足自身欲望的能力受制于我们拥有的时间、我们赚取的收入以及我们购买东西所支付的价格。这些约束意味着每个人都有没能实现的愿望。作为一个社会，我们大家满足自身欲望的能力受约于现存的生产性资源。这些资源包括大自然给予我们的恩赐、我们自己的劳动与创造力、我们已经生产出来的工具与设备。

每一个人，无论是穷人还是富人，都面临着稀缺。一位学生想要碧昂丝的最新光盘以及一本平装书，然而他的口袋里只有 10 美元。他面临着稀缺。布拉德·皮特（Brad Pitt，美国电影演员及制片人——译者注）想花上一周的时间去新奥尔良讨论他的节约型、友好型住宅计划，他还想花上一周的时间去推销他的新电影。他面临着稀缺。美国政府既想增加国防开支又想减税。它面临着稀缺。整个社会都想要有所改善的医疗保健、每间教室都能联通互联网、雄心勃勃的宇宙空间探索计划、清澈的河流和湖泊，等等。社会面临着稀缺。

面对稀缺，我们必须做出选择。我们必须从可供选择的方案中做出选择。那位学生必须选择光盘或者平装书。布拉德·皮特必须选择去新奥尔良或者推销他的新电影。美国政府必须选择增加国防开支还是减税。整个社会必须在医疗保健、计算机、宇宙空间探索、生态环境保护等方面做出选择。甚至鹦鹉也面临着稀缺。

□ 1.1.2 经济学的定义

经济学（economics）是一门社会科学，它研究个人、企业、政府和整个社会面对稀缺所做出的选择，影响这些选择的激励以及协调它们的安排。

这一学科非常宽泛，它涉猎了我们生活的方方面面。为了更好地理解经济学的定义，你应当理解经济学家回答的各种问题以及他们寻求答案的思维方式。

我们从主要的经济问题开始。尽管经济学的范围很广泛，但经济学家涉猎问题的范围同样广泛，以下两大问题对经济学范围提出了一个有用的总结。

- 人们的选择最终是如何决定生产什么、如何生产及为谁生产产品和服务的？
- 以追求自我利益而做出的选择什么时候还能促进社会利益？

□ 1.1.3 生产什么、如何生产和为谁生产?

产品和服务是人们评价高并用于满足人类需要的物体和行为。产品是满足需要的物体，运动鞋和番茄酱就是例子。服务是满足需要的行为，理发和摇滚音乐会就是例子。我们生产一系列的产品和服务，从类似于食品、住宅、保健这样的必需品到类似于DVD播放器以及过山车这样的休闲产品。

生产什么?

是什么决定着我们种植玉米、建房以及医疗服务的数量呢? 60年以前，25%的美国人在农场工作，这一数字到今天已降到小于3%。同样在这段时间，那些从事矿产、建筑和制造业生产的人数也从30%下降到20%。农业和成品生产的下降与服务业生产的上升遥相呼应。随着技术进步，我们所能得到的产品和服务越来越广泛，上述数字又如何与时俱变呢?

如何生产?

产品和服务是如何生产出来的呢? 在法国的一家葡萄园，提着篮子的工人用手采摘着一年一度丰收的葡萄。在加利福尼亚的一家葡萄园，一台大型机器和少数几个工人与100个法国葡萄采摘工人所干的活一样多。看一看你的周围，你会发现许许多多用不同的方式做着相同的工作的例子。在一些商场，收银员靠用键盘输入价格来结账，而在另外一些商场，他们使用一种激光扫描器结账。某个农民用纸和笔记录着他的牲畜饲养计划和存货情况，而另外一个农民则用上了个人电脑。通用汽车公司在一些工厂中雇用工人焊接汽车车体，而在另一些工厂中机器人却在从事着同样的工作。

为什么我们在某种情况下使用机器，而在另外一些情况下使用工人呢? 机械化和技术进步所毁灭的工作岗位比它所创造的岗位更多吗? 它究竟使我们变得更好还是更坏呢?

为谁生产?

这些产品和服务是为谁生产的呢? 这一问题的答案取决于人们所赚的收入的多少以及他们购买产品和服务时所支付的价格的高低。在给定的价格条件下，高收入的人比低收入的人可以购买到更多的产品和服务。医生所赚到的收入比护士或医务助理要高出许多，所以，医生所购买的产品和服务比护士或医务助理也高出许多。

你也许知道人与人之间存在着持久性的收入差距。平均而言，男人比女人赚的钱更多；平均而言，白人比少数民族赚的钱更多；平均而言，大学毕业生比高中毕业生赚的钱更多；平均而言，美国人比欧洲人赚的钱更多；而欧洲人赚的钱平均而言又比亚洲人和非洲人更多。但也有一些重要的例外。日本人和中国香港人现在赚的钱与美国人差不多。而且，全世界范围内都存在大量的收入不平等问题。

决定我们赚取收入的因素是什么? 为什么医生赚的钱比护士多? 为什么男性赚的钱比女性要多? 为什么大学毕业生比高中毕业生赚的要多? 为什么平均而言美国人比非洲人赚的多?

经济学解释了个人、企业、政府是如何做出这些选择的，以及这些相互影响的选择最终是如何决定着生产什么、如何生产及为谁生产这些产品和服务的。在回答这些问题之时，我们应当想到更深的议程。我们不仅仅对生产了多少DVD播放器、如何生产它们以及谁在享用它们感兴趣，我们最终想知道第二大经济问题的答案，现在我们讨论如下。

□ 1.1.4 追求自我利益什么时候能符合社会利益？

每天你们和3亿美国人与世界上另外68亿人都在做出经济选择，这些选择决定了生产什么、如何生产以及为谁生产。

生产出来的产品和服务以及它们的数量是正确的吗？生产要素是以最佳方式在使用着吗？生产出来的产品和服务是被那些从中受益最大的人得到了吗？

自我利益和社会利益

个人做出的最佳选择是基于对**自我利益**的追求所做出的选择。对整个社会而言为最佳选择便被说成是符合**社会利益**。社会利益有两个维度：效率和公平。我们将在以后的章节中讨论这些问题。现在，我们只要把效率看作是尽可能地做大馅饼，把公平看成以最为公正的方式分配这块馅饼。

你知道，你自己的选择对你而言是最佳选择，至少你认为在你做出选择的那个时刻它是最佳的。你把时间和其他资源用得最合你意。但你并不考虑你的选择对他人会产生的影响。你在家里叫一份比萨外卖，是因为你饿了，想吃东西。你不是因为考虑到送外卖的人或者烤比萨的人需要挣钱才叫外卖的。你做出了符合自我利益的选择——做出了对你最佳的选择。

当你按照你的经济决策行动时，你与成千上万的人发生着联系。他们要么生产或者运送着你要买的东西，要么购买你要卖出的东西。这些人也做出了他们自己的决策——生产什么、如何生产以及雇用什么人或者被什么人雇用等等。

与你一样，每个人都是从最有利于自己的利益的方式做出选择。比萨的送货员出现在你门口的时候，他不是白来的，他在赚取他的收入，并期盼较高的小费。

有没有这样一种可能，我们每个人为了自己最佳的利益而做出的选择对整个社会也是最佳的选择？

本书绝大部分都在帮助你了解经济学家是如何理解并回答这些问题的。为了帮助你开始思考上述问题，我们将借助以下七个话题来说明问题，它们都是当今世界产生过热烈讨论的问题。它们是：

- 金融危机和全球不景气
- 全球化和国际外包
- 信息时代的经济
- 消失的热带雨林和鱼类
- 水资源短缺
- 气候变化
- 社会保障定时炸弹

金融危机和全球不景气

大多数年份，生产上升，生活水准也上升。但是，有些时候生产萎缩，工人失业，收入下降。在美国，自第二次世界大战以来，生产大约下降了十次，但整个世界只下降过一次：在 2009 年。2009 年全球衰退如此广泛和严重，以至于被称为全球不景气。

一些有远见卓识的人在 2005 年就观察到了美国的房价是其 1999 年房价的两倍，早期的预警信号颇为明晰了。这种价格上扬看上去很像一个泡沫行将破灭。的确，就在 2006 年它破灭了。2007 年房价下跌，人们开始甩手不还房地产抵押贷款债务，取消抵押赎回权（foreclosure）日益增多。那些急于贷款的银行与向银行借款的人们相比，现在处于一个更大的金融空洞之中。银行贷款干涸了。

由于很难得到信用，消费者和工商界支出锐减。生产放缓，解雇开始攀升。这一场景变得如此惊人，以至于人们开始把 2009 年与 1929 年相提并论。1929 年是大萧条开始之年，失业率在十年之内攀升到了超出 20%。

金融危机及其后果很好地说明了自我利益和社会利益的区分。在 2000—2006 年，那些急于给房屋购买者贷款的银行家们是在追求着他们的个人利益（这被称为贪婪），借款人和房屋购买者也是按自我利益行事的。一旦房价泡沫破灭，那位挣扎着的房屋购买者拖欠支付，也是按其自我利益行事的。当银行对某一贷款人取消抵押品赎回权时，也是按自我利益行事的。但是，当所有的这些自我利益行为合并的时候，其结果显然与社会利益不相符合。

全球化和国际外包

全球化和国际外包 ——国际贸易的扩张以及由其他国家的企业生产零配件和提供服务——已经持续了几个世纪。但是在 20 世纪 90 年代，芯片、卫星和光纤技术的发展大大降低了通信的成本，加速了全球化的进程。与相隔万里的人们通个电话、举行一个视频会议以及面对面地会见已是寻常之事，并且也很容易支付了。

通信技术的突飞猛进使生产决策也全球化了。耐克生产的运动鞋越多，中国、印度尼西亚或者马来西亚的就业机会就越多。当史蒂芬·斯皮尔伯格（Steven Spielberg）想在一部新电影中增强动画效果时，新西兰的程序师们为其编写代码。当中国的航空公司想要一架新飞机的时候，在波音工作的美国人为其制造。

制造业以及常规服务业的岗位数在美国和欧洲正在缩减，而在印度、中国以及其他亚洲经济体则在扩张。生产在亚洲比美国和欧洲增长得更快一些。中国已经成为第二大经济体，如果这一现行趋势得以继续，它将在 21 世纪 20 年代成为最大的经济体。

但是全球化也抛弃了一些经济体。非洲国家和南美的一部分国家并没有分享到全球化给这个世界其他部分地区所带来的繁荣。

全球化符合社会利益吗？难道它使一部分人受益是以一部分人受损为代价的吗？跨国公司的所有者很明显地从更低的生产成本中受益。以低成本进口产品和服务的消费者也从中受益。但是，流离失所的美国工人受损了吗？马来西亚的工人以一小时几美分的工资缝制着你的新跑鞋难道就没有损失吗？

信息时代的经济

20 世纪 80 年代和 90 年代是非同寻常的经济变迁的时代，它们被称为信息革命的年代。这个称谓与发生在大约 1800 年的产业革命以及 12 000 年以前的农业革命相提并论。

过去 25 年所发生的变化是基于一次重大的技术：微处理器或者计算机芯片。英特尔公司创始人戈登·摩尔（Gordon Moore）在 1965 年预言，一个集成芯片可以取代的晶体管的数量每18个月翻一番（所谓的摩尔定律）。结果，他的这个预言出奇的准确。

更快捷和更便宜的计算能力所带来的附产品也被广为利用。通信变得越来越迅速，也越来越便宜。录制音乐和电影也更真实、更廉价。过去要靠人力的数以百万计的日常工作，现在都自动化了。当你每天在超市结账、使用自动柜员机（ATM）或给政府部门或大公司打电话的时候，就会碰到自动化的服务。所有这些新的产品和过程，以及低成本的计算能力，都是由追求自我利益的人做出来的。它们不是来自任何一个伟大的设计或者政府计划。

当戈登·摩尔创立英特尔公司和制造芯片的时候，他没有想到一旦你有了更快的个人电脑，你按时交纳作业会变得如此容易。当比尔·盖茨（Bill Gates）从哈佛大学退学创办微软公司的时候，他也不曾想到去创造一个操作系统来改进人们的计算经历。摩尔和盖茨以及成千上万的企业家是在努力追求自己的巨大回报，他们中的很多人做到了，尽管他们的作为使很多人受益，他们也的确增进了社会利益。

但是，我们还可以得到更多吗？在信息革命的时代，资源真的以最好的方式在使用吗？英特尔生产出了尽可能好的芯片吗？它生产出了正确的数量并制定了正确的价格吗？或者它们的质量偏低、价格偏高吗？微软又怎样呢？它生产出了连续数代的视窗和Word系统。盖茨真的值500亿美元吗？微软开发出的这些程序符合社会利益吗？

消失的热带雨林和鱼类

南美洲、非洲和亚洲的热带雨林供养着3 000万种植物、动物和昆虫物种的生命，约占地球上所有物种的50%。仅亚马逊热带雨林每年就能把大约1万亿磅的二氧化碳转变成氧气。这些热带雨林也为我们提供了很多产品的原料，包括肥皂、漱口液、洗发水、食品防腐剂、橡胶、坚果以及水果。

可是，热带雨林的面积只占了地球表面不到2%，而且还在不断消失。采伐、放牧、采掘、石油钻探、建水电站大坝以及低水平的耕作每秒钟吞没着两个足球场那么大的热带雨林，每天消失的面积超过了纽约市。以当前的毁坏速度计算，到2030年，所有的热带雨林生物系统都将从地球上消失。

世界渔业资源也面临相似的问题。渔业技术提高大大地降低了捕鱼成本，提高了日捕捞量。每一天，捕鱼船捕获250 000吨的鱼。几乎50%的捕捞量被浪费掉了。

有267种鱼类作为食物使用，70%都存在过度捕捞问题。这就意味着，它们也面临着灭绝的问题，一些鱼种，比如大西洋鳕鱼和蓝鳍金枪鱼都接近于消亡的地步。在过去的45年中，大西洋鳕鱼的存量下降了90%。鱼也可以被养殖，但是养殖本身会带来废物管理以及污染等问题。

我们中的每一个人都是以追求自我利益来做出经济选择并消费商品的。有些产品会摧毁我们的雨林，有的产品会杀害我们的鱼资源。然而，看上去我们的自利选择损害了社会利益。如果是这样，我们要做些什么才能改变我们所面临的激励，进而改变我们的行为呢？

水资源短缺

这个世界有大量的水。水是我们最丰裕的资源。但97%的水是海水，另外2%是冰川。只有1%的水可供人类消费。如果水分布得当，也足够了。芬兰、加拿大以及其他一些地方的水是用不完的，但是澳大利亚、非洲和加利福尼亚（包括其他一些地方）的水都不够用。

一些人在水上的支付比另外一些人要少。例如，加利福尼亚的农民支付的水费比加利福尼亚的城市居民要少。在最贫穷的一些国家，水是最贵的，因为人们要么购买供应商水箱里的水，要么跑很远的路去担水。

在英国，水由私人公司提供。在美国，公营公司经营着水。

在印度和孟加拉国，雨量充沛，但只在一个很短的湿季下雨，大部分时间是干旱的。建造水坝会有所帮助，但这些国家没能建造多少水坝。

我们管理我们的水资源得当吗？我们每个人从个人的自我利益出发做出的使用水、保存水和输送水的决策符合社会利益吗？

气候变化

地球正在变暖，两极的冰川正在融化。自 19 世纪后期以来，地球表面的温度升高了大约 1 华氏度，其中，将近一半的上升是在近 25 年之内发生的。尽管这些气候变化很细微，特别是它与人类冰期温度变化相比的时候，但是，它们的变化已经大到足够令人担忧了。

大多数气象科学家认为，目前气候变暖至少有一部分是出于人类的经济行为——追求自我利益的选择，同时，如果听之任之，气候变暖在未来会带来大量的经济成本。

作为努力减缓全球变暖的一部分，1997 年在日本召开了一个国际会议，达成了《京都议定书》，这是发达国家寻求合法的有约束力的减少排放的一份协议。但是，这份议定书并没有对更贫穷的发展中国家提出限制。几乎全世界都在《京都议定书》上签字，然而，美国和澳大利亚拒绝签字。它们认为，这份协议并没有足够地分析全球变暖问题，它们的独自努力将做出一个更有效的贡献。

我们每个人做出的使用能源的选择是否在伤害社会利益？我们还需要做些什么以便使我们的选择符合社会利益？美国签署《京都议定书》是为社会利益服务吗？我们还能采取什么措施呢？

社会保障定时炸弹

自 2001 年以来，美国政府每年都是财政赤字。平均而言，美国政府每天的支出比其税收多出 16 亿美元，政府的赤字每天以这个数值增加着。从 2001 年到 2009 年的 9 年间，政府赤字已经攀升到了 5.3 万亿美元，个人分享的债务高达 18 000 美元。

同样地，自 2000 年以来，美国人从世界其他地方购买的产品和服务超出外国人从美国购买的数量达 4.8 万亿美元。为了支付这些产品和服务，美国人从外国借债。

这些巨额的赤字仅仅是一个更大问题的开始。大约从 2019 年开始，对美国老龄人支付的退休金和医疗保险金将要超出现有的社会保障税收。如果税收或受益不变，美国的赤字及其债务还将进一步膨胀。

它们所产生的赤字和债务不能无限制地持续下去，债务是必须偿还的。它们很可能是由你，而不是你的父母去支付。当我们进行投票选择和进行进口或出口的选择时，我们追求自我利益。我们的选择损害了社会利益吗？

检查站 1.1　定义经济学并且解释经济学家试图回答的各种问题。

现实问题

1. 经济学研究选择是基于一个事实。这一事实是什么?

2. 请给出在当今美国非常紧迫但又无法满足需要的三个例子。

3. 这里是三篇新闻标题:《伴随着更多的研究,我们将医治癌症》、《良好的教育对任何一个小孩都是正确的》、《政府应该通过增加税收来降低预算赤字》,在这些标题中寻找到有关生产什么、如何生产以及为谁生产的问题。

4. 位于中国北京的一家新开张的星巴克是如何影响到自我利益和社会利益的?

5. 脸谱(Facebook)是如何影响到自我利益和社会利益的?

6. 工作在慢慢地、明显地失去。

在 2009 年 5 月,345 000 份工作消失了,比 4 月失去的 504 000 份工作要少些。5 月所失去的工作分布在经济体的各个部门——制造、建筑、零售和职业服务业。但是,910 万个非全日制工作的人说,他们之所以非全日制工作是因为他们找不到全日制工作,或者是因为他们的雇主们削减了他们的工作时数。

资料来源:CNNMoney,June 5,2009.

描述美国在 2009 年 5 月的生产什么以及为谁生产问题的变化。非全日制工作的决策是追求自我利益还是社会利益?雇主们削减了他们的工作时数是追求自我利益还是社会利益?

参考答案

1. 这一事实就是稀缺——人类的需要超出了资源的许可。

2. 有国际恐怖主义存在时的安全性问题、在我们城市中更清洁的空气以及更好的公立学校(也许你能想出更多的例子)。

3. 更多的研究是一个如何生产的问题,治疗癌症是一个生产什么的问题,良好的教育是一个生产什么的问题。每个小孩是一个为谁生产的问题,政府提高税收是一个为谁生产的问题。

4. 星巴克所做出的决策是为了自我利益,但是它为顾客的自我利益提供了服务,并对社会利益做出了贡献。

5. 脸谱为其投资者、使用者和广告者的自我利益提供了服务。它还通过使人们更好地分享信息而为社会利益提供了服务。

6. 由于所失去的工作分布在经济体的各个部门,所以绝大多数部门生产的产品和服务都在慢慢下降。所以,改变生产什么产品和服务的问题是很普遍的。为谁生产产品和服务也在改变。失去工作的人和非全日制的新工人在 4 月赚得少些,所以他们得到的产品和服务就少些。

一个人做出非全日制工作的决策是出于追求自我利益——他们想赚得收入。雇主们的决策是出于追求自我利益,如果他是为了保留自身的一份工作的话;但如果是分享失业,则这是为了社会利益。

1.2 经济学思维方式

经济学的定义以及经济学家试图回答的各种问题给了你关于经济学研究范围的感觉。但是，这并没有告诉你经济学家是如何思考这些问题以及如何回答它们的。你正在发现经济学家是如何工作的。

我们把这一任务分成三部分。第一，我们将探讨经济学家们经常和重复使用的核心思想，这些会构成他们对世界的看法。这些思想不久将使得你能够像经济学家一样思考。第二，我们将区分看待世界的微观和宏观的观点。第三，我们将看看作为社会科学的经济学和作为政策工具的经济学，后者是可供政府、企业和你使用的经济学。

□ 1.2.1 核心经济学思想

下述五大核心思想总结了关于人们必须面对稀缺做出选择的经济学思维方式：

- 人们通过比较成本和收益做出理性选择。
- 成本是你为了得到某些东西所必须放弃的东西。
- 收益是你得到某些东西的受益，它用你为了得到它所愿意放弃的其他东西来度量。
- 一项理性选择是在边际上做出的。
- 选择是对激励做出的反应。

□ 1.2.2 理性选择

经济学中最重要的思想就是，人们做出选择时，总是按照理性的方式行为。**理性选择**（rational choice）是利用可得资源实现决策者最佳目标的选择。

决策者根据自身的需要与其偏好做出某一选择，需要和偏好可用于决定选择是否理性。例如，你在巧克力冰淇淋和香草冰淇淋之间偏好前者，而你的朋友却偏好后者。因此，你选择了巧克力冰淇淋是理性的，而你的朋友选择香草冰淇淋也是理性的。

然而，在某一事件之后，一项理性选择可能变成不再是最好的选择了。一户农民可能决定种小麦而不是种大豆。在小麦上市后，却发现大豆的价格比小麦的价格高出许多。在做出决策之时，该农民是理性的。之后发生的事件使得这一选择比其他选择所带来的利润要少些。

理性选择的观点为第一个问题提供了一个答案：生产什么产品和服务以及生产多少数量。其答案是：人们理性地选择购买这些产品。

然而，人们如何进行理性选择呢？为什么绝大多数人选择使用微软视窗操作系统而不是其他系统？为什么今天相比过去有越来越多的人选择饮用瓶装水以及运动能量型软饮料？为什么美国政府选择建造一条州际高际公路系统而不是州际铁路系统？

在做出理性决策时，我们需要比较成本与收益。但是，经济学家以一种特殊而明晰的方式思考着成本和收益。让我们看看经济学家的成本和收益的概念究竟是什么。

□ 1.2.3　成本：你必须放弃的东西

某个东西的机会成本（opportunity cost）就是你为了得到它所必须放弃的最好的东西。无论你选择做什么，你总是在很多可供替代的选择中进行某种选择。然而，在这些被你放弃的其他选择中肯定有一个是最好的——所失去的评价最高的选择。这就是你选择做这件事的机会成本。

我们使用机会成本这一概念，目的是强调当我们面对稀缺性做出选择时，我们也就放弃了做其他事情的机会。你现在就可以退学，也可以待在学校。假设你退学后所能够找到的最好的工作是在联邦快递工作，在这里你一年赚 1 万美元。那么你留在学校的机会成本就必须包括被放弃的 1 万美元所能够购买到的东西。继续上学的机会成本还应该包括为了学习而必须放弃的闲暇时间的价值。

你得到的某件东西的机会成本仅仅是你所放弃的最佳选择。它不包括你已经做出的所有支出。例如，当你在反复思考是否留在学校念书时，你的学费支出是留在学校的机会成本的一部分。但是，你在学校的餐费就不是留在学校的机会成本的一部分。无论你是否待在学校，你都得购买食物。

同样，过去发生的但不能逆转的支出也不是机会成本的一部分。假定你已经支付了本学期的学费，并且不可退回，如果你现在考虑是否退学，已付的学费是与此决策无关的。它被称作为一种沉没成本。**沉淀成本**是过去发生的但又不可逆转的一种成本。无论你是留在学校还是退学，一旦支付了学费，那么，这笔学费就不是留在学校的机会成本的一部分。

□ 1.2.4　收益：用你所愿意放弃的东西来衡量的获益

某件东西的**收益**（benefit）是指它所带来的获益与愉悦。收益是某个人对某件东西的感觉。例如，你可能急于得到最新版的任天堂 Wii 游戏机，这意味着它可以给你带来巨大的收益。你也可能对马友友（Yo-Yo Ma）大提琴演奏会的最新版光盘毫无兴趣，那么它只能带给你很少的收益 。

经济学家用一个人为了得到某件东西所愿意放弃的东西来衡量其收益。你可以选择购买一张 DVD 或者一本杂志。为了购买一张 DVD 而愿意放弃的杂志便是你从 DVD 光盘中所得到的收益。

□ 1.2.5　在边际上

边际意味着“边界”或“ 边缘”。你可以把在边际上的选择看成是某一项计划在边界或边缘上调整，以便实现最佳的行为方式。在**边际上**（on the margin）做出选择是指通过系统地、逐步递增式地比较所有可供选择的选项所做出的选择。

例如，你现在面临着一项选择，在读书学习和给朋友发电邮之间分配你的下一个小时。为了做出这一选择，你需要比较一下下一个小时的各种可能的分配时间的方案所带来的成本与收益。你在边际上做出选择，就是需要考虑再增加几分钟在学习之上或者再增加几分钟在发电邮之上哪个更好或更糟。

边际量可能是一个很小的变化量，当你在学习还是发电邮之间分配你的下一个小时时，变化量就很小，只有几分钟。但是，边际量也可能是一个较大的变化量。例如，你得决定是否在学校再待上一年，这个时间变化量就较大。一年之内就只有一部分时间待在学校，并不比离开学校更强（或者）更糟，因此，一年中只有一部分时间待在学校不是一个相关的选项。所以，你很可能要么一学年都待在学校，要么去做其他事。但你依然是在边际上做出选择。这里边际量的变化是一年的某种变化，而不是几分钟的变化。

边际成本

追加一个单位来从事某一活动的机会成本被称为**边际成本**。某一事物的边际成本是你为了得到多一个单位的某件东西所必须放弃的其他东西。想象一下，你在一周之内第三次去看电影的边际成本。你的边际成本就是你为了多看这次电影所必须放弃的东西。它不是你为了看所有三次电影所必须放弃的东西。其道理就是你已经为前两次电影放弃了什么东西，因此，你不会把这些成本都视作看第三次电影的成本。

任何活动的边际成本通常都随着你做得越来越多而递增。你知道，看电影减少了你的学习时间、降低了你的分数。假定一周看两次电影会降低你 5 个百分点的分数，那么，看第三次电影就会使你的分数降低大于 5 个百分点。你看电影的机会成本在递增。

边际收益

追加一个单位来从事某一活动所得到的收益被称为**边际收益**。边际收益是你多得到一个单位的某件东西时所得到的收益。但是，某件东西的边际收益是用你为了多得到一个单位的某件东西所愿意放弃的最好的东西来度量的。

边际收益的一个重要特征就是它通常是递减的。想象一下你看电影的边际收益。如果你一周之内学习很用功，没去看一场电影，那么，你看下一场电影的边际收益就很大。但是，如果这一周你都待在电影狂欢节上，你现在都想歇一会儿，那么你看下一部电影的边际收益就很低。

这是因为一部电影的边际收益随着你看得越来越多而会下降。例如，你知道，看电影减少了你的学习时间、降低了你的分数。你用更低的分数看了一场电影。你可能愿意放弃 10 个百分点的分数在一周之内看一场电影，但你不大愿意用分数大跌在一周内看第二场电影。你看一场电影所愿意支付的在递减。

做出理性选择

那么，你在一周之内会去看第三场电影吗？如果边际成本小于边际收益，你的理性选择就是去看第三场电影。如果边际成本大于边际收益，你的理性选择就是看一个晚上的书。当我们选择时，只要边际收益大于或等于边际成本，我们的选择就是理性的，我们的稀缺资源就会得到有效使用，使得我们尽可能的更好。

□ 1.2.6 对激励做出反应

我们做出的选择取决于我们面对的激励。某项激励就是一项奖赏或者一项惩罚——“胡萝卜”或“大棒”——它们鼓励或不鼓励某一行为。我们对“胡萝卜”会有正面的反应，而对“大棒”会有负面的反应。“胡萝卜”便是边际收益，“大棒”就是边际成本。边际收益的变化或者边际成本的变化均会改变我们所面对的激励，这将导致我们改变我们的行为。

大多数学生认为，在某一考试临近之前学习的收益要大于在考试一个月之前学习的收益。换言之，随着考试日期的临近，学习的边际收益递增，学习的激励变得更强。基于这个原因，我们发现，在考试的前几天，学习时间增加、娱乐时间减少。考试越重要，这一效应也就越强。

边际成本的改变也改变着激励。例如，假如在上一周，你发现你的课程学习太容易，在所有的小测验中你都得了 100 分。你琢磨用一个晚上去享受电影的边际成本就很低，对你在下一场测试的分数不会有什么太大的影响。所以，你会去享受一次电影盛宴。但是，这一周课程突然难了起来，你都听不太懂。你的小测验分数很低。如果你再拿出一个晚上去看电影，下一周测试成绩将受到很大的不利影响。现在看一场电影的边际成本就很高，因此，你决定做一个电影梦吧。

经济学的一个中心思想就是，通过观察激励的变化，我们就能够预测选择如何变化。

关注华尔街

贪婪的华尔街银行家们导致了全球衰退吗？

在美国经济衰退的中期，美国总统奥巴马（Obama）对华尔街的银行家们得到了奖金表达了愤慨。难道华尔街的贪婪不是我们经济问题的根源吗？

大多数经济学家都会回答“不是”。贪婪是自我利益的一种表述（一种极端的表述）。我们大家都是以自我利益来行为的。贪婪是持久的：它不是说来就来、说去就去的东西，受到规制的贪婪可能是一种好的力量。

近几年的问题表现在金融创新超出了金融规制。美国总统经济团队面临的一种挑战就是设想出并且向国会兜售某种规则，它既能抑制贪婪，又能恢复金融的力量和稳定。

□ 1.2.7 微观和宏观世界的看法

经济学拥有两大主要的部分：微观经济学（或微观）和宏观经济学（或宏观）。

微观经济学

微观经济学（microeconomics）研究个人与企业所做出的选择、这些选择对各种激励的反应和彼此之间的相互作用，以及政府对这些选择所施加的影响。下面是微观经济问题的例子：你是购买直角平面电视还是传统电视？如果任天堂公司降价，它会出售更多的 Wii 游戏机吗？所得税率下降会鼓励人们工作更多小时吗？燃料税上升会导致更多的混合燃料还是更小的轿车？MP3 下载会使 CD 光盘消失吗？

宏观经济学

宏观经济学（macroeconomics）研究个人、企业与政府做出的选择对国民经济乃至全球经济产生的总体影响。一些宏观经济问题的例子有：为什么 21 世纪第一个十年早期美国的生产与就业扩张得如此之慢？为什么中国和印度的收入增长比美国要快呢？为什么日本在 20 世纪 90 年代的生产和收入一直处于停滞之中？为什么美国从世界其他地方每天借款高达 20 亿美元呢？

□ 1.2.8 作为社会科学的经济学

作为社会科学家，经济学家努力去发现经济世界是如何运行的。在追求这一目标时，像所有的科学家一样，他们区分两个类别的表述：

- 实证表述
- 规范表述

实证表述

实证表述是有关它是什么的表述。它们表达了我们对世界运作方式的现有理解。一个实证表述可能是正确的，也可能是错误的。我们可以用事实来检验某一实证表述的真伪。“由于我们燃烧的碳的数量增加，我们的星球正在变暖”便是一句实证表述。“最低工资的提升将导致更多的年轻人失业”是另外一句实证表述。每句实证表述可对可错，它可以被检验。

经济学家的一个中心任务就是检验关于经济世界如何运作的实证表述，淘汰那些错误的表述。经济学最初诞生于 18 世纪后期（参见本章后面的“关注过去”专栏），相对于物理学而言，经济学是一门年轻的科学，很多东西有待发现。

规范表述

有关“应该是什么”的表述被称为规范表述。这类表述决定于人们所持有的价值观，因而是不能被检验的。“我们应该减少使用煤”是一个规范表述。“最低工资不应该提升”是另一个规范表述。你可以同意或不同意上述表述，但你不能检验它们。它们在表达一种观点，但是，它们不能确保这一事实可以被检验。它们不是经济学。

分解因果关系

经济学家对因果关系的实证表述特别有兴趣。究竟是由于人们购买计算机的数量增多而使得计算机价格下降，还是由于计算机价格下降导致人们购买更多的计算机，或者是由于第三个因素使得计算机价格下降，同时使人们购买的数量上升？经济学家希望回答这样一些问题，但却往往遇到很多困难。

经济学家和其他所有科学家在分解因果关系时所运用的基本思想是使“其他条件相同”。“其他条件相同”（*ceteris paribus*）最早源于拉丁语，意思是“其他事项相同”或“如果所有其他相关事物都保持不变”。保证其他条件都处于相同状态在很多活动中都是非常关键的，包括田径比赛。科学进步中所有成功的努力都要用到这一方法。在某一时点改变某个因素，而让所有其他相关因素均保持不变，我们便可以将所感兴趣的因素孤立出来，因此，能够以最清晰的方式来研究这一因素的影响。

在经济学中，我们通常只能观察到很多因素同时作用的结果。因此，要想将每一个独立因素的影响分离出来并与模型的预测结果相互比较是十分困难的。为解决这一问题，经济学家需要采用自然实验、统计调查和经济实验。

自然实验是来自经济生活一般过程的某种情形，在这种情形中，只有某个所感兴趣的因素有所不同，而其他因素都相同或相似。例如，加拿大的失业补贴高于美国，而两个国家的人文特点十分相似。若要研究失业补贴对失业率的影响，经济学家便可以将美国和加拿大进行比较。

统计调查试图寻找事物间的相关性。**相关性**（correlation）是两个变量的值以一种可预测的、相关的方式变动的趋势。例如，吸烟的数量与肺癌发病率之间就存在一定的相关性。有时候，某种相关关系显示了一个变量对另一个变量因果关系的强度。例如吸烟导致肺癌，高收入引起高支出。有时因果关系的方向却很难确定。

经济实验把人置于某种决策环境之中，在某一个时点上通过改变感兴趣的影响因素，以发现它们如何做出反应。

□ 1.2.9　作为政策工具的经济学

经济学是有用的。你没有必要成为一名经济学家后才能像他们那样思考，你可以利用经济学在作为政策工具时的深刻思想。经济学这一课程为你提供了思考我们生活中所有层面问题的思路：

- 个人
- 企业
- 政府

个人经济政策

你应该申请助学贷款吗？你应该从事周末零工吗？你应该购买一辆旧车还是新车？你应该租房还是贷款买房？你应该一次性支付你的信用卡欠款还是设置你的最低支付？你应该在学习、赚钱、关心家人以及娱乐方面如何配置你的时间？你应该在学习经济学和其他课程方面如何配置你的时间？在获得学士学位之后，你应该离开学校还是继续攻读硕士学位或职业证书？

所有这些问题都包含着边际收益和边际成本的比较。尽管有些数据难以写出，但如果你能够利用经济学工具思考这些问题，你将做出坚定的决策。

企业经济政策

索尼公司应该只生产平板电视，停止生产常规电视吗？德士古公司（Texaco）应该从墨西哥湾还是从阿拉斯加得到更多的石油和天然气呢？手掌公司（Palm）应该把其在线顾客服务外包给印度人还是在加利福尼亚州运作呢？奇迹影业（Marvel Studio）在制作《蜘蛛侠 3》之后还应该制作《蜘蛛侠 4》吗？微软能与谷歌在搜索引擎上相抗衡吗？易趣公司（eBay）能和一波又一波的新的因特网拍卖服务公司相抗衡吗？艾力士·罗德里奎兹（Alex Rodriguez）对纽约洋基队来说真的值 3 300 万美元吗？

像个人经济问题一样，这些企业的问题都包含着评估边际收益和边际成本。有些问题还有待对个人和企业进行更为广泛深入的调研。但是，再一次，利用经济学工具思考这些问题，聘请经济学家作为顾问，企业就能做出更好的决策。

政府经济政策

加利福尼亚州政府如何平衡其预算呢？联邦政府应该减税还是增税？税收制度还能如何得以简化？人们是否应该被许可使用其社会保障的钱投资于他们个人喜欢的股票？医疗补助和医疗保险是否应该拓展到所有人口？对那些把工作机会送到海外的是否要开征某种特别税收以便惩罚这些公司？对廉价的外国家具和纺织品进口是否应该实施限制？对那些种植西红柿和甜菜的农民是否应该进行补贴？水是否应该从华盛顿和俄勒冈州调运到加利福尼亚州？

这些政府经济问题需要基于评估边际收益和边际成本以及调研个人和企业的相互关系而做出决策。但是，再一次，利用经济学工具思考这些问题，政府就能做出更好的决策。

请注意，我们刚才提出的所有政策问题都混杂着实证和规范问题。经济学在规范问题上就无能为力了，这有主观性。给定某种主观性，经济学还能提供一种评估不同的解决方案的方法，这种方法就是评估其边际收益和边际成本，以便找到尽可能好的解决方案。

关注过去

亚当·斯密与作为社会科学的经济学的诞生

很多人在亚当·斯密（Adam Smith）之前在经济学方面有所著述，但是他使经济学成为一门社会科学。

斯密于1723年出生于距苏格兰爱丁堡不远的一个叫做科克尔第（Kirkcaldy）的小渔村，他是该村海关官员的独子。受到一个富有的苏格兰公爵提供的每年300英镑（10倍于当时的人均收入）退休金的吸引，斯密辞去了教授职位（斯密28岁时便获得正教授职位），而用10年时间写出了他的名作——1776年出版的《国民财富的性质和原因的研究》(简称《国富论》)。

亚当·斯密在该书中提出这样的问题：为什么有些国家富有而有些国家贫穷？他思考这些问题时正值工业革命的高潮。那些年间，一些新技术正在应用于纺织、炼铁、运输和农业。

亚当·斯密对这些问题的回答在于强调劳动分工与自由市场的作用。为说明他的论点，他举了一个别针厂的例子。他估计，利用18世纪70年代的手工工具，一个工人一天能够制造20枚别针。然而他通过观察发现，借助同样的手工工具，如果把整个别针的生产过程分解为每个工人专门完成的若干工序，即通过劳动分工，10个工人一天可以惊人地完成48 000枚别针。一个人拉出铁丝，另一人将其拉直，第三人将其切断，第四人将其削尖，第五人将其磨光。三个专业人员制作针帽，第四个人员将其固定在针上。最后再将别针擦亮并包装。

要想支持这种劳动分工，必须有较大的市场规模。一个雇用10个工人的工厂每年需要销售1 500万枚别针才能维持生存。

检查站 1.2 **解释那些界定经济学思维方式的核心观点。**

现实问题

凯特每周打两小时的网球，她的每次数学测试成绩为70%。上周，在玩了两小时的网球之后，凯特盘算了很久要不要再多打一小时。她后来决定再多打一小时的网球，减少一小时的学习时间。但就在上周，她的数学测试成绩下降到了60%。利用上述信息回答问题1～4。

1. 凯特打第三个小时网球的机会成本是什么？

2. 给定凯特打了三个小时的网球，你能总结出她打第二个小时网球的边际收益与边际成本吗？

3. 凯特再打三个小时的网球是理性的吗？

4. 凯特是在边际上做出决策的吗？

5. 查一查当地媒体，看看能否分别找到实证表述和规范表述的例子。

6. 分别给出两个实证表述和规范表述的例子。

7. 给出作为个人政策工具的经济学的一个例子。

参考答案

1. 凯特打第三个小时网球的机会成本便是她的成绩下降了10个百分点。

2. 由于凯特已选择了去打第三个小时的网球，因此，第二个小时的网球的边际收益一定超出了第二个小时的边际成本。如果边际收益没有超出边际成本，她就会去选择看书，不打第三个小时的网球。

3. 如果凯特的边际收益超出了边际成本，她的选择便是理性的。

4. 因为凯特所考虑的是增加一个小时网球的收益与成本，所以她的决定是在边际上做出的。

5. “蝴蝶房必须在所有时间内保持在近80°，否则蝴蝶就不会飞了”是一个实证表述，因为它可以用事实检验。

“弹性小时的工作制能够允许员工在两周之内调班，这样可以让个人能够更好地适应家庭的需要”是一个规范表述，因为它无法检验。

6. 实证表述是可以用数据来检验的表述。例子有：(1) 在2009年7月7日，天然气的价格在密歇根州是最高的，在南卡罗来纳州是最低的。(2) 2010年大学学费将和2009年一样高。

规范表述是不可以被检验的表述：(1) 大多数城市都没有足够多的绿色空地和树。(2) 对所有的工人每周工作小时应降为30小时。

7. 你被提供了一个机会，以折扣价去享受一个周末旅游。你应该去吗？这趟旅游的机会成本是什么？如果你去旅游了，你所失去的最佳选择是什么？也许你下周还有一场考试。如果你去旅游，你可能失去宝贵的学习时间并且很有可能得到一个更低的分数。这趟旅游的边际收益是多少？机会成本和边际收益，哪一个更大？

本章总结

□ 要点

1. 定义经济学并且解释经济学家试图回答的各种问题。
   - 经济学是一门社会科学，它研究人们面临稀缺所做出的选择以及那些能够影响、协调人们的选择的激励。
   - 经济学的第一大问题是：人们的选择最终是如何决定生产什么、如何生产及为谁生产产品和服务的？
   - 经济学的第二大问题是：以追求自我利益而做出的选择什么时候还能促进社会利益？
2. 解释那些界定经济学思维方式的核心观点。
   - 五大核心思想界定了经济学思维方式：

     1）人们通过比较成本和收益做出理性选择。

     2）成本是你为了得到某些东西所必须放弃的东西。

     3）收益是你得到某些东西的获益，它用你为了得到它所愿意放弃的其他东西来度量。

     4）一项理性选择是在边际上做出的。

     5）选择是对激励做出的反应。
   - 微观经济学研究个人选择及其相互关系，宏观经济学研究国民经济和全球经济。
   - 经济学家利用自然试验、统计调查和经济试验去检验实证表述，试图理解经济世界是如何运作的。
   - 经济学是可供个人、企业和政府决策的工具。

□ 关键术语

收益	宏观经济学	理性选择
其他条件相同	边际	稀缺
相关性	边际收益	自我利益
经济学	边际成本	社会利益
产品和服务	微观经济学	沉没成本
激励	机会成本	

本章检查站

□ 学习计划中的问题与应用

1. 给出三个稀缺的例子，用以说明即便是这个世界上的691个亿万富翁，也面临着稀缺。

利用下列信息回答问题2～5。

《蜘蛛侠3》是2007年最为成功的一部电影，全球电影票房高达8.91亿美元。它是好莱坞有史以来最为昂贵的一部电影。索尼确定的预算为2.6亿美元，还有市场营销费用大约1.2亿美元。制作出一部成功的电影可以给千百万人带来愉悦，带来上千个就业岗位，使得一些人富裕。

2. 像《蜘蛛侠3》这样的电影对处置稀缺性

做出了什么贡献？当你在影院购票看一场电影时，你是在购买某种产品和服务吗？

3. 是谁决定了一部电影能一鸣惊人呢？你怎样认识制作一部一鸣惊人的电影是如何影响到生产什么、如何生产以及为谁生产产品和服务的呢？

4. 电影制片人面临的边际成本和边际收益有哪些？

5. 假如影星托比·麦奎尔（Tobey Maguire）在另外一部戏中有更好的角色和更高的报酬，以至于雇用他来主演《蜘蛛侠 3》的制片人要将支付给他的报酬翻番才行，激励发生了什么变化？这一改变的激励是如何改变着人们的选择的？

6. 阿诺德·施瓦辛格（Arnold Schwarzenegger）在从政和主演像《终结者 3》这样的系列电影中选择了前者。在他决定出任加利福尼亚州州长时，他是在边际上做出这一选择的吗？他的选择是理性的吗？他面临着机会成本吗？如果是，他的机会成本的组成部分有哪些？

7. 帕姆、普鲁和帕特在考虑如何庆贺新年。帕姆偏爱乘游船航行，去夏威夷会很开心，但不愿意去滑雪。普鲁偏爱滑雪，去夏威夷会很开心，但不愿意乘坐游船。帕特偏好去夏威夷或乘游船航行，而不愿意去滑雪。他们最终决定去夏威夷。这一决定是否理性？去夏威夷旅行对每个人的机会成本是什么？对每个人的收益又是什么？

8. 对以下新闻标题标示出是实证表述还是规范表述：

- 《穷人为住房花费太多》
- 《在过去的 50 年间农户的数量下降》
- 《津巴布韦宠物被当成碗中餐》
- 《中国进口商品充斥美国商场》
- 《过去的十年中农村人口没变》

9. 解释其他条件相同的假设，以及为什么经济学家会使用它。给出一例说明在什么时候你可以使用其他条件相同的假设。

□ 教师可布置的问题与应用

1. 假定某人从银行贷款购买房屋，

- 借款人和银行在追求自我利益、社会利益还是两者？
- 借款人如果不能偿还并且违约，他是在追求自我利益、社会利益还是两者？
- 如果该银行对此违约借款人取消抵押品赎回权，银行在追求自我利益、社会利益还是两者？

2. 2009 年 5 月 14 日的《华尔街日报》有下列通栏标题，对每一个新闻标题标示出微观经济学或宏观经济学话题，并解释之。

- 《美国再思考美联储的定位》
- 《沃尔玛力推电子业》
- 《大众和保时捷暂停会谈》
- 《经济学家预言复苏延长》

3. 想一想下列每一种情形，解释它们是如何影响激励的，以及它们是如何改变人们的选择的。

- 一场飓风袭击佛罗里达州中部。
- 世界职业棒球大赛今晚开赛，但是体育馆附近的一场雷雨向人们发出了警告。
- 个人电脑价格下降 50 美元。
- 中东政治不稳定致使天然气价格每加仑涨 5 美元。

4. 想一想下列新闻并对下列每一项标示出是什么、如何以及为谁的问题。

- 今天大多数商场使用电脑记录存货，而 20 年前大多数商场用笔和纸记录。
- 保健专家和医药企业建议获得医疗补助的药品报销应该给每一个需要的人。
- 天然气税翻番可能导致更好的公共交通系统。

5. 你的学校决定明年开始扩招新生。做出这一决定需要包含哪些经济学概念？该校在决策时有没有利用“经济学思维方式”呢？该校是在边际上决策的吗？

6. 给出两个货币和非货币激励的例子，“胡萝卜”和“大棒”各一个，说明政府政策是如何影响人们的行为的。

7. 制作一部一鸣惊人的电影是否意味着其他一些更为期盼的活动就不能得到应有的资源？你的答案是实证的还是规范的？解释之。

8. 经济学可为学生、企业和政府中的任一方用作工具，请给出两例说明之。并将你的例子区分为微观经济学和宏观经济学话题。

9. 在媒体中找一例，用以说明经济学可为学生、企业和政府中的任一方用作决策的工具。

利用下列信息回答问题10～16。

数百名粉丝排队以求下午5点发放的阿姆免费门票

著名歌星艾米纳姆（Eminem，中文昵称阿姆）的数百名粉丝今天排起长队，等待一个免费门票的机会，去底特律听一场说唱歌手的秘密音乐会。尽管在下午5点前不可能发放门票，但是，粉丝们却排了一整天的队。

资料来源：*Detroit Free Press*，May 18，2009.

阿姆在“我的空间”（MySpace）网站宣布，他计划同一天在底特律免费音乐会上首发他的新专辑《复发》（*Relapse*）——5年内的第一张专辑。

10. 阿姆免费发出了底特律剧院1 500个座位的门票，什么是免费的，什么是稀缺的？解释之。

11. 你认为阿姆做免费演出的激励是什么？

12. 阿姆做出免费演出的决定是出于自我利益还是社会利益？解释之。

13. 由于所有的门票都是免费的，因此开办音乐会的边际收益为零。解释之。

14. 对那些得到免费门票的人而言，这场音乐会真的免费吗？

15. 对那些排队苦等却未能如愿的人而言，他们有没有什么成本？是什么类型的成本？解释之。

16. 阿姆做免费演出是理性选择吗？

利用下列信息回答问题17～21。

报道：奥巴马将提高每加仑里程标准

奥巴马政府将宣布，汽车排放标准和经济燃油标准将在一揽子方案中公布。该方案要求汽车制造商全面提高汽车燃油标准，到2016年提高到每加仑35.5英里，从2012年起每年提高5%，目的是限制汽车的二氧化碳排放。

资料来源：*USA Today*，May 18，2009.

17. 新的每加仑里程标准的两大收益是什么？

18. 新的汽车排放标准的两大收益是什么？

19. 你在问题17和18中罗列的收益是符合某些人的自我利益，还是符合社会利益？

20. 符合自我利益和社会利益的新的每加仑里程标准伴随着什么成本呢？

21. 符合自我利益和社会利益的新的汽车排放标准伴随着什么成本呢？

附录：绘制和使用图形

附录要点

学完本附录，你将能够：

1. 解释散点图、时间序列图和横截面图。
2. 解释经济模型中所使用的图形。
3. 定义和计算斜率。
4. 图示两个以上变量之间的图像关系。

1.3.1 基本知识

所谓图形就是用距离来表示数量的方法，它使我们能够通过视觉来理解两个变量之间的关系。绘制图形时，我们首先画出两条相互垂直的直线，称为坐标轴，如图A1—1所示。垂直线叫做y轴，水平线叫做x轴。两条直线相交处的共同零点叫做原点。在图

A1—1 中，x 轴度量温度（华氏度）。沿 x 轴向右移动表明温度升高，向左移动表明温度下降。y 轴代表着冰淇淋消费量，以加仑/天来度量。

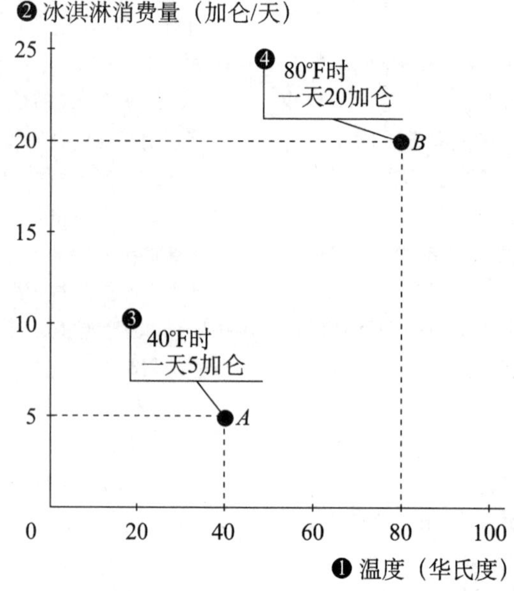

图 A1—1　绘制图形

所有图形都有轴，用其距离度量数量。

①水平轴（x 轴）度量温度（华氏度），向右移动代表着温度的升高。

②垂直轴（y 轴）度量冰淇淋的消费量（加仑/天），向上移动代表着冰淇淋消费量的增加。

③A 点表示当温度为 40°F 时，冰淇淋消费量为 5 加仑/天。

④B 点表示当温度为 80°F 时，冰淇淋消费量为 20 加仑/天。

作图时我们需要 x 轴所示变量的一个取值，以及 y 轴所示变量的相应的取值。例如，如果温度是华氏 40°F，冰淇淋的消费量是 5 加仑/天，图中用 A 点表示。如果温度是华氏 80°F，冰淇淋的消费量是 20 加仑/天，图中用 B 点表示。图 A1—1 所示的图形可以用来表示任意数据类型的两个变量。

□ 1.3.2　解释数据图

散点图（scatter diagram）是表示一个变量的值与另一个变量的值对应关系的某种坐标图。它被用于考查两个变量之间是否存在某种关系，并且用于描述这种关系。图 A1—2 给出了两个例子。

图 A1—2（a）表明了支出与收入之间的关系。每一点表示美国 1999—2009 年间各年的人均支出与人均收入。这些点在图中处于“分散”状态。每一个点旁边的数字表示年份。标明 04 的点代表 2004 年，此时人均收入为 28 990 美元，人均支出为 27 400 美元。这幅散点图表明当收入增加时，支出也在增加。

图 A1—2（b）表明了美国拥有手机的人口所占的百分比与平均每月手机话费账单之间的关系。这幅散点图表明当手机通话费下降时，手机用户的数量在上升。

时间序列图（time-series graph）是以时间（比如月或年）为 x 轴、以所研究的一个

变量或多个变量为 y 轴的坐标图。图 A1—2（c）给出了一个例子。在这幅图中，时间（x 轴）用年来衡量，它从 1979 年到 2009 年。我们感兴趣的变量是咖啡的价格，它在 y 轴上衡量。

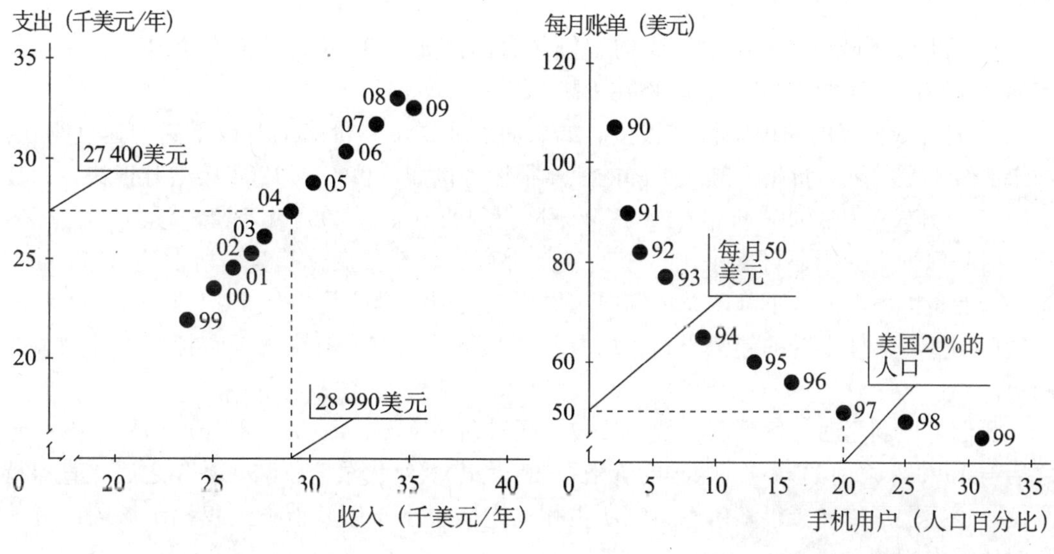

（a）散点图：支出和收入

（b）散点图：用户和费用

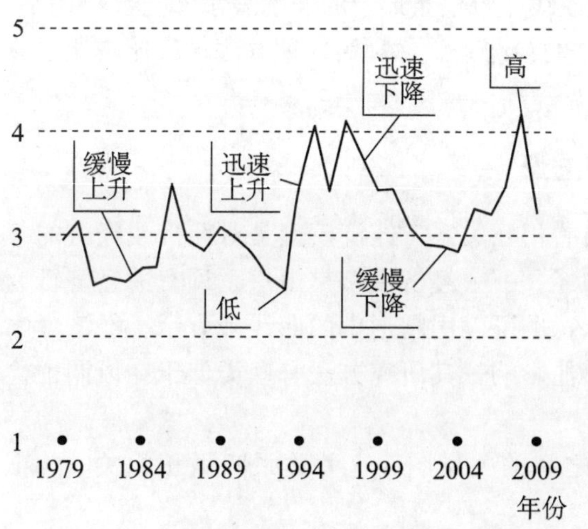

慢走
游泳
器材健身
自行车
篮球
有氧健身操
跑步或慢跑
棒球
垒球
美式足球
0 5 10 15 20 25 30 35
参与率
（人口百分比）

（c）时间序列图：咖啡价格

（d）横截面图：部分体育活动的参与率

图 A1—2 数据图

散点图表明了两个变量之间的关系。在图（a）中，随着收入的增加，支出也增加。在图（b）中，随着手机通话费的下降，拥有手机的人数上升。

时间序列图是以 y 轴代表一个变量、x 轴代表时间的一种图。图（c）图示了从 1979 年到 2009 年每年的咖啡价格。该图表明了咖啡价格什么时候高和低、什么时间上升和下降，以及什么时间变化很快和很慢。

横截面图表明了某一变量在不同人口数下的不同取值。图（d）表明了美国人在十项体育活动中的参与率。

从这个例子可以看出，时间序列坐标图可以很快、很容易地传递大量的信息。表明其取值是：

1. 较高或较低。当曲线距离 x 轴较远时，价格较高，比如 2008 年；当曲线接近横轴时，价格较低，比如 1993 年。

2. 上升或下降。当曲线的斜率向上倾斜时，比如 1994 年，价格在上升。当曲线斜率向下倾斜时，比如 1998 年，价格在下降。

3. 上升或下降的速度很快和很慢。如果曲线非常陡，价格上升或下降的速度很快。如果曲线不是很陡，价格上升或下降的速度很慢。例如，价格在 1994 年上升很快，而在 1984 年上升较慢。例如，价格在 1998 年下降得很快，而在 2003 年下降较慢。

时间序列坐标图还可表示出一个变量是否存在着某种变化趋势。所谓趋势（trend）是一个变量的值上升或下降的总体倾向。你可以发现咖啡的价格从 1979 年到 20 世纪 90 年代后期呈现总体上升的趋势。这也就是说，虽然价格有升有降，但它拥有上升的总体趋势。

我们可以利用时间序列图很快地比较不同时期的情况。图 A1—2（c）表明了 1990 年之后与 1990 年之前的差异。咖啡的价格在 20 世纪 90 年代早期跳涨，数年之后一直保持高位。这幅图形传递了很多信息，它所占据的空间也小于用其他方式仅揭示该图部分信息时所需占用的空间。

横截面图（cross-section graph）显示了在某一时点不同的经济群体的同一个经济变量的值。图 A1—2（d）是横截面图的一个例子。它表示美国参与代表性的体育活动的人口百分比。这幅图形使用条形带，而不是点或线。每根条形带的长度表示参与人口比率。图 A1—2（d）能够让你比较十大运动项目中的参与率。你利用这种方法进行比较比看一组数据要快得多。

□ 1.3.3 解释经济模型所使用的图形

我们用图形来表明经济模型中变量之间的相互关系。经济模型是对经济或经济的某一部分（如企业或家庭）的某种简单化的描述。一个经济模型是由一系列有关经济行为的表述组成的，这些表述可以用方程来表示，也可以用图形中的曲线来表示。经济学家用模型来研究不同政策的效应或对经济的其他影响，其研究方法有些类似于在风洞中检验飞机模型以及气象模型。

图 A1—3 展示了两个同向运动的变量之间的关系图。这种关系叫做**正相关**（positive）或**直接相关**（direct relation）。

图（a）表示了一种直线关系，它被称作为**线性相关**（linear relation）。当速度增加时，5 小时之内行驶的距离也在增加。例如，A 点表示在时速为 40 英里时，5 个小时能够行驶 200 英里。而 B 点表示如果时速增加到 60 英里，行驶距离也会增加到 300 英里。

图（b）表示速跑距离与恢复时间（心跳频率恢复至正常所需的时间）之间的关系。一条从原点出发、开始非常平坦之后变得陡峭的、向上倾斜的曲线便描述了这种关系。该曲线向上倾斜并且越来越陡峭是因为每多跑 100 码所需的额外恢复时间在递增。跑 100 码所需要的恢复时间不到 5 分钟，而跑 200 码需要恢复的时间却为 10 分钟以上。

图（c）表示某位学生完成的习题数与该学生一天的学习时间之间的关系。一条始于原点、开始非常陡峭之后变得平坦的、向上倾斜的曲线描述了这种关系。当你增加每天的学习时间而变得越来越疲倦时，学习时间的效率就会越来越低。

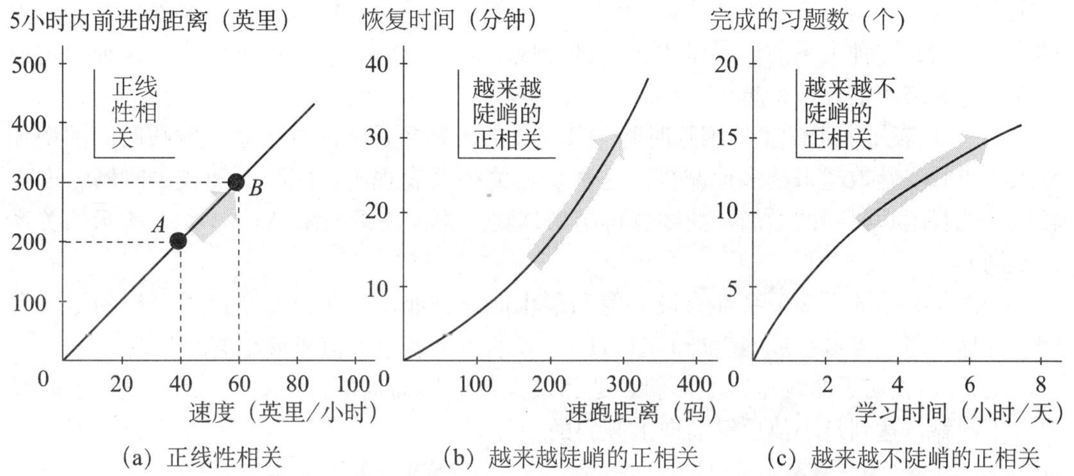

(a) 正线性相关　(b) 越来越陡峭的正相关　(c) 越来越不陡峭的正相关

图 A1—3　正（直接）相关

图（a）表明，当速度加快时，行驶距离沿着一条直线增加。
图（b）表明，随着速跑距离的增加，所需恢复的时间沿着一条越来越陡峭的曲线递增。
图（c）表明，随着学习时间的增加，完成的习题数沿着一条越来越平坦的曲线递增。

图 A1—4 表明了两个反向运动的变量之间的关系图。这种关系被称为**负相关**（negative）或**反向关**（inverse relation）。

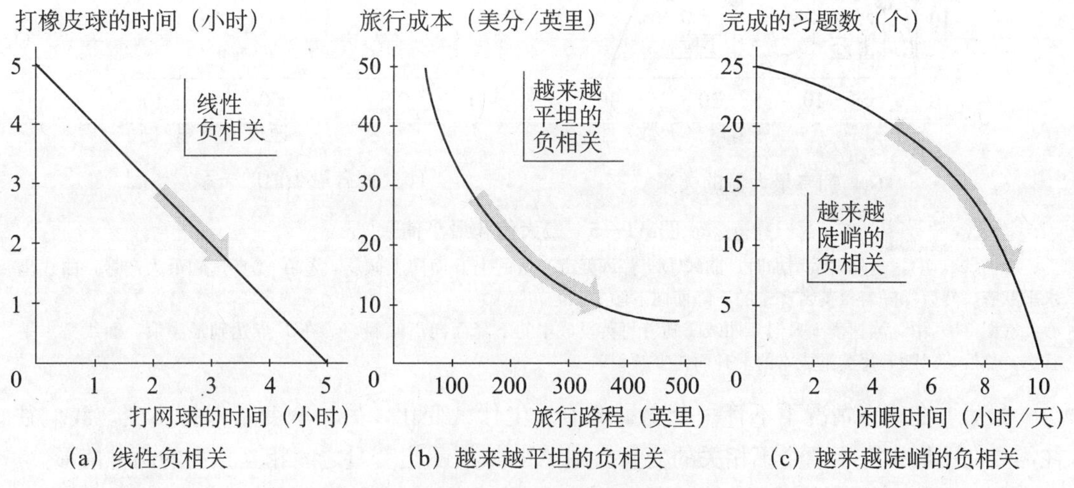

(a) 线性负相关　(b) 越来越平坦的负相关　(c) 越来越陡峭的负相关

图 A1—4　负（反）相关

图（a）表明，当打网球的时间增加时，打橡皮球的时间沿着直线下降。
图（b）表明当路程增加时，旅行成本沿越来越平坦的曲线下降。
图（c）表明当闲暇时间增加时，完成的习题数沿着这条越来越陡峭的曲线下降。

图（a）表明了在总的可利用时间为 5 个小时的情况下，打橡皮球的时间和打网球的时间之间的一种分配关系。增加一个小时打网球的时间就意味着减少一个小时打橡皮球的时间，反过来也一样。这种关系称为线性负相关关系。

图（b）表明了每英里的旅行成本与总旅行路程之间的关系。路程越长，每英里的成本越低。然而当路程增加时，虽然单位成本越来越低，但成本降低的幅度越来越小。这一关系的特点在图中表现为曲线向下倾斜，当路程很短时曲线较陡，当路程延长时变得越来越平坦。这种关系的形成是由于一部分成本是固定的，比如汽车保险，这种固定成本在越长的路程上分摊得越少。

图（c）表示一个学生的闲暇时间与其完成的习题数量之间的关系。闲暇时间的增加导致完成的习题数越来越多地减少。这种负相关关系表现为，闲暇时间较少时倾斜度也较低，随着闲暇时间的增加，曲线变得越来越陡。这种关系与图 A1—3（c）所示的关系是不同的。

经济模型中的很多关系都有最大值和最小值。例如，企业希望获得尽可能的最大利润，并尽可能地以最小成本生产。图 A1—5 表明了拥有最大值或最小值的关系。

图（a）表明了曲线先向上倾斜，达到最大值后继而向下倾斜。图（b）表明了曲线先向下倾斜，达到最小值后继而向上倾斜的一种关系。

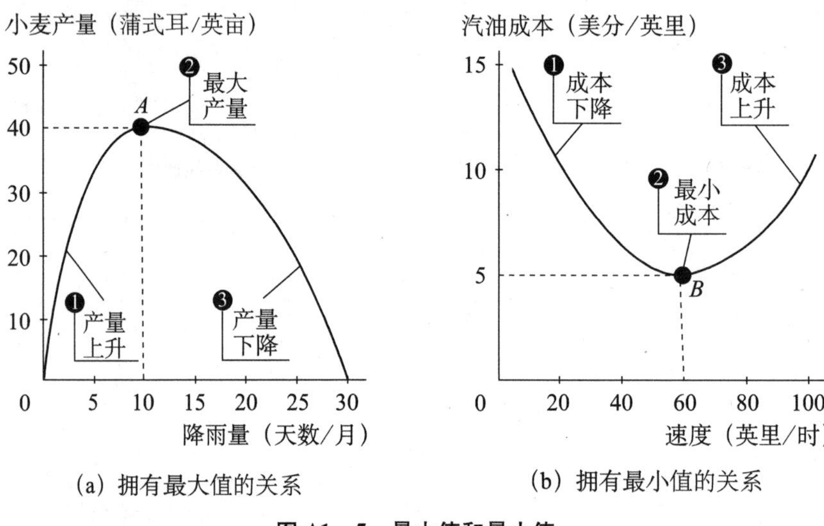

图 A1—5　最大值和最小值

在图（a）中，当降雨量增加时，曲线①随着每英亩产量的上升而向上倾斜，②在 A 点达到最大产量，曲线呈水平状态，然后③随着每英亩产量的下降而向下倾斜。

在图（b）中，当速度上升时，曲线①随着每英里成本的下降而向下倾斜，②在 B 点达到最小值，曲线呈水平状态，然后，③随着每英里成本的上升而向上倾斜。

最后，在很多情况下不管一个变量的值发生什么变化，另一个变量保持不变。我们往往需要在图形中表示两个不相关的变量。图 A1—6 展示出变量之间相互独立的两种情形。

□ 1.3.4　某种关系的斜率

我们可以通过相关关系的斜率来度量一个变量对另一个变量的影响。某种关系的**斜率**（slope）是用 y 轴衡量的变量的变化量与用 x 轴衡量的变量的变化量的比值。我们用希腊字母 Δ 来表示“变量的变化量”。所以 Δy 表示变量 y 值的变化量，Δx 表示变量 x 值的变化量，而两者之间关系的斜率是

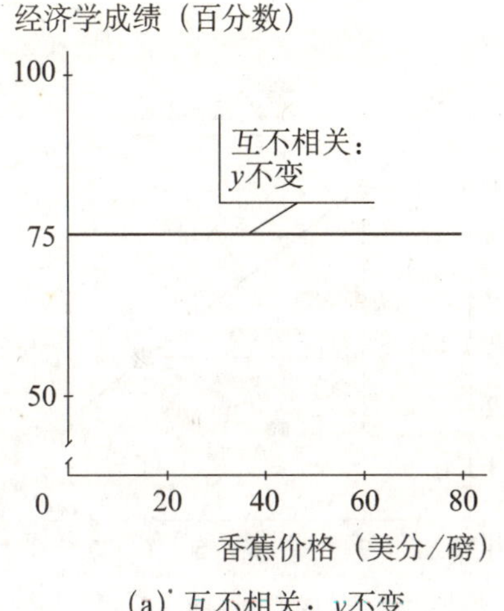

（a）互不相关：y不变

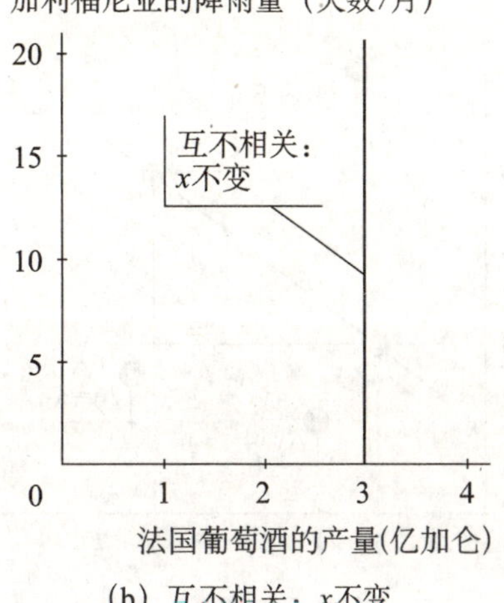

（b）互不相关：x不变

图 A1—6　互不相关的变量

在图（a）中，当香蕉价格上升时，某学生的经济学成绩依然保持在75%。这两个变量是互不相关的，曲线呈水平状态。

在图（b）中，不管加利福尼亚的降雨量如何，法国葡萄酒的产量都保持在30亿加仑。这些变量是互不相关的，曲线呈垂直状态。

$$\Delta y \div \Delta x$$

如果 y 的较大变化对应 x 的较小变化，斜率就会较大，曲线就会较陡。如果 y 的较小变化对应着 x 的较大变化，斜率就会较小，曲线就会较平缓。

图 A1—7 解释了如何计算斜率。一条直线上每一点的斜率是不变的——斜率是一个常数。在图（a）中，当 x 从2增加到6时，y 从3增加到6。x 的变化是＋4——也就是说 Δx 为4。y 的变化是＋3——也就是说 Δy 是3。这条直线的斜率为3/4。在图（b）中，当 x 从2增加到6时，y 从6减少到3。y 的变化是负3——也就是说 Δy 是（－3）。x 的变化是正4——也就是说 Δx 是4。这条曲线的斜率是（－3/4）。在图（c）中，我们计算曲线上某一点的斜率。为此我们用一把直尺接触 A 点，而又不与曲线上其他点相接触。然后沿直尺的边画一条直线。这条直线的斜率便是曲线在 A 点处的斜率，该斜率等于3/4。

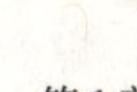

□ 1.3.5　两个以上变量之间的关系

我们知道，由 x 和 y 的值所形成的一个点可以图示两个变量之间的相互关系。但是，经济学中绝大多数关系常常是许多变量而不仅仅是两个变量之间的关系。比如，冰淇淋的消费量取决于冰淇淋的价格和天气的温度。当价格高而且气温低时，人们消费的冰淇淋就会比价格便宜而且气温高时要更少。对于给定的冰淇淋价格，消费量随着温度而变化；对于给定的温度，消费量随着价格而变化。

图 A1—8 表明了3个变量之间的关系。图中的表表明了在不同气温和冰淇淋价格下每天消费冰淇淋的加仑数。我们如何根据这些数字做出图形呢？

为了用图形描述两个以上变量之间的关系，我们需要采用“其他条件相同”的假设。

其他条件相同

“其他条件相同”最早源于拉丁语，意思是“其他事物保持不变”。每一项实验室中

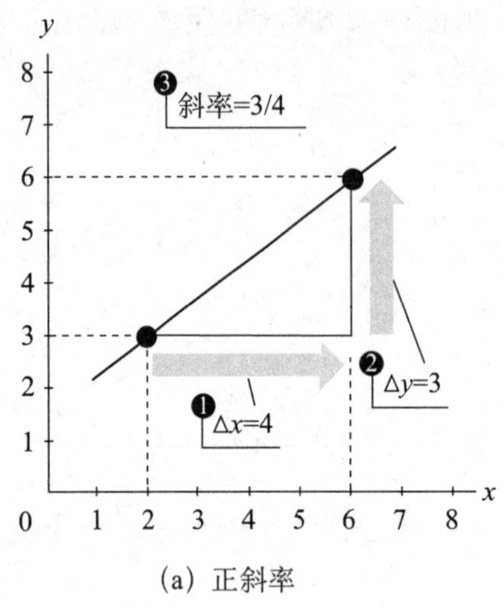

(a) 正斜率

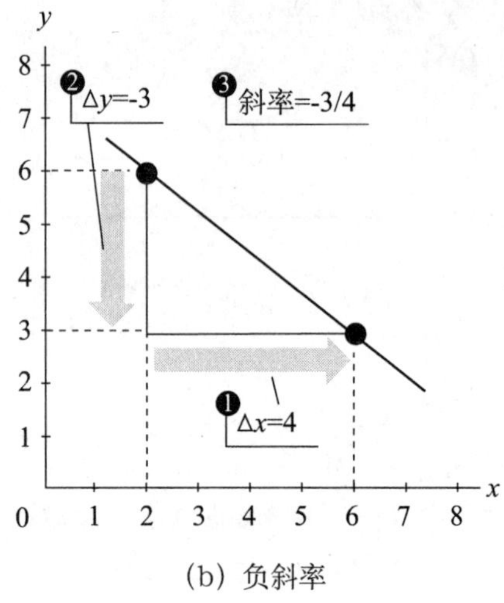

(b) 负斜率

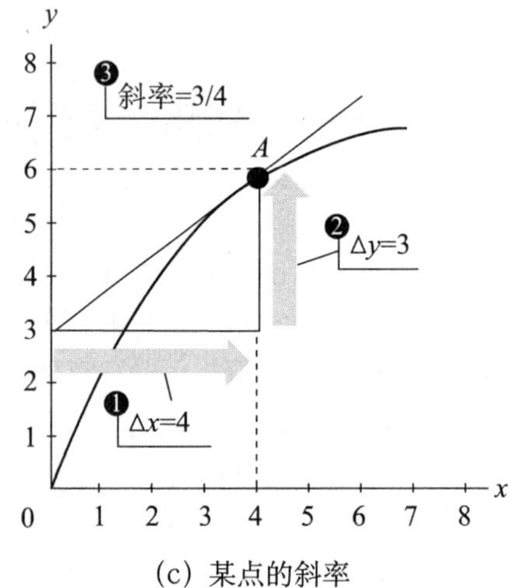

(c) 某点的斜率

图 A1—7 计算斜率

在图（a）中，当①Δx 为 4 时，②Δy 为 3，所以，③斜率（$\Delta y/\Delta x$）为 3/4。

在图（b）时，当①Δx 为 4 时，②Δy 为（−3），所以，③斜率（$\Delta y/\Delta x$）为（−3/4）。

在图（c）中，该曲线在 *A* 点的斜率等于斜直线的斜率。当①Δx 为 4 时，②Δy 为 3，所以，③斜率（$\Delta y/\Delta x$）为 3/4。

的实验都是为了保证“其他条件相同”，从而将我们所感兴趣的关系孤立起来进行研究。我们用同样的方法来绘制图形。

图 A1—8（a）是其中一个例子。这幅图形表示在冰淇淋的价格发生变化而气温保持不变时，冰淇淋消费量如何变化。标有 70℉的曲线表明了，在气温为华氏 70℉时冰淇淋价格与消费量之间的关系。绘制这条曲线的数字来自图 A1—8 中表的第一和第四列。例如，如果气温是 70℉，当价格为 2.75 美元/勺时消费量为 10 加仑，而当价格是每勺 2.25 美元时，消费量为 18 加仑。标有 90℉的曲线表明了，如果温度为 90℉，消费量如何随价格的变化而变化。

同理，我们在保持价格不变时可以画出冰淇淋的消费量和气温之间的关系，如图 A1—8（b）所示。标有 2.75 美元的曲线表明了，当冰淇淋价格为 2.75 美元/勺时消费量如何随气温的变化而变化。绘图所使用的数据来自图 A1—8 中的那张表的第四行。例如，在 2.75 美元/勺的价格下，气温为 70℉时冰淇淋的消费量为 10 加仑，当气温为 90℉时消费量为 20 加仑。第二条曲线表示冰淇淋价格为 2 美元/勺时冰淇淋的消费量和气温之间的关系。

价格（美元/勺）	冰淇淋的消费量（加仑/天）			
	30℉	50℉	70℉	90℉
2.00	12	18	25	50
2.25	10	12	18	37
2.50	7	10	13	27
2.75	5	7	10	20
3.00	3	5	7	14
3.25	2	3	5	10
3.50	1	2	3	6

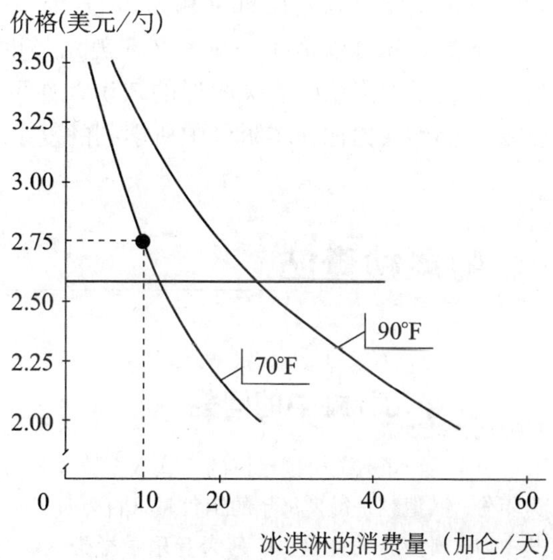

（a）给定气温时的价格和消费量

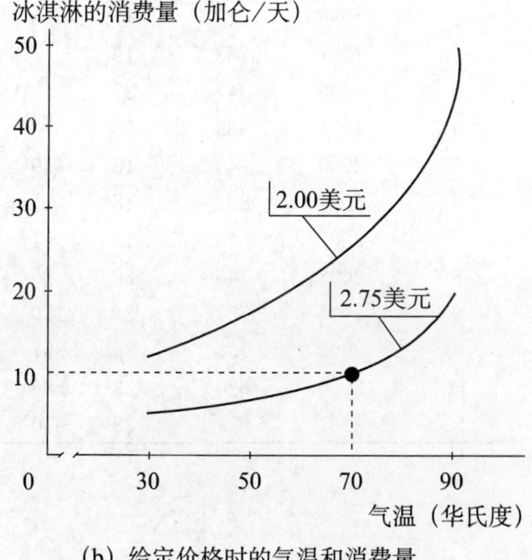

（b）给定价格时的气温和消费量

（c）给定消费量时的气温和价格

图 A1—8　图示三个以上变量之间的关系

图中的表告诉了我们不同价格和不同气温下每天冰淇淋的消费量。例如，如果价格是 2.75 美元/勺并且气温为 70℉，则冰淇淋的消费量是 10 加仑。这组数据在表中和每幅图中都清晰地标示出来了。

图（a）表示在气温为一定时价格与消费量之间的关系。一条是气温保持在 90℉时的曲线，另一条是气温保持在 70℉时的曲线。

图（b）表示在价格为一定时气温与消费量之间的关系。一条是价格保持在 2.75 美元/勺时的曲线，另一条是价格保持在 2.00 美元/勺时的曲线。

图（c）表示在消费量为一定时气温与价格之间的关系。一条是消费量保持在 10 加仑时的曲线，另一条是消费量保持在 7 加仑时的曲线。

图 A1—8（c）表示当冰淇淋消费量保持不变时气温和价格的各种组合。一条曲线表示每天消费 10 加仑时的各种组合，另一条曲线表示每天消费 7 加仑时的各种组合。较高的价格和较高的气温会与较低的价格和较低的气温导致同样的消费量。例如，10 加仑的冰淇淋消费量可以是在 90℉和 3.25 美元/勺时完成的，也可以是在 70℉和 2.75 美元/勺时完成的，还可以是在 50℉和 2.5 美元/勺时完成的。

学完了本附录的有关图形的知识，你可以开始下一步的经济学学习。在本书中出现的图形都不会比你在本附录中所学到的复杂。

附录检查站

□ 学习计划中的问题

表 1 给出了有关美国经济的一些数据。A 列为年份；其他列是每人每年的销售量（百万计），其中，B 列为压缩光盘、C 列为音乐录影带、D 列为下载数。利用此表回答问题 1～5。

1. 用散点图表示在压缩光盘和音乐录影带之间的数量关系，并对这一关系做出描述。

2. 用散点图表示音乐录影带和下载数之间的数量关系，并对这一关系做出描述。

3. 用散点图表示压缩光盘和下载数之间的数量关系，并对这一关系做出描述。

4. 画出压缩光盘的时间序列图。说出在哪些年份 (a) 数量最高，(b) 数量最低，(c) 增加得最快，(d) 增加得最慢。说明数据中是否存在某种趋势，描述之。

5. 画出音乐录影带的时间序列图。说出在哪些年份（a）数量最高，(b) 数量最低，(c) 增加得最快，(d) 增加得最慢。说明数据中是否存在某种趋势，描述之。

表 1

	A	B	C	D
1	1996	779	17	3
2	1997	753	19	4
3	1998	847	27	7
4	1999	939	20	12
5	2000	943	18	19
6	2001	882	18	31
7	2002	803	15	51
8	2003	746	20	85
9	2004	767	33	139
10	2005	705	34	367
11	2006	620	23	586
12	2007	511	28	810

□ 教师可布置的问题

利用下面关于 x 和 y 两个变量的关系的信息回答问题 1 和 2。

x	0	1	2	3	4	5
y	0	1	4	9	16	25

1. 绘出关于 x 和 y 关系的图。它们是正相关还是负相关？

2. 计算当 x 分别为 2 和 4 时，x 和 y 之间关系的斜率。当 x 的值增加时，斜率有何变化？

利用下面关于 x 和 z 两个变量的关系的信息回答问题 3 和 4。

x	0	1	2	3	4	5
z	32	31	28	23	16	7

3. x 和 z 的关系是正相关还是负相关？

4. 计算当 x 分别为 2 和 4 时，x 和 z 之间关系的斜率。当 x 的值增加时，斜率有何变化？

5. 表 2 给出了一些有关乘坐气球旅行的价

格、气温以及一天乘座次数的数据。图示以下关系：

表 2

价格（美元/次）	乘坐气球旅行（次数/天）		
	50℉	70℉	90℉
5	32	50	40
10	27	40	32
15	18	32	27
20	10	27	18

- 在气温不变时，价格和乘坐次数之间的关系。
- 在价格不变时，乘坐次数和气温之间的关系。
- 在乘坐次数不变时，气温和价格之间的关系。

第 2 章 美国和全球经济

谁在制造 iPhone?

苹果（Apple），对吧？再猜猜！

iPhone 是一个极好的范例，它说明了全世界的很多人及其企业追求自我利益，最终决定着生产什么、如何生产以及为谁生产产品和服务。

本章要点

学完本章，你将能够：

1. 描述美国生产什么、如何生产以及为谁生产产品和服务。
2. 描述全球经济生产什么、如何生产以及为谁生产产品和服务。
3. 借助循环流量模型，理解在美国经济中的家庭、企业和政府是如何相互影响的，以及在全球经济中美国和其他经济体是如何相互影响的。

2.1 什么、如何以及为谁?

人类的欲望超出了资源所限，这一事实就是所有经济问题的根源。围绕着商贸中心闲逛，留心用于出售的商品和服务的种类，走进其中一些商店，观察一下标签，看看这些种类繁多的产品是哪儿制造的；下次当你行驶在州际高速公路的时候，看看周围的大卡车，留心印在车身上的公司名、产品以及卡车注册地；打开黄页电话簿，浏览一些区域，注意商家所提供的大量的产品和服务。

你刚刚做了一份关于目前美国社会生产和消费什么产品和服务的抽样调查。

2.1.1 我们生产什么?

我们把无数的产品和服务分成以下四大类别：

- 消费性产品和服务
- 资本品
- 政府的产品和服务
- 出口的产品和服务

消费性产品和服务是个人所购买的那些项目，并用于带来个人快乐，为个人的生活质量做出贡献。它们包括住宅、SUV 车、维他命水、拉面、巧克力棒、宝宝三明治、电影、溜冰课、医生和护士的服务等等。

资本品是企业购买的、为了增加生产性资源的产品。它们包括：汽车装配线、购物摩尔（shopping malls，即为超大型购物中心——译者注）、飞机和油轮。

政府的产品和服务是政府购买的那些项目。政府购买导弹和武器系统、旅行服务、因特网服务、警察保护、道路以及纸张和回形针等等。

出口的产品和服务是在一个国家生产而在另外一个国家消费的产品和服务。美国供出口的产品和服务包括新加坡航空公司购买的波音生产的飞机、欧洲人购买的戴尔生产的电脑以及在欧洲影院放映的美国电影等等。

在上述讨论的产品和服务的四大分类中，消费性产品和服务是最大的一个份额，而且，这一份额波动不大。所生产资本品的数量随着从繁荣到萧条的经济周期的波动而波动。政府购买的产品和服务大致接近总产量的 20%，出口产品大约占 10%。

如果把产品和服务分成更小的分类，医疗是最大的一块，占总产值的 13%。下 个是不动产，占 12%，其主要部分是租赁服务以及自有自用住宅。教育是下一个最大的服务，紧接着是零售和批发以及交通和存储业。

产品生产的分类比服务的分类要更细一些。最大类别的产品就是建筑，它占总产值的比重不到 5%。排在之后的三项分别为公用事业、食品以及化工产品。

关注美国经济

我们生产什么

2009 年消费性产品和服务占总产量的 62%，资本品与出口的产品和服务两者都是 10%，政府的产品和服务占 18%（见下图）。

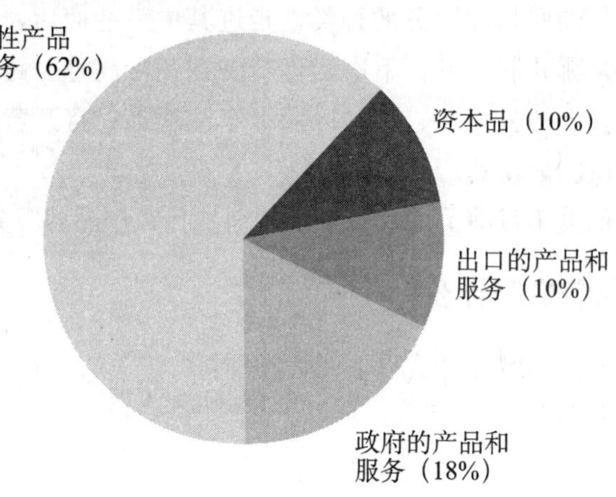

（a）大的类别

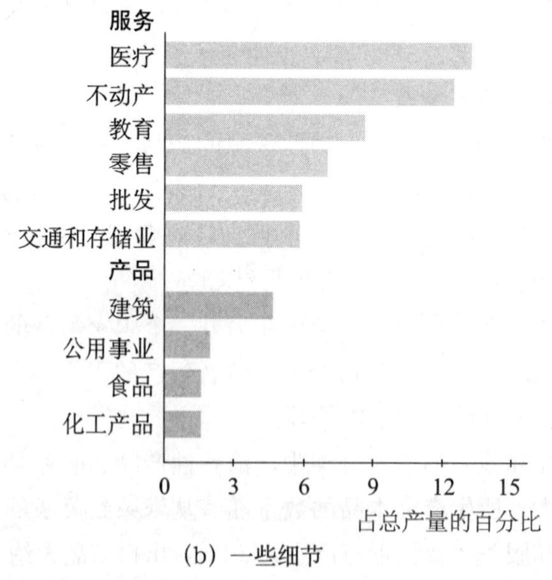

（b）一些细节

资料来源：Bureau of Economic Analysis.

医疗、不动产、教育、批发、交通和存储业是我们市场的六大服务业。建筑、公用事业、食品以及化工产品是生产出来的最大的产品类别。

关注过去

我们生产什么及其变化

70 年以前，4 个美国人当中就有一个人在某家农场工作。这一数字已锐减到 1/35。生产产品（比如矿业、建筑和制造业）的人数从 1/3 降到了 1/5。相反，生产服务的人数从 1/2 扩大到了几乎 4/5（见下图）。就业的这些变化折射了我们生产什么的变化，即我们主要生产的是服务。

我们常常听说全球化以及美国的制造业的工作机会转到了海外，但是，服务业工作的扩张和制造业工作的减少不再是什么新鲜事。过去的 60 年都是这样，而且还会继续这样。

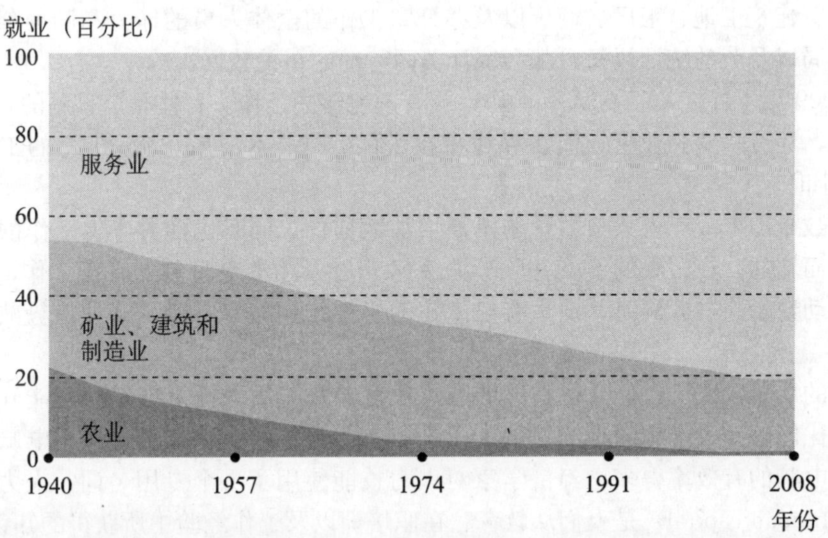

资料来源：U. S. Census Bureau，*Statistical Abstract of the United States*，1999 and 2008.

□ 2.1.2 我们如何生产？

产品和服务是利用生产性资源生产出来的。经济学家将生产性资源称作生产要素（factors of production）。生产要素被分解为以下四大类型：

- 土地
- 劳动
- 资本
- 企业家才能

土地

在经济学中，**土地**（land）是指“大自然的赠予”，我们用它生产产品和服务，在日常生活中，我们称土地为自然资源。它包括了日常用语中的土地，还有矿产、能源、水、空气、野生植物、动物、鸟类以及鱼类等等。这些资源有些是可重复使用的，有些是不可重复使用的。美国地质调查局调查自然资源数量及质量状况并监管其变化。

美国覆盖了近 20 亿英亩的土地。大约 45％的土地为森林、湖泊和国家公园。在 2009 年，接近 50％的土地用于农业，5％的土地为城市所用。但是，城市用地在扩张，而农业用地在萎缩。

我们的土地表面以及水资源是可重复使用的（renewable）。我们的一部分矿产资源可被循环使用，但是许多矿产资源以及我们用于创造能源的资源都仅仅能使用一次。它们是不可复重使用资源（nonrenewable）。美国拥有丰富的已探明的煤炭资源，但我们已探明的石油和天然气资源少了很多。

劳动

劳动（labor）指人们为生产产品和服务而付出的工作时间以及工作努力。它包括一切在农场、建筑工地、工厂、商店以及办公室工作的全体人员的体力和脑力努力。美国人口调查局以及劳动统计局每月都会统计美国劳动的相关数据。

在 2009 年 4 月，1.55 亿人有工作，或者说能够去工作。有些是全日制的，有些是非全日制的，还有一些失业了，但在寻找可接受的空置岗位。在 2009 年总的工作时间为 2 400 亿小时。

劳动数量随着成年人人口数量的不断增加而增加，同时也随着参加工作的人口百分比的上升而增加。在过去的 50 年里，大批妇女开始从事非全日制的有偿工作，这种趋势增加了劳动数量。与此同时，从事有偿工作的男性比例略有下降，这种趋势减少了劳动数量。

劳动的质量取决于人们掌握技能的熟练程度。只能用力推手推车而不能开大卡车的工人肯定比能够开大卡车的工人更缺乏生产率。办公室的文职人员会使用电脑的肯定比不会使用电脑的有效率得多。经济学家对人力技能使用了一个专用名词：人力资本。**人力资本**（human capital）是人们从教育、在职培训以及工作经验中所获得的知识和技能。

在你学习经济学和其他课程时，你就是在积累自己的人力资本，而且你的人力资本将会随着你得到一份全职工作并且做得越来越好而不断提高。人力资本的改善会提高劳动的质量进而提高产量。

资本

资本（capital）是指在过去生产出来的、现在被企业用于生产产品和服务的工具、仪器设备、厂房以及其他建筑物等实物的总称。资本包括了榔头和螺丝起子、电脑、自动装配生产线、办公大楼和仓库、州际高速公路、大坝和电厂、机场和飞机、制衣厂和购物摩尔。

资本还包括未售出的产品的存货，还包括在生产线上未完成品的存货。资本包括有时被称为基础设施资本的实物，如高速公路和机场。

像人力资本一样，资本使得劳动更加具有生产力。卡车司机比手推车推手生产的运输服务要大得多。州际高速公路系统比过去的老系统生产了更多的运输服务。

美国商务部的经济分析局负责调查美国的资本总价值以及它是如何变化的。今天，在美国经济中的资本价值大约为 47 万亿美元。

金融资本不是资本

在日常用语中，我们把货币、股票以及债券都说成是资本。例如，我们谈论一些企业通过发行股票和债券来融资。这些项目都是金融资本，不是生产性资源。它们在帮助人们向企业提供贷款、为企业提供金融性资源方面都扮演了一个重要的角色。但它们不是用于生产产品和服务的。所以，它们不是资本。

关注美国经济

在信息经济中我们的生产是如何变化的

信息经济包含了这样一些以计算机芯片为特征的生产和使用计算机及设备的工作岗位和工商活动。信息经济在你的日常生活中到处可见。

下面的两组照片说明了两大例子。在每组照片中，某种新技术能使资本代替劳动。

第一组照片说明了自动柜员机（资本）替代了银行柜台人员。尽管将近40年前自动柜员机就被研制出来了，但在最开始露面时，它只是坐落在银行里面，并且还不能及时更新储户的余额。仅仅在上一个十年间，自动柜员机几乎遍布商场的角落，在世界上任何地方都能提款并查询账户余额。

第二组照片说明了更新的资本替代劳动的事例：自动领取登机牌。今天的航空旅行者通常可以在出家门之前在自己的电脑上为自己出登机牌。对国际航班，有些机器还能检查护照的细节。

银行柜员、办理登机服务的人员的数量在减少，然而，这些新技术正在创造出全新的工作机会：生产、编程、安装以及维修人员。

企业家才能

企业家才能（entrepreneurship）指组织劳动、土地以及资本进行生产的人力资源。企业家具有很强的创造性和想象力。企业家提出生产什么以及如何生产的新见解，做出商业决策。如果决策正确，他们便赚取利润；如果决策失误，他们就承担亏损。

企业家才能的量化难以描述，也难以度量。在某一时段，周围好像有许多想象力丰富的企业家，例如创建了世界上最大的零售商沃尔玛的萨姆·沃尔顿（Sam Walton）、创建了美国微软帝国的比尔·盖茨（Bill Gates）、创建了美国第二大社交网站 Facebook 的马克·扎克伯格（Mark Zuckerberg），都是杰出的天才企业家的典型。但是这些显赫的企业家只是冰山一角，冰山之下还有成千上万的人在经营着许多或大或小的企业。

□ 2.1.3 我们为谁生产?

将得到的产品和服务取决于人们赚取的收入。收入高的人可以购买更多的产品和服务，而收入低的人则只能购买更少的产品和服务。

人们通过出售他们所拥有的生产要素来赚取其收入。租金是对使用土地的支付，工资是对劳动服务的支付，利息是对使用资本的支付。企业家因为经营企业才赚取利润（或亏损）。在美国上述四大类各自占有多大的份额呢？哪一类要素得到最大的份额呢？

图 2—1 (a) 回答了上述问题。它表明在 2008 年工资收入占总收入的 65%，租金、利息和利润占总收入的 35%。这一比例很长时间以来都惊人地保持不变。我们把按生产要素进行的收入分配称为功能性收入分配。

图 2—1 (b) 显示了个人收入分配——在家庭之间的收入分配。有些家庭，像泰格·伍兹（Tiger Woods）一年赚几百万美元。这些家庭在美国是最富裕的 20%的家庭，他们赚取了总收入的 51%。在此分类的另外一端，像那些快餐服务员一类，是在最贫穷的 20%之列，他们仅仅赚取了总收入的 3%。收入分配格局一直在变化着，而且变得越来越不公平。富的更富；但从总体看，并不是穷的更穷，他们只是没有富人那样富得那么快罢了。

检查站 2.1	**描述美国生产什么、如何生产以及为谁生产产品和服务。**

现实问题

1. 请说出我们在经济学中使用的四大类型的产品和服务，对每种提出一个不同于本书的实例，并说出在 2009 年它们在总产量中所占的比重。
2. 请说出四种生产要素以及它们赚取的收入。
3. 区分功能性收入分配和个人收入分配。
4. 在美国，哪一种生产要素在 2008 年赚取的收入分配的份额最大以及份额为多少?
5. 小额贷款失去了什么?

穆罕默德·尤努斯（Muhammad Yunus）（以及孟加拉国乡村银行）被授予 2006 年

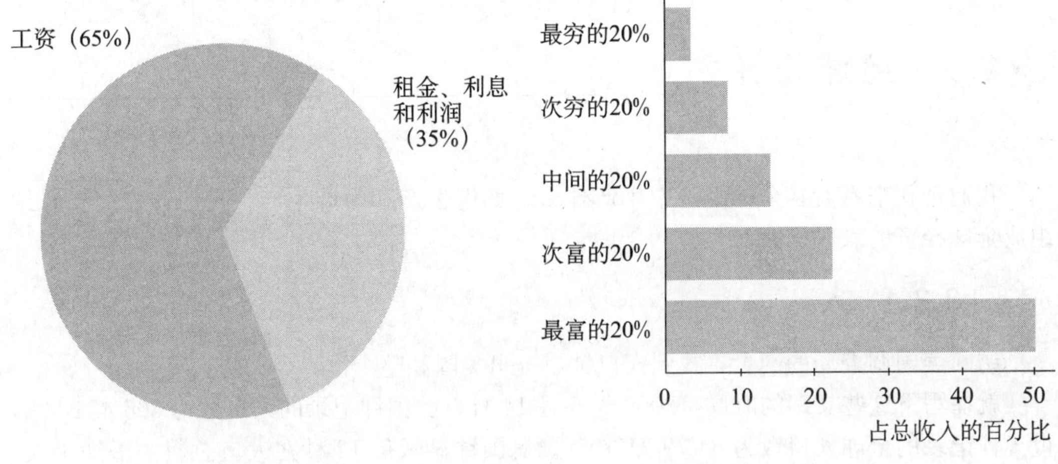

图 2—1　为谁生产？

在 2008 年，工资（从劳动中得到的收入）占总收入的 65%，租金、利息和利润（从土地、资本和企业家才能所提供的服务中得到的收入）合计占剩下的 35%。

在 2008 年，收入最高的 20%的人口得到了 51%的总收入，收入最低的 20%的人口仅仅得到了 3%的总收入。

资料来源：Bureau of Economic Analysis，*National Income and Product Accounts*，Table 1. 10 and U. S. Census Bureau，*Income*，*Poverty*，*and Health Insurance in the United States*：*2008*，Current Population Reports P60-235，2008.

诺贝尔和平奖。尤努斯曾说过："所有的人都是企业家"，小额贷款将帮助穷人摆脱贫困。仅有 14%的美国人是企业家，而几乎 50%的秘鲁人是企业家。

资料来源：James Surowiecki，*The New Yorker*，March 17，2008.

仅有 14%的美国人是企业家，大多数美国人是以什么生产要素赚取他们的收入的？这种收入叫什么？你如何理解为什么这么多秘鲁人是企业家？

参考答案

1. 四大类型是消费性产品和服务、资本品、政府的产品和服务、出口的产品和服务。衬衣是一种消费性产品，理发是一种消费性服务，石油钻机是一种资本品，警察保护是一种政府服务，出售给冰岛的计算机芯片是一种出口产品。2009 年在总产量中，消费性产品和服务占 62%，资本品占 10%，政府的产品和服务占 18%，出口的产品和服务占 10%。

2. 生产要素是土地、劳动、资本和企业家才能。土地赚取租金，劳动赚取工资，资本赚取利息，企业家才能赚取利润或者发生亏损。

3. 功能性收入分配显示了每种生产要素收入占总收入的百分比，个人收入分配显示了家庭收入占总收入的百分比。

4. 在美国，劳动在 2008 年赚取了份额最大的收入分配，其赚取了 65%的总收入。

5. 大多数美国人是依靠劳动赚取他们的收入，这被称为工资。秘鲁是一个贫穷国家，工资岗位相比美国更有限，为了赚取收入，他们很多人都是自我雇佣，作为一个小企业家工作。

2.2 全球经济

我们现在来看看在全球经济中生产什么、如何生产和为谁生产。我们首先简要介绍组成全球经济的人和国家。

□ 2.2.1 人

访问美国调查局的网页，找到人口钟，查出美国和整个世界今天的人口数量。

就在写下这些文字的时候，2009 年 5 月 14 日，美国钟记录的人口数为 306 424 038，世界钟记录的全球人口数为 6 779 717 958。美国钟显示每 12 秒在人口总数中增加 1 人，世界钟转得更快一些，在同样的 12 秒钟增加了 30 人。

□ 2.2.2 国家

世界 68 亿人口（还在增加）生活在 175 个国家和地区，国际货币基金组织将其分成两大类别的经济体：

- 发达经济体
- 新兴市场和发展中经济体

发达经济体

发达经济体是最为富裕的 29 个国家（或地区）。美国、日本、意大利、德国、法国、英国和加拿大属于这一小组。四个新型工业化亚洲国家和地区也是如此：中国香港、韩国、新加坡和中国台湾。其他发达经济体包括澳大利亚、新西兰以及大多数西欧国家将近 10 亿人口（15%的世界人口）生活在发达经济体中。

新兴市场和发展中经济体

新兴市场经济体是由中欧、东欧和亚洲的 28 个国家所组成的，20 世纪 90 年代早期之前，苏联的一部分或者其卫星城属于亚洲，俄罗斯是这些经济体中最大的。其他的包括捷克共和国、匈牙利、波兰、乌克兰和蒙古。

将近 5 亿人口在这些国家和地区生活——仅占发达国家和地区人口数的一半。然而，这些国家是重要的，这是因为它们是从国有生产、中央经济计划、深度管制市场的体制转型为自由企业和放松管制的国家和地区（由此得名）。

发展中经济体是由非洲、亚洲、中东、欧洲、中非和南非的 118 个国家和地区所组成的，它们还没有为它们的人民实现高的平均收入。在这些经济体中，平均收入差距很大，但是，在所有情形下，其平均收入比发达经济体低出许多，在极端情况下，它们的收入极其低下。50 多亿人口——几乎五分之四的人口——生活在发展中经济体中。

□ 2.2.3 全球经济生产什么？

首先，让我们看看大的场景。想象一下每年全球经济生产一块巨大的馅饼。在 2009

年这块馅饼值 70 万亿美元！赋予这一数字一定的意义，如果这块馅饼是均等分配的话，我们中的每一个人可以得到价值 10 300 美元的一小片。

全球馅饼是在哪儿烧烤的呢？

图 2—2 向我们说明了世界上这块馅饼是在哪儿烧烤的。发达经济体生产了 56%——21%由美国生产，其他发达经济体生产了 35%。另外的 8%由新兴市场经济体生产。生产了世界产量（价值）64%的上述经济体仅占世界人口的 21%。

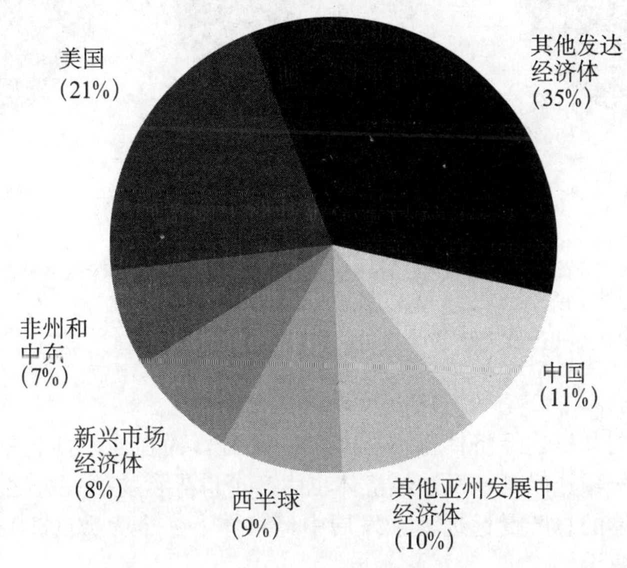

图 2—2　全球经济 2008 年生产什么？

如果我们把全球经济的产品价值用一块馅饼来表示的话，美国生产的那一小片为 21%，其他发达经济体生产了总产量的 35%。

大部分剩余馅饼来自亚洲。中国生产的一小片为 11%。剩下的亚洲发展中经济体生产了 10%。非洲、中东以及西半球生产了 16%，新兴市场经济体生产了余数。

资料来源：International Monetary Fund，World Economic Outlook Database，April 2009.

剩下的大部分全球馅饼来自亚洲。中国生产了总量的 11%，剩下的亚洲发展中经济体生产了 10%。非洲和中东的发展中经济体生产了 7%。西半球——墨西哥和南非——生产了余额。

一片片全球产量馅饼的大小正在逐步发生变化。美国的份额正在减少，中国的份额正在扩张。

不像一片片苹果馅饼那样，这些全球馅饼有不同的填充物。有些有更多的油，有些有更多的食物，有些有更多的服装，有些有更多的住宅服务，有些有更多的汽车，等等。让我们从石油开始看看这些不同的填充物。

能源

石油、天然气和煤炭资源在全球不均匀地分布着。图 2—3 说明了这些能源资源是在哪里生产的。所有的这些资源都是不可再生的，最终都会枯竭。以现有的使用速率，已探明的世界石油储藏量可以持续大约 40 年，天然气可以持续大约 60 年，煤炭将可以持续 200 年。随着石油、天然气和煤炭的储藏量越来越低，开采成本上升，我们将增加使用风和太阳能。现在，这些资源占世界发电的2%，并且，这一数值在递增。

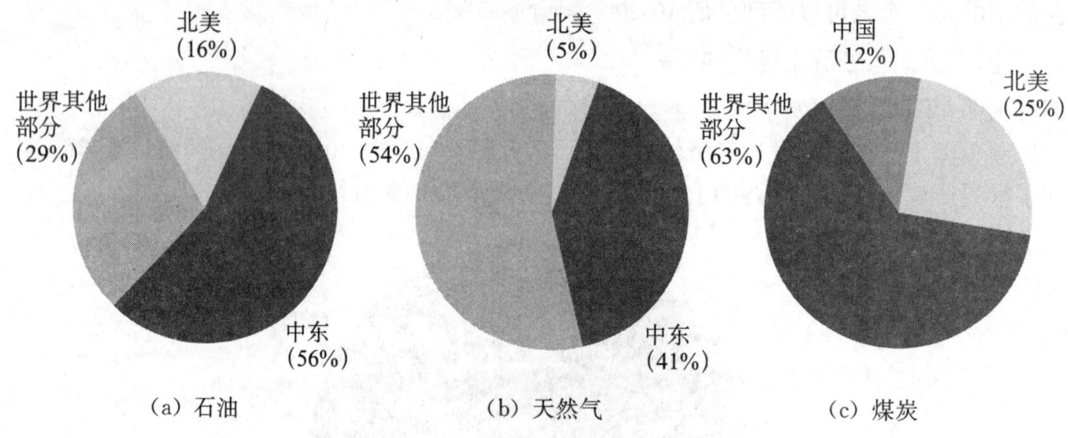

图 2—3　全球经济的能源资源

现有世界已探明的大部分石油在中东（沙特阿拉伯、伊拉克和伊朗）。北美拥有现有储备的16%。中东还有最大份额的天然气储备，北美仅有5%的天然气储备。煤炭在北美和中国是很丰富的。

资料来源：Energy Information Administration.

食物

食物生产在美国和发达经济体都占很小的一部分，而在像巴西、中国和印度这样的国家都占有很大的份额。但是，发达经济体也生产了世界食物的三分之一。怎么可能呢？这是因为发达经济体的总产量远远大于发展中经济体，一个大数的小百分比可能比一个小数的大百分比还要大。

其他产品和服务

如果你在加拿大、英格兰、澳大利亚、日本或者任何一个发达经济体的购物摩尔购物，你会怀疑你是怎么离开美国的。你将看到星巴克（Starbucks）、汉堡王（Burger King）、比萨饼（Pizza Hat）、肯德基（KFC）、凯马特（Kmart）、沃尔玛（Wal-Mart）、塔吉特（Target）、贝纳通（the United Color of Benetton）、盖普（Gap）、汤美希绯格（Tommy Hilfiger）、泰利格（Tie Rack）、高档的路易威登（Louis Vuitton）和巴宝莉（Burberry）以及一大串你熟悉的品牌。当然，你能够看见麦当劳的金色拱门。30 000个麦当劳店星罗棋布在119个国家和地区，你在任何一个国家中都可以看见一个或多个麦当劳店。

发达经济体的相似性超出了上述购物摩尔的视角。在这些经济体中生产什么的结构是很相似的。从总体经济的百分比来看，农业和制造业占一个很小的比例，并且还在缩小，服务业占很大的比例，并且还在扩大。

在发展中经济体中，生产什么的问题和发达经济体是完全相反的。制造业占的比重很大。发展中经济体拥有占很大比例和正在扩张的产业，这些产业生产纺织品、鞋类、运动器材、玩具、电子产品、家具、钢材甚至汽车。

□ 2.2.4　在全球经济中如何生产?

每一个国家和地区都有其独特的土地、劳动和资本的融合。然而，在我们所讨论的发达经济体和发展中经济体之间，还是有一些有趣的共同点和明显的不同点。

人力资本的差距

在发展中经济体中，那些获得一个学位或者完成高中学习的人口比例是比较低的。在发展中经济体中那些最为贫穷的国家里，许多儿童失去了初级教育的机会。他们根本就没上过学。在职培训以及经验在发展中经济体中比发达经济体要少得多。

关注 iPhone

谁在制造 iPhone?

苹果公司想以尽可能低的成本生产 iPhone。它通过在三大洲 30 个公司雇用了成千上万个工人实现这一目标。下表显示了部分公司以及它们所花费的成本。

苹果公司以及其他 30 家企业做出生产决策，向其工人、投资者以及原材料供应商支付报酬，各自扮演着在影响生产什么、如何生产和为谁生产方面的角色。

4G iPhone 成本和生产者

项目	成本（美元）	生产者（不完全）	国家和地区
处理芯片	31.40	台湾半导体	中国台湾
		联合微电公司	中国台湾
		三星	韩国
		奇迹	美国
		美光科技公司	美国
记忆芯片	45.80	英特尔	美国
蓝牙	19.10	剑桥硅电台	英国
印刷电路板	36.05	正崴	中国台湾
		乾坤科技	中国台湾
手机界面	19.25	英飞凌	德国
相机模块	11.00	大立光电	中国台湾
		阿尔特斯科技、致伸、建兴	中国台湾
显示屏	33.50	国家半导体	美国
		联咏科技	中国台湾
		三洋爱普生、夏普、TMD	日本
触摸屏控制器	1.15	巴尔达	德国
		博通	美国
电池和能源管理	8.60	台达电子	中国台湾
盒子	8.50	可成科技、富士康科技	中国台湾
组装	15.50	富士康？广达电脑？	中国台湾
特许权使用费	15.98		
总成本	245.83		

实际资本差距

发达经济体有异于发展中经济体的重大特征就是生产产品和服务所能获得的资本数

量的不同。其差异首先开始于基础性的交通体系。在发达经济体中，一个运行良好的高速公路体系连接着主要城市和生产地。你可以打开北美道路地图集，比较一下美国跨州高速公路体系和墨西哥稀少的高速公路，便可以最为形象地看出这一差异。如果你翻一翻西欧和非洲的道路地图集，也可以看出相似的反差。

然而，发展中经济体也不是没有高速公路。事实上，它们中的一部分有着最新最好的高速公路，但是，这里最新最好也只限于大型城市之间。发展中经济体中一些更小的中心或者乡村之间经常拥有某些世界上最为糟糕的道路。

与高速公路的反差相比，车辆的反差也许更大一些。在任一发达经济体中，你很难碰上载物马车。但是，在发展中经济体中，你可以经常看见用动物作动力的车辆，卡车通常很陈旧或者很不可靠。

交通运输的反差与在农场以及工厂方面的反差是相匹配的。一般来说，经济越发达，生产所用的资本设备数量就越多，复杂性就越强。然而，这一对比并非那么一清二楚。印度、中国以及亚洲其他地方的工厂也许使用了最新的技术。家具制造便是一个案例。为了生产的家具使得美国人愿意购买，亚洲企业使用的机器就像美国北卡罗来纳州企业使用的机器一样。

再一次说，正是现代资本密集型技术使用的广泛性区分了发展中经济体和发达经济体。发达经济体中的所有工厂都是资本密集型的，而在发展中经济体中只有一些工厂如此。

在发达和发展中经济体中的人力和实际资本的差异对谁能够得到产品和服务有很大的影响。

□ 2.2.5 在全球经济中为谁生产?

谁得到世界的产品和服务取决于人们所赚取的收入。那么，在全世界收入是如何分配的呢?

个人收入分配

你在前面已经看到，收入最低的20%的人口只得到3%的总收入，而收入最高的20%的人口却得到51%的总收入。在世界经济中的个人收入分配就更为不平等了。按世界银行的数据，收入最低的20%的人口只得到2%的全球总收入，而收入最高的20%的人口却得到70%的全球总收入。

国际分配

在全球层面上，更大程度的不平等来源于不同国家的平均收入。图2—4说明了某些差异。它显示了人们一天平均支付的货币价值。你可以发现，在美国这一数字是128美元一天——美国平均每人每天可以花费128美元去购买产品和服务。这一数值是世界平均数的大约5倍之多。加拿大和英国拥有美国人平均收入的80%左右，日本、德国、法国和意大利以及其他发达经济体拥有美国人平均收入的75%左右，当我们继续往下看图的时候，收入水平下降得很快，非洲仅实现了人均收入7美元一天。

当人们失去收入不错的制造业的工作，而找到一份收入较低的服务业的工作时，美国以及大多数其他发达经济体中，不平等便增强了。在发展中经济体中，不平等也在增强。有技能的人享受着增长的收入，而无技能者的收入却在下降。

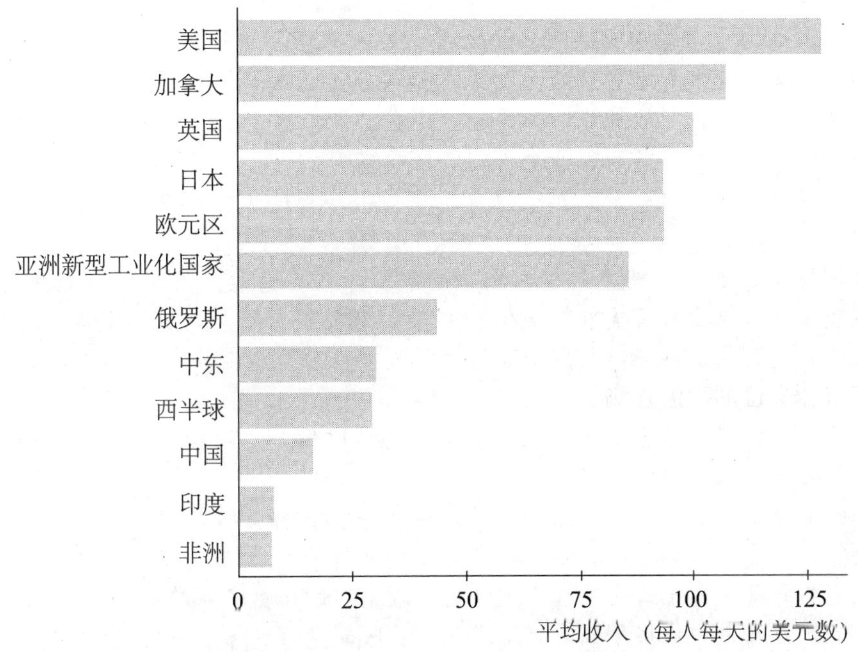

图 2—4　2008 年在全球经济中为谁生产

在 2008 年，美国每天的平均收入是 128 美元，在加拿大为 107 美元，在英国为 100 美元。在日本以及欧元区为 93 美元。这一数字在俄罗斯降到了 44 美元，在中国为 16 美元，在印度为 8 美元，在非洲为 7 美元。

资料来源：International Monetary Fund，World Economic Outlook Database，April 2009.

幸福悖论和重大挑战

尽管在大多数国家内部的不平等在扩大，但是，在过去 20 年间，全世界的收入不平等却在缩小。按照哥伦比亚大学经济学教授 Xavier Sala-i-Martin 的观点，最为重要的是极度贫困在缩小。他估算了在 1976—1998 年间，一天赚取一美元或更少的人口减少了 2.35 亿，一天赚取两美元或更少的人口减少了 4.5 亿。这一幸福情景的出现主要归功于中国——最大的国家——收入急剧上升，使数百万极度贫困的人口脱贫。

使非洲摆脱贫困在今天是一项重大的挑战。在 1960 年，世界上最贫穷的 11%的人口生活在非洲，但在 1998 年，这一数值达到了 66%！在 1976—1998 年间，在非洲一天赚取一美元或更少的人口增加了 1.75 亿，一天赚取两美元或更少的人口增加了 2.27 亿。

关注你的生活

在你的生活中的美国以及全球经济

你已经多次领教了有关美国和全球经济生产什么、如何生产以及为谁生产产品和服务的事实及其趋势。你如何使用这一信息呢？你可以在两方面使用它：

1. 对你的事业选择提供信息。
2. 对你的关于保护美国就业岗位的政治立场提供信息。

事业选择

当你思考你的未来事业的时候，你现在就应该掌握关键趋势的信息。你知道，制造业正在萎缩。美国经济有时候被称为后工业经济。曾为数代人提供经济脊梁的产业今天已经降到了大约五分之一的地步，这一趋势还在继续。到21世纪中期，从提供就业机会的角度看，制造业完全有可能就像今天的农业那样少。

因此，在制造业中的一份工作很有可能成为很艰难的工作，有可能需要在整个就业生涯过程中换几回工作。

随着制造业的萎缩，服务业在扩张，这一扩张还在持续。卫生保健、教育、通信、批发和零售以及娱乐很有可能在未来大为扩展，就业机会增加，工资提高。在服务业中的一份工作很有可能提供一份稳定增长的收入。

保护就业岗位的政治立场

当你思考如何保护美国就业岗位的政治立场的时候，你现在就应该较好地掌握有关基本事实和趋势的信息。

当你听到制造业的工作消失了并且流动到了中国，你应该能够用产业发展的眼光看待这一消息。你有理由担心，特别是在你或者你的家庭成员失去工作的时候。但是，你知道，试图扭转甚至阻止这一进程都是悍然不顾坚定的历史发展趋势。

在以后的章节之中你将学到，对形成保护、限制竞争的怀疑是有其经济学道理的。

检查站 2.2	描述全球经济生产什么、如何生产以及为谁生产产品和服务。

现实问题

1. 描述发展中经济体生产什么、如何生产以及为谁生产产品和服务。
2. 成功的故事：卢旺达咖啡农场。

克林顿基金会对卢旺达米绍智咖啡公司贷款23 000美元，以支持其改善咖啡冲洗站并提供技术支持。

资料来源：The Clinton Foundation.

成功的根源是什么？

参考答案

1. 在发展中国家中，农业占有最大的百分比，制造业所占百分比日益上升，服务业很重要，但占总产量的比重很小。大多数生产并没有使用现代资本密集型技术，但是某些产业使用了。在工厂工作的人收入提高，但那些在乡村工作的人被甩在了后面。

2. 卢旺达米绍智咖啡公司的种植者改善了其咖啡种植的知识，提高了其人力资本，改进了其冲洗站的运作。

2.3 循环流量

我们可以借助循环流量模型（circular flow model）重新组织我们刚刚学习的那些数

据。循环流量模型是一种显示支出与收入循环流量的经济模型，这些循环流量产生于各类决策者的选择及其相互作用的方式，这些选择相互作用决定着一个社会生产什么、如何生产以及为谁生产产品和服务的问题。图 2—5 显示了循环流量模型。

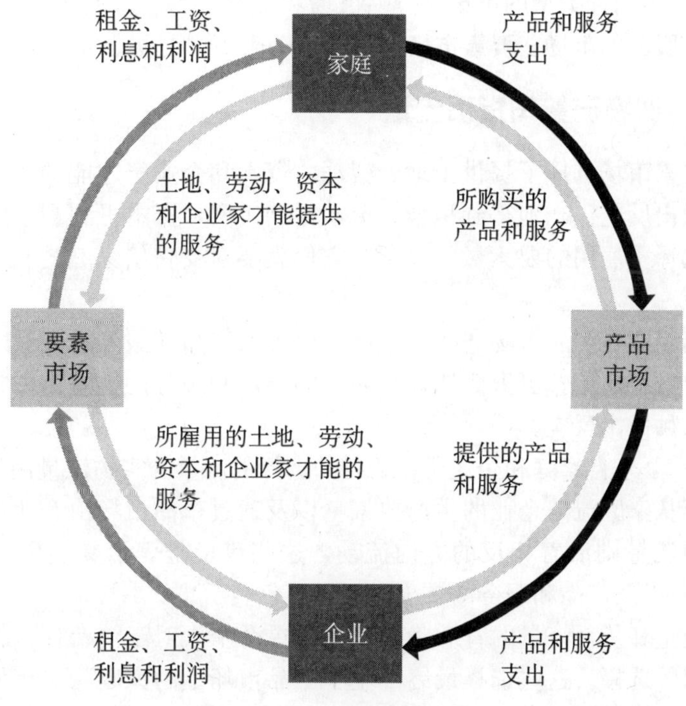

图 2—5 循环流量模型

浅灰色流量代表着家庭要素市场流向企业的生产要素流量，还代表着企业经产品市场流向家庭的产品和服务的流量。这些流量是实物流量。

深灰色流量代表来自生产要素的收入，黑色流量代表对产品和服务的支付。这些流量是货币流量。

产生这些流量的选择决定着生产什么、如何生产以及为谁生产这些产品和服务的问题。

□ 2.3.1 家庭与企业

家庭（households）是居住在一起的个人或者一群人。在美国，1.12 亿的家庭拥有土地、劳动、资本和企业家才能等生产要素，并且决定向企业提供多少资源。家庭同时还要决定购买的产品和服务的数量。

企业（firms）是组织产品和服务的生产的机构。在美国，2 000 万家企业决定使用的生产要素的数量及生产的产品和服务的数量。

□ 2.3.2 市场

家庭选择提供给企业的生产要素的数量，而企业选择雇用的生产要素的数量。家庭选择购买的产品和服务的数量，而企业选择生产的产品和服务的数量。这些选择如何协调并取得一致？答案就是：通过市场。

市场（market）是将买者与卖者聚集在一起，并使他们能够获得信息并相互进行交易的任何安排。一个例子就是石油买卖市场，即世界石油市场。世界石油市场不是一个地方，而是石油生产商、石油使用者、批发商和经纪人买卖石油的网络。在世界石油市场中，决策者并非真正见面，而是通过电话、传真和因特网进行交易。

图 2—5 区分了两种类型的市场：产品市场和要素市场。**产品市场**（goods markets）是买、卖产品和服务的市场。**要素市场**（factor markets）是买、卖生产要素的市场。

□ 2.3.3 实物流量与货币流量

当家庭在要素市场选择了提供土地、劳动、资本和企业家才能的数量后，它们将对所得到的收入做出反应：土地得到租金，劳动得到工资，资本得到利息以及企业家得到利润。当企业选择了雇用的要素数量之后，它们就要对支付给家庭的租金、工资、利息和利润做出反应。

类似地，当企业在产品市场选择了生产并出售的产品和服务的数量之后，它们将对来自家庭的支出做出反应。当家庭选择了购买的产品和服务的数量后，它们就要对支付给企业相应的数额做出反应。

图 2—5 显示了来自家庭和企业所作的各种选择的流量。实物流量用浅灰色表示，这是通过要素市场从家庭流向企业的生产要素量以及通过产品市场由企业流向家庭的产品和服务量。货币流量则沿着相反的方向流动，这些流量是表示交换生产要素的支付量（以深灰色表示）以及产品和服务的支出量（以黑色表示）。

这些实物流量和货币流量的背后隐含着无数单个个人对于消费什么、生产什么以及如何生产所做出的选择。这些选择最终产生了产品市场上的家庭购买计划和企业的销售计划，并且这些选择最终产生了在要素市场上的家庭销售计划和企业的购买计划。在这些购买计划和销售计划实施后，它们就决定了人们所要支付的价格和赚取的收入，于是也就决定了为谁生产产品和服务的问题。你在第 4 章中将学到市场是如何协调家庭的购买计划和企业的销售计划，并如何使之相互一致的。

企业生产了我们消费的绝大多数产品和服务。但是，政府也提供了一些令我们愉快的服务。同时，通过改变收入分配来修正谁得到产品和服务，政府在这一方面起了很重要的作用。因此，我们现在看一看政府在美国经济中的作用，并把它们加入到循环流量模型之中。

□ 2.3.4 政府

美国有超过 8.6 万个的组织，它们像政府一样运作，其中一些是微小的，例如尤马、亚利桑那州以及学校校区；有些却是庞大的，例如美国联邦政府。我们将政府分成两类：

- 联邦政府
- 州政府与地方政府

联邦政府

联邦政府的主要支出是提供：

1）产品和服务

2）社会保障和福利救济（welfare benefits）

3）向州政府和地方政府的转移支付

由联邦政府提供的产品和服务包括立法系统，它界定了财产权利、执行合同、国家安全等。社会保障和福利救济包括退休养老金、医疗保险和公共医疗补助项目，它们是联邦政府向家庭的转移支付。而向州政府和地方政府的转移支付旨在保证州和地区之间的公平。

联邦政府通过征收一系列税收为其支出融资，上缴给联邦政府的主要税种有：

1）个人所得税

2）公司所得税

3）社会保障税

2008 年，联邦政府支出了超过 3 万亿美元的税，占当年美国生产的产品和服务总值的 21%。它们所征收的税收小于其支出，政府出现赤字。

州政府与地方政府

州和地方政府的主要支出是提供：

1）产品和服务

2）福利救济

由州和地方政府提供的产品和服务包括州法院、法律执行、学校道路、垃圾收集与处理、供水以及污水管理。州政府提供的福利救济包括失业救助和其他对低收入家庭的补助。

州和地方政府通过征税和联邦政府的转移支付为其支出融资，上缴给州和地方政府的主要税种有：

1）销售税

2）财产税

3）州所得税

2005—2006 年，州和地方政府花费超过 2.1 万亿美元，占当年美国生产的产品和服务总值的 16%。

□ 2.3.5 循环流量模型中的政府

图 2—6 把政府加入到了循环流量模型之中。当你学习这张图时，首先会注意到，外圈与图 2—5 是一样的。除了上述流量之外，政府从企业购买产品和服务。图中的黑色箭头代表了这一支出，它是从政府经产品市场流向企业的流量。

家庭和企业向政府缴税。从家庭和企业直接流向政府的浅灰色箭头代表着这些流量。同样，政府对家庭和企业也有货币性转移支付，从政府直接流向家庭和企业的浅灰色箭头代表着这些流量。税收和转移支付是家庭和政府的直接交易，并没有经过产品市场和要素市场。

政府提供了法律框架，在此框架之内发生了交易活动。例如，政府开设法庭和法律系统以保障合同的签订和执行。但是，这些活动没有成为图 2—6 中的一部分循环流量，因此在该图中是看不到的。

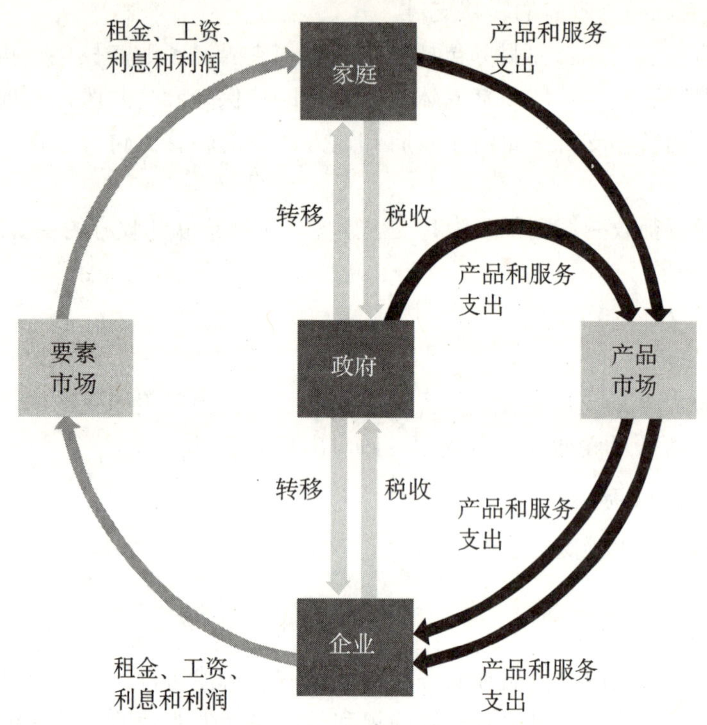

图 2—6　循环流量模型中的政府

从家庭和企业流向政府的浅灰色箭头是指税收，而从政府流向家庭和企业的浅灰色箭头是货币转移支出。政府经产品市场流向企业的黑色流量是政府购买产品和服务的支出。

□ 2.3.6　联邦政府的支出与收入

联邦政府对产品和服务的支出以及转移支付支出主要有哪些项目呢？税收收入的来源是什么？图 2—7 回答了这些问题。

三大支出项目从数量上来说很接近，也很大。它们是社会保障性救济、医疗保险和医疗补助以及国防和国土安全。上述三项约占政府支出的 60%。其他转移给个人的支出，包括失业救济金，也是很大的。"其他"项涵盖了很多内容，包括转移给地方政府的支出、美国航空航天局空间项目以及国家科学基金对大学研究的资助。

对国民债务的利息支出是另外一个重要的支出。**国民债务**（national debt）是指联邦政府为弥补税收不足所造成的预算赤字而举借的债务。国民债务有点像一张大额信用卡，支付政府负债利息就像是每月必须支付的最低金额。

联邦政府的大部分税收收入来源于个人所得税和社会保障税，公司所得税只占联邦政府收入的很小一部分。

□ 2.3.7　州政府和地方政府的支出与收入

州和地方政府对产品和服务的支出以及转移支付主要有哪些项目？州和地方政府的主要收入来源是什么？图 2—8 回答了这些问题。

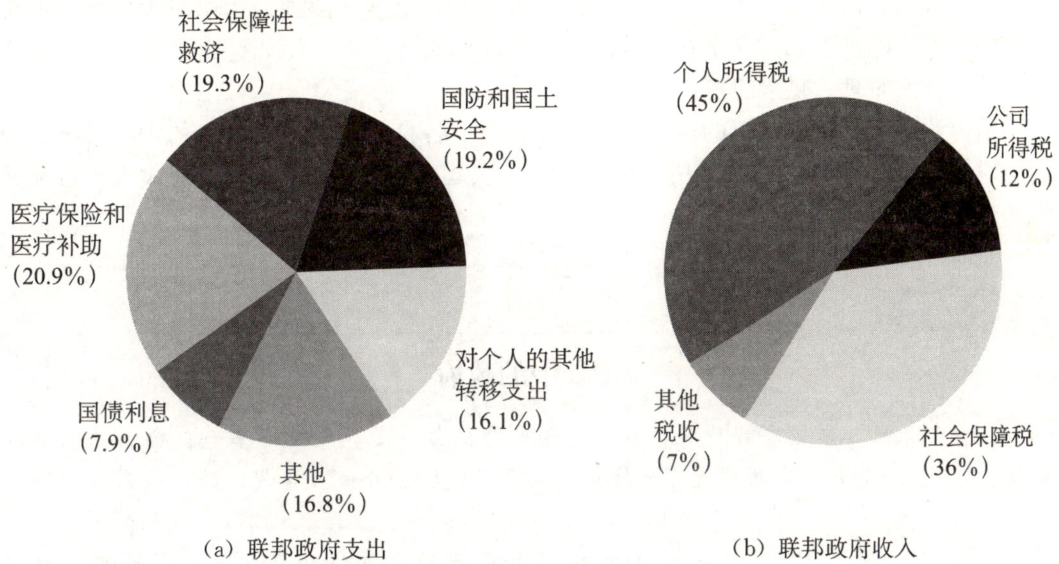

图 2—7　联邦政府的支出与收入

社会保障性救济、医疗保险和医疗补助以及国防和国土安全占联邦政府支出的近 60%，对国家债务的利息支出是另外一个重要的支出。

联邦政府的大部分税收收入来源于个人所得税和社会保障税，公司所得税只占联邦政府总收入的很小一部分。

资料来源：Budget of the United States Government，Historical Tables，Table 2. 1 and Table 3. 1，2008 data.

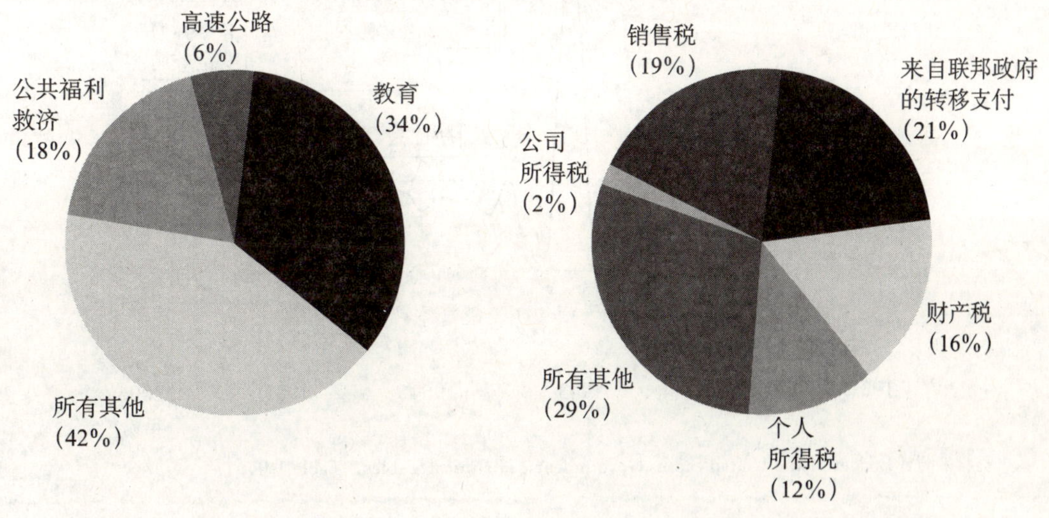

图 2—8　州政府和地方政府的支出和收入

教育、公共福利救济和高速公路占州和地方政府支出的最大部分。

大多数州和地方政府的收入来源于销售税、财产税以及来自联邦政府的转移支付。

资料来源：*Economic Report of the President 2009*，Table B-86，2005－2006 data.

你可以看到，到目前为止，州和地方政府支出的最大一部分便是教育。包括公立学校、学院和大学的费用。教育占总支出的 34%，接近 7 300 亿美元，或人均 2 400 美元。

公共福利救济是第二大项目，占总支出的18%。高速公路建设为第三大项目，占总支出的6%。剩下的42%花费在其他的公共产品和服务之上，比如警察服务、垃圾收集和处理、污水管理、供水等等。

销售税和来自联邦政府的转移支付数额接近，各自相应约占总收入的19%和21%。财产税占总收入的16%，个人所得税占12%，公司所得税占2%，剩下的收入来自天然气和烟酒等税收。

关注过去

增长中的政府

一百年以前，美国联邦政府花费了美国所赚的每一美元中的2美分；今天美国联邦政府花费了20美分。在两次世界大战期间以及20世纪60—70年代，政府随着社会项目的扩张而扩大。

仅在20世纪八九十年代，大政府才开始处于缩小的进程，这是从罗纳德·里根(Ronald Reagan)开始并由比尔·克林顿(Bill Clinton)继续推动的。但是，“9·11”事件又成为了开创一个扩大的政府的新纪元（见下图）。

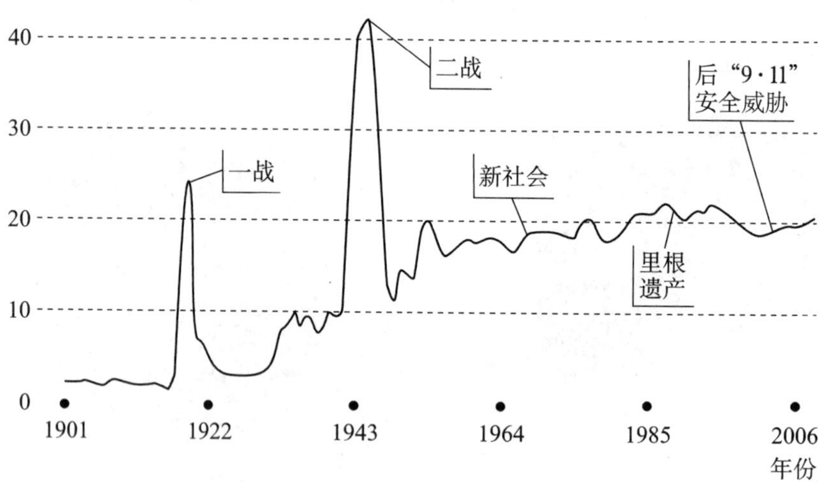

资料来源：Budget of the United States Government, Historical Tables, Table 1.1.

□ 2.3.8 全球经济的循环流量

美国经济中的家庭和企业与其他经济体中的家庭和企业以以下两种方式发生联系：它们去买卖产品和服务，它们借款或贷款。我们把这两种活动称为：

- 国际贸易
- 国际金融

国际贸易

你购买的许多产品和服务都不是在美国生产的。你的 iPod、Wii 游戏机、耐克鞋、手机、T 恤衫以及自行车都是在亚洲或者有可能是欧洲、南美或中美洲什么地方生产的。我们从其他国家购买的产品和服务是美国的进口。

在美国生产的大部分都不仅仅在这里销售。例如，波音公司为外国航线生产了许多飞机。华尔街的银行家们出售银行服务给欧洲人和亚洲人。我们销售给外国的家庭和企业的产品和服务被称为美国的出口。

国际金融

当企业或政府想借款的时候，它们在寻找可得的最低利率。有时候，它在美国之外。同样地，当我们的进口价值大于出口价值时，我们必须向世界其他地方借款。

在世界其他地方的企业和政府以同样的方式行事。它们在寻找可得的最低利率进而借款，以及寻找可得的最高利率进而贷款。它们有可能向美国人借款或贷款。

图 2—9 显示了在全球经济中的产品市场和金融市场的流量。美国的家庭和企业在全球产品市场和金融市场上与世界其他地方（外国）的家庭和企业相互影响。

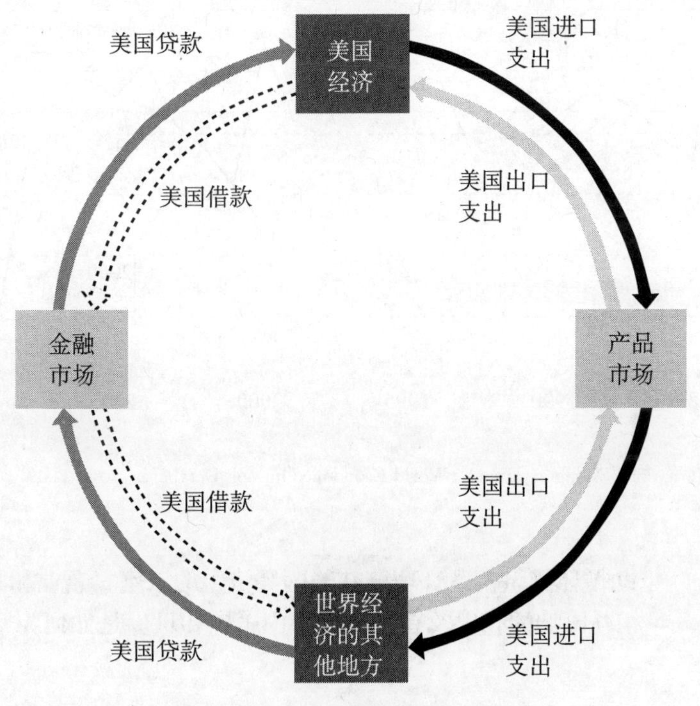

图 2—9　全球经济的循环流量

美国的家庭和企业在全球产品市场和金融市场上与世界其他地方（外国）的家庭和企业相互影响。

黑色流量显示了美国人对进口产品和服务的支出量，浅灰色流量显示了世界其他地方对美国出口（其他国家的进口）的支出。

深灰色流量显示了美国向世界其他地方贷款，虚线条流量显示了美国向世界其他地方借款。

黑色流量显示了美国人对进口产品和服务的支出量，浅灰色流量显示了世界其他地方对美国出口（其他国家的进口）的支出，深灰色流量显示了美国向世界其他地方贷款，虚线条流量显示了美国向世界其他地方借款。

正是这些国际贸易和国家金融流量使得世界各国在全球经济中联系起来，这样，全球繁荣和衰退便传递开来。

关注全球经济

2009 年国际贸易衰退

在过去的 25 年间，国际贸易迅速扩张。以近 7%的平均增长率，世界贸易每十年翻一番。

在 2001 年，美国的小型衰退导致世界贸易增长呈爬行状态。

2001 年的衰退与 2009 年全球经济衰退期间世界贸易的崩溃相比，真是小巫见大巫。国际货币基金组织预测国际贸易在 2009 年下降 11%，在 2010 年为零增长（见下图）。

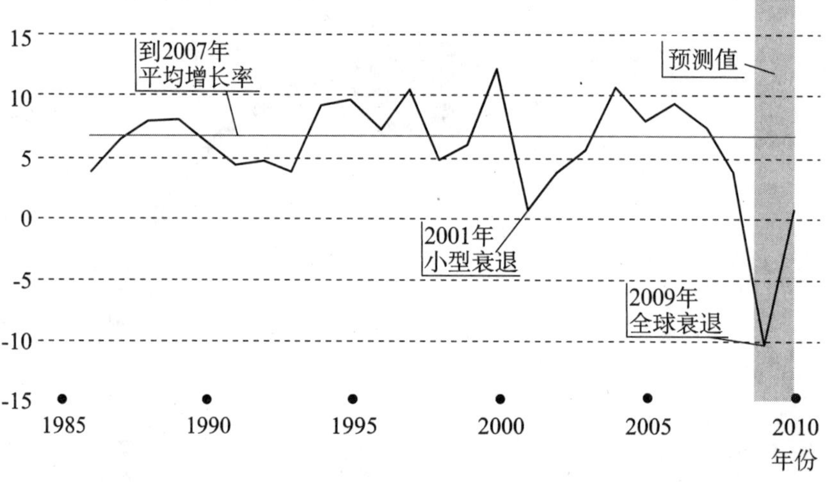

资料来源：International Monetary Fund，World Economic Outlook Database，April 2009.

检查站 2.3 **借助循环流量模型，理解在美国经济中的家庭、企业和政府是如何相互影响的，以及在全球经济中美国和世界是如何相互影响的。**

现实问题

1. 在循环流量模型中的家庭、企业和政府之间的实物流量和货币流量是什么？

2. 全球衰退使美国出口受阻。

据美国商务部报告，就在美国人大力削减其消费支出时，在 2008 年后半年美国出口订单下降了近 350 亿美元。

资料来源：*USA Today*，February 11，2009.

在循环流量模型中，这些选择会出现在哪里？

参考答案

1. 实物流量是指在要素市场中要素服务从家庭到企业的流动，以及在产品市场中产品和服务从企业到家庭、从企业到政府的流动。货币流量是指要素收入、家庭和政府对产品和服务的支出、税收以及转移支付。

2. 出口减少在图 2—9 中表现为从世界其他地方到美国经济的浅灰色流量的下降。美国消费支出的下降在图 2—6 中表现为从家庭到企业的黑色流量的减少。

本章总结

□ 要点

1. 描述美国生产什么、如何生产和为谁生产产品和服务。
   - 消费性产品和服务占总产量的 62%，资本品占 10%。
   - 使用四大生产要素即土地、劳动、资本和企业家才能生产产品和服务。
   - 人们所赚取的收入（土地得到租金，劳动得到工资，资本得到利息，企业家才能得到利润）决定着谁能得到所生产的产品和服务。
2. 描述全球经济生产什么、如何生产以及为谁生产产品和服务。
   - 64%的世界产值来自发达经济体和新兴市场经济体。
   - 发达经济体使用更多的资本（包括机器和人力资本），但是，一些发展中经济体也使用一些最新的资本和技术。
   - 全球的收入分配比美国的收入分配要更为不公平。亚洲的贫困在减少，但非洲的贫困在上升。
3. 借助循环流量模型，理解在美国经济中的家庭、企业和政府是如何相互影响的，以及在全球经济中美国和其他经济体是如何相互影响的。
   - 美国经济的循环流量模型显示了生产要素以及产品和服务的实物流量，以及相应的收入和支出的货币流量。
   - 在循环流量中政府得到税收、进行转移支付并购买产品和服务。
   - 全球经济的循环流量模型显示了美国进出口的流量和国际金融的流量，后者是由向其他国家借款和贷款所致。

□ 关键术语

资本	企业	土地
资本品	功能性收入分配	市场
循环流量模型	产品市场	国民债务
消费性产品和服务	政府的产品和服务	个人收入分配
企业家才能	家庭	利润
出口的产品和服务	人力资本	租金
出口	进口	工资
要素市场	利息	生产要素
劳动		

本章检查站

□ 学习计划中的问题与应用

1. 解释下列三项中哪一些项目不是消费性产品和服务：

- 巧克力棒
- 滑雪缆车
- 高尔夫球

2. 解释下列哪一些项目不是资本品：

- 汽车装配线
- 购物摩尔
- 高尔夫球

3. 解释下列哪一些项目不是生产要素：

- 面包师送面包的车辆
- 1 000 股亚马逊的股票
- 未探明的石油

利用下列信息回答问题 4～6。

为什么美国的收入分配不公平是如此明显？请考虑教育

外包、移民和超富者的所得是美国收入分配不公平的主要原因，泰勒·考恩（Tyler Cowen）对此并不同意：这一问题很大程度上是由于缺乏教育。到今天为止，外包还没有普遍到有太大的效应。自1955 年以来，移民并没有过多地解释低技能工人工资变化的原因。科学技术进步提高了有技能的工人的收入。如果更多的人接受教育，不平等问题将有所减少。

资料来源：*The New York Times*，May 17，2007.

4. 假如外包对个人收入分配有很大的影响，在图 2—1 中收入分配会如何改变？

5. 对美国的移民包括来自墨西哥的低技能工人以及来自印度和中国的有技能的工人。每一种移民对个人收入分配有何影响？

6. 解释更多的人接受教育是如何改变美国的个人收入分配的。

7. 2009 年在国会讨论的《通过企业家法创造工作岗位》对小企业给予奖励性贷款，有些是针对女性、本土美国人以及退伍军人的。这一法案在 2010 年提供了 1.89 亿美元的支持，在 2010—2014 年间，提供 5.31 亿美元的支持。解释这一法案是如何影响在美国生产什么、如何生产以及为谁生产产品和服务的。

8. 在循环流量模型的图上，标明下列事项是属于实物流量还是货币流量：

- 你支付你的学费。
- 得克萨斯大学购买一些戴尔电脑。
- 在联邦快递金考公司工作的学生。
- 美国地产大亨唐纳德·特朗普将其曼哈顿楼租给一家酒店
- 你支付你的所得税。

□ 教师可布置的问题与应用

1. 社交及通信工具商 Buzz 总是围绕在苹果公司的 iPhone 周围，你能否解释：

- 为什么苹果公司不在美国自己的工厂生产 iPhone?
- 为什么苹果公司不去生产不带相机的便宜的 iPhone?
- 回头看看 iPhone 的生产成本（参见本章第二节“关注 iPhone”专栏的表），你认为为什么 iPhone 的价格如此之贵？除去制造成本以外，还要付出其他什么成本才能使得 iPhone 进入市场？

2. 解释下列哪一个不是消费性产品和服务：

- 一条跨州高速公路
- 一架飞机
- 一架隐形轰炸机

3. 解释下列哪一个不是资本品：

● 一条跨州高速公路

● 一个石油货轮

● 一位建筑工人

4. 解释下列哪一个不是生产要素：

● 一辆垃圾车

● 一包泡泡糖

● 美国总统

5. 解释下列哪一组不匹配：

● 劳动和工资

● 土地和租金

● 企业家才能和利润

● 资本和利润

6. 比较在发达和发展中经济体中的农业生产规模。哪一个的百分比更高？哪一个的总产量更大？

7. 想一想美国和全球经济生产什么和如何生产的趋势。哪些工作在未来增长得快些？在下一个十年劳动的质量会发生什么变化？

8. 中国的繁荣带来收入差距的扩大。

亚洲开发银行（ADB）的一项研究报告指出，在亚洲，中国的富人和穷人的收入差距是最大的。ADB首席经济学家 Ifzal Ali 声称，并不是富人变得越来越富、穷人变得越来越穷，而是富人变富的速度要快于穷人。

资料来源：*Financial Times*，August 9，2007.

解释中国的个人收入分配是如何变得越来越不公平，尽管最穷的 20%的人口变得更富有了。

9. 在非洲国家塞内加尔，小孩在小学注册时需要出生证明，这要花去费用25美元。这一价格是大多数家庭几个星期的收入。塞内加尔的这一项要求很有可能影响人力资本，请解释一下是如何影响的。预测这一要求对女孩和妇女的人力资本的影响并解释你的预测。

10. 在循环流量模型的图上，标明下列事项是属于实物流量还是货币流量：

● 通用汽车支付其工人的工资。

● IBM 对其股东支付红利。

● 你购买杂货。

● 克莱斯勒购买机器人。

● 西南航空租赁飞机。

● 耐克就泰格·伍兹为其宣传高尔夫球而对他支付。

利用下列信息回答问题 11 和 12。

贫穷的印度以最快的速度造就百万富翁

印度每天在一美元之下生活的贫困人口的比重在全世界最大，但它在 2007 年不可思议地以最快的速度造就了百万富翁。达到 123 000 美元的百万富翁的比重已上升到了 22.7%，相反，生活在每天一美元之下的贫困的印度人高达 3.5 亿，生活在每天两美元之下的贫困的印度人高达 7 亿。换言之，对应于每一个百万富翁，就有 7 000 个很穷的印度人。

资料来源：*The Times of India*，June 25，2008.

11. 你如何看待印度以“最快的速度”造就百万富翁所带来的个人收入分配问题？

12. 为什么一天一美元和一天两美元有可能低估了这些家庭实际消费的产品和服务呢？

利用下列信息回答问题 13～15。

按照国际电信联盟所说，在全球经济中，对应于每一个固定电话的用户，就有 3 个移动电话用户，每 3 个移动电话用户中有 2 个用户生活在发展中国家，非洲的移动电话用户的增长率最高。在 2000 年，每 50 个非洲人中有 1 人拥有手机。在 2008 年，这一数量是每 50 个非洲人中有 14 人。

13. 描述全球公司生产什么电信服务的变化。

14. 描述在全球经济中如何生产电信服务的变化。

15. 描述在全球经济中为谁生产电信服务的变化。

16. 整个北极地区被认为储存了丰富的石油和天然气，同时开采这些资源的成本也在下降。在 2007 年 8 月 5 日，一艘俄罗斯潜艇访问了北极 2.5 英里之下的海床，并插上了它的国旗。加拿大、美国、俄罗斯、挪威、冰岛以及丹麦都声称在北极圈拥有海床。描述在未来北极石油和天然气可能被开采所带来的生产什么、如何生产以及为谁生产的变化。

第 3 章 经济问题

风源是免费的吗?

南达科他州拥有足够的风源生产出全国 55%的电。但是，这种发电的成本——机会成本是什么呢?

本 章 要 点

学完本章，你将能够:

1. 利用生产可能性边界解释并说明稀缺、生产效率和取舍的概念。
2. 计算机会成本。
3. 解释是什么导致生产可能性扩展。
4. 解释人们如何从专业化和贸易中受益。

3.1 生产可能性

每个工作日，在整个美国的每一个矿山、工厂、商店、办公室、农场和工地上，我们都在生产着大量的产品和服务。在 2009 年，装备了价值 47 万亿美元的资本的 2.4 千亿个小时的劳动，生产了价值 14 万亿美元的产品和服务。

尽管我们拥有巨大的生产能力，但是它仍然受到我们所拥有的资源和技术的约束。在任意给定的时点上，我们拥有这一时点各个生产要素的数量以及一个固定的技术水平。由于我们想要的东西超出了我们的资源，因此，我们必须做出选择。我们必须对各种需要排序，然后决定哪些需要应该优先满足，哪些需要应当搁置。在使用我们的稀缺资源时，我们要做出理性选择。为了做出某一理性选择，我们必须在可供选择的方案中决定它们的成本和收益。

你在本章的首要任务就是学习有关稀缺、选择和机会成本的一个经济模型——一个被称为生产可能性边界的模型。

□ 3.1.1 生产可能性边界

在给定的可用的生产要素——土地、劳动、资本、企业家才能和给定的技术水平下，我们所能生产的产品和服务组合与我们所不能生产的组合之间的边界称为**生产可能性边界**（production possibility frontier，PPF）。

尽管我们生产数百万种不同的产品和服务，但如果我们假设一个更为简单的经济，仅仅生产两种产品，我们就能够最为简捷地想象出生产的有限性。想象一个经济仅仅生产 DVD 和手机。所有可获得的土地、劳动、资本和企业家才能全部用于生产这两种产品。

土地可以被用于电影制片厂和 DVD 工厂，或用于手机工厂。劳动者可以被培训成电影演员、摄影和音响师、制片人以及 DVD 生产者，或者被培训成手机生产者。资本可以被用来生产电影、制作光盘，或者用作生产手机的设备。企业家可以把他们的创新性才华投入到经营电影厂以及管理生产 DVD 的电子业务中，或者用于经营手机生产业务。在任何情况下，投入 DVD 生产中的资源越多，剩下的可供投入到手机生产中的资源就会越少。

假如没有生产要素配置到手机生产上，可以被生产出来的 DVD 的最大产量是一年 1 500 万张。所以，一种生产可能性就是没有手机、1 500 万张 DVD。另外一种可能性就是配置足够多的资源使得一年生产 100 万部手机，但是，这些资源必定要从生产 DVD 中转走。假定该经济现在一年只能生产 1 400 万张 DVD，随着资源从生产 DVD 转向生产手机，该经济生产越来越多的手机，但是生产越来越少的 DVD。

在图 3—1 中的表以 *A* 和 *B* 点描述了以上这两种生产手机和 DVD 的数量组合的可能性。假定 *C*、*D*、*E*、*F* 点是该经济生产两种产品的其他组合。可能性 *F* 表明使用所有资源一年生产了 500 万部手机，但没有花费资源生产 DVD。这六种可能性是在给定技术水平的情况下，该经济使用所有资源能够生产的两种产品的可供选择的数量组合。

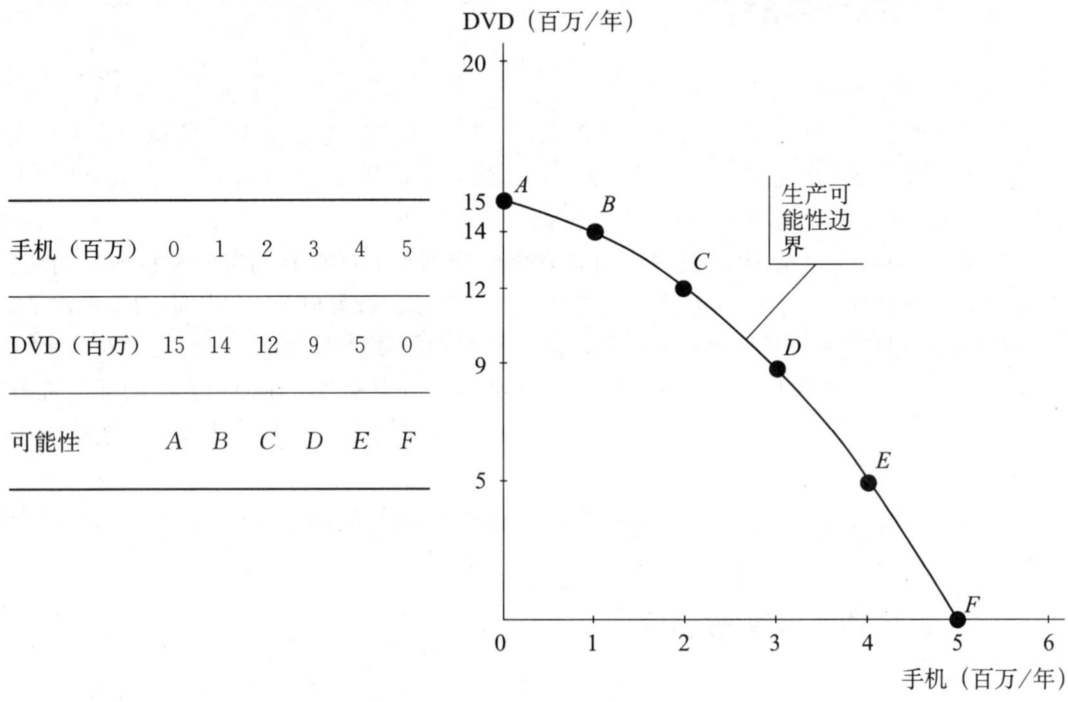

手机（百万）	0	1	2	3	4	5
DVD（百万）	15	14	12	9	5	0
可能性	*A*	*B*	*C*	*D*	*E*	*F*

图 3—1 生产可能性边界

表和图都描述了手机和 DVD 的生产可能性边界。

A 点告诉我们，如果不生产手机，那么我们能够生产的 DVD 的最大数量为一年 1 500 万张。图中的 *A*、*B*、*C*、*D*、*E* 和 *F* 每一点都对应着表中的相应列。经过这些点的连线便是生产可能性边界。

图 3—1 中的图说明了手机和 DVD 的生产可能性边界。这是表中的生产可能性的一种图示。x 轴代表手机的产量，y 轴代表 DVD 的产量。图中标有 *A* 到 *F* 的每一个点都代表着表中相应的一列。例如，*B* 点表示年产 100 万部手机和 1 400 万张 DVD 的组合，这些数量也在表的 *B* 列中出现了。

PPF 是一个非常有价值的工具，它有利于我们说明稀缺性的影响及其结果。它强调了生产可能性的三大特征，也就是下列问题之间的区分：

- 可实现的和不可实现的组合
- 有效率和缺乏效率的生产
- 取舍和免费午餐

可实现的和不可实现的组合

PPF 向我们显示了生产的最大极限，所以它正好将可实现的与不可实现的产品组合分隔开来。我们可以生产任意低于 *PPF* 的手机和 DVD 的产品组合，也可以生产在 *PPF* 之上的任意组合。这些组合都是可实现的。但是我们不能生产那些大于 *PPF* 的产品组合，这些组合是不可实现的。

图 3—2 强调了可实现的与不可实现的一些组合。只有在 *PPF* 上或者以内的点（图

中的深灰色区域）才是可实现的。而在 *PPF* 之外（图中的浅灰色区域）的产品组合是不可实现的，例如图中的 *G* 点。这些不可实现的点代表了我们在现有的资源和技术水平下所不能够生产的产品组合。*PPF* 告诉我们，*E* 点表明了我们有能力生产 400 万部手机和 500 万张 DVD，或是 *C* 点表明了我们有能力生产 200 万部手机和 1 200 万张 DVD。但是，该经济不能生产 400 万部手机和 1 200 万张 DVD（如 *G* 点所示）。

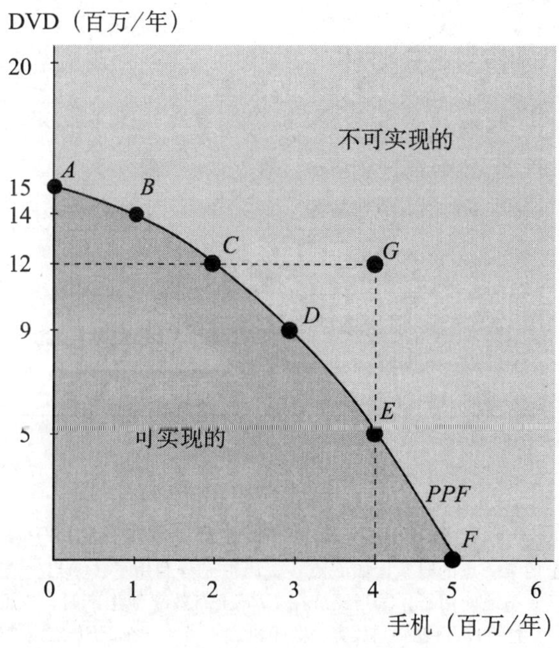

图 3—2　可实现的与不可实现的组合

生产可能性边界将可实现的产品组合与不可实现的产品组合分隔开来。我们能够在 *PPF* 上或者以内（深灰色区域）的任意点上进行生产，而在 *PPF* 之外的点（如点 *G*）代表着不可实现的产品组合。

有效率和缺乏效率的生产

当一个经济从其资源中得到了所有能够得到的资源的时候，生产效率便出现了。如果不减少某种产品的产量就不可能增加另外一种产品的产量，那么生产是有效率的。为了实现生产的效率，必然出现充分就业——不仅仅是劳动，而是所有生产要素，并且，每一种资源都要配置到这样一种任务上，就是它比其他资源相对做得更好。

图 3—3 中说明了有效率的和缺乏效率的差异。当生产缺乏效率的时候，该经济可能生产 300 万部手机和 500 万张 DVD，如在 *H* 点上。当经济体的资源得到有效率地使用的时候，就有可能在 *PPF* 上诸如 *D* 点或 *E* 点生产。在 *D* 点，我们可以比在 *H* 点时生产更多的 DVD，而手机的产量不变。而在 *E* 点，我们可以比在 *H* 点时生产更多的手机，而 DVD 的产量不变。

取舍和免费午餐

取舍（trade-offs）是一种交换——放弃一种东西以便得到另外一种东西。如果你决定削减周末打工的时间以便有更多的额外时间用于学习，你就是在取更高的分数、舍去收入。当福特汽车公司削减卡车生产并利用所省下的资源生产更多的混合动力 SUV 车型

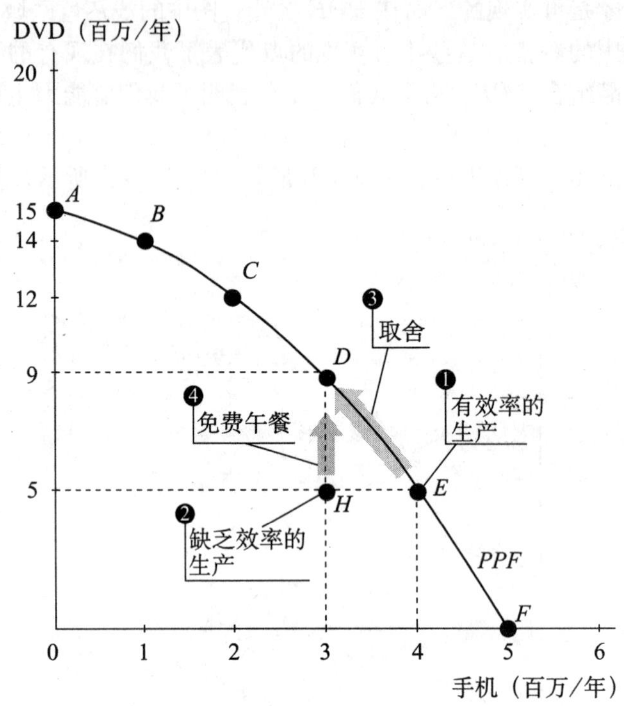

图 3—3　有效率和缺乏效率的生产，取舍和免费午餐

①当生产出现在 *PPF* 上的某一点的时候，如 *E* 点，资源被充分利用了。②当生产出现在 *PPF* 内的某一点的时候，如 *H* 点，资源被缺乏效率地使用了。③当经济在 *PPF* 上有效率地生产时，它面临某种取舍。从 *E* 点移动到 *D* 点的时候，该经济为了多生产 DVD 就必须放弃一些手机。④当经济在 *PPF* 之内缺乏效率地生产时，就存在着免费的午餐。

的时候，它面临着一种取舍。如果美国联邦政府决定减少对国家航空航天局（NASA）空间探测计划的投入，并且配置更多的资源到国土安全上的话，它面临着一种取舍。当我们决定砍伐森林并毁灭斑点猫头鹰时，一个社会面临着取舍。

生产可能性边界说明了取舍的思想。图 3—3 中的 *PPF* 解释了为什么。如果该经济在 *E* 点生产，当人们想要更多的 DVD 时，他们就必须放弃一些手机。从 *E* 点移动到 *D* 点的过程中，人们取 DVD 而舍了手机。

经济学家经常用“世上没有免费的午餐”来表达经济学的一个中心思想——每次选择都是有机会成本的。免费的午餐就是一种礼物——得到一种东西而不必放弃另外一种东西。这句名言究竟意味着什么呢？假设某些资源并没有被利用或是没有被最有效率地利用，那么有没有可能避免取舍而获得免费的午餐呢？

答案是肯定的。你可以从图 3—3 看出为什么。如果生产是在 *PPF* 以内的点（如 *H* 点）进行，那么，我们可以通过启用那些未被利用的资源，或是最有效地使用已有的资源，这样，我们就可能将生产提高到 *D* 点。增加了产量，而没有放弃什么——这就是免费的午餐。

因此，当生产是有效率的时候——在 *PPF* 上的某一点，选择生产更多的某种产品就包含着一种取舍。但是，当生产是缺乏效率的时候——在 *PPF* 之内的某一点，存在免费的午餐。可生产更多的某种产品和服务，而不减少其他产品。

所以，“世上没有免费的午餐”意味着资源被有效利用。由于经济学家把人看成做出理性选择，因而，他们认为资源会得到有效率的使用。这就是为什么他们强调取舍的思想，并否认免费午餐的存在。我们也许有时会得到免费的午餐，但几乎总是面临着某种取舍。

关注你的生活

你的生产可能性边界

你考虑的较多的两种“产品”就是你的平均绩点（GPA）和你休闲的时间量或者赚得的一份收入。你面临着取舍。为了获得得到更高的绩点，你就必须放弃闲暇或收入。你所放弃的闲暇或收入是你获得更高绩点的机会成本。同理，为了获得更多的闲暇或更高的收入，你就必须接受更低的分数。更低的分数就是更多的闲暇或更高的收入的机会成本。

下图说明了某一学生的 *PPF*。任何在 *PPF* 上或之下的点都是可实现的。任何在 *PPF* 之上的点都是不可能实现的。一个浪费时间的或者学习效率低的学生通常得到更低的分数，但是，一个有工作效率的学生达到了 *PPF* 上，并实现了生产效率。

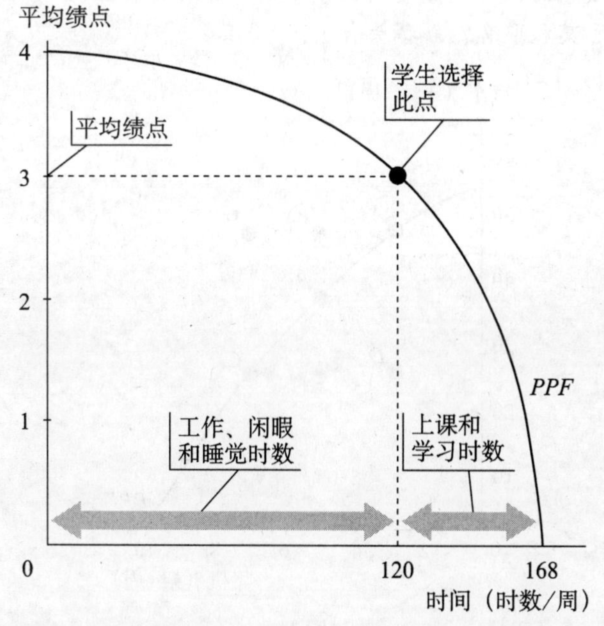

在图中，该学生把自己一周稀缺的 168 小时在学习（上课和学习时间）和其他活动（工作、休闲和睡觉）之间进行配置。该学生每周听课和学习 48 小时，剩余的 120 小时用于工作或玩耍（和睡觉）。对于这样一种时间配置，如果学习有效率的话，该学生的平均绩点为 3。

检查站 3.1 **利用生产可能性边界解释并说明稀缺、生产效率和取舍的概念。**

现实问题

1. 表 1 给出了一个小型的太平洋岛屿经济的生产可能性，画出该经济的 *PPF*。

表 1

可能性	鱼（磅）		浆果（磅）
A	0	和	20
B	1	和	18
C	2	和	15
D	3	和	11
E	4	和	6
F	5	和	0

图 1 显示了某一经济的生产可能性边界并识别了一些生产点。利用该图回答问题 2～4。

2. 哪些点是可实现的？解释为什么。

3. 哪些点是有效率的？哪些点是缺乏效率的？解释为什么。

4. 哪些点说明了某种取舍？解释为什么。

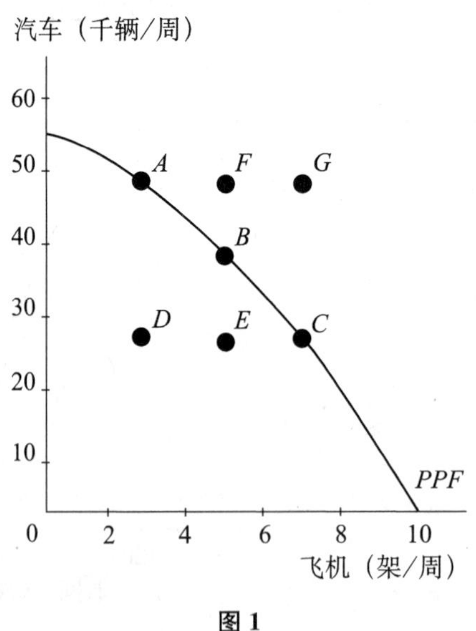

图 1

5. 蜜蜂的损失少于预期但仍构成威胁。

在 2008 年期间，近 29%的蜜蜂蜂房消失了，尽管小于预期，但这一状况不可持续。蜜蜂对于许多植物包括杏仁和南瓜的授粉是至关重要的。

资料来源：*USA Today*，May 20，2009.

加利福尼亚州的中央谷的农民们除了其他庄稼以外种植了世界上 80%的杏仁。在

2008 年种植者使用 120 万的蜜蜂蜂房去生产大约 1 万亿磅的杏仁。解释 30%的蜜蜂蜂房减少对 2009 年的中央谷会产生什么影响。

参考答案

1. 生产可能性边界是能生产的和不能生产的产品组合之间的边界。图 2 显示了该经济的 *PPF*。该图将表 1 中的每一行绘成了用相应字母表示的一点。

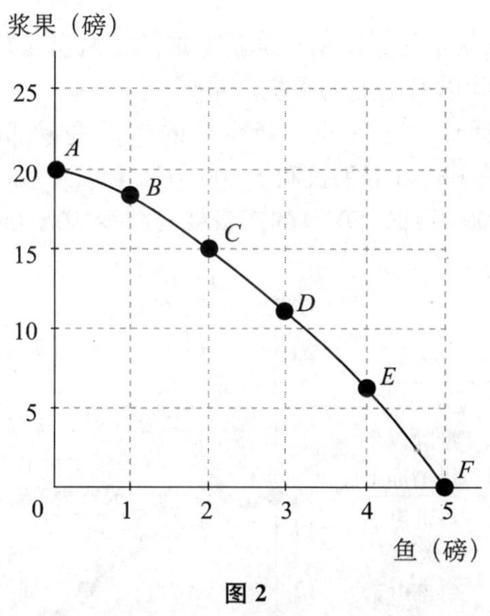

图 2

2. 可实现的点：在 *PPF* 上的点是可实现的，在 *PPF* 之内的点是可实现的。在 *PPF* 之外的点是不可实现的。在图 1 中，仅有 *F* 点和 *G* 点是 *PPF* 之外的点，所以，它们是不可实现的。其他的点（*A*、*B*、*C*、*D* 和 *E* 点）是可实现的。

3. 效率点：如果不减少某种产品的产量而不可能增加另外一种产品的产量，那么生产是有效率的。一个点要有效率就必须是可实现的。所以，图 1 中的 *F* 点和 *G* 点不可能有效率。*PPF* 之内的点是不可能有效率的，这是因为可以生产更多的产品。所以，*D* 点和 *E* 点是没有效率的。有效率的点仅仅是在 *PPF* 上的点，如 *A*、*B* 和 *C* 点。

4. 取舍：先回忆，取舍是一种交换，放弃某一东西以便得到另外一种东西。沿着 *PPF* 上从一点移动到另外一点就发生了取舍。所以，从 *PPF* 上的任意一点——*A*、*B* 和 *C* 点——移动到 *PPF* 上的另外一点就说明了某种取舍。

5. 蜜蜂是用于生产杏仁的资源。在 2008 年，中央谷的农民们是在 *PPF* 上的。30%的蜜蜂蜂房的减少将减少杏仁产量的 30%。在不减少其他农作物的情况下，中央谷的 *PPF* 将向内移动。

3.2 机会成本

在上一节中你可以看到，在 *PPF* 上从一点移动到另外一点都包含着某种取舍。但是，取舍的条件是什么呢？为了得到额外一个单位的某种产品，我们必须放弃多少其他产品呢——是一个较大的量还是一个较小的量？这些问题的最好答案便是机会成本——人们为了得到某个东西所需要放弃的最好的东西。我们可以使用 *PPF* 来计算机会成本。

□ 3.2.1 一部手机的机会成本

一部手机的机会成本就是为了得到一部新增加的手机所必须放弃的 DVD 的数量。它等于所放弃的 DVD 产量除以所增加的手机产量。

图 3—4 显示了这一计算。在 *A* 点，所生产的产量是零部手机和 1 500 万张 DVD；在 *B* 点，所生产的产量是 100 万部手机和 1 400 万张 DVD。如果将生产从 *A* 点移动到 *B* 点，手机的产量会增加 100 万部，DVD 的产量就会减少 100 万张，这样每一部手机的机会成本就是一张 DVD。

沿着 *PPF* 移动	DVD 数量的减少	手机数量的增加	DVD 减少量除以手机增加量
A 到 *B*	100 万	100 万	每部电话 1 张 DVD
B 到 *C*	200 万	100 万	每部电话 2 张 DVD
C 到 *D*	300 万	100 万	每部电话 3 张 DVD
D 到 *E*	400 万	100 万	每部电话 4 张 DVD
E 到 *F*	500 万	100 万	每部电话 5 张 DVD

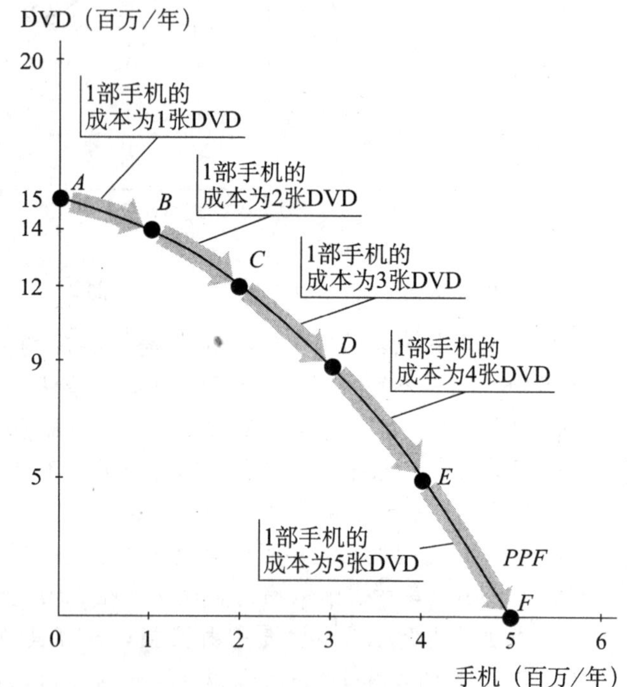

图 3—4 计算一部手机的机会成本

沿着 *PPF* 从 *A* 点移动到 *F* 点，一部手机的机会成本随着生产的手机数量的增加而增加。

在 *C* 点，所生产的产量是 200 万部手机和 1 200 万张 DVD。如果我们将生产从 *B* 点移动到 *C* 点，手机的产量会增加 100 万部，DVD 的产量会减少 200 万张，于是现在每一部手机的机会成本是两张 DVD。

如果你重复上述计算，将生产从 *C* 点移动到 *D* 点，从 *D* 点移动到 *E* 点，从 *E* 点移动到 *F* 点，你将得到如图 3—4 中的图和表所示的机会成本。

□ 3.2.2 机会成本和 *PPF* 的斜率

看一看我们刚才计算一部手机的机会成本的数据，并注意它们遵循一个令人惊讶的形式。一部手机的机会成本随着生产的手机数量的增加而增加。

PPF 斜率的大小度量了机会成本。由于图 3—4 中的 PPF 是向外凸出的，所以其斜率在变化，并随着生产的手机数量的增加而变得更为陡峭。

当生产少量手机时——介于 A、B 两点之间——此时的 PPF 的斜率不很陡，一部手机的机会成本较低。一个给定数量的手机产量的增加付出的代价就是 DVD 较小数量的减少。当生产大量的手机时——介于 E、F 两点之间——此时的 PPF 变得很陡峭，一部手机的机会成本很高。一个给定数量的手机产量的增加付出的代价就是 DVD 较大数量的减少。图 3—5 显示了一部手机的机会成本在递增。

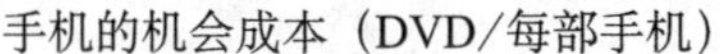

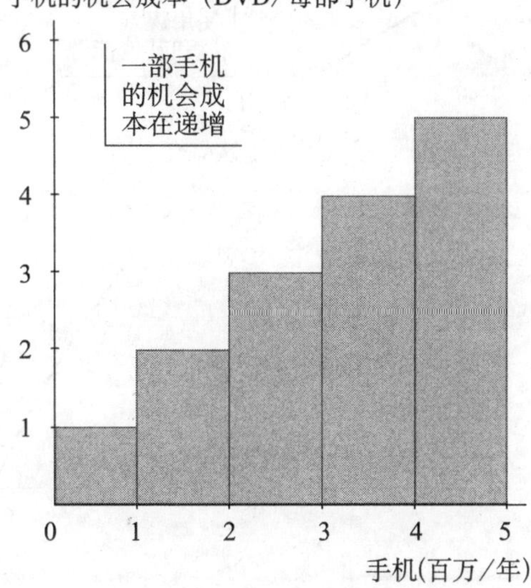

手机（百万/年）	0 到 1	1 到 2	2 到 3	3 到 4	4 到 5
机会成本（DVD/每部手机）	1	2	3	4	5

图 3—5　一部手机的机会成本

由于图 3—4 中的 PPF 是向外凸出的，所以一部手机的机会成本随着生产的手机数量的增加而增加。

□ 3.2.3　机会成本是一个比率

一部手机的机会成本是所放弃的 DVD 的数量与手机的增量的一个比率。同样地，一张 DVD 的机会成本是用所放弃的手机数量除以 DVD 的增量。所以，一张 DVD 的机会成本等于一部手机的机会成本的倒数。例如，在图 3—4 中沿着 PPF 从 C 点移动到 D 点，一部手机的机会成本是 3 张 DVD；沿着 PPF 从相反的方向移动，从 D 点移动到 C 点，一张 DVD 的机会成本是 1/3 部手机。

关注环境

风能是免费的吗？

风能不是免费的。它的机会成本包括：(1) 风力涡轮机，(2) 输电线路，(3) 电力输送损失。

当且仅当有风之时，风力涡轮机才可以发电。经证明，最好时，40%的时间为有风，平均来说，25%的时间有风。另外，最佳风源地一般都坐落在离人口聚集地很远的地方，所以，输电线路很长，电力输送损失很大。

如果我们利用南达科他州的风源生产了 55%的电力，那么我们将在 PPF 之内的点如 Z 点运作（见下图）。

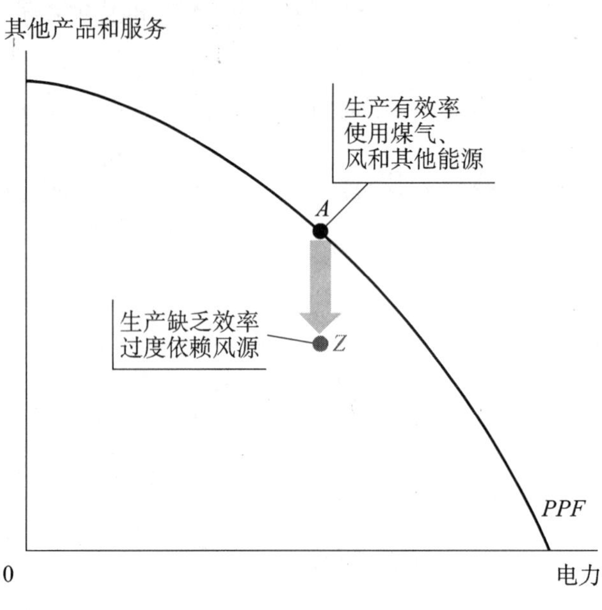

□ 3.2.4 递增的机会成本无处不在

几乎你可以想到的任何生产行为都有递增的机会成本。我们让最熟练的农民和最肥沃的土地来生产粮食，让最好的医生和最不肥沃的土地来提供医疗保健服务。有些资源在两项活动中具有同等的生产力，如果我们将这些具有同等生产力的资源从农业种植中转移到医院，我们就以较低的机会成本增加了医疗保健。但是，如果我们不断地增加医疗保健服务，最终我们必然要在最为肥沃的土地上建医院，让最好的农民来做医院的搬运工人。粮食的产量大幅度减少，但是医疗保健服务的产出却只是提高了一小部分。一个单位的医疗保健服务的机会成本在上升。类似地，如果我们将原来用于医疗保健服务的资源投入到粮食生产中去，那么我们必须使一部分医生和护士改行成农民，将医院改造成无土栽培西红柿的农舍。医疗保健服务的产出会大量减少，但是粮食的产量却增加不多。一个单位的粮食的机会成本在上升。

□ 3.2.5 你的递增的机会成本

向前翻到第 3.1 节中“关注你的生活”专栏，想一想你要得到一个更高的分数的机会成本的含义。

用你的考分来衡量，和你的朋友在一起所花费的时间的机会成本是多少呢？用你为了学习所放弃的活动来衡量，更高分数的机会成本是多少呢？在这些活动中，你面临着递增的机会成本吗？

关注美国经济

大炮对黄油

大炮对黄油是经济学中经典的取舍。“大炮”代表着国防产品和服务，“黄油”代表着食物以及更为一般的所有其他产品和服务。近年来，美国经济生产了更多的大炮和更少的黄油。

图 1 表明了所生产的国防产品和服务的数量的波动。（其数量是用 2000 年价格计算的国防支出来衡量的，以便扣除价格变动的影响。）国防产品和服务的数量在战争期间增加，在和平时期减少。

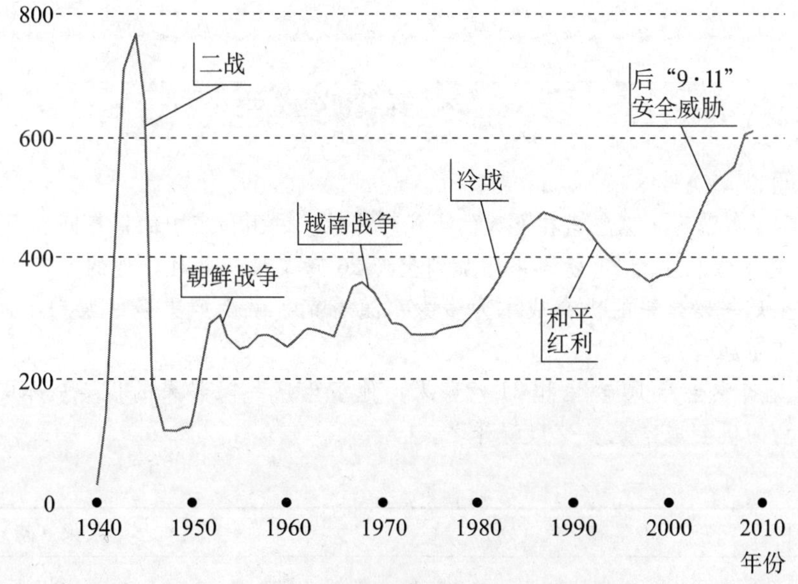

图 1　所生产的国防产品的数量

图 2 利用 *PPF* 来说明近些年美国国防产品和服务的生产的变化情况。

在 20 世纪 90 年代，*PPF* 是 PPF_0，里根总统在美国和苏联之间展开的冷战期间提高了赌注，大力扩张军事开支，如 *A* 点。在 20 世纪 90 年代之中，苏联解体，我们享受到了一种和平红利，沿着 PPF_0 移动到了 *B* 点。

在接下的一个十年中，生产可能性边界从 PPF_0 扩张到了 PPF_1。国防生产和其他生产都增加了。2001 年我们在 *C* 点上运作。然后，为了应对 2001 年 9 月 11 日的攻击，国防开支再一次增加，到了 2009 年，我们沿着 PPF_1 移动到了 *D* 点。

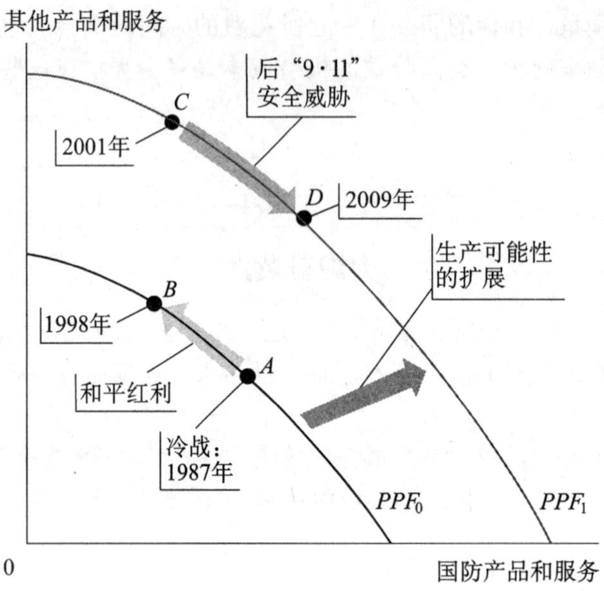

图 2　大炮和黄油的取舍

检查站 3.2　计算机会成本。

现实问题

表 1 显示了鲁滨逊·克鲁索在夏天的生产可能性。利用该表中的信息回答问题 1 和 2。

1. 如果克鲁索从生产 21 磅浆果增加到生产 26 磅浆果，并且，他的生产是有效率的，那么，他多生产一磅浆果的机会成本为多少？随着克鲁索生产更多的浆果，他生产浆果的机会成本在增加吗？

2. 如果克鲁索生产 10 磅鱼和 21 磅浆果，他多生产一磅浆果的机会成本是多少？他多生产一磅鱼的机会成本是多少？解释之。

表 1

可能性	鱼（磅）		浆果（磅）
A	0	和	36
B	4.0	和	35
C	7.5	和	33
D	10.5	和	30
E	13.0	和	26
F	15.0	和	21
G	16.5	和	15
H	17.5	和	8
I	18.0	和	0

3. 奥巴马提高每加仑英里的要求。

奥巴马当局宣布，新轿车的排放标准要从2009年的平均354克下降到2016年的250克。为了满足这一标准，一辆新车的价格将上升1 300美元。

资料来源：*USA Today*，May 20，2009.

计算减少1克排放水平的机会成本为多少？

参考答案

1. 如果克鲁索的生产是有效率的，则他就在其*PPF*上的某一点生产。他多生产一磅浆果的机会成本就是他为了多生产浆果所必须放弃的鱼的数量。它是这样计算的，沿着其*PPF*向增加浆果的方向移动，用鱼的减少量除以浆果的增加量。

表1告诉你，从生产21磅浆果增加到生产26磅浆果，克鲁索从*F*行移动到了*E*行，他的鱼的产量从15磅下降到13磅。为了增加5磅浆果，克鲁索要放弃2磅的鱼，他生产一磅浆果的机会成本为2/5磅的鱼。

随着克鲁索生产更多的浆果，他生产浆果的机会成本在增加。为了理解其中的原因，将克鲁索从表1中的*E*行移动到*D*行，他的浆果产量上升了4磅，达到30磅，他的鱼的产量下降了2.5磅，只有10.5磅，他生产一磅浆果的机会成本为5/8磅的鱼。

2. 图1将表1中的数据绘成了图，它是克鲁索的*PPF*。如果克鲁索生产10磅的鱼和21磅的浆果，他在*Z*点生产，你可以发现*Z*点是他的*PPF*之内的一点。当克鲁索生产21磅的浆果时，他有足够多的时间在其*PPF*上的*F*点上生产15磅的鱼。为了生产更多的浆果，克鲁索可以从*Z*点移动到其*PPF*上的*D*点，没有损失鱼。他多生产一磅浆果的机会成本为零。

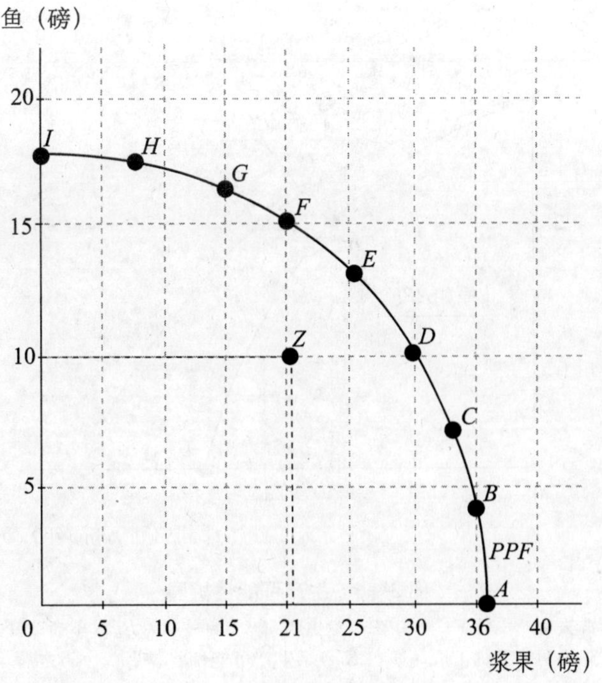

图1

3. 购买一辆新车需增加开支 1 300 美元，你失去了用 1 300 美元买其他东西的机会。有一辆新车时，你的排放从 354 克下降到 250 克，减少了 104 克。减少 1 克排放的机会成本是 1 300 美元的其他产品除以 104 克，等于 12.50 美元的其他产品。

3.3 经济增长

经济增长是生产可能性的持续扩张。当我们开发出生产产品和服务更好的技术时；通过教育、在职培训以及工作经历来改进劳动质量时；获得更多的机器帮助我们生产时，我们的经济便出现了增长。

为了研究经济增长，我们必须改变两种产品，看看有一种消费品和资本品的生产可能性。手机是消费品，手机工厂是资本品。通过利用今天的资源来增加生产手机的工厂，该经济扩大了未来生产手机的可能性。新资本——新的手机工厂——的数量越大，生产可能性的扩展就越快。

图 3—6 显示了 *PPF* 是如何扩展的。假如没有建设新的手机工厂（在 *L* 点），生产可能性不会扩展，*PPF* 保留原有状态。如果生产少量的手机以及利用资源生产 2 个新的手机工厂（在 *K* 点），那么，生产可能性扩展，*PPF* 朝外向新的 *PPF* 移动。

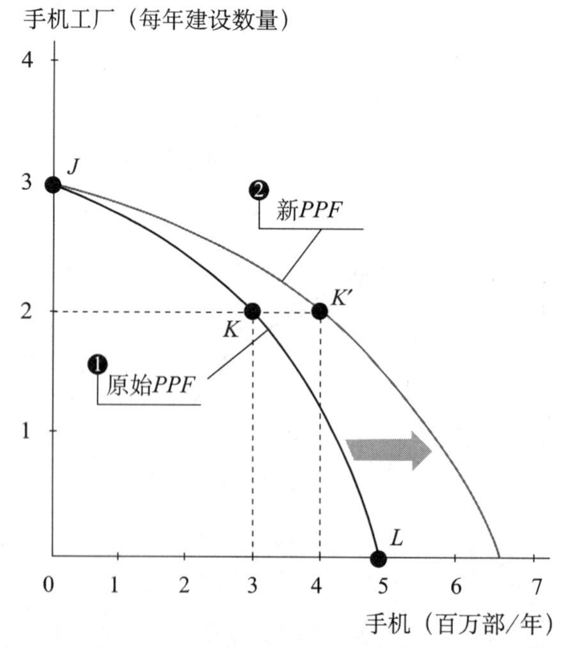

图 3—6　生产可能性扩展

①如果企业不配置资源去生产手机工厂，并在 *L* 点生产 500 万部手机，*PPF* 不会改变。②如果企业将手机生产减少到一年 300 万部，并建设两个手机工厂，如在 *K* 点，生产可能性将扩展。一年之后，*PPF* 将朝外移动到新的 *PPF*，生产移动到 *K'* 点。

但是，经济增长不是免费的。欲使之发生，消费必须减少。从图 3—6 中的 L 点移动到 K 点，意味着现在放弃 200 万部手机。生产更多的手机工厂的机会成本就是今天生产更少的手机。

而且，经济增长不是取消稀缺性的神奇的公式。经济增长使 *PPF* 向外移动，当在新的 *PPF* 上时，我们继续面对着机会成本。为了生产资本，现行消费必须小于其最大可能水平。

关注全球经济

中国香港的快速经济增长

在 1960 年，中国香港的人均生产可能性是美国的 25%，到了 2009 年，香港增长到了人均生产可能性是美国的 92%。香港比美国增长得更快些，这是因为香港比美国配置了更多的资源来积累资本、更少去消费。

在 1960 年，美国和香港都在各自的 *PPF* 的 A 点上生产。在 2009 年，香港在 B 点，美国在 C 点（见下图）。

如果香港继续在像 B 点那样的点生产，它将会比美国增长得更快，它的 *PPF* 最终会超出美国的 *PPF*。但是，如果香港在像 D 点那样的点生产，它的 *PPF* 扩展的步伐将放缓。

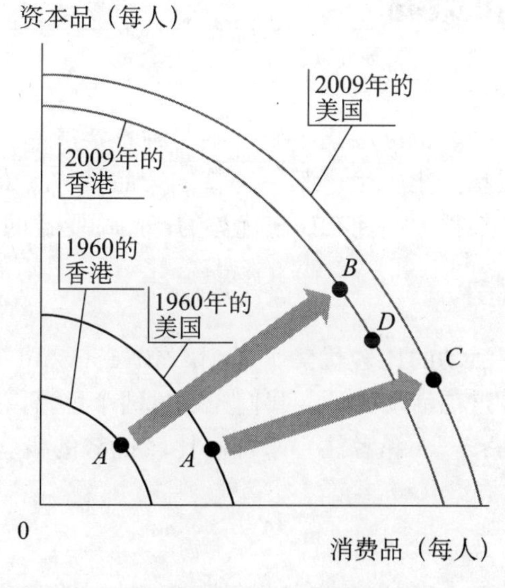

检查站 3.3　解释是什么导致生产可能性扩展。

现实问题

1. 表 1 显示了某一经济生产教育服务和消费性产品。假如该经济目前每年生产 500 位研究生和 2 000 个单位的消费性产品，多生产一位研究生的机会成本为多少？

表 1

可能性	教育服务（研究生）	消费品（单位）
A	1 000	0
B	750	1 000
C	500	2 000
D	0	3 000

2. 古巴能够应付美国的猛攻吗？

取消对美国人旅游的限制将导致游客如潮水般地涌入古巴。

资料来源：*USA Today*，April 14，2009.

古巴如何将此游客潮转变成经济增长呢？

参考答案

1. 通过使研究生从 500 位增加到 750 位，所生产的消费品将从 2 000 个单位下降到 1 000 个单位。一位研究生的机会成本就是消费品的减少量除以研究生的增加量。这就是说，一位研究生的机会成本等于 1 000 个单位除以 250，或 4 个单位的消费品。

2. 如果古巴开发其旅游宾馆和设施，就会带动经济增长。这些新的资本将增加其资源并使其 *PPF* 向外移动。

3.4 专业化和贸易

人们可以生产多种产品，也可以集中生产某一种特定产品，然后将自己的部分产品与他人生产的产品进行贸易。集中生产某一种特定产品被称为专业化。我们下面探讨人们是如何从专业化地生产某种他们拥有比较优势的产品中受益的。

3.4.1 比较优势

某个人拥有从事某一活动的**比较优势**（comparative advantage），如果他能够比其他人以更低的机会成本从事这项活动的话。我们先通过两个思慕雪吧（smoothie bar，思慕雪为一种杯中的健康食品。——译者注）来理解比较优势的概念，一家思慕雪吧由利兹（Liz）经营，另外一家由乔（Joe）经营。

利兹的思慕雪吧

利兹生产思慕雪和色拉。在利兹高科技的吧中，她能够在 2 分钟之内制作思慕雪或色拉。如果她把自己所有的时间用于制作思慕雪，她一小时生产 30 杯。如果她把自己所有的时间用于制作色拉，她一小时也能生产 30 盘（见表 3—1）。如果她把时间平分在两种产品中，她可以一小时生产 15 杯思慕雪和 15 盘色拉。每当利兹多生产 1 杯思慕雪，她必须减少 1 盘色拉的产量。同时，每当利兹多生产 1 盘色拉，她必须减少 1 杯思慕雪的产量。所以，**利兹生产 1 杯思慕雪的机会成本是 1 盘色拉**，同时，**利兹生产 1 盘色拉的机会成本是 1 杯思慕雪**。利兹的顾客以相等的数量购买她的思慕雪和色拉。所以，利兹将其时间平分，生产 15 杯思慕雪和 15 盘色拉。

乔的思慕雪吧

乔也生产思慕雪和色拉。乔的吧比利兹的吧要小些，并且只有一台搅拌机——一台又慢又老的机器。即便乔使用其所有资源生产思慕雪，他一小时也只能生产 6 杯。然而，乔制作色拉很在行，如果他把自己所有的时间都用于制作色拉，他一小时能生产 30 盘（见表 3—2）。无论乔如何在一小时之内分配两项活动的时间，他制作思慕雪或色拉的能力都是一样的。他可以 2 分钟制作 1 盘色拉，或者 10 分钟制作 1 杯思慕雪。每当乔多生产 1 杯思慕雪时，他必须减少 5 盘色拉的产量。同时，每当乔多生产 1 盘色拉时，他必须减少 1/5 杯思慕雪的产量。所以，**乔生产 1 杯思慕雪的机会成本是 5 盘色拉**，同时，**乔生产 1 盘色拉的机会成本是 1/5 杯思慕雪**。

表 3—1　利兹的生产可能性

产品	生产 1 单位的分钟数	数量/小时
思慕雪	2	30
色拉	2	30

表 3—2　乔的生产可能性

产品	生产 1 单位的分钟数	数量/小时
思慕雪	10	6
色拉	2	30

乔的顾客和利兹的顾客一样，以相等的数量购买他的思慕雪和色拉。乔在每一个小时内花费 50 分钟制作思慕雪，10 分钟制作色拉。按这种时间分配，乔一小时生产 5 杯思慕雪和 5 盘色拉。

利兹的绝对优势

你可能从这两个思慕雪吧的数据中看出来了，利兹的生产能力是乔的 3 倍——她一小时生产 15 杯思慕雪和 15 盘色拉是乔一小时生产 5 杯思慕雪和 5 盘色拉的 3 倍。利兹拥有绝对优势——她在生产思慕雪和色拉两种产品方面都比乔更具生产力。但她仅在一项活动中拥有比较优势。

利兹的比较优势

在两项活动中的哪一项上利兹拥有比较优势？回忆一下，比较优势是这样一种状态，即某个人生产某种产品的机会成本比其他人生产同一种产品的机会成本要更低。利兹在生产思慕雪方面有比较优势。她生产 1 杯思慕雪的机会成本是 1 盘色拉，而乔生产 1 杯思慕雪的机会成本是 5 盘色拉。

乔的比较优势

如果利兹在生产思慕雪上具有比较优势，那么乔一定在生产色拉上具有比较优势。他生产 1 盘色拉的机会成本是 1/5 杯思慕雪，而利兹生产 1 盘色拉的机会成本是 1 杯思慕雪。

□ 3.4.2 实现贸易所得

利兹和乔某天晚上在某个单身酒吧相遇了。寒暄了几句之后，利兹告诉乔她的思慕雪生意利润可观。她告诉乔，她唯一的问题就是希望能够生产更多的思慕雪，因为在看见长长的队伍后，有些潜在的顾客走开了。

乔不太肯定是否要告诉利兹他的惨淡的思慕雪生意，担心把这次见面搞糟了。但他还是承担了这一风险。当他向利兹解释他每小时花费 50 分钟制作 5 杯思慕雪、花费 10 分钟制作 5 盘色拉时，利兹瞪大了双眼。"我跟你做一次交易如何?"她说道。

利兹在餐巾纸上画出了这份生意的草图。乔停止制作思慕雪，将他所有的时间用于制作色拉；利兹停止制作色拉，将她所有的时间用于制作思慕雪。这就是说，他们两人都专门生产他们各具比较优势的产品。参见表 3—3（b）。然后，他们交易：利兹向乔出售 10 杯思慕雪，乔向利兹出售 20 盘色拉——1 杯思慕雪的价格为 2 盘色拉。参见表 3—3（c）。

交易之后，乔拥有 10 盘色拉（他生产的 30 盘减去他出售给利兹的 20 盘），以及他从利兹那里购买的 10 杯思慕雪。所以，乔可以出售的思慕雪和色拉都翻了一番。利兹拥有 20 杯思慕雪（她生产的 30 杯减去她出售给乔的 10 杯），以及她从乔那里购买的 20 盘色拉。参见表 3—3（d）。每个人都从专业化和贸易中增加了 5 杯思慕雪和 5 盘色拉。参见表 3—3（e）。

表 3—3　　利兹和乔的贸易所得

(a) 贸易前	利兹	乔
思慕雪	15	5
色拉	15	5
(b) 专业化	**利兹**	**乔**
思慕雪	30	0
色拉	0	30
(c) 贸易	**利兹**	**乔**
思慕雪	出售 10	购买 10
色拉	购买 20	出售 20
(d) 贸易后	**利兹**	**乔**
思慕雪	20	10
色拉	20	10
(e) 贸易所得	**利兹**	**乔**
思慕雪	+5	+5
色拉	+5	+5

利兹画了一个图（图 3—7）来说明她的看法。深灰色 PPF 是乔的，浅灰色 PPF 是利兹的。他们每个人都在 A 点生产。利兹的建议就是他们每个人都在 B 点生产。然后，他们以每杯思慕雪换 2 盘色拉的价格，或者以每盘色拉换 1/2 杯思慕雪的价格交换思慕雪和色拉。利兹以 1/2 杯思慕雪得到了 1 盘色拉，这要小于 1 杯思慕雪，而这是她生产 1

盘色拉的成本。乔以 2 盘色拉得到了 1 杯思慕雪，这要小于 5 盘色拉，而这是他生产 1 杯思慕雪的成本。每个人都移动到了 *C* 点，这在他们各自的 *PPF* 之外。由于贸易所得，总产量增加了 10 杯思慕雪和 10 盘色拉。

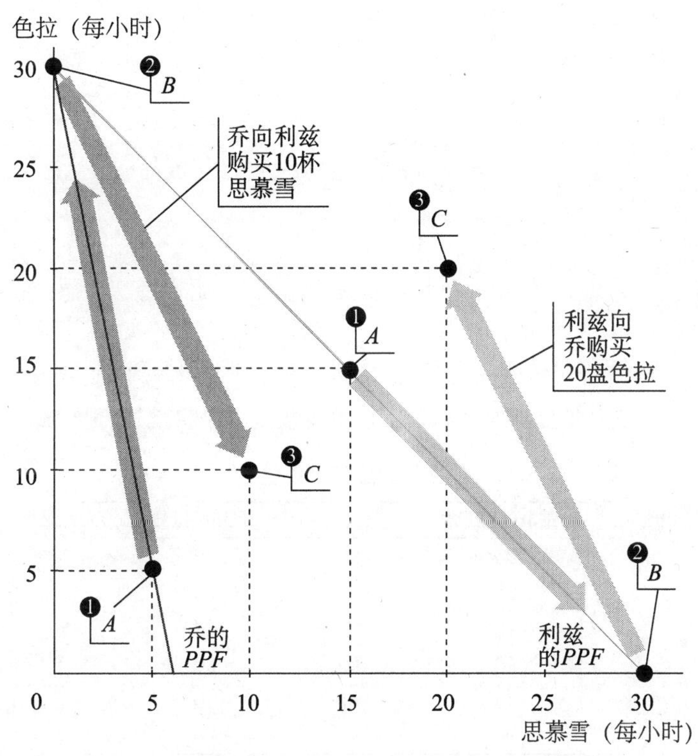

图 3—7　从专业化和贸易中获益

①利兹和乔每个人都在各自 *PPF* 上的 *A* 点生产。利兹拥有生产思慕雪的比较优势，而乔拥有生产色拉的比较优势。②乔专门生产色拉，利兹专门生产思慕雪。所以，他们每个人都在各自 *PPF* 上的 *B* 点生产。③他们以 1 杯思慕雪换 2 盘色拉的价格进行交换，每个人都到了 *C* 点——他们各自的 *PPF* 之外。他们每个人都增加了 5 杯思慕雪和 5 盘色拉。

关注你的生活

你的比较优势

你在本章学到的理论对你如何组织你的生活有着很强的含义。它还对你如何看待离岸外包这样有争议的问题有意义。

就像一个经济通过资本积累来扩展其生产可能性一样，你也可以通过积累你的人力资本来扩展你的生产可能性。这就是你现在在学校所做的。

通过发现你的比较优势，你将能够集中做那些你可能做得好的项目。认真想一想，你享受做些什么以及你相对来说比别人做得更好的是什么？这很有可能就是你的比较优势所在。

今日世界，努力保持易变性是一个好主意，这样你就可以在发现你的比较优势变化之后转换工作。

跳出你个人的自我利益，你准备对离岸外包这件事发表支持或反对的意见吗？

你在本章已经学到了，无论外包发生在美国，就像利兹和乔那样，还是全球化，就像美国的生产者把工作外包给印度，双方都从贸易中有所收益。

美国人为产品和服务付更少的钱，印度人赚取了更高的收入。但是，有一部分美国人受损，至少在短期如此。

检查站 3.4　解释人们如何从专业化和贸易中受益。

现实问题

托尼和帕蒂生产雪橇和滑雪板。表 1 和表 2 显示了他们每天的生产可有性。每周托尼生产 5 块滑雪板和 40 个雪橇，帕蒂生产 10 块滑雪板和 5 个雪橇。

1. 谁在滑雪板生产上拥有比较优势？谁在雪橇生产上拥有比较优势？

2. 如果他们实行专业化生产并互相以 1 块滑雪板换 1 个雪橇进行贸易，贸易所得为多少？

表 1　托尼的生产可能性

滑雪板（每周）		雪橇（每周）
25	和	0
20	和	10
15	和	20
10	和	30
5	和	40
0	和	50

表 2　帕蒂的生产可能性

滑雪板（每周）		雪橇（每周）
20	和	0
10	和	5
0	和	10

3. 甘蔗大丰收，巴西满足了燃料需要。

巴西几乎拥有自给自足的乙醇，但对巴西乙醇的进口税限制了巴西的出口。

资料来源：*The New York Times*，April 12，2006.

巴西从糖中提炼乙醇，每加仑的成本为 0.83 美元；美国从玉米中提炼乙醇，每加仑的成本为 1.14 美元。哪个国家拥有生产乙醇的比较优势？解释为什么美国和巴西可以从专业化和贸易中受益。

参考答案

1. 拥有生产滑雪板的比较优势的人就是那个以更低机会成本生产滑雪板的人。托尼的生产可能性表明，要多生产 5 块滑雪板，他必须少生产 10 个雪橇，所以，托尼生产 1 块滑雪板的机会成本是 2 个雪橇。

帕蒂的生产可能性表明，要多生产 10 块滑雪板，她必须少生产 5 个雪橇，所以，帕蒂生产1块滑雪板的机会成本是1/2个雪橇。帕蒂拥有生产滑雪板的比较优势，这是因为她生产滑雪板的机会成本要低于托尼。托尼拥有生产雪橇的比较优势。对于所生产的每一个雪橇来说，托尼必须放弃生产1/2块滑雪板，而对于帕蒂所生产的每一个雪橇来说，她必须放弃生产2块滑雪板。所以，托尼生产雪橇的机会成本要低于帕蒂。

2. 帕蒂拥有生产滑雪板的比较优势，所以她专业化生产滑雪板。托尼拥有生产雪橇的比较优势，所以他专业化生产雪橇。帕蒂生产20块滑雪板，托尼生产50个雪橇。在专业化生产之前，他们共生产15块滑雪板（帕蒂的10块和托尼的5块）与45个雪橇（托尼的40个和帕蒂的5个）。

通过专业化生产，他们的总产出增加了5块滑雪板和5个雪橇。他们可以以1个雪橇换1块滑雪板的价格分享所得。帕蒂可以以低于其雪橇的生产成本的价格得到雪橇。托尼可以以低于其滑雪板的生产成本的价格购得滑雪板。帕蒂和托尼都从专业化和贸易中获益。

3. 巴西生产1加仑的乙醇的成本要低于美国，所以，巴西拥有生产乙醇的比较优势。如果巴西专门生产乙醇，而美国生产其他产品（比如电影或食物），并进行自由贸易，那么每个国家就都能够达到其自身的*PPF*之外的点上了。

本章总结

要点

1. 利用生产可能性边界解释并说明稀缺、生产效率和取舍的概念。
   - 生产可能性边界（*PPF*）描述了当所有可得资源得到有效率使用时生产的极限。
   - 在*PPF*上或者之内的点都是可实现的，在*PPF*之外的点都是不可实现的。
   - 在*PPF*上的任意一点都实现了生产效率，在*PPF*曲线之内的生产都是缺乏效率的。
   - 当生产是有效率的时候——在*PPF*上，人们面临着某种取舍。如果生产是在*PPF*之内的点进行的，就存在免费的午餐。
2. 计算机会成本。
   - 沿着*PPF*，x（在x轴上的那一项）的机会成本就是y（在y轴上的那一项）的减少量除以x的增加量。
   - y的机会成本就是x的机会成本的倒数。
   - 生产某一产品的机会成本随着该产品的增加而递增。
3. 解释是什么导致了生产可能性扩展。
   - 技术进步、资本和人力资本的增加扩展着生产可能性边界。
   - 经济增长的机会成本就是减少现行消费。
4. 解释人们如何从专业化和贸易中受益。
   - 如果她或他能够比其他人以更低的机会成本从事某项活动，那么，这个人在这一活动方面就具有比较优势。
   - 人们从增加生产那些他们拥有比较优势的项目并且进行交易中受益。

关键术语

绝对优势	生产效率	比较优势
生产可能性边界	经济增长	取舍

本章检查站

□ 学习计划中的问题与应用

1. 表1显示了某家农场在一年能够生产的玉米和牛排的数量。画出该农场的 *PPF* 图，并在图上标出：

● 玉米和牛排的一个缺乏效率的组合，标记为 *A* 点。

● 玉米和牛排的一个不可实现的组合，标记为 *B* 点。

● 玉米和牛排的一个有效率的组合，标记为 *C* 点。

表 1

玉米（蒲式耳）		牛排（磅）
250	和	0
200	和	300
100	和	500
0	和	550

利用下列信息回答问题 2 和 3。

闲暇岛的人们一天劳动 50 个小时，可以用于生产娱乐和好食品。表 2 显示了闲暇岛在不同的劳动时间里所能生产的娱乐和食品的最大数量组合。

表 2

劳动（小时）	娱乐（单位）		好食品（单位）
0	0	或者	0
10	20	或者	30
20	40	或者	50
30	60	或者	60
40	80	或者	65
50	100	或者	67

2. 50 个单位的娱乐和 50 个单位的好食品的产量组合是可实现并有效率的吗？在生产 50 个单位的娱乐和 50 个单位的好食品的产量组合时，闲暇岛的人们面临着取舍吗？

3. 增加生产一个单位娱乐的机会成本是什么？解释为什么生产一个单位娱乐的机会成本随着生产娱乐的数量的增多而递增。

利用下列信息回答问题 4 和 5。

疟疾可以被控制

世界卫生组织的疟疾首席专家说，试图根除这种疾病的成本过于高昂。他说，通过使用蚊帐、药物和滴滴涕（DDT），有可能消除 90%的这种疾病。但要 100%地消除是要付出极高的代价的。

资料来源：*The New York Times*，March 4，2008.

4. 用 x 轴代表疟疾控制，y 轴代表其他产品和服务，画出生产可能性边界的图。

5. 描述控制疟疾的机会成本是如何随着更多的资源用于减少疟疾发病率而递增的。

6. 解释下列事件是如何影响到美国的生产可能性的：

● 一些零售工人被再就业，从事建设大坝和风场。

● 更多的人提前退休。

● 干旱重击了加利福尼亚经济。

利用下列信息回答问题 7 和 8。

图 1 显示了汤姆的生产可能性，图 2 显示了阿比的生产可能性。汤姆使用他的所有资源在一小时内生产 2 个网球拍和 20 个网球。阿比使用她的所有资源在一小时内生产 2 个网球拍和 40 个网球。

7. 汤姆生产 1 个网球拍的机会成本为多少？阿比生产 1 个网球拍的机会成本为多少？谁拥有生产网球拍的比较优势？谁拥有生产网球的比较优势？

8. 如果汤姆和阿比进行专业化生产并且以 15 个网球换 1 个网球拍的价格进行交易，贸易所得为多少？

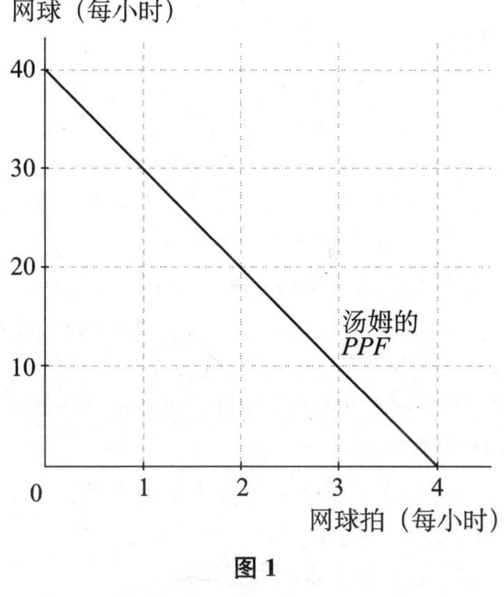

图 1

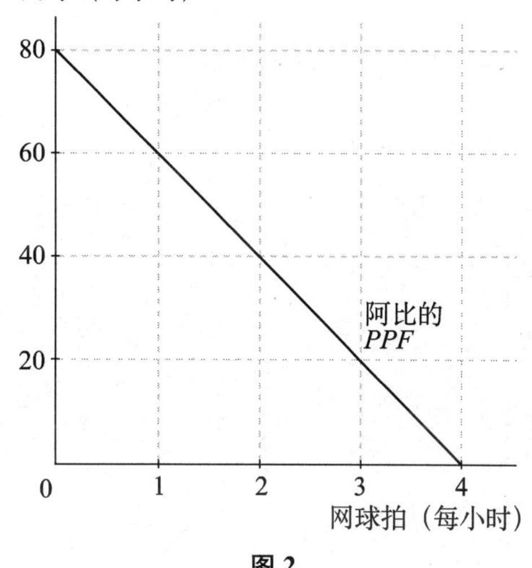

图 2

□ 教师可布置的问题与应用

利用下列信息回答问题 1～4。

如果 2009 年的《美国清洁能源和安全法》获准通过并成为法律，它将限制发电的温室气体排放，并要求电力生产者采用一个最低的比率利用可再生燃料发电。部分排放权可以用于拍卖。据美国国会预算办公室估计，政府从拍卖中获益 8 460 亿美元，但要支出 8 210 亿美元，用于支持激励计划和对更高能源价格的补贴。电力生产者一年将需花费 2 080 亿美元用于遵从这一新的规则。（把这些美元的数量想象成它们所值的产品和服务。）

1. 这一新的法律会实现生产效率吗？

2. 电力生产者的温室气体排放权拍卖向政府支付的 8 460 亿美元是不是生产电力的机会成本？

3. 政府在激励计划上的花费和对更高能源价格的补贴共 8 210 亿美元是不是生产电力的机会成本？

4. 电力生产者用于遵从这一新的规则所花费 2 080 亿美元是不是生产电力的机会成本？

5. 脚岛的人们一天劳动 40 个小时，可以用于烤制比萨和面包。表 1 显示了脚岛在不同的劳动时间里所能生产的比萨和面包的最大数量组合。脚岛的人们可以使用不同的劳动数量。脚岛的人们一天可能生产 30 块比萨和 30 条面包吗？如果可能，它是有效率的吗？脚岛的人们面临着取舍吗？生产一块额外的面包的机会成本是什么？

利用下列信息回答问题 6～8。

表 1

劳动（小时）	比萨（块）		面包（条）
0	0	或者	0
10	30	或者	10
20	50	或者	20
30	60	或者	30
40	65	或者	40

廉价宽带是赢家

便宜的宽带接入已经造就了新一代的电视生产商，互联网成为它们的国家媒体。

资料来源：*The New York Times*，December 2，2007.

6. 便宜的宽带是如何改变着视频娱乐及其他产品和服务的生产可能性的？

7. 请画出在有宽带前的视频娱乐及其他产品和服务的 *PPF*。

8. 请显示便宜宽带的到来是如何改变 *PPF* 的。

9. 图 1 显示了三个经济体中的每一个经济体的 *PPF*：亚特兰蒂斯、比基尼和赛博。亚特兰蒂斯没有经济增长，比基尼增长得很慢，赛博增长得很快。在该图上做 3 个标记。

● A点显示了亚特兰蒂斯的情况——标记为A点。

● B点显示了比基尼的情况——标记为B点。

● C点显示了赛博的情况——标记为C点。

比基尼和赛博的经济增长的成本是什么?

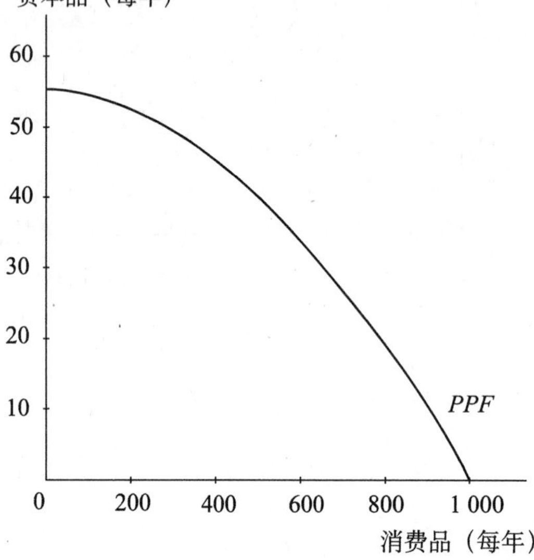

图 1

10. 一家农场生产小麦和肥猪。生产这两种产品中的任何一种的机会成本随着生产的产量越来越多而递增。假如该农场采取了新的科学技术，将用更少的资源生产肥猪，请解释该农场的生产可能性如何改变，以及对生产一吨小麦的机会成本有什么影响。

11. 表 2 显示了一家农场的生产可能性。假如该农场有效地使用其资源，从生产 300 磅牛排增加到 500 磅的机会成本为多少？解释之。

表 2

玉米（蒲式耳/年）		牛排（磅/年）
250	和	0
200	和	300
100	和	500
0	和	550

利用下列信息回答问题 12 和 13。

观点：教育和改革对连续不断的经济增长至关重要

M. 辛格说，印度人在参与本国高科技产业的扩张的过程中显得缺乏教育。为了解决这一问题，他认为印度应创办更多的世界一流大学。他还认为，印度的劳动法过于严格，限制了人们以及人力资本在农村和城市的流动。

资料来源：Manoj Singh，*Financial Times*，May 15，2007.

12. 创办更多的大学是如何改变印度现在和将来的生产可能性的？通过画出印度现在和将来的 *PPF* 来说明。

13. 加强人以及人力资本的流动性是如何改变印度的生产可能性的？

14. 超大的玉米和大豆作物。

2008 年的玉米产量预计为 123 亿蒲式耳，比丰收年 2007 年减少了 6%。2008 年的大豆作物预计为 29.7 亿蒲式耳，比 2007 年增长了 5%。

资料来源：*USDA Crop Production*，August 12，2008.

计算用玉米表示的 1 蒲式耳大豆的机会成本。

利用下列信息回答问题 15 和 16。

受旱灾影响的农民面临新的战斗

在长期干旱中挣扎的小麦农户现在面临着一场新的战斗。被称为“锯齿草丛”的一种南美的种子在被干旱席卷的光秃的小麦农田里以很快的速率蔓延着。一个很大的问题是：当地很多小麦农民并不能区分锯齿草丛和不太有害的天然草丛，而且，他们还没有意识到锯齿草丛对生产率和成长能力有很大的影响。

资料来源：ABC News（Australia），May 18，2009.

15. 用 x 轴代表小麦，用 y 轴代表其他产品和服务，画出澳大利亚的生产可能性边界。在你的图上，显示出南美种子对农民生产率以及增长能力的影响。

16. 澳大利亚是小麦出口大国。如果生产率的确下降，这一下降是如何影响到澳大利亚生产小麦的机会成本，以及如何影响澳大利亚从国际贸易中的收益的？

第 4 章

需求和供给

为什么住房价格有猛涨和大跌?

2006 年 7 月，美国住房价格达到高峰，比 1999 年的价格翻了一番。到 2009 年年初为止房价下降了 46%，回到了 2002 年的水平。为什么？是什么导致房价的上升以及后来的下降？

本 章 要 点

学完本章，你将能够：

1. 区分需求量和需求，解释是什么决定着需求。
2. 区分供给量和供给，解释是什么决定着供给。
3. 解释需求和供给在市场中如何决定着价格和数量，解释供给和需求变化的效应。

□ 竞争性市场

当你需要一双新跑鞋、一个面包圈和一杯拿铁咖啡时，或者想要飞回家过感恩节的时候，你都必须找到一个有人出售这些东西或者提供这些服务的地方。我们所寻找的任何这样一个地方就叫做市场。

从第 2 章中我们已经知道，市场是将买者和卖者聚合在一起的任何一种安排。任何一个市场均有两个方面：买者（需求者）和卖者（供给者）。现实中的市场有很多类型：提供产品的，例如苹果和旅行皮靴；提供服务的，例如理发和网球课程；提供资源的，例如电脑程序设计员和大型推土机；或者提供其他生产投入的，例如存储芯片和汽车零件。还有提供日元的货币市场，以及提供雅虎股票的金融证券市场。实际上，你所能想象到的一切都可以在市场上进行交易。

有些市场是有形的，在这样的市场中买者和卖者相聚，通过拍卖或者经纪人帮助决定其价格。这种类型的市场的例子有纽约证券交易所；还有鱼、肉等产品市场；二手车拍卖市场。

有些市场是虚拟的空间，买卖双方并不见面，而是通过电话或互联网进行联系。这种类型的市场的例子有货币市场，电子商务网站如 Amazon. com（亚马逊网）和 bananarepublic. com（芭娜娜共和网），以及拍卖网站如 eBay（易趣网）。

但是，绝大多数市场都是买者和卖者的无组织的集合。你所进行的大多数交易都是在这样的市场中进行的。一个例子就是篮球鞋市场。在这个每年交易额高达 30 亿美元的市场中，买者是 4 500 万打篮球的美国人（或者那些想要跟随潮流的人）以及想要一双新鞋的人。卖者则是成千上万个体育用品零售商和鞋店。每一个买者都可以光顾几家商店，而且每一个卖者都知道买者会选择一家商店购买。

市场在买卖双方所面临的竞争密度方面是有所不同的。在本章中，我们将研究一种竞争性市场。在这种市场中，由于有足够多的买者和卖者，所以，没有人可以影响市场价格。

4.1 需求

首先，我们研究某一竞争性市场中买者的行为。对任何产品、服务或者资源的**需求量**（quantity demanded）是指在特定时期，在某一特定价格下，人们愿意并且有能力购买的数量。例如，当矿泉水 1 美元/瓶的时候，你决定每天买两瓶。于是，这 2 瓶/天就是你对矿泉水的需求量。

需求量是用单位时间的数量来衡量的。例如你对矿泉水的需求量是 2 瓶/天，也可以表示为 14 瓶/周，或者其他的每月或每年的数字。然而，如果没有时间尺度，一个单纯的数字是没有任何意义的。

许多因素会影响到购买计划，其中的因素之一就是价格。我们首先看一下需求量和价格之间的关系。为了研究这种关系，我们假设其他影响购买计划的因素都相同，于是问题就出现了：在其他因素相同的情况下，随着价格的变动，对一种产品的需求量是如何变化的呢？需求法则回答了这个问题。

□ 4.1.1 需求法则

需求法则（law of demand）表述为：

> 在其他因素相同的情况下，如果产品价格上升，则对这种产品的需求量减少；如果产品价格下降，则对这种产品的需求量增加。

因此，需求法则表明，在其他因素相同的情况下，如果一台掌上电脑的价格降低，人们就会购买更多的掌上电脑；或者当篮球赛门票的价格上升时，人们就会购买更少的篮球赛门票。

为什么当其他因素相同时，价格下降会使得需求量增加呢？

答案是，面对有限的预算，人们往往有激励去寻找他们所能够实现的最佳交易。如果某一产品的价格下降，而其他产品的价格不变，那么，购买这个更低价格的产品比降价前购买更为合算，于是人们就会更多地购买这种降价产品。例如，如果瓶装水的价格从1美元/瓶降到25美分/瓶，而“给他力”（Gatorade）饮料的价格保持在1美元不变，会不会有一些人从喝“给他力”转向喝瓶装水呢？假设如此，那么这些人将会节省75美分/瓶，这些钱他们可以用于购买一些以前无力支付的其他东西。

回想一下你所购买的东西，并且自问一下：哪些东西不符合需求法则？如果一本新教材的价格降低了，而其他的东西（包括二手教材的价格）保持不变，你会去更多地购买新教材吗？然后再想一下那些你现在没有购买，但是一旦你有能力购买，你就会购买的东西。个人电脑要便宜到何种程度你才会考虑同时购买一台台式机和一台笔记本电脑？相信有一个足够低的价格会诱使你这样去做。

□ 4.1.2 需求表与需求曲线

需求（demand）是指当影响购买计划的其他因素都保持不变时，一种产品的需求量和价格之间的关系。需求量是在某一个价格下的一个数量，而需求是不同价格下的一系列数量，后者可以用需求表和需求曲线来表示。

需求表（demand schedule）是当所有其他影响购买计划的因素保持不变时，在每一个不同的价格下的需求量的一份列表。图4—1中的表就是某人（如蒂娜）对瓶装水的需求表。它告诉我们，当水的价格是2美元/瓶时，蒂娜不会买瓶装水。她的需求量是0瓶/天。当水的价格下降到1.5美元/瓶时，她的需求量为1瓶/天。当价格分别为1美元/瓶和50美分/瓶时，她的需求量分别上升为2瓶/天和3瓶/天。

需求曲线（demand curve）是当所有其他影响购买计划的因素保持不变时，表示需求量和价格之间的关系的一种图形。需求曲线上从A点到D点的四个点依次代表了需求表中从A行到D行的四行。例如，图中B点代表需求表中的B行，意为当价格为1.5美元/瓶时，需求量为1瓶/天。需求曲线上的C点代表需求表中的C行，表示当价格为1美元/瓶时，需求量为2瓶/天。

	价格（美元/瓶）	需求量（瓶/天）
A	2.00	0
B	1.50	1
C	1.00	2
D	0.50	3

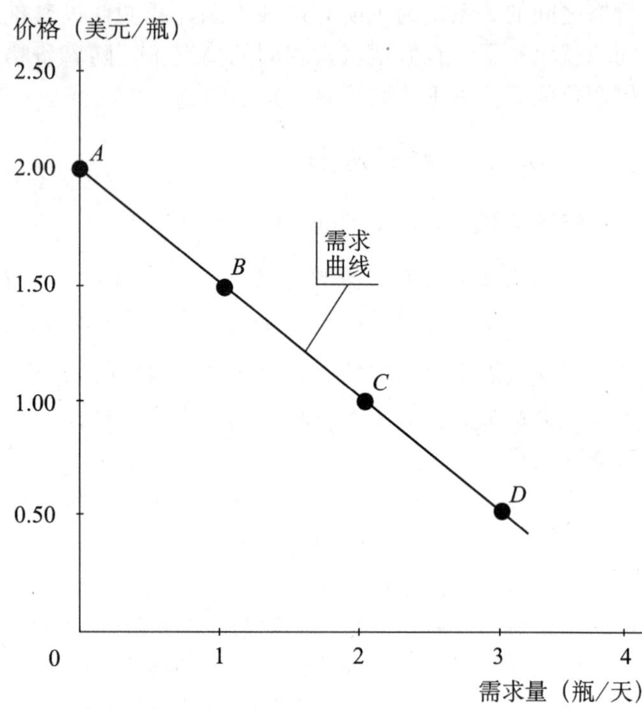

图 4—1　需求表和需求曲线

图中的表显示了蒂娜的需求表，它给出了在所有其他影响购买计划的因素保持不变的情况下对水的需求量的一种列表。当水的价格是 1.5 美元/瓶时，需求量为 1 瓶/天。

需求曲线表示了在所有其他影响购买计划的因素保持不变的情况下需求量和价格之间的关系。向下方倾斜的需求曲线说明了需求法则。当价格下降时，需求量增加；当价格上升时，需求量减少。

需求曲线向下倾斜的斜率说明了需求法则。沿着需求曲线，当产品价格下降时，需求量增加。例如，在图 4—1 中当瓶装水的价格从 1 美元/瓶降到 50 美分/瓶时，需求量则从 2 瓶/天增加到 3 瓶/天。当产品价格上升时，需求量减少。例如，当每瓶水的价格从 1 美元/瓶上升到 1.5 美元/瓶时，需求量从 2 瓶/天减少到 1 瓶/天。

□ 4.1.3　个人需求和市场需求

你刚才学习的需求表和需求曲线是针对某一个人的。为了学习某一个市场，我们需要研究市场的需求。

市场需求是某一市场所有买者需求的总和。为了得到市场需求，想象一个只有两个买者的市场：蒂娜和蒂姆。图 4—2 中的表显示了三种需求表：蒂娜的、蒂姆的和市场的需求表。蒂娜的需求表和过去的一样，它表明了在每一个不同的价格上蒂娜对水的需求量。蒂姆的需求表告诉我们，在每一个不同的价格上蒂姆对水的需求量。为了得到市场的需求量，我们把蒂娜和蒂姆的需求量加总。例如，在 1 美元/瓶的价格上，蒂娜的需求量为 2 瓶/天，蒂姆的需求量为 1 瓶/天，因此，市场的需求量为 3 瓶/天。

图（a）中的蒂娜的需求曲线和图（b）中的蒂姆的需求曲线是两个个人的需求表的图像。图（c）中的需求曲线则是市场需求表的图像。在一给定的价格上，在市场需求曲线上的需求量等于在个人需求曲线上的需求量的水平和。

价格 （美元/瓶）	需求量 （瓶/天） 蒂娜		蒂姆		市场
2.00	0		0		0
1.50	1		0		1
1.00	2	＋	1	＝	3
0.50	3		2		5

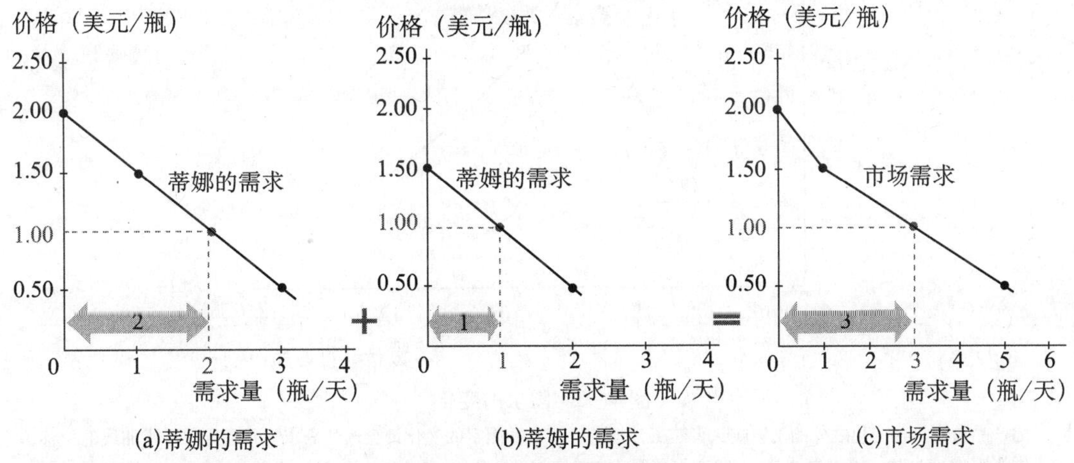

图 4—2　个人需求和市场需求

市场需求表是个人需求表之和，市场需求曲线是个人需求曲线的水平和。

当价格为 1 美元/瓶时，蒂娜的需求量为 2 瓶/天，蒂姆的需求量为 1 瓶/天，因此，市场需求量为 3 瓶/天。

□ 4.1.4　需求的变化

需求曲线描述了在影响购买计划的所有其他因素保持不变的情况下，需求量随着价格的变化而变化。当除价格之外的任何一种影响购买计划的因素发生变化时，就会产生**需求的变化**（change in demand），这意味着一个新的需求表和新的需求曲线。需求曲线发生了位移。

需求会增加或减少，图 4—3 说明了这两种情况。假定初始需求曲线为 D_0，当需求下降时，需求曲线向左位移至 D_1。在需求曲线 D_1 上，在每一价格水平上需求量都更少。当需求上升时，需求曲线向右位移至 D_2。在需求曲线 D_2 上，在每一价格水平上需求量都更多。

能够引起需求变化的购买计划的主要影响因素有：

- 相关产品的价格
- 预期未来价格
- 收入
- 预期未来收入和信用
- 购买者的数量

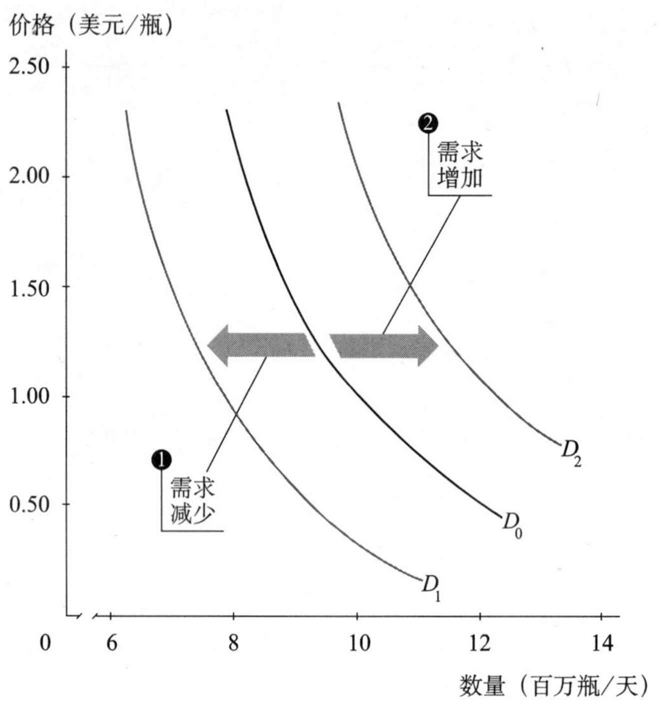

图 4—3　需求的变化

除产品自身价格变化之外的、影响买者购买计划的任何一种因素的变化都会改变需求，并且导致需求曲线的位移。

①当需求减少时，需求曲线从 D_0 向左位移至 D_1。

②当需求增加时，需求曲线从 D_0 向右位移至 D_2。

- 偏好

相关产品的价格

一种产品的价格变化可以引起对相关产品需求的变化。相关产品可以是替代品也可以是互补品。一种产品的**替代品**（substitute）是指可以代替这种产品消费的另外一种产品。例如：巧克力蛋糕是奶酪蛋糕的替代品，瓶装水是“给他力”饮料的替代品。一种产品的**互补品**（complement）是指必须和该产品一起消费的另外一种产品。例如，护腕是滚轴溜冰鞋的互补品，瓶装水是健身中心服务的互补品。

替代品价格的变化　如果某种产品的替代品的价格上升，那么该产品的需求增加；如果某种产品的替代品的价格下降，那么该产品的需求减少。这也就是说，某种产品的需求和它的替代品的价格呈同向变化。例如，奶酪蛋糕是巧克力蛋糕的替代品。当巧克力蛋糕的价格上涨时，对奶酪蛋糕的需求会有所增加。

互补品价格的变化　如果某种产品的互补品的价格上升，对该产品的需求便减少；如果某种产品的互补品的价格下降，对该产品的需求便增加。这也就是说，一种产品的需求与其互补品的价格呈反方向变动。例如，当滚轴滑冰鞋的价格上升时，护腕的需求就会有所减少。

预期未来价格

预期某种产品的未来价格上升会增加对该产品的现行需求，预期未来价格下降会减少现行需求。如果你预期下周方便面的价格会上升，你就会买足够多的方便面以应付接下来的几周，你今天对方便面的需求就会增加。如果你预期方便面的价格会下降，你现在就不会购买方便面而会在下周购买。你今天对方便面的需求就会减少。

收入

如果一种产品的需求会随着收入的增加而增加，随着收入的减少而减少，那么我们就称这种产品为**正常品**（normal good）。如果一种产品的需求随着收入的增加而减少，随着收入的减少而增加，那么我们就称这种产品为**劣品**（inferior good，又译低档品）。例如，当你的收入增加时，你会购买更多的鸡肉，更少的面食，对你来说，鸡肉是一种正常品，面食是一种劣品。

预期未来收入和信用

当预期未来收入上升时，或者信用很容易获得，借款成本较低时，对一些产品的需求上升。当预期未来收入下降时，或者信用很难获得，借款成本较高时，对一些产品的需求下降。

预期未来收入以及信贷的可得性和成本的改变对一些大面额项目（如住房和汽车）的需求有很大的影响。对未来收入和价格的预期也会影响到需求。预期未来收入和信贷的可得性的适度调整对这类产品的需求会带来很大的波动。

购买者的数量

市场中购买者的数量越多，需求量就越大。例如，纽约市对于停车场、电影、瓶装水以及其他任何东西的需求都要比爱达荷州的博伊西市的需求多得多。

偏好

兴趣，或者经济学家所称的偏好，会影响到需求。当偏好发生变化时，有可能导致对某种产品需求的减少和对另一种产品需求的增加。例如，对吸烟有害健康的知识了解得越多，就越会改变对其的偏好，这种偏好的变化会降低对香烟的需求，同时增加对尼古丁药贴的需求。当新产品出现时，偏好也会发生变化。例如，MP3 技术的发展减少了对 CD 光盘的需求，同时增加了对互联网服务以及个人计算机的需求。

□ 4.1.5 需求量的变化对需求的变化

你刚才发现的影响购买者计划的因素导致了需求的变化。这些因素包括了除了产品自身价格之外的所有其他因素。为了避免混淆，当自身价格变化，而其他所有影响因素保持不变时，我们称之为需求量的变化。

区分需求的变化和需求量的变化，在了解市场如何对此做出反应方面是非常重要的。图 4—4 说明和总结了上述两种区分。

● 如果瓶装水价格上升，其他因素保持不变，瓶装水的需求量减少，它沿着需求曲线 D_0 向上移动。如果价格下降，其他因素保持不变，瓶装水的需求量增加，它沿着需求曲线 D_0 向下移动。

● 如果影响买者购买计划的其他因素发生变化，需求就会发生变化。当瓶装水的需求减少时，需求曲线向左位移（移至需求曲线 D_1）。当瓶装水的需求增加时，需求曲线

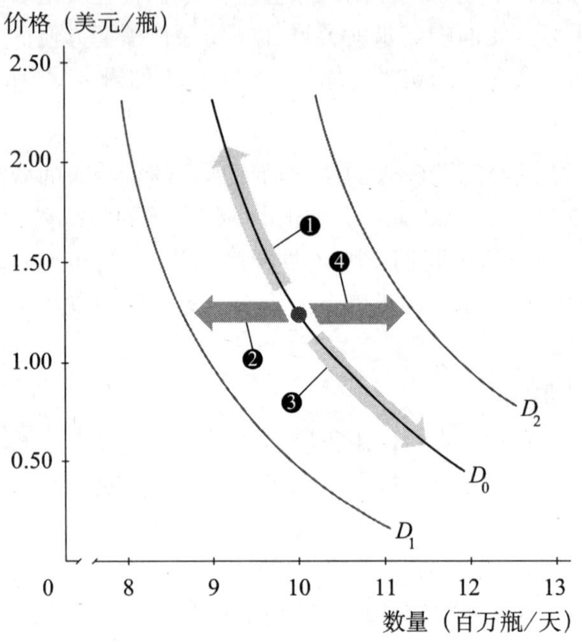

图 4—4　需求量变化对需求变化

①需求量的减少

如果某种产品价格上升，其他因素不变，则需求量减少，它沿着需求曲线 D_0 向上移动。

②需求的减少

需求减少，需求曲线向左位移（从 D_0 到 D_1），如果

- 替代品价格下降。
- 互补品价格上升。
- 预期该产品未来价格下降或者未来收入下降。
- 收入减少。*
- 买者数量减少。

③需求量的增加

如果某种产品价格下降，其他因素不变，则需求量增加，它沿着需求曲线 D_0 向下移动。

④需求的增加

需求增加，需求曲线向右位移（从 D_0 到 D_2），如果

- 替代品价格上升。
- 互补品价格下降。
- 预期该产品未来价格上升或者未来收入上升。
- 收入增加。
- 买者数量增加。

*瓶装水为一种正常品。

向右位移（移至求曲线 D_2）。

当你在思考影响需求的因素时，最好养成一个良好的习惯问问自己：这一影响因素是改变需求量还是需求？这一测试就是：是产品价格的变化还是其他影响因素的变化？如果该产品价格发生变化，那么需求量发生变化；如果其他因素发生变化，而价格保持不变，那么就是需求发生变化。

检查站 4.1　区分需求量和需求，解释是什么决定着需求。

现实问题

下列事件仅仅在手机市场上的某个时点发生：

- 手机价格下降。
- 每个人都认为手机价格在下个月下降。
- 手机通话费下降。
- 固定电话的通话费上升。
- 带相机的手机的面市使得手机更为流行。

利用这些信息回答问题1～3。

1. 解释上述每个事件对手机需求的影响。
2. 使用一个图来说明每个事件的效应。
3. 哪件（些）事解说了需求法则？
4. 乘客人数下降。

据国际航空运输协会报道，乘客人数下降了11%。猪流感的影响是什么呢？乘客数量的恢复依赖于消费者信心的提升和增加消费支出的回归。

资料来源：*The Nation*，April 29，2009.

解释航空旅行需求的每一个影响因素。

参考答案

1. 手机价格下降增加了对手机的需求量，对手机的需求没有影响。

预期手机价格在下个月下降，减少了今天对手机的需求，因为人们等待着更低的价格。

手机通话费下降增加了对手机的需求，因为手机和手机通话费是互补品。

固定电话的通话费上升增加了对手机的需求，因为手机和固定电话的通话费是替代品。

带相机的手机的面市使得手机更为流行增加了对手机的需求。

2. 图1显示了手机价格下降的效应是指沿着需求曲线 D 的移动。

图2显示了对手机的需求增加的效应是指需求曲线从 D_0 右移到 D_1，对手机的需求减少的效应是指需求曲线从 D_0 左移到 D_2。

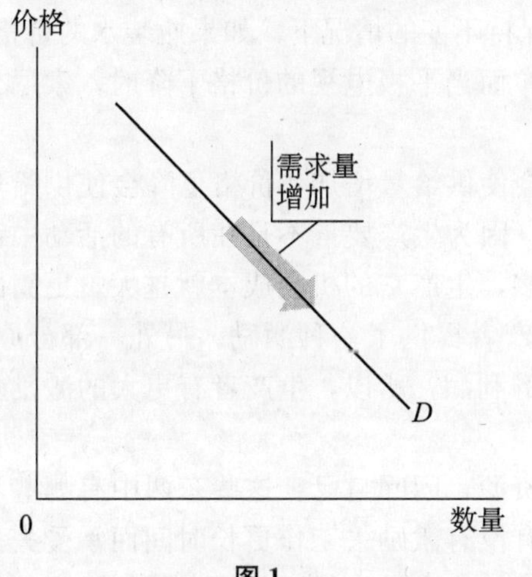

图1

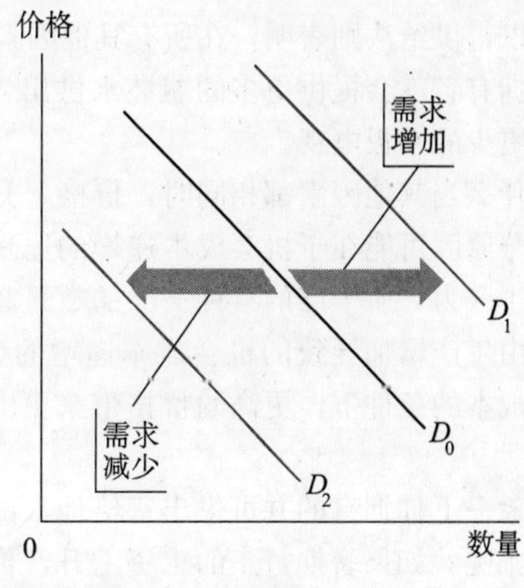

图2

3. 手机价格下降（其他因素保持不变）解说了需求法则。图 1 显示了需求法则。其他因素改变着需求，不能解说需求法则。

4. 如果人们担心可能会接触到猪流感，他们会取消旅行计划。航空旅行的需求减少。当消费者信心和消费支出得以恢复时，航空旅行的需求增加。航空公司削减运力不会影响航空旅行的需求。

4.2 供给

一个市场有两个方面，一面是买者，即需求者，我们刚刚研究过了；另一面是卖者，即供给者。现在我们学习决定供给者计划的力量是什么。

一种产品、服务或者资源的**供给量**（quantity supplied）是指在特定时间，在特定价格下，人们愿意并且有能力提供的数量。例如，当矿泉水的价格是 1.5 美元/瓶时，矿泉水的拥有者决定出售 2 000 瓶/天，那么，这 2 000 瓶/天便是此生产者的矿泉水供给量（与需求的例子一样，供给量需以某一单位时间来衡量）。

许多因素都会影响到销售计划，其中之一就是价格。我们首先看一下供给量和价格之间的关系。为了研究这种关系，我们假设影响销售计划的其他因素都保持不变，于是我们要问：在其他条件相同的情况下，随着价格的变动，该产品的供给量如何变化？供给法则回答了这个问题。

□ 4.2.1 供给法则

供给法则（law of supply）表述为：

> 在其他因素相同的情况下，如果产品价格上升，则这种产品的供给量增加；如果产品价格下降，则这种产品的供给量减少。

所以，供给法则表明，在所有其他因素保持不变的情况下，如果瓶装水的价格上升，矿泉水拥有者就会提供更多的瓶装水供出售；而当平板电视的价格下降时，索尼公司就会出售更少的平板电视。

为什么当其他因素都相同时，价格上升会使供给量增加，价格下降会使供给量减少呢？部分原因可能在于机会成本递增的原理。因为生产要素不是在所有的活动中都具有同等的生产力，所生产的某种产品的数量越多，生产它的机会成本就越大。更高的价格对承受由生产增加导致的机会成本递增的生产者提供了一种激励。另外一部分原因是，在给定成本的条件下，更高的价格带来更大的利润，所以，生产者有更大的激励去增加产量。

想象一下你拥有的并可供出售给他人的资源，问问自己：这些东西中有哪些不符合供给法则呢？如果暑期打工的工资上升，你有没有激励去工作更长时间而承受失去休闲的更高的机会成本？如果银行提高存款利息率，你有没有激励在该银行存更多的钱而承受放弃消费的更高的机会成本？如果二手教材的书商提高了去年的教材的价格，你有没有激励卖掉手头上的数学教材，但每当你需要读这本书的时候，要承受去图书馆的更高的机会成本（或者找朋友借）？

□ 4.2.2 供给表与供给曲线

供给（supply）是指当影响销售计划的其他因素都保持不变时，某种产品的供给量和价格之间的关系。供给量是在一个价格下的某一个数量，而供给是不同价格下的一系列数量，后者可以用供给表和供给曲线来表示。

供给表（supply schedule）是当所有其他影响销售计划的因素都保持不变时，在每一个不同价格下的供给量的一份列表。图 4—5 中的表就是埃加（Agua）瓶装水的供给表。它告诉我们，当水的价格是 50 美分/瓶时，埃加计划不卖水，其供给量为 0 瓶/天；当水的价格是 1 美元/瓶时，埃加的供给量为 1 000 瓶/天；而当水的价格上升到 1.5 美元/瓶的时候，埃加的供给量增加到 2 000 瓶/天，当价格为 2 美元/瓶时，埃加的供给量为 3 000 瓶/天。

	价格 （美元/瓶）	供给量 （千瓶/天）
A	2.00	3
B	1.50	2
C	1.00	1
D	0.50	0

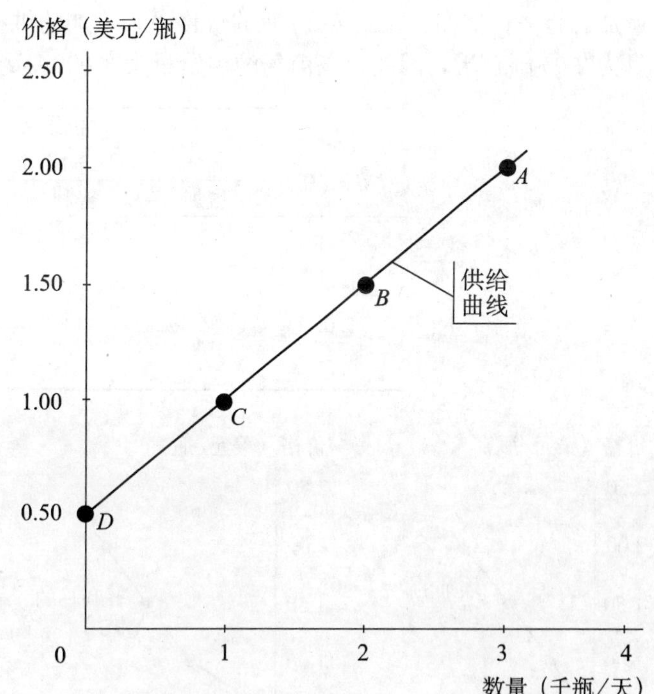

图 4—5　供给表和供给曲线

图中的表就是供给表，它显示了在影响销售计划的所有其他因素保持不变的情况下，在不同价格上瓶装水的一系列的供给量。当瓶装水的价格是 1.5 美元/瓶时，供给量为 2 000 瓶/天。

供给曲线表示了在所有其他因素保持不变的情况下，供给量和价格之间的关系。向上倾斜的斜率解读了供给法则。当产品价格上升时，供给量增加；当产品价格下降时，供给量减少。

供给曲线（supply curve）是当影响销售计划的所有其他因素保持不变时，表明供给量和价格之间的关系的一个图像。供给曲线上从 *A* 点到 *D* 点的四个点依次代表着供给表中从 *A* 行到 *D* 行的四行。例如，供给曲线上 *C* 点代表供给表中的 *C* 行，表明当价格为 1

美元/瓶时，供给量为 1 000 瓶/天。供给曲线上的 B 点代表供给表中的 B 行，表明当价格为 1.5 美元/瓶时，供给量为 2 000 瓶/天。

供给曲线向上倾斜的斜率解读了供给法则。沿着供给曲线，当产品价格上升时，供给量会有所增加。例如，在图 4—5 中，当瓶装水的价格从 1.5 美元/瓶上升到 2 美元/瓶时，供给量从 2 000 瓶/瓶增加到 3 000 瓶/天。当其价格下降时，供给量减少。例如，当瓶装水的价格从 1.5 美元/瓶下降到 1 美元/瓶时，供给量从 2 000 瓶/天减少到 1 000 瓶/天。

□ 4.2.3 个别供给和市场供给

你刚才所学习的供给表和供给曲线是针对某一个卖者而言的。为了研究某一市场，我们必须研究市场供给。

市场供给是市场中所有卖者的供给之和。为了得到水的市场供给，想象一个仅有两个卖者（埃加和普利马）的市场。图 4—6 中的表显示了三种供给表：埃加的、普利马的和市场的供给表。埃加的供给表和以前的表一模一样。普利马的供给表告诉我们他在每一价格下所计划出售的水量。为了得到市场的水的供给量，我们把埃加和普利马的供给量加总起来。例如，在 1 美元/瓶的价格下，埃加的供给量为 1 000 瓶/天，普利马的供给量为 2 000 瓶/天，因此，该市场的供给量为 3 000 瓶/天。

价格（美元/瓶）	供给量（千瓶/天）				
	埃加		普利马		市场
2.00	3		4		7
1.50	2		3		5
1.00	1	+	2	=	3
0.50	0		0		0

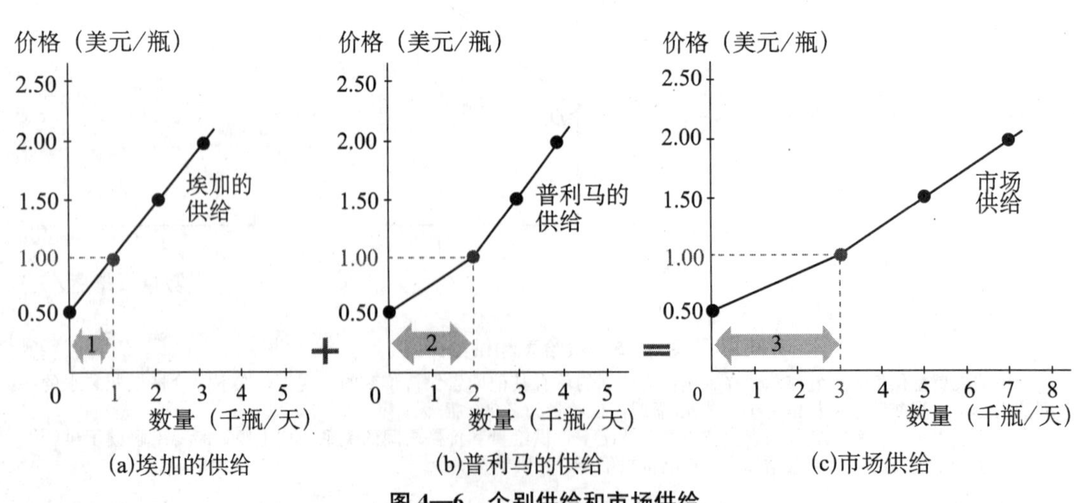

图 4—6 个别供给和市场供给

市场供给表是个别供给表之和，市场供给曲线是个别供给曲线的水平和。

在价格为 1 美元/瓶时，埃加的供给量为 1 000 瓶/天，普利马的供给量为 2 000 瓶/天，因此，市场的供给量为 3 000 瓶/天。

图（a）中的埃加的供给曲线和图（b）中的普利马的供给曲线是这两个个人供给表的图像。图（c）中的市场供给曲线是市场供给表的一个图像。在任一价格下，市场供给曲线上的供给量等于单个供给曲线的供给量的水平和。

□ 4.2.4 供给的变化

供给曲线描述了在影响销售计划的所有其他因素保持不变的情况下，供给量随着价格的变化而变化。当除价格之外的任何一种影响销售计划的因素发生变化时，就会产生**供给的变化**（change in supply），这意味着一个新的供给表和新的供给曲线。供给曲线发生位移。

供给会增加或减少，图 4—7 显示了这两种情况。假定初始的供给曲线为 S_0，当供给减少时，供给曲线向左位移至 S_1。在供给曲线 S_1 上，在任一价格下供给量都更少。当供给增加时，供给曲线向右位移至 S_2。在供给曲线 S_2 上，在任一价格下供给量都更多。

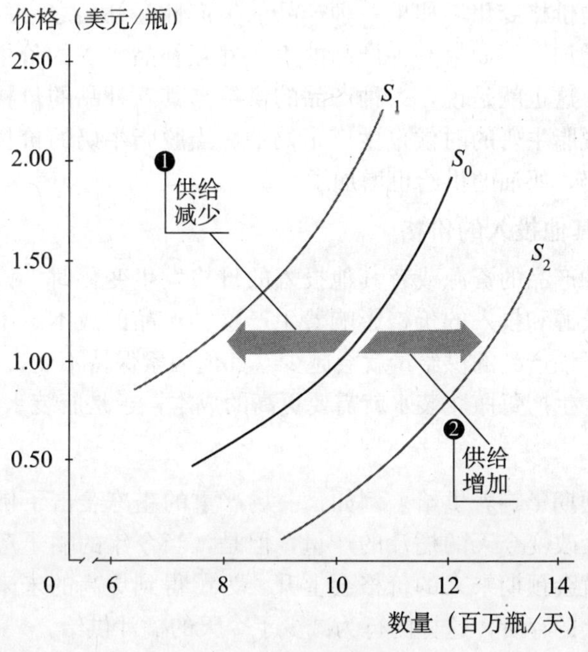

图 4—7 供给的变化

除产品自身价格变化之外的所有影响销售计划的因素的改变都会引起供给的变化，供给曲线发生位移。

①当供给减少时，供给曲线从 S_0 向左平移至 S_1。

②当供给增加时，供给曲线从 S_0 向右平移至 S_2。

能够引起供给变化的销售计划的主要影响因素有：

- 相关产品的价格
- 资源的价格和其他投入的价格
- 预期未来价格
- 销售者的数量
- 生产率

相关产品的价格

相关产品要么是生产性替代品，要么是生产性互补品。一种产品的**生产性替代品**（substitute in production）是指可以代替这种产品进行生产的另一种产品。在服装工厂中，苗条牛仔裤是瘦身牛仔裤的生产性替代品。

一种产品的**生产性互补品**（complement in production）是指必须和这种产品一起生产的另外一种产品。在乳制品厂，奶油是脱脂牛奶的生产性互补品。

生产性替代品的价格变化 如果某一种产品的生产性替代品之一的价格上升，那么这种产品的供给就会减少；而如果某种产品的生产性替代品之一的价格下降，那么这种产品的供给就会增加。这也就是说，一种产品的供给与其替代品的价格呈反向变化。例如，某制衣厂既可以生产工装裤，也可以生产 button-fly 牛仔裤。因此，这些产品是生产性替代品。当 button-fly 牛仔裤的价格上升时，该制衣厂的生产从工装裤转向 button-fly 牛仔裤，因此工装裤的供给减少。

生产性互补品的价格变化 如果一种产品的生产性互补品之一的价格上升，那么这种产品的供给就会增加；而如果一种产品的生产性互补品之一的价格下降，那么这种产品的供给就会减少。这也就是说，一种产品的供给与其互补品的价格呈同方向变化。例如，乳制品厂生产脱脂牛奶的时候也生产了奶油。当脱脂牛奶的价格上升时，乳制品厂生产更多的脱脂牛奶，奶油的供给也增加了。

资源的价格和其他投入的价格

当用于生产某种产品的资源或者其他投入的价格发生变化时，该产品的供给也会发生变化。这是因为资源和投入的价格影响着生产这种产品的成本。生产单位产品的成本越高，在任一价格下该产品的供给量就会越少（其他因素保持不变）。例如，如果灌水厂工人的工资率上升，生产每瓶瓶装水就需要更高的成本，于是瓶装水的供给就会减少。

预期未来价格

对未来价格的预期影响着供给。例如，一场严重的霜冻袭击了佛罗里达州的柑橘类作物，这场霜冻不会改变今天的橘汁的产量，但是，当今年的橘子产量少于正常丰收年景时，橘汁的卖者就会预期未来的价格会上升。为了得到更高的未来的价格，一些卖者将增加他们冰冻橘汁的存货，这样的行为减少了今天的橘汁供给。

销售者的数量

市场中销售者的数量越多，供给就越多。例如，在美国，如果更多的新的企业进入矿泉水和瓶装水市场，那么，瓶装水的供给增加。

生产率

生产率是指每单位投入的产出。生产率提高会降低成本，增加供给。生产率降低则具有相反的影响，减少供给。

技术进步和加速使用资本会提高生产率。例如，电子科技的进步降低了生产电脑的成本，增加了电脑的供给。技术进步带来了诸如 iPod 这样的产品，而这种产品以前的供给为零。

诸如恶劣的气候以及地震的自然事件会降低生产率，减少供给。例如，2004 年印度洋的海啸减少了周边农产品和海产品的供给。

□ 4.2.5 供给量变化对供给变化

你刚才考虑的影响销售计划的因素会带来供给的变化。它们包括了除产品自身价格之外的所有其他因素。为了避免混淆，当产品自身价格变化，而其他所有影响销售计划的因素保持不变时，我们称之为供给量的变化。

区分供给的变化和供给量的变化，在了解市场如何对此做出反应方面是非常重要的。图 4—8 说明和总结了上述两种区分。

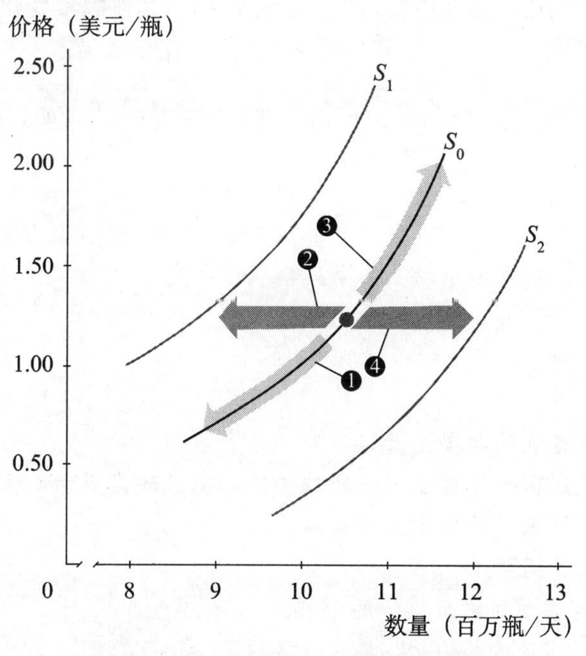

图 4—8 供给量变化对供给变化

①供给量的减少

如果某种产品的价格下降，其他因素不变，则供给量减少，它沿着供给曲线 S_0 向下移动。

②供给的减少

供给减少，供给曲线向左位移（从 S_0 到 S_1），如果

- 生产性替代品价格上升。
- 生产性互补品价格下降。
- 某种资源的价格或投入的价格上升。
- 销售者人数下降。
- 生产率下降。

③供给量的增加

如果某种产品的价格上升，其他因素不变，则供给量增加，它沿着供给曲线 S_0 向上移动。

④供给的增加

供给增加，供给曲线向右位移（从 S_0 到 S_2），如果

- 生产性替代品价格下降。
- 生产性互补品价格上升。
- 某种资源的价格或投入的价格下降。
- 销售者人数增加。
- 生产率提高。

● 如果瓶装水价格下降，其他因素保持不变，则瓶装水的供给量下降，它沿着供给曲线 S_0 向下移动。如果价格上升，其他因素保持不变，则供给量增加，它沿着供给曲线 S_0 向上移动。

● 如果影响制作瓶装水计划的其他因素发生变化，则瓶装水的供给就会发生变化。当瓶装水的供给减少时，供给曲线向左位移至 S_1。当瓶装水的供给增加时，供给曲线向右位移至 S_2。

当你在思考影响供给的因素时，最好养成一个良好的习惯问问自己：这一影响因素是改变供给量还是供给？这一测试就是：是产品价格的变化还是其他影响因素的变化？如果该产品价格发生变化，那么供给量发生变化；如果其他因素变化，而价格保持不变，那么就是供给发生变化。

检查站 4.2　区分供给量和供给，解释是什么决定着供给。

现实问题

木料公司从原木中制作木梁。在制作木梁的过程中，企业还生产出了锯屑，它可以被用于制造压缩木板。在木梁市场上，下列事项逐一发生。

● 锯木工人的工资上升。

● 锯屑的价格上升。

● 木梁的价格上升。

● 木梁的预期价格在明年要上升。

● 环境主义者说服国会通过了一条新的法律，减少砍伐用于制作木梁的森林数量。

● 一项新的技术降低了制作木梁的成本。

利用上述信息回答问题 1～3。

1. 解释上述每件事项对木梁供给的影响。

2. 绘图说明上述事项的效应。

3. 有哪项或哪几项解读了供给法则？

4. 通用、汽车工人协会达成关键的降低成本方案。

通用和汽车工人协会达成一项协议，对任一工人的绩效目标进行重构。在工资不变的前提下，这一重构将为通用一年节省劳动成本 10 亿美元。

资料来源：*Wall Street Journal*，May 22，2009.

利用这种降低成本的方法，在不改变工资的情况下，这会改变通用的汽车供给吗？解释之。

参考答案

1. 工人工资的上升增加了生产木梁的成本，减少了木梁的供给。

锯屑的价格上升增加了木梁的供给，这是因为锯屑和木梁是生产性互补品。

木梁价格的上升增加了木梁的供给量，但对木梁的供给没有影响。

木梁的预期价格在明年要上升减少了木梁的供给，因为生产者会囤积并等候高价时出手。

新的法律减少了木梁的供给。

一项新的技术增加了木梁的供给。

2. 图 1 显示了对木梁的供给增加的效应是指供给曲线从 S_0 右移到 S_1，对木梁的供给减少的效应是指供给曲线从 S_0 左移到 S_2。图 2 显示了木梁价格上升的效应是指沿着供给曲线 S 向上移动。

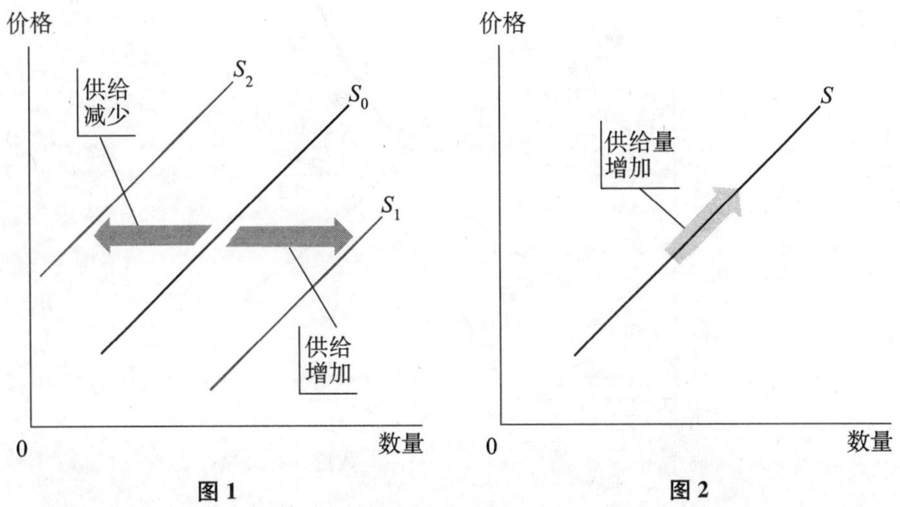

图 1　　　　图 2

3. 在其他因素不变的情况下，木梁价格的上升唯一地解读了供给法则，见图 2。

4. 在不改变工资的情况下，成本的降低提高了生产率，这会增加通用汽车的供给。

4.3 市场均衡

在日常用语当中，“均衡”的意思是指“相反的力量处于相对平衡的状态之中”。在市场中，需求和供给就是相反的力量。买者希望得到尽可能低的价格，价格越低，他们计划购买的数量就会越多；销售者则希望得到尽可能高的价格，价格越高，他们计划供给的数量就会越多。**市场均衡**（market equilibrium）出现在需求量等于供给量之时，也就是买者和卖者的计划相互一致时。**均衡价格**（equilibrium price）就是需求量等于供给量时的价格。**均衡数量**（equilibrium quantity）则是在均衡价格下买卖的数量。

在图 4—9 描述的瓶装水市场中，市场均衡点为需求曲线和供给曲线的交点，均衡价格为 1 美元/瓶，均衡数量为 1 000 万瓶/天。

4.3.1 价格：市场自发调节器

一旦均衡受到干扰，市场的力量就会将之恢复到均衡。**市场力量法则**表述为：

一旦出现剩余，价格就会下降；一旦出现短缺，价格就会上升。

剩余或者过度供给是供给量超出需求量的一种状态。如果出现过剩，供给者必然要降低价格以便出售得更多一些。买者很高兴接受更低的价格，所以，价格就下降了。出

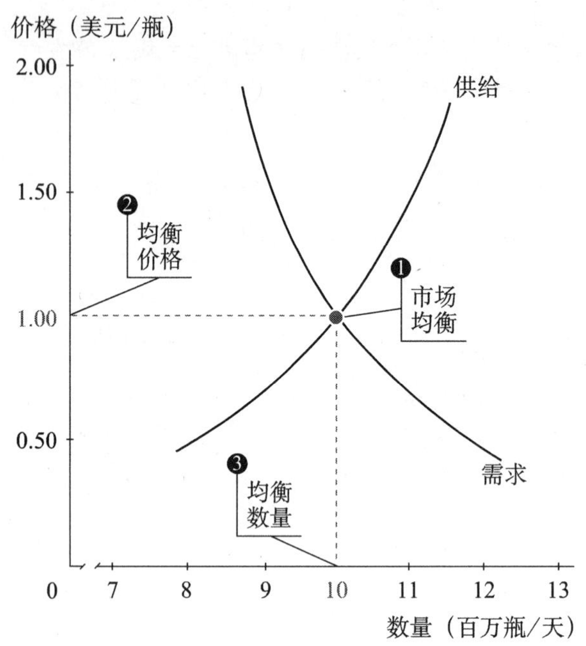

图 4—9　均衡价格和均衡数量

①市场均衡出现在需求曲线和供给曲线的交点处。

②均衡价格为 1 美元/瓶。

③在均衡价格水平上，需求量和供给量都是 1 000 万瓶/天，这便是均衡数量。

现过剩就是因为价格高出均衡价格，因此，降价正好是市场恢复到均衡所要做的。

短缺或者过度需求是需求量超出供给量的一种状态。如果出现短缺，购买者必然要支付更高的价格以便购买得更多一些。卖者很高兴接受更高的价格，所以，价格就上升了。出现短缺就是因为价格低于均衡价格，因此，涨价正好是市场恢复到均衡所要做的。

在图 4—10（a）中，当价格为 1.5 美元/瓶时，出现了剩余，价格下降，需求量增加而供给量减少，剩余在 1 美元/瓶时被消除了。

在图 4—10（b）中，当价格为 75 美分/瓶时，出现了短缺，价格上升，供给量增加而需求量减少，短缺在 1 美元/瓶时被消除了。

□ 4.3.2　预测价格变化：三大问题

由于价格调整可以消除短缺和剩余，市场通常处于均衡状态。当某一事件干扰某一均衡的时候，一个新的均衡不久就会出现。为了解释和预测价格和数量的变化，我们仅仅需要考虑均衡价格和均衡数量的变化。通过询问以下三大问题，我们能够分析出某一事件对市场的影响。

1. 这一事件影响的是需求还是供给？
2. 这一事件增加还是减少了需求或供给——使需求曲线还是供给曲线右移或左移？
3. 新的均衡价格和均衡数量是什么？它们是如何变化的？

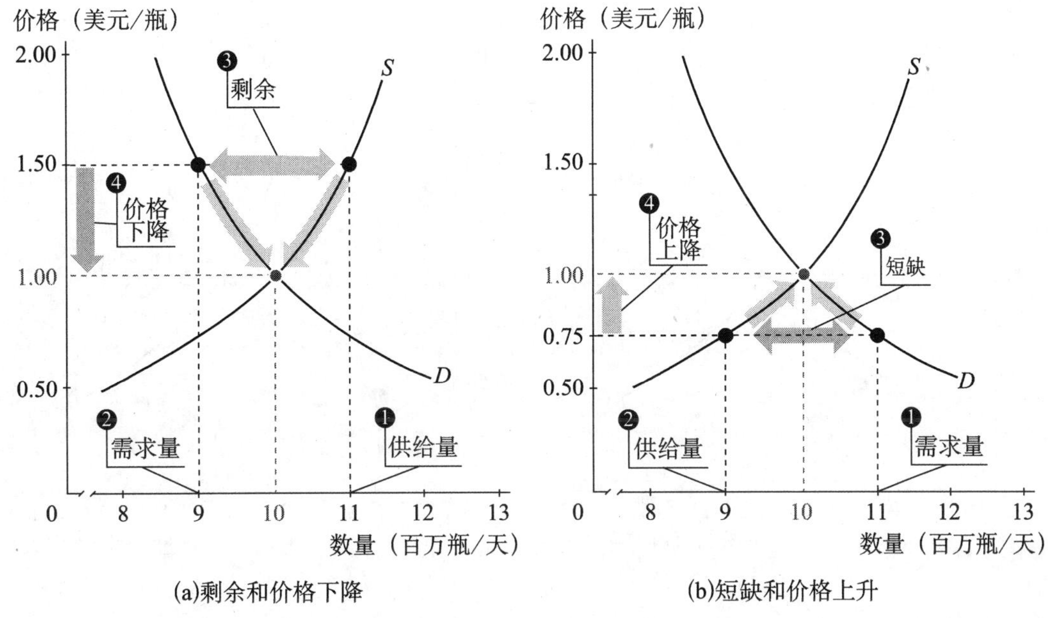

(a)剩余和价格下降　　(b)短缺和价格上升

图 4　10　实现均衡的力量

在图（a）中，当价格为 1.5 美元/瓶时，①供给量为 1 100 万瓶，②需求量为 900 万瓶，③剩余量为 200 万瓶，④价格便下降。

在图（b）中，当价格为 75 美分/瓶时，①需求量为 1 100 万瓶，②供给量为 900 万瓶，③短缺量为 200 万瓶，④价格便上升。

□ 4.3.3　需求变化的影响

我们尝试着通过分析瓶装水市场某一事件的影响来回答三大问题：一项研究表明，龙头自来水是不够安全的。

1. 由于龙头自来水是不安全的，因而对瓶装水的需求改变。

2. 对瓶装水的需求增加，需求曲线向右平移。图 4—11（a）显示了需求曲线从 D_0 移动到 D_1。

3. 在 1 美元/瓶的价格上出现了短缺，价格上升到 1.5 美元/瓶，数量增加到 1 100 万瓶。

注意这里没有供给的变化；价格上升带来了供给量的增加——沿着供给曲线的移动。

让我们考虑当零卡路里的运动型饮料的价格下降时会发生什么。

1. 该运动型饮料是瓶装水的替代品，所以，当它的价格下降时，对瓶装水的需求改变。

2. 对瓶装水的需求减少，需求曲线向左平移。图 4—11（b）显示了需求曲线从 D_0 移动到 D_2。

3. 在 1 美元/瓶的价格上出现了剩余，价格下降到 0.75 美元/瓶，数量减少到 900 万瓶。

再次注意这里没有供给的变化；价格下降带来了供给量的减少——沿着供给曲线的移动。

□ 4.3.4　供给变化的影响

你还可以考虑尝试分析瓶装水市场另外一个事件的影响：欧洲的瓶装水供应商在美

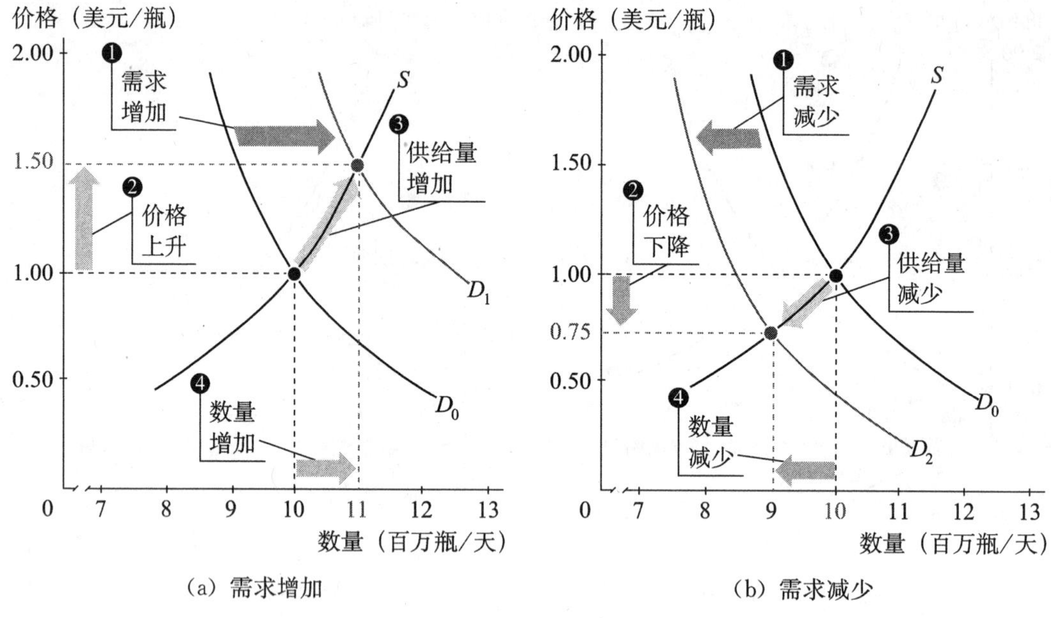

图 4—11　需求变化的影响

在图（a）中，①需求增加时，需求曲线向右位移至 D_1，②价格上升，③供给量增加，④均衡数量增加。

在图（b）中，①需求减少时，需求曲线向左位移至 D_2，②价格下降，③供给量减少，④均衡数量减少。

国购买矿泉水并新建工厂。

1. 瓶装水供给增加，供给改变。

2. 瓶装水供给增加，供给曲线向右平移。图 4—12（a）显示了供给曲线从 S_0 移动到 S_1。

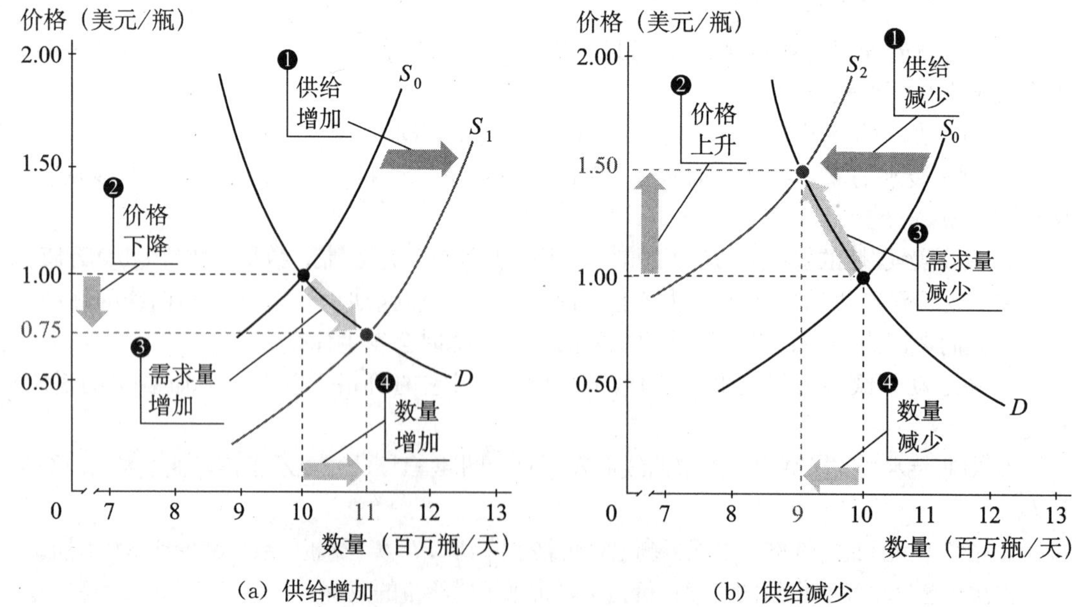

图 4—12　供给变化的影响

在图（a）中，①供给增加时，供给曲线向右位移至 S_1，②价格下降，③需求量增加，④均衡数量增加。

在图（b）中，①供给减少时，供给曲线向左位移至 S_2，②价格上升，③需求量减少，④均衡数量减少。

3. 在1美元/瓶的价格上出现了剩余，价格下降到0.75美元/瓶，数量增加到1 100万瓶。

注意这里没有需求的变化；价格上升带来了需求量的增加——沿着需求曲线的移动。

如果一场干旱吸干了一些矿泉水水源，会发生什么呢？

1. 干旱导致生产率的变化，所以水的供给改变。

2. 矿泉水减少，瓶装水供给减少，供给曲线向左平移。图4—12（b）显示了供给曲线从S_0移动到S_2。

3. 在1美元/瓶的价格上出现了短缺，价格上升到1.50美元/瓶，数量减少到900万瓶。

再次注意这里没有需求的变化；价格上升带来了需求量的减少——沿着需求曲线的移动。

关注美国经济

2008年和2009年的美国轿车市场

在2008年，轿车的均衡价格是2万美元/辆，交易了1 600万辆汽车（见下图）。

在2009年，上百万的家庭决定暂缓购买新车。为什么？解雇使得很多人的收入大减，更多的人害怕在不久的未来面临着被解雇的危险。再者，人们的住宅价值贬值，即使那些有钱的人也感到更穷了。

更低的收入和更低的预期收入，使得对汽车的需求从D_{08}移动到D_{09}。

均衡价格下跌到1.9万美元/辆，均衡数量减少到1 200万辆——供给量减少，就像沿着供给曲线移动所显示的一样。

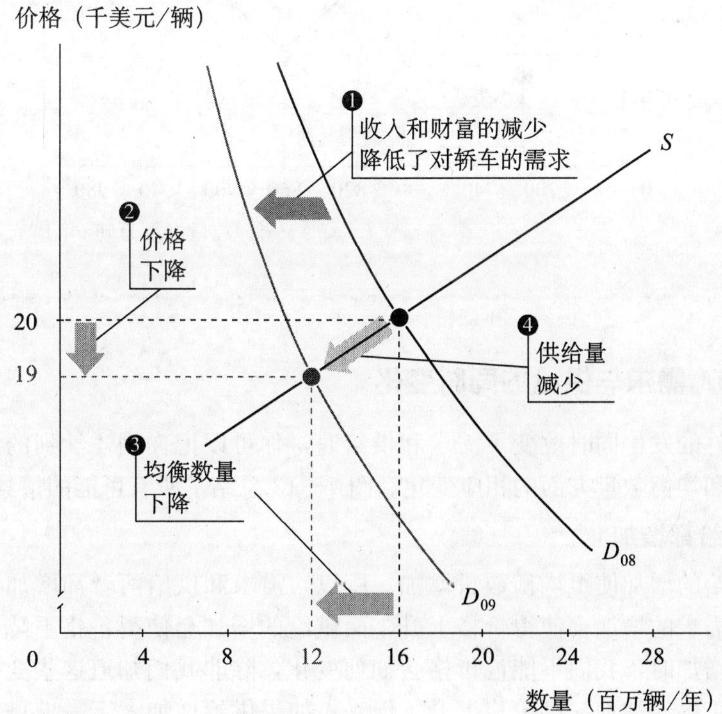

关注全球经济

2008 年的全球小麦市场

在 2008 年，小麦价格从 150 美元/吨狂涨到 240 美元/吨（见下图）。为什么？因为在全球小麦市场上发生了两件减少供给的事件：大面积的干旱和肥料的价格上涨。

干旱影响了阿根廷、澳大利亚、中国、欧洲和美国的小麦种植者。

用于生产小麦的肥料，包括氮肥、钾肥和碳酸钾等的价格翻了一番。

这两大供给冲击使得供给曲线从 S_{07} 移动到 S_{08}。小麦的价格上升到一个新的水平，即 240 美元/吨。随着价格的上升，小麦的需求量减少，均衡数量减少到 7.8 亿吨。

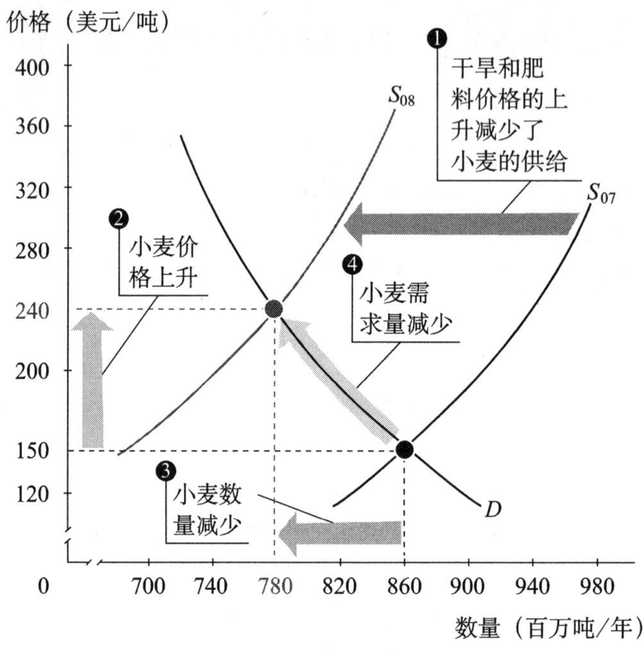

□ 4.3.5 需求与供给的同时变化

当某些事件的发生同时改变了需求和供给时，你可以把你刚才学到的组合起来，探讨在均衡价格和均衡数量方面的相应变化。图 4—13 总结了所有可能的情景。

需求、供给都增加

需求或供给的增加使得均衡数量增加。所以，需求和供给两者都增加，均衡数量也增加。但是，需求的增加会使得价格上升，而供给的增加会使得价格下降。因此，当需求和供给同时增加时，我们不能说价格会如何变化，除非我们知道这些变化的大小。如果需求增加大于供给增加，则价格上升。但是，如果供给增加大于需求增加，则价格下降。图 4—13（e）显示，当供给增加与需求增加相等时，价格保持不变。

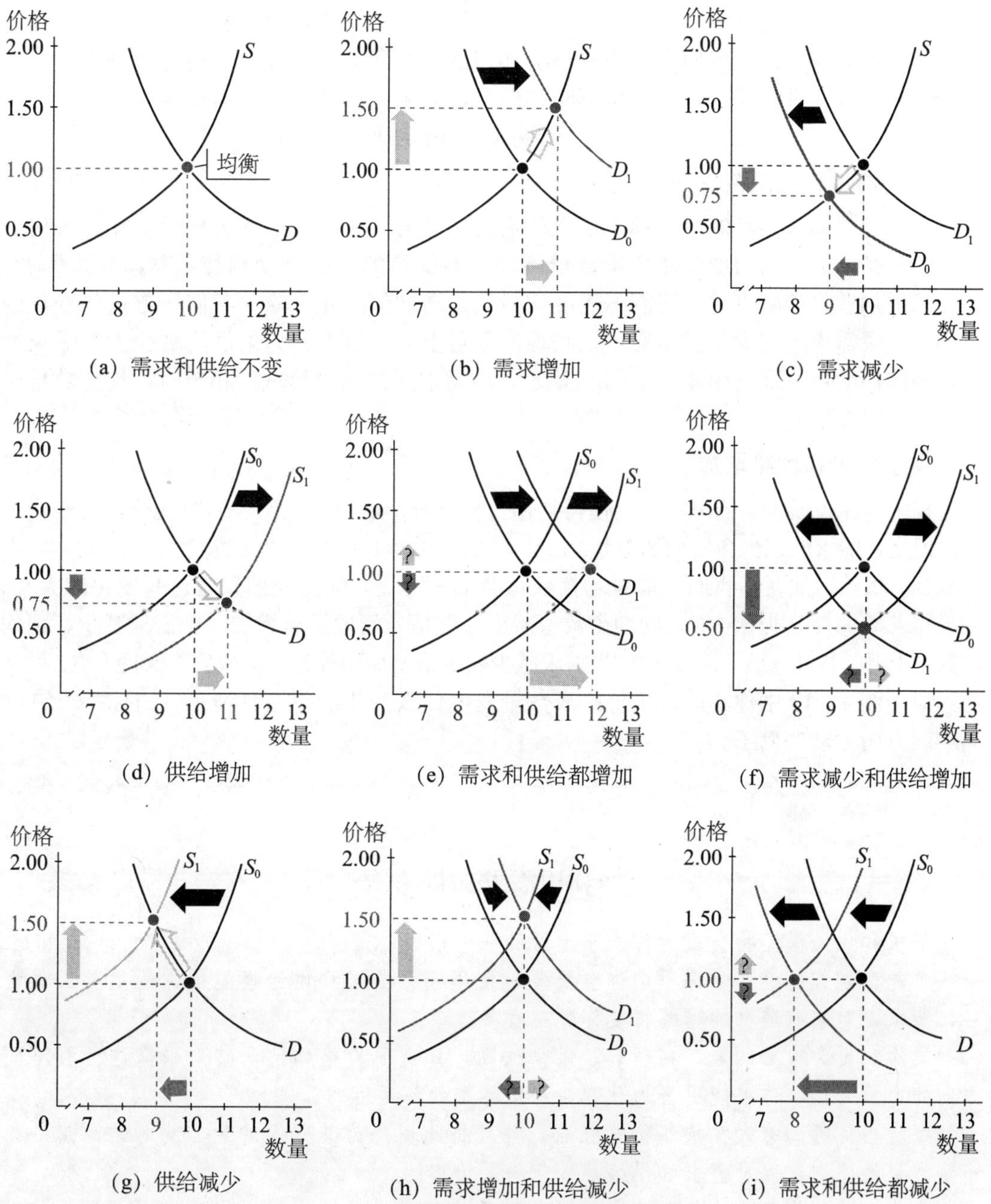

(a) 需求和供给不变　(b) 需求增加　(c) 需求减少

(d) 供给增加　(e) 需求和供给都增加　(f) 需求减少和供给增加

(g) 供给减少　(h) 需求增加和供给减少　(i) 需求和供给都减少

图 4—13　需求和供给所有可能变化的效应

该图显示了需求变化或供给变化、需求和供给同时变化的所有的可能性，以及它们的变化对均衡价格和均衡数量的影响。

浅灰色箭头代表价格或数量的增加，深灰色箭头代表价格或数量的减少。

两个紧挨着的方向相反的浅灰色和深灰色的箭头代表着价格有可能上升或下降，以及数量有可能上升或下降，依赖于需求和供给变化的大小。

需求、供给都减少

需求或供给的减少使得均衡数量减少。所以，需求和供给两者都减少，均衡数量也减少。但是，需求的减少会使得价格下降，而供给的减少会使得价格上升。因此，当需求和供给同时减少时，我们不能说价格会如何变化，除非我们知道这些变化的大小。如果需求减少大于供给减少，则价格下降。但是，如果供给减少大于需求减少，则价格上升。图 4—13（i）显示，当供给减少与需求减少相等时，价格保持不变。

需求增加和供给减少

需求的增加或供给的减少都会使得均衡价格上升。所以，这两者同时变化，价格会上升。但是，需求的增加会使均衡数量增加，而供给的减少会使均衡数量减少。因此，当需求增加、供给减少时，我们不能说均衡数量会如何变化，除非我们知道这些变化的大小。如果需求增加大于供给减少，则均衡数量上升。但是，如果供给减少大于需求增加，则均衡数量下降。图 4—13（h）显示，当需求增加和供给减少相等时，均衡数量保持不变。

需求减少和供给增加

需求的减少或供给的增加都会使得均衡价格下降。所以，这两者同时变化，价格会下降。但是，需求的减少会使均衡数量减少，而供给的增加会使均衡数量增加。因此，当需求减少、供给增加时，我们不能说均衡数量会如何变化，除非我们知道这些变化的大小。如果需求减少大于供给增加，则均衡数量减少。但是，如果供给增加大于需求减少，则均衡数量上升。图 4—13（f）显示，当需求减少和供给增加相等时，均衡数量保持不变。

对于图 4—13 中你不能说出价格或数量发生什么变化的每一种情景，请你举出一些向不同方向运动的例子。

关注你的生活

利用需求和供给

需求和供给模型将会成为你未来生活的一个很大的部分。

首先，在你的经济学课程中你会反复地使用它。需求和供给模型是你的主要工具之一，所以，对它有透彻的理解将使你受益良多。

其次，更为重要的是，在理解了供需法则，知道了价格如何调整到平衡这两股不同方向的力量之后，你将能更好地欣赏经济世界是如何运行的。

每次当你听到有人在抱怨价格狂涨，并且将此埋怨为某些人的贪婪的时候，想一想市场力量的法则，以及需求和供给是如何决定价格的。

当你去购买你喜欢的衣服、音乐以及食品的时候，设法去描述供给和需求是如何影响价格的。

关注住宅价格

为什么住宅价格有涨有跌

在 1999 年，平均一栋住宅的价格是 20 万美元，当时，住宅价格每年上涨 10%。增长的步伐加快了，到了2004年，住宅价格平均每年上涨15%。在2006年初，住宅价格是1999年价格的两倍。是什么导致了住宅价格大涨呢？

大涨

住宅价格快速上升，是因为住宅需求上升、用于出售的住宅供给减少。是什么导致了住宅需求和供给的变化呢？

便宜以及宽松的贷款使得拥有住宅的梦想走进千家万户的心田，尽管他们的收入较为微薄。贷款的洪流以一个快于建房的速度极大地增大了住宅需求。随着住宅需求超出供给，住宅价格攀升。

一旦住宅价格开始上升，价格不断上升的预期就会站稳脚跟。预期未来价格上升影响着需求和供给两个方面。

由于更高的预期未来价格，更多的人想拥有住宅，这样，对住宅需求的增加更快了。本想出售一套住宅的人今天也会打住不卖了，指望明天得到一个更高的价格，所以，住宅的供给减少了。

下图显示了需求上升和供给减少的结合对价格的效应。需求从 D_{99} 平移到 D_{06}，供给从 S_{99} 平移到 S_{06}，像预期的那样，价格飙升。因为它会使需求增加、供给减少，因此更高价格的预期变成了一种现实，并创造出所谓的“理性泡沫”。

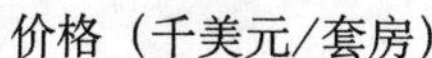

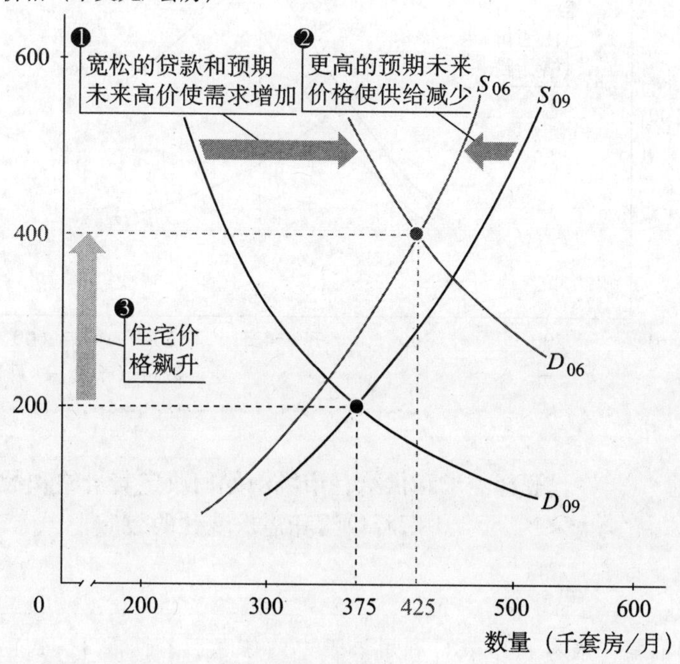

大跌

住宅价格在2006年开始下降，并且下降的步伐加速。到2009年，住宅价格跌到了2006年最高价的54%。是什么导致了住宅价格的下跌？

由于住宅需求下降、住宅供给减少，住宅价格下跌。

使得千家万户拥有住宅的便宜以及宽松的贷款已经一去不复返了，需求减少。

以前，银行对那些能够偿还贷款的人以较低的利率放款，在2006年，利率上升，住宅贷款成本超出了很多人的预算。这些家庭开始对其贷款停止付息。一旦借款人停止支付贷款，贷款银行就开始出问题了。（当你在宏观经济学课程中学习货币与金融的时候，你将了解银行问题的一些细节。）

银行开始提高住宅抵押贷款利率，这使得老百姓很难得到贷款。

结果，住宅需求减少。与此同时，抵押品赎回权的取消增加了用于销售的住宅的供给。需求的减少和供给的增加导致价格进一步下降。随着价格的连续下跌，价格下跌成为预期。住宅需求减少得更快，住宅供给增加得更快。

下图显示了需求减少和供给增加的结合对价格的效应。需求从 D_{06} 平移到 D_{09}，供给从 S_{06} 平移到 S_{09}，像预期的那样，价格下跌。

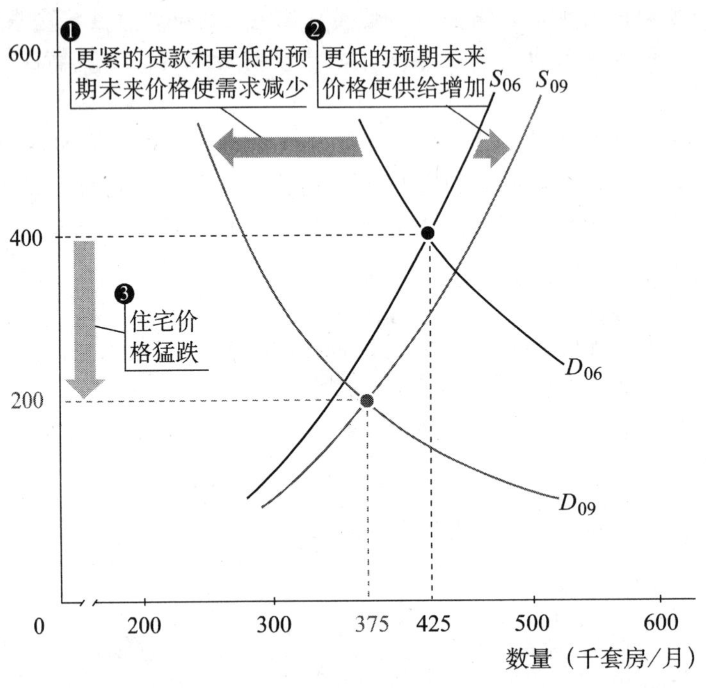

检查站 4.3	解释需求和供给在市场中如何决定着价格和数量，解释供给和需求变化的效应。

现实问题

表 1 是牛奶的需求表和供给表。利用该表中的信息回答问题 1～4。

表 1

价格 （美元/盒）	需求量 （盒/天）	供给量
1.00	200	110
1.25	175	130
1.50	150	150

续前表

价格 （美元/盒）	需求量	供给量
	（盒/天）	
1.75	125	170
2.00	100	190

1. 牛奶市场的均衡价格和均衡数量各是多少？

2. 描述价格为1.75美元/盒时牛奶市场的状态，并解释市场是如何达到新的均衡的。

3. 干旱使得在每一价格下每天的牛奶供给量减少45盒，新的均衡是什么？市场是如何调整到新的均衡的？

4. 牛奶越来越受到人们的欢迎，更好的喂养提高了牛奶的生产量。这些事件是如何影响到需求和供给的？描述均衡价格和均衡数量是如何改变的。

5. 夏天到来了，汽油的价格也更高了。

在过去的三周汽油的价格上升了15%，主要是因为美国炼油厂关闭。随着驾车的人在未来的月份里增加开车，预期价格还会进一步上升。

资料来源：CNNMoney，May 21，2009.

解释为什么在过去的三周价格上升了，为什么预期在未来的月份里价格还将上升。

参考答案

1. 均衡价格为1.5美元/盒，均衡数量为150盒/天。

2. 在价格为1.75美元/盒时，需求量（125盒）小于供给量（170盒），所以，有45盒/天的剩余。价格开始下降，需求量随之增加，供给量减少，剩余减少。价格会继续下跌，直到剩余全部消失。价格会下降到1.5美元/盒。

3. 供给减少为45盒/天。在价格为1.50美元/盒时，需求量（150盒）超出供给量（105盒），所以，存在着牛奶的短缺。价格开始上升，需求量随之减少，供给量增加，短缺减少。价格会继续上升，直到短缺全部消失。新的均衡价格为1.75美元/盒，均衡数量为125盒/天（图1）。

4. 当牛奶越来越受到人们的欢迎时，需求增加。更好的喂养使供给增加。如果供给增加大于需求增加，产生剩余。价格开始下跌，数量增加（图2）。如果需求增加大于供给

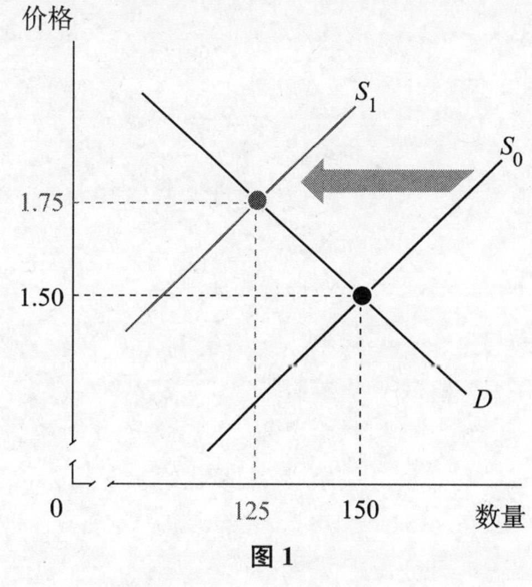

图1

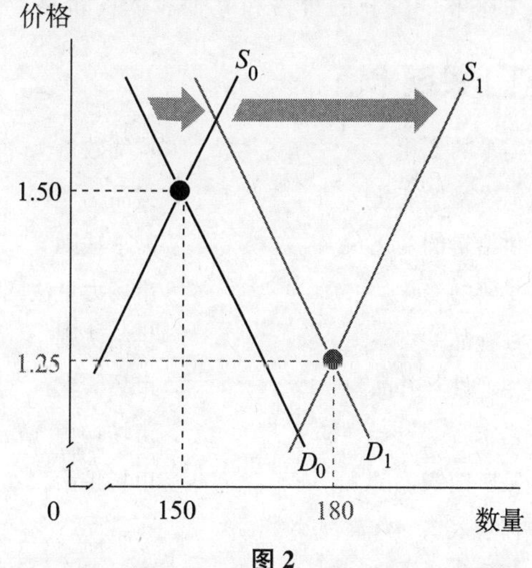

图2

增加，产生短缺。价格开始上升，数量增加。如果需求增加等于供给增加，没有短缺和剩余。价格不变，数量增加。

5. 炼油厂的关闭减少了汽油的供给。在需求不变时，价格上升。当驾车的人在夏天增加开车时，汽油需求增加。在供给不变时，均衡价格将会进一步上升。

本章总结

□ 要点

1. 区分需求量和需求，解释是什么决定着需求。
   - 在其他因素不变的情况下，如果产品价格上升，则对这种产品的需求量减少；如果产品价格下降，则对这种产品的需求量增加——需求法则。
   - 对某产品的需求的影响因素包括相关产品的价格、预期未来价格、收入、预期未来收入和信用、购买者的数量以及偏好等。任何一个影响因素的变化都会改变对该产品的需求。
2. 区分供给量和供给，解释是什么决定着供给。
   - 在其他因素不变的情况下，如果产品价格上升，则对这种产品的供给量增加；如果产品价格下降，则对这种产品的供给量减少——供给法则。
   - 对某产品的供给的影响因素包括相关产品的价格、资源的价格和其他投入的价格、对未来价格的预期、销售者的数量以及生产率等。任何一个影响因素的变化都会改变对该产品的供给。
3. 解释需求和供给在市场中如何决定着价格和数量，解释供给和需求变化的效应。
   - 市场力量法则把市场推向均衡——买卖双方愿意交换的均衡价格和数量。
   - 价格做出调整以维持市场均衡——使需求量等于供给量。剩余使得价格下降以恢复市场均衡，短缺使得价格上升以恢复市场均衡。
   - 市场均衡对供给和需求的变化均会做出反应。需求增加时，价格和数量同时上升；需求减少时，价格和数量同时降低。供给增加时，数量增加但是价格下降；供给减少时，数量减少但是价格上升。

□ 关键术语

需求的变化	均衡数量	供给量
需求量的变化	劣品	短缺或者过度需求
供给量的变化	需求法则	替代品
供给的变化	市场力量法则	生产性替代品
互补品	供给法则	供给
生产性互补品	市场需求	供给曲线
需求	市场均衡	供给表
需求曲线	市场供给	剩余或者过度供给
需求表	正常品	
均衡价格	需求量	

本章检查站

□ 学习计划中的问题与应用

1. 解释下列每一事件如何影响航空旅行的需求和供给。

- 飞机票价下跌，而长途汽车票价不变。
- 喷气燃料的价格上涨。
- 航空公司每天都减少了航班数。
- 人们预期明年夏天的机票会涨价。
- 火车旅行的价格下降。
- 航空货运单价上升。

使用供需法则解释为什么问题 2 和问题 3 的表述是对的或错的。在你解释的过程中，要注意区分需求的变化和需求量的变化以及供给的变化和供给量的变化。

2. 美国不允许巴西的橘子（世界最大的橘子生产国）进入美国。如果巴西的橘子能在美国出售，橘子和橘子汁的价格可能会更便宜。

3. 如果冷冻酸奶的价格下降，冰淇淋的消费量将减少，冰淇淋的价格将上升。

4. 表 1 显示了跑鞋的需求和供给。市场均衡是什么？如果价格是 70 美元/双，描述市场状况。解释市场均衡是如何恢复的。

表 1

价格（美元/双）	需求量（双/天）	供给量（双/天）
60	1 000	400
70	900	500
80	800	600
90	700	700
100	600	800
110	500	900

5. “随着越来越多的人购买省油的混合动力汽车，对汽油的需求下降，汽油的价格也要下降。汽油价格的下降将减少汽油的供给。”这一表述对吗？解释之。

利用下列信息回答问题 6～8。

消费者吃着更高成本的食品

从 2006 年 6 月到 2007 年 6 月当冷冻橘子汁的价格上升 31%时，牛奶的价格上升了 21%。与此同时，由于汽油价格的攀升，人们对乙醇的需求也上升了。由于乙醇是用玉米制成的，因此玉米的价格上升，这又提升了面包、鸡、奶酪以及使用奶酪的食品的价格。随着中国人和印度人变得更加富裕，他们食用更多的牛排和鸡肉以及更少的米饭和豆腐——美国食品涨价的另外一个渠道。

资料来源：*USA Today*，September 6，2007.

6. 解释为什么对乙醇的需求上升影响到了玉米的价格。

7. 用图表示更高的玉米价格影响到了牛奶的价格和奶酪的价格。

8. 解释为什么随着印度和中国的人们变富之后能够购买更多的牛排和鸡肉，美国的食品价格上升了。

□ 教师可布置的问题与应用

1. 如果获得住房贷款变得更困难，以及借款人的还款能力被银行更反复地检查，那么

- 住房的需求如何变化？
- 住房的供给如何变化？
- 住房的价格如何变化？

2. 解释下列每一个事件如何影响牛仔裤的需求或供给。

- 一项新的技术节省了生产一条牛仔裤的时间。
- 用来做牛仔裤的牛仔布的价格下降。

● 支付给服装工人的工资率上升。

● 牛仔裙的价格翻一番。

● 人们的收入上升。

3. 如果苹果汁的价格下降，同时支付给橘子种植工人的工资上升，对橘子汁的均衡价格以及均衡数量有何影响？

4. 如果橘子汁变得更受欢迎以及一种很便宜的机器人被用来采摘橘子，对橘子汁市场的均衡有何影响？

表1显示了平均每周对盒装巧克力的需求和供给表，利用这一信息回答问题5和6。

表1

价格（美元/盒）	需求量	供给量
	（盒/周）	
13.00	1 600	1 200
14.00	1 500	1 300
15.00	1 400	1 400
16.00	1 300	1 500
17.00	1 200	1 600
18.00	1 100	1 700

5. 如果巧克力的价格为17美元/盒，描述该市场的状况。解释市场均衡是如何恢复的。

6. 在情人节的那一周，有更多的人购买巧克力，巧克力商将巧克力放在红色盒子里，这比日常用的盒子的成本要高。给出三步分析的过程，并在图上显示出调整到新均衡的过程。描述均衡价格以及均衡数量有何变化。

7. 在1994年，巴西经历了严重的冰冻，使得很多咖啡种植园垮掉了。巴西新种植的树在1999年才开始产咖啡豆。在21世纪第一个十年的前段时间，像越南这样的国家开始产咖啡豆，星巴克开始在欧洲涌现。利用这些事件解释为什么咖啡价格在20世纪90年代是上升的，在21世纪第一个十年的前段时间是下降的，在2003年以后又上升了。

8. 亚拉巴马食品价格在5月跳涨。

亚拉巴马州农民联合会宣布，5月的食品价格将上升。在前几个无利可收的年份里，农民减少了牛群数，结果在2009年牛肉产量减少。培根肉的价格预计上升32%到4.18美元/磅，牛排上升57%到8.41美元/磅。

资料来源：*The Birmingham News*，May 21，2009.

解释牛群数量的减少为什么会导致当今牛肉价格的上升。画图描述之。

9. 如果对某一产品的需求下降10%，同时该产品的供给下降8%，其价格上升还是下降？解释之。

10. “随着越来越多的人购买电脑，对因特网的服务需求增加，因特网的服务价格下降，而因特网服务价格的下降导致因特网服务供给的减少。”这种观点是否正确？解释之。

11. 钢铁产量历史性的下跌。

为应对建筑公司、汽车厂和家电供应商纷纷取消订单，钢铁生产者预计在2009年减产10%。

资料来源：*Financial Times*，December 28，2008.

这些订单的取消会改变钢铁的需求、需求量以及钢铁的供给、供给量吗？钢铁的均衡价格会发生什么变化？

利用下列信息回答问题12～14。

油价攀升至历史新高，达135美元

在2008年夏天，原油价格创下纪录，高达135美元/桶。欧佩克报告说，不存在石油短缺，投机商抬高了价格。

资料来源：*BBC News*，May 22，2008.

12. 尽管不存在石油短缺，解释为什么石油价格还会上涨。

13. 如果的确存在石油短缺，在石油市场上价格调整以及作为调节者的价格职能意味着什么？

14. 如果欧佩克是正确的，什么因素可能会导致需求和/或供给的变化并导致价格的上升？

15. 意大利呼吁罢吃1天的面食。

意大利的国食就是面食（pásta）。在2007年，随着世界硬粒小麦的价格攀升，用硬粒小麦制作的面粉的价格上升了20%。70%的意大利面食是硬粒小麦面粉。意大利消费者协会呼吁在杂货店抵制一天的面食，以显示他们对价格上升20%的不满。不论是意大利宽条面（fettuccine）、扁面（linguine）还是通心面（spaghetti）等等，意大利人不久就要为其面食多付20%了。

资料来源：*The New York Times*，September 12，2007.

图示硬粒小麦面粉价格的上升对意大利面食市场的价格产生的影响。假如罢吃一天的面食的结果是，杂货店在下个月没有提高面食的价格，描述该市场的状况。

利用下列信息回答问题 16 和 17。

标签公司（Labels）努力结束 99 美分下载一首歌

据《华尔街日报》报道，五家大型的录音公司认为，99 美分下载一首歌过于便宜，它们希望价格为 1.25～2.99 美元一首。

资料来源：*The Register*，April 9，2004.

16. 是什么决定着音乐下载的价格？利益双方——录音公司和下载的人们——在音乐下载市场各自的角色如何？

17. 如果大型录音公司的确把价格提高到了 2.99 美元一首，你预计在音乐下载市场会发生什么？

第5章 需求和供给弹性

当汽油价格上涨时，你会做什么？

你会不会一如既往地去加油？会不会抱怨汽油价格高？会不会为了购买更多的汽油而减少不必要的开支呢？

本章要点

学完本章，你将能够：

1. 界定和解释影响需求价格弹性的因素，并且计算该弹性。
2. 界定和解释影响供给价格弹性的因素，并且计算该弹性。
3. 界定和解释影响需求交叉弹性和需求收入弹性的因素。

5.1 需求价格弹性

汽油供给减少，其价格大幅上涨，人们的购买量只有小幅的下降。究其原因是人们的汽油购买计划不会因其价格的改变而做出很大的反应。但是，航空服务供给增加，其价格小幅下降，航空旅游的次数则会大幅增加。在这个例子中，选择航空旅游的购买计划对航空服务价格的改变非常敏感。这样一来，如果知道购买计划对价格改变的灵敏程度，我们就能预知供给的改变将如何影响价格和数量。

但通常我们需要了解得更为深入并能预算当供给发生改变时，价格到底会改变多少。为了能对价格和数量的改变程度做出更准确的预测，我们需要了解更多关于需求曲线的特性，不仅仅是向下倾斜这一点；我们还需要了解需求量对价格的改变有多敏感。

需求价格弹性是在某产品价格发生变化且影响购买者计划的所有其他因素都保持不变的情况下，对该产品需求量变化程度的一种量度。

我们通过比较需求量的百分比变化和价格的百分比变化来确定需求价格弹性。但是我们用一种特殊的方式来计算百分比变化。

□ 5.1.1 价格的百分比变化

假如星巴克的咖啡价格从每杯 3 美元上升到 5 美元，其价格的百分比变化为多少呢？价格的变化是新价格减去初始价格。百分比变化被算作价格的变化除以其初始价格再乘以 100%。百分比变化的公式为：

$$\text{价格百分比变化}=\frac{\text{新价格}-\text{初始价格}}{\text{初始价格}}\times 100\%$$

在本例中，初始价格为 3 美元，新价格为 5 美元，因此

$$\text{价格百分比变化}=\frac{\$5-\$3}{\$3}\times 100\%$$

$$=\frac{\$2}{\$3}\times 100=66.67\%$$

现在假定星巴克将其价格从每杯 5 美元降到 3 美元，现在的价格百分比变为多少呢？现在的初始价格为 5 美元，新价格为 3 美元，因此，价格百分比变化计算如下：

$$\text{价格百分比变化}=\frac{\$3-\$5}{\$5}\times 100\%$$

$$=\frac{-\$2}{\$5}\times 100\%=-40\%$$

相同的区间——3 美元到 5 美元，相同的价格变化——2 美元，却得到了不同的百分比变化，这取决于价格是升还是降。

由于弹性比较了需求的百分比变化和价格的百分比变化，所以我们需要某种量度，它不受价格变动方向的影响。经济学家将此方法称为中点法。

中点法

使用中点法来计算价格的百分比变化，我们将价格的变化除以平均价格——初始价格和新价格的平均数——然后再乘以 100%。平均价格就是初始价格和新价格之间的中点，故取名为中点法。

利用中点法计算百分比变化的公式为：

$$价格百分比变化=\frac{新价格-初始价格}{(新价格+初始价格)\div 2}\times 100\%$$

在上式中，分子（新价格－初始价格）和以前一样。分母（新价格＋初始价格）÷2 则是新价格和初始价格的平均数。

利用中点法试计算星巴克咖啡价格的百分比变化，将 5 美元看作公式中的新价格，将 3 美元看作初始价格：

$$\begin{aligned}价格百分比变化&=\frac{\$5-\$3}{(\$5+\$3)\div 2}\times 100\%\\&=\frac{\$2}{\$8\div 2}\times 100\%\\&=\frac{\$2}{\$4}\times 100\%=50\%\end{aligned}$$

由于无论是价格上升还是下降，平均价格都是一样的，所以，用中点法计算的价格百分比变化，无论是对于价格上升还是价格下降，都始终相同。在此例中，价格百分比变化等于 50%。

□ 5.1.2　需求量的百分比变化

假定一杯咖啡的价格从 3 美元上升到 5 美元，需求量从 15 杯下降到 5 杯。利用中点法计算需求量的百分比变化为：

$$\begin{aligned}数量的百分比变化&=\frac{新数量-初始数量}{(新数量+初始数量)\div 2}\times 100\%\\&=\frac{5-15}{(5+15)\div 2}\times 100\%\\&=\frac{-10}{20\div 2}\times 100\%\\&=\frac{-10}{10}\times 100\%=-100\%\end{aligned}$$

当某种产品的价格上升时，其需求量下降——价格的正的变化会导致需求量的负的变化。相似地，当产品的价格下降时，其需求量上升——价格的负的变化会导致需求量的正的变化。

为了对需求量百分比变化与价格百分比变化进行比较，我们借用绝对值以忽略负号。

□ 5.1.3　有弹性的和缺乏弹性的需求

为了探讨星巴克咖啡的需求量对其价格的反应程度，我们需要对刚计算出的两个百分比变化进行比较：星巴克咖啡的需求量的百分比变化是 100，价格的百分比变化是 50，需求量的百分比变化是价格的百分比变化的 2 倍。如果我们收集许多商品和服务的价格以及需求量的数据，我们将计算得出许多的百分比变化，如此得到的数据将产生三种情形：需求量的百分比变化有可能超出价格的百分比变化、等于价格的百分比变化或者小于价格的百分比变化。这三种可能性的产生取决于需求的弹性：

- 需求是有弹性的，如果需求量的百分比变化大于价格的百分比变化。
- 需求是单位弹性的，如果需求量的百分比变化等于价格的百分比变化。
- 需求是缺乏弹性的，如果需求量的百分比变化小于价格的百分比变化。

图 5—1 利用不同类型的需求曲线来说明需求价格弹性可能的范围。图（a）显示了被称为完全有弹性的需求的某种极端例子——几乎为零的价格的百分比变化导致了很大程度上的需求量的百分比变化。消费者愿意在某一给定价格上购买任一数量的该产品，但在其他更高的价格上则一点都不购买。图（b）显示了某种有弹性的需求——需求量的百分比变化大于价格的百分比变化。图（c）显示了某种单位弹性的需求——需求量的百分比变化等于价格的百分比变化。图（d）显示了某种缺乏弹性的需求——需求量的百分比变化小于价格的百分比变化。最后，图（e）显示了某种缺乏弹性的需求的极端例子，被称为完全无弹性的需求——对任一价格的百分比变化，需求量的百分比变化都为零。

□ 5.1.4 影响需求价格弹性的因素

是什么导致对某些东西是有弹性的，而对其他的东西又是缺乏弹性的呢？影响需求价格弹性的因素可分为两大类：

- 替代效应
- 收入效应

替代效应

对某种产品的需求是有弹性的，如果它的替代品很容易找到。软饮料的包装容器既可以是铝的，也可以是塑料的，这无所谓，所以对铝的需求是有弹性的。

对某种产品的需求是缺乏弹性的，如果它的替代品很难找到。石油的替代品很少（想象一辆用煤的小轿车），所以，对石油的需求是缺乏弹性的。

三大主要因素影响着寻找到某一产品的替代品的难度：该产品是奢侈品还是必需品，其定义的宽窄程度以及寻找替代品可用的时间量。

奢侈品对必需品　我们将食物和住房这类产品称为必需品，把海外度假这类服务称为奢侈品。必需品的替代品很少——你得吃——所以对某一必需品的需求是缺乏弹性的。奢侈品具有很多的替代品——你完全没必要今年暑期去西班牙的加拉帕戈斯，所以对奢侈品的需求是有弹性的。

定义的宽窄程度　对某一定义很窄的产品的需求是有弹性的。例如，对星巴克咖啡的需求是有弹性的，这是因为“新世界咖啡”是它的某种较好的替代品。而对定义很宽的产品的需求是缺乏弹性的。例如，对咖啡的需求是缺乏弹性的，这是因为茶是它的一种较差的替代品。

自价格变化以来的时间跨度　自某一产品的价格发生变化以来的时间跨度越长，对该产品的需求便越有弹性。例如，在 20 世纪 70—80 年代，当汽油价格显著上升时，对

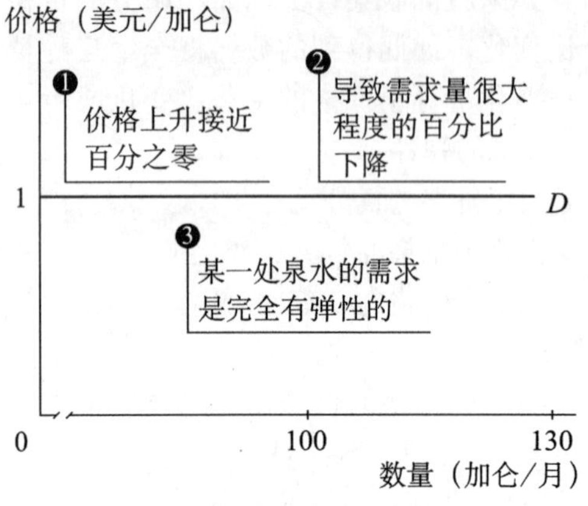

(a) 完全有弹性的需求

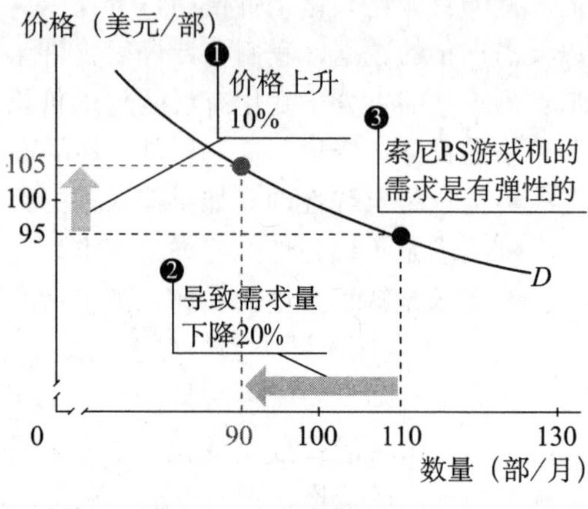

(b) 有弹性的需求

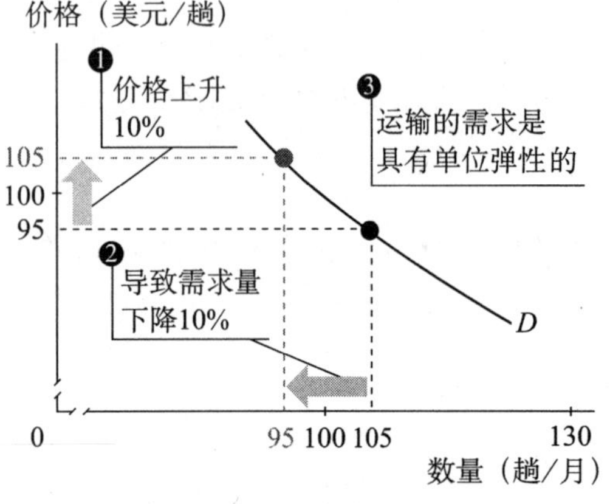

(c) 单位弹性的需求

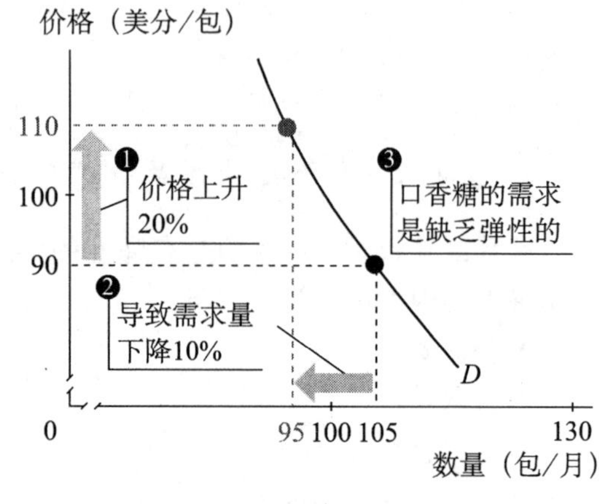

(d) 缺乏弹性的需求

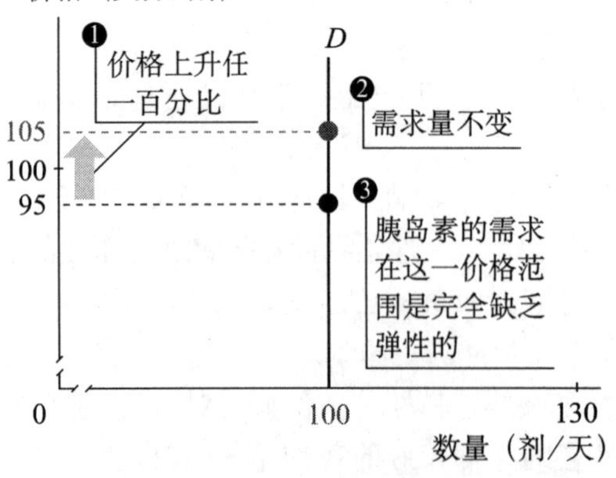

(e) 完全无弹性的需求

图 5—1 需求价格弹性的范围

①价格上升导致②需求量的下降。需求量的百分比变化与价格的百分比变化的关系决定着③需求的价格弹性，它从完全有弹性［图 (a)］到完全无弹性［图 (e)］。

汽油的需求并没有多大的改变，这是因为很多人拥有需用汽油的汽车——对汽油的需求是缺乏弹性的。但最终，节能型汽车替代了汽油箱，对汽油的需求量下降——对汽油的需求变得更有弹性了。

收入效应

价格上升，就像收入下降一样，意味着人们不能购买像从前那么多的产品和服务。收入用于某一产品的比重越大，其价格上升对人们能否购买这种产品所产生的影响就越大，对该产品的需求就越有弹性。例如，牙膏在你的预算中占有很小的一个比例而住房占有很大的一个比例。如果牙膏的价格翻一番，你会购买几乎像过去一样多的牙膏。因此，你对牙膏的需求是缺乏弹性的。如果你的公寓租金翻了一番，你会尖叫，去找更多的房友同住。你对住房的需求比你对牙膏的需求要更具弹性。

□ 5.1.5 计算需求价格弹性

要确认某一产品的需求是有弹性的、单位弹性的还是缺乏弹性的，我们就要使用下式，计算需求价格弹性的系数：

$$\text{需求价格弹性}=\frac{\text{需求量的百分比变化}}{\text{价格的百分比变化}}$$

- 如果需求价格弹性大于 1，需求是有弹性的。
- 如果需求价格弹性等于 1，需求是单位弹性的。
- 如果需求价格弹性小于 1，需求是缺乏弹性的。

图 5—2 显示和总结了这一计算。一开始，价格为 3 美元/杯，每小时卖出 15 杯——图中的初始点。然后，价格上升到 5 美元/杯，需求量降到 5 杯/小时——图中的新点。价格上升了 2 美元/杯，平均或者中点价格为 4 美元/杯，所以价格的百分比变化为 50%。需求量下降了 10 杯/小时，平均或者中点需求量为 10 杯/小时，所以，需求量的百分比变化为 100%。

使用上述公式，你可以得到对星巴克咖啡的需求价格弹性为：

$$\text{需求价格弹性}=\frac{100\%}{50\%}=2$$

在初始点和新点之间的中点，需求价格弹性为 2。在本例中，在这一价格区间，对星巴克咖啡的需求是有弹性的。

□ 5.1.6 需求价格弹性数值的含义

以上我们已经计算出的星巴克咖啡的需求价格弹性数值只是一个示例，因为我们没有真实的价格和数量的数据。但是，假设我们确实拥有真实的数据并且经计算发现它的需求价格弹性就是 2，这个数值到底包含了什么样的含义呢?

它包含了三个主要的意思：

1. 星巴克咖啡的需求是有弹性的。有弹性意味着这种商品有许多的替代品（比如其他品牌的咖啡），这种商品的消费只占用消费者小部分的收入。

2. 星巴克必须注意对咖啡定价不能太高。虽然推高价格使每杯咖啡的收益增加，但是却赶跑了许多潜在的消费者。

3. 相反，即使是细微的价格下调也能带来更多的潜在消费，最终带来更多收益。

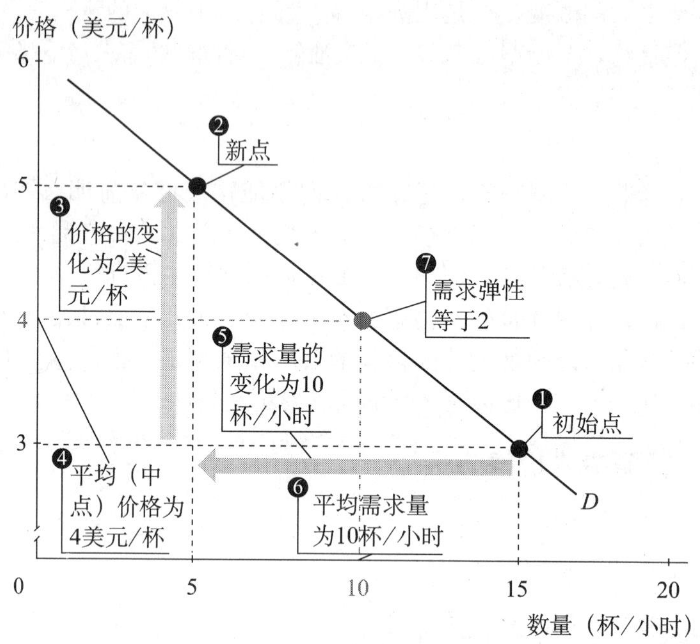

图 5—2　需求价格弹性的计算

①在初始点上，价格为 3 美元/杯，需求量为 15 杯/小时。②在新点，价格为 5 美元/杯，需求量为 5 杯/小时。③价格的变化为 2 美元/杯，④平均价格为 4 美元/杯。⑤需求量的变化为 10 杯/小时，⑥平均需求量为 10 杯/小时。需求量的百分比变化为 100%，价格的百分比变化为 50%。⑦需求价格弹性为 100%÷50%，即 2。

□ 5.1.7　沿着一条线性需求曲线的弹性

斜率用来衡量相关性。但是弹性并不等同于斜率。通过观察一条线性（直线）的需求曲线，我们能清楚地区分弹性和斜率。其斜率是不变的，但是弹性是在变化的。图 5—3 显示了一条与图 5—2 相同的对星巴克咖啡的需求曲线，但两轴延长以表明某些更低的价格和更大的需求量。

让我们来计算 *A* 点的需求弹性。如果价格从 3 美元/杯上升到 5 美元/杯，需求量从每小时 15 杯下降到 5 杯。平均价格为 4 美元/杯，平均数量为 10 杯，这就是 *A* 点。在 *A* 点的需求弹性为 2，其需求是有弹性的。

让我们来计算 *C* 点的需求弹性。如果价格从 3 美元/杯下降到 1 美元/杯，需求量从每小时 15 杯上升到 25 杯。平均价格为 2 美元/杯，平均数量为 20 杯，这就是 *C* 点。在 *C* 点的需求弹性为 0.5，其需求是缺乏弹性的。

最后，让我们计算 *B* 点的需求价格弹性，*B* 点为该需求曲线的中点。如果价格从 2 美元/杯上升到 4 美元/杯，需求量从每小时 20 杯下降到 10 杯。平均价格为 3 美元/杯，平均数量为 15 杯，这就是 *B* 点。在 *B* 点的需求弹性为 1，其需求是单位弹性的。

沿着一条线性的需求曲线，

- 在线性需求曲线的中点，需求是单位弹性的。
- 在线性需求曲线的中点以上的所有点，需求是有弹性的。
- 在线性需求曲线的中点以下的所有点，需求是缺乏弹性的。

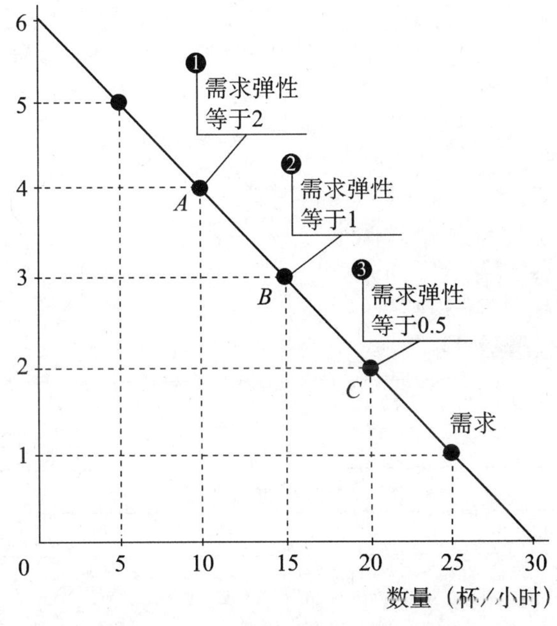

图 5—3　沿着一条线性需求曲线的弹性

在一条线性需求曲线上，其斜率是不变的，但其弹性却随着价格的下降而下降，随着价格的上升而上升。

①在 A 点，需求是有弹性的。

②在 B 点，即该需求曲线的中点，需求是单位弹性的。

③在 C 点，需求是缺乏弹性的。

在该需求曲线中点以上的所有点，需求是有弹性的；在该需求曲线中点以下的所有点，需求是缺乏弹性的。

关注全球经济

需求的价格弹性

一位家境富裕的美国大学生对食物的支出很随意。即使汉堡包的价格上涨一倍，她每天仍会花费几美元去购买汉堡包。而一个坦桑尼亚的穷小子却要认真计算自己的食物支出。食物价格上升意味着他的支出减少了，并且他吃得也将更少。

下图显示了 10 个国家的食物支出占收入的百分比以及食物的需求价格弹性。食物支出占收入的比重越大，食物的需求价格弹性就越大。

随着低收入国家变得越来越富裕，它们在食物上的支出占收入的比重将下降，它们的需求价格弹性也将变得更加缺乏弹性。因此，全球食物的需求将变得更加缺乏弹性。

收成在波动，并带动食物价格波动。随着全球食物需求变得越来越缺乏弹性，各种食物的价格波动将会增大。

下表中列举了几个现实世界的需求弹性，从金属的 1.52 到食物的 0.12，金属拥有很多的替代品，比如塑料，而食物事实上没有什么替代品。随着我们从上往下看该表，它们的替代品越来越少，有更大的可能性属于必需品的行列。

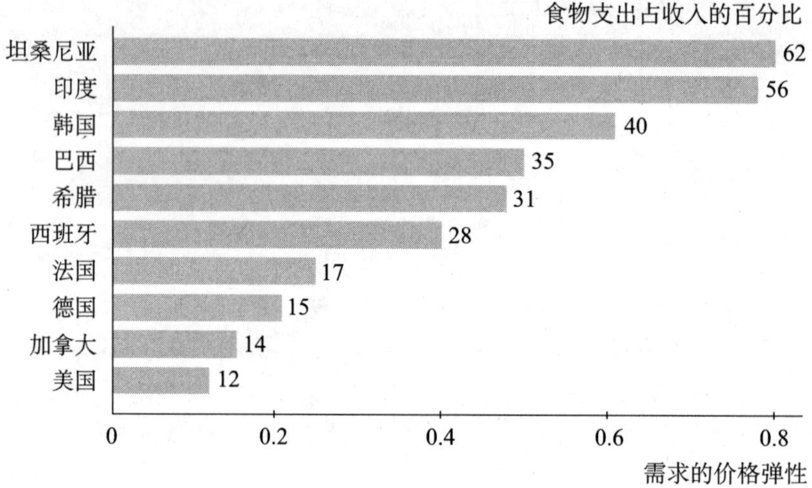

某些需求价格弹性	
产品和服务	弹性
有弹性的需求	
金属	1.52
电子工程产品	1.39
机械工程产品	1.30
家具	1.26
汽车	1.14
仪器工程产品	1.10
专业服务	1.09
交通服务	1.03
缺乏弹性的需求	
天然气、电、水	0.92
石油	0.91
化工产品	0.89
饮料（各种类型）	0.78
服装	0.64
香烟	0.61
银行和保险服务	0.56
住房服务	0.55
农业和渔产品	0.42
图书、杂志、报纸	0.34
食物	0.12

□ 5.1.8 总收益和需求价格弹性

总收益是销售者销售某一产品所得到的收入，它等于其价格乘以出售的数量。例如，假定星巴克咖啡的价格是 3 美元/杯，且一小时出售了 15 杯，那么，总收益就是 3 美元/杯乘以 15 杯/小时，等于 45 美元/小时。

我们可以借助对星巴克咖啡的需求曲线来说明总收益。图 5—4（a）表明了当价格为 3 美元/杯、销售量为 15 杯/小时时的总销售收入即总收益。总收益用灰色矩形表示，其高度等于 3 美元，乘以宽度 15，即等于 45 美元。

当价格变化时，总收益可能会呈相同方向和相反方向的变化，或者保持不变。会出现哪种结果取决于需求的价格弹性。通过观察由价格变化所导致的总收益的变化（其他因素保持不变），我们可以估计需求的价格弹性。这种估计需求价格弹性的方法被称为**总收益检验**。

如果需求是有弹性的，价格以一个给定的百分比上升将导致需求量以一个更大的百分比下降，因此，总收益——价格乘以数量——下降。图 5—4（a）显示了这一结果。当咖啡的价格为 3 美元/杯时，需求量为 15 杯/小时，总收益为 45 美元（=3 美元×15）。如果咖啡的价格上升至 5 美元/杯，则需求量下降至 5 杯/小时，总收益为 25 美元（=5 美元×5）。

当需求缺乏弹性时，价格以某一给定的百分比上升会导致需求量以一个更小的百分比下降，因此总收益增加。图 5—4（b）显示了这一结果。当某本教材的价格为 50 美元时，需求量为 500 万本/年，总收益为 2.5 亿美元（=50 美元×500 万）。如果该教材价格上升至 75 美元/本，则需求量降到 400 万本/年，总收益上升至 3 亿美元（=75 美元×400 万）。

需求价格弹性和总收入的关系为：

- 如果价格和总收益呈相反方向变化，那么需求是有弹性的。
- 如果某一价格和总收益均不变，那么需求是单位弹性的。
- 如果价格和总收益呈相同方向变化，那么需求是缺乏弹性的。

关注汽油的价格

当汽油的价格上升时，你会怎么做?

当汽油价格上升时，大多数人会抱怨，但不会在汽油购买上削减太多的支出。

伦敦大学的经济学家菲尔·古德威尔（Phil Goodwin）、霍伊塞·达尔加（Joyce Dargay）以及马克·汉勒（Mark Hanly）合作研究了汽油价格上涨对汽油需求量的影响以及对道路交通量的影响。

通过运用美国和其他一些国家的真实数据，他们估算出了：汽油价格上升 10%，汽油需求量在 1 年内会下降 2.5%，而在 5 年内会下降 6%。

需求弹性

我们能用这些数字计算出汽油的需求价格弹性。

短期（不高于 1 年）需求价格弹性等于 2.5%除以 10%，即 0.25。而长期（超过 5 年）需求价格弹性等于 6%除以 10%，即 0.6。因为两者都小于 1，所以汽油的需求是缺乏弹性的。

当汽油的价格上升时，汽油的需求量会下降但是汽油购买支出增加了。

相对于汽油价格上升对其需求量的影响，其价格上升对交通量的影响则更小。

汽油价格上升 10%，交通量在 1 年内只会减少 1%，而在 5 年内也只会减少 3%。

交通量下降的比例怎么做到比汽油需求量下降得更少呢？答案就是人们会转而购买排量更小、油效更高的汽车。

汽油的需求价格弹性低，即汽油的需求是缺乏弹性的，是因为汽油没有很好的替代品，但是人们却能选择排量更小的汽车从而降低汽油的购买量。

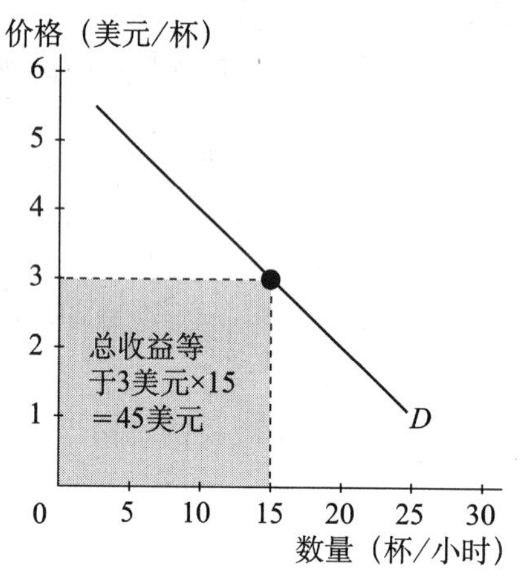

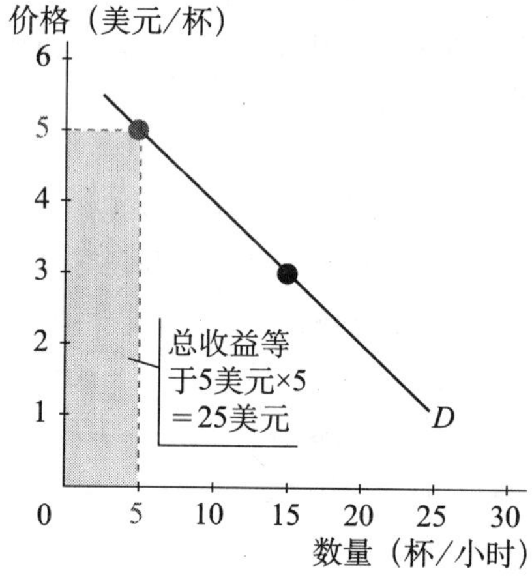

(a)总收益和有弹性的需求：星巴克咖啡

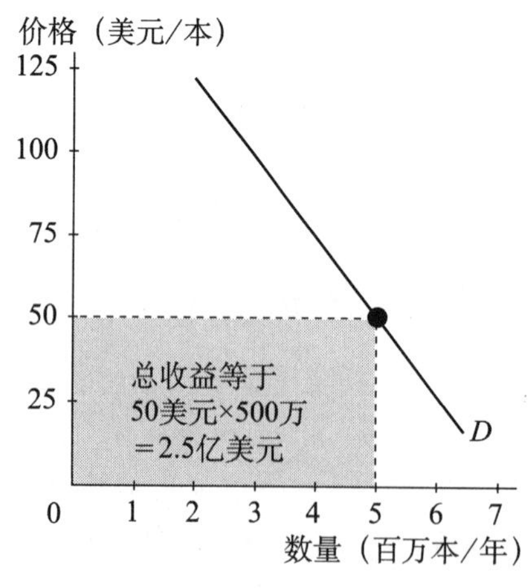

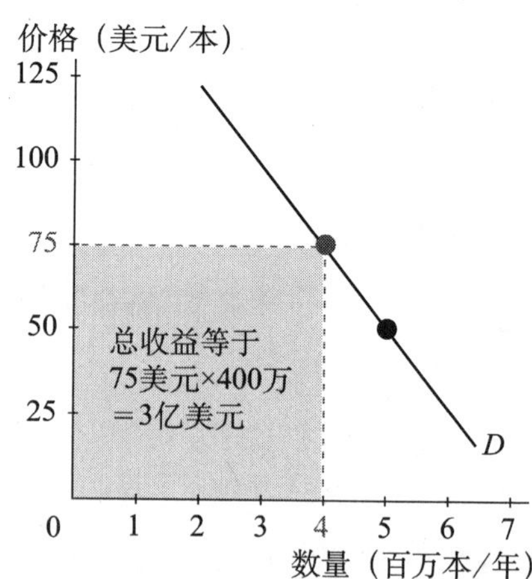

(b)总收益和缺乏弹性的需求：教材

图 5—4　总收益和需求价格弹性

总收益等于价格乘以数量。在图（a）中，当价格为 3 美元/杯时，需求量为 15 杯/小时，总收益等于 45 杯/小时。当价格上升至 5 美元/杯时，需求量下降至 5 杯/小时，总收益降到 25 美元/小时，需求是有弹性的。

在图（b）中，当一本书的价格为 50 美元时，需求量 500 万本/年，总收益为 2.5 亿美元/年。当价格上升至 75 美元/本时，需求量下降至 400 万本/年，总收益为 3 亿美元/年，需求是缺乏弹性的。

□ 5.1.9 需求价格弹性的应用

佛罗里达州的一次霜冻会带来橘子价格的大幅度上涨还是温和上涨？橘子的产量减少对种橘者意味着好消息还是坏消息？有关对橘子需求的价格弹性的知识能使我们回答上述问题。

橘子价格和总收益

经济学家已经估算了农产品的需求价格弹性大约为 0.4，它是缺乏弹性的需求。如果将这一数字应用于橘子，那么：

$$需求价格弹性=0.4=\frac{需求量的百分比变化}{价格的百分比变化}$$

如果供给变化而需求不变，需求量的百分比变化等于均衡数量的百分比变化。所以，如果佛罗里达州的一场霜冻减少了1%的橘子产量，那么橘子的价格将上升 2.5%。需求量的百分比变化（1%）除以价格的百分比变化（2.5%）等于需求价格弹性（0.4）。

所以，对第一个问题的答案就是，当霜冻出现时，橘子的价格将上升，且上升的百分比要大于橘子数量下降的百分比。但是，它对种橘者的总收益会产生什么影响呢？

此问题的答案还可以由需求价格弹性来提供。由于价格上升的百分比要大于产量下降的百分比，所以，总收益上升。一场霜冻对消费者还有那些减产的种橘者都是不好的消息，但对那些未遭受霜冻影响的种橘者则是一个好消息。

嗜好和弹性

运用弹性去分析嗜好，无论嗜好是合法的（比如烟瘾和酒瘾）还是非法的（比如高纯度可卡因或海洛因等毒瘾），都会使我们分析得更为透彻，它有利于我们设计出一些潜在有效的政策来应对上述问题。非嗜好者对上瘾物质的需求是具有弹性的，某种温和的价格上涨会使得欲犯药瘾的人数明显下降，上瘾的可能性大大降低。但是，现有用户对上瘾物质的需求则是无弹性的，即使价格猛涨，需求量的减少也不甚明显。

上述需求价格弹性的事实意味着，对香烟和烈酒征收税收，可以降低对上述产品上瘾的年轻人的人数，但对已经上瘾的使用者而言，高额税收对需求量的影响甚微。

同理，对某种非法毒品的进口制定有效政策限制其供给，会导致价格大幅度上涨，以至新用户数量大大下降，但对瘾君子的消费量的降低影响甚微。瘾君子的毒品开支增大。再者，由于许多瘾君子通过犯罪融资购买，因此小偷和窃贼的数量会有所增加。

由于瘾君子对毒品的需求价格弹性很小，因此减少毒品使用的有效政策只能从毒品的需求方面加以强调，应该通过康复计划来努力改变其偏好。

检查站 5.1	界定和解释影响需求价格弹性的因素，并且计算该弹性。

现实问题

某一产品的价格上升 10%导致对该产品的需求量下降 2%。利用这一信息回答问题 1～3。

1. 该产品的需求是有弹性的、单位弹性的，还是缺乏弹性的？

2. 该产品是容易找到替代品还是没什么替代品？该产品很有可能是一种必需品还是奢侈品？为什么？该产品很有可能是定义很窄还是定义很宽？为什么？

3. 计算对该产品的需求价格弹性。价格上升会导致总收入改变吗？解释之。这一产品可能是下列产品中的哪些产品：橙汁、面包、牙膏、戏票、衣服、蓝色牛仔裤还是超级保龄球赛的门票？为什么？

4. 音乐巨头唱片大削价以抗击下载。

2003 年音乐下载刚刚风行，环球音乐公司将每张 CD 唱片的价格从 21 美元削减至 15 美元。公司表示，如果其他因素不发生改变，预期这项举措将使 CD 唱片销售量增加 30%。

消息来源：*Globe and Mail*，September 4，2003.

环球音乐公司对 CD 唱片的需求价格弹性的估算是多少？需求是有弹性的还是缺乏弹性的？

参考答案

1. 如果某产品的需求量下降的百分比低于价格上升的百分比，则该产品的需求是缺乏弹性的。在本题中，产品的价格上升 10%导致对该产品的需求量下降 2%。需求量的百分比变化小于价格的百分比变化，所以对该产品的需求是缺乏弹性的。

2. 需求缺乏弹性的产品通常拥有较少的替代品。需求缺乏弹性的产品很有可能是一种必需品，而非奢侈品。需求缺乏弹性的产品很有可能是定义很宽的。

3. 需求价格弹性等于需求量的百分比变化除以价格的百分比变化，即等于 2/10，或者 0.2。一旦需求是缺乏弹性的，价格上升就会导致总收益上升。该产品可能是某种必需品（面包），或者拥有较少的替代品（牙膏），或者定义很宽（衣服）。

4. 需求价格弹性等于需求量的百分比变化除以价格的百分比变化。价格的百分比变化等于[(21－15)÷18]×100＝33.3%。需求量的百分比变化等于 30%。因此对唱片的需求价格弹性等于 30%÷33.3%＝0.9。因为需求量的百分比变化小于价格的百分比变化，所以环球音乐公司预期需求是缺乏弹性的。

5.2 供给价格弹性

你已经知道：当需求增加时，均衡价格上升，均衡数量也上升。但是，价格会上升得更多一些，数量会增加得少一些吗？或者，价格不太上升，但数量却大幅度增加吗？为了回答这一问题，我们就得知道供给价格弹性。

供给价格弹性是在某种产品的价格发生变化且影响销售者计划的所有其他因素均保持不变的情况下，对该种产品供给量变化程度的一种量度。我们通过比较供给量的百分比变化和价格的百分比变化来计算供给价格弹性。

5.2.1 有弹性和缺乏弹性的供给

供给可能是：

- 有弹性的
- 单位弹性的

● 缺乏弹性的

图 5—5 显示了供给弹性的范围。图 5—5（a）显示了完全有弹性的供给的极端例子——某种几乎为零的价格百分比变化导致一个很大的供给量的百分比变化。图 5—5（b）显示了某种有弹性的供给——供给量的百分比变化超过了价格的百分比变化。图 5—5（c）显示了某种单位弹性的供给——供给量的百分比变化等于价格的百分比变化。图 5—5（d）显示了某种缺乏弹性的供给——供给量的百分比变化小于价格的百分比变化。图 5—5（e）显示了某种完全无弹性的供给的极端例子——当价格变化时供给量的百分比变化为零。

□ 5.2.2　影响供给价格弹性的因素

是什么使得某些东西的供给有弹性而另外一些东西的供给又缺乏弹性呢？影响供给价格弹性的两大因素是：

● 生产的可能性

● 储存的可能性

生产的可能性

某些产品可能以一个不变的（或上升得很小的）机会成本来生产。这些产品具有某种有弹性的供给。你电脑芯片上的硅就是这种产品的一个例子。硅是从微粒的沙子中提炼出来的，机会成本几乎不变。所以，硅的供给是完全有弹性的。

有些产品仅可能以某一固定的数量来生产。这些产品具有完全无弹性的供给。美国圣莫尼卡湾临海的住宅建立在海滩前有限的地皮之上。所以，这种住宅的供给是完全无弹性的。

纽约市的宾馆用房不太容易用作写字楼，而写字楼也不容易改造成宾馆用房。因此，纽约市的宾馆用房的供给是缺乏弹性的。纸张和印刷机器可以用于生产教材或者杂志，这些产品的供给是有弹性的。

自价格变化以来的时间跨度　在价格变化之后，随着时间的推移，更容易改造生产计划，供给变得更具弹性。某些像水果和蔬菜一样的产品就是一些很好的例子。在价格发生变化之后要想很迅速地调整其供给量是很困难的，或者是不可能的。在价格变化的那一天，这些产品的供给是完全无弹性的。供给的数量取决于很早之前就已经做出了的种植决策。以橘子为例，种植决策在收获的许多年前早就制定好了。

如果生产计划只能在很短的时间内发生变化，那么许多制成品的供给也就具有某种缺乏弹性的性质。例如，在任天堂（Nintendo）2006 年推出新一代电视游戏机（Wii）之前，它做了一次需求预测，确定了价格，制定了生产计划，旨在向美国供给其所预测的意愿购买量。结果是需求超出了任天堂以前的预测。Wii 在 eBay（互联网上的一个拍卖市场）上的价格快速上升以便实现市场均衡。在这一更高的价格上，任天堂公司自然愿意运送更多的游戏机到美国。但是，任天堂对于在很短的时间范围内增加供给量是无能为力的。Wii 的供给是缺乏弹性的。

随着时间的推移，供给的弹性会有所上升。对于大多数制成品而言，在挖掘了调整产量的所有方法之后，产品供给是相当有弹性的，也许是完全有弹性的。在 2007 年，任天堂公司有能力加速生产 Wii，其在 eBay 市场上的价格下降到了任天堂公司原先计划出

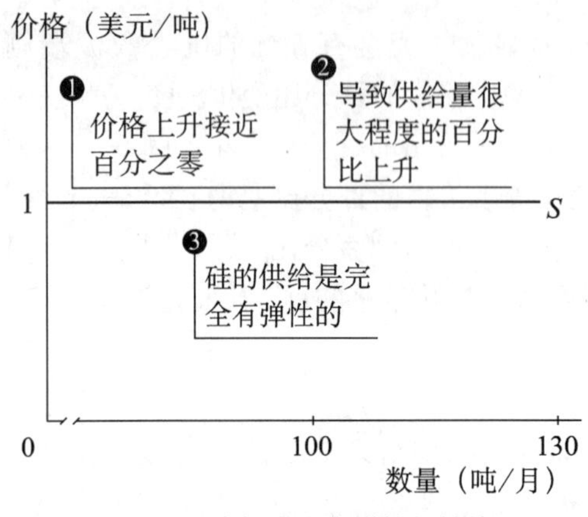

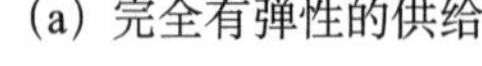
(a) 完全有弹性的供给

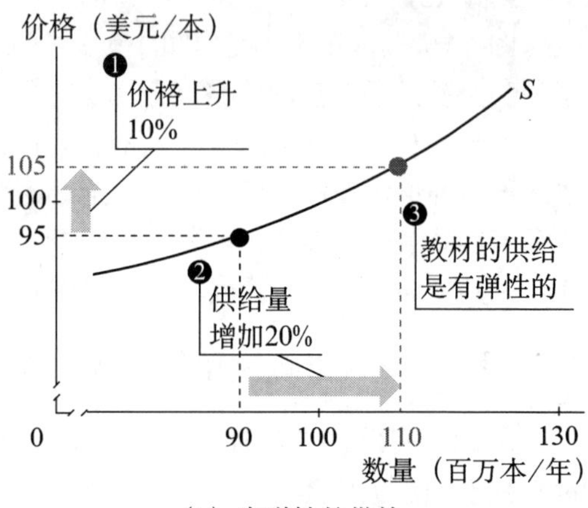

(b) 有弹性的供给

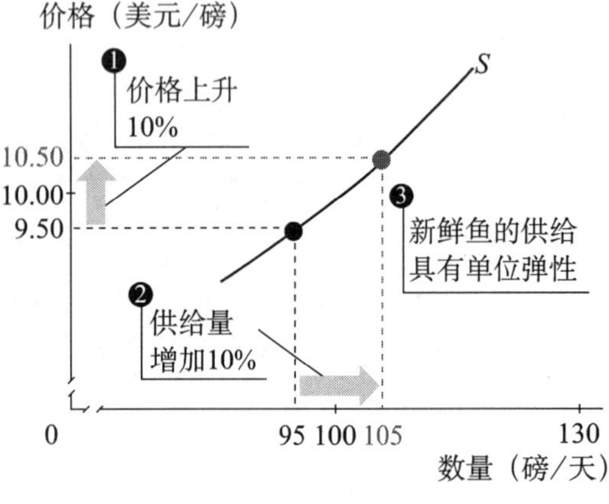

(c) 单位弹性的供给

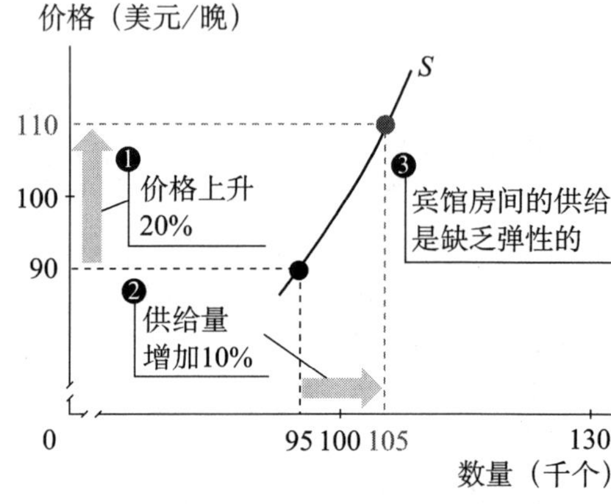

(d) 缺乏弹性的供给

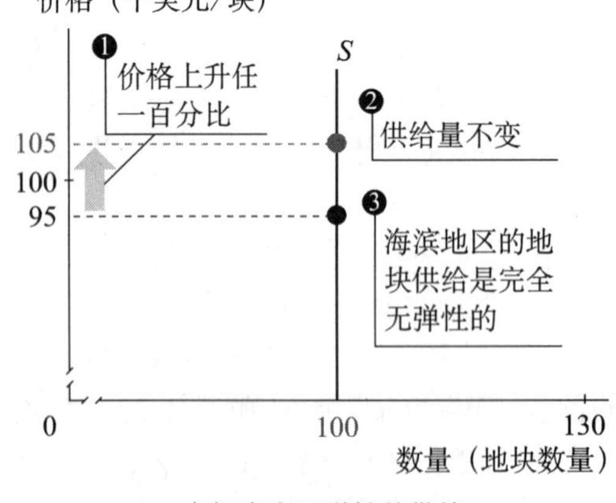

(e) 完全无弹性的供给

图 5—5　供给价格弹性的范围

①价格上升导致②供给量的增加。供给量的百分比变化与价格的百分比变化之间的相互关系决定着③供给价格弹性，它从完全有弹性［图（a）］到完全无弹性［图（e）］。

售的水平。在这样一个相当长的时间框架内，Wii 的供给已经变得更加具有弹性了。

储存的可能性

像新鲜草莓这样的易腐性产品是很难储存的，这种产品的供给弹性仅仅取决于生产的可能性。但是，那些容易储存的产品的供给弹性则取决于是储存还是出售的决策。较小的价格变化可能会导致这类决策的重大改变。所以，可储存商品的供给是高度具有弹性的，储存的成本是影响供给弹性的主要因素。例如，哥伦比亚的玫瑰花种植者预料到了在 2 月的情人节对玫瑰花的需求猛涨，因此，在 1 月末和 2 月初就开始减少供给，囤积玫瑰花，以便在情人节那天出售。

□ 5.2.3 计算供给价格弹性

为了确定某一产品的供给是有弹性、单位弹性还是缺乏弹性的，我们要采用与计算需求价格弹性相似的方法来计算出供给价格弹性的系数。我们使用的公式为：

$$供给价格弹性=\frac{供给量的百分比变化}{价格的百分比变化}$$

- 如果供给价格弹性大于 1，供给是有弹性的。
- 如果供给价格弹性等于 1，供给是单位弹性的。
- 如果供给价格弹性小于 1，供给是缺乏弹性的。

让我们来计算玫瑰花的供给价格弹性。假设在某一正常月份，一束玫瑰花的价格为 40 美元，供给量为 600 万束——这是图中的初始点。在 2 月，价格上升到 80 美元/束，供给量增加到 2 400 万束——这是图中的新点。图 5—6 说明并总结了这一计算。每束价格上升了 40 美元，平均价格或中点价格是 60 美元/束，所以价格的百分比变化为 66.67%。供给量增加了 1 800 万束，平均数量或中点数量为 1 500 万束，所以供给量的百分比变化为 120%。

运用公式，你可以发现玫瑰花的供给价格弹性为：

$$供给价格弹性=\frac{120\%}{66.67\%}=1.8$$

在该供给曲线的新点与初始点之间，供给价格弹性为 1.8。在本例当中，在此价格之间，玫瑰花的供给是有弹性的。

检查站 5.2　界定和解释影响供给价格弹性的因素，并且计算该弹性。

现实问题

你被告知，某一产品的价格上升 10%已经导致该产品一个月后的供给量上升 1%，一年后上升 25%。使用这一信息回答问题 1 和 2：

1. 该产品的供给是有弹性、单位弹性还是缺乏弹性的？生产该产品的生产要素是可以轻易获取的吗？该产品的供给价格弹性是多少？

2. 一年之后，该产品的供给价格弹性又是多少？它变得更加具有弹性了吗？为什么？

3. 煤炭价格下滑冲击中国第三大煤矿。

兖州煤矿的负责人王欣声称，全球金融危机迫使煤炭需求下降，尽管价格下降了

10.6%，但销售却从去年的899万吨下滑至792万吨，下降了11.9%。

资料来源：Dow Jones，April 27，2009.

计算兖州煤矿的煤炭供给价格弹性。它是有弹性的还是缺乏弹性的呢？

参考答案

1. 如果产品供给量的百分比变化小于价格的百分比变化，其供给是缺乏弹性的。在本例中，价格上升10%导致了供给量上升1%，因此供给是缺乏弹性的。因为一个月之后，供给量的百分比变化很小，生产这一产品所使用的生产要素很有可能是独特的或者稀少的。供给弹性等于供给量的百分比变化除以价格的百分比变化，它为1÷10=0.1。

2. 供给弹性等于供给量的百分比变化除以价格的百分比变化。一年之后，供给弹性为25÷10=2.5。该产品的供给在这一年中变得更具弹性，很可能是因为其他生产者将逐渐开始生产这一产品，并且随着时间的推移，有更多的生产要素被重新进行分配。

3. 需求下降导致价格和需求量发生变化，我们可以使用这些数据计算供给弹性。煤炭的供给价格弹性等于供给量的百分比变化除以价格的百分比变化。兖州煤矿的煤炭供给价格弹性等于11.9÷10.6=1.12。供给量下降的百分比远大于价格下降的百分比，因此煤炭的供给是有弹性的。

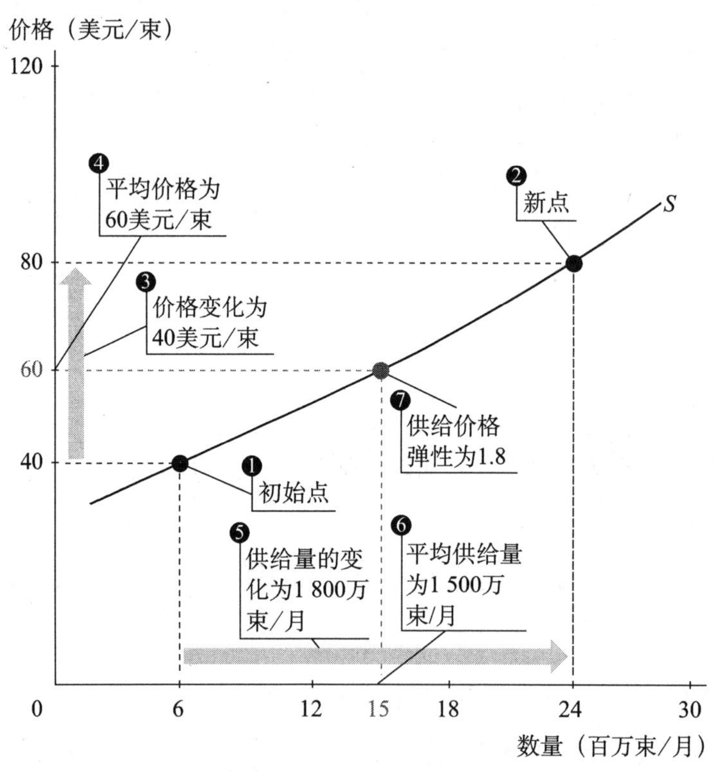

图5—6　供给价格弹性的计算

①在初始点，价格为40美元/束，供给量为600万束/月。
②在新点，价格为80美元/束，供给量为2 400万束/月。
③价格变化为40美元/束，④平均价格为60美元/束，价格的百分比变化为66.67%。
⑤供给量的变化为1 800万束/月，⑥平均供给量为1 500万束/月，因此供给量的百分比变化为120%。
⑦供给价格弹性为120%除以66.67%，即1.8。

5.3 交叉弹性和收入弹性

在美国丘拉维斯塔（Chula Vista）的多米乐比萨饼（Domino Pizza）遇到了麻烦。伯格汉堡王面包（Burger King）刚刚降价。多米乐的经理帕特知道比萨饼和汉堡王是替代品，他还知道，比萨饼的替代品价格下跌，比萨饼的需求会下降。然而，如果帕特保持原价，比萨饼的购买量会下降多少呢？

帕特还知道，比萨饼和苏打水是互补品。他知道，如果比萨饼的互补品价格下降，对比萨饼的需求会上升。因此，他在考虑是否可以通过降低苏打水的价格来留住顾客。但他想知道，在汉堡王更便宜的情况下，他究竟要将苏打水降价多少才能卖出原来的比萨饼数量。

要回答上述问题，帕特需要计算需求的交叉弹性。让我们来考察这种弹性的量度。

□ 5.3.1 需求交叉弹性

需求交叉弹性是在某种替代品或互补品的价格发生变化且其他因素保持不变的情况下，对该种产品需求量变化程度的一种量度。它可以通过下式计算：

$$需求交叉弹性=\frac{某产品需求量的百分比变化}{该产品的替代品或互补品的价格百分比变化}$$

假如汉堡王降价 10%，比萨饼需求量下降 5%。[①] 比萨饼相对于汉堡王价格变化的需求交叉弹性为：

$$需求交叉弹性=\frac{-5\%}{-10\%}=0.5$$

某种替代品的需求交叉弹性为一正数。替代品价格的下降导致对该产品的需求量的减少，某种产品的需求量和其替代品的价格呈同方向变动。

假定苏打水降价 10%，比萨饼的需求量上升 2%，比萨饼相对于苏打水价格变化的需求交叉弹性为：

$$需求交叉弹性=\frac{+2\%}{-10\%}=-0.2$$

互补品的需求交叉弹性为一负数，互补品价格的下降导致对该产品的需求量的增加，某产品的需求量与其互补品的价格呈反方向变动。

图 5—7 说明了比萨饼的两种需求交叉弹性。当汉堡王的价格下降时，对比萨饼的需求下降，其需求曲线从 D_0 向左位移到 D_1。当苏打水的价格下降时，对比萨饼的需求增加，其需求曲线从 D_0 向右位移至 D_2。交叉弹性的大小决定着需求曲线位移的远近。

□ 5.3.2 需求的收入弹性

美国及全球经济正在扩张，人们享受着收入的增加。这种繁荣促使对几乎所有产品

---

① 与前相同，这些百分比变化均采用中点法。

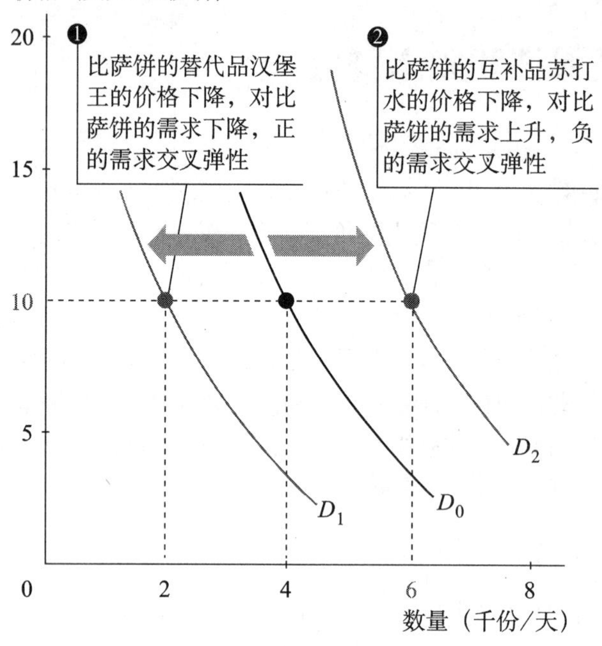

图 5—7　需求的交叉弹性

①汉堡王是比萨饼的替代品。当汉堡王的价格下降时，对比萨饼的需求曲线从 D_0 向左位移至 D_1。如果比萨饼的价格固定不变，则对比萨饼的需求量下降。比萨饼对汉堡王价格的需求交叉弹性为一正数。

②苏打水是比萨饼的互补品。当苏打水的价格下降时，对比萨饼的需求曲线从 D_0 向右位移至 D_2。如果比萨饼的价格固定不变，则对比萨饼的需求量增加。比萨饼对苏打水价格的需求交叉弹性为一负数。

的需求都增加。然而对不同物品的需求会增加多少呢？对一些物品的需求飞速增长会不会因此增加我们对其的消费支出呢？而对另外一些物品的需求下降会不会因此减少我们对其的消费支出呢？

其答案取决于对该产品的需求收入弹性，需求收入弹性是在收入发生变化而其他因素保持不变的情况下，对该产品的需求变化程度的一种量度。它可以通过下式计算：

$$需求收入弹性=\frac{需求量的百分比变化}{收入的百分比变化}$$

需求收入弹性有三大类型：

- 大于 1（正常品，有收入弹性）
- 在 0 和 1 之间（正常品，缺乏收入弹性）
- 小于 0（劣品）

随着我们收入的增加：

- 对有收入弹性物品的支出比重上升；
- 对缺乏收入弹性物品的支出比重下降；
- 对负的需求收入弹性物品的支出必然会减少。

如果了解了不同种类物品和服务的需求收入弹性，你便能预测在未来几年世界将有怎样的改变。表 5—1 提供了一个例子。

根据表 5—1 提供的关于需求收入弹性的数据，我们能预期，将来国内、国际的航空旅游会变得更加重要，看电影、在餐馆就餐甚至理发、购买汽车也都将增多。另外还有两个重要的项目没有显示在表中，那就是医疗保健和教育，它们都是具有收入弹性的。随着我们收入的增加，我们同样能预期医疗保健和教育都会增加。

表 5—1

一些需求收入弹性	
产品和服务	弹性
有收入弹性的	
航空旅行	5.82
电影	3.41
出国旅行	3.08
电	1.94
在餐馆就餐	1.61
当地巴士和火车	1.38
理发	1.36
缺乏收入弹性的	
香烟	0.86
含酒精的饮料	0.62
衣服	0.51
报纸	0.38
电话	0.32
食物	0.14

随着我们收入的增加，对衣服、手机和食物的支出比重将会减少。人们对食物的需求收入弹性小于1，即使是最穷的人也如此。因此，我们便能预测将来仍会是过去的延续——农业和制造业逐渐萎缩，服务业继续扩张。

关注你的生活

你的需求价格弹性

请你留心一下，你再次去购买的东西价格上升了，你是选择购买更多、保持不变还是减少购买呢？

你对这件商品的支出等于商品价格乘以你的购买数量。而卖者的总收益等于商品价格乘以卖出商品的数量。

因为买者对商品的支出即卖者的总收益，卖者用来评估被卖商品的需求价格弹性的总收益检验方法也能被买者采用。

当总支出不变，而商品价格发生改变时，你能否确定你对该商品的需求是有弹性、单位弹性还是缺乏弹性？

当商品的价格上升时，

- 如果你对该商品的支出减少，则你对该商品的需求是有弹性的。
- 如果你对该商品的支出保持不变，则你对该商品的需求是单位弹性的。

● 如果你对该商品的支出增加，则你对该商品的需求是缺乏弹性的。

回顾第5.1节影响需求价格弹性的因素，思考一下，为什么商品的需求存在有弹性、单位弹性，以及缺乏弹性呢？

正如我们在本章开篇提到的，当汽油价格上升时，你还是要使用和价格上升前一样多的汽油。汽油没有很好的替代品，对汽油的需求是缺乏弹性的。

如果使用手机的费用下降了，你会怎么做呢？减少手机的花费吗？你对手机服务的需求缺乏弹性？或者你会在手机上花费更多？这意味着对手机服务的需求具有弹性。

再看你的 iPod 和 iTunes，你对它们的需求是具有弹性，还是缺乏弹性？教科书又如何？你可以估算所有这些弹性。

检查站5.3　界定和解释影响需求交叉弹性和需求收入弹性的因素。

现实问题

1. 当产品 B 的价格上涨10%且其他因素不变时，产品 A 的需求量上升5%。产品 A 和产品 B 是互补品还是替代品？描述对产品 A 需求的变化并计算产品 A 对产品 B 的需求交叉弹性。

2. 当收入上升5%且其他因素不变时，产品 C 的需求量上升1%。产品 C 是正常品还是劣品？描述产品 C 的需求如何随着收入的增加而改变，并计算产品 C 的需求收入弹性。

利用下列信息回答问题3和4。

经济迫使很多人缩减暑期度假计划

现在，美国人很少出国旅游度假，转而参观本土的风景胜地。金融危机迫使很多人都削减度假预算。

资料来源：*USA Today*，May 22，2009.

3. 给定这两种度假方式的价格，出国度假的需求收入弹性是正的还是负的？出国度假是正常品还是劣品？参观本土风景胜地是正常品还是劣品？

4. 这两种度假方式是相互替代的吗？为什么？

参考答案

1. 产品 A 和产品 B 是替代品，这是因为产品 B 的价格上升，对产品 A 的需求增加，人们从消费产品 B 转向消费产品 A。对产品 A 的需求上升（图1）。产品 A 对产品 B 的需求交叉弹性等于产品 A 需求量的百分比变化除以产品 B 价格的百分比变化；它等于5%÷10%=0.5。

2. 产品 C 是一正常品，随着收入的上升，需求量增大。对产品 C 的需求增加（图2）。产品 C 的需求收入弹性为1%÷5%=0.2。

3. 随着收入的下降，出国度假的需求量减少。出国度假的收入弹性等于出国度假需求量的百分比变化除以收入的百分比变化。因为收入和出国度假的需求量都减少，所以需求收入弹性是正的。既然需求收入弹性是正的，出国度假就是正常品。参观本土风景胜地的需求收入弹性是负的，因此它是劣品。

4. 为了弄明白这两种度假方式是不是相互替代的，我们需要计算两者的需求交叉弹性，并且需要了解当其中一种方式的价格发生改变时另一种方式的需求量怎样改变。

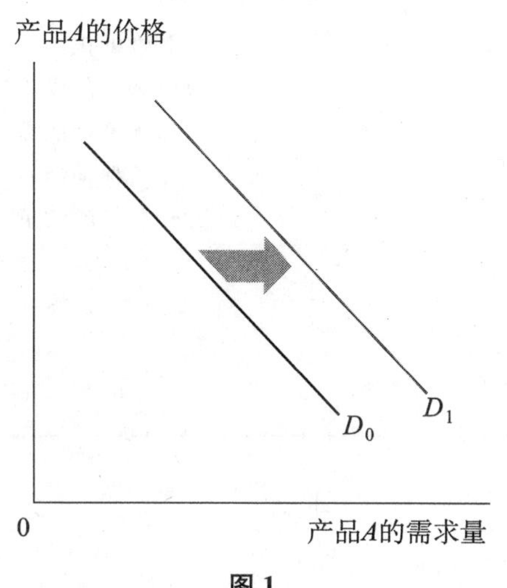

图 1

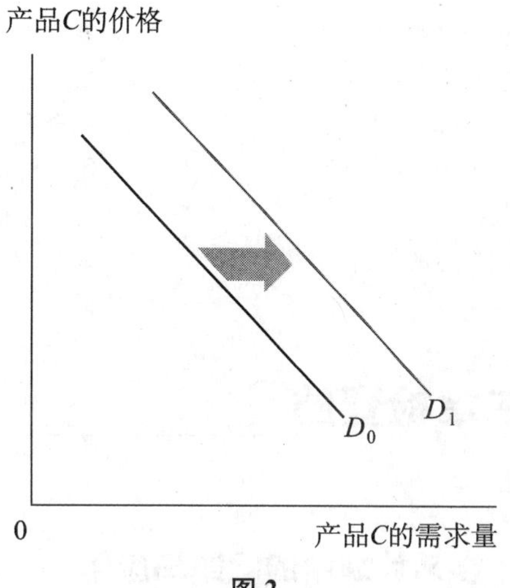

图 2

本章总结

□ 要点

1. 界定和解释影响需求价格弹性的因素，并且计算该弹性。
   - 某产品的需求是有弹性的，如果当其价格变化时，需求量的百分比变化超过价格的百分比变化。
   - 某产品的需求是缺乏弹性的，如果当其价格变化时，需求量的百分比变化小于价格的百分比变化。
   - 某产品的需求价格弹性的大小取决于寻找其替代品的容易程度以及对该产品的支出占总收入的比重的大小。
   - 需求价格弹性等于需求量的百分比变化除以价格的百分比变化。
   - 如果需求是有弹性的，价格上升导致总收益下降；如果需求是单位弹性的，价格上升导致总收益不变；如果需求是缺乏弹性的，价格上升导致总收益上升。
2. 界定和解释影响供给价格弹性的因素，并且计算该弹性。
   - 某产品的供给是有弹性的，如果当其价格变化时，供给量的百分比变化超过价格的百分比变化。
   - 某产品的供给是缺乏弹性的，如果当其价格变化时，供给量的百分比变化小于价格的百分比变化。
   - 影响供给价格弹性的主要因素是生产可能性和储存可能性的变化程度。
3. 界定和解释影响需求交叉弹性和需求收入弹性的因素。
   - 需求交叉弹性表明了在某产品的替代品或互补品的价格发生变化时，该产品的需求是如何变化的。
   - 替代品的交叉弹性为正，互补品的交叉弹性为负。
   - 需求收入弹性表明了在收入发生变化时，某产品的需求是如何变化的。对于正常品而言，其需求的收入弹性为正。对于劣品而言，其需求的收入弹性为负。

□ 关键术语

需求交叉弹性	有弹性的需求	有弹性的供给
需求收入弹性	缺乏弹性的需求	缺乏弹性的供给
完全有弹性的需求	完全有弹性的供给	完全无弹性的需求
完全无弹性的供给	需求价格弹性	供给价格弹性
总收益	总收益检验	单位弹性的需求
单位弹性的供给		

本章检查站

□ 学习计划中的问题与应用

近年的某个冬天，家庭取暖用油的价格上升20%，其需求量下降了2%，同时羊毛衣的价格未变，羊毛衣的需求上升了10%，利用上述信息回答问题1和2：

1. 运用总收益检验分析家庭取暖用油的需求是有弹性的还是缺乏弹性的。

2. 如果羊毛衣的价格不变，计算羊毛衣对家庭取暖用油的需求交叉价格弹性。家庭取暖用油和羊毛衣是替代品还是互补品？为什么？

3. 图1显示了对电影票的需求，如果某部电影的票价在7～9美元之间，对电影票的需求是有弹性的还是缺乏弹性的？如果票价从9美元下降至7美元，电影票的销售总收入会产生什么变化？当电影票价为8美元时，计算对电影票的需求价格弹性。

4. 人们对皮特的巧克力夹心饼的需求价格弹性为1.5，皮特想提高其总收益，你建议皮特是提价还是降价？解释之。

利用下列信息回答问题5～7。

乘坐飞机的价格上升了10%。乘坐飞机的需求价格弹性为0.5，乘坐火车的需求价格弹性为0.2。乘坐火车相对于乘坐飞机的需求交叉价格弹性为0.4。

5. 计算乘坐飞机的需求百分比变化以及乘坐火车的需求百分比变化。

6. 乘坐飞机的价格上升10%，导致乘坐火车的需求量不变的价格百分比变化为多少？

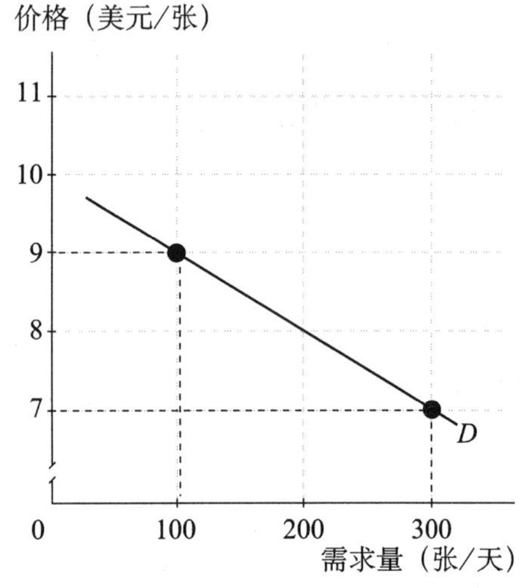

图1

7. 有一项调查发现，当收入上升10%时，会发生以下的需求量变化：泉水的需求量上涨5%；运动饮料的需求量下降2%；乘船旅游的需求量上升15%。哪种需求是有收入弹性的？哪种需求是缺乏收入弹性的？哪个是正常品？

利用下列信息回答问题8和9。

美国玉米产量预计创纪录地上升24%

据美国农业部报道，世界玉米产量将比去年增产9.9%，而美国将增产24%。玉米价格预期比去年上升46%。

资料来源：*Bloomberg News*，August 11，2007.

8. 计算美国玉米的供给价格弹性。该供给有弹性吗？

9. 计算世界玉米的供给价格弹性。

□ 教师可布置的问题与应用

利用下列信息回答问题1和2。

为什么对汽油价格上涨的反应很微弱？

大部分研究报告显示，当美国汽油价格上升10%时，购买量会下降1%～2%。在2005年9月，汽油的零售价格是每加仑2.9美元，比去年高大约1美元，但是购买量只下降了3.5%。

资料来源：*The New York Times*，October 13，2005.

1. 计算大部分研究报告中提及的汽油的需求价格弹性。

2. 比较2005年9月与大部分研究报告中提及的汽油的需求价格弹性。解释两者的差异。

3. 暴雨损害了美国中部地区香蕉的收成，香蕉价格从每磅1美元上升到2美元。香蕉供货商所售数量减少，但其总收入却保持不变。香蕉需求量的变化有多大？美国中部地区对香蕉的需求是有弹性的，还是缺乏弹性的？

利用下列信息回答问题4～6。

在先锋乡间别墅区（Pioneer Ville），乘坐巴士的需求价格弹性是0.5，需求收入弹性为－0.1，乘坐巴士相对于汽油价格的需求交叉弹性为0.2。

4. 相对于乘坐巴士的价格而言，乘坐巴士的需求是有弹性的还是缺乏弹性的？为什么？提高巴士车费会增加巴士公司的总收益吗？解释之。

5. 描述乘坐巴士和汽油的关系。如果汽油价格上涨10%，同时乘坐巴士的价格不变，乘坐巴士的数量有何变化？

6. 如果收入上升5%，同时乘坐巴士的价格不变，乘坐巴士的数量有何变化？乘坐巴士是一种正常品还是劣品？为什么？乘坐巴士和汽油是替代品还是互补品？为什么？

7. 对理发的需求收入弹性为1.5，对食品的需求收入弹性为1.4。你打了一份周末工，你用于支付食物和理发的收入翻了一番，如果食物和理发的价格保持不变，你将你的理发支出和食物支出也翻一番吗？解释为什么是或为什么不是。

8. 很多小麦种植区出现的旱灾使得小麦的供给量降低2%，小麦的需求价格弹性为0.5，小麦的价格会上升多少？意大利面食的生产者估计，小麦价格的变化将导致意大利面食的价格上升25%，需求量减少8%，他们所估计的意大利面食的需求价格弹性为多少？意大利面食酱的生产者估计，意大利面食价格的变化将导致意大利面食酱的需求量下降5%，他们所估计的意大利面食酱对意大利面食的需求交叉价格弹性是多少？

利用下列信息回答问题9～11。

随着汽油成本的飞涨，大量消费者选择购买小汽车

面对如此高的汽油价格，多数美国人正在购置小汽车替换耗油人的SUV。2008年4月，丰田雅力士的销量较年初增加了46%，福特福克斯的销量增加了32%。而2008年SUV的销量下降超过了25个百分点，雪佛兰塔荷的销量下降了35个百分点。2008年全幅皮卡的销量下降超过了15%，2008年4月福特F系列皮卡的销量下降了27%。2008年1月，加利福尼亚州汽油的购买量较去年同期下降4%。

资料来源：*The New York Times*，May 2，2009.

2008年1月，加利福尼亚州汽油价格较去年同期高出约30%。

9. 计算加利福尼亚州汽油的需求价格弹性。

10. 计算丰田雅力士对汽油的需求交叉价格弹性，以及福特福克斯对汽油的需求交叉价格弹性。

11. 计算雪佛兰塔荷对汽油的需求交叉价格弹性，以及全幅皮卡对汽油的需求交叉价格弹性。

12. “在需求缺乏弹性的某一市场中，生产者可能会欺负消费者，政府应当对生产者制定很高的行为标准以确保消费者能够进行公平的交易。”你对此说法的每一个部分是赞成还是反对？解释你将如何检验这一说法中的实证性部分，而抛弃规范性部分。

13. 石油价格问题成为OPEC会议的最高议题。

石油输出国组织（OPEC）生产了大约 40%的世界原油产量。随着全球石油需求的下降，OPEC 已经削减了产量试图阻止价格的进一步下滑，最高时价格达到 147 美元/桶。OPEC 知道，通过降低其成员国的产量，它能够提高世界价格。

资料来源：AFP，May 2，2009.

OPEC 还知道，对原油的需求是缺乏弹性的。解释 OPEC 为什么尚不能从上述事实中得到以下结论：如果 OPEC 减产，总收益将会上升。

利用下列信息回答问题 14 和 15。

杏仁大丰收！

2008—2009 年度杏仁的产量预期增加 22%，种植者的收入预期增加 17%。

资料来源：Almond Board of California.

14. 杏仁的价格预期是上升的还是下降的？杏仁的需求或供给的改变会带来预期价格的改变吗？

15. 如果杏仁供给发生改变致使价格发生改变，杏仁的需求是有弹性的还是缺乏弹性的？解释之。

第 6 章

市场的效率与公平

价格欺诈违法吗?

是价格欺诈者们利用了灾民，还是说，自然灾害发生之后的价格高涨仅仅是市场发挥其有效配置稀缺资源的职能的一种迹象?

本章要点

学完本章，你将能够：

1. 描述配置稀缺资源的可选方法，定义并解释有效配置的特点。
2. 区分价值与价格，定义消费者剩余。
3. 区分成本与价格，定义生产者剩余。
4. 评价配置稀缺资源的可选方法的效率。
5. 解释有关公平的主要观点，并评价配置稀缺资源的可选方法的公平性。

6.1 资源配置方法和效率

因为资源是稀缺的，因此它们必须以某种方式进行配置。什么也不做，任由资源自由配置，这是配置资源的一种方式。而本章的目的是评价市场从社会利益的角度有效和公平地配置资源的能力。

然而，市场交易只是几种可选方法中的一种。为了考察市场是否能有效率地配置资源，我们必须将市场与其替代方法进行比较。我们还需要知道有效和公平的资源配置的意义。

对于效率和公平，经济学家更多地谈论效率，因此效率也将是本章的主要关注点，而公平的难题我们则留到本章的最后部分来讨论。接下来，我们首先描述资源配置的可选方法。然后，我们分析有效配置的特征。

6.1.1 资源配置的方法

资源可以通过以下几种方法进行配置：

- 市场价格
- 计划
- 多数法则
- 竞赛
- 先到先得
- 均摊
- 抽签
- 个人特征
- 暴力

接下来，我们简要地考察每一种方法。

市场价格

当以市场价格配置稀缺资源时，愿意并能够支付价格的人获得资源，那些认为资源不值市场价格的人则选择不购买。

你供给的大多数稀缺资源都是由市场价格配置的。例如，你在市场上出卖劳动，并用大部分所得在市场上进行消费。

有两种人选择不支付市场价格：那些有能力支付但选择不购买的人和那些太穷而无力购买的人。

对于许多产品和服务而言，选择不购买的人和没有能力购买的人之间的区别并不太重要。但在少数情况下，这种区别就变得重要了。例如，穷人没有能力负担学费和医疗费用。因为穷人无法负担大多数人认为必需的产品，所以这些产品通常采用其他方法来配置。

但是，对大多数产品和服务而言，市场起到了很好的配置作用。稍后在本章中我们将分析市场是如何有效配置的。

计划

计划体制通过当权者的命令配置资源。许多资源都是由计划配置的。在美国的经济中，计划体制广泛地运用于企业和政府部门。例如，我们工作时，很可能有某个人会告诉我们该做什么。我们的劳动通过命令配置到特定的任务上。

计划体制有时分配整个经济体的资源。苏联就是一个实例。朝鲜和古巴是仅剩的计划经济体。

计划体制在权责明晰和执行行为易于被监控的组织中运行良好。但当所监控的行为范围过大以及欺骗当权者很容易时则会失效。朝鲜的计划体系就十分糟糕，它甚至不能供给充足的食物。

多数法则

多数法则以大多数投票人选择的结果来配置资源。社会运用多数法则来推选出代表人们进行某些重大决策的政府。例如，用多数法则来决定如何在私人和公共用途之间配置稀缺资源的税率。多数法则也用来决定税收资金如何在像国防和老年人的医疗保健这类的竞争性用途之间进行分配。

如果有2亿人排队为国家预算决议进行投票，显然花费是极其昂贵的。因此，美国（以及大多数的国家）采用了政府代议制，从而取代民众直接投票的多数法则。当然，民众代表的推选是采用直接的多数法则的形式选出，稀缺资源的具体配置方案再由代表们通过多数法则决定。

在所做的决策影响到大多数人以及必须抑制个体利益以最有效地利用资源的时候，多数法则发挥了较好的用途。

竞赛

竞赛则是将资源配置给一个（或一组）优胜者。最常见的竞赛就是运动竞赛。塞雷娜·威廉姆斯（Serena Williams）和玛利亚·莎拉波娃（Maria Sharapova）的网球对决，赢者的奖金是对方的两倍。

但是竞赛普遍存在于运动赛场之外，尽管我们通常不称之为竞赛。例如，比尔·盖茨在个人电脑操作系统的竞赛中获得了胜利，梅丽尔·斯特里普（Meryl Streep）在电影界最高荣誉奖竞争中拔得头筹。

当“竞赛者”的努力难以直接监控、报酬难以直接衡量的时候，竞赛发挥了较好的作用。公司经理为每个人提供了获得某项殊荣的机会，人们都有努力工作并争取获胜的激励。虽然最终只有少数人能够胜出，但是在争取获胜的过程中人们都付出了努力。因此，工人生产的总产出比没有竞赛的时候多很多。

先到先得

先到先得的方法是将资源配置给那些先行到达的人。多数国家公园采用这种办法分配营地。许多休闲餐厅不接受预定。它们使用先到先得原则分配稀缺的餐位。高速公路也用这种方式进行分配：先到达入口匝道的人获得道路的使用权。如果过多的车辆进入高速公路，就可能会出现速度降低和排队等候的情况。

正如上面举到的例子，当稀缺资源能够按时间顺序只为一个使用者服务时，先到先得就是资源配置的一种好方法。该方法通过服务最先到达的使用者，使得资源闲置的时间达到最小化。

均摊

资源被均摊，则每人都能得到相等的量。在餐馆分享点心的时候，你可能采用这种方法。当人们共同拥有一间度假公寓时，大家都公平地享有它。

为了做好公平分配，大家必须一致同意使用该方法，并计划如何实施该方法。小群体分享共同的目标和理想时使用的就是均摊方法。

抽签

抽签将资源配置给那些摇出幸运号码、抽到幸运卡，或在其他一些游戏中走运的人。国家彩票和赌场每年重新配置价值数百万美元的产品和服务。

但是抽签比彩票中的累积大奖和轮盘赌应用得更为广泛。抽签被某些机场用来分配航线的着陆配位，也被用于配置捕鱼权和移动电话使用的电磁波段。

当没有更有效的方法来对稀缺资源的潜在使用者进行区分时，抽签是一个好方法。

个人特征

当资源基于个人特征进行配置时，具有某种“恰当”特征的人获得资源。某些对我们个人而言十分重要的资源就是用这种方式进行配置的。你花最多的时间在你喜欢的人身上，而不愿意在不喜欢的人身上花时间。人们根据个人特征选择婚姻伴侣。这个方法的使用被认为是完全自然的并可被接受的。

但是这种方法也具有不能被接受的方面。例如，把好工作分配给盎格鲁-撒克逊男性白人而歧视有色人种、少数民族和妇女。

暴力

在稀缺资源配置中，无论是从好的方面讲还是从坏的方面讲，暴力都发挥了关键的作用。我们先讨论坏的方面。

战争作为一个国家攻打另一个国家所使用的军事暴力，在资源配置中发挥了巨大的历史性作用。欧洲殖民者在美洲和澳大利亚的经济霸权主要来自这种方法的运用。

盗窃作为一种未经允许而取得别人财产的行为，对资源配置也发挥了很大的作用。每年大范围有组织的犯罪以及小规模零星的犯罪活动配置了价值数十亿美元的资源。如今还有大量采用纯熟的电子方法盗窃银行和无辜民众户头的存款的行为。

但是，暴力在资源配置中也发挥了关键性的正面作用。它为国家提供了一种将财富从富人转移到穷人那里的途径，也提供了自愿交换在市场中得以顺利进行的法律框架。

现代社会的大多收入和财富通过国家权力强制实施的税收和福利制度进行再分配。我们为税收和福利制度投票——利用多数法则获取结果，但我们凭借国家权力确保每个人都遵守规则并支付应该支付的款项。

法律体系是市场经济运行的基础。如果没有法庭强制实施合约，交易就不可能进行。但是，如果法庭没有在必要时使用暴力的能力，它也就无法强制实施合约。国家赋予了法庭能够保证职能得以行使的最终暴力。

更广泛地，国家暴力对于维护法律规范是至关重要的。这一原则是文明的经济（以及社会和政治）生活的基本原则。在法律规范的保护下，我们可以从事每天的经济生活，因为我们确信我们的财产将受到保护——我们可以控告侵占我们财产的行为（也会因为侵占他人财产而受到控告）。

由于我们没有保护财产的负担，并且确信与我们交易的人也将会尊重双方的协议，所以我们能够继续关注我们有竞争优势的活动并为了共同的利益进行交易。

下面几节我们将考察市场如何实现资源的有效利用、效率实现的障碍以及某些情况下替代的方法怎样改善市场的作用。但首先我们需要明确效率的定义。再者，资源有效配置的特征又是什么呢？

□ 6.1.2 有效使用资源

在我们的日常用语中，效率意味着发挥一样东西的最大功效。一辆有效的汽车可以达到每英里最佳的可能汽油消耗量；一个有效的焚化炉可以做到用尽量少的燃料释放最大的热量。在经济学中，效率意味着发挥整个经济的最大功效。当我们生产出人们评价最高的产品和服务时，资源的配置是有效的。换一种说法，当我们为了得到更多的产品和服务而不需要放弃另一种人们评价更高的产品和服务时，资源的配置是有效的。

配置效率和生产可能性边界

在第 3 章我们学习了生产可能性边界（*PPF*）的概念，这使得我们能更准确地定义效率。我们学过，位于生产可能性边界上的生产是具有效率的。生产可能性边界内的点都是无效的。当生产可能性边界上的产品或服务的组合获得人们的最高评价时，资源的配置是有效的。如果放弃几单位的某产品就有可能获得更多评价更高的产品，则说明我们还没有达到生产可能性边界上评价最高的点。

为了找到生产可能性边界上评价最高的点，我们需要了解价值的有关信息。记住，生产可能性边界表示的是生产什么是可能的，而不是生产的价值。而边际收益的定义则与价值相关。

边际收益

边际收益是人们增加一单位某种商品或者服务的消费所获得的收益。人们的偏好决定了边际收益。如果知道人们为了多得到一单位的某种商品或服务所愿意放弃的其他的商品或服务，我们便可以计算出该种商品或者服务的边际收益。

我们拥有的某种物品或服务越多，我们能从中获得的边际收益就越少——边际收益递减法则。思考一下你从比萨饼中获得的边际收益。你最享受吃第一份时候的感觉，第二份的时候还好，但是没有第一份感觉那么好。等到吃第三、四、五、六份或更多的时候，每增加的一份都没有前面那份感觉那么好。你从比萨饼中获得的边际收益在递减。你拥有的比萨饼越多，为了多得到一份比萨饼你愿意放弃的其他物品或服务的量就越少。

图 6—1 显示了边际收益一览表和比萨饼的边际收益曲线。一览表和曲线传递的是同样的信息。在边际收益一览表中，或沿着边际收益曲线看，随着比萨饼的产量的增加，

人们为获得更多一份比萨所愿意放弃的其他物品的量在下降。

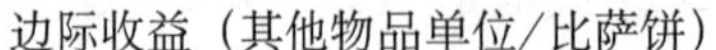

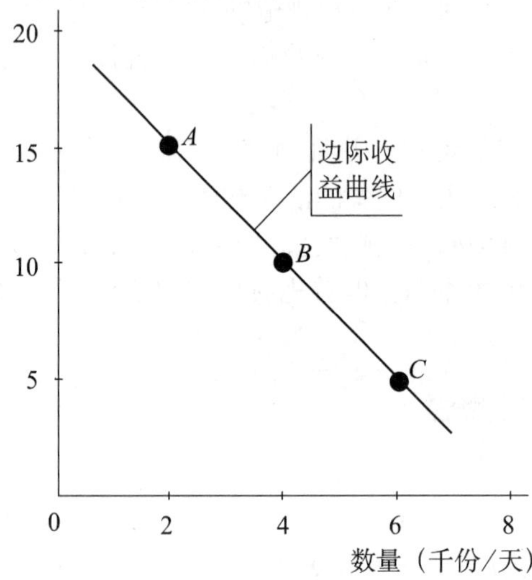

比萨饼的数量（千份/天）	2	4	6
愿意放弃的数量（其他物品单位/比萨饼）	15	10	5
概率	*A*	*B*	*C*

图 6—1　从比萨饼中获得的边际收益

图和表显示了从比萨饼中获得的边际收益。

概率 *A* 和点 *A* 所表示的意思是，如果每天生产 2 000 份比萨饼，人们为了多获得一单位的比萨饼愿意放弃 15 单位的其他物品。在图中点 *A*、*B*、*C* 所代表的意义与表中概率 *A*、*B*、*C* 一样。

通过这些点的线就是边际收益曲线。随着比萨饼的可得数量的增加，从中获得的边际收益在下降。

边际成本

为了达到有效的分配，我们必须将比萨饼的边际收益和边际成本进行比较。边际成本是多生产一单位某种商品或服务的机会成本，也即生产可能性边界的斜率。随着产量的增加，边际成本增加。

图 6—2 显示了边际成本一览表和比萨饼的边际成本曲线，它们传递的信息也是相同的。随着比萨饼的产量的增加，人们为了多得到一单位的比萨饼必须放弃的其他物品的数量在增加。

现在，我们运用边际收益和边际成本的概念便能知道生产多少比萨饼是有效的了。

有效配置

有效配置是价值最高的配置。为了确定有效配置，我们需要比较边际收益和边际成本。

如果从比萨饼中获得的边际收益大于边际成本，则说明我们生产的比萨饼太少（生产的其他产品过多）。如果我们增加比萨饼的产量，则虽然成本上升了，但是带来了更大的收益。这样，我们的资源配置变得更加有效。

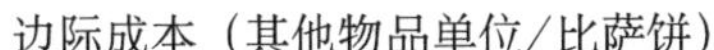

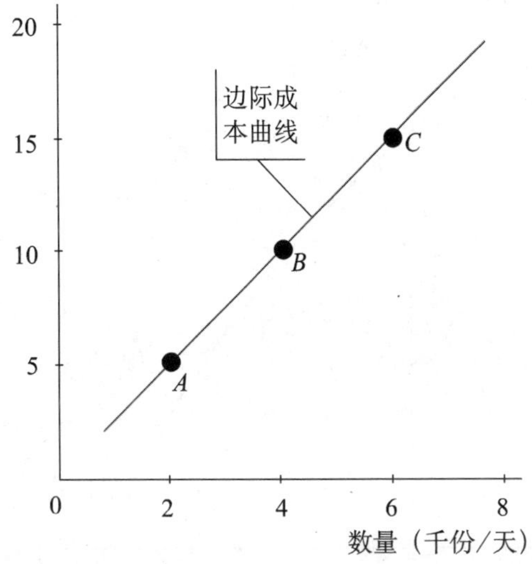

比萨饼的数量（千份/天）	2	4	6
必须放弃的数量（其他物品单位/比萨饼）	5	10	15
概率	*A*	*B*	*C*

图 6—2　比萨饼的边际成本

图和表显示了比萨饼的边际成本。多生产一单位某产品的机会成本就是其边际成本。边际成本的概念源于生产可能性边界，在数量上表现为生产可能性边界的斜率。

图中的点 *A*、*B*、*C* 即表中的概率 *A*、*B*、*C*。边际成本曲线意味着随着比萨饼的产量的增加，其边际成本在增加。

如果比萨饼的边际成本大于边际收益，则说明我们的产量过多（其他的产品生产过少）。现在，如果我们减少比萨饼的生产量，则虽然获取的收益降低了，却节省了更多的成本。同样，我们的资源配置也变得更加有效了。

只有当边际收益和边际成本相等的时候，资源才达到了最有效的配置。图 6—3 显示了这个有效配置并对上述配置效率的描述做了图形总结。

检查站 6.1　描述配置稀缺资源的可选方法，定义并解释有效配置的特点。

现实问题

1. 以下稀缺资源惯常的分配方式是什么？

- 校园里，学生和教师的停车空位。
- 学生停车区内的空位。
- 教科书。
- 奥运会主办城市。

图 1 显示了生产可能性边界，表 1 显示了边际收益和边际成本一览表，根据图表回答问题 2～4。

2. 当种植了 1 磅的香蕉时，人们获得的边际收益是多少？边际成本又是多少？

3. 在图 1 中标出一点 *A*，表示有效的生产点，但需要生产更多的咖啡才能达到资源的有效配置。

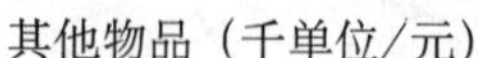

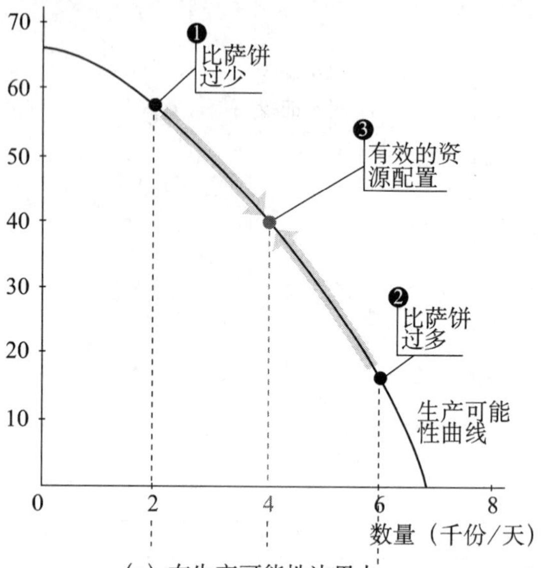

(a) 在生产可能性边界上

(b) 边际收益等于边际成本

图 6—3　比萨饼的有效数量

生产可能性边界上的所有点都是有效的生产点，但是在生产可能性边界上只存在一个资源配置有效的点。

①图（a）是生产可能性边界，图（b）是边际收益和边际成本曲线，当生产 2 000 份比萨饼时，从比萨饼中获得的边际收益大于生产其的边际成本。生产的比萨饼太少了。如果生产更多的比萨饼而减少生产其他物品，生产的价值就会提高，并且资源的使用更加有效了。

②当生产 6 000 份比萨饼时，边际成本大于边际收益。生产的比萨饼过多了。如果减少生产比萨饼的量而生产更多的其他物品，生产的价值便会得到提升，资源的使用也更加有效了。

③当每天生产 4 000 份比萨饼时，边际成本等于边际收益。比萨饼的生产数量是有效的。此时，要想从稀缺资源中获取更多的价值是不可能的。如果减少一单位比萨饼的生产量而增加其他物品的产量，则损失的比萨饼的价值大于增加其他物品产量所获得的价值，因此总价值下降。相同，如果增加一单位比萨饼的生产量而减少其他物品的生产，则增加比萨饼产量所获得的价值低于损失的其他物品的价值，因此总价值下降。

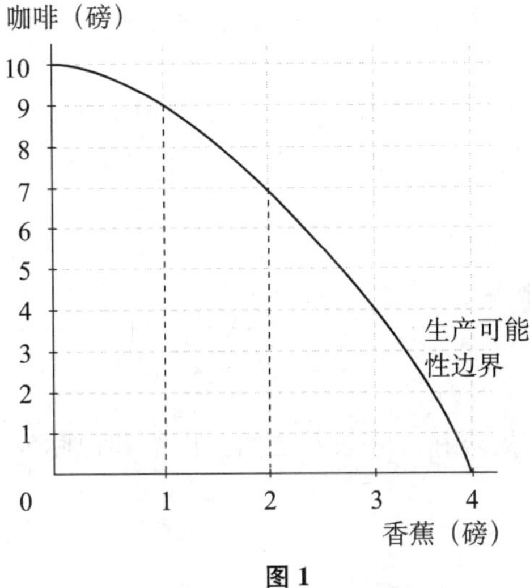

图 1

表 1　　边际收益和边际成本

香蕉（磅）	愿意放弃	必须放弃
	（咖啡的磅数/香蕉的磅数）	
1	3	1
2	2	2
3	1	3

4. 在图 1 中标出一点 B，表示有效的资源分配。

5. AC/DC 乐队的“黑冰”巡回演唱会售票打破纪录。

据巡回演唱会负责人称，定于 3 月 6 日在澳大利亚佩斯举行的巡回演唱会的售票在 7 分钟内销售一空，创造了新的纪录。在佩斯，通宵排队等票的很多歌迷都未能购得门票。

资料来源：*WAToday*，May 25，2009.

请问，配置演唱会门票的方式是什么？如果 3 月 6 日的票一售而空，主办方立即宣布两天之后还将举行一场演唱会并公开售票。这样的售票方式是有效的吗？

参考答案

1. 校园停车位是采用计划的方式分配的。学生停车区内的空位的分配采用先到先得的方式。教科书的分配采用市场价格方式。奥运会主办城市的获得是通过竞赛的方式。

2. 1 磅香蕉的边际收益为 3 磅的咖啡。边际收益是为了多得到一单位香蕉所愿意放弃的咖啡的量。种植 1 磅香蕉的边际成本为 1 磅咖啡。边际成本是为了多得到一单位香蕉而必须放弃的咖啡数量。

3. 看图 2，A 点即表示有效的生产点，但并不是配置有效率的点。因为从表 1 中我们可以看到此处的边际收益大于边际成本，生产的香蕉太少了。

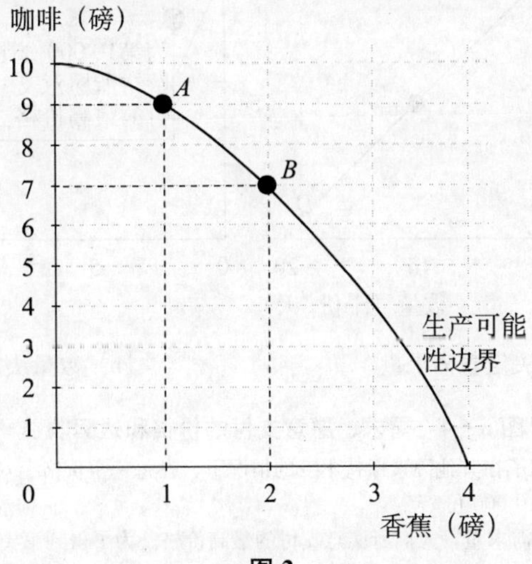

图 2

4. 看图 2，*B* 点即表示配置有效率。因为从表 1 中我们可以看到此处的边际收益和边际成本是相等的。

5. 采用先到先得的方式配置门票。如果人们愿意支付的金额（票价与等票的机会成本之和）——同时也是边际收益——等于多提供一个座位的边际成本，则这种配置是有效的。

6.2 价值、价格和消费者剩余

为了探讨某个市场是否有效率，我们必须理解需求和边际效益之间、供给和边际成本之间的相互联系。

□ 6.2.1 需求和边际收益

在日常生活中，当我们谈论“让货币有价值”时，我们正在区分价值和价格。价值是我们所得到的，而价格是我们要支付的。在经济学中，价值的日常用法是边际收益。边际收益可以用人们为再购买一个单位的产品或服务所愿意支付的最高价格来度量。需求曲线告诉了我们这一价格。在图 6—4（a）中，需求曲线表示了在一给定价格上的需求量——当价格为 10 美元时，每天的比萨饼的需求量为 10 000 份。在图 6—4（b）中，需

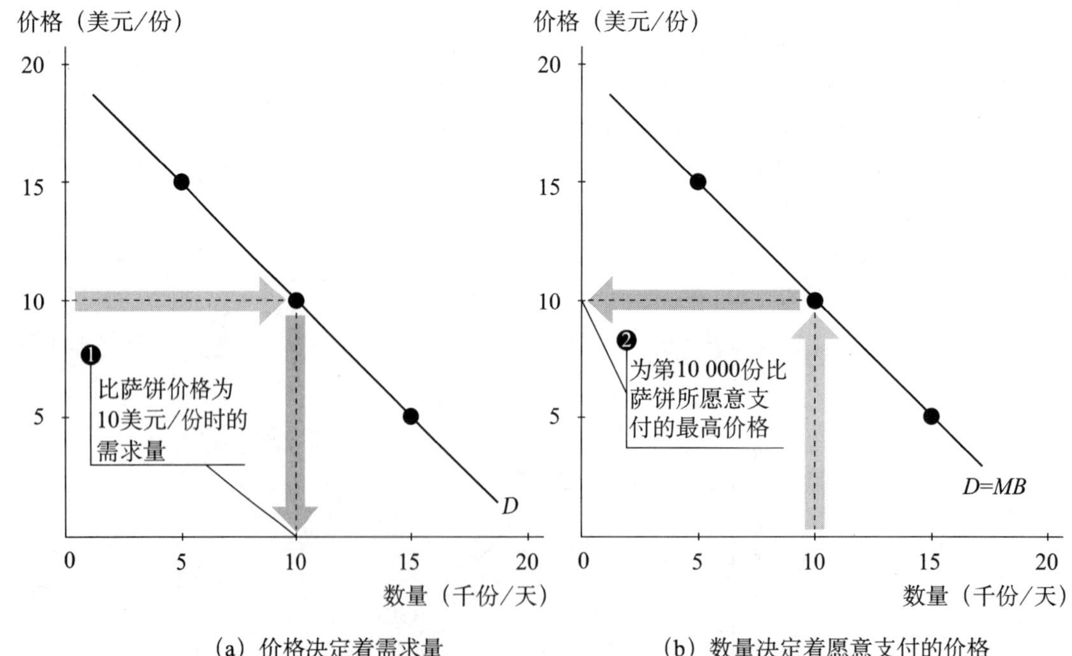

图 6—4 需求、愿意支付的价格和边际收益

①比萨饼的需求曲线 *D* 表明了在其他因素保持不变的情况下，在每一个价格上对比萨饼的需求量，当价格为 10 美元/份时，比萨饼的需求量为 10 000 份/天。

②需求曲线表明了给定某一需求量，人们所愿意支付的最高价格。为了得到第 10 000 份比萨饼所愿意支付的最高价格就是 10 美元。需求曲线也是边际收益曲线 *MB*。

求曲线表示了当数量给定时人们所愿意支付的最高价格——当每天有 10 000 份比萨饼可得时，人们为这第 10 000 份比萨饼所愿意支付的价格就是 10 美元。从第 10 000 份比萨饼中所得到的边际收益就是 10 美元。

一条需求曲线就是一条边际收益曲线。比萨饼的需求曲线告诉了我们，人们为了得到其他产品和服务所愿意放弃消费一份比萨饼时的货币数量。

□ 6.2.2 消费者剩余

我们并不总是不得不去支付我们所愿意支付的数量。当人们购买某件产品出现所付小于所值时，他们便得到了消费者剩余。消费者剩余是从某产品中所得到的边际收益减去为它所支付的价格，并对所消费的数量汇总其剩余。

图 6—5 用于说明消费者剩余。比萨饼的需求曲线告诉我们，在每一个价格上人们所计划购买的数量和在每个数量水平上所得到的边际收益。如果一份比萨饼的价格为 10 美元，人们每天购买 10 000 份。人们花 100 000 美元用于购买比萨饼，这用图中的深灰色矩形表示。

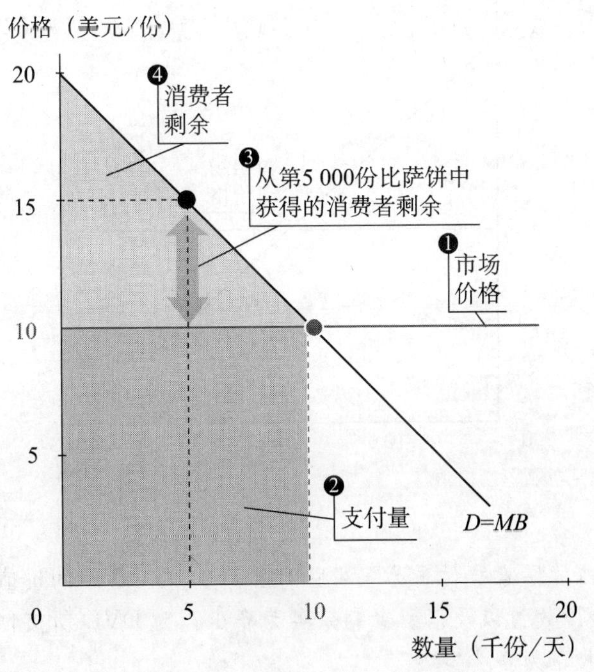

图 6—5 消费者需求和消费者剩余

①比萨饼的市场价格为 10 美元/份。

②在这一市场价格上，人们每天购买 10 000 份比萨饼，支付 100 000 美元——深灰色矩形。

③需求曲线告诉我们，人们愿意为第 5 000 份比萨饼支付 15 美元，所以她从第 5 000 份比萨饼中得到了 5 美元的消费者剩余。

④人们从购买的 1 000 份比萨饼中所得到的消费者剩余为 50 000 美元——浅灰色三角形之面积。

人们的总收益为其所付出的 100 000 美元加上其消费者剩余 50 000 美元，合计为 150 000 美元。

为了计算消费者剩余，我们必须求得人们在每一份比萨饼中所得到的消费者剩余，并且把这些消费者剩余加总。先看第 10 000 份，边际收益为 10 美元，人们付了 10 美元，所以消费这一份比萨饼的消费者剩余为零。再看第 5 000 份比萨饼（图中已标明），边际收益为 15 美元，所以消费这一份的消费者剩余为 15 美元减去 10 美元。人们消费第一份比萨饼的边际收益为 20 美元，从这一份比萨饼中所得到的消费者剩余为 10 美元。

消费者剩余——人们所购买的 10 000 份比萨饼的全部消费者剩余总和——为 50 000 美元/天，图中用浅灰色的三角形表示（该三角形的底为 1 000 份/天，高为 10 美元，面积为1 000×10 美元÷2=50 000 美元）。

总收益是人们所支付的总量 100 000 美元（深灰色矩形）加上其消费剩余 50 000 美元（浅灰色三角形），等于 150 000 美元。净收益便等于其总收益减去她所支付的费用。消费者剩余便是该消费者的净收益。

检查站 6.2　区分价值与价格，定义消费者剩余。

现实问题

图 1 显示了 DVD 的需求曲线以及一张 DVD 的市场价格。借助该图回答下列问题。

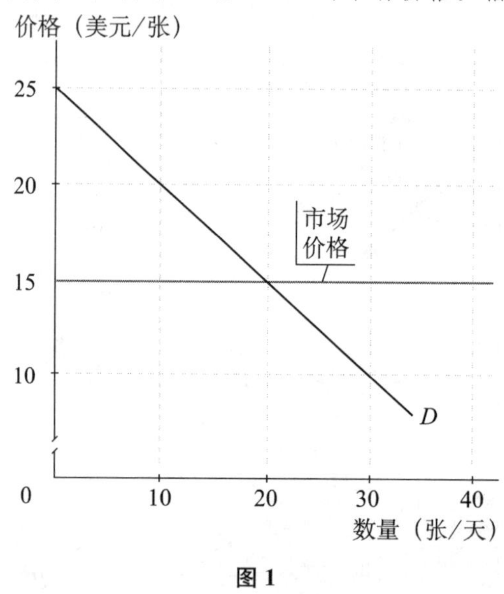

图 1

1. 第 20 张 DVD 的愿意支付量为多少？计算第 10 张 DVD 的价值以及消费者剩余。

2. 所购买的 DVD 数量以及消费者剩余各为多少？为 DVD 所支付的总量为多少？从 DVD 中所得到的总收益为多少？

3. 如果 DVD 的价格上升至 20 美元/张，消费者剩余的变化量为多少？

利用下列信息回答问题 4 和 5。

航空旅行代理机构纷纷调低机票预订费

expedia. com 和 priceline. com 将网上机票预订费用下调了 7 美元，并将机票预订取消费用下调了 50 美元。据 expedia. com 报道，机票销售量提升了 2 个百分点。

资料来源：*USA Today*，June 3，2009.

4. 请说明，在机票预订费下调之前，机票价格和机票价值的区别。

5. 取消预订费后，机票价格和消费者剩余发生了怎样的改变？

参考答案

1. 第 20 张 DVD 的愿意支付量为某人为第 20 张 DVD 所愿意支付的最高价格，它等于 15 美元（图 2）。第 10 张 DVD 的价值为从第 10 张 DVD 中所得到的边际收益，等于某人为这第 10 张 DVD 所愿意支付的最高价格，在图 2 中，它等于 20 美元。第 10 张 DVD 的消费者剩余为其边际收益减去一张 DVD 的价格，即 20 美元－15 美元＝5 美元（图 2 中的灰色箭头）。

2. DVD 的购买量为 20 张/天，消费者剩余为（25 美元－15 美元）×20÷2＝100 美元（图 2 中的浅灰色三角形）。DVD 的支付量为价格乘以购买量，它等于 15 美元×20＝300 美元（图 2 中的深灰色矩形）。DVD 的总收益等于 DVD 的支付量加上 DVD 的消费者剩余，它为 300 美元＋100 美元＝400 美元。

3. 如果 DVD 的价格上升至 20 美元/张，则 DVD 的购买量降至 10 张/天。消费者剩余降至（25 美元－20 美元）×10÷2＝25 美元（图 3 中的灰色三角形）。消费者剩余下降了 75 美元（从 100 美元降至 25 美元）。

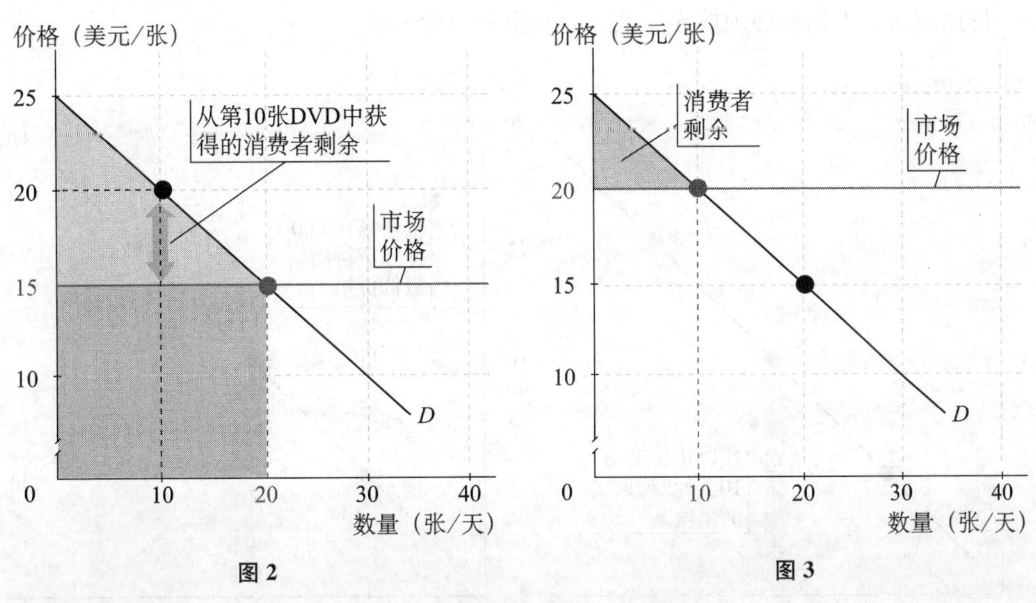

图 2　　图 3

4. 机票的价格即你需要支付给代理商的价格，包括航空公司公布的机票价格以及预订费。机票的价值是你使用机票所获得的边际收益。

5. 预订费取消之后，机票价格下降。班机的需求量增加——沿着班机的需求曲线向下移动。所有班机的消费者剩余等于机票价值（边际收益）减去机票价格。一架班机的边际收益减去机票价格后的值上升，即从中获取的消费者剩余增加。如果有更多的班机，总的消费者剩余还会增加。

6.3 成本、价格和生产者剩余

你刚学完了价值、价格和消费者剩余，相互平行地，现在你得学习成本、价格和生产者剩余。

□ 6.3.1 供给和边际成本

正如买者要区分价值和价格一样，卖者则要区分成本和价格。成本是某个卖者为生产该产品所必须放弃的，而价格是某个卖者出售该产品时所得到的。多生产一个单位的某产品和服务的成本是其边际成本。当其出售价格等于边际成本时才值得去多生产这一个单位的该产品和服务。供给曲线告诉了我们这种价格。在图 6—6（a）中，供给曲线表示了在任一给定的价格上的供给量——当一份比萨饼的价格为 10 美元时，供给量是 10 000 份/天。在图 6—6（b）中，供给曲线表示了生产者供给这一给定数量所必须得到的最低价格——为了一天供给 10 000 份比萨饼，生产者必须至少能够得到 10 美元这一价位。这第 10 000 份比萨饼的边际成本为 10 美元。

因此，供给曲线就是边际成本曲线。比萨饼的供给曲线告诉我们，如果企业要多生产一份比萨饼，人们就必须放弃其他产品和服务的货币量。

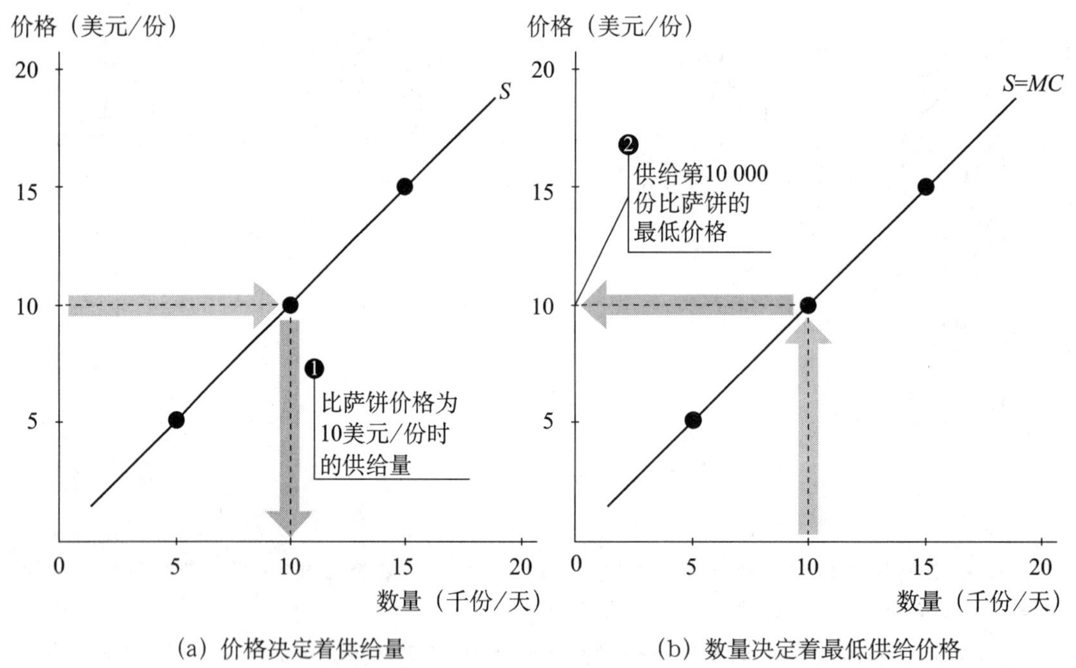

图 6—6 供给、最低供给价格和边际成本

①比萨饼的供给曲线 S 显示了在其他因素保持不变的情况下，在每一价格上的比萨饼的供给量。在每份比萨饼 10 美元的价位上，一天的比萨饼供给量为 10 000 份。

②供给曲线显示了企业供给某一给定数量所必须被支付的最低价格。最低供给价格等于边际成本，第 10 000 份比萨饼的边际成本是 10 美元。供给曲线也是边际成本曲线（MC）。

□ 6.3.2 生产者剩余

当价格超过边际成本时，企业得到生产者剩余。生产者剩余是某一产品的价格减去生产的边际成本，并按所生产的数量汇总其剩余。

图 6—7 说明了生产者剩余。比萨饼的供给曲线告诉我们，在每一个价位上生产者计划销售的比萨饼的数量，以及生产每一数量的边际成本。如果一份比萨饼的价格为 10 美元，生产者计划一天卖出 10 000 份。总收益为一天 100 000 美元。

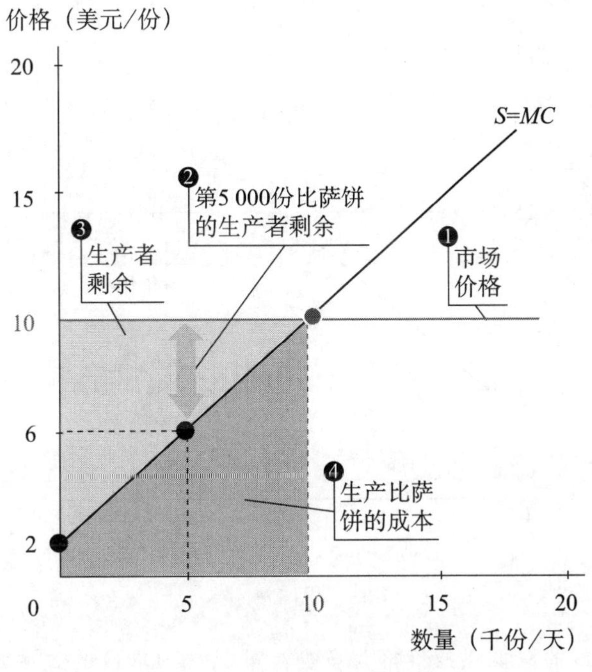

图 6—7　生产者供给和生产者剩余

①一份比萨饼的市场价格为 10 美元，生产者计划一天卖出 10 000 份比萨饼，一天的总收益为 100 000 美元。

②供给曲线显示了生产第 5 000 份比萨饼必须被支付的最低价格为 6 美元，因此，生产者从第 5 000 份比萨饼中所得到的生产者剩余为 4 美元。

③生产者从售出的 10 000 份比萨饼中所得到的生产者剩余为每天 40 000 美元——浅灰色三角形面积。

④一天生产 10 000 份比萨饼的成本为边际成本曲线之下的深灰色面积，它等于生产者的总收益 100 000 美元减去生产者剩余 40 000 美元，即 60 000 美元/天。

为了计算生产者剩余，我们必须求得每一份比萨饼的生产者剩余，并且把这些生产者剩余加总。第 10 000 份比萨饼的边际成本为 10 美元，恰好等于它所能出售的价格，因此，生产者在这一份比萨饼上所得到的生产者剩余为零。就第 5 000 份比萨饼而言（图 6—7 已标明），边际成本为 6 美元。所以，就这一份比萨饼而言，生产者得到的生产者剩余为（10 美元－6 美元）＝4 美元。就他生产的第 1 份比萨饼而言，边际成本是 2 美元，所以，就这份比萨饼而言，生产者得到 8 美元的生产者剩余。

生产者剩余——出售 10 000 份比萨饼的生产者剩余总和——是 40 000 美元/天，图中用浅灰色三角形表示（此三角形的底为 10 000 份/天，其高为 8 美元，因此，其面积为 10 000×8 美元÷2＝40 000 美元）。

深灰色的面积表示生产者一天生产 10 000 份比萨饼的成本，即 60 000 美元/天。它等于总收益 100 000 美元/天减去他的生产者剩余 40 000 美元/天。生产者剩余等于总收益减去总成本，即生产者的净收益。

检查站 6.3　区分成本与价格，定义生产者剩余。

现实问题

图 1 显示了 DVD 的供给曲线和一张 DVD 的市场价格，利用该图回答下列问题。

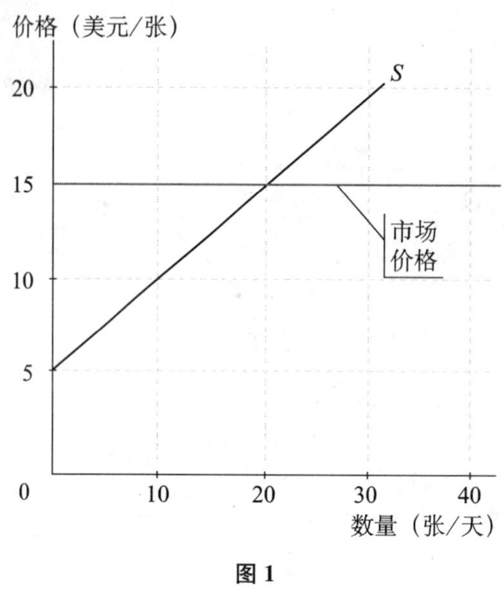

图 1

1. 第 20 张 DVD 的最低供给价格为多少？第 10 张 DVD 的边际成本和生产者剩余为多少？

2. DVD 的销售量以及生产者剩余为多少？计算出售 DVD 所得到的总收益以及生产所出售的 DVD 的成本。

3. 如果一张 DVD 的价格为 10 美元，生产者剩余的变化量为多少？

利用下列信息回答问题 4 和 5。

经销商必须在一周内将汽车售空

克莱斯勒公司决定关闭 800 个经销店，所有经销店须在 2009 年 6 月 9 日前全部关闭。O'Bryhim 是弗吉尼亚州的一名经销商，今天以 6 折的价格即 17 510 美元的价格售出了一辆新的 Nitro 轿车，平常的价格是 29 170 美元。随着 6 月 9 日的临近，他认为他不得不加大促销力度以尽快卖出手上所有的汽车。

资料来源：CNN. com，June 3，2009.

4. 如何区分新汽车的价格和成本？

5. 如果 O'Bryhim 在下周把折扣定为 5 折，那么生产者剩余将发生怎样的改变？

参考答案

1. 第 20 张 DVD 的最低供给价格为第 20 张 DVD 的边际成本，它等于 15 美元（图 2）。第 10 张 DVD 的边际成本等于第 10 张 DVD 的最低供给价格，它等于 10 美元（图 2）。第 10 张 DVD 的生产者剩余是其市场价格减去其边际成本，它等于（15 美元－10 美元）＝5 美元（图 2 中的灰色箭头）。

2. 一天 DVD 的销售量为 20，生产者剩余为（15 美元－5 美元）×20÷2=100 美元（图 2 中的浅灰色三角形）。DVD 的总收益等于其总支出，它等于价格乘以销售量。总收益为 15 美元×20=300 美元。DVD 的生产成本等于总收益减去生产者剩余，它等于 300 美元－100 美元=200 美元（图 2 中的深灰色面积）。

3. 如果一张 DVD 的价格降至 10 美元，DVD 的销售量减少至 10 张/天。DVD 的生产者剩余降至（10 美元－5 美元）×10÷2=25 美元（图 3 中更小的灰色三角形）。生产者剩余的变化量为（100 美元－25 美元）=75 美元。

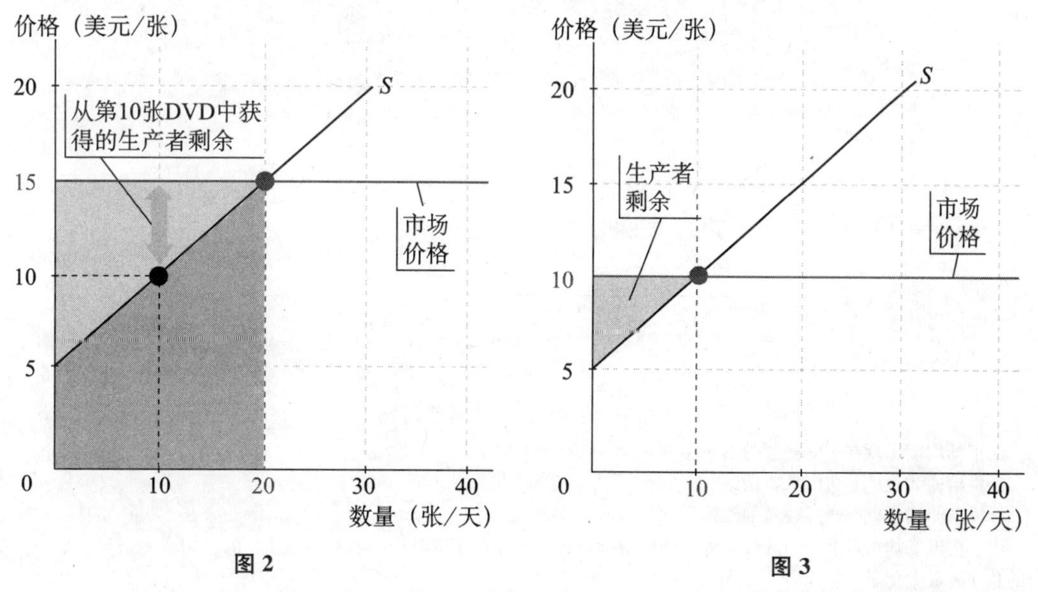

图 2　　图 3

4. 一辆新汽车的价格是其被售出时经销商所获得的收入，即这辆汽车的正常价格减去折扣。售出一辆新汽车，经销商的成本（边际成本）是其被售出时经销商需支付给生产商的价钱。

5. 这辆新汽车的生产者剩余是其被售出时所得的价钱减去经销商的成本。折扣增加，售出所得减少，生产者剩余减少。

6.4 市场有效率吗?

图 6—8 显示了比萨饼市场。需求曲线 D 显示了对比萨饼的需求。供给曲线 S 显示了比萨饼的供给。均衡价格为 10 美元/份，均衡数量为 10 000 份比萨饼/天。从第 4 章中所学到的市场力量将把比萨饼市场推向均衡，并协调买卖双方的计划。但是这种竞争性均衡是有效率的吗？它生产了有效率的比萨饼的数量吗？

如果均衡是有效的，说明它不仅协调了产出和购买计划，而且是以可能的最好方式协调了买卖双方的计划。资源被用于生产比萨饼的数量恰好是人们评价最高的量。要生产更多的比萨饼而又不放弃具有更高评价的其他产品和服务是不可能的。而且，如果生

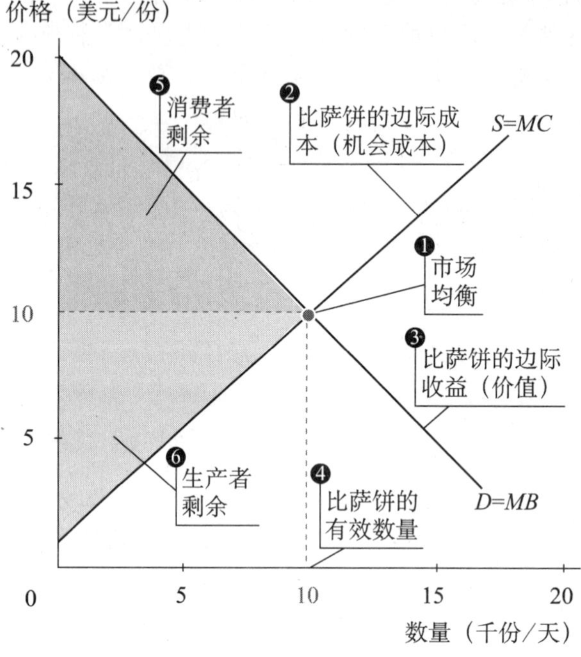

图 6—8　比萨饼的有效市场

①市场均衡出现在 10 美元/份的价格和 10 000 份/天的数量上。

②供给曲线也就是边际成本曲线。

③需求曲线也就是边际收益曲线。

由于在市场均衡点上，边际收益等于边际成本，所以④生产了有效率的比萨饼数量。⑤消费者剩余与⑥生产者剩余的总和被最大化了。

产的比萨饼数量少了，资源就被用于生产其他产品，而人们对这种产品的评价还不如所放弃的比萨饼高。

□ 6.4.1　边际收益等于边际成本

为了理解为什么图 6—8 中的均衡是有效率的，思考一下，我们把需求曲线解释为一条边际收益曲线，把供给曲线解释为一条边际成本曲线。需求曲线告诉了我们比萨饼的边际收益，供给曲线告诉了我们比萨饼的边际成本。因此，在需求曲线和供给曲线相交时，边际收益等于边际成本。

然而，边际收益等于边际成本这一条件是资源得到有效利用的条件。它把资源配置到了那些能够创造最大可能价值的活动上。因此，竞争性均衡是有效率的。

□ 6.4.2　总剩余最大化

另一种检测均衡是否有效的方法是考察均衡所产生的总剩余。总剩余是生产者剩余和消费者剩余之和。价格高于均衡价格，生产者剩余便会增加，但减少的消费者剩余比增加的生产者剩余多。而价格低于均衡价格，消费者剩余便会增加，但减少的生产者剩余比增加的消费者剩余多。因此，竞争性的均衡价格使总剩余最大。

在图 6—8 中，如果一天生产的比萨饼少于 10 000 份，有人愿意以高出其生产成本的价格购买一份比萨饼。因此，如果产量增加，买者和卖者都将受益。如果一天的产量超出10 000份，生产一份比萨的成本要高出某人所愿意支付的价格。因此，如果产量减少，买者和卖者均受益。仅当一天生产10 000份比萨饼时，受益最大，任何比萨饼数量的改变都不存在某种未被挖掘的收益，此时，总剩余也最大。

每个买者和卖者都努力为自己做到最好，同时，没有任何人会为整个社会实现某种有效率的结果而制定计划。没人会担心社会的利益。买者追求最低可能的价格，同时卖者追求最高可能的价格，但这最终却形成了令人惊奇的结果：整个社会的利益实现了。

□ 6.4.3 看不见的手

亚当·斯密在1776年的《国富论》中首次提出，竞争性市场将资源配置到人们寄予最高评价的用途上去。斯密认为，竞争性市场的每一位参与者都“由一只看不见的手所引导，它促进了某种结局（资源的有效利用），但这并非是他的初衷”。

你每天都能看到看不见的手在发挥着作用。你的校园书店在每学期的开学之初堆满了教材，书店拥有它预期学生购买的用书量。咖啡店里品种繁多，拥有人们计划购买的各种饮品以及小吃的数量。你当地的衣服店备有你想购买的运动裤、短袜和其他东西。装满教材、咖啡、饼干、运动裤和短袜的大卡车摇摇晃晃地行驶在高速公路上，把它们运到了你以及你的朋友想去购买的地方。并不认识你的企业预测着你的要求，并设法帮助你实现。

没有任何一个政府在组织着所有这些生产活动，也没有任何一个政府审计员去监督生产者以确保它们为公众利益服务。稀缺资源的配置不是计划的。它恰巧如此，是因为价格调整使得购买计划和销售计划相互吻合，它恰巧使得资源配置到最高价值的用途之上。

亚当·斯密曾解释过为什么会发生这些惊人的行为。“我们希望晚餐中能吃到的东西并不是出自屠夫、啤酒酿造者或者面包师的善意，而是出于他们对自身利益的考虑。”

出版公司、咖啡种植者、成衣制造商以及许许多多其他生产者受到出于他们的自身利益考虑的驱动，为你的利益提供了服务。

关注美国经济

看不见的手和电子商务

你可以从下面的漫画以及当今信息经济中看到看不见的手在发挥着作用。

冷饮卖主既有冷饮又有遮阳伞。就每一项而言，他都拥有某种机会成本以及最低供给价格。冷饮和遮阳伞对坐在公园椅子上的读报人都会有某种边际收益。所发生的交易告诉我们，读报人从遮阳伞中得到的边际收益大于冷饮卖主的边际成本，但冷饮卖主的一杯冷饮的边际成本要大于读报人的边际收益。这笔交易创造了消费者剩余和生产者剩余。冷饮卖主从出售遮阳伞中所得到的生产者剩余大于其机会成本，而读报人从购买遮阳伞中得到的消费者剩余小于其边际收益。在第三幅漫画中，消费者和生产者的境况都比在第一幅漫画中要更好。此把伞已经移动到了它最高价值的用途之上。

市场经济无情地上演着漫画所列举的活动，旨在实现某种资源配置的效率。新的技术降低了使用互联网的成本，并且在过去的几年之中，有成千上万个商业网站开通，它们方便了各种类型的产品、服务和生产要素的网上交易。

电子拍卖网站 eBay（http://www.ebay.com/）带来了消费者剩余和生产者剩余的大幅增加，并有助于实现更大的配置效率。

□ 6.4.4 生产不足和生产过度

要么由于生产过少——生产不足，要么由于生产过多——生产过度，会产生无效率。

生产不足

在图 6—9（a）中，比萨饼的产量是 5 000 份/天。图 6—9（a）显示，在这一数量上，消费者愿意支付 15 美元用于购买一份比萨饼，但它只要 6 美元的生产成本，此时所生产的产量是无效率的——这就是生产不足。

无谓损失是由无效率的生产不足或生产过度引起的消费者剩余和生产者剩余即总剩余的减少，它度量了无效率的规模。图 6—9（a）中的灰色三角形的面积度量了无谓损失。

生产过度

在图 6—9（b）中，比萨饼的产量是 15 000 份/天。在这一数量上，消费者为此追加的比萨饼所愿意支付的价格仅为 5 美元，但是这份比萨饼的边际成本却为 14 美元。如果我们生产第 15 000 份比萨饼，我们便亏损 9 美元。再一次，无谓损失用灰色三角形表示，消费者剩余和生产者剩余之和即总剩余比其最大值小了无谓损失这一数量。无谓损失由整个社会所蒙受。它不是生产者的某种损失，也不是消费者的某种收益。它是一种社会损失。

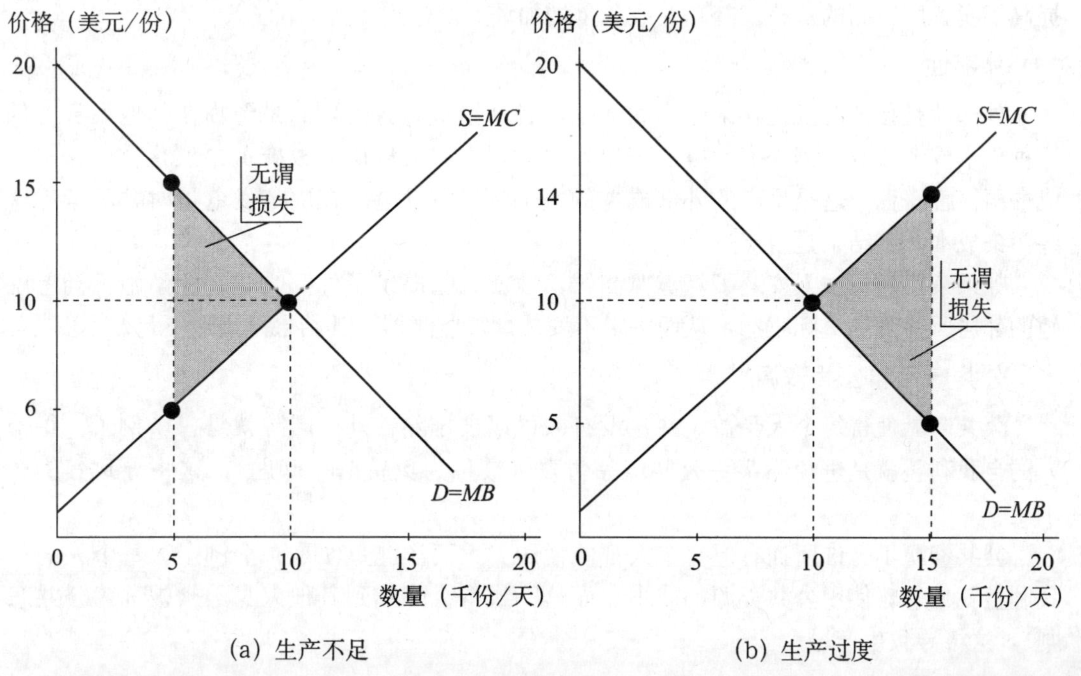

图 6—9　生产不足和生产过度

在图（a）中，如果比萨饼的产量限定在 5 000 份/天，无谓损失（灰色三角形）便出现了。总剩余减少的部分即无谓损失。生产不足是无效率的。

在图（b）中，如果生产增加到 15 000 份/天，无谓损失便出现了。总剩余减少的部分即无谓损失。生产过度是无效率的。

□ 6.4.5　实现效率的障碍

带来生产不足和生产过度的实现效率的障碍有：

- 价格管制和数量管制
- 税收和补贴
- 外部性
- 公共产品和公共资源
- 垄断
- 高的交易成本

价格管制和数量管制

价格管制，即限制地主被允许收取的租金，限制法律允许雇主支付的最低工资，有时制止供需平衡的价格调整，价格管制导致生产不足。数量管制，即限制被允许生产的数量，最终也导致生产不足。

税收和补贴

税收提高了买者支付的价格，降低了卖者所得到的价格。因此，税收减少了生产的数量，导致生产不足。补贴是政府给生产者的一种支付，它降低了买者所支付的价格，提高了卖者所得到的价格。补贴导致产量增加和生产过度。

外部性

外部性是指没有发生在某一产品的生产者和销售者身上，而是降临在其他人身上的一种成本或者收益。当一家发电厂烧煤发电时，它向大气层释放硫黄二氧化物，这又化成酸雨损害庄稼，这是生产的外部成本的一个例子。发电厂在决定发电量时并不考虑这些污染成本。其结果是生产过度。

如果某家房屋主人安装了烟雾监测器，她就可能提供了外部收益。但是她不会考虑她的邻居所得到的边际收益，从而决定不安装烟雾监测器。其结果是生产不足。

公共产品和公共资源

公共产品使得每个人受益，并且没有人可以被排除在外。国防就是一个例子。每个人的自我利益就是避免为某一公共产品付费（被称为免费搭车问题），这将导致其生产不足。

公共资源不为谁所拥有但每个人都能使用。大西洋鲑鱼便是一个例子。每个人的自我利益就是忽略使用公共资源的成本，而这一成本会降临到其他人身上（被称为公共悲剧），这将导致生产过度。

垄断

垄断是指某企业独一无二地控制着某一市场。例如，地方自来水供给，闭路电视都是由垄断者提供。

一家垄断企业的目标是利润最大化。因为垄断者是没有竞争对手的，所以它可以设定价格来实现这一目标。为了实现这一目标，它会生产一个小于有效率数量的产量，并提高其价格，这导致了生产不足。

高的交易成本

如果你去逛一逛购物中心或者观察一下身边的零售市场，就会发现这些市场使用了大量的稀缺劳动和资本资源。任何市场的运行都是有成本的。经济学家把市场中进行交易所发生的机会成本称为交易成本。

为了使市场价格成为稀缺资源配置的手段，就必须承担市场运行的机会成本。有些市场由于成本太高而无法运转。例如，当你想在近郊“免费”的球场打网球时，虽然无须为场地支付市场价格，但要等到球场空出时才能打，这样你就“支付”了等待所用的时间。

交易费用很高时，市场就可能会生产不足。

□ 6.4.6 市场的替代方法

当市场无效率时，本章开头所描述的非市场的替代方法能对资源配置起作用吗？有时是可以的。

表 6—1 总结了无效的市场资源及其可能的补救办法。多数法则通常能够在很大程度上改进资源配置。但是多数法则也有其缺陷。一个追求成员个人利益的集团可能会成为多数党。例如，造成无谓损失的价格或数量管制几乎总是由于追求个人利益的集团成为多数党并给少数党增加了成本。同时，在多数法则下，投票往往变成了用来实现官僚基于其个人利益制定的目标的行为。

表 6—1　　市场无效以及可能的补救方法

市场无效的原因	可能的补救方法
1. 价格管制和数量管制	利用多数法则消除管制
2. 税收和补贴	利用多数法则最小化无谓损失
3. 外部性	利用多数法则最小化无谓损失
4. 公共产品	利用多数法则分配资源
5. 公共资源	利用多数法则分配资源
6. 垄断	利用多数法则进行管制
7. 高的交易成本	计划或先到先得

企业管理者通过发布指令计划来降低每件事都亲力亲为引起的交易成本。先到先得避免了排队可能会引发的许多混乱。虽然在排队中可能会出现交易席位的情况，但是总有人会强制维持先到先得的协定。你能想象在繁忙的星巴克，人们不得不付钱来取得靠前的买单位置的混乱情形吗？

没有一种机制能有效率地配置资源。但是在多数法则、企业内部的计划体制和偶尔使用的先到先得原则的补充下，市场能够发挥惊人的资源配置的作用。

检查站 6.4　　评价配置稀缺资源的可选方法的效率。

现实问题

图 1 显示了纸张市场。借助该图回答问题 1～3。

1. 在市场均衡条件下，消费者剩余、生产者剩余以及总剩余分别为多少？纸张市场有效率吗？为什么？

2. 如果一家新闻杂志的游说小组劝告政府通过一项立法，要求所有的纸张生产者一天出售 50 吨，那么纸张市场是有效率的吗？为什么是或为什么不是？在图中标明无谓损失的大小。

3. 如果一家环境游说小组劝告政府通过一项立法，限制所有的纸张生产者一天只能出售 20 吨，纸张市场是有效率的吗？为什么是或为什么不是？在图中标明无谓损失的大小。

利用下列信息回答问题 4 和 5。

国家公园周末免费入园

内政部长肯·萨拉查（Ken Salazar）敦促民众在 6 月 20—21 日、7 月 18—19 日、8

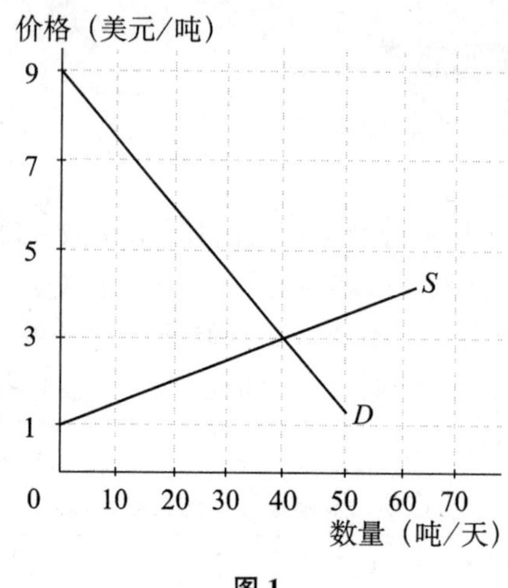

图 1

月 15—16 日入园参观，届时门票免费。据国家公园服务处新闻发言人凯西·库佩尔（Kathy Kupper）称，20 多年来未采取过免费入园的政策。

资料来源：*Los Angeles Times*，June 3，2009.

4. 取消入园收费后，消费者剩余发生了怎样的改变？

5. 周末入园免费后，入园的参观者人数会是有效的吗？

参考答案

1. 市场均衡为在 3 美元/吨的价格上生产 40 吨/天（图 2）。消费者剩余为（9 美元－3 美元）×40÷2=120 美元（图 2 中的深灰色三角形）。生产者剩余为（3 美元－1 美元）×40÷2=40 美元（图 2 中的浅灰色三角形）总剩余是消费者剩余和生产者剩余之和，等于 160 美元。

该市场是有效率的，因为边际收益（需求曲线上）等于边际成本（供给曲线上），同时，消费者剩余和生产者剩余之和被最大化了。

2. 如果产量为 50 吨/天，纸张市场是无效率的，因为边际成本大于边际收益。此时，无谓损失在图 3 中为标有 1 的灰色三角形。

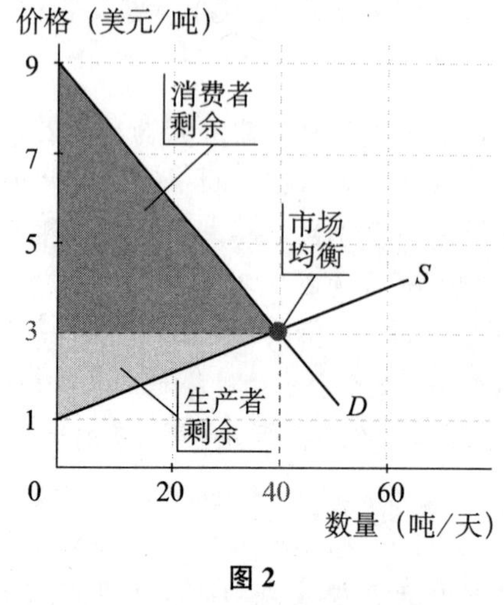

图 2

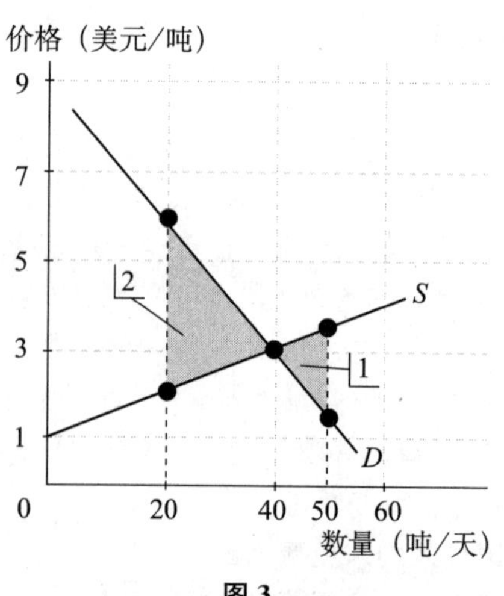

图 3

3. 如果产量为 20 吨/天，纸张市场是无效率的，因为边际收益大于边际成本。此时，无谓损失在图 3 中为标有 2 的灰色三角形。

4. 使入园收费降为零将增加消费者剩余。

5. 周末入园免费，参观者的边际收益为零。如果国家公园不会因此变得太拥挤，并且参观者的边际成本也为零，那么参观者人数是有效的。但是，如果太过拥挤致使参观者的边际成本大于零，那么入园的参观者就过多了，不是有效的。

6.5 市场公平吗?

在一种自然灾害例如严重的寒流或飓风过后，许多最基本的产品的价格猛涨。这样自然灾害的受害者就要负担猛涨的价格，这公平吗？许多非熟练工人工作的工资低于大多数人认为的生存工资，这又公平吗？我们如何决定某种事公平还是不公平呢？

经济学家对效率有清晰的定义，但对公平却不能做出如此明确的定义。事实上，他们对公平的意见并不一致。原因在于关于公平的思想并不仅仅是经济思想，公平还涉及伦理学。

为了考察公平，把经济生活看成一次博弈——一次严肃的博弈。所有关于公平的思想都可以分为两大类。它们是：

- 如果结果不公平，它就是不公平的。
- 如果规则不公平，它就是不公平的。

6.5.1 如果规则不公平，它就是不公平的

哈佛大学哲学家罗伯特·诺齐克（Robert Nozick）在 1974 年出版的《无政府、国家与乌托邦》一书中指出，公平应遵循两个规则：

- 国家必须确立并保护私人财产权。
- 私人财产只能通过自愿交换从一个人转移到另一个人那里。

第一个规则认为，每一种有价值的东西——稀缺资源和产品——都应该属于个人，而且，国家应该保护私人财产权。第二个规则认为，人们获得财产的唯一合法途径是用一个人所拥有的某种东西与另一个人所拥有的东西自愿交换。

诺齐克认为，如果遵循这些规则，结果就是公平的。在每个人都自愿提供服务来交换一块蛋糕作为报酬的情况下，经济蛋糕的分割是否平等无关紧要。机会均等，但结果可能不一样。这个公平规则方法和配置效率是一致的。

关注价格欺诈

价格欺诈是违法的吗?

价格欺诈是以高于正常价格许多的价格出售某种重要商品的行为，它通常发生在人

们遭受自然灾害之后。佛罗里达州和得克萨斯州频繁遭受飓风的侵袭，在那里价格欺诈是违法的。

价格欺诈是否非法取决于人们的公平观念，取决于买卖双方谁是弱势群体。

传统的经济学家认为价格欺诈不是违法的，他们认为这是对需求发生改变做出的可以被预期到的和有效的反应。

飓风过后，许多物品的需求会上升，比如，发电机、水泵、灯、汽油以及露营用火炉等等，需求上升，这些物品的价格自然就会上升。

下图显示了露营用火炉市场。供给曲线 S 显示了火炉的供给，在发生自然灾害之前，火炉的需求曲线为 D_0。火炉的均衡价格为 20 美元，均衡数量为每天 5 个。

飓风过后，电力设施一般被毁坏，露营用火炉的需求就会上升，需求曲线为 D_1。假设没有价格欺诈法，均衡价格便会上升至 40 美元，均衡数量为每天 7 个。

这样的结果是有效的，因为此时火炉的边际成本（供给曲线上）等于边际收益（需求曲线上）。

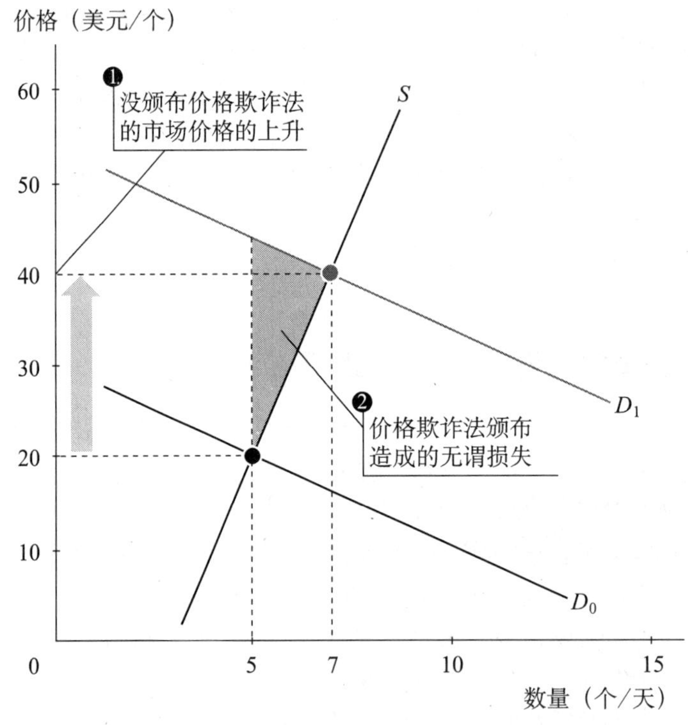

如果出台了严厉的价格欺诈法，在飓风过后不允许涨价，则价格固定在飓风发生前的 20 美元。在这个价格水平，火炉每天的供给仍为 5 个，这样就出现了无谓损失，图中用灰色三角形表示。价格欺诈法是无效的，价格上升才是有效的。

价格翻番是否公平取决于人们的公平观念。按公平规则的观点分析，价格上升是公平的。交易出于自愿，并且买卖双方的境况都变得更好。按公平结果的观点分析，价格上升未必公平。如果买方比卖方更穷，那么涨价就是不公平的。而如果卖方更穷，那么涨价就是公平的。

卡特里娜飓风发生后，约翰·谢波森（John Shepperson）购买了 19 台发电机，并将它们装进一台租来的汽车里，然后从家乡肯塔基州驱车 600 公里到达密西西比州的某个地方。他以两倍于购买价格的价格出售给当地急需发电机的购买商。但是，他还未完成交易就被密西西比州警察逮捕，并被没收了所有的发电机，而且被关押了 4 天。他的罪行是：价格欺诈。

阻止谢波森先生倒卖发电机的行为有效吗？对他或者他的顾客来说是公平的吗？

□ 6.5.2 如果结果不公平，它就是不公平的

大多数人认为公平规则的方法导致了极大的不平等，即造成了不公平的结果：例如，银行总裁一年赚几百万美元，而银行职员一年只赚几万美元，这是不公平的。

然而，何为“极不平等”？有的人的工资是别人的两倍而不是十倍或者百倍，这样是公平的吗？最穷的人不应该“那么穷”，就不是所谓的“极不平等”了吗？

这些问题很难回答。一般地，更为平等当然是好的，但什么样的平等程度才是好的却很难被衡量。

公平结果方法与配置的效率相冲突，从而导致了大取舍——效率和公平之间的大取舍，并认为进行收入转移是有成本的。

大取舍是基于以下事实，只有通过对收入征税，才能实现收入从高收入人群转移到低收入人群。对人们就业所得到的收入征税会降低工作的积极性。它将导致劳动力人数低于有效率的就业人数。对于人们的资本利得征税会降低储蓄的积极性。它将导致资本的数量低于有效率的数量。一旦劳动力和资本的数量减少，所生产的产品和服务的数量便小于有效率的数量。经济馅饼便会缩小。

收入再分配造成了经济馅饼大小与公平程度之间的大取舍。通过收入所得税调节收入再分配的量越大，无效率就越大——经济馅饼就越小。

还有无效率的第二个来源。从富人手中拿走的一美元最后并不是落在了穷人的手中。其中一部分支出用于税收以及转移系统的行政管理，这包括雇用会计师、审计师以及律师的成本。这些活动使用了一些熟练的劳动力和资本资源，他们本可用于生产人们评价更高的其他产品与服务。

你可以看出，一旦所有这些成本都被考虑在内，从富人手中转移一美元给穷人，其实最终到达穷人手中的并没有一美元。还有可能的是，高额征税会使得低收入变得更为糟糕。例如，如果对企业家征收高额税收，他决定不再那么努力工作了，选择关闭企业。这样，低收入打工者便被辞退了，他们又必须去寻找一份收入可能更低的工作。

□ 6.5.3 妥协

大多数人和大部分经济学家都赞同诺齐克的观点，但认为他的观点太极端。比如税收和政府收入支持计划，该计划的目的是将富人的收入转移给穷人。这种转移决议只有在所有的人都投票并由大多数人同意通过的情况下才被认为是人们情愿的。

一旦我们一致认为通过税收体制将富人收入转移给穷人是公平的，我们就只需要确定什么是公平的税收。我们将在学习第 8 章税收体制时考察什么是公平的税收。

关注你的生活

分配方法、效率和公平

你的经济生活离不开国家经济、州经济、地区经济还有你的家庭经济。你所做的许多决定都能影响每个层面经济活动的效率和公平。以你的家庭经济为例，我们来进行分析。

不妨制作一张电子数据表，列出你家里的各种物品，并将其分门别类。然后计算一下这些物品的人均拥有时间和人均资产，来看看家里的这些资源是如何被配置的。

你家里的稀缺资源是以什么方式配置的呢？按以下几种配置资源的方式将你家里的资源分好类：市场价格；计划；先到先得；均摊。有资源是采用多数法则分配的吗？

接下来要做的是很难的部分：这些资源的配置有效吗？——你家里的资源的价值被最大化了吗？考虑一下，你要如何来检验边际收益是否等于边际成本呢？

现在最难的问题是：这些资源的配置公平吗？想想公平的两大思想，以及你又是如何应用它们的。

检查站 6.5 解释有关公平的主要观点，并评价配置稀缺资源的可选方法的公平性。

现实问题

一场冬季风暴毁坏了供电系统，使山区的某座小镇孤立无援。人们飞快到小镇商店抢购蜡烛，因为这是唯一的蜡烛来源。商店老板决定给每家都配置蜡烛，但价格不变。利用这一信息回答问题 1 和 2。

1. 谁能消费蜡烛呢？谁得到蜡烛的消费者剩余呢？谁得到蜡烛的生产者剩余呢？
2. 这一结果有效率吗？是公平的吗？

利用下列信息回答问题 3 和 4。

国家公园周末免费入园

内政部长肯·萨拉查（Ken Salazar）向民众表示，希望各家庭在这段艰难时光利用这一机会能在国家公园享受一个能负担得起的周末。大部分美国人住在离某家国家公园有一小时车程的地方。

资料来源：*Los Angeles Times*，June 3，2009.

3. 如果免费入园，哪种家庭最愿意去参观国家公园？
4. 取消入园收费的政策是公平的吗？

参考答案

1. 从小镇商店买到蜡烛之人并非一定消费了蜡烛。从小镇商店买到蜡烛的某个人有可能卖掉这支蜡烛，如果价格超出了他或她的边际收益。对蜡烛评价最高的人，即愿意出价最高的人将消费这些蜡烛。仅有这些消费者——愿意为蜡烛支付最高价格的人——得到了蜡烛的消费者剩余。小镇商店老板得到了与平常相等的生产者剩余。那些从小店买了蜡烛又卖给别人的人得到了追加的生产者剩余。

2. 该配置是有效率的，这是因为对蜡烛评价最高的人使用了蜡烛。两大公平观：规则观认为每家一根蜡烛的规则落实了，并且如果交换是自愿的，那么，其结果就是公平的。但是，结果观认为只要蜡烛不是被均等地分配，那么，其结果就是不公平的。

3. 拥有汽车、在周末不需要工作的家庭最愿意去。

4. 取消入园收费的政策是为了使更多家庭能在经济艰难的时期还能享受一个能负担得起的周末。如果参观公园的家庭是遭受了经济重创的家庭，按公平结果的观点，该政策是公平的。但是，如果那些遭受了经济重创的家庭不来参观，那么按公平结果的观点，该政策不公平。如果家庭入园参观都是出于自愿，按公平规则的观点，不论哪种家庭参观，政策都是公平的。

本章总结

要点

1. 描述配置稀缺资源的可选方法，定义并解释有效配置的特点。
   - 资源可以通过以下几种方法进行配置：市场价格，计划，多数法则，竞赛，先到先得，均摊，抽签，个人特征，暴力。
   - 当资源被用于创造最大的价值时，资源的配置则是有效的，此时边际收益等于边际成本。
2. 区分价值与价格，定义消费者剩余。
   - 边际收益被度量为消费者为增加一个单位的某产品和服务的消费所愿意支付的最高价格。
   - 需求曲线就是边际收益曲线。
   - 价值是人们所愿意支付的量，价格是人们必须支付的量。
   - 消费者剩余等于边际收益减去价格，并按所消费的数量汇总其剩余。
3. 区分成本与价格，定义生产者剩余。
   - 边际成本被度量为生产者为了增加一个单位的产量所必须支付的最低价格。
   - 供给曲线就是边际成本曲线。
   - 机会成本是生产者必须支付的，价格是生产者所得到的。
   - 生产者剩余等于价格减去边际成本，并按所生产的数量加总其剩余。
4. 评价配置稀缺资源的可选方法的效率。
   - 在一个竞争性均衡条件下，边际收益等于边际成本，其资源配置是有效率的。
   - 价格管制和数量管制、税收、补贴、外部性、公共产品、公共资源、垄断以及高的交易成本导致生产不足或生产过度，并造成无谓损失。
5. 解释有关公平的主要观点，并评价配置稀缺资源的可选方法的公平性。
   - 有关公平的观点被分为两大类：公平的结果和公平的规则。
   - 公平规则的观点要求私人财产权利、自愿交换以及从富人到穷人的收入转移。

关键术语

配置的效率	消费者剩余	生产者剩余
大取舍	无谓损失	总剩余
计划体制	价格欺诈	交易成本

本章检查站

□ 学习计划中的问题与应用

麦当劳不接受座位预订；圣路易斯艺术博物馆（St. Louis Art Museum）的派克餐厅（Puck's）接受座位预订；而在比瑟尔大厦餐厅（Bissell Mansion restaurant）预订是非常重要的。利用以上信息回答问题 1～3。

1. 描述这三种不同的餐馆分配座位的方法。

2. 为什么不同的餐馆有不同的预订规则呢？为什么每个餐馆似乎使用的资源配置方式都是有效的呢？

3. 为什么餐馆不使用市场价格来配置它们的座位呢？

表 1 表明了对三明治的供需表。借助该表回答问题 4～7：

表 1

三明治的价格（美元/份）	需求量	供给量
	（份/小时）	
0	400	0
1	350	50
2	300	100
3	250	150
4	200	200
5	150	250
6	100	300
7	50	350
8	0	400

4. 计算三明治的均衡价格、消费者剩余以及生产者剩余。三明治的有效率数量为多少？

5. 如果每种价格上的三明治的需求量每小时下降 100 份，均衡价格为多少？总剩余改变多少？

6. 如果每种价格上的三明治的供给量每小时下降 100 份，均衡价格为多少？总剩余改变多少？

7. 如果一家三明治公司买断了所有的三明治厂家，并把产量降至每小时 100 份，由此导致的无谓损失有多大？三明治公司为每人分配两份三明治，这种分配公平吗？按什么公平原则，这种分配是不公平的？

8. eBay 网站为买家节省数十亿美元。

在 eBay 网上，出价最高者竞得拍品，并只需支付第二高价。据研究员沃尔夫冈·詹克（Wolfgang Jank）和加利特·士穆里（Galit Shmueli）称，2003 年，在 eBay 网站上竞价的最终买家支付了 70 亿美元，低于标的物的实际价格。由于每次出价都代表了买家愿意支付的价格，最终赢家获得了消费者剩余，估计每人平均为 4 美元。

资料来源：*Information Week*，January 28，2008.

- 在 eBay 网上分配商品的方式是什么？每一次的叫价拍卖是如何影响消费者剩余的？
- 卖方获取了生产者剩余吗？
- 这种拍卖有效吗？

9. 表 2 表明了洪水前和洪水期间对沙袋的供需表。在洪水期间，假设政府将沙袋平等地分配给每户。

- 总剩余和沙袋的价格会发生怎样的变化？
- 如果政府不采取任何行动，结果会更为公平吗？请解释之。

表 2

价格（美元/袋）	洪灾前的需求量	洪灾期间的需求量	供给量
	（千袋）		
0	40	70	0
1	35	65	5
2	30	60	10
3	25	55	15
4	20	50	20
5	15	45	25
6	10	40	30
7	5	35	35
8	0	30	40

□ 教师可布置的问题与应用

1. 空中恐慌：高费用是夏威夷所要接受的新现实吗？

2008年3月31日，Aloha航空公司和最便宜的航空公司ATA突然宣告关闭，致使夏威夷失去了15%的航空服务市场份额。需飞往西海岸城市的旅客被安排乘坐的航班单程票价高达1 000美元。在一个月内，同样的航班的往返机票降到了200美元左右。这些旅客都抱怨遭受了价格欺诈。

资料来源：*USA Today*，April 23，2008.

在什么情况下，1 000美元的费用被认为是"价格欺诈"？在什么情况下，1 000美元的费用是以市场价格的资源分配方式达到的？

表1显示了理发的供需一览表。利用表3的数据回答问题2和3。

表1

理发价格（美元/次）	需求量（次/天）	供给量（次/天）
0	100	0
10	80	0
20	60	20
30	40	40
40	20	60
50	0	80

2. 计算理发的数量、理发的价值、从理发中获得的总剩余。

3. 假设所有的沙龙收取的理发价钱都是40美元。消费者剩余和生产者剩余会如何改变，又导致了多少无谓损失呢？

4. 在美国网球公开赛上，男子单打冠军比亚军的报酬要多得多，但是单打决赛是在这两个人之间进行的，这种报酬安排是有效率的吗？它公平吗？解释一下为什么它可以用大取舍来说明。

利用下列信息回答问题5～7。

新西兰私人森林

在20世纪90年代早期，新西兰政府拍卖了大部分的国家森林，使这些资源从公共所有转变为私人所有。政府的这一决定激励森林所有者像农民一样经营国家森林，保护好资源并能从中盈利。

资料来源：*Reuters*，September 7，2007.

5. 当新西兰的森林属国家所有的时候，新西兰的木材业是有效的吗？伐木企业是为了社会利益还是为了私人利益在经营呢？

6. 拍卖大部分国家森林之后，新西兰的木材业是有效的吗？伐木企业是为了社会利益还是为了私人利益在经营呢？

7. 是什么促使私人木材公司保护好森林资源的呢？

在加利福尼亚州，农民比城市居民所付的水费要更低。利用这一信息回答问题8～10。

8. 这种配置水资源的方式是什么方式？有效吗？水资源的使用公平吗？为什么是或为什么不是？

9. 如果农民和城市居民一样支付相同的价格，解释农产品价格、农产品增长数量、消费者剩余和生产者剩余会有何变化。

10. 如果加利福尼亚州的水的售价为市场均衡价格，会更有效吗？为什么是或为什么不是？

利用下列信息回答问题11～14。

紧张的水资源和人口暴涨致使加利福尼亚州"完全枯竭"

在洛杉矶，随着夏季热空气的来袭，人们需要用洒水车来降温。加利福尼亚州南部一年内只有3.2英尺的降雨量，预计会迎来大旱。洒水器等其他一些可以用来降温的设备可能被取缔。据报道，新建加利福尼亚州河道工程的目的是储水而不是向大海引渠，这将有利于减少对科罗拉多河的水的供给的依赖。

资料来源：*The Guardian*，June 25，2007.

11. 如果洒水车被取缔，水的价格不变，分析消费者剩余和总剩余将如何改变。

12. 2007年，水资源是按社会利益还是个人利益进行配置？什么样的分配方式比取缔洒水器更为有效呢？为什么？

13. 如果减少从几百公里远的科罗拉多河的引水量，并储蓄当地雨水，这样会更有效吗？

14. 都市饮水的供给私有化能促使效率增

加吗？

利用下列信息回答问题 15～17。

世界最大的郁金香和鲜花市场

在荷兰鲜花交易市场上，每天都有超过 1 900 万朵郁金香和鲜花被拍卖。每天都有 55 000 次的拍卖活动，买家和卖家相互竞争。

资料来源：Tulip-Bulbs. com.

在荷兰，拍卖的方式是这样的：拍卖人一开始喊出最高价，如果没有人拍下，便降低价格继续拍卖，直到货品被拍出。

15. 在荷兰鲜花交易市场，资源的配置方式是什么？

16. 荷兰鲜花拍卖怎样影响消费者剩余和生产者剩余？

17. 荷兰鲜花交易市场的鲜花拍卖是有效的吗？

利用下列信息回答问题 18 和 19。

美国不拍卖机场跑道

2008 年 10 月，美国交通部公布允许拍卖拉瓜迪亚机场跑道。今天，交通部又宣称撤销了此类拍卖。交通部秘书长 Ray LaHood 称，此举是为了解决纽约航空的拥挤问题。

资料来源：*New York Times*，May 13，2009.

18. 拉瓜迪亚机场的资源配置有什么问题？这些问题造成了效率和公平的大取舍吗？

19. 拍卖机场跑道的方式有效吗？公平吗？对该机场资源配置问题有什么影响？

第 7 章

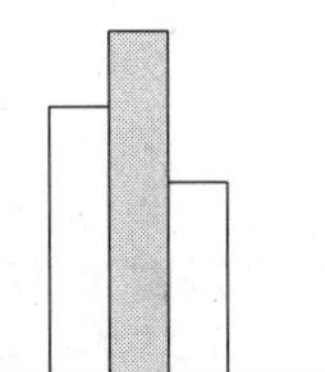

政府行为对市场的影响

总统的笔杆有多大的威力?

总统能签署一项关于对经理人报酬实行上限，并保证每个工人都能得到一份体面工资的法令吗?

本章要点

学完本章，你将能够：

1. 解释价格上限如何起作用以及租金上限是如何导致住房短缺、无效率与不公平的。
2. 解释价格下限如何起作用以及最低工资是如何导致失业、无效率与不公平的。
3. 解释市场中农产品的价格支持是如何导致剩余、无效率与不公平的。

7.1 价格上限

价格上限是指政府对某一特定交易的货物、服务和生产要素设置一个最高价格限制的规制行为。超过这个价格即为非法交易。

价格上限在很多市场中已得到广泛运用，但是在人们的预算中占据最大比重的是住房市场。住房的价格是人们为了支付一栋房子或公寓所花费的租金，住房市场的供需状况决定了住宅的租金及数量供应。

图 7—1 显示了密西西比州比洛克西市（Biloxi）的公寓租赁市场。房租为每月 550 美元，共租赁了 4 000 套公寓。

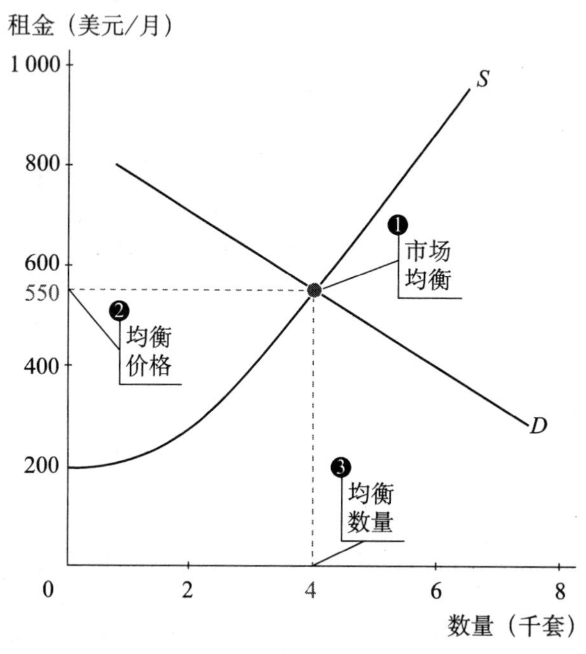

图 7—1　住房市场

该图显示了住房租赁市场的需求曲线 D 和供给曲线 S。

①当需求量等于供给量时，该市场是均衡的。

②均衡价格（租金）为 550 美元/月。

③均衡数量为 4 000 套住房。

假设在过去两年内比洛克西市公寓的月租金上升了 100 美元，一些关注此事的公民要求该市市长将租金调回原价。

7.1.1 租金上限

为了回应公民的要求，该市市长采取租金上限——使得设定房租高出某一特定水准的活动为非法活动的一种政府规制。

租金上限的效应大小取决于它被设定在高于还是低于均衡房租水平。在图 7—1 中，如果比洛克西市推出的租金上限高于每月 550 美元，没有什么会发生改变，其理由是人们已经在支付 550 美元/月。

然而，如果租金上限低于均衡房租，便会对这一市场产生重大影响。制定租金上限的理由是企图阻止房租上升太快，以便调节需求量和供给量。这一法律和市场产生了冲突，其中必有一个或两个得做出退让。

图 7—2 显示了租金上限被设定在均衡租金之下所产生的一种效应。租金上限为 400 美元/月，高出租金上限的那一块面积我们用浅灰色来表示，因为在该区域的任何一个租金都将是非法的。租金上限的第一个效应就是住房短缺。当租金为 400 美元/月时，住房供给量为 3 000 套，而需求量则为 6 000 套。因此，存在 3 000 套的住房短缺。

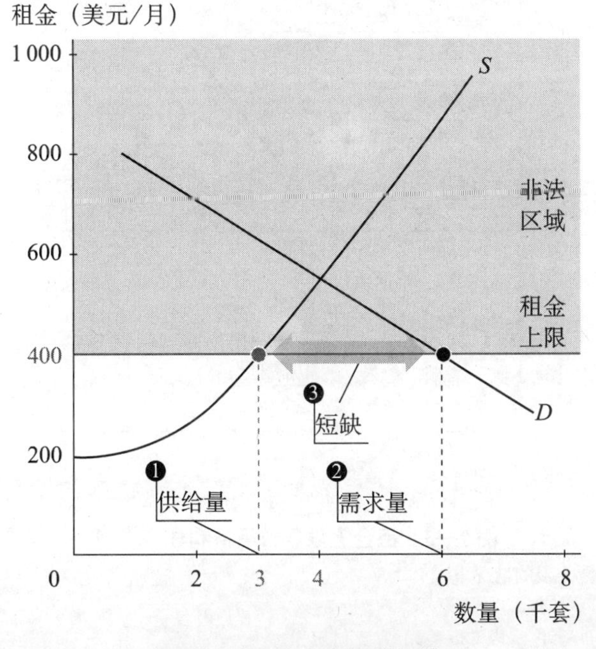

图 7—2　租金上限导致短缺

租金上限被确定在均衡租金之下，在本例中，租金上限为 400 美元/月。
①住房供给量降至 3 000 套。
②住房需求量增至 6 000 套。
③短缺为 3 000 套。

然而，故事到此还没有结束。现有 3 000 套住房的所有者还必须向寻找 6 000 套住房的人们进行住房配置。这种配置有以下两种实现方式：

- 黑市
- 递增的寻找活动

黑市

黑市是与受政府规制的市场相互平行的一种非法市场。失意的房客和房东试图以某种方式把租金提高到超出法定上限的水准，因此，租金上限有时会导致住房的黑市。房东想要更高的租金，因为他们知道房客愿意为现有的住房支付更高的租金。房客也愿意支付更高的租金，以便早日租到住房。

由于提高房租是非法的，房东和房客都会创造性地耍些把戏以应付法律。其中一个把戏就是让新房客为一些不值钱的摆设支付高额费用，也许是为破旧的窗帘支付 2 000 美元。另外一种方法就是让房客为新锁和新钥匙支付高价钱——这被称为“钥匙钱”。

图 7—3 说明了比洛克西市的住房黑市的价格究竟可以高达多少。如果租金上限被严格实施，则可得的住房为 3 000 套。但在这一数量上，房客愿意支付高达 625 美元/月——这是由需求曲线所决定的。

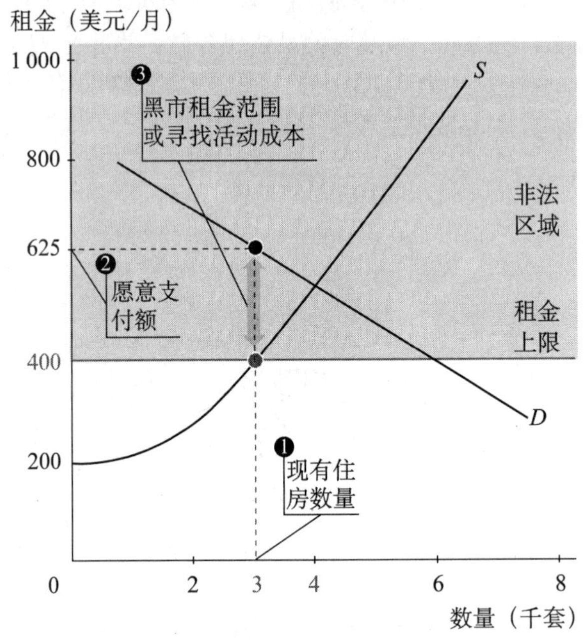

图 7—3　租金上限导致黑市和住房寻找

在 400 美元/月的租金上限的情况下，

①可得的住房只有 3 000 套。

②有人愿意为这 3 000 套住房以 625 美元/月支付房租。

③黑市租金可能高达 625 美元/月或者寻找活动成本等价于每月 225 美元被加到租金上限中。

因此，少数房东非法地将其租金定在 625 美元/月。黑市租金可能是在租金上限 400 美元与房客愿意支付的最高租金 625 美元之间的任何一个水平。

递增的寻找活动

用于寻找与之交易的人的时间被称为寻找活动。几乎我们每一次买东西时都要花一些时间用于寻找活动，尤其是我们在购置大物件如车或房子的时候。一旦价格上限导致住房短缺，寻找活动便增加了。在一个有租金规制的住房市场中，那些受挫的潜在房客浏览着各种报纸，一旦有消息曝出一套可得的住房，他们便会加快步伐第一个赶到现场。

某一产品的机会成本等于其价格加上寻找该产品的时间价值。因此，住房的机会成本就等于租金加上寻找公寓的时间价值。寻找活动是有成本的。它使用了时间和其他资源，比如电话、汽车和汽油，而这一切都是可以用在其他生产性活动之中的。在图 7—3 中，为了寻找到一套 400 美元/月的公寓，那个愿意每月支付 625 美元的人也愿意花上一个等价于每月 225 美元的时间去寻找。

租金上限控制了住房成本的租金部分，但它并没有控制寻找活动的成本。因此，一旦寻找成本加到房租之上，就有一些人最后支付了比在没有租金上限的条件下更高的住房机会成本。

□ 7.1.2 租金上限有效率吗？

在没有租金上限的住房市场中，市场决定着均衡租金，在此租金上需求量等于供给量。在这种情况下，因为住房的边际成本等于边际收益，稀缺的住房资源得到了有效配置。图 7—4（a）显示了比洛克西市公寓租赁市场的有效率的结果。在这个有效率的市场中，消费者剩余（深灰色面积）和生产者剩余（浅灰色面积）在均衡租金和均衡住房数量上达到最大化。

图 7—4（b）显示了有租金上限的市场，其结果是无效率的。边际收益大于边际成本，生产者剩余和消费者剩余都缩小了，产生了无谓损失。这一损失由下列两类人员所承担，一是找不到住房的人，二是不情愿以低价供房的房东。

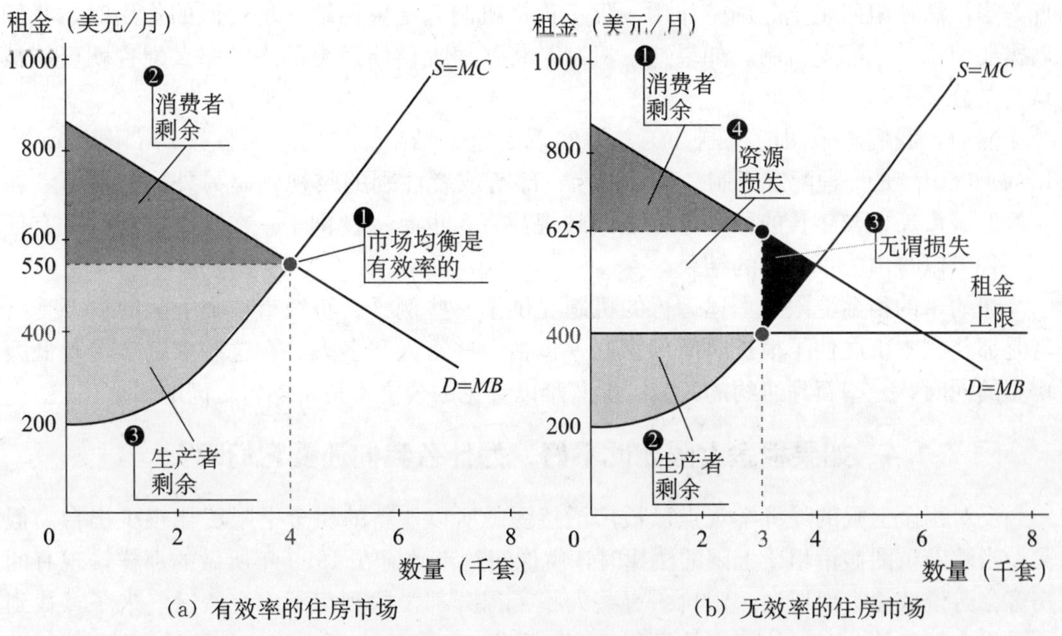

（a）有效率的住房市场　　（b）无效率的住房市场

图 7—4　租金上限的无效率

在图（a）中，①当边际收益等于边际成本时，市场均衡是有效率的。②消费者剩余（深灰色面积）和③生产者剩余（浅灰色面积）之和达到了最大化。

在图（b）中，租金上限是没有效率的。①消费者剩余和②生产者剩余都缩小了，③无谓损失出现了，④资源被用于寻找活动和逃避租金上限法律责任的活动。

然而，总损失大于无谓损失。一些资源被用于昂贵的寻找活动以及在黑市中逃避法律责任。这些资源的价值有可能像白色长方形那么大。再者，还有另一种损失：实施租金上限法律的成本。这个损失由纳税人承担，在图中是看不见的。

尽管租金上限造成了无效率，但并非每个人都是输家。支付租金上限的人们得到了更多的消费者剩余，收取黑市价格租金的房东得到了更多的生产者剩余。

我们所考虑的租金上限成本仅仅是初始成本，如果租金上限低于市场均衡租金，房东将没有积极性去维护建筑物。因此随着时间的推移，住房供给的质量和数量都会下降，源于租金上限的损失增加。

租金上限所造成的损失的大小取决于供给弹性和需求弹性的大小。如果供给是缺乏弹性的，租金上限导致住房供给量的少量减少。如果需求是缺乏弹性的，租金上限导致住房需求量的少量减少。因此，供给和需求越缺乏弹性，住房短缺就越小，无谓损失也就越小。

□ 7.1.3 租金上限公平吗？

我们已经发现，租金上限阻碍了稀缺资源实现有效率的配置——资源没能流向其最高价值的用途。然而，它们能确保稀缺的住房资源被更加公平地配置吗？

你在第 6 章学到公平是一个复杂的观念，它有两大观点：公平的结果和公平的规则。租金控制违背了公平规则的公平观，因为它们阻止了自愿交换。然而，它们会产生一种公平的结果吗？租金上限能否确保稀缺的房源流向最需要住房的穷人？

租金调整会导致住房需求量等同于供给量，而阻碍租金调整并不是稀缺的终结。因此，当该法律阻碍租金起调整作用、阻止价格机制起配置稀缺住房资源的作用时，我们就需要使用其他配置机制。如果这一机制是将住房提供给最穷的人，那么配置就可能被认为是公平的。

然而，我们所采用的机制并不总是实现了这一结果。“先到先服务”（first-come, first-served）是一种配置机制。基于种族、部落或者性别的歧视则是另外一种例子。在年轻的城市新人与年长的稳定家庭之间歧视前者，也是一种例子。在这些机制中没有任何一种可以得出一个公平的结果。

纽约市的租金上限为上述运行的机制提供了一些例子。纽约市租金上限的主要受益者是那些在本市居住了很长时间的家庭，包括一些富人和名人。在这些家庭享受着低廉房租的同时，一些新到纽约的人为了那些难以寻觅的公寓不得不支付更高的租金。

□ 7.1.4 如果租金上限如此不好，为什么我们还要它们呢？

反对租金上限的经济学观点已被广泛接受。所以，新的租金上限法律很少出台。但是，当政府试图撤销租金上限的法律时，就像纽约市政府在 1999 年所做的那样，现有的房客会游说政治家保留这一限价。有些人找了很久都没找到房子，突然运气来了，找到了受租金控制的公寓，他们也是很开心的。因此，对租金上限有许多的政治支持。

反对租金上限的公寓所有者毕竟是少数，因此他们对政治家的影响力不够强大。赞成租金上限的人多于反对的人，政治家有时也愿意支持他们。

检查站 7.1	解释价格上限如何起作用以及租金上限是如何导致住房短缺、无效率与不公平的。

现实问题

图 1 显示了得克萨斯州科西纳市的公寓租赁市场，利用该图回答问题 1～3。

1. 该市住宅区租金为多少？有多少套公寓房出租？如果该市政府强制实施 900 美

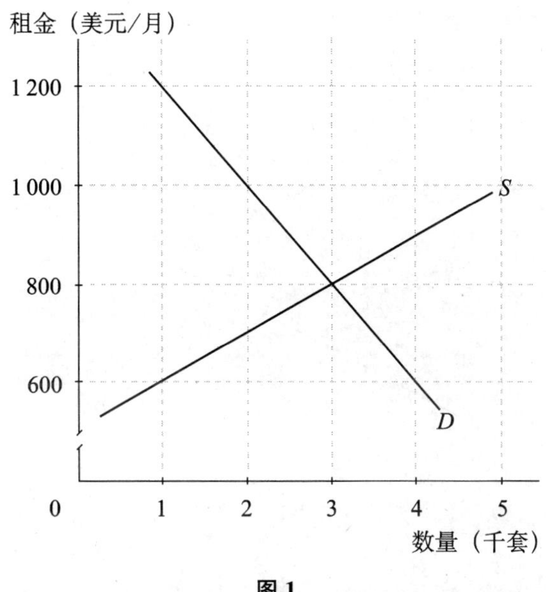

图 1

元/月的租金上限，租金为多少？有多少套公寓房出租？

2. 如果该市政府强制实施 600 美元/月的租金上限，租金为多少？有多少套公寓房出租？如果出现黑市，黑市的租金将高达多少？请解释。

3. 如果该市严格实施 600 美元/月的租金上限，住房市场有效率吗？无谓损失是多少？住房市场公平吗？请解释。

4. 油价跃至年度最高。

近年来分析家们首次预测石油储备已经下降，消息一公布，油价马上飙升至每桶 71 美元，而且上涨趋势将持续几年，但是一些分析家预估油价会涨至每桶 250 美元。

资料来源：guardian. co. uk，June 10，2009.

如果政府推出价格上限，上限为现在的平均价格即每加仑汽油 2.6 美元，解释为什么会出现供油短缺。哪种才是最有可能的汽油分配方式？

参考答案

1. 均衡租金为 800 美元/月，3 000 套公寓住房被租出去了。900 美元/月的租金上限高于均衡租金，因此其结果依然是 800 美元/月的市场均衡租金和 3 000 套公寓住房被租出去了。

2. 如果租金上限设定为 600 美元/月，被租出去的住房为 1 000 套，租金为 600 美元/月（图 2)。在黑市上，有一部分人愿意支付比租金上限更高的租金去租一套公寓，这些人愿意支付的最高价格达 1 200 美元/月。这笔租金等于某人为第 1 000 套公寓所愿意支付的价格（图 2)。

3. 该租房市场没有效率。在所租 1 000 套住房的水平上，边际收益超出边际成本，从而会产生无谓损失（图 2)。这部分无谓损失等于深灰色三角形的面积，表达式为（1 200—600)×(3 000—1 000）÷2，结果为 600 000 美元。从两种公平观来看，租金上限均使得住房配置更不公平，因为它阻止了自愿交易，并且它没有向最需要房子的人提供更多的住房。

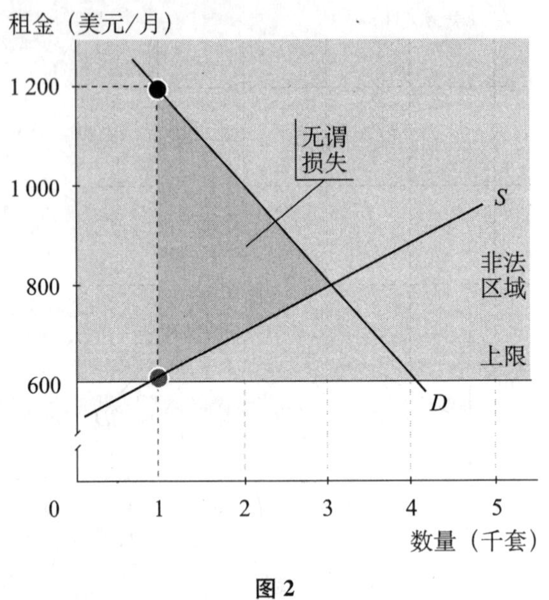

图 2

4. 汽油由石油炼制而成，因此石油价格上涨会导致炼制汽油的成本上升，从而汽油供给量减少。汽油的市场价格也会随之上升。每加仑 2.6 美元的价格上限会导致供给缺口，因为价格上限是在市场均衡价格之下的。汽油会按照"先到先服务"这样的机制进行配置，除非出现了政府定量配给，在这种情形下汽油会按政府的命令分配。

7.2 价格下限

价格下限是指政府对某一特定交易的货物、服务和生产要素设置一个最低价格限制的规制行为。低于这个价格即为非法交易。

价格下限在很多市场中得以运用，但是占据最大比重的是劳动力市场。劳动力的价格是指人们所挣得的工资率。劳动力市场的供需状况决定着工资率水平以及所雇用的劳动力数量。

图 7—5 显示了亚利桑那州尤马市快餐市场服务员的市场。在这一市场中，劳动力需求曲线为 *D*。在该需求曲线上，如果工资率为 10 美元/小时，那么对快餐服务员的需求量为零。如果 A&W 公司、伯格汉堡王公司、塔科贝尔公司（Taco Bell）、麦当劳公司（McDonald）、温迪公司（Wendy's）以及其他快餐店不得不向服务员支付每小时 10 美元，它们便不想雇用任何工人。它们有可能用售货机器替代服务员！但在工资率低于 10 美元/小时时，它们会雇用服务员。在工资率为 5 美元/小时时，这些公司将会雇用 5 000 名服务员。

在市场的供给方，没有人愿意在每小时 2 美元的价位上工作。为了吸引服务员，企业所支付的工资须超出每小时 2 美元。

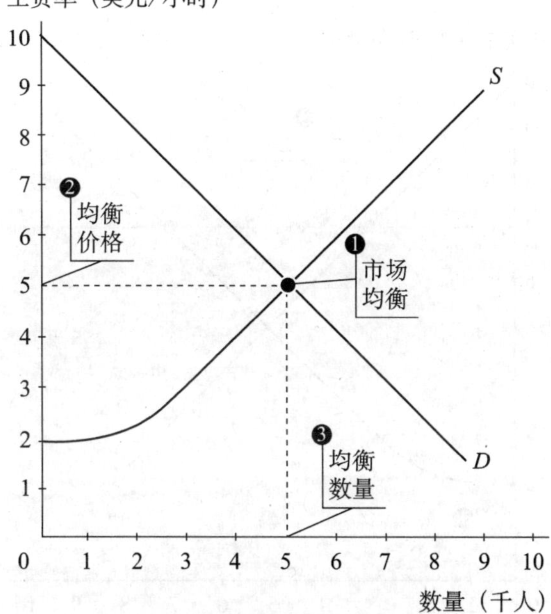

图 7—5　快餐服务员的市场

该图显示了对快餐服务员的需求曲线 D 和供给曲线 S。

①需求量等于供给量时，市场处于均衡状态。

②均衡价格（工资率）为每小时 5 美元。

③均衡数量为 5 000 名服务员。

市场的均衡为工资率为每小时 5 美元，雇用 5 000 名服务员。

假定政府认为，没有人情愿在每小时 5 美元的工资水平上工作，并且决定提高工资率。政府通过一项最低工资法能够改善这些工人的境况吗？下面让我们来探讨一下。

□ 7.2.1　最低工资

最低工资法是使得在低于某一特定工资水平的情况下雇用劳动力为非法的一项政府规制。要支付高出最低工资水平的工资率是自由的，但要支付低于它的工资率则是不合法的。最低工资是价格下限的一个实例。

价格下限效应的大小取决于它是被设定在均衡价格之下还是之上。在图 7—5 中，均衡工资率为 5 美元/小时，在这一工资水平，企业雇用 5 000 名员工。如果政府推出一项低于 5 美元/小时的最低工资制，没有什么会改变，其道理在于企业已经支付了 5 美元/小时，而且这一工资高出了最低工资。因此，已付工资率不发生变化，企业继续雇用 5 000 名员工。

然而最低工资的目标在于提高低工资所得者的收入。因此，在这个最低报酬的劳动力市场中，最低工资将超出均衡工资。

假定政府推出最低工资为 7 美元/小时。图 7—6 表明了这一法规的效应，工资率低于每小时 7 美元便为非法。因此我们将低于最低工资的非法区域用灰色表示。由于均衡工资率也在该非法区域，所以企业和工人不再允许在此市场均衡点上交易。市场力量和政府力量存在冲突。

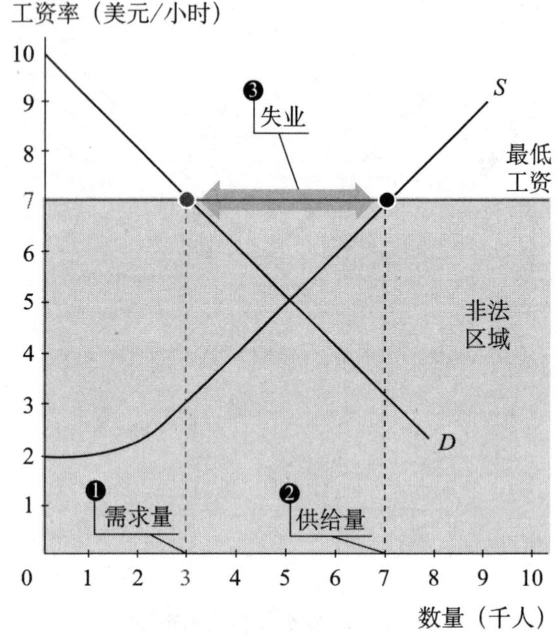

图 7—6　最低工资导致失业

最低工资以高出均衡工资被推出。在本例中，最低工资率为 7 美元/小时。

①劳动力的需求量降至 3 000 名。

②劳动力的供给量增至 7 000 名。

③4 000 名员工失业了。

政府可以设定最低工资，但这不能告诉雇主要雇用多少工人。如果企业必须支付 7 美元/小时的工资，那么它们仅仅雇用 3 000 名员工。在均衡工资为 5 美元/小时的水平上，它们雇用了 5 000 名员工。因此，一旦推出最低工资，企业便解雇 2 000 名员工。

但是，在 7 美元/小时的工资率上，本不想在每小时 5 美元工资上工作的 2 000 人现在愿意在 7 美元/小时的工资上寻找服务员的工作。因此，在 7 美元/小时的工资率上，供给量达到 7 000 人，2 000 人被解雇，另外 2 000 人在更高工资率的条件下寻求工作，愿意做服务员工作的 4 000 人失业。

这 3 000 份可得的工作岗位总得以某种方式在这些愿意找工作的 7 000 人之中进行配置。这一配置如何实现呢？其答案是增加寻找工作的活动和非法雇佣。

增加寻找工作的活动

人们为了找到一份好工作总得花费大量的时间以及其他资源。但在有最低工资的情况下，寻找工作的人数超出了可以得到的就业岗位数。历经挫折仍未就业的人们为了这份难以寻觅的工作而花费了时间和其他的资源。在图 7—7 中，为了得到一份 7 美元/小时的工作，那些愿意在 3 美元/小时找工作的人，便乐意花费一定的时间去找工作，这些时间等价于从工资率中所扣除的 4 美元/小时。这一数量对于一份至少可以工作一年的工作还是挺大的。

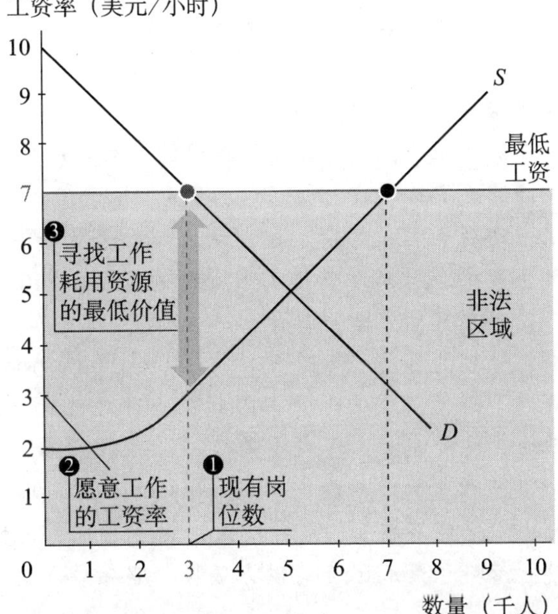

图 7—7　最低工资增加了寻找工作的活动和非法雇佣

最低工资率被确定为 7 美元/小时。

①可以得到的岗位数为 3 000。

②有人愿意工作的最低工资率为 3 美元/小时。在黑市中，非法工资率可能低至 3 美元/小时。

③人们为了寻找工作愿意花费的时间与资源的最大数量等于 4 美元/小时——如果他们找到工作，他们所获得的工资 7 美元减去他们愿意工作的工资 3 美元。

非法雇佣

由于找工作的人数大于岗位数，一些企业和工人有可能同意在一个低于最低工资的黑市中进行交易。非法工资率是介于法定最低工资 7 美元/小时和有人愿意接受的最低工资 3 美元/小时之间的任一工资水平。

关注美国经济

联邦最低工资

《公平劳动标准法》制定了最低工资，但是大多数州设定的本州最低工资高于联邦最低工资。

下面这幅图表示了最低工资就当今（2009 年）价格能买到什么而言的历史。在第二次世界大战末期，最低工资是 40 美元/小时，足够买到相当于 2009 年 4 美元的东西。在 1968 年的最高峰，它相当于当今价格 10 美元。

最低工资导致了失业。然而，它造成了多大的失业呢？在此之前，大多数经济学家相信，最低工资上升 10%将使青少年的就业量下降一个百分点至三个百分点。

加州大学伯克利分校的大卫·卡德（David Card）和普林斯顿大学的阿兰·克鲁格

(Alan Krueger) 对上述观点提出了挑战。他们指出，在加利福尼亚、新泽西以及得克萨斯州，最低工资的每一次上涨都导致低收入人群就业率的上升。他们提出了工资上升导致就业率上升的三大理由：

(1) 工人们变得更加认真、生产率更高。

(2) 工人们更不可能放弃工作，因此，费用昂贵的劳动力流动下降。

(3) 管理者使企业经营更具效率。

大多数经济学家对上述观点表示怀疑。他们认为，如果更高的工资会使得工人生产率更高、流动率下降，企业将会自愿地支付工人更高的工资。他们争辩道，对于卡德和克鲁格发现的就业上升，存在其他方面的解释。

得克萨斯大学奥斯汀分校的丹尼尔·哈默什 (Daniel Hamermesh) 认为他们在时间方面出了错。企业预测到了最低工资的上升，因此在上升之前就裁员了。所以，观察最低工资上升之后的就业变化便没能考虑其主要效应。得克萨斯 A&M 大学的菲尼斯·韦尔奇 (Finis Welch) 以及芝加哥大学的凯文·墨菲 (Kevin Murphy) 认为，卡德和克鲁格所发现的就业效应是由地区经济增长的差异所致，而不是由最低工资的变化所致。

再者，仅仅观察就业忽略了最低工资的供方效应。它导致了高中退学去寻找工作的人数增加。

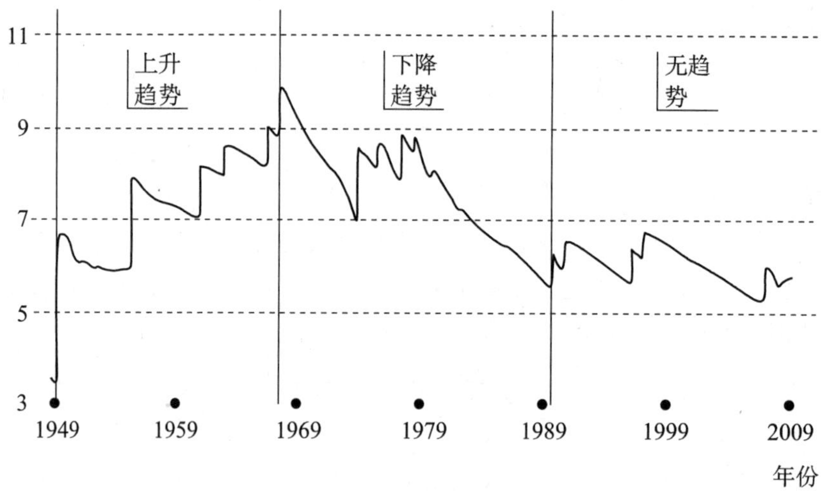

资料来源：Bureau of Labor Statistics.

□ 7.2.2 最低工资有效率吗？

某一生产要素的有效配置与你在第 6 章已学过的某一产品或服务的有效配置相同。劳动需求告诉我们企业雇用劳动力的劳动边际收益。企业之所以受益是因为它们所雇用的劳动力生产出它们出售的产品或服务。企业愿意支付等同于增加一小时劳动它们所获得的收益的工资率。在图 7—8 (a) 中，劳动力需求曲线告诉了我们在尤马的企业雇用快餐服务员所获得的边际收益。边际收益减去工资率就是企业剩余。

劳动力供给告诉了我们有关工作的边际成本。为了工作，人们必须放弃休闲或在家工作或他们重视的活动。所得到的工资率减去工作的边际成本便是工人剩余。

劳动力的有效配置出现在企业的边际收益等于工人承担的边际成本时。这样的配置在图 7—8（a）中的劳动力市场出现了。企业享受着剩余（浅灰色面积），同时工人们也享受着剩余（深灰色面积）。这些剩余的总和达到最大化。

图 7—8（b）显示了最低工资的损失。在最低工资为 7 美元/小时之时，只有 3 000 名员工被雇用了。边际收益超出边际成本，企业剩余和工人剩余都缩小了，并出现了无谓损失（浅灰色面积）。这一损失由减少了雇佣的企业和在高工资率下不能找到工作的人承担。

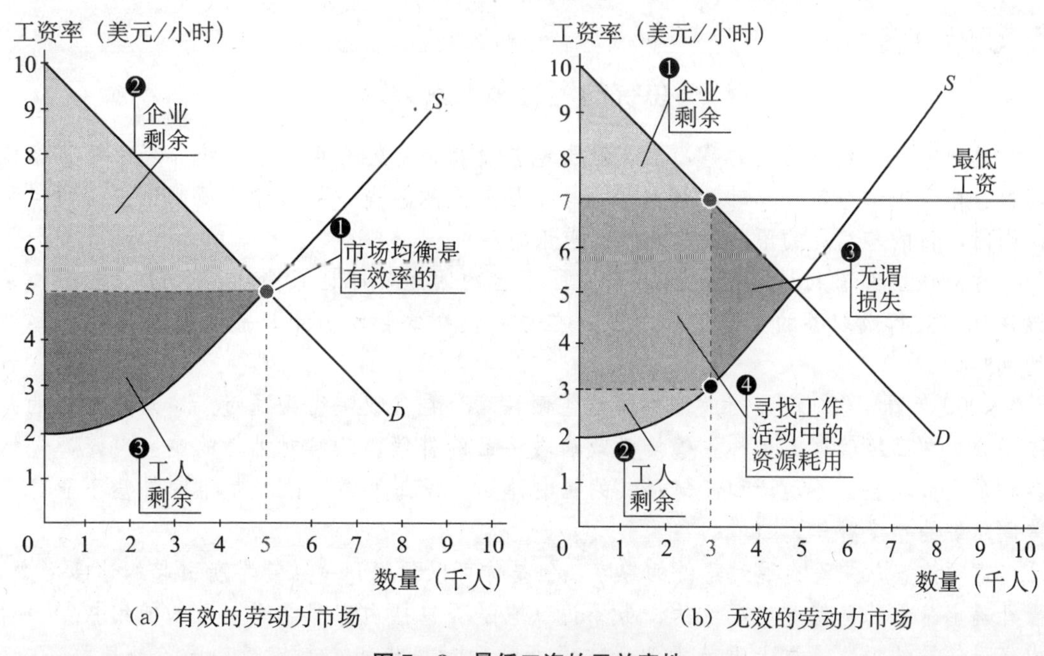

图 7—8　最低工资的无效率性

在图（a）中，①在边际收益等于边际成本时，该市场是有效率的。②企业剩余（浅灰色面积）和③工人剩余（深灰色面积）之和达到最大化。

在图（b）中，最低工资是无效率的。①企业剩余和②工人剩余都缩小了，产生了③无谓损失，④资源浪费在寻找工作的活动中。

然而，总损失超出了无谓损失。人们在成本高昂的寻找工作的活动中是要使用资源的，比如，每个失业的人不断努力地寻找工作——写求职信、打电话、去面试等等。这些资源的价值有可能与灰色矩形一样大。

□ 7.2.3　最低工资公平吗?

从两大公平观来看，最低工资都是不公平的，它会导致一个不公平的结果，设置不公平的规则。结果是不公平的，这是因为仅有那些找到了工作的人受益。那些失业的人最后的结局比没有最低工资制时还要糟糕。那些找到了工作的人有可能处境并不是最好的。一旦工资率不再配置岗位，不公平的另一来源即歧视就会增加。最低工资强加了不公平的规则，这是因为它阻碍了自愿交换。企业愿意雇用更多的员工，人们也愿意更多地工作，但是最低工资制不允许他们这样做。

□ 7.2.4 如果最低工资如此糟糕，为什么我们还要它呢？

尽管最低工资是无效的，但并不是每个人都从中受损。在最低工资水平找到了工作的人们境况会变好。最低工资制的支持者们相信，劳动力市场的供需弹性都较小，所以不会产生太大的失业。劳动工会支持最低工资制，这是因为它对工资率施加了工资上升的压力，包含工会工作人员的工资。非工会工人是工会工人的一种替代品，因此，当最低工资上升时，对工会工人的需求便有所上升。

关注价格管制

总统的笔有多大威力?

总统有一支威力巨大的笔，但是这支笔并没有神奇的力量。当总统签署一项议案或者执行命令来颁布新法规时，结果并不总是尽如人意。当一部法律或规制试图阻碍供需法则时，目的与结局的不一致总是不可避免的。

你应该已经看到过联邦最低工资法所产生的问题，即让青少年们无法就业。如果该法试图对行政职务的工资追加上限，在另一极端的劳动力市场就可能会出现一些别的问题。

2009 年春，《2009 年行政职务报酬上限法案》在参议院得到通过。该法案的目的是限制公司中高级管理人员和主管接受政府救济品的补偿。法案对补偿的定义广泛，包括各种形式如现金、不动产和任何形式的福利津贴。设想的最高限额是年度补偿不能高于美国总统的年度补偿。

这项法案从来没有通过总统的签字，但是你可以预想到一旦签字所引起的诸多问题。撇开确定总统的补偿这项艰巨的任务不说（它是否包括白宫和空军一号的使用权?），对中高层领导的报酬实施上限就类似于本章所学的对房屋租金制定最高限价。这样一来，提供的管理服务的数量将会减少，大多数有杰出才能的主管们会在未被管制的雇主那里谋职。最艰难的企业即得到政府资金支持的企业会面临招募和挽留那些有能力的中高级管理者和主管的额外挑战。这种行为所带来的无谓损失是巨大的。幸运的是，这一想法没有付诸实施。

检查站 7.2	解释价格下限如何起作用以及最低工资是如何导致失业、无效率与不公平的。

现实问题

图 1 显示了在南加利福尼亚州的西红柿采摘者的市场。利用该图回答问题 1～3。

1. 西红柿采摘者的均衡工资率为多少？西红柿采摘者的均衡数量为多少？如果加利福尼亚州推出最低工资制：西红柿采摘者的最低工资为 4 美元/小时，那么有多少西红柿采摘者就业，有多少人失业?

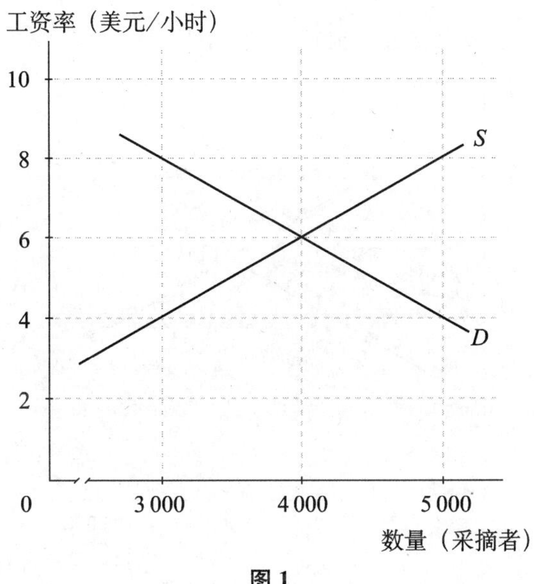

图 1

2. 如果加利福尼亚州推出最低工资制：西红柿采摘者的最低工资为 8 美元/小时，那么有多少西红柿采摘者就业，有多少人失业？如果出现黑市，一些采摘者可能挣得的最低工资是多少？

3. 最低工资 8 美元/小时有效率吗？谁受益？谁受损？它公平吗？

4. 印度加大了对其在波斯湾海域的工人实施最低工资的压力，并对波斯湾海域石油丰富的国家进行施压，要求对在那些地方工作的 500 万非熟练印度人实行最低工资制。

资料来源：*International Herald Tribune*，March 27，2008.

如果波斯湾海域国家支付给印度工人的最低工资高于其他非熟练工人的均衡工资，印度移民工人会变得更好、更糟糕还是根本不受高工资的影响？

参考答案

1. 均衡工资率为 6 美元/小时，4 000 名采摘者被雇用。4 美元/小时的最低工资要低于均衡工资率，所以，4 000 名西红柿采摘被雇用，无人失业。

2. 8 美元/小时的最低工资要高于均衡工资率，所以，3 000 名采摘者被雇用（由西红柿采摘者的需求所决定）并且 5 000 个人愿意在 8 美元/小时的工资上做采摘者工作（由供给曲线所决定），所以 2 000 名采摘者失业（图 2）。如果出现黑市，一些采摘者可能挣得的最低工资是 4 美元/小时。

3. 8 美元/小时的最低工资不是有效率的，这是因为它导致了无谓损失——种植者的边际收益（需求曲线）超出采摘者的边际成本（供给曲线）。以 8 美元/小时找到了工作的西红柿采摘者受益。西红柿种植者和失业者受损。从两种公平观来看，最低工资制都是不公平的。

4. 波斯湾海域移民工人的供应是完全有弹性的，这些工人主要来自南亚的一些国家。如果支付给印度工人的工资大于均衡工资，则非熟练印度工人的就业量会减少。很多印度工人会失业，并被遣送回国。这样他们便会在印度国内竞争工作，从而处境更加糟糕。

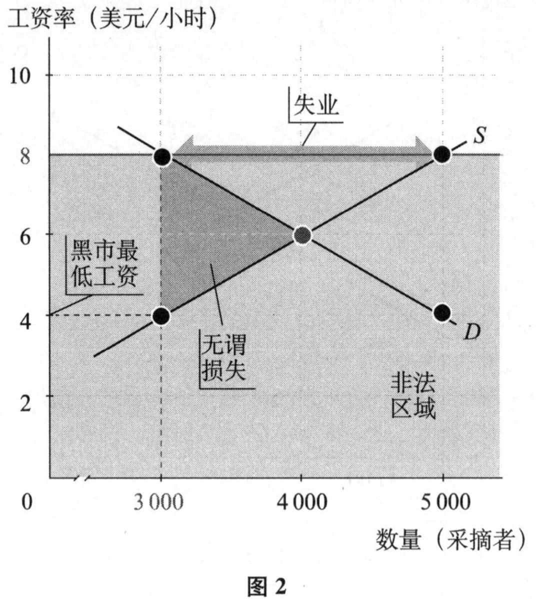

图 2

7.3 农业的价格支持

美国总统乔治·布什（George W. Bush）在请求国会对美国农民给予 1 700 亿美元的支持力度时如此说："民以食为天。"美国并不是所有发达经济体中每年给予农业扶持数十亿美元的唯一国家。所有发达国家的政府都在这样做，而且欧盟和日本的扶持力度是最大的。

7.3.1 政府如何干预农产品市场

每个政府支持农业的方式不尽相同，但是它们主要包括以下三个要素：

- 隔离本国市场
- 推行价格下限
- 给予农民补贴

隔离本国市场

如果一开始就没有阻止本国市场参与全球竞争，那么政府很难监控市场价格。如果世界上其他国家的生产成本低于本国的生产成本，而且如果外国生产商能够自由地在国内市场进行销售，那么供需的力量会驱使价格下降，并使得政府干预价格的任何努力都付诸东流。

为了隔离本国市场，政府要限制从其他国家的进口。

推行价格下限

价格下限在农产品市场中也称为价格支持，因为这个下限是通过政府承诺在此价格上购买任何剩余产出来保证实施的。你见过劳动力市场的价格下限即最低工资，它会产生劳动力剩余，其表现为失业。农产品市场中的价格支持也会产生一个剩余。在支持价格下，供过于求，剩余的处理结果使价格支持的效应不同于最低工资的效应，因为政府会购买这些剩余。

给予农民补贴

补贴是指政府支付给生产商来分担其部分成本的行为。当政府购买了农民生产的剩余产出时，就相当于给予他们一部分补贴。没有这些补贴，农民们无法承担所有成本，因为他们无法售出剩余产品。

让我们来看看价格支持如何起作用。

□ 7.3.2 价格支持：解释

为了验证价格支持的效应，我们来观察一下甜菜市场。美国和欧盟都对甜菜提供了价格支持。

图 7—9 表明了甜菜市场。该市场不受其他国家市场的影响，需求曲线 D 告诉我们本国经济在每个价格下对应的需求数量；供给曲线 S 告诉我们本国农民在每个价格下对应的供给数量。

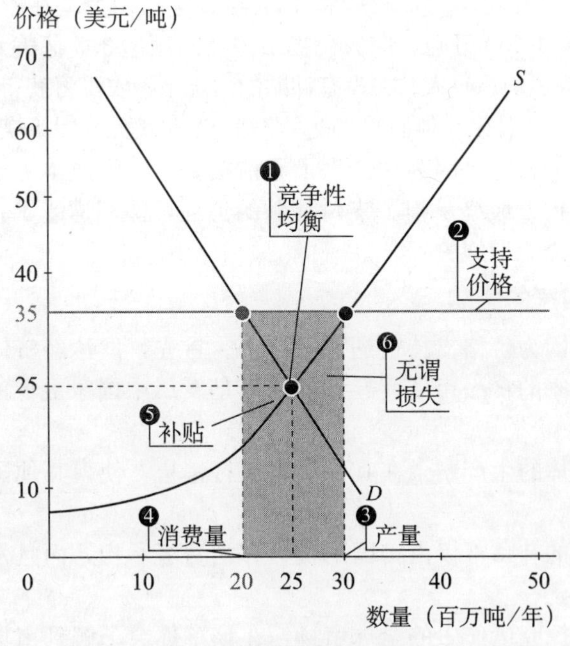

图 7—9 甜菜的国内市场

本国甜菜市场不参与全球竞争。

①在没有政府干预的情况下，竞争性均衡价格与均衡数量分别是 25 美元/吨和 2 500 万吨/年。

②政府干预市场，并制定了支持价格 35 美元/吨。

③产量增加至 3 000 万吨/年。

④本国使用者的需求量降低至 2 000 万吨/年。

⑤政府出资购买 1 000 万吨的剩余量，并给予农民补贴。

⑥出现了无谓损失。

自由市场参照点

没有价格支持，均衡价格与均衡数量分别是25美元/吨和2 500万吨/年。只有当世界上其他国家的价格是25美元/吨时，市场才是有效率的。如果其他国家的价格低于25美元/吨，那么本国农民少生产一些才是有效率的，而且甜菜将以相对便宜的价格进口（因为机会成本低）。但如果其他国家的价格超过25美元/吨，那么本国农民增加甜菜产量并进行出口才是有效率的。

价格支持和补贴

假定政府推行了价格支持35美元/吨。为了使价格支持政策起作用，政府同意对那些已经生产但无法售出甜菜的农民支付35美元/吨。

农民生产的数量由市场供给曲线表示，在35美元/吨的价格上，数量供应是3 000万吨/年，因此产量也增加至该数量。

国内甜菜需求者减少他们的购买量，在35美元/吨的价格上，需求量是2 000万吨/年，购买量也降低至该数量。

因为农民生产的甜菜数量大于本国需求者愿意购买的数量，对于这种剩余必须进行处理。如果农民将剩余甜菜倾倒在市场上，你可以预料到会发生些什么。价格将会下跌至消费者愿意对已生产的数量支付的水平。

为了使价格支持政策起作用，政府将出面购买这些剩余。在本例中，政府按35美元/吨的价格购买甜菜1 000万吨，向农民提供的补贴额达3.5亿美元。

价格支持增加了农民的总收入。在没有补贴的情况下，农民将获得62.5亿美元(=25美元/吨×2 500万吨)。有了补贴，他们的总收入将达105亿美元（=35美元/吨×3 000万吨)。

价格支持是无效的，这是因为它产生了无谓损失。边际成本大于边际效益。农民获益但是购买者作为纳税人最终承担了支付补贴的责任，他们遭受了损失。这种损失超过了农民的收益，表现为无谓损失。

对世界上其他国家的影响

世界上其他国家因为价格支持遭遇双重打击。首先，发达经济体的进口限制拒绝发展中国家进入它们国家的食品市场，导致的结果是发展中国家更低的价格和更小的农产品生产规模。

其次，发达经济体的生产剩余在其他国家进行销售，使得其他国家市场上的价格和生产数量更加萧条。

美国农民所得到的补贴不仅由美国纳税人和消费者承担，而且发展中国家的穷苦农民也承担了一部分。

我们将在第9章探究运作中的全球市场，在该章你会了解到市场上其他干预方式所带来的无效率以及贸易利益的再分配。

关注你的生活

价格上限和价格下限

价格上限和价格下限在你进行交易的很多市场上都会出现，它们要求你作为一名市民和选举人要有立场。

除非你生活在纽约市，否则你就不太可能住在一所租金控制的房子或公寓里。因为你在本章已经看到过，经济学家们解释过租金上限会带来令人讨厌的效应，这种市场干预现在很少见。

但是，几乎每次使用高速公路，你都会遇见价格上限。使用高速公路的零价格是一种价格上限。下次当你陷入交通堵塞而缓慢前行时，思考道路使用的免费市场将如何消除交通堵塞，从而使你快速前行。

在新加坡，汽车仪表板上的雷达收发仪将会记录开车环行该国的耗费额。价格因时段、交通密度和你在该国的哪个位置而不同。所以，你将从来不会被困在一个缓慢前进的交通堵塞中。

你会在劳动力市场上遇到价格下限。你有过想要和愿意从事并能够胜任的工作，但是却不能被聘用的经历吗？如果有一个工资稍微低点的工作，你愿意从事吗？

你也遇到过食品市场上的价格下限（价格支持）。当购买西红柿、食用糖、橘子和其他食品时，你要支付比它们的最低生产成本高的价格。

请阐明你自己对价格下限和价格上限的政策立场。

检查站 7.3　解释市场中农产品的价格支持是如何导致剩余、无效率与不公平的。

现实问题

图 1 显示了西红柿市场。政府推出了西红柿的价格支持为 8 美元/磅，利用该图回答问题 1～3。

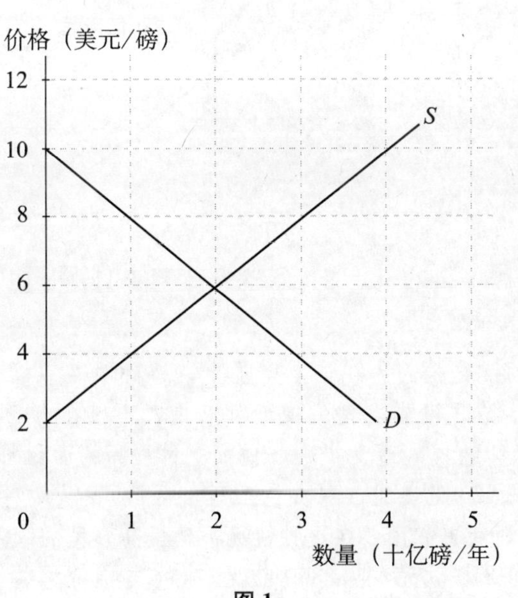

图 1

1. 在价格支持政策引进之前，西红柿的均衡价格和数量各为多少？西红柿市场有效率吗？
2. 在政府实行价格支持后，西红柿的生产量和需求量各为多少？西红柿种植农民所得到的补贴是多少？

3. 实施价格支持政策后，西红柿市场有效率吗？谁受益、谁受损？无谓损失有多大？价格支持有可能被认为是公平的吗？

4. 法国农民封锁布鲁塞尔。

农民们想要乳品行业保证最低牛奶价格 300 欧元/吨，以反对本月的 210 欧元/吨。来自诺曼底的奶农马克思·波提尔说他需要 300 欧元/吨来达到收支相抵。

资料来源：*The Times*，May 26，2009.

如果对牛奶实行价格支持，设为 300 欧元/吨，那么该支持价格会怎样改变生产的牛奶数量和消费者的购买数量？谁来购买剩余供给？欧洲的牛奶市场会比今天更有效率还是更没有效率？

参考答案

1. 均衡价格为 6 美元/磅，均衡数量为 20 亿吨/年。西红柿市场是有效率的——边际收益等于边际成本。

2. 在价格支持为 8 美元/磅时，供给量和需求量分别为 30 亿磅和 10 亿磅，产生了 20 亿磅的剩余（图 2）。补贴是 8 美元/磅乘以 20 亿磅，共计 160 亿美元。

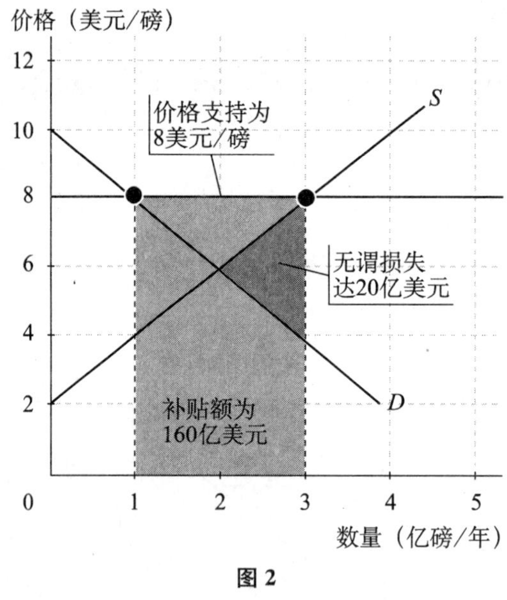

图 2

3. 市场是无效率的，这是因为在该生产量上，边际收益（在需求曲线上）小于边际成本（在供给曲线上）。农民获益，他们便增加产量，不仅在市场上获得更高价格，而且还有政府补贴。消费者和纳税人遭受损失，他们支付更高的西红柿价格并交税来提供补贴所需的资金。无谓损失是 20 亿美元（深灰色三角形区域）。从两种公平观看，结果都是不公平的，除非农民比消费者更贫困，在这种情况下，提高农民的收入才有可能是公平的。

4. 今天的市场价是 210 欧元/吨，300 欧元/吨的支持价格将会增加牛奶供给量并减少需求量，这样一来会造成牛奶剩余。为了保持 300 欧元/吨的支持价格，政府将不得不购买剩余牛奶，也就是说，向奶农支付补贴。因为支持价格引起了无谓损失，市场变得更没有效率。

本章总结

□ 要点

1. 解释价格上限如何起作用以及租金上限是如何导致住房短缺、无效率与不公平的。
   - 将价格上限设在均衡价格之上是没有效果的。
   - 将价格上限设在均衡价格之下会导致短缺、增加寻找活动以及出现黑市。
   - 价格上限是无效率和不公平的。
   - 租金上限是价格上限的一个实例。
2. 解释价格下限如何起作用以及最低工资是如何导致失业、无效率与不公平的。
   - 将价格下限设在均衡价格之下是没有效果的。
   - 将价格下限设在均衡价格之上会导致过剩、增加寻找活动以及出现黑市。
   - 价格下限是无效率和不公平的。
   - 最低工资制是价格下限的一个实例。
3. 解释市场中农产品的价格支持是如何导致剩余、无效率与不公平的。
   - 价格支持会增加生产量，减少消费量，从而产生剩余。
   - 为了维持支持价格，政府要购买这些剩余，并补贴生产者。
   - 价格支持使生产者受益，但消费者和纳税人的支出要高于生产者的所得，因为它产生了无谓损失。
   - 价格支持是无效率的，一般来说也是不公平的。

□ 关键术语

黑市	最低工资法	价格上限
价格下限	价格支持	租金上限
寻找活动	补贴	

本章检查站

□ 学习计划中的问题与应用

表1显示了对校园住房的需求和供给情况。利用表1回答问题1～3。

表1

租金（美元/月）	需求量（房间数）	供给量（房间数）
500	2 500	2 000
550	2 250	2 000
600	2 000	2 000
650	1 750	2 000
700	1 500	2 000
750	1 250	2 000

1. 如果大学对每间房设置租金上限650美元/月，租金为多少？多少间房子被租出去了？这种校园住房市场有效率吗？

2. 如果大学严格实施550美元/月的租金上

限，租金为多少？多少间房子被租出去了？校园住房市场是有效率的吗？解释为什么是或为什么不是。

3. 如果大学严格实施 550 美元/月的租金上限，黑市出现了，黑市租金可能高达多少？住房市场是公平的吗？解释之。

4. 假定政府对律师收费制定了一个允许收取的上限，律师的工作量、雇用律师的人们的消费者剩余、律师事务所的生产者剩余分别将怎样变化？这种收费上限会导致资源有效率的使用吗？为什么会或为什么不会？

利用下列信息回答问题 5～7。

表 2 显示了校园体育比赛场所对学生打工者的需求和供给情况。

表 2

工资率（美元/月）	需求量（学生打工者人数）	供给量
10.00	600	300
10.50	500	350
11.00	400	400
11.50	300	450
12.00	200	500
12.50	100	550

5. 如果大学推行最低工资 10.5 美元/小时，有多少学生在校园体育比赛场所被雇用？有多少学生失业？

6. 如果大学严格推行最低工资 11.5 美元/小时，有多少学生在校园体育比赛场所被雇用？有多少学生失业？一些学生愿意工作的最低工资是多少？

7. 如果大学严格推行最低工资 11.5 美元/小时，在该最低工资中，谁受益、谁受损？校园劳动力市场有效率吗？公平吗？

利用下列信息回答问题 8 和 9。

中国工厂的煤炭短缺

中国政府已经对煤炭和汽油价格实行价格控制，试图保护贫困的城市居民和农民免受世界能源价格上涨的危害。中国电力厂已经遭遇煤炭短缺，奢侈而且耗油大的汽车销售量有增无减，汽油消费量急剧上升，炼油厂商遭遇损失并计划减产。

资料来源：CNN，May 20，2008.

8. 中国的价格控制是价格下限还是价格上限？画图来解释由煤炭和汽油市场的价格控制所造成的短缺。

9. 解释中国的价格控制如何改变了消费者剩余、生产者剩余、总剩余以及煤炭汽油市场上的无谓损失。画图解释你的答案。

□ 教师可布置的问题与应用

1. 假设国会对行政人员的工资制定上限，并低于均衡水平。

● 解释行政人员的需求量、供应量以及工资将如何变化，解释为什么这种结果是无效率的。

● 画一幅表示公司行政人员的市场图。在该图中，表明市场均衡、工资上限以及在该上限水平行政人员的供给量和需求量，以及由此产生的无谓损失。还要标明在黑市中支付给行政人员的最高工资。

利用下列信息回答问题 2～4。

鉴于油价上涨所带来的政治性不稳定，美国政府决定对汽油施加 3 美元/加仑的价格上限。

2. 解释如果石油生产国增加产量，并使得汽油均衡价格为 2.5 美元/加仑，汽油市场将对价格上限做出何种反应。美国的汽油市场有效率吗？

3. 解释如果一场全球性石油短缺造成汽油均衡价格高达 3.5 美元/加仑，汽油市场将对价格上限做出何种反应。美国的汽油市场有效率吗？

4. 在什么情况下，价格上限会导致排长队加油（lines at the pumps）？

利用下列信息回答问题 5 和 6。

澳大利亚工会游说最低工资上涨 21 美元

澳大利亚公平贸易委员会（Fair Trade Commission，FTC）制定了本年的最低工资。在 2008 年，最低工资是 544 美元/周。在现行的谈判中，工会游说周工资涨 21 美元，工商界游说周工资涨 8 美元。

资料来源：Bloomberg，March 23，2009.

假定 2009 年的均衡工资变为 560 美元/周。

5. 如果 FTC 将最低工资提高了 8 美元/周，

欠熟练工人每周的工资会是多少？这个结果是有效率的吗？

6. 如果 FTC 将最低工资提高了 21 美元/周，欠熟练工人每周的工资会是多少？这个结果是有效率的吗？

7. "实行市场价格在富裕国家可能是件好事情，但是在贫穷的非洲国家，那里大多数物资极其匮乏，如果政府不去控制物价，每一件东西都将会变得很贵。"你赞成还是反对上述观点？请用效率和公平的概念来解释为什么。

表 1 显示了蘑菇的需求和供给安排。利用表 1 回答问题 8 和 9。

表 1

价格 （美元/磅）	需求量	供给量
	（磅/周）	
1.00	5 000	2 000
2.00	4 500	2 500
3.00	4 000	3 000
4.00	3 500	3 500
5.00	3 000	4 000
6.00	2 500	4 500

8. 假定政府对蘑菇推行价格支持 4 美元/磅，蘑菇的生产量、剩余量以及由此产生的无谓损失各是多少？

9. 假定政府对蘑菇推行价格支持 6 美元/磅，谁受益、谁受损？蘑菇的生产量、剩余量以及由此产生的无谓损失各是多少？

10. 国会通过了提高最低工资的决定。

国会投票决定在未来两年分三个阶段将最低工资从 5.15 美元 /小时提高至 7.25 美元 /小时。对于约 4%的工人，或者说 560 万低收入工人而言，这是一个重大的胜利，因为这是十年来首次提高联邦最低工资。

资料来源：*The New York Times*，May 24，2007.

解释低收入工人市场将如何对这一新的最低工资做出反应。国会给这些工人传递了一个重大的胜利吗？

利用下列信息回答问题 11 和 12。

议院通过了农业法案

农业法案被佩洛西女士称颂为"历史性的"。该法案减少了补贴，但扶持了特定作物——特定类型的水果和蔬菜——的种植者。

资料来源：*The New York Times*，July 28，2007.

11. 假定补贴和价格支持从豆农转移至有机蔬菜的种植者。大豆生产的数量、豆农的生产者剩余以及大豆的无谓损失将如何变化？

12. 假定补贴和价格支持从豆农转移至有机蔬菜的种植者。有机蔬菜生产的数量、有机蔬菜的价格以及有机蔬菜市场的效率将如何变化？

利用下列信息回答问题 13～16。

尽管有冻结之恳求，稳定性的房租依然在上涨

纽约市房租指导委员会对房客们以及新当选的官员要求冻结房租之请求 40 年来第一次置之不顾，并对 1 年期租约涨 3%和 2 年期租约涨 6%进行投票表决。在 2008 年，该委员会批准了自 1989 年来的最高涨幅，1 年期和 2 年期租约分别增加 4.5%和 8.5%。实施稳定性房租的建筑物的成本从 2008 年 4 月到 2009 年 4 月上涨了 4%，比前一年的 7.8%的涨幅要低了许多。

资料来源：*The New York Times*，June 23，2009.

13. 如果实施稳定性房租的公寓的房租被冻结，你认为纽约市的租房市场将如何发展？

14. 纽约市的房租上限对房客们都有帮助吗？解释为什么是或者为什么不是。

15. 房租上限的提高会对实施稳定性房租的公寓的数量造成什么影响？

16. 为什么实施稳定性房租是房客们和公寓所有者之间冲突的一种来源？

第 8 章

税 收

谁来纳税?

国会通过了关于分别对买者、卖者、工人和雇主征税的法律，但实际上是由谁来交税呢？

本章要点

学完本章，你将能够：

1. 解释税收如何改变价格和数量，如何由买者和卖者分摊，以及如何导致无效率。

2. 解释所得税和社会保障税如何改变工资率和就业，如何由雇主和工人分摊，以及如何导致无效率。

3. 评论有关税制公平的观点。

8.1 销售税和消费税

几乎每次你买东西——深夜订购的炒面、飞机票、一箱汽油，你都得纳税。对某些产品，你在所公布的价格之上还要支付一笔销售税。对其他产品，你支付税率较高的消费税如汽油税——它已包含在所公布的价格之中了。

你真的缴纳这些税收吗？当税收被附加在公布的价格中时，很明显是你缴纳税收，不是这样吗？价格不是正好高出了等价于税收的那一个数吗？

如果税收包含在价格之中，比如对汽油的税收，那又会如何呢？谁缴纳税呢？卖者将所有的税收转嫁给买者（你）了吗？或者卖者在一个较低的价格上缴税，会使你支付的价格不变吗？

要回答这些问题，让我们假设一下，向非法共享文件征税的组织（Tax Illegal File Sharing，TIFS）已经说服政府对每台新的MP3播放器征收10美元的税，然后用这些税收收入去补偿艺术家。但一场争论在主张不同的两方之间激烈展开，一方认为买者从使用MP3播放器中受益因而应该由买者缴税，另一方认为卖者得到了销售利润因而应该由卖者缴税。

□ 8.1.1 税负分摊

税负分摊（tax incidence）是指在买者和卖者之间分配某一税收的负担。我们将探讨对MP3播放器以两种不同的征税方式征税10美元的影响：对买者征税和对卖者征税。

图8—1显示了MP3播放器市场。在没有对MP3播放器征税的情况下，均衡价格为100美元，均衡数量为5 000台/周。

当对某一产品征税时，它有两种价格：含税价格和不含税价格。买者仅对含税价格做出反应，因为这是他们所要支付的价格。卖者仅对不含税的价格做出反应，因为这是他们所得到的价格。税收就像这两种价格之间的一个楔子。

图8—1（a）显示了政府对买者征税后的影响，税收不改变买者支付的意愿和能力。需求曲线 D 告诉我们买者愿意和能够支付的总数量。因为买者必须对每件所购产品支付10美元给政府，需求曲线 $D-$税收告诉我们买者愿意支付多少给卖者，它位于需求曲线 D 的下方，比曲线 D 低10美元的距离。

市场均衡出现在需求曲线 $D-$税收和供给曲线 S 的交点上，买者支付了均衡不含税价95美元加上税10美元共计105美元。卖者得到不含税价格95美元，政府的税收总额是20 000美元，即10美元乘以出售的MP3播放器数量2 000台/周。

图8—2（b）显示了政府对卖者征税后的影响。税收相当于供应商的成本，因此供给减少，供给曲线 S 平移至灰色曲线，用 $S+$税收表示。该曲线告诉我们卖者在考虑对每件所售产品必须支付10美元给政府的基础上所愿意接受的价格。供给曲线 $S+$税收在供给曲线 S 的上方，比曲线 S 高10美元的距离。

市场均衡出现在供给曲线 $S+$税收和需求曲线 D 的交点上，买者支付的均衡价格是

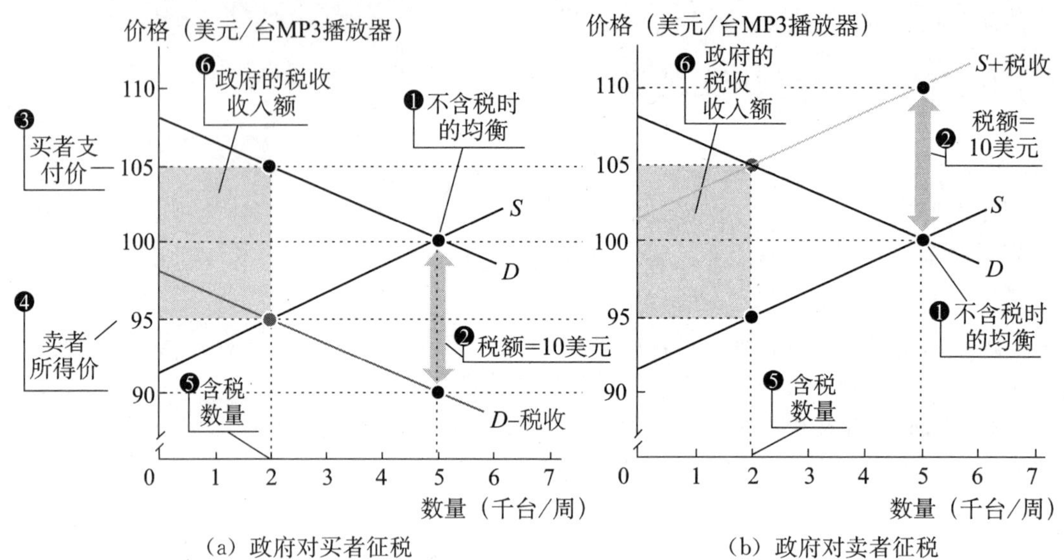

图 8—1　对 MP3 播放器征税

①在图（a）和图（b）中，无税时，每台 MP3 播放器的价格为 100 美元，一周出售了 5 000 台。

②在图（a）中，对 MP3 播放器买者征收 10 美元的税收使需求曲线 D 向下移至需求曲线 $D-$税收，在图（b）中，对 MP3 播放器卖者征收 10 美元的税收使供给曲线 S 向上移至 $S+$税收。

在图（a）和图（b）中：

③每台 MP3 播放器的价格上升至 105 美元——上升了 5 美元。

④卖者得到 95 美元/台——一台 MP3 播放器降了 5 美元。

⑤每周 MP3 播放器的销售量降至 2 000 台。

⑥政府每周收缴 20 000 美元的税收——灰色的矩形面积。

在这两种情况下，税收负担在买者和卖者之间平分——双方各支付 5 美元。

105 美元，卖者得到的是不含税价 95 美元，政府的税收收入是 20 000 美元。

在这两种情况下，买卖双方分摊了 10 美元的税收，各方分别支付 5 美元。

你可以看出关于税款应由买者还是卖者支付的争论是没有意义的。买者支付相同的价格，卖者得到相同的价格，无论对买者还是卖者征税，政府得到的税收收入相同。

在本例中，买卖双方均等地分摊税。但大多数情况下，税负是不均等地进行分配的，它可能全部由市场的一方来承担。接下来我们将探讨税收分摊由什么决定，但首先，我们来了解一下税收如何导致无效率。

□ 8.1.2　税负和效率

你已经了解到，当边际收益等于边际成本时，资源得到了有效配置。你也已经看出，税负在买者所付价格与卖者所得价格之间放置了一个楔子，但是买者所付价格等于边际收益，卖者所得价格等于边际成本，因此税收在边际收益和边际成本之间放置了一个楔子。均衡数量小于有效率数量，便产生了无谓损失。

图 8—2 说明了税收的无效率。我们假设政府对卖者征税。在图（a）中，在无税的情况下，边际收益等于边际成本，市场是有效率的。在图（b）中，在有税的情况下，边际收益大于边际成本，消费者剩余和生产者剩余萎缩。两项剩余中的一部分变成了政府

的税收收入——白色面积，一部分变成了无谓损失——深灰色面积。

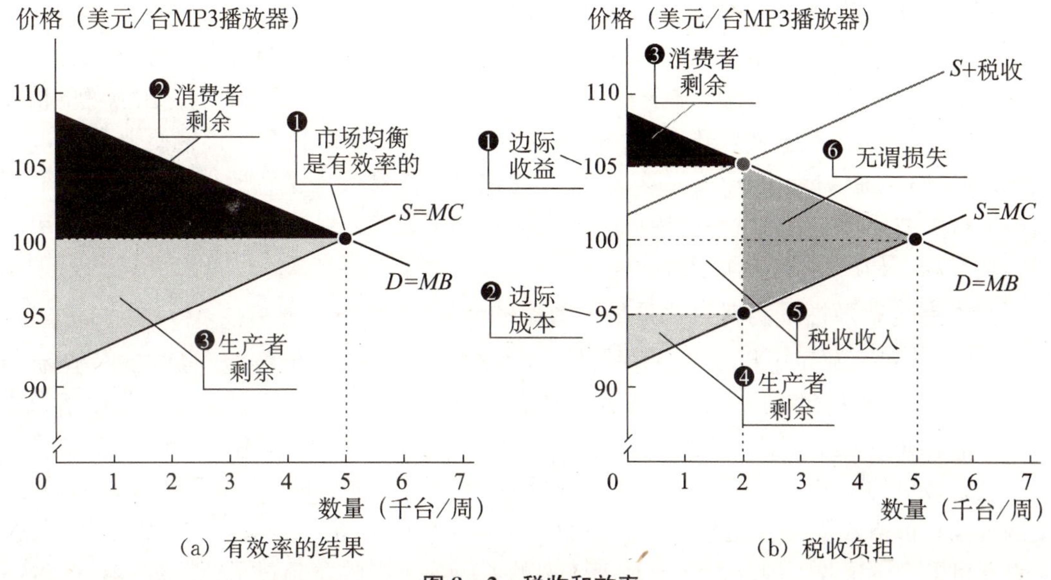

（a）有效率的结果　　（b）税收负担

图 8—2　税收和效率

在图（a）中，①当边际收益等于边际成本时，市场是有效率的。总剩余——②消费者剩余（黑色面积）与③生产者剩余（浅灰色面积）之和，位于最大可能水平。

在图（b）中，10 美元的税收在①边际收益和②边际成本之间放置了一个楔子。③消费者剩余和④生产者剩余萎缩，萎缩量等于⑤税收收入加上⑥无谓损失。无谓损失是税收的过度负担。

由于税收带来了无谓损失，税收负担超出了税收收入。为了提醒我们这一事实，我们把由于税收而产生的无谓损失称为税收的**过度负担**（excess burden）。然而，由于政府利用这笔税收收入去提供人们评价很高的产品和服务，因此仅有过度负担才是税收无效率的表现。

在本例中，过度负担很大。你可以通过计算无谓损失的三角形面积求得过度负担的大小，面积等于 15 000 美元，即 10 美元×3 000÷2，税收收入是 20 000 美元，所以过度负担占总税收收入的 75%。

□ 8.1.3　税负分摊、无效率和弹性

在对 MP3 播放器征税 10 美元的案例中，买卖双方均等地分摊税收，而且过度负担很大。是什么因素决定税收如何分配以及过度负担的大小的呢？

税收在买卖双方的分摊比例和过度负担的大小取决于需求弹性和供给弹性，表现为以下方式：

- 给定供给弹性不变，商品越缺乏需求弹性，买者要分摊越大份额的税收。
- 给定需求弹性不变，商品越缺乏供给弹性，卖者要分摊越大份额的税收。
- 需求或供给弹性越小，过度负担就越小。

□ 8.1.4　税负分摊、无效率和需求弹性

为了理解买者与卖者的税收分摊和过度负担的大小是如何取决于需求弹性的，我们

看看以下两种极端情况。

需求完全无弹性：买者付税且是有效率的

图 8—3（a）显示了胰岛素市场。胰岛素对于糖尿病患者是每天必不可少的药物。需求在每周 10 万片时是完全没有弹性的，恰如这条垂直的需求曲线 *D* 所示。在无税的情况下，价格为 2 美元/剂。如果政府对每剂胰岛素征以 20 美分的税收，价格便上升至 2.20 美元/剂，但均衡数量并没改变。这 20 美分的税收并没有改变卖者所得到的价格，而买者多支付了 20 美分/剂的价格。因此买者支付了全部税收。结果是有效率的（没有出现无谓损失），因为边际收益等于边际成本。

需求完全有弹性：卖者付税且是无效率的

图 8—3（b）显示了粉红色记号笔的市场。在 1 美元/支的价位上，需求是完全有弹性的，如水平的需求曲线所示。如果粉红色记号笔比其他笔更便宜，每个人都使用粉红色记号笔。如果粉红色记号笔比其他笔更贵，没人使用粉红色记号笔。在无税的情况下，粉红色记号笔的价格为 1 美元/支，对应数量为 4 000 支/周。如果政府对此征以 10 美分/支的税收，价格依然是 1 美元/支，但是数量降至 1 000 支/周。购买者支付的价格不变，卖者支付了全部税收。因此，结果是无效率的，因为边际收益超过了边际成本，产生了无谓损失。

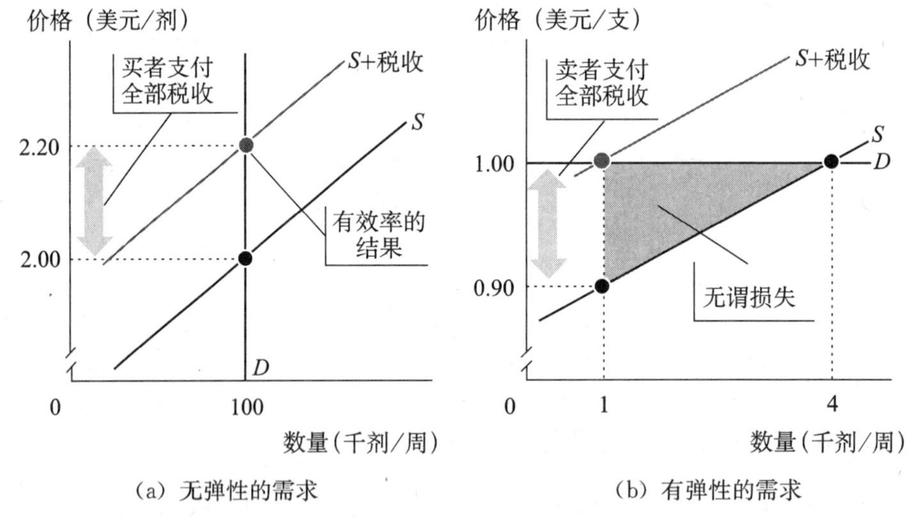

图 8—3　税负分摊、无效率和需求弹性

在图（a）中，对胰岛素的需求是完全无弹性的。每剂 20 美分的税收提高了 20 美分的价格。因此，买者支付了全部税收。但是边际收益等于边际成本，结果是有效率的。

在图（b）中，对粉红色记号笔的需求是完全有弹性的。每支笔 10 美分的税收使卖者所能得到的价格降低了 10 美分。因此，卖者支付了全部税收。边际收益超过了边际成本，因此结果是无效率的。无谓损失是税收的过度负担，表明它是无效的。

□ 8.1.5　税负分摊、无效率和供给弹性

为了理解买者和卖者的税收分摊如何受到供给弹性的影响，我们再看看以下两种极端情况。

供给完全无弹性：卖者支付全部税收且是有效率的

图 8—4（a）表明了矿泉水市场。该矿泉水以一个无法控制的固定速率流动。供给在每周 100 000 瓶时是完全无弹性的，如垂直的供给曲线所示。在无税的情况下，价格为 50 美分/瓶，矿泉水的购买量为 100 000 瓶/周。如果对每瓶矿泉水征收 5 美分的税收，矿泉水的购买量仍为 100 000 瓶/周。只有在价格为 50 美分/瓶时，买者每周才愿意购买 100 000 瓶。但是，当价格依然是 50 美分/瓶时，该税收使得卖者所得到的价格少了 5 美分。因此，卖者支付了全部税收。

因为边际收益等于边际成本，不会产生无谓损失，结果是有效率的。

供给完全有弹性：买者支付全部税收且是无效率的

图 8—4（b）显示了计算机芯片生产者用来提炼硅的沙子市场。在 10 美分/磅的价位上，这类沙子的供给是完全有弹性的，如水平的供给曲线所示。在无税的情况下，价格为 10 美分/磅，购买量为 5 000 磅/周。如果对每磅沙子征收 1 美分的税收，沙子价格上升至 11 美分/磅，购买量下降到 3 000 磅/周。因此，买者支付了全部税收。

因为边际收益超过边际成本，产生了无谓损失，结果是无效率的。

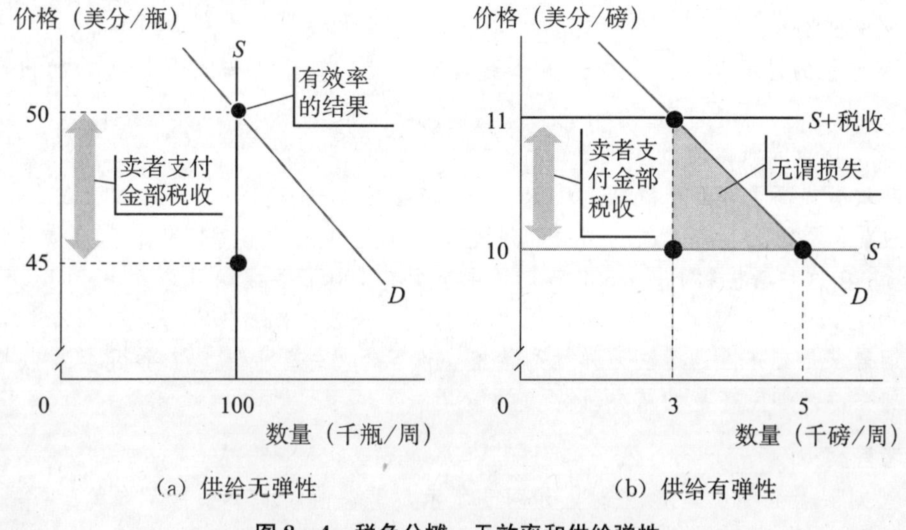

图 8—4　税负分摊、无效率和供给弹性

在图（a）中，矿泉水的供给是完全无弹性的。每瓶 5 美分的税收使卖者所得的价格降低了 5 美分。因此，卖者支付全部税收。边际收益等于边际成本，因此结果是有效率的。

在图（b）中，沙子的供给是完全有弹性的。每磅 1 美分的税收使价格提高了 1 美分。因此，买者支付了全部税收。边际收益超过边际成本，因此结果是无效率的。无谓损失是税收的过度负担，表明它是无效的。

检查站 8.1　**解释税收如何改变价格和数量，如何由买者和卖者分摊，以及如何导致无效率。**

现实问题

图 1 显示了不征税的篮球市场。现在对每个篮球征税 6 美元。利用下列信息回答问题1～3。

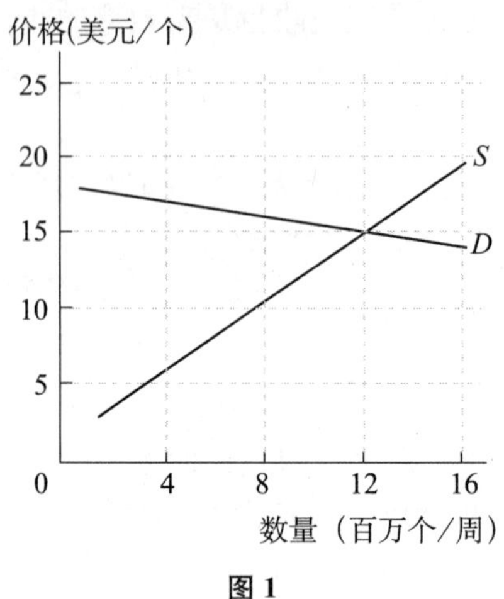

图 1

1. 如果对买者征税，买者支付的价格为多少？买者购买多少个篮球？从篮球销售中获得多少税收收入？

2. 如果对卖者征税，卖者得到的价格是多少？卖者售出多少个篮球？从篮球销售中获得多少税收收入？

3. 篮球税的过度负担为多少？哪个更具有弹性：篮球的需求还是篮球的供给？请解释。

4. 对美国烟草征最重的税生效。

联邦政府提高了香烟征税额，从 39 美分/包增至 1.01 美元/包，增加了 62 美分。在此次征税前，香烟是 5 美元/包。分析家指出，在过去香烟价格每增长 10%会使其消费量下降 4%。在这种新税制下，4 500 万烟民中至少有 100 万要戒烟了。

资料来源：*USA Today*，April 3，2009.

香烟需求是有弹性还是缺乏弹性？价格会涨至 5.62 美元/包吗？谁承担税收增加额中的大部分，是烟民还是烟草公司？

参考答案

1. 当对买者征税 6 美元/个时，如图 2 所示，需求曲线向下平移了 6 美元/个，买者支付的价格是 16 美元/个，每周购买量是 800 万个，税收收入是 6 美元×800 万，等于 4 800 万美元/周（图 2 中的灰色矩形）。

2. 对卖者征税 6 美元/个时，如图 3 所示，供给曲线向上平移了 6 美元/个，卖者得到的价格是 10 美元。每周销量是 800 万个（图 3），税收收入是 6 美元×800 万，等于 4 800 万美元/周（图 3 中的灰色矩形）。

3. 税收的过度负担为 1 200 万美元。过度负担等于无谓损失，用灰色三角形表示（图 2 或图 3），等于 400 万×6 美元÷2。6 美元的税使买者支付的价格增加 1 美元，使卖者得到的价格降低 5 美元。因为卖者承担了更大份额的税收，所以篮球供给比需求更缺乏弹性。

4. 如果价格增加 10%使消费量减少 4%，则香烟的需求价格弹性就是 0.4，即香烟的需求是缺乏弹性的。当香烟的需求缺乏弹性时，62 美分的增税将不会使价格提高至 5.62 美元。只有当需求完全无弹性时，价格才会上涨至 5.62 美元。税收将由买者和卖者分摊。因为需求是缺乏弹性的，所以在62美分税收中，买者（烟民）将比卖者（烟草公司）支付的更多。

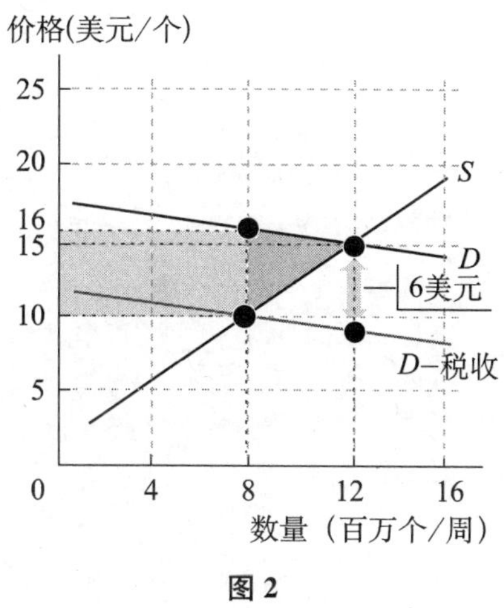

图2

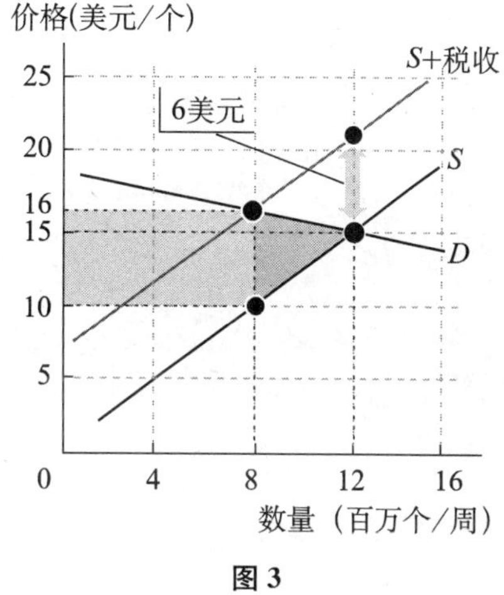

图3

8.2 所得税和社会保障税

所得税是对个人收入和公司利润所征收的一种税。在2009年，联邦政府从个人所得税中得到了1.25万亿美元，州和地方政府得到了另外的3 000亿美元。联邦政府从企业所得税中得到了3 000亿美元，州政府得到了500亿美元。我们首先观察个人所得税的效应，其次为企业所得税，最后为社会保障税。

□ 8.2.1 个人所得税

某人支付的所得税的数量取决于她或他的**应纳税收入**（taxable income），等于总收入减去个人减免以及标准扣除（或者其他所允许的扣除）。在2009年的联邦所得税中，对某一单身个人，个人减免为3 650美元，标准扣除为5 700美元。因此，对单身个人而言，应纳税收入等于总收入减去9 350美元。

税率取决于收入水平，图8—5显示了单身个人的税率是如何随着收入的增加而增加的。表中的百分比为边际税率。

边际税率是新增一美元的收入用于纳税的百分比。例如，如果应纳税收入从8 349美元上升到8 350美元时，所追加的税收为10美分，则边际税率为10%。如果应纳税收入从372 950美元上升到372 951美元时，所追加的税收为35美分，则边际税率为35%。

平均税率是收入用于纳税的百分比。平均税率通常要小于边际税率。例如，某人一年的收入为50 000美元，第一笔收入9 350美元的税收为零，对第二笔收入8 350美元征税835美元（10%），对第三笔收入25 600美元征税3 840美元（15%），对剩余的收入6 700美元征税1 675美元（25%）。所支付的税收总额为6 350美元，它等于50 000美元的 12.7%。因此，平均税率为 12.7 %。

应纳税收入（美元）	边际税率（百分比）
0～8 350	10
8 351～33 950	15
33 951～82 250	25
82 251～171 550	28
171 551～372 950	33
大于 372 950	35

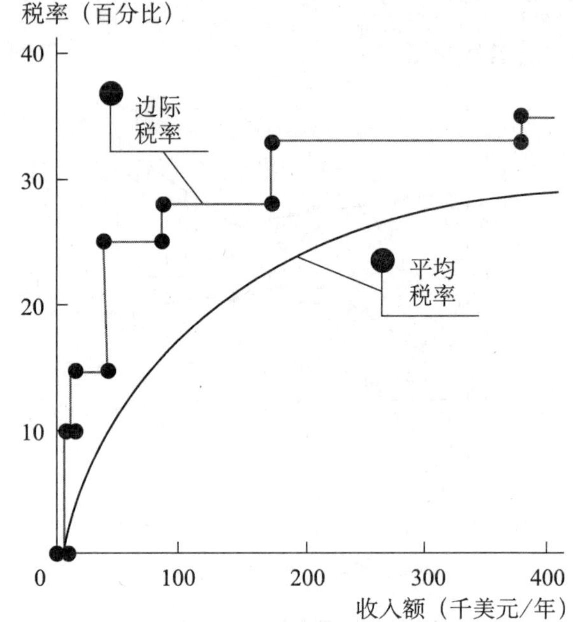

图 8—5　2009 年美国的边际税率和平均税率

①边际税率随着收入增加而上升，表中提供了 2009 年的数据。

②平均税率随着收入增加而上升，但平均税率要小于边际税率。

资料来源：Internal Revenue Service.

如果平均税率是随着收入增加而上升的，那么，这种税收便是累进税。个人所得税便是一种累进税。为了理解这一税收的特征，我们来计算另外一个人的平均税率。他一年的收入为 100 000 美元。第一笔收入 9 350 美元的税收为零，第二笔收入 8 350 美元的税收为 835 美元（10%），第三笔收入 25 600 美元的税收为 3 840 美元（15%），第四笔收入 48 300 美元的税收为 12 075 美元（25%），剩余的收入 8 400 美元的税收为 2 352 美元（28%）。税收总额为 19 102 美元，它占 100 000 美元的 19.1%。因此，平均税率为 19.1%。

关注美国经济

美国今天的税收

联邦、州和地方政府有 6 种主要的税收来源：

- 个人所得税
- 社会保障税
- 销售税
- 企业所得税
- 财产税
- 消费税

下图显示了2008年这些税收所收缴的相对数量。个人所得税是第一大税收来源，占整个税收收入的41%。社会保障税为第二大税收来源，占25%。销售税占11%，企业所得税和财产税各占10%，消费税（如对香烟和酒类饮品征的税）占3%。

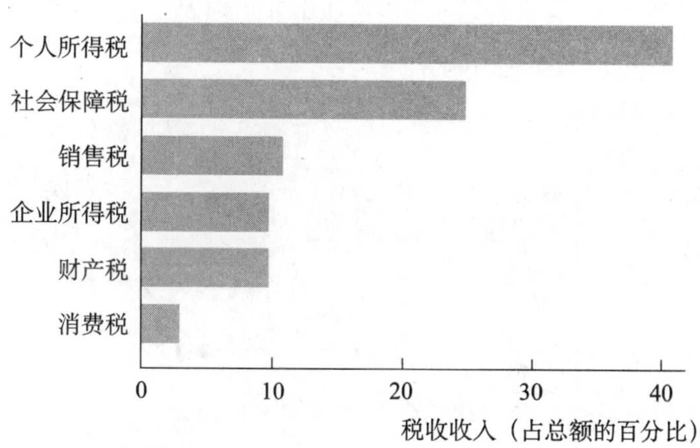

资料来源：*Economic Report of the President*，2009.

个人所得税和社会保障税相结合对劳动服务产生了一个很高的边际税率，使得员工要比雇主承担更多的税负。

企业所得税指的是对股票红利双重征税，一次是针对企业收入，另一次是针对个人收入。这些税收主要落在公司头上，而非资本供应商，这样一来会产生很大的无谓损失。

与累进税相对应的还有比例税和累退税。比例税是对所有不同的收入水平征收相同的平均税率的一种税。而累退税是随收入增加而使平均税率下降的一种税。

□ 8.2.2 所得税效应

所得税是指对劳动服务、资本和土地的出让方所征的税。你已经知道税负分摊和无效率取决于需求弹性和供给弹性的大小。然而，这些弹性与每个生产要素不同，我们必须单个检查所得税对每个要素的效应。首先让我们看看所得税对劳动者收入的影响。

劳动所得税

图8—6表明了在一竞争性劳动力市场中的需求曲线 LD 和供给曲线 LS。很多的企业任务都可以用机器去替代劳动力。因此，对劳动力的需求是有弹性的。然而绝大多数人除了工作赚钱之外并没有什么更多更好的选择，因此，劳动力供给是缺乏弹性的。在本例中，在无所得税的情况下，工人一小时可以赚19美元，一周工作40小时。

在所得税为20%的情况下，劳动力供给曲线向左移到 LS+税收。如果在无税的情况下工人愿意在小时工资为19美元时提供第40个小时的劳动，那么在税率为20%的情况下，他们仅在小时工资为23.75美元时才愿意提供这第40个小时的劳动。这也就是说，他们想要得到以前所得到的19美元加上他们向政府缴纳的税收4.75美元（=20%×23.75美元）。

均衡工资率上升至 20 美元/小时。但是，税后工资率下降至 16 美元/小时——税收为 4 美元/小时。就业降至每周 35 小时。工人们支付了绝大部分税收——工人支付 3 美元而雇主支付 1 美元——因为对劳动力的需求是有弹性的，而劳动力的供给是缺乏弹性的。税收创造出了如图 8—6 中灰色三角形所示的无谓损失。

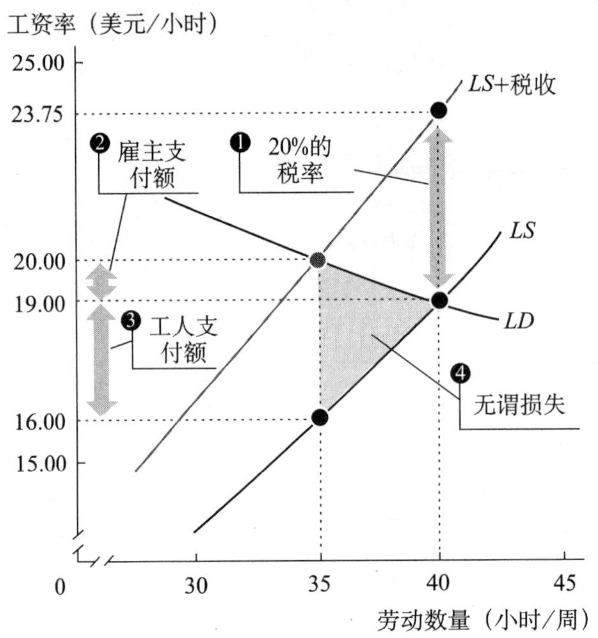

图 8—6　劳动所得税

在无税的情况下，工人们将赚取 19 美元/小时，一周工作 40 个小时。

①工人面对 20%的边际所得税率。所得税减少了劳动力供给，提高了工资率，降低了税后工资率。因为劳动力的需求是有弹性的，而劳动力的供给是缺乏弹性的，②雇主所缴纳的税收要小于③工人所缴纳的税收。劳动者的就业量要小于有效率的数量，所以产生了④无谓损失。

资本所得税

资本所得是指债券和银行存款的利息以及股票红利。与其他收入一样，它们要被征收相同的税率。但是，对股票红利是双重征税，一方面它作为红利支出时被征税 15%，另一方面作为公司利润对其按企业所得税率征税。（从 2008 年到 2010 年，低收入者将不需要对红利纳税了。）

图 8—7 显示了在一竞争性资本市场中的需求曲线 KD 和供给曲线 KS。在很多情况下由于企业可以利用机器或劳动力，因此，资本的需求是有弹性的。资本可以在国际范围内流动，因此，它的供给弹性是很大的。在本例中，企业在年利率为 6%的情况下可以得到所有的资本，因此，资本的供给是完全有弹性的。在没有所得税的情况下，企业使用了价值为 400 亿美元的资本。

在资本所得税为 40%的情况下，供给曲线平移至 KS+税收。贷款人想要额外得到一笔为数 4%的利率以便支付其资本所得税。如果年利率低于 10%，他们便不愿意贷款。

在有资本所得税的情况下，资本的数量降至 200 亿美元，年利率升至 10%。企业支付了全部的资本所得税，贷款人得到了与没有资本所得税情况下一样的税后利率。这种税收导致了图中灰色三角形所示的无谓损失。

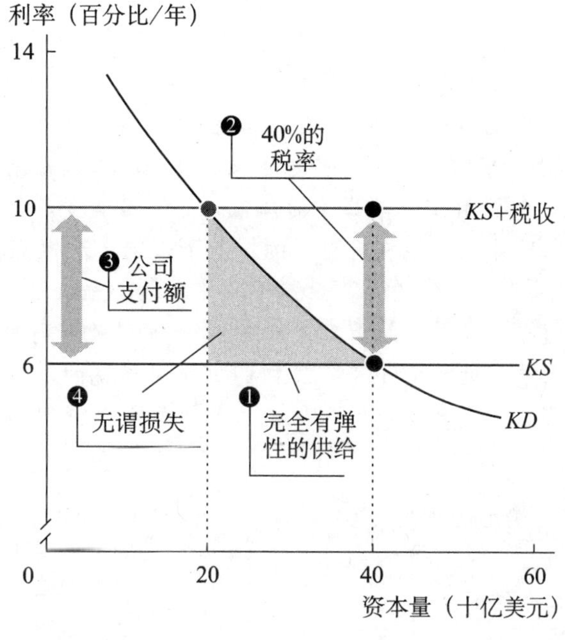

图 8—7　资本所得税

①资本供给很有弹性（这里是完全有弹性）。在没有资本所得税时，年利率是 6%，企业资本使用量为 400 亿美元。

②在资本所得税为 40%的情况下，供给曲线变为 KS＋税收。年利率上升至 10%。③企业支付了全部税收。资本使用量小于有效率的数量，所以④产生了无谓损失。

土地所得税或其他独特资源税

每一片土地以及矿产或其他自然资源的储备都是独一无二的。因此，其供给是完全没有弹性的。无论使用租金为多少，供给量总是为某一个固定的资源数量。

关注美国国会

谁来承担税收?

国会宣称雇主和员工缴纳了等量的社会保障税收款（2009 年两者各为 7.65%），但是劳动力的需求弹性要大于供给弹性，工人们最终支付了大部分的社会保障税。

相似地，因为劳动力的需求弹性要大于供给弹性，所以工资所得税主要由工人支付。相反的是，资本所得税主要由借入者承担，因为资本供给是非常有弹性的。

但是国会的行为可以影响由谁来交税，比如，通过一部不影响差额的税法（或退税法）。近来国会已经颁布了这样一部法律。

在 2009 年 2 月 17 日，总统签署了《美国恢复和再投资法案》（American Recovery and Reinvestment Act）。在该法案的众多条款中，有一条是关于分别对单身工人 400 美元和一对夫妇 800 美元给予课税扣除的“劳有所得”（Making Work Pay）规定。

课税扣除是支付的个人所得税中一笔固定的扣除数（在此案例中是 400 美元）。对大多数人来说，课税扣除对他们的劳动供给并无影响，不管他或她工作了多少个小时，该工人所得到的课税扣除数总是 400 美元。课税扣除并不影响工作时长选择。

影响工作时长选择的是税后小时工资率，而且它取决于边际所得税率。

下面这幅图描绘了课税扣除的效应。此图与图 8—6 相似。20%的所得税率使劳动力供给曲线从 *LS* 移到 *LS*＋税收。劳动力需求曲线为 *LD*，20%的税使得税前工资率每小时增加了 1～20 美元，使税后工资率每小时降低了 3～16 美元，而且使平均一星期工作时间从 40 小时减少至 35 小时。在没有退税的情况下，工人承担 75%的税额，雇主承担 25%的税额。

假定国会现在通过了一项关于给予工人每周 30 美元税款退还的法案。该退税法案对劳动力供给不会产生影响，因为它不是按工作的每小时退税的，而是独立于工作的每小时的一个固定数额。现在工人只需支付 68%的税额，雇主支付 32%。国会已经改变了弹性的大小。

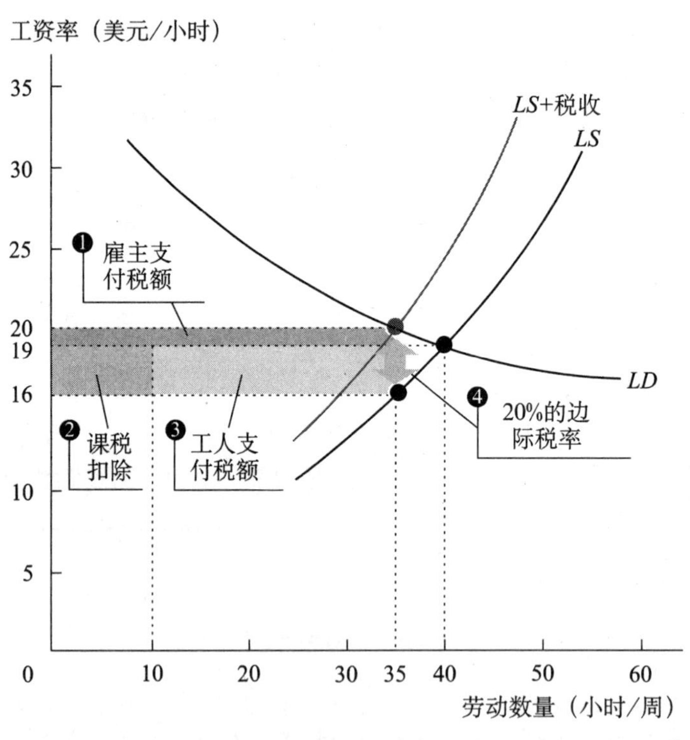

图 8—8（a）显示了土地所得税。在本例中，无论租金多高，土地的供给量都为固定的 2 500 亿英亩。土地的均衡数量纯粹由供给决定，均衡租金则由土地需求决定。在本例中，均衡租金为 1 000 美元/英亩。

如果对租金收入征税 40%，则地主将支付全部税款。他们的税后收入降至每英亩 600 美元。这种税收是有效率的，因为所使用的土地均衡数量和无税情况下的数量是一样的。这种税收不会产生无谓损失（过度负担），从效率的眼光看，它是理想的。

应用于土地所得税的原理也可以应用于其他供给完全无弹性的任何独特资源。这种资源的一个例子便是某位极为杰出的影星或电视人的才华。

图 8—8（b）说明了这一情形。假定奥普拉·温弗瑞（Oprah Winfrey）愿意每周工作 24 小时来制作和出演节目。她的服务供给在这一数量上是完全没有弹性的。电视网络对她的服务有所竞争，这条需求曲线反映了它们对其服务愿意支付的价格。均衡价格为 25 万美元/小时。如果奥普拉对这笔收入支付 40%的税，她所得到的税后收入为 15 万美元/小时。奥普拉支付了全部税收，电视网络部门支付的价格没有受到这笔税收的影响，而奥普拉所进行的电视节目秀所用的时间与无税情况下用的时间是一样的，因此，这种税收没有造成无谓损失（过度负担）。

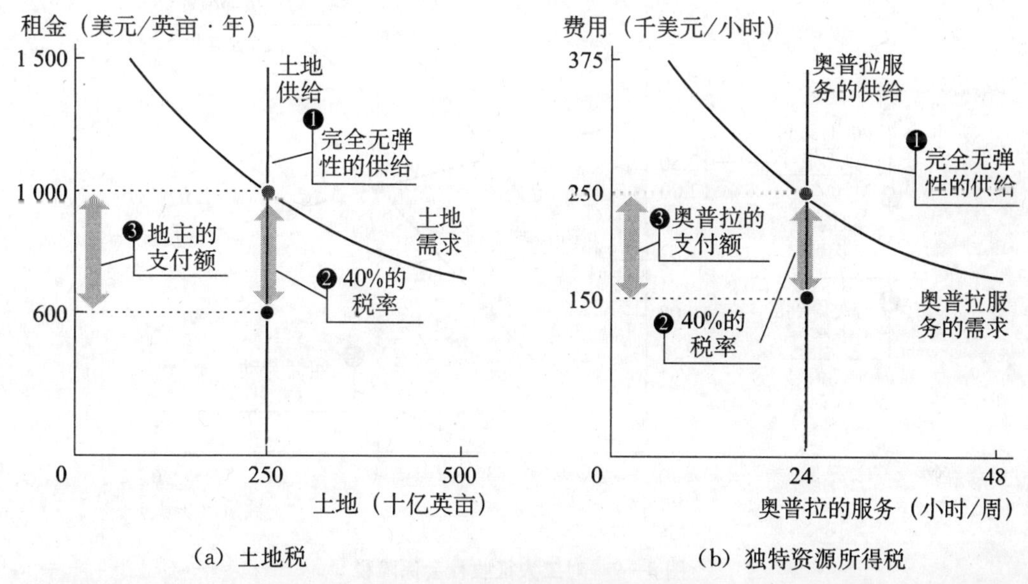

图 8—8　土地和其他独特资源所得税

①在土地和奥普拉·温弗瑞服务的市场中，供给是十分缺乏弹性的（这里是完全无弹性的）。②在对其资源收入征税 40%的情况下，均衡供给量和市场价格均保持不变，③地主以及奥普拉支付了全部税款。因为资源使用量没有发生变化，所以税收是有效率的。

□ 8.2.3　社会保障税

社会保障一直以来都是新闻媒体关注的重点。随着人口趋于老龄化，越来越多的人开始接受社会保障福利，“重建社会保障”的呼声只能越发高涨，日益增长的开支问题必须提上议程。

在美国解决社会保障问题的一个可行方案是改变权利并缩减开支。但是该方案不太受欢迎，实施的可能性很小。另一个可能就是增加社会保障税。

现行的做法是法律要求社会保障税在工人和雇主之间平均地分摊。然而，这一结果真的会出现吗？如果国会决定增加社会保障税，国会能只针对雇主而保护工人吗？

就像你在本章学习的其他税种，社会保障税的税负分摊取决于劳动力市场的需求弹性和供给弹性，而并非国会的意愿。为了确认这种说法，我们先来看看两种不同的社会保障税安排：首先，只对工人征税；其次，只对雇主征税。

对工人征收的社会保障税

图 8—9 显示了当法律规定工人必须支付全部社会保障税时的效应。在没有税收的情况下，工资率是 12 美元/小时，雇佣人数为 4 000 人。假定政府推行对工人征收 20%的社会保障税，如果 4 000 人愿意在小时工资为 12 美元时工作，那么仅当人们税后每小时能赚 12 美元时，他们才愿意供应同等数量的劳动。

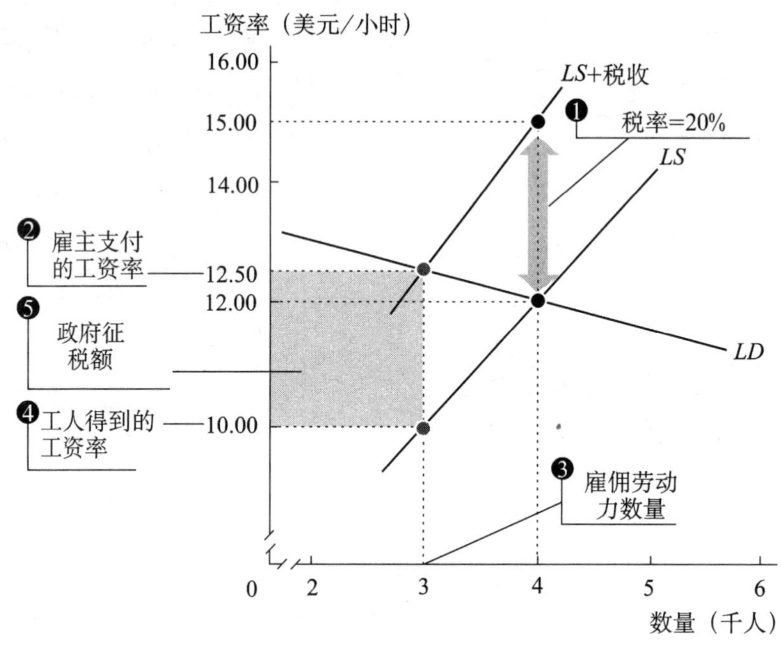

图 8—9　对工人征收社会保障税

在无税时，当工资率为每小时 12 美元时，有 4 000 名工人就业。
①对工人征收 20%的社会保障税使得供给曲线平移至 LS+税收。
②雇主所支付的工资率上升至 12.5 美元/小时，即上升了 50 美分/小时。
③所雇用的劳动力数量降至 3 000 人。
④工人得到 10 美元/小时的工资率，降低了 2 美元/小时。
⑤政府的税收收入用灰色矩形表示。
工人支付了绝大部分的税收，因为劳动力供给比劳动力需求更缺乏弹性。

当税率为 20%时，15 美元/小时的税前工资率才会使得出现税后工资率为每小时 12 美元时的劳动力供给量。（验证一下：15 美元的 20%为 3 美元，所以，税后工资率为 12 美元/小时。）劳动力供给曲线平移至以 *LS*+税收表示的曲线——劳动力供给减少。

新的均衡工资率上升至 12.5 美元/小时，就业数量为 3 000 人。工人获得 12.5 美元/小时的工资率再减去 20%的税收，等于 10 美元/小时。（验证一下：2.5 美元等于 12.5 美元的 20%或者 1/5。）

因此，政府推出对工人的社会保障税时，雇主支付了 50 美分/小时，工人支付了 2 美元/小时。之所以出现如此的税负分摊，是因为劳动力需求比劳动力供给更具弹性。

对雇主征收社会保障税

图 8—10 显示了对雇主征收社会保障税所产生的效应。和从前一样，在无税的情况下，均衡工资率为 12 美元/小时，4 000 人就业。在税收为 2.5 美元/小时时，企业在 12 美元/小时的工资率上不再愿意雇用 4 000 人。因为它们必须向政府缴纳 2.5 美元/小时的税款，它们在工资率为 12 美元/小时减去 2.5 美元/小时即 9.5 美元/小时时才愿意雇用 4 000 名员工。

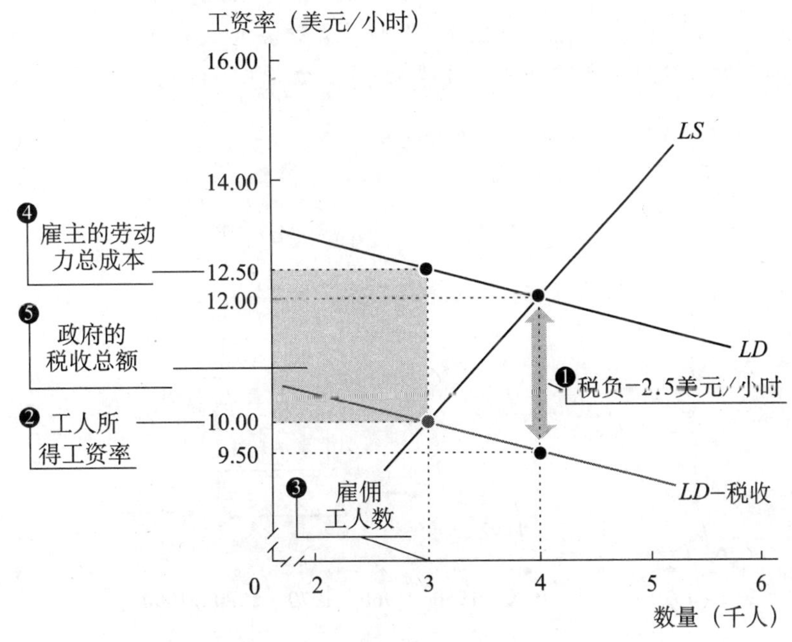

图 8—10　对雇主征收社会保障税

在无税时，在 12 美元/小时的工资率上有 4 000 名工人就业。
①对雇主征税 2.5 美元/小时使得需求曲线移至 *LD*−税收。
②工资率降至 10 美元/小时，下降了 2 美元/小时。
③劳动力就业量降至 3 000 名工人。
④雇主每小时的劳动力总成本上升至 12.5 美元/小时——10 美元/小时的工资率加上 2.5 美元/小时的税。
⑤政府的税收收入用灰色矩形表示。

劳动力需求减少，劳动力需求曲线平移至 *LD*−税收，均衡工资率降至 10 美元/小时，3 000 人就业。企业的劳动力总成本为 12.5 美元/小时，即 10 美元/小时的工资率加上 2.5 美元/小时的税。

对雇主征税产生的结果与对工人征税产生的结果一样。工人得到了相同的扣税后的实得工资，企业支付了相同的总工资。为此，国会不能决定该由谁支付社会保障税。一旦国会的法律和经济法则相互冲突，经济学就会取胜，因为国会不能废除供需法则！

关注过去

美国所得税的起源和历史

1861 年　首次征收联邦所得税——对年收入 800 美元以上的所有收入征收 3%的所

得税。

1872 年　所得税被废止（进口关税提供了政府税收收入的来源）。

1895 年　再次建立所得税，但却被最高法院裁定为违反了宪法。

1913 年　对宪法的第 16 次修订使得联邦所得税成为合法的。

1913—2009 年　税率变动。1920 年以前最高税率一直在增长，但在 20 世纪 20 年代期间是下降的，然后又一直增加到 1945 年，自此经过一些步骤而下降至今天的 35%的税率。

20 世纪 40 年代之前最低税率保持在 5%以下，之后它提高到 20%。1963 年它又开始减少，从那以后，税率一直在 10%～15%之间波动（见下图）。

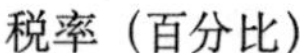

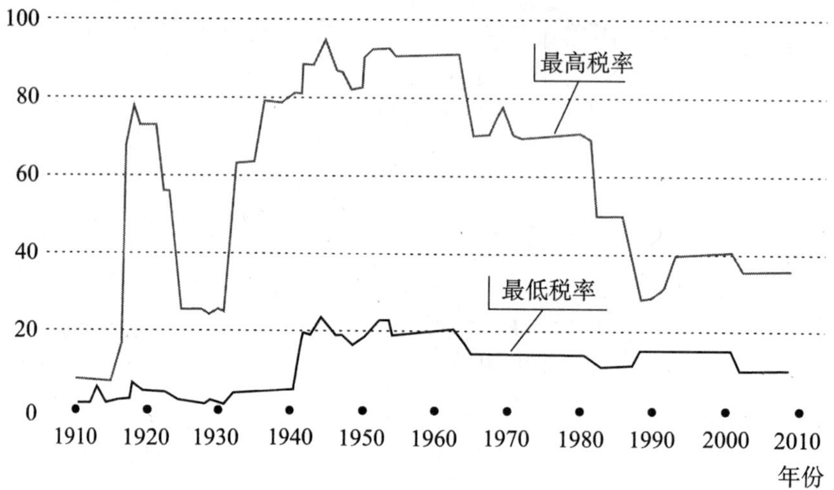

资料来源：Congressional Joint Committee on Taxation.

关注你的生活

税收自由日

税收协会是一个致力于促进一种尽可能简单、透明而又稳定的税收系统的组织，同时这种税收系统可以促进贸易和收入增长。

每年，为了使税收尽可能透明化，税收协会都会计算和宣传“税收自由日”——平均而言，一个普通美国公民从年初工作到这一天才足够支付一年的税收。

2009 年，“税收自由日”对美国人而言被定在 4 月 13 日——这一年的第 103 天。

2009 年美国人必须工作 103 天来支付税收，拆分为以下税种：

个人所得税	38 天
社会保障税	27 天
销售税和消费税	16 天
企业所得税	6 天
财产税	12 天
其他税	4 天

为了计算出你自己的"税收自由日"，你得记录今年自己要纳的税额，计算出这个税额占整年收入的比重，然后你就可以找到这些税额所代表的天数了（占365天的比例）。

如果你认为美国的税收太高了，请再思考一下。

这里是2008年其他一些国家的"税收自由日"：

英国	6月2日
加拿大	6月6日
比利时	6月8日
德国	7月8日
瑞典	7月29日

在世界上的大多数国家，只有澳大利亚和美国的税收自由日是相似的。在澳大利亚，在2008年他们要到4月22日收入才足以支付完一年的税收。

"税收自由日"是令我们对高额税收引起关注的一种重要方式，然而正是高额边际税收导致无效率的。

检查站8.2 **解释所得税和社会保障税如何改变工资率和就业，如何由雇主和工人分摊，以及如何导致无效率。**

现实问题

1. 佛罗里达州征收以下税：5.5%的企业所得税；6%的销售税；4美分的汽油消费税；每包33.9美分的香烟消费税；每加仑48美分的啤酒消费税；每加仑2.25美元的酒消费税；每个县征收的财产税不同，从财产价值的1.4%到2%不等。把佛罗里达州这些税区分为累进税、比例率和累退税。

2. 解释为什么泰格·伍兹缴纳了他自己的社会保障税，而职业高尔夫协会（PGA）没缴纳一点税。

3. 哪一种税收更没有效率，是土地租金税还是资本所得税？为什么？

4. 伊利诺伊州州长提议更广泛的税收增加。

由于面临着巨大的预算赤字压力，伊利诺伊州州长帕特里克·奎因（Patrick Quinn）提议40年来的最大幅度的税收增长，包括将个人所得税率提高50%。

资料来源：*The Wall Street Journal*，March 20，2009.

解释劳动所得税的增加如何改变雇用的劳动力数量、雇主支付的工资率、工人所得工资率以及无谓损失。税收增加额中是工人还是雇主将承担更大的比例？

参考答案

1. 如果征收更高税率是那些拥有更高财产价值的县，那么佛罗里达州的财产税是累进税。企业所得税不随收入增加而变化，因此，它是一种比例税。收入上升导致储蓄增加，所以，随着收入上升，作为收入一部分的支出在递减。对所有支出所征的税（销售税、汽油消费税、香烟消费税、啤酒消费税和酒消费税）都是累退税。

2. 泰格·伍兹缴纳了他自己的全部社会保障税，职业高尔夫协会（PGA）没有缴税。

这是因为泰格·伍兹的服务供给是（很有可能是）完全无弹性的。供需弹性决定着税负分摊。

3. 与土地租金税相比，资本所得税更没有效率。资本所得税对所使用的生产要素数量的影响更大。其道理是，土地供给完全无弹性，而资本的供给则是富有弹性。数量减少量越大，征税所造成的无谓损失就越大（过度负担），征税就越没有效率。

4. 对劳动所得征税不会改变劳动力的需求，但是会减少就业的劳动力数量。雇主支付的工资率会提高，工人得到的工资率会下降，无谓损失会增加。因为劳动力的需求是有弹性的，而供给是缺乏弹性的，税收增加额的大部分由工人承担了。

8.3 公平和大取舍

我们已经讨论了不同税收的分摊以及效率。这些话题占据了本章的绝大部分，是因为这些都是经济学所能讨论的有关税收的话题。但是，当政治领导人在争论税收问题时，公平是他们最为关注的东西而不是分摊和效率。民主党人抱怨共和党人的减税是不公平的，因为他们把降低税率的好处给了富人。而共和党人则反驳道，由于富人缴纳了税收的绝大部分，因此他们从减税中受益最大是公平的。有关税收公平性的问题没有现成的答案。经济学家提出了两种适用于税制公平但又相互冲突的原理。

- 收益原理
- 支付能力原理

□ 8.3.1 收益原理

收益原理（benefit principle）主张人们所缴纳的税收要等于他们从公共产品和服务中所得到的收益。这一安排是公平的，因为它意味着受益最大者纳税最多。它使得纳税与消费政府提供的服务同私人消费支付相类似。如果征税是基于收益原理，那么，享受最大收益的人就应该缴纳大部分税收。

为了实施这一收益原理，很有必要拥有某种客观的方法去度量每一个人消费政府提供的产品的边际收益，在没有这样一种度量方法的情况下，可以运用这一原理去评判不同税收的公平性。

例如，收益原理可以证明对汽油征以高税是公平的，我们用此税收支付扩建的公共高速公路。这里的论点是，对高速公路评价最高的、使用最多的人理应为建造高速公路支付大部分费用。同理，收益原理也可以证明对酒精饮料以及烟草制品征收高税的公平性。这里的观点是，那些可以吸烟和饮酒的大多数地方对公共健康服务造成了最大的负担，因此，它们就应该为提供这些东西支付更大比例的税收。

收益原理也可以用来证明征收累进税的公平性。这里的论点是，富人们因为生活在一个有法律和规则的安全环境里，得到了一个不成比例的大份额利益，因此他们应该为提供这些服务支付最大份额的税收。

□ 8.3.2 支付能力原理

支付能力原理（ability-to-pay principle）主张人们应该按照他们承受负担的能力纳税。富人比穷人更容易承受提供公共产品的负担，因此，富人应当比穷人缴纳更多的税收。支付能力原理包含了从以下两种角度来比较人群：水平的和垂直的。

水平平等

如果税收是基于支付能力原理，具有相同支付能力的纳税人应当支付等量税收，这种情形被称为**水平平等**（horizontal equity）。从原理上讲，很容易赞成这种水平平等，但在实践中，它却很难实施。如果两个人从任何一个方面讲都完全一样，水平平等就很容易应用。但是，我们如何去比较相似的但不是一样的人呢？每个人的支付能力的差异有时来自人们的健康状况的好坏以及某个人所承担的家庭责任的大小。一旦要考虑这些支付能力的差异性，便困难重重了。美国的所得税有许多特别减免以及其他规则，其目的就是实现水平平等。

垂直平等

如果水平比较很难实施，那么垂直比较就更不可能了。**垂直平等**（vertical equity）要求具有更大支付能力的纳税人承担更大份额的税收。这一定理可以很容易地翻译成以下要求——高收入者应当缴纳更高的税收。但是，税收究竟要随着收入上升多快，它则无力解释。税收应该和收入成比例吗？它们应当是累退的吗？还是它们应当是累进的？所有上述安排都是高收入者缴纳了更多的税收，所以，它们都满足了垂直平等的基本观点。然而，大多数人都有一个更为强烈的要求，即垂直平等的观点应该界定清楚富人缴纳更多税收的幅度为多大。

你已经知道，美国税法采用了累进税制——平均税率都随收入上升而上升。根据垂直平等原理，累进税可以被证明是公平的。但是，它们用于实现垂直平等时也产生了一个实现水平平等的问题。美国税法对单身个人和已婚夫妇的不同处理最为清楚地说明了这一问题。

□ 8.3.3 婚姻税收问题

一对已婚夫妇（或住在一起的两个人）应该被视为两个单独的纳税人还是一个纳税人？直到2003年美国税法做出了一些改变，规定一对已婚夫妇是一个单独的纳税人。这一安排意味着，当一位男子和一位女子结婚时，他们不再作为两个个人而是作为一个纳税人缴纳所得税。为了理解婚姻税收问题，假定税法（与美国相似）规定如下：没有扣除和减免，一年收入低于20 000美元的，不用纳税；收入超出20 000美元的，则缴纳10%的税。

现在想一想阿尔和朱迪这两个艰苦奋斗中的年轻的记者，每人一年赚2万美元。作为单个个人，他们谁都不需纳税。结婚后他们的收入增加到4万美元，因此他们一年需纳税2 000美元（20 000美元的10%）。他们的婚姻税就是2 000美元/年（本例比美国的婚姻税更重，但它仅作为说明问题的一个例子）。

我们可以对这一税法做一个简单的修改，以帮助阿尔和朱迪解决这一问题：对已婚夫妇按两个个人征税。在大多数国家都是如此做的，一些经济学家建议美国也应该这样做。如果我们对税法做了这样的修改，阿尔和朱迪结婚后与结婚前所缴纳的税收便一模一样了。于是，我们便解决了这一婚姻税问题。

对税法的这一小小改变可以清除不公平的源头。在我们得到上述结论之前，让我们想一想它对丹尼丝和弗兰克的影响。弗兰克是一位画家，他的作品卖不出去。他没有收入。丹尼丝是一位成功的艺术家，她的作品需求不断，她一年可赚 40 000 美元。作为两个独立的艺术家，弗兰克不用付税，丹尼丝一年付税 2 000 美元（20 000 美元的 10%）。如果他们结婚了，在现行税法——一对已婚夫妇按一个单个纳税人纳税——的安排下，他们依然纳税 2 000 美元。

现在把弗兰克和丹尼丝与阿尔和朱迪比较一下。如果我们对一对已婚夫妇只按一个单个纳税人征税，这两对夫妇一年都赚 40 000 美元的收入，均纳税 2 000 美元。但是，如果我们对他们都按单个个人征税，那么弗兰克和丹尼丝一年纳税 2 000 美元，而阿尔和朱迪则不用纳税。因此，哪一个是公平的呢？

水平平等要求对待弗兰克和丹尼丝要像对待阿尔和朱迪一样。对他们按夫妇而不是单个个人征税实现了这一结果。但是，这就对婚姻征了税，这又显得不公平。

这一问题产生于累进税。如果税收是比例税，这一问题便不会产生。由于水平平等与累进税是相互冲突的，因此，有人认为只有比例税才是公平的。

□ 8.3.4 大取舍

税收公平性问题和效率问题产生了冲突，并且导致了你在第 6 章已经学过的**大取舍**（big tradeoff）问题。产生最大无谓损失的税收是资本所得税。然而，大量资本被少数人所拥有，他们支付税收的能力最强。因此，这里在效率和公平之间便存在着冲突。我们希望我们的税制是有效率的，它能提高政府提供产品和服务所需的税收收入；但是，我们又希望，有一种税制能公平地分摊提供这些产品和服务的负担。我们的税制便是在这两大目标的冲突过程中达到某种进化中的妥协的。

检查站 8.3	评论有关税制公平的观点。

现实问题

1. 在中国香港，边际所得税率从 2%到 20%不等。中国香港比美国更强调支付能力原理吗？中国香港比美国更重视效率、更不重视公平吗？

2. 考虑征收苏打税来支付卫生保健。

参议员们正在考虑对苏打水和其他含糖饮品出台一项新的联邦税，因为加糖饮品会导致肥胖和糖尿病。这项税收将鼓励人们减少这类饮料的消费，从而节省医疗成本。

资料来源：*The Wall Street Journal*，May 12，2009.

参议员们会运用哪种公平原理来表明这项税收是公正的？

参考答案

1. 中国香港的所得税比美国更低，所以香港比美国更不重视支付能力原理。由于香港的所得税率比美国更低，所以香港比美国更强调效率，更不强调公平。

2. 这两种公平原理分别是收益原理和支付能力原理。如果参议员们利用这些税收收入来支付由于苏打水所花费的医疗成本，那么他们可以利用收益原理来证明这项税收是公平的。

本章总结

要点

1. 解释税收如何改变价格和数量，如何由买者和卖者分摊，以及如何导致无效率。
   - 税收对买者和卖者的效应是一样的。它提高了买者的支付价格，但降低了卖者所得到的价格。
   - 税收是在边际收益和边际成本之间的一个楔子，它导致了无谓损失。因此，税收是无效率的。
   - 需求越不具有弹性和供给越具有弹性，其价格上升得就越大，买者支付税收的份额就越大。
   - 如果需求是完全有弹性的，或者供给是完全无弹性的，那么卖者支付全部税收。
   - 如果需求是完全无弹性的，或者供给是完全有弹性的，那么买者支付全部税收。
2. 解释所得税和社会保障税如何改变工资率和就业，如何由雇主和工人分摊，以及如何导致无效率。
   - 税收可以是累进的（平均税率随收入上升而上升），可以是呈比例的（平均税率不变），也可以是累退的（平均税率随收入上升而下降）。
   - 美国的所得税是累进的。
   - 企业和家庭缴纳所得税的比例取决于生产要素的需求和供给弹性。
   - 是供需弹性而不是国会决定着谁支付所得税以及谁支付社会保障税。
   - 一种生产要素的需求或供给越具有弹性，税收的过度负担就越大。
3. 评论有关税制公平的观点。
   - 税收公平的两大主要原理是收益原理和支付能力原理。它们并不会产生普遍接受的公平标准，垂直平等和水平平等可能会产生冲突。

关键术语

支付能力原理	水平平等	累退税
平均税率	边际税率	应纳税收入
收益原理	累进税	税负分摊
过度负担	比例税	垂直平等

本章检查站

学习计划中的问题与应用

1. 在佛罗里达州，遮阳窗帘和太阳镜是非常重要的东西。如果对这些东西的税率翻一番，从5.5%到11%，谁将支付大部分增长的销售税呢，是买者还是卖者？税收增加会使得遮阳窗帘和太阳镜的购买量减少一半吗？

表 1 显示了互联网服务市场。利用表 1 和需求—供给图回答问题 2 和 3。

表 1

价格（美元/月）	需求量	供给量
	（单位/月）	
0	30	0
10	25	10
20	20	20
30	15	30
40	10	40
50	5	50
60	0	60

2. 某一互联网服务的市场价格为多少？如果政府对互联网服务征收 15 美元/月的税收，购买互联网服务的人要支付多高的价格？互联网服务的供应商得到了什么价格？

3. 如果政府对互联网服务征收 15 美元/月的税收，购买者还是供应商缴纳了更多的税收？政府所得到的税收收入为多少？过度负担是多大？该税是比例税、累进税还是累退税？

图 1 说明了一个没有征收劳动所得税的国家的劳动力市场。假定政府推行对工人征收 2 美元/小时的社会保障税，利用该信息回答问题 4 和 5。

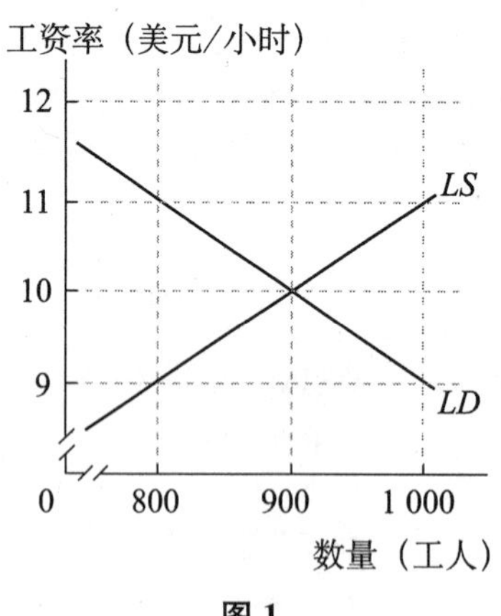

图 1

4. 雇佣工人数量是多少？雇主支付的工资率是多少？工人所得的税后工资率是多少？有多少工人要失业了？

5. 如果政府将社会保障税平摊在工人和雇主身上，雇佣工人数量是多少？雇主支付的工资率是多少？工人所得的税后工资率是多少？

6. 假定政府对咖啡征税 2 美元/杯，决定星巴克该涨价多少的因素是什么？咖啡店的销售数量会如何变化？这项税收会带来很多收入吗？

政府担心汽油价格上涨引起政治支持率下跌，于是决定减少汽油税。利用该信息回答问题 7 和 8。

7. 如果与此同时，石油生产国加大产量，说明减少汽油税对汽油价格和汽油购买量所带来的效应。

8. 如果与此同时，全球石油短缺导致价格上涨，说明减少汽油税对汽油价格和汽油购买量所带来的效应。

9. 降低汽油税的趋势。

联邦汽油税是 18.4 美分/加仑，而各大州的汽油税征收范围从 20 美分/加仑到 40 美分/加仑不等。因为驾驶员们纷纷转向节能汽车，因此联邦和州政府的汽油税收入将会下降。为了筹集修复基础设施的费用，一些州开始考虑放弃征收汽油税，而改为征收里程税，可能是 2.3 美分/英里。

资料来源：CNNMoney，June 9，2009.

里程税与汽油税在对高油耗汽车车主和低油耗混合汽车车主的影响方面有什么不同？哪种税更为公平，里程税还是汽油税？

□ 教师可布置的问题与应用

利用下列信息回答问题 1 和 2。

在 2002 年，纽约州将香烟税提高了 39 美分/包，升至 1.50 美元/包。随后纽约市将香烟税从 8 美分/包提高到 1.50 美元/包。总税额增加到 3 美元/包，这些税导致香烟价格上涨到 7.50 美元/包——这在美国是最高的。烟民的平均收入要少于非烟民的平均收入。

1. 画图来说明 3 美元税收对买者价格、卖者价格、香烟购买量、税收总额、消费者剩余、生产者剩余以及过度负担的影响。是买者还是卖者支付更多的税收份额？为什么？

2. 对香烟征的税是累进税、累退税还是比例税？

利用下列信息回答问题 3 和 4。

豪华游船的供给是完全有弹性的，豪华游船的需求则为单位弹性。在征税之前，一条豪华游船的价格为 100 万美元，每周成交 240 条豪华游船。现在政府决定对豪华游船征收 20% 的税收。

3. 征税之后，豪华游船的买者支付什么价格？豪华游船的买者和卖者分别承担了多少税收？政府获得多少税收收入？

4. 画图表明这一税收的过度负担为多少。这一税收有效率吗？它公平吗？

5. 图 1 表明了巧克力棒的供需情况。假定政府对巧克力棒征税 1.5 美元/条。巧克力棒的购买量会如何变化？谁支付了大部分税收？无谓损失是多少？

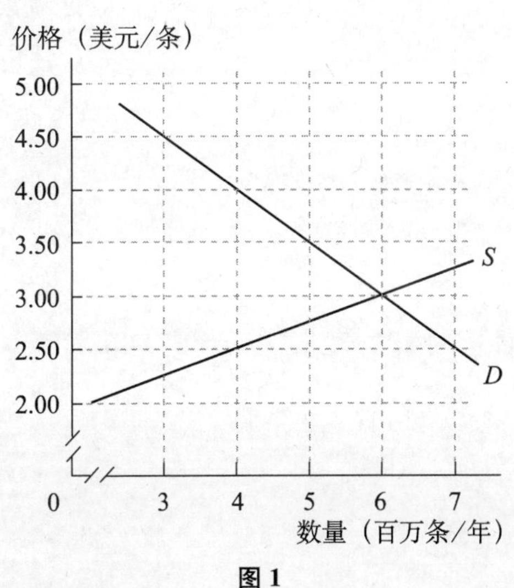

图 1

6. 拉里赚 25 000 美元，付税 2 500 美元，而苏茨赚 50 000 美元，付税 15 000 美元。如果拉里的收入上升 100 美元，他的税收将增加 12 美元。但是，如果苏茨的收入上升 100 美元，她的税收将增加 35 美元。计算拉里和苏茨支付的平均税率和边际税率。这种所得税公平吗？请解释。

7. 面包师一小时赚 10 美元，气泵维修员一小时赚 6 美元，复印机店工人一小时赚 7 美元。如果政府推出 1 美元/小时的所得税，计算出面包师、气泵维修员、复印机店工人的边际税率。这一税收是累进税还是累退税？

利用下列信息回答问题 8 和 9。

对旅行者的征税在加重

旅行者们常常抱怨航班的晚点和低质量的服务，但是他们似乎对飞行、汽车租赁以及旅店的税收的增加并不怎么恼火。税收使得在机场附近的每辆出租车的费用平均上升了 28%，甚至更多。

据报道，更多的大都市对机场租赁顾客征税，是为了筹集资金以便建设当地场馆，比如体育馆和会展中心。

资料来源：*The New York Times*，April 10，2007.

8. 请描述这些大都市的税收对机场汽车租赁的影响。你认为谁支付了更多的税，是乘客还是汽车公司？

9. 为什么你认为大都市对旅行者购买的东西征税是一种筹集建设当地场馆设施费用的方式？

利用下列信息回答问题 10～12。

美国维尔京群岛政府寻求你的帮助，来评价两种税收方案。在方案 A 中，对食物不征税，对奢侈品征收 10%的税，对所有其他商品征收 5%的税。在方案 B 中，对所有商品和服务征收统一 3%的税。

10. 政府希望你能解释需要做些什么研究并解释在两种不同的方案下，食物、奢侈品和其他商品的哪些特征将影响这些商品的价格和数量。

11. 如果两种税收方案产生相同的税收收入，哪一种征税方案更具效率呢？

12. 政府希望你能解释需要做些什么研究并解释在两种不同的方案下，食物、奢侈品和其他商品的哪些特征将影响税收的过度负担。

利用下列信息回答问题 13 和 14。

研究表明，税收减让使富人受益最多

一项关于 2001 年国会实施的布什减税计划的研究表明，尽管税收减让使得每个收入层次的公民的税率都降低了，但是拥有最高收入的 1%的人群获得了最大的减税利益。

资料来源：*The New York Times*，January 8，2007.

13. 需要对高工资的劳动力和资本的供需弹性做出哪些假设才能与这一估计一致？你还需要知道关于供给、需求以及市场结果的哪些情况来证实这一结论？

14. 如果这一估计是对的，这样的结果可能是有效率的吗？依照标准的公平原则，这样的结果是公平的吗？

15. 人头税是对每人征收的固定量。20 世纪 80 年代英国撒切尔夫人推出了人头税。

● 人头税是累进税、累退税还是比例税？

● 你认为人头税和销售税的效果如何不同？

● 你认为人头税有效率吗？公平吗？解释为什么。

16. 400 个最富裕美国人的公平税收？

美国国内税务署（U. S. Internal Revenue Service，IRS）报告称，2006 年 400 个最富有的纳税人仅支付了他们在联邦所得税中应纳税收入的 17.2%，占联邦最高所得税率 35%的一半还不到。报告还强调说这 400 个纳税人的 65%的应纳税收入由资本收益和红利构成，其税率是 15%。

资料来源：ataxingmatter，January 31，2009.

● 为什么资本收益和红利不以 35%的税率征收？

● 增加资本收益和红利的税收会对资本数量和资本市场的效率产生什么影响？

第 9 章

运作中的全球市场

全球化中谁赢谁输?

你购买的许多商品并不是在美国生产的，iPod、Wii 游戏机和耐克鞋是这些商品中的三种。为什么我们不在国内生产这些商品，并以此创造更多的就业机会呢？

本章要点

学完本章，你将能够：

1. 解释市场如何受国际贸易影响。
2. 分析国际贸易所得及其赢家和输家。
3. 解释国际贸易壁垒的影响。
4. 解释和评价用来支持限制国际贸易的各种论点。

9.1 全球市场如何运作

由于我们和其他国家的人们进行贸易，我们购买和消费的货物与劳务不仅仅限于我们自己所生产的。我们从其他国家的企业那里购买的货物与劳务称为我们的**进口**（imports）；我们卖给其他国家人们的货物与劳务称为我们的**出口**（exports）。

□ 9.1.1 当今的国际贸易

当今全球贸易额巨大。2009 年，全球出口与进口（这两个数字相同，因为一个国家的出口就是另一个国家的进口）大约为 15 万亿美元，占全球生产价值的 27%。美国是世界最大的国际贸易国，出口占世界出口的 10%，进口占世界进口的 15%。德国与中国分别排第 2 位与第 3 位，但它们与美国相比，仍有较大差距。

2009 年，美国总出口为 1.5 万亿美元，大约占美国生产价值的 11%。美国总进口为 1.9 万亿美元，大约占美国总支出价值的 13%。

美国既有货物贸易，也有服务贸易。2009 年，服务出口为 0.5 万亿美元（占总出口的 33%），服务进口为 0.4 万亿美元（占总进口的 21%）。

美国最大的出口是服务，例如，银行、保险、商业咨询以及其他私人服务。美国最大的货物出口是飞机，最大的货物进口是原油与汽车。“关注美国经济”专栏更为详细地介绍了美国十大出口与进口情况。

□ 9.1.2 什么因素驱动国际贸易？

比较优势（comparative advantage）是驱动国际贸易的基本力量。我们在第 3 章将比较优势定义为，个人能够以比别人更低的机会成本进行一项活动或生产一种货物或提供服务的能力。相同的定义方法可以应用到国家层面。我们定义**国家比较优势**（national comparative advantage）为，一个国家能够以比其他任何国家更低的机会成本进行一项活动或生产一种货物或提供服务的能力。

在中国生产一件 T 恤衫的机会成本低于美国，所以中国具有生产 T 恤衫的比较优势。在美国生产飞机的机会成本低于中国，因此美国具有生产飞机的比较优势。

在第 3 章你看到，利兹和乔如何专门生产自己具有比较优势的产品然后从相互贸易中获益。两者都比贸易前更好。这个道理同样适用于各国之间的贸易。由于中国生产 T 恤衫有比较优势，美国生产飞机有比较优势，因此，两国的人民可从各自的专业化和贸易中获益。中国可以从美国以比中国自己生产花费更低的机会成本购买飞机。而美国可以从中国以比美国自己生产花费更低的机会成本购买 T 恤衫。此外，通过国际贸易，中国生产商能以更高的价格卖出它们的 T 恤衫，而波音公司能以更高的价格卖出其飞机。可见，两国都从国际贸易中获益。

通过分析全球市场中的 T 恤衫和飞机的需求与供给，现在我们从刚才的描述中来阐述贸易的收益。

关注美国经济

美国的出口与进口

下图（a）中的灰色条块表示美国前十位的出口情况，图（b）中的灰色条块表示美国前十位的进口情况。图中绘出的是净出口和净进口的值，因为我们出口并同时进口绝大多数种类的商品。

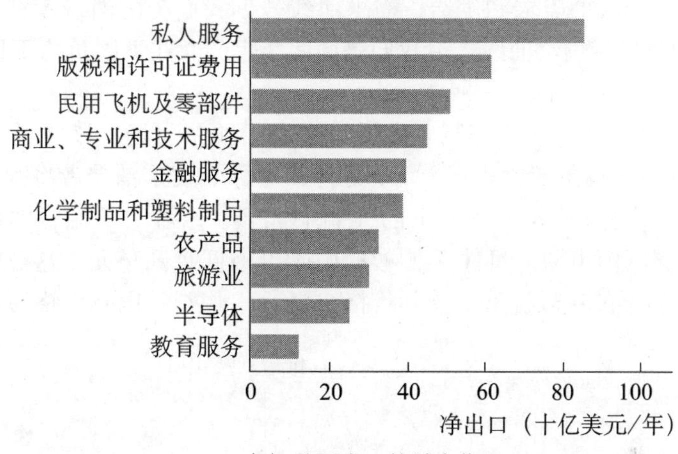

（a）美国出口的前十位

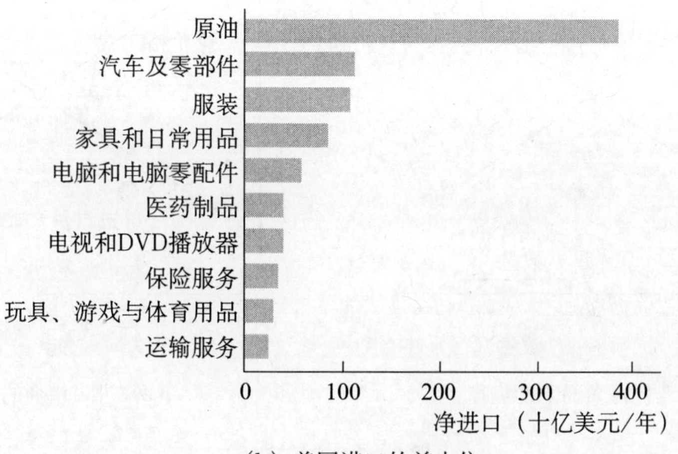

（b）美国进口的前十位

资料来源：Bureau of Economic Analysis.

前十位出口中有6类是服务业，包括私人服务（例如，谷歌为欧洲运动服生产厂商阿迪达斯所做的销售广告），版税和许可证费用（例如，好莱坞电影制作人向海外发行电影所收取的费用），商业、专业和技术服务，金融服务，旅游业（例如，英格兰游客到佛罗里达度假的花费），以及教育服务（在美国学院和大学的外国学生）等。

汽车和汽车燃料是美国最大的进口商品。美国也进口大量的服装、家具和日常用品、电视和 DVD 播放器以及电脑和电脑零配件。保险及运输服务也在美国前十位进口之列。

虽然美国进口大量的电脑，但美国也出口很多这些计算机内的半导体（计算机芯片）。联想笔记本电脑中的英特尔芯片在中国生产然后输入到美国，就是一个例子。该芯片也曾在美国生产，然后出口到中国。

□ 9.1.3 为什么美国进口 T 恤衫

图 9—1 说明了 T 恤衫国际贸易所产生的影响。需求曲线 D_{US} 和供给曲线 S_{US} 分别表示美国国内市场该产品的需求和供给。需求曲线告诉我们美国消费者在不同价格下愿意购买的 T 恤衫的数量。供给曲线告诉我们美国服装生产商在不同价格下愿意卖出的 T 恤衫的数量。

图 9—1（a）描述了在没有国际贸易下的美国 T 恤衫市场。该 T 恤衫的价格是 8 美元/件，美国服装生产商每年将生产 4 000 万件 T 恤衫，美国消费者将购买这些 T 恤衫。

图 9—1（b）描述了在国际贸易下的 T 恤衫市场。现在，T 恤衫的价格取决于世界市场，而不是美国国内市场。每件 T 恤衫的国际价格低于 8 美元，这意味着，世界其他地方具有生产 T 恤衫的比较优势。国际价格线表示 T 恤衫的国际价格为 5 美元/件。

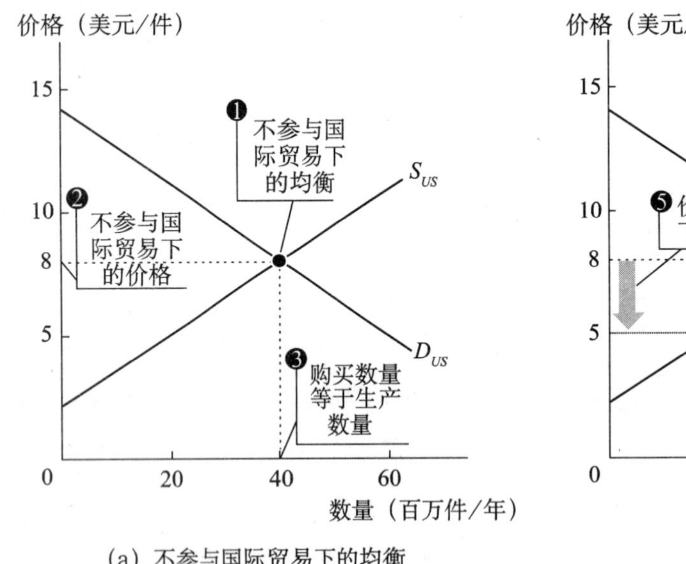

图 9—1　进口市场

图（a）表示没有国际贸易，①国内需求和国内供给决定②T 恤衫的均衡价格为每件 8 美元，③均衡数量为每年 4 000 万件。

图（b）表示参与国际贸易，世界需求和世界供给决定④国际价格——每件 T 恤衫 5 美元。⑤市场价格降到每件 5 美元。⑥国内购买量增长到每年 6 000 万件，⑦国内产量下降到每年 2 000 万件。⑧每年进口 T 恤衫 4 000 万件。

美国的需求曲线 D_{US} 显示，每件 T 恤衫 5 美元，美国消费者一年将买 6 000 万件 T 恤衫。美国的供给曲线 S_{US} 显示，每件 T 恤衫 5 美元，美国服装生产商一年将生产 2 000 万件 T 恤衫。当美国只生产 2 000 万件 T 恤衫而要购买 6 000 万件 T 恤衫时，美国需要从世界其他地方进口 T 恤衫。每年进口 4 000 万件 T 恤衫。

□ 9.1.4 为什么美国出口飞机

图 9—2 说明了飞机国际贸易所产生的影响。需求曲线 D_{US} 和供给曲线 S_{US} 分别表示美国国内市场该产品的需求和供给。需求曲线告诉我们美国航空公司在不同价格下愿意购买的飞机数量。供给曲线告诉我们美国飞机制造商在不同价格下愿意卖出的飞机数量。

图 9—2（a）描述了在没有国际贸易下美国飞机市场的情况。每架飞机的价格为 1 亿美元，美国飞机制造商每年生产 400 架飞机，美国航空公司购买这些飞机。

图 9—2（b）描述了在国际贸易下美国飞机市场的情况。现在，飞机的价格取决于世界市场，而不是美国国内市场。飞机的国际价格高于 1 亿美元/架，这意味着美国具有生产飞机的比较优势。国际价格线显示飞机的国际价格为 1.5 亿美元/架。

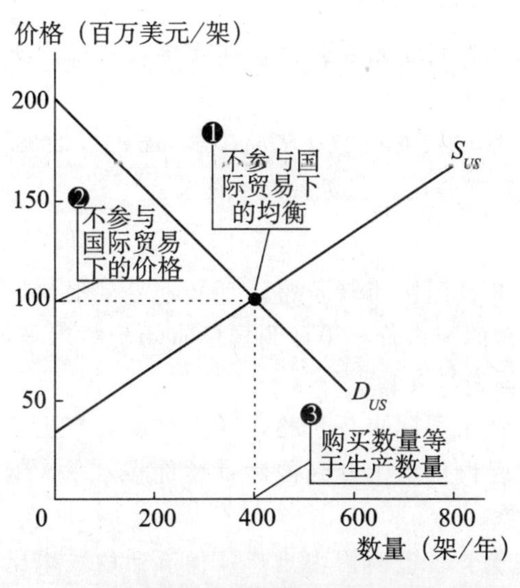

（a）不参与国际贸易下的均衡

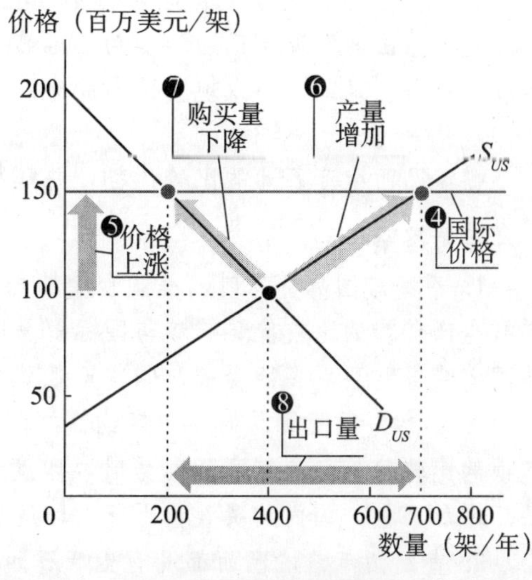

（b）出口市场的均衡

图 9—2 出口市场

图（a）表示没有国际贸易，①国内需求和国内供给决定②飞机的均衡价格为每架 1 亿美元，③均衡数量为每年 400 架。

图（b）表示参与国际贸易，世界需求和世界供给决定④国际价格——每架飞机 1.5 亿美元。⑤价格上涨。⑥国内产量增加到每年 700 架，⑦国内购买量下降到每年 200 架。⑧每年出口飞机 500 架。

美国的需求曲线 D_{US} 告诉我们，每架飞机 1.5 亿美元，美国的航空公司一年将购买 200 架飞机。美国的供给曲线 S_{US} 告诉我们，每架飞机 1.5 亿美元，美国飞机制造商一年将生产 700 架飞机。美国生产的飞机数量（700 架/年）减去美国航空公司购买的飞机数量（200 架/年），就是美国出口飞机的数量，即一年出口 500 架飞机。

检查站 9.1	解释市场如何受国际贸易影响。

现实问题

1. 假定食糖的国际市场价格是每磅 10 美分，美国没有参与国际贸易，国内食糖的均衡价格是每磅 20 美分。美国开始参与国际贸易。

- 美国的食糖价格会怎样变化?
- 美国的消费者会购买更多还是更少的食糖?
- 美国的食糖厂商会生产更多还是更少的食糖?
- 美国会出口还是进口食糖?

2. 假定钢铁的国际市场价格是每吨 100 美元，印度不参与国际贸易，印度国内钢铁的均衡价格是每吨 60 美元。印度开始参与国际贸易。

- 印度的钢铁价格会怎样变化?
- 印度生产的钢铁数量会怎样变化?
- 印度购买的钢铁数量会怎样变化?
- 印度会出口还是进口钢铁?

3. 水下石油的发现使得巴西转变为出口大国。

巨大油田的发现使巴西转变为石油出口大国。直到两年前，巴西还在进口石油，之后能够自给自足。这个发现让巴西成为石油出口大国。

资料来源：*The New York Times*，January 11，2008.

描述巴西生产石油的比较优势，并解释为什么它的比较优势会发生变化。

参考答案

1. 不参与国际贸易时，美国食糖的国内价格超过国际市场价格，可知世界其他地区具有生产食糖的比较优势。参与国际贸易时，食糖的国内价格下降到国际市场价格水平，美国消费者购买更多的食糖，国内产量减少。美国进口食糖。

2. 不参与国际贸易时，印度钢铁的国内价格低于国际市场价格，可知印度具有生产钢铁的比较优势。参与国际贸易时，印度钢铁的国内价格上升到国际市场价格水平，钢铁厂增加产量，国内购买数量下降。印度出口钢铁。

3. 直到两年前，巴西都没有生产石油的比较优势。巴西国内生产每桶石油的成本比国际市场价格高，所以巴西进口石油。新油田的发现使其生产每桶石油的成本低于国际市场价格。现在巴西具有生产石油的比较优势，它将成为一个石油出口国。

9.2 赢家、输家和贸易的收益净额

你已经看到国际贸易如何降低进口产品的价格和提高出口产品的价格。进口产品的购买者从降低的价格中受益，出口产品的销售者从上升的价格中受益。但是我们经常听到对国际竞争的抱怨：不是每个人都能从中受益。下面我们分析自由的国际贸易中谁赢谁输。然后，你将能够了解谁在抱怨国际竞争，以及抱怨的原因。

你还会看到，为什么我们从来没有听到进口商品的消费者抱怨，为什么我们从来没有听到出口商抱怨，除非他们想进入更多的国外市场。你还将了解为什么我们会听到生产者抱怨外国廉价进口品。

关注全球化

全球化中谁赢谁输?

经济学家通常认为，全球化带来的收益总体上大于损失。但是，有赢家和输家。

美国消费者是个大赢家。全球化使得在他们的商店能以更低的价买到 iPod、Wii 游戏机、耐克鞋，以及其他各种产品。

印度（以及中国和其他亚洲）的工人是另一个大赢家。全球化给他们带来了许多更有趣的工作和更高的工资。

美国（和欧洲）的纺织工人与家具制造商都是大输家。他们的工作已经消失，其中许多人在努力寻找新的就业机会，即使他们已经愿意接受减薪。

但是，最大的输家之一是非洲的农民。由于贸易限制导致全球食品市场的限制，以及美国和欧洲的农业补贴，全球化使得大部分非洲国家处于边缘地带。

□ 9.2.1 进口的收益与损失

通过分析进口对消费者剩余、生产者剩余和总剩余的影响，我们能够分析进口的收益与损失。剩余增加的就是赢家，剩余减少的就是输家。

图 9—3（a）表示不参与国际贸易的消费者剩余和生产者剩余。国内需求 D_{US} 和国内供给 S_{US} 决定价格和数量。浅灰色区域表示消费者剩余，深灰色区域表示生产者剩余。总剩余就是消费者剩余和生产者剩余的总和。

图 9—3（b）表示当开放市场开始进口后，这些剩余怎样改变。价格降低到国际市场价格，购买数量增加到国际市场价格水平下的需求数量，消费者剩余扩大到更大的浅灰色区域 $A+B+D$。产量减少到国际市场价格水平下的供给数量，生产者剩余缩小到更小的深灰色区域 C。

消费者剩余中增加的部分收益即区域 B 是生产者剩余的损失——总剩余的重新分配。但是消费者剩余中增加的另一部分即区域 D 就是净收益。总剩余中增加的这部分是进口的收益，由降低的价格和增加的购买量带来。

□ 9.2.2 出口的收益与损失

通过分析出口对消费者剩余、生产者剩余和总剩余的影响，我们来分析出口的收益与损失，像分析进口的损益一样。

图 9—4（a）表示不参与国际贸易时的消费者剩余和生产者剩余。国内需求 D_{US} 和国内供给 S_{US} 决定价格和数量。浅灰色区域表示消费者剩余，深灰色区域表示生产者剩余。二者之和就是总剩余。

图 9—4（b）表示出口商品后，消费者剩余和生产者剩余怎样改变。价格上升到国际市场价格，购买数量降低到国际市场价格水平下的需求数量，消费者剩余缩小到浅灰色区域 A。产量增加到国际市场价格水平下的供给数量，生产者剩余由深灰色区域 C 扩大到更大的深灰色区域 $B+C+D$。

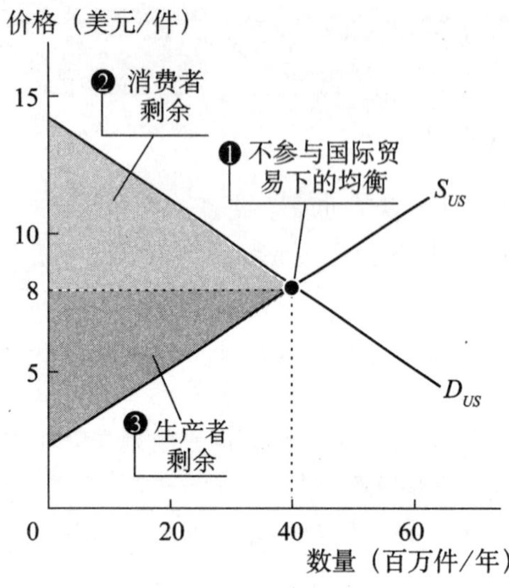

(a) 不参与国际贸易下的消费者剩余和生产者剩余

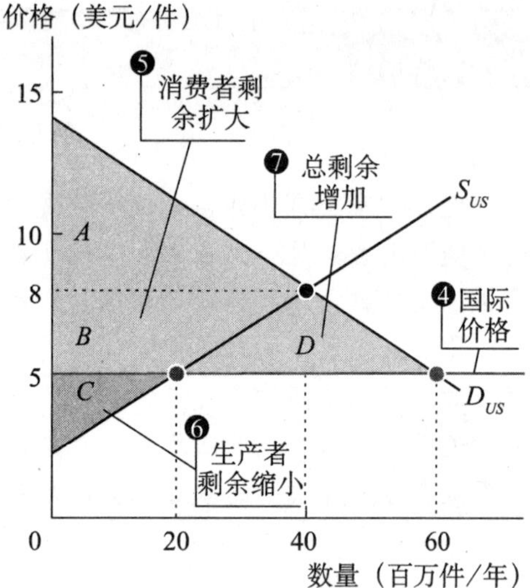

(b) 进口的收益和损失

图 9—3　进口给市场带来的收益与损失

图（a）表示没有国际贸易，①国内需求和国内供给曲线的交点决定均衡价格和均衡数量。②浅灰色区域表示消费者剩余，③深灰色区域表示生产者剩余。

图（b）表示参与国际贸易，价格跌至④国际价格。⑤消费者剩余扩大到区域 $A+B+D$。区域 B 是生产者转给消费者的剩余，⑥生产者剩余缩小到区域 C。⑦区域 D 是总剩余的增加。

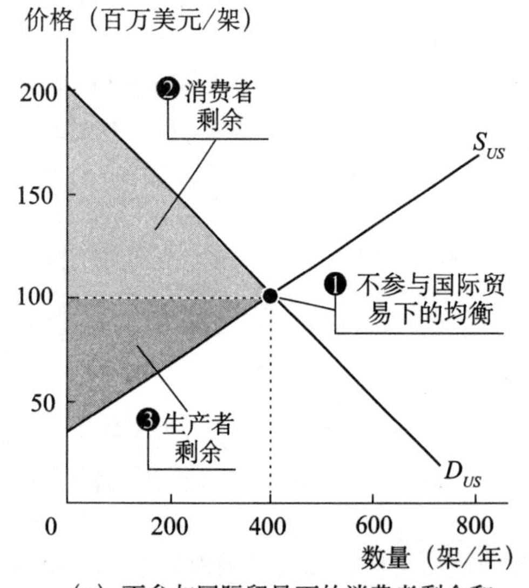

(a) 不参与国际贸易下的消费者剩余和生产者剩余

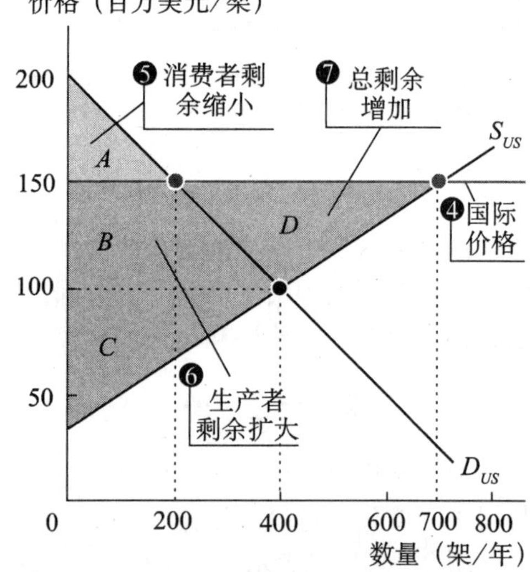

(b) 出口的收益和损失

图 9—4　出口给市场带来的收益与损失

图（a）表示没有国际贸易，①国内需求和国内供给曲线的交点决定均衡价格和均衡数量。②浅灰色区域表示消费者剩余，③深灰色区域表示生产者剩余。

图（b）表示参与国际贸易，价格上升至④国际价格。⑤消费者剩余缩小到区域 A。⑥生产者剩余扩大到区域 $B+C+D$。区域 B 是消费者转给生产者的剩余。⑦区域 D 是总剩余的增加。

生产者剩余中的部分收益即区域 B 是消费者剩余的损失——总剩余的重新分配。但是生产者剩余中增加的另一部分即区域 D 就是净收益。总剩余中增加的这部分是出口的收益，由上升的价格和增加的产量带来。

检查站 9.2　分析国际贸易所得及其赢家和输家。

现实问题

20 世纪 80 年代以前，中国没有国际贸易：煤炭和鞋子都是自给自足。当中国开放国际贸易后，煤炭的国际市场价格低于中国国内价格，而鞋子的国际市场价格高于其国内价格。利用这些信息回答问题 1～4。

1. 中国进口还是出口煤？在中国，谁将从煤炭的国际贸易中获益而谁会受损？中国是否从这个煤炭贸易中获益？

2. 画一个图来说明中国参与国际贸易以前和之后的煤炭市场，并在图中表明煤炭国际贸易中的收益、损失和净收益或净损失。

3. 中国进口还是出口鞋？在中国，谁将从鞋的国际贸易中获益而谁会受损？中国是否从这个鞋贸易中获益？

4. 画一个图来说明中国的鞋市场，并在图中表明鞋子国际贸易中的收益、损失和净收益或净损失。

5. 商品价格大幅下降。

世界商品价格在过去六周内下降。天然气价格下降 8.6%，小麦价格下降 7.8%，玉米价格下跌 3.8%。

资料来源：*National Post*，June 3，2009.

美国进口天然气，出口小麦。此处报道的价格变化将如何改变美国从每种商品贸易中得到的收益？这些收益如何分配？

参考答案

1. 世界其他地方具有生产煤炭的比较优势。中国进口煤炭，中国煤炭消费者从中受益，而中国煤炭生产商受损。所得超过损失：中国从煤炭的国际贸易中受益。

2. 图 1 显示了中国的煤炭市场。贸易之前价格是 P_0，参与贸易后价格降低到国际价格水平 P_1。消费者收益为区域 $A+B$，生产者损失为区域 B，煤炭贸易的净收益为区域 A。

3. 中国具有生产鞋子的比较优势。中国出口鞋子，国内生产商受益，而国内消费者利益受损。收益超过损失：中国从鞋的国际贸易中获益。

4. 图 2 显示了中国的鞋业市场。贸易之前价格是 P_0，参与贸易后价格上升到国际价格水平 P_1。生产者收益为区域 $A+B$，消费者损失为区域 B，鞋业贸易的净收益为区域 A。

5. 美国没有生产天然气的比较优势，国际价格下降使进口增加，美国国内产量减少。消费者剩余增加，生产者剩余减少，但是消费者的收益超过生产者的损失。美国具有生产小麦的比较优势，国际价格下降减少了美国的产量。生产者剩余减少，消费者剩余增加，但生产者剩余的减少额超过消费者剩余的增加额。

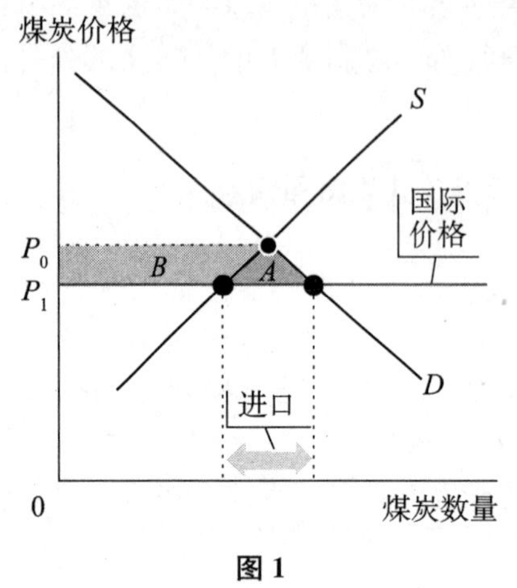

图 1

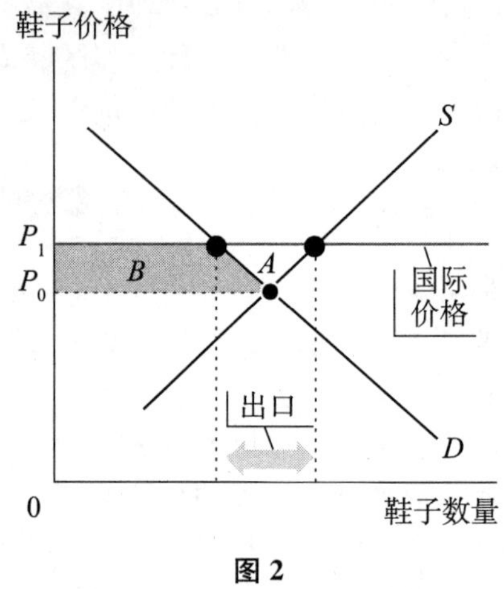

图 2

9.3 国际贸易限制

政府利用四种工具影响国际贸易和保护国内产业免受国外竞争。它们是：

- 关税
- 进口配额
- 其他进口壁垒
- 出口补贴

□ 9.3.1 关税

关税（tariff）是对进口商品征收的一种税收。例如，印度政府对从加利福尼亚进口的葡萄酒征收百分之百的关税。当印度公司进口一瓶 10 美元的加利福尼亚葡萄酒时，印度政府将向该公司收取 10 美元的进口税。

政府征收关税的动机很强。首先，征收关税给政府带来收入。其次，征收关税能够保护那些从进口竞争性行业中赚取收入的人的利益。正如你所知，关税和其他对自由国际贸易的限制会减少贸易所得，也不符合全社会的利益要求。我们看一看为何是这样。

关注过去

美国关税的历史

下图显示了自 1930 以来美国的平均关税率。20 世纪 30 年代美国国会通过《斯穆特-霍利法》（Smoot-Hawley Act）时，关税达到高峰。1947 年，美国与其他国家签署了《关税与贸易总协定》（General Agreement on Tariffs and Trade，GATT）。经过一系列谈判回合，《关税与贸易总协定》普遍削减了美国和其他许多国家的关税。今天，世界贸易组织（World Trade Organization，WTO）继续 GATT 的工作，并努力促进各国之间的非限制性贸易。

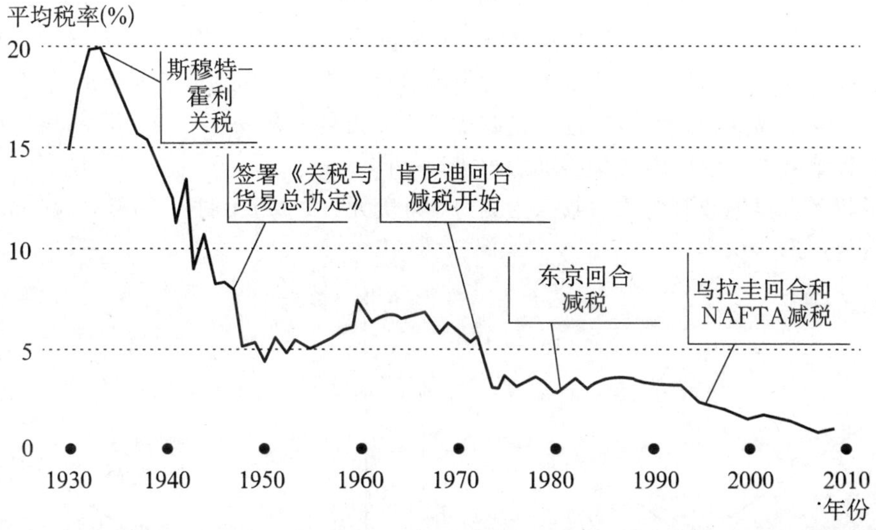

资料来源：The Budget for Fiscal Year 2006，Historical Tables，Table 2. 5 and Bureau of Economic Analysis.

美国是与其他国家或地区签订的许多贸易协定的缔约国。其中包括《北美自由贸易协定》（North American Free Trade Agreement，NAFTA）和《中美洲自由贸易协定》（Central American Free Trade Agreement，CAFTA）。这些协定已经消除了美国与中美洲和北美洲国家贸易中的大部分商品的关税。

关税的效应

为了分析关税的效应，让我们回到自由国际贸易条件下美国进口 T 恤衫的例子。美国进口 T 恤衫，并以国际价格水平出售。然后，在美国服装制造商的压力下，美国政府对进口 T 恤衫征收关税。T 恤衫购买者现在必须支付国际价格加上关税。T 恤衫市场可能出现几种情况。图 9—5 显示了这些情况。

图 9—5（a）与图 9—1（b）相同，都显示了自由国际贸易下的情况。美国一年生产 2 000 万件 T 恤衫，并以 5 美元的国际价格进口 4 000 万件 T 恤衫。

图 9—5（b）显示了每件 T 恤衫征收 2 美元关税的效应。美国 T 恤衫市场将发生下列改变：

- 美国每件 T 恤衫价格提高 2 美元。
- 美国消费者购买的 T 恤衫数量下降。
- 美国生产的 T 恤衫数量增加。
- 美国进口的 T 恤衫数量下降。
- 美国政府获得关税收入。

T 恤衫价格上升。为了购买一件 T 恤衫，美国人必须支付 T 恤衫的国际价格加上关税，因而，T 恤衫价格上升了 2 美元，达到 7 美元。图 9—5（b）标明了 T 恤衫新的国内价格线高出国际价格线 2 美元。

T 恤衫购买量下降。T 恤衫价格上升导致需求量下降，如图 9—5（b）所示，沿着需求曲线移动，T 恤衫需求量从 5 美元下的 6 000 万件减少到 7 美元下的 4 500 万件。

T 恤衫国内生产量增加。T 恤衫价格上升刺激了国内生产，如图 9—5（b）所示，沿着供给曲线移动，T 恤衫供给量从 5 美元下的 2 000 万件增加到 7 美元下的 3 500 万件。

T 恤衫进口减少。T 恤衫的进口量减少 3 000 万件，从一年 4 000 万件减少到 1 000 万件。购买量减少以及国内产量增加使得进口下降。

关税收入。美国政府的关税收入为 2 000 万美元（1 000 万件 T 恤衫，每件 2 美元），如图中灰色矩形所示。

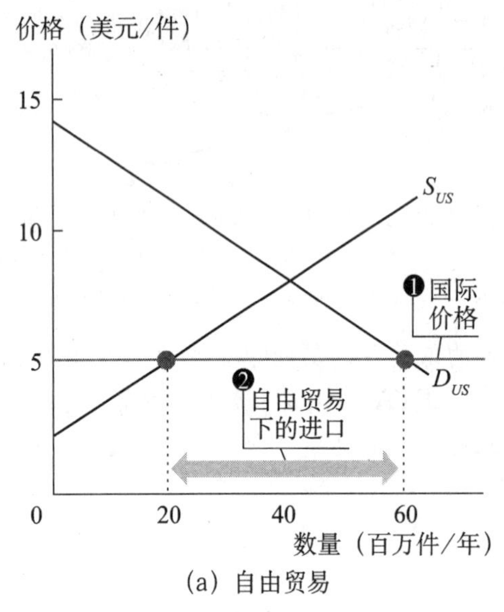

(a) 自由贸易

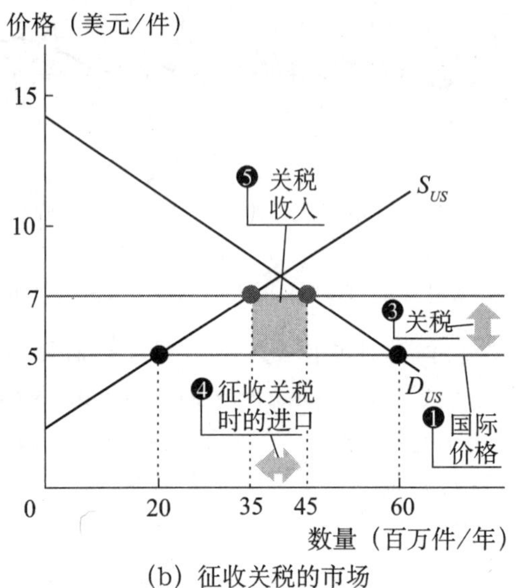

(b) 征收关税的市场

图 9—5 关税的效应

①T 恤衫的国际价格为每件 5 美元。在自由贸易下，图（a）中，美国人购买 6 000 万件 T 恤衫。美国生产 2 000 万件 T 恤衫，②进口 4 000 万件 T 恤衫。

③图（b）中每件 T 恤衫征收 2 美元关税，国内价格上升至每件 7 美元。国内产量增加，购买量减少，④进口数量减少。⑤美国政府从每件进口的 T 恤衫中得到 2 美元关税收入，如灰色矩形所示。

赢家、输家和关税的社会损失

对进口商品征收关税导致了赢家和输家。当美国政府对进口品征收关税时，

- 该进口品的美国生产者受益。
- 该进口品的美国消费者受损。
- 美国消费者遭受的损失大于美国生产者获得的收益。

该进口品的美国生产者受益。由于征收关税导致进口 T 恤衫的价格上升，美国 T 恤衫生产商现在能够以更高的价格（即国际价格加上关税）售出其产品。由于 T 恤衫价格上升，美国 T 恤衫生产商增加供给量。因为美国生产一件 T 恤衫的边际成本低于所有 T 恤衫的售价（少量 T 恤衫除外），所以生产者剩余增加。生产者剩余增加的部分是美国生产者的收益。

该进口品的美国消费者受损。由于美国的 T 恤衫价格上升，T 恤衫的需求量下降。

更高的购买价格加上更少的购买量使得消费者剩余减少。消费者剩余的损失代表关税引起的美国消费者的损失。

美国消费者遭受的损失大于美国生产者获得的收益。你已经看到了消费者剩余减少和生产者剩余增加，但是哪个改变更大呢？消费者损失超过生产者收益还是生产者收益超过消费者损失？还是消费者损失直接转移到生产者那里？要回答这些问题，我们需要回到T恤衫市场的需求和供给分析，并比较消费者剩余和生产者剩余的改变。

图9—6（a）和图9—3（b）相同，表示自由国际贸易下T恤衫市场的消费者剩余和生产者剩余。深灰色区域表示自由国际贸易带来的总剩余的增量。通过比较图9—6（b）和图9—6（a），你能发现对进口T恤衫征收2美元关税会如何改变剩余。生产者剩余——黑色区域——增加的区域标记为B。生产者剩余的增加是美国生产者从关税中得到的收益。消费者剩余——灰色区域——缩小。

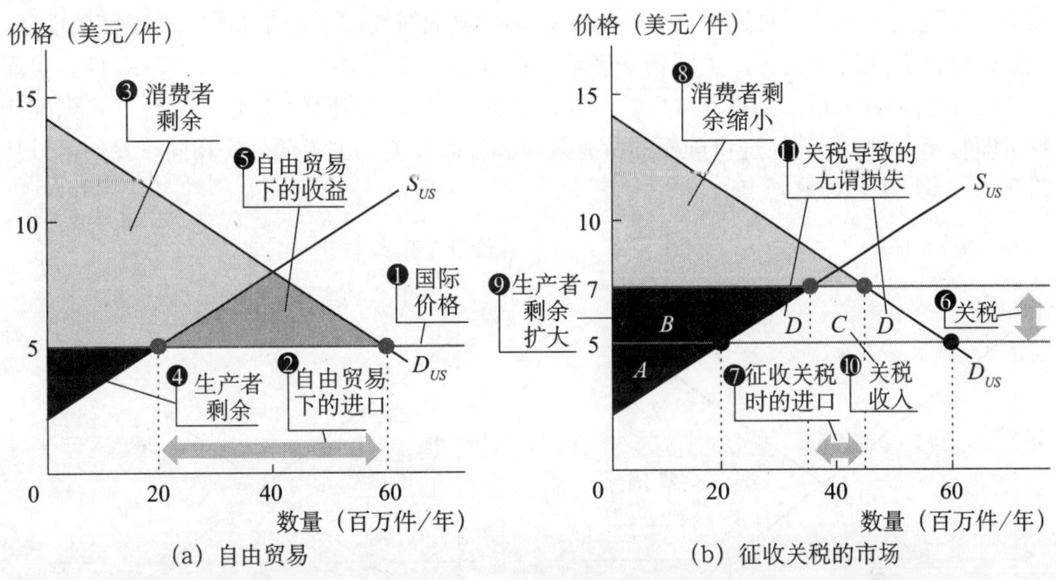

图9—6　关税的赢家和输家

①T恤衫的国际价格为每件5美元。在自由贸易下，②美国进口4 000万件T恤衫。③消费者剩余和④生产者剩余以及⑤自由国际贸易下的收益尽可能大。⑥每件T恤衫征收2美元关税，T恤衫价格上升到7美元。⑦进口数量下降。⑧消费者剩余减少的部分为区域B、C和D。⑨生产者剩余扩大的部分为区域B。⑩政府关税收入是区域C，⑪关税导致的无谓损失为区域D。

消费者剩余的减少被分成三个部分。第一，部分消费者剩余转移给生产者。黑色区域B代表消费者剩余的损失（生产者剩余的收益）。第二，部分消费者剩余转移给政府。白色区域C代表消费者剩余的这部分损失（政府收入的增加）。当政府使用关税收入时，消费者和生产者都能从中获得一些收益，但是不要期望T恤衫的购买者会得到使用这部分T恤衫的关税收入带来的收益。关税收入是T恤衫购买者的损失。

消费者剩余损失的第三部分没有转移给任何人：它是一种无谓损失。消费者在更高的价格下购买更少数量的商品。两个标记为D的白色区域代表消费者剩余的这部分损失。这部分就是总剩余的减少，也是关税导致的社会损失。

现在让我们看看限制贸易的第二种工具：配额。

□ 9.3.2 进口配额

进口配额（import quota）是对某商品的进口数量限制，在给定时期内限制该商品的最大进口数量。美国规定对很多商品种类设置进口配额，包括食糖、香蕉和纺织品等。

进口配额也能够保护那些从进口竞争性行业中赚取收入的人的利益。你将看到，和关税一样，进口配额会减少贸易收益，并且也不符合全社会的利益诉求。

进口配额的效应

进口配额的效应和关税类似。价格上升，购买数量下降，美国的产量增加。图 9—7 表示进口配额的效应。

图 9—7（a）显示了自由国际贸易下的情形。图 9—7（b）显示了 T 恤衫最大进口配额为每年 1 000 万件时的情形。美国的 T 恤衫供给曲线变成了国内 T 恤衫供给曲线 S_{US} 加上进口配额允许进口的数量。美国的 T 恤衫供给曲线变成了标记为 S_{US}＋配额的曲线。T 恤衫价格上升到 7 美元，美国消费者购买的 T 恤衫数量减少到每年 4 500 万件，美国生产的 T 恤衫数量增加到每年 3 500 万件，并且，出口到美国的 T 恤衫数量下降到配额数量即每年 1 000 万件。进口配额的所有效应和征收 2 美元关税的效应相同，我们可以从图 9—6（b）中验证这一点。

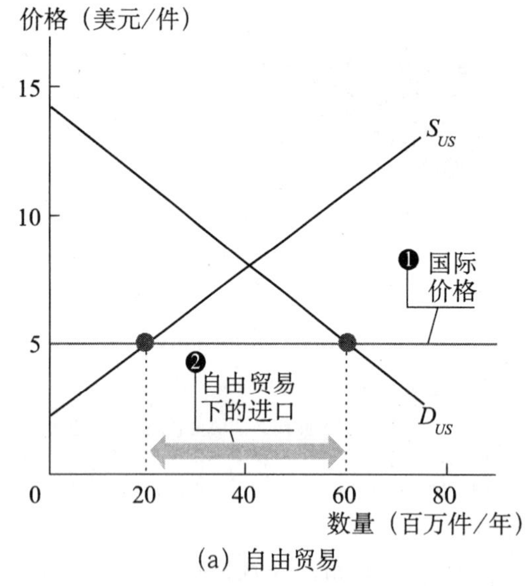

(a) 自由贸易

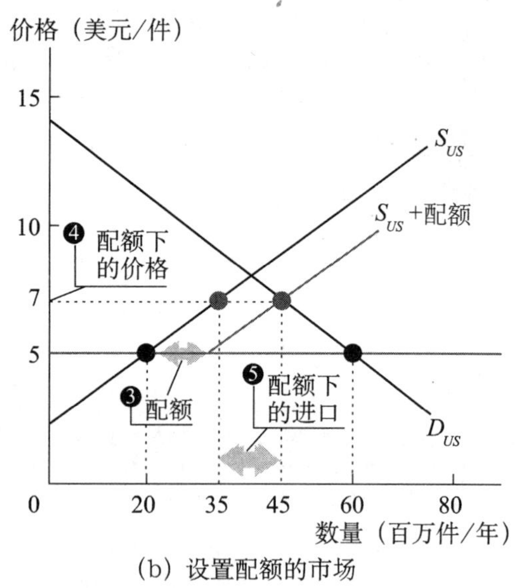

(b) 设置配额的市场

图 9—7 进口配额的效应

在自由贸易下，图（a）中，美国人在①国际价格的水平下购买 6 000 万件 T 恤衫，美国生产 2 000 万件 T 恤衫，②进口 4 000 万件 T 恤衫。图（b）中，③进口配额为 1 000 万件 T 恤衫，美国供给曲线变为 S_{US}＋配额，④T 恤衫价格上升至每件 7 美元。国内产量增加，购买量下降，⑤进口数量减少。

赢家、输家和进口配额的社会损失

进口配额产生的赢家和输家与关税的情况基本相似，但也存在一些有趣的差异。当美国政府实行进口配额时，

- 该进口品的美国生产者受益。

- 该进口品的美国消费者受损。
- 该进口品的进口商受益。
- 美国消费者的损失超过美国生产者和进口商的收益。

图 9—8 比较了自由贸易下的贸易所得和配额下的贸易所得。9—8（a）表示在 T 恤衫自由国际贸易情形下的消费者剩余和生产者剩余。通过比较 9—8（b）和图 9—8（a），你会看到对 T 恤衫设置 1 000 万件的进口配额会怎样改变剩余。生产者剩余——黑色区域——增加的区域标记为 B。生产者剩余增加的部分是美国生产者从进口配额中得到的收益。消费者剩余——灰色区域——缩小。缩小的这部分是进口配额给消费者带来的损失。

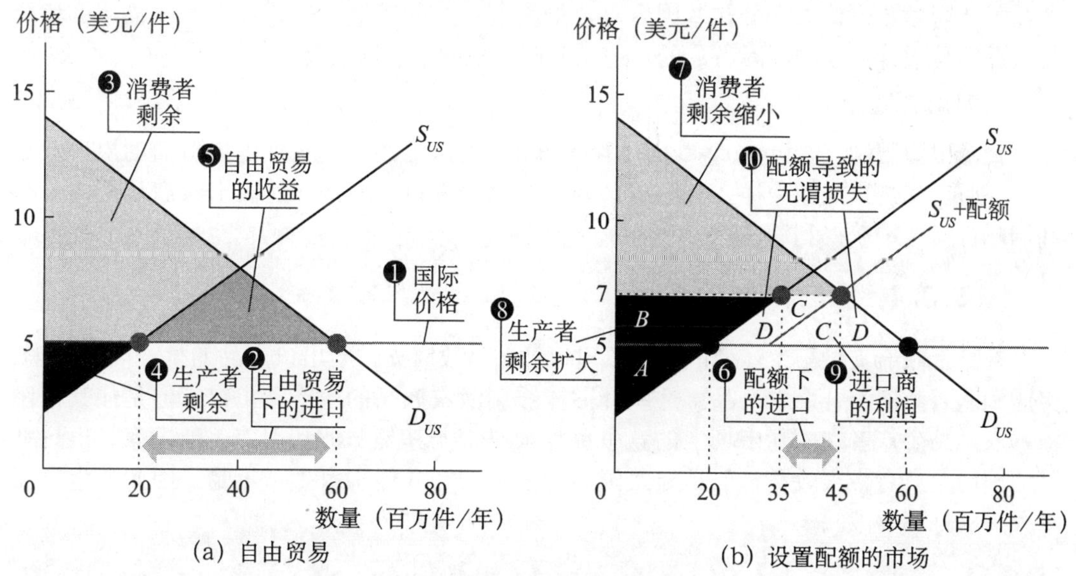

图 9—8 进口配额的赢家和输家

①T 恤衫的国际价格为 5 美元/件。在自由贸易下，②美国进口 4 000 万件 T 恤衫。③消费者剩余和④生产者剩余以及⑤自由国际贸易下的收益尽可能大。进口配额使 T 恤衫价格上升到 7 美元。⑥进口数量减少。⑦消费者剩余减少的部分为区域 B、C 和 D。⑧生产者剩余扩大的部分为区域 B。⑨进口商的利润是区域 C，⑩配额导致的无谓损失为区域 D。

消费者剩余的减少被分成三个部分。第一，部分消费者剩余转移给生产者。黑色区域 B 代表消费者剩余的损失（生产者剩余的收益）。第二，部分消费者剩余转移给那些以 5 美元（国际市场价格）购买 T 恤衫并以 7 美元（国内价格）售出的进口商。白色区域 C 代表消费者剩余的损失和进口商的收益。

消费者剩余损失的第三部分没有转移给任何人：它是一种无谓损失。消费者在更高的价格下购买更少数量的商品。两个标记为 D 的白色区域代表消费者剩余的这部分损失。这部分就是总剩余的减少，是进口配额导致的社会损失。

现在你知道了进口配额和征收关税之间的不同之处。关税给政府带来收入，而进口配额给进口商带来利润。如果配额设置水平和征收关税带来的进口数量相同，那么二者所有其他的效应都相同。

□ 9.3.3 其他进口壁垒

两类政策影响进口：

- 健康、安全和规制壁垒
- 自愿出口限制

健康、安全和规制壁垒

数以万计的各种详细的健康、安全和其他规制限制了国际贸易。例如，美国的进口食品由食品和药物管理局进行检查，以确定是否“纯净，健康，食用安全，并在卫生条件下生产”。2003 年在美国仅仅发现一头牛患有疯牛病（BSE）就足以关闭其牛肉的国际贸易。欧盟禁止进口大部分转基因食品，如美国生产的大豆。尽管我们刚才描述的这类规制并不是设计来限制国际贸易的，但它们确实限制了国际贸易。

自愿出口限制

自愿出口限制（voluntary export restraint）类似配额，是对外国出口商的出口数量实行限制。和进口配额一样，自愿出口限制会减少进口，但是，外国出口商从国内价格和国际价格差中获得利润。

□ 9.3.4 出口补贴

补贴是政府支付给生产商的补偿。出口补贴是政府支付给出口产品的生产商的补偿。美国和欧盟政府都补贴农产品。这些补贴能够刺激农产品的生产和出口，但是让其他国家的农产品生产者在国际市场上的竞争更加艰难，尤其是非洲和中南美洲国家。出口补贴给国内生产者带来收益，但是导致国内过度生产和其他国家生产不足，因此产生了无谓损失（见第 6 章）。

检查站 9.3 **解释国际贸易壁垒的影响。**

现实问题

1995 年以前，美国对来自墨西哥的进口商品征收关税，墨西哥也对来自美国的进口商品征收关税。1995 年墨西哥加入《北美自由贸易协定》之后，这两个国家逐渐取消这些关税。利用这些信息回答问题 1～3。

1. 解释美国消费者购买的从墨西哥进口的商品的价格如何发生变化，以及美国从墨西哥进口的数量如何发生变化。在美国，谁是这种自由贸易的赢家，谁是输家？

2. 解释美国出口到墨西哥的数量如何改变，以及美国政府从与墨西哥的贸易中获得的关税收入如何变化。

3. 假设 2008 年佛罗里达州的西红柿种植者游说美国政府对墨西哥西红柿实行进口配额。解释在美国谁将从这种进口配额中获益，谁又将受损。

4. 美国关税惹法国人生气。

奥巴马上台的几天前，美国提高了从法国进口的绵羊奶酪的关税，从 100%增加到 300%，希望该奶酪的国内价格上升，从而停止该奶酪的进口。

资料来源：*The Guardian*，January 17，2009.

解释这一关税如何影响美国消费者购买的绵羊奶酪的价格，如何影响美国生产该奶酪的数量，以及该关税如何影响美国与法国的贸易收益。在美国，该关税会使谁受益、谁受损？

参考答案

1. 美国消费者购买的从墨西哥进口的商品的价格降低，美国从墨西哥进口的数量增加。赢家为购买墨西哥进口商品的消费者，输家为墨西哥进口商品的美国生产者。

2. 美国出口到墨西哥的数量增加，美国政府从与墨西哥的贸易中获得的关税收入减少。

3. 实行进口配额，美国的西红柿价格将上升，购买的数量将减少，消费者剩余减少。种植者面对更高的价格，会增加产量，生产者剩余增加。美国西红柿市场的总剩余会从消费者到生产者重新分配，但是总剩余减少。

4. 关税使美国绵羊奶酪的销售价格上升，达到国际价格的400%（国际价格+国际价格的300%）。美国进口减少，美国生产的绵羊奶酪产量增加，美国政府获得关税收入。由于美国国内的价格提高了，消费者剩余减少——消费者遭受损失。生产者剩余增加——生产者受益。消费者剩余的部分损失作为关税收入转移给政府，部分损失成为无谓损失。

9.4 反对贸易保护的论点

只要国家和国际贸易存在，人们就一直在争论：实行自由的国际贸易和采取保护政策避免国外竞争，哪种政策对一个国家更好呢？虽然争论仍在进行，但是，多数经济学家相信，自由贸易将给所有国家带来繁荣，而贸易保护会减少从贸易中获得的潜在收益。我们已经看到了支持自由贸易的最有力的论据：所有国家都从自身的比较优势中获益。但在自由贸易与贸易保护之间还存在一些更为广泛的问题。我们来回顾这些问题。

9.4.1 关于贸易保护的三种传统论点

保护并限制国际贸易的三种传统论点是：

- 国家安全论
- 幼稚产业论
- 倾销论

让我们依次分析这些论点。

国家安全论

国家安全论的观点是，一个国家必须保护生产国防装备和军备的产业，以及那些国防工业的原材料和其他中间投入品所依赖的产业。但是这种论点经不住推敲。

首先，这是一种以国家之间相对封闭为前提的观点，因为战争时期，所有产业都要服务于国防。其次，如果贸易保护是以提高一个策略性产业（比如航空航天业）的产量为目的的，那么，通过税收融资的产业补贴比实行关税或进口配额能更有效地实现这些目标。产业补贴将使得该产业能够保持合适的发展规模，且自由国际贸易也将使消费者支付的价格保持在国际市场价格水平。

幼稚产业论

幼稚产业论（infant-industry）认为，有必要保护一个新产业使其发展为成熟产业，以便能在国际市场中竞争。这种论点基于**干中学**（learning-by-doing）的观点。通过反复做一项工作，工人的工作更为熟练，并能增加他们一定时期内的生产数量。

干中学的观点没有错。它是人力资本积累和经济增长的重要引擎。干中学可以改变比较优势。如果工作经验降低了生产一种商品的机会成本，那么，一个国家就可以拥有生产那种商品的比较优势。但是，干中学并不足以证明贸易保护是正确的。

干中学使得幼稚产业的企业和工人受益，并能生产有效产量。如果政府保护这些企业，鼓励它们生产，将会导致无效率的生产过度（像第 6 章的生产过度）。

历史证据与幼稚产业保护论的观点相反。没有实行这种贸易保护的东亚国家经济表现良好。而实行贸易保护的国家，例如一度采取贸易保护的印度，经济表现糟糕。

倾销论

倾销（dumping）是指一家外国企业以低于生产成本的价格出口。你可能觉得奇怪：为何企业想要以低于生产成本的价格出口其产品？为何这些企业不通过什么都不销售或者提高销售价格至少收回其成本，从而使得自己的收益增加呢？企业以低于成本的价格出口因而进行倾销的两个可能的理由是：

- 掠夺性定价
- 补贴

掠夺性定价（predatory pricing）。采取掠夺性定价的企业设定低于成本的价格，希望将竞争者逐出市场。一国的企业想要驱逐另一个国家的竞争者，将向外国市场倾销它的产品。外国企业低于成本价格销售产品会使得国内企业没有活路。在国内企业离开市场后，外国企业将会利用自己的垄断地位提高产品价格。当然，高价会吸引新的竞争者加入，这使得倾销策略不太可能获利。基于这点，经济学家怀疑这类倾销是否会发生。

补贴（subsidy）。补贴是政府支付给生产者的财政资助。获得补贴的企业能够以低于成本的价格销售并且还会有利润。补贴在几乎所有国家里都非常普遍。美国和欧洲联盟补贴了许多农产品的生产，并将它们的剩余产品倾销到世界各地。这一行为降低了发展中国家农民获得的价格，削弱了贫困国家大力发展农业的动机。印度和欧洲都被怀疑在美国倾销钢铁。

不论出于什么理由，倾销在世界贸易组织、北美自由贸易区、中国—东盟自由贸易区（CAFTA）等规则下是非法的，并被认为它为征收临时关税提供了正当理由。因此，反倾销关税（anti-dumping tariffs）在当今世界变得非常重要。

但也有强有力的理由来反对为贸易保护而采取倾销的论点。第一，几乎不可能查处倾销，因为企业的成本难以衡量。结果，倾销的检测标准为企业的出口价格是否低于其国内价格。这种检测标准的效果不好，因为在需求对价格敏感度高的市场制定低价格而在需求对价格敏感度低的市场制定高价格，是合情合理的。

第二，很难想象一种商品是由全球单一的企业生产。即使所有的国内企业被逐出了某些行业，还是可以找到许多替代性的外国供给产品，并以竞争市场下的价格购买这些商品。

第三，如果一种产品或服务确实是全球性自然垄断的，那么，最好的处理方式是采取和国内垄断市场类似的规制。当然，这种规制需要国际合作。

我们刚才分析过的关于贸易保护的三大论点都有一定的可信度。但是反对贸易保护的观点更加有理，因而贸易保护的观点没有盛行。当然，这些观点不是你们可能遇到的全部论点。还有许多其他贸易保护的观点，下面我们分析其中四种。

□ 9.4.2 四种新的贸易保护论点

四种新出现的限制国际贸易的论点，通常认为贸易保护能够

- 保护工作岗位
- 使得我们能够和外国廉价劳动力竞争
- 带来多样性和稳定性
- 惩罚不严格的环境标准

保护工作岗位

当美国人购买从巴西进口的商品如鞋子时，生产鞋子的美国工人将失去工作。这些工人没有收入，前景暗淡，领取社会福利，花费减少，从而导致进一步失业的恶性循环。建议解决方法为通过禁止进口外国廉价商品来保护美国的工作岗位。这种建议有缺陷，理由如下：

首先，自由贸易确实会减少一些工作岗位，但也能创造新的工作岗位。自由贸易使得劳动力在全球范围内合理配置，并将劳动力资源配置到价值最高的活动中。由于国际纺织品贸易，美国大量纺织厂和其他工厂倒闭，成千上万的工人失去工作。而其他国家开设了许多纺织厂，数以万计的工人现在有了工作。大量的美国工人现在得到了比作为纺织工人所获报酬更高的工作，因为美国其他出口行业已经扩大，并创造出更多的就业机会，多于所减少的就业机会。

其次，进口创造了工作岗位。进口创造出销售进口商品的零售商工作岗位和为进口商品提供服务的企业工作岗位。它们还通过增加世界其他地方人们的收入创造出就业岗位，其中一些收入将花费在进口美国制造的商品和服务上。

贸易保护能保护一些特定的就业岗位，但是，要付出很高的代价。例如，直到 2005 年，美国的纺织工作岗位一直受到被称作《多种纤维协定》（Multifiber Arrangement，MFA）的国际协议设定的进口配额的保护。美国国际贸易委员会（International Trade Commission，ITC）估计，由于实行进口配额，纺织业保留了 72 000 份本来会消失的工作岗位，且美国每年的服装支出比自由贸易条件下的服装支出高出 159 亿美元（每家支出 160 美元）。美国国际贸易委员会的估计意味着，每个受保护的纺织工作岗位花费了消费者每年 22.1 万美元。2005 年《多种纤维协定》终止后，美国和欧洲纺织行业丧失了

大量的工作岗位。

使得我们能够和外国廉价劳动力竞争

随着美国与墨西哥的贸易保护关税的取消，一些人认为，一些工作机会将流入墨西哥，且美国将无法与南部邻国竞争。让我们分析这种观点错在哪里。

劳动力成本取决于工资率和一个工人的生产数量。例如，如果美国汽车工人每小时挣 30 美元，一个小时生产 15 单位产出，那么，一个单位产出的平均劳动成本为 2 美元。如果墨西哥汽车工人每小时挣 3 美元，一个小时生产 1 单位产出，那么，一个单位产出的平均劳动成本为 3 美元。其他条件保持不变，一个工人生产的产量越大，工人的工资率就越高。高工资的工人生产更多产品。低工资的工人生产更少产品。

虽然平均而言高工资的美国工人比低工资的墨西哥工人的生产率更高，但行业间存在差异。美国劳动力在一些领域比其他领域相对更有效率。例如，在制作电影、金融服务以及定制的电脑芯片等方面，美国工人的生产率相对于他们在金属和某些标准化机械零件方面的生产率更高。美国工人比其墨西哥同行相对更有效率的生产活动，往往是那些美国具有比较优势的活动。通过从事自由贸易，我们增加那些我们具有比较优势的产品和服务的生产，减少我们的贸易伙伴具有比较优势的产品和服务的生产，转而增加这些产品和服务的进口，由此，我们可以使得我们自己和其他国家的公民境况改善。

带来多样性和稳定性

一个多元化的投资组合比将所有鸡蛋放在一个篮子里的风险更小。一个经济体的生产活动也是一样的。一个多元化的经济比只生产一种或两种商品的经济波动更少。

大多数经济体，无论是先进的美国、日本、欧洲，还是发展中的中国和巴西，都是进行多样化的生产，没有这类稳定性问题。而少数经济体，如沙特阿拉伯，具有某一种比较优势，结果只专业化生产这种单一产品。尽管这些经济体可以在外国投资范围更广的生产活动，以平稳其收入和消费。

惩罚不严格的环境标准

贸易保护的一个新观点是，许多贫穷国家，如墨西哥，并不具有和我们（美国）相同的环境标准，而且，它们比我们更愿意污染。因此，在没有征收关税的情况下，我们不能与它们竞争。如果这些国家想与富裕和“更为绿色”的国家开展自由贸易，那么它们就必须提高它们的环保标准。

这种限制贸易的论点并不完全令人信服。穷国没有富国那么强的能力来投入资源以实现高环境标准。如果自由贸易帮助贫穷国家越来越富裕，那么也将帮助该国改善其环境。但是有一种可能的情况是，通过自由贸易协定如《北美自由贸易协定》（NAFTA）和《中美洲自由贸易协定》（CAFTA）的谈判，促使成员国提高环境标准。采取这种谈判方式来避免给资源（如热带雨林）带来不可挽回的损害，是非常值得的。

因此，我们刚才分析的四种常见的论点也不能为贸易保护提供压倒性的支持。它们都有缺陷，而自由国际贸易的观点更强有力。

□ 9.4.3 为什么国际贸易会受到限制?

尽管有这么多反对贸易保护的观点，为什么国际贸易会受到限制？对于发展中国家来说，原因之一是关税是政府收入的便捷来源，但这个原因并不适用于美国的情况，因为美国政府有收入税和销售税。

在美国和大多数其他发达国家，政治上支持限制国际贸易是由于存在**寻租**（rent seeking）现象。寻租是为了获取贸易收益而从事的游说和其他政治活动。我们已经知道，自由贸易使消费者受益，但缩小了与进口进行市场竞争的企业的生产者剩余。

自由贸易的赢家是购买低成本进口品的数以百万计的消费者，但每个消费者得到的好处却很小。自由贸易的输家是进口竞争性商品的生产者。相对于数以百万计的消费者，生产商只有几千个。

现在设想对服装征收关税。数百万消费者将承担消费者剩余变小的代价，但只有几千家服装制造商及其员工将分享贸易收益（生产者剩余）。

一方面，因为征收关税的收益大，生产者具有很强的动机去花钱游说征收关税，反对自由贸易。另一方面，每个消费者的损失很小，消费者没有什么动机组织起来花钱为赞成自由贸易去游说。对任何一个人来说，自由贸易收益太小，以至于不愿意把时间或金钱花在为自由贸易游说的政治组织身上。而自由贸易的损失者将贸易损失看得很大，它们发现加入政治组织反对自由贸易有利可图。每个集团都会权衡收益和成本，并选择适合自己的最佳行动，但反自由贸易集团会比亲自由贸易（pro-free-trade）集团从事更多的政治游说。

关注你的生活

国际贸易

国际贸易通过下列三种方式在你的生活中发挥极为重要的作用。它影响你作为

- 消费者
- 生产者
- 选民

作为一个消费者，你能够获得其他国家生产的低成本、高品质的各种各样的商品和服务，并从中受益。

仔细看看你购买的物品上的标签。你的电脑是哪里生产的？你的衬衫和鞋子是哪里制造的？你购买的水果和蔬菜（尤其在冬天）是哪里种植的？

所有这些问题的答案最有可能是亚洲、墨西哥或南美洲。少数几种产品是在欧洲、加拿大和美国生产的。

作为一个生产者（或作为一个潜在的生产者，如果你还没有工作），你将从美国产品的巨大的全球市场中受益。如果你所在的公司没有在全球市场中销售其产品，那么你的工作前景会暗淡得多。

例如，在飞机制造业工作的人将会从大型客机的巨大的全球市场中获益。波音 777 飞机刚离开生产线，从加拿大到中国的航空公司马上就会购买这种飞机。

即使你打算成为一名大学教授，你也会受益于教育服务的国际贸易，只要你的学校接受外国学生。

作为一个选民，在自由贸易与贸易保护的政治选择中，你有一个大赌注。作为买家，你的自身利益受到进口产品的关税和配额的侵蚀。每次你买一件 20 美元的毛衣，你都贡献给政府 5 美元的关税收入。但作为一个工人，你的利益可能受到外包业（offshoring）和自由进入美国市场的外国生产商的损害。

所以当你决定如何投票时，你必须弄清楚什么样的贸易政策有利于你自身的利益，什么样的政策最符合社会利益。

检查站 9.4　**解释和评价用来支持限制国际贸易的各种论点。**

现实问题

1. 日本对大米设置进口配额。加利福尼亚州稻米种植者想出口更多的大米到日本。日本限制从加利福尼亚州进口大米的论点有哪些？这些论点正确吗？在这种贸易限制中，谁会受损？

2. 美国时不时限制进口来自欧洲的钢材。美国有什么理由证明这种进口配额是合理的？这种贸易限制中，谁是赢家？谁是输家？

3. 美国一直对食糖实行进口配额。这种进口配额的理由是什么？这些理由有缺陷吗？如果是，解释其原因。

4. 中美就农产品自由贸易达成一致意见。

尽管多哈回合谈判失败，但是，美国和中国都同意需要抵制保护性农产品关税，即使面临世界经济危机。2007 年，美国出口 94 亿美元农产品和加工食品到中国，并从中国进口 80 亿美元农产品。

资料来源：*USA Today*，December 6，2008.

面临全球经济危机，美国的农产品生产者可能提出什么反对自由贸易的论点？你认为这些论点有何错误之处？

参考答案

1. 主要的理由是，日本大米的质量更为优良，实行配额能够限制日本农民所面对的竞争。这些理由不正确。如果日本消费者不喜欢加利福尼亚州大米的品质，他们就不会购买。进口配额的确能限制竞争，但是，配额使得日本农民低效率使用土地。最大的输家是支付约三倍于美国的大米价格的日本消费者。

2. 美国的理由是，欧洲生产商在美国市场倾销钢铁。实行进口配额，美国钢铁生产商将面临更少的竞争，并保护美国的就业岗位。钢铁工业工人和钢铁公司所有者将是赢家，而美国的钢材买家要支付更多费用。

3. 其观点是，进口配额会保护美国工人的就业机会。这个论点是有缺陷的，因为美国没有生产食糖的比较优势，因此，进口配额导致了美国制糖业的低效率。食糖业进行自由国际贸易，美国制糖业仍将存在，但其规模会变小，更有效率。

4. 随着美国经济的衰退，反对与中国农产品进行自由贸易的论点可能是“实行贸易限制来保护美国的就业机会”。通过减少农产品进口，美国种植者将获得更多的生产者剩余，但美国的总剩余将减少。

本章总结

□ 要点

1. 解释市场如何受国际贸易影响。
   - 比较优势驱动国际贸易。
   - 当一种商品的国际价格低于国内供求平衡的价格时，通过降低生产而进口该商品将使得该国受益。
   - 当一种商品的国际价格高于国内供求平衡的价格时，通过增加生产而出口该商品将使得该国受益。
2. 分析国际贸易所得及其赢家和输家。
   - 与没有贸易的条件相比，在有进口的市场中，消费者剩余增加，生产者剩余减少，并且总剩余在自由国际贸易下更大。
   - 与没有贸易的条件相比，在有出口的市场中，消费者剩余减少，生产者剩余增加，并且总剩余在自由国际贸易下更大。
3. 解释国际贸易壁垒的影响。
   - 国家通过实行关税、进口配额、其他进口壁垒和出口补贴来限制国际贸易。
   - 贸易限制会提高进口商品的国内价格，降低进口量，减少消费者剩余，增加生产者剩余，产生无谓损失。
4. 解释和评价用来支持限制国际贸易的各种论点。
   - 认为有必要为了国家安全、幼稚产业和防止倾销实行贸易保护的论点理由不充分。
   - 认为贸易保护可以保护工作岗位、使我们能够与廉价外国劳动力竞争、带来经济多样性和稳定性以及需要惩罚不严格的环境标准的论点是有缺陷的。
   - 贸易受到限制，是因为贸易保护给数以万计的人带来较小的损失而给少数人带来巨大收益。

□ 关键术语

倾销	出口	进口
进口配额	幼稚产业论	寻租
补贴	关税	

本章检查站

□ 学习计划中的问题与应用

利用图 1 和图 2 中的信息回答问题 1～4。图 1 表示美国鞋业市场，图 2 表示巴西鞋业市场，假设美国和巴西两国没有鞋类国际贸易。

1. 哪个国家具有生产鞋子的比较优势？当巴西和美国进行国际贸易时，说明哪个国家出口鞋子，以及进口国的鞋子价格和进口国生产的鞋子数量将会如何改变。解释哪个国家从这种国际贸易中受益。

2. 在国际贸易下，鞋子的国际价格为每双 20 美元。解释由于国际贸易，美国的消费者剩余和生产者剩余如何改变。标明美国消费者剩余的改变（标记为 A）和生产者剩余的改变（标记为 B）。

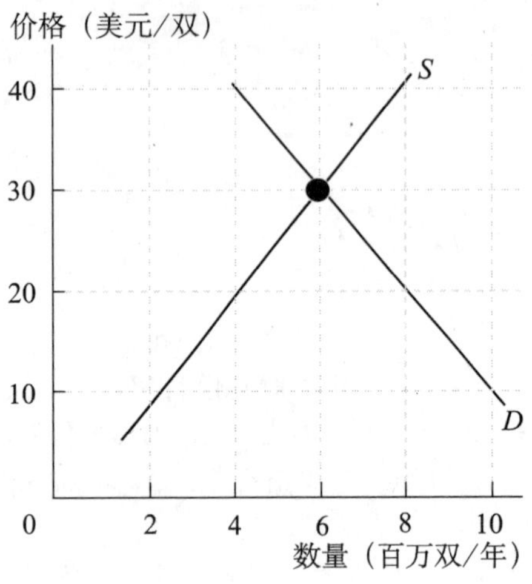

图 1　美国鞋业市场

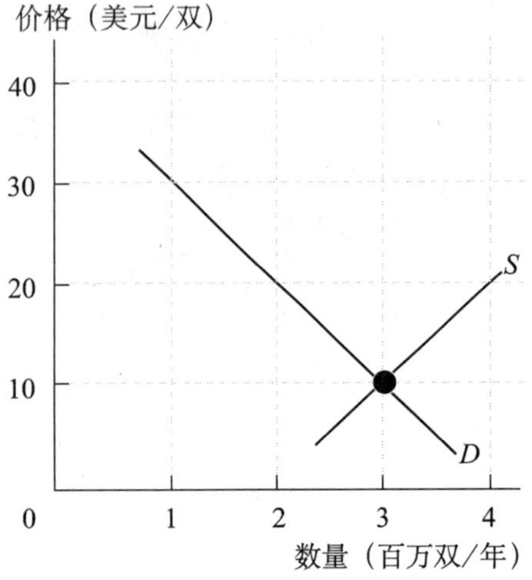

图 2　巴西鞋业市场

3. 每双鞋子的国际价格为 20 美元。解释由于国际贸易，巴西的消费者剩余和生产者剩余如何改变。标明巴西消费者剩余的改变（标记为 *C*）和生产者剩余的改变（标记为 *D*）。

4. 在与巴西的自由贸易中，美国的受损者是谁？解释其原因。

利用下列信息回答问题 5～7 。

美国玫瑰花的供应是由美国种植的玫瑰和进口的玫瑰组成的。画图说明自由国际贸易条件下美国的玫瑰市场。在你的图上，标出玫瑰价格、购买数量、生产数量和美国进口的数量。

5. 在美国，谁从玫瑰贸易中受损，并将游说对进口玫瑰数量实行限制？如果美国政府提出对玫瑰进口征收关税，在图上标明重新分配给美国生产者的美国消费者剩余，并标出美国政府的关税收入。

6. 假设美国政府对玫瑰实行进口配额。在图上标明重新分配给生产者和进口商的消费者剩余，以及进口配额导致的无谓损失。

7. 假设美国政府禁止进口玫瑰。在图上标明总剩余的损失。

8. 墨西哥计划提高美国 90 种出口品的关税。

墨西哥计划对美国出口到墨西哥的 90 种工业和农业产品征收关税，以报复今年早些时候取消商业货运项目，该项目允许小货车进入对方国家。

资料来源：CNNMoney. com，March 16，2009.

解释对从美国进口的商品征收关税，在墨西哥谁受益、谁受损。在美国谁受益、谁受损？

□ 教师可布置的问题与应用

利用下列信息回答问题 1 和 2。

美国—印度关系的未来

2009 年 5 月，美国国务卿希拉里·克林顿（Hillary Clinton）发表了重要讲话，涵盖美印关系的所有问题。关于经济和贸易关系，她指出，印度设置了对美国的大量贸易壁垒。美国也设置了反对从印度进口如纺织品的壁垒。美国的希拉里·克林顿、奥巴马总统和印度商务部及工业部部长阿南德·夏尔马（Anand Sharma）说，他们要消除这些贸易壁垒。

资料来源：www. state. gov.

1. 解释消除美国和印度之间的贸易壁垒后，在美国谁可能受益，谁可能受损。

2. 画出美国纺织品市场的图形，并标明消除关税将如何改变生产者剩余、消费者剩余和关税带来的无谓损失。

3. 美国出口小麦。画图说明自由国际贸易下美国的小麦市场。在你的图上，标出小麦的价格、购买数量、美国生产和出口小麦的数量。

利用图 1 的信息回答问题 4～6。图 1 显示了墨西哥对外国进口汽车没有限制时的国内汽车市场。汽车的国际价格为每辆 1 万美元。

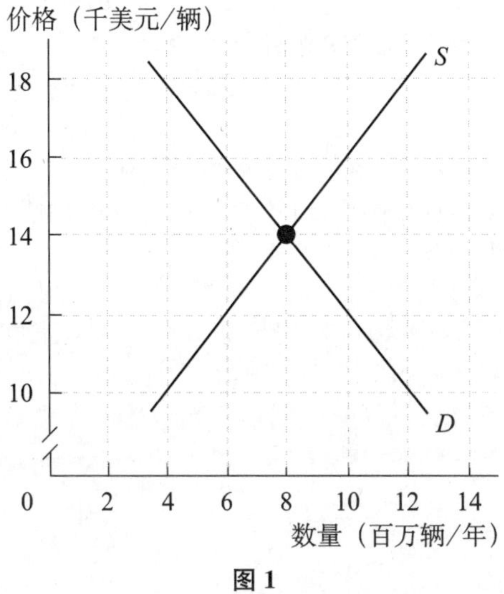

图 1

4. 如果墨西哥政府对每辆进口汽车征收 2 000 美元的关税，那么，墨西哥的汽车价格、墨西哥生产的汽车数量、进口的汽车数量以及政府的关税收入分别是多少？

5. 如果墨西哥政府采取进口配额，一年最多进口 400 万辆汽车，那么，墨西哥的汽车价格、墨西哥生产的汽车数量、进口的汽车数量分别是多少？

6. 鼓励墨西哥政府对从美国进口的汽车征收 2 000 美元关税的理由是什么？墨西哥征收汽车关税，谁将受益、谁将受损？

7. 假设食糖的国际价格为每磅 10 美分，美国没有食糖的国际贸易，在美国食糖均衡价格为每磅 20 美分。然后，美国开展食糖的国际贸易。

- 美国食糖的价格如何变化？美国的消费者将购买更多还是更少的食糖？美国食糖生产者将生产更多还是更少的食糖？
- 美国是出口还是进口食糖？为什么？

8. 在 20 世纪 50 年代，福特和通用汽车公司在澳大利亚设立了一个小的汽车产业，并要求对进口汽车征收高关税。这种关税一直保持多年，到 2000 年，关税为 22.5%。福特和通用汽车公司要求征收高关税的理由可能是什么？关税是不是实现它们目标的最好的方式？

9. 美国出口服务，进口咖啡。为什么美国从出口服务和进口咖啡中获益？经济学家如何计算这种国际贸易中的净收益？

10. 半导体是你的笔记本电脑、手机和 iPod 的一个重要组成部分。表 1 描述了美国半导体市场的情况。在国际市场中，半导体生产者销售每单位产品得到 18 美元。如果没有国际贸易，美国国内的半导体价格、一年内半导体的购买量和销售量分别为多少？当每单位的价格为 18 美元时，美国生产半导体是否具有比较优势？如果美国的生产者想以最高价格销售半导体，它们在美国市场卖出多少？出口多少？

表 1

价格（美元/单位）	需求量	供给量
	（十亿单位/年）	
10	25	0
12	20	20
14	15	40
16	10	60
18	5	80
20	0	100

11. 1845 年，法国经济学家巴斯夏（Bastiat）写了一篇讽刺文章《蜡烛生产者的请愿书》，在文中，他指出，太阳的竞争对人工照明的制造商不公平。他建议，为了创造公平的竞争环境，促进生产更多的人造光源，创造许多就业机会和经济活动，政府应该通过一项法律，命令关闭所有阳光可以进入建筑物的窗户、开口和缝隙。解释为什么巴斯夏的请愿书中提出的论据和那些要求贸易保护以限制外国竞争的观点是相似的。

利用下列信息回答问题 12～14 。

美国扩大对中国纸的反倾销关税

由于俄亥俄州代顿市的 NewPage 公司的投诉，美国商务部提高了从中国进口的光泽纸的关税，已高达 99.65%。从 2005 年到 2006 年，美国从中国进口的光泽纸增加了 166%。这种光泽纸用于艺术书籍、高档杂志和教科书。

资料来源：*Reuters*，May 30，2007.

12. 什么是倾销？中国倾销光泽纸，在美国谁受损？

13. 什么是反倾销关税？NewPage 公司说服美国商务部征收 99.65%的关税的论据什么？

14. 解释在美国对光泽纸征收关税谁受益、谁受损。你购买的杂志和教科书的价格将如何变化？

15. 减半征收进口关税削减了数以千计的汽车价格。

在一份政府文件中呼吁关税从 10%削减到5%后，澳大利亚的进口汽车价格暴跌。一辆进口小汽车的价格将下降 1 000 美元，基本的宝马汽车价格下降超过 2 000 美元。但是，这份关税削减建议对本土汽车厂商来说是坏消息，结果一个主要工会要求“关税冻结”（tariff freeze），以保护当地产业和就业岗位。

资料来源：*Courier Mail*，August 16，2008.

解释为什么削减关税“对本土汽车厂商来说是坏消息”。为什么工会呼吁冻结关税？冻结关税谁将受益？

第 10 章

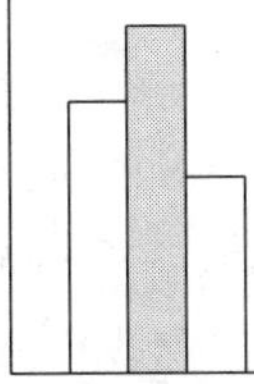

公共产品和公共选择

医疗保健需要调整吗?

美国的医疗保健在世界上花费最高，但是还有 4 700 万美国人没有健康保险，这种情况事关重大吗？可以如何来调整呢？

本章要点

学完本章，你将能够：

1. 区分私人产品、公共产品、公共资源和外部性。

2. 解释公共供给如何带来有效率的公共产品数量并且帮助克服搭便车问题。

3. 解释对具有外部性收益的产品，例如教育和医疗保健服务，公共选择如何带来有效率的产出。

10.1 对产品和资源的分类

市警察局所提供的服务和布林克斯（Bricks）——一家为银行安装 ATM 的私人保险公司——所提供的服务有什么不同？太平洋里的鱼和东点海产品公司（East Point Seafood Company）在西雅图养鱼场养殖的鱼有什么不同？泰勒·斯威夫特（Taylor Swift）的现场音乐会和网络电视音乐会有什么不同？医疗保健、教育和快餐有什么不同？每组在许多方面都有区别，但主要区别在于人们在消费这些产品时能够被排他的程度以及一个人的消费对他人的消费构成竞争的程度。

□ 10.1.1 排他性

如果一种产品、服务或资源有可能阻止一些人从中获益，那么它就具有**排他性**。布林克斯的保险服务、东点海产品公司的鱼和泰勒·斯威夫特的音乐会都是这样的例子。你要付费才能消费它们。

如果一种产品、服务或资源不可能（或成本极高）阻止一些人从中获益，那么它就具有**非排他性**。市警察局的服务、太平洋里的鱼和网络电视音乐会就是这样的例子。当一位巡警把一条高速路上的交通速度降低到限速之内时，这会降低这条高速路所有使用者出事故的风险，但不能把其中的一些道路使用者从降低风险的好处中排除出去。任何有船的人都可以去海洋捕鱼，任何有电视的人都可以收看网络电视节目。

□ 10.1.2 竞争性

如果一种产品、服务或资源被一个人使用将减少其他人可使用的数量，那么它就具有**竞争性**。布林克斯可以为两家银行服务，但一辆卡车不能把钞票同时运送到两家银行。一条鱼，不管是海洋里的还是养鱼场的，只能被消费一次。音乐会的一个座位一次只能坐一个人。这些都具有竞争性。

如果一种产品、服务或资源被一个人使用而不会减少其他人可使用的数量，那么它就具有**非竞争性**。市警察局的服务和网络电视音乐会就具有非竞争性。一个小区受警察保护的水平不会因为隔壁多了一个人而有所降低。当多一个人看电视时，其他观众不会因此受到影响。

□ 10.1.3 四种类型

图 10—1 按照我们刚讨论过的两个标准把产品、服务和资源分成了四种类型。

私人产品

私人产品（private good）同时具有竞争性和排他性（图 10—1 的左上角）。私人产品一次只能被一个人消费，并且只能被拥有或已经购买了该产品的那个人消费。东点养鱼场的鱼就是私人产品的一个例子。一个人消费一条鱼对其他人具有竞争性，除买鱼的那个人外，其他人都不能消费那条鱼。

	排他性	非排他性
竞争性	**私人产品** 食品和饮料 汽车 房子	**公共资源** 海洋里的鱼 大气 国家公园
非竞争性	**自然垄断产品** 因特网 有钱电视 桥梁或隧道	**公共产品** 国防 法律 防洪堤

图 10—1　产品的四种分类

私人产品是具有竞争性和排他性的产品（左上角）。

公共产品是具有非竞争性和非排他性的产品（右下角）。

公共资源是具有竞争性和非排他性的产品和资源（右上角）。

自然垄断产品是具有非竞争性和排他性的产品（左下角）。

资料来源：经 E. S. 萨瓦斯（E. S. Savas）同意，改编自 *Privatizing the Public Sector*，Chatham House Publishers，Inc.，Chatham，NJ，1982，p. 34.

公共产品

公共产品（public good）同时具有非竞争性和非排他性（图 10—1 的右下角）。一种公共产品可以同时被所有人消费，没有谁会被排除在外而无法受益。防洪堤是公共产品最好的一个例子。每个住在有防洪堤保护的洪水多发地区的人都能受益，没有人会从这种受益中被排除出去。法院提供的法律和秩序以及法律的组织机构系统是公共产品的另一个例子。

公共资源

公共资源（common resource）具有竞争性和非排他性（图 10—1 的右上角）。一个单位的公共资源只能被使用一次，但没有人在使用它时会被阻止。公共资源最好的例子就是海洋里的鱼和地球上的空气。海洋里的鱼具有竞争性，是因为一个人捕到的鱼不会再让别人捕到；具有非排他性，是因为很难阻止人们去捕捞。地球上的空气具有竞争性，是因为一个人呼吸到的氧气不能再让别人呼吸到；具有非排他性，是因为我们不能不让人们呼吸！

自然垄断产品

自然垄断产品具有非竞争性，但具有排他性（图 10—1 的左下角）。在第 15 章我们定义自然垄断。现在，我们把自然垄断看作这样一种状况：一家企业能以低于两家或更多家企业的成本进行生产。因特网、有线电视、桥梁和隧道就是这样的例子。在不考虑拥挤的情况下，增加一个用户并不会降低其他用户的受益；通过使用用户密码、扰频器和收费站可以把一部分人排除在外。

□ 10.1.4 混合产品

有一些产品并不属于图 10—1 中的四种分类，这些就是**混合产品**。**混合产品**是一种私人产品，它的生产和消费会产生**外部性**。最重要的两种混合产品是教育和医疗保健。在描述这两种混合产品的特征之前，我们先定义外部性，并举例说明。

外部性

外部性是生产或消费一种私人产品所带来的成本（外部成本）或收益（外部收益），并且这种外部性是针对其他人而言的，而不是生产者或者消费者。

外部性既可以由生产活动导致，也可以由消费活动导致。它可能是一种负外部性，从而导致外部成本，也可能是**正外部性**，从而带来外部收益。所以总共有四种外部性：

- 负的生产外部性
- 正的生产外部性
- 负的消费外部性
- 正的消费外部性

负的生产外部性

当美网公开赛在弗拉辛草场公园（Flushing Meadows）举办的时候，运动员、现场观众和世界各地的电视观众都感受到了许多纽约人每天都面对的负的生产外部性：飞机从拉瓜迪亚机场起飞带来的噪音。飞机的噪音给居住在各主要城市机场方向的飞行路线下的居民带来了巨大的成本。

正的生产外部性

硅谷是设计开发电脑芯片、iPhone、iPod、网络游戏、热门软件产品和许多其他高科技产品的人和公司的家园。这些人才在此集中并不是偶然。与其他人在同一领域亲密合作，必然使很多酒吧、餐馆热闹起来，同时人们也更热衷于参加球类运动和聚会，从而互相带来外部收益——正的生产外部性。

负的消费外部性

负的消费外部性是让我们许多人愤怒的来源之一。在一个封闭的空间里抽烟会产生烟雾，让许多人不悦并且会带来健康隐患。所以在餐馆和公共场所吸烟会产生负的消费外部性。

正的消费外部性

当一栋历史建筑物的所有者对其进行修复，所有看到这栋建筑物的人都能够从中得到快乐。类似地，当有人想要盖一栋壮观的房子，例如 20 世纪二三十年代建筑家弗兰克·劳埃德·赖特（Frank Lloyd Wright）建造的房子，或者其他令人兴奋激动的房子，例如纽约的克莱斯勒和帝国大厦或者澳大利亚的悉尼歌剧院时，所有有机会看到这些建筑的人都得到了消费的外部收益。

现在你已经了解了不同种类的外部性并且看到了各种类型的例子，下面就让我们看看外部性怎样影响我们消费的一些重要产品和服务。

具有外部收益的混合产品

在你所做的最重要的决定中，有一些会涉及具有外部收益的混合产品：如医疗保健和教育。想想流感疫苗，它是一种私人产品。流感疫苗具有**排他性**，因为它可能被售出，将那些不愿意支付的人从疫苗的好处中排除出去。流感疫苗具有**竞争性**，因为给一个人接种流感疫苗就意味着对其他人来说少了一支流感疫苗。

如果你决定接种流感疫苗，在流感季节你感染流感的风险就更低。如果你避免了流感，那么你的邻居即使没有接种疫苗也有一个更大的机会不被感染。流感疫苗是一种给他人带来收益——外部收益的混合产品。流感疫苗带来的外部收益就像一种公共产品，它具有非排他性，因为每一个和你接触的人都能获得收益，你不能选择性地只让你的朋友受益。同时它也具有非竞争性——一个人不受感染并不会降低其他人不受感染的几率。

教育是能够带来外部收益的私人产品的另外一个例子。如果所有的教育都由私立学校或大学来组织，那么那些没有能力支付的人将会被排除在外，并且一个人在一个班级的名额对另一个人具有竞争性，所以教育是一种私人产品。

但是你接受教育会给他人带来收益——外部收益。它给那些分享你的敏捷思维和智慧的朋友带来收益，也会给你居住的社区带来收益。接受过良好教育的人会与邻居友好相处，因为他们通常对别人有一种更强的友谊和责任感。这些收益是一种公共产品。你不能选择决定哪些人从你的友善中获益，并且一个人感受到你的良好行为举止并不会对其他人从中获益构成竞争。

具有外部成本的混合产品

近年来，一些具有外部成本的混合产品成为了一个很大的政治话题。这些产品包括依靠燃烧煤油提供的电力、道路和航空运输服务。电力和运输是具有排他性的——它们是私人产品——但是当你用电或者开车、乘飞机旅行时，你就将二氧化碳、二氧化硫和其他化学物质排放到空气中。产生外部成本的其他私人产品包括伐木，它会破坏野生动物的栖息地并且影响大气中的二氧化碳含量。在密闭的空间里吸烟也会给他人带来健康隐患。

消费这些私人产品带来的外部成本就像一种公害（“害处”是和益处相对的——益处是珍贵的，所以多多益善；害处会导致成本，所以越多越糟糕）。所有人都承担着空气污染的成本，没有人被排除在外，每个人遭受到的不适并不会对他人的不适构成竞争。

需要公共选择的问题

公共产品、具有外部性的混合产品、公共资源和自然垄断产品都会带来无效率问题——过度供给和供给不足都会导致无谓损失，从而需要公共选择。在本章接下来的内容和下一章中你将会学习到其中的大部分问题和公共选择的解决方法（垄断将会在第15章中学到）。本章接下来着重介绍公共产品和具有正的外部性的混合产品。

检查站 10.1　区分私人产品、公共产品、公共资源和外部性

现实问题

1. 2009年，在为互联网的电脑用户提供的以下服务中，将它们按照竞争性、非竞争性、排他性和非排他性区分开来。

a. 易趣（eBay）。

b. 鼠标。

c. 推特（Twitter）微博。

d. 我的经济实验室网站。

2. 把下列各项按照公共产品、私人产品、混合产品和公共资源区分开来。

a. 消防。

b. 美网公开赛的总决赛。

c. 一家承诺最划算的、存货充足的自助餐厅。

d. 密西西比河。

3. 以下每件事情都会带来外部性，将这些外部性按照正的外部性或负的外部性以及消费的外部性或者生产的外部性区分开来。

a. 吵闹的人群聚集在演讲室外。

b. 你的邻居在他的公寓前种植漂亮的鲜花。

c. 演讲中途拉响的火警。

d. 你的指导老师在课后给你免费指导。

4. 科德角（Cape Cod）外的风力农场扫除了障碍。

国内第一家离岸风力农场将会建在距海岸 5 英里的地方。风力农场有 130 个涡轮，高达 440 英尺，从海岸上就能看到。它会产生很大的噪音，能够为附近 75%的居民供能。

资料来源：*The New York News*，January 16，2009.

列出这个风力农场所产生的外部性。

参考答案

1. 易趣是非竞争的和非排他的；鼠标是竞争的和排他的；推特微博是非竞争的，你可以选择让你的微博排他或者非排他；我的经济实验室网站是非竞争的和排他的。

2. 消防是非竞争的和非排他的，所以它是一种公共产品；美网公开赛的总决赛是竞争的和排他的私人产品，能够带来外部收益，所以它是一种混合产品；自助餐厅是竞争的和排他的，所以它是一种私人产品；密西西比河是竞争的和非排他的，所以它是一种公共资源。

3. 聚集的人群产生的噪音会导致负的消费外部性。邻居种的鲜花会带来正的消费外部性。演讲中途拉响的火警会产生负的生产外部性。指导老师对你的免费指导是正的生产外部性。

4. 如果噪音干扰到海洋生物，如果游客或者科德角附近的居民发现涡轮有损优美的风景，如果鸟类观察者发现海鸟飞进了涡轮，那么风力农场就生产了负的外部性。

10.2 公共产品和搭便车问题

美国政府为什么会提供国防和地区法院系统？州政府为什么提供洪水防控系统？我们的市政府为什么提供消防和治安服务？我们为什么不从北极保安公司（一家和麦当劳

一样在市场上通过竞争来赚钱的私人企业）那里购买国防服务？私人工程公司为什么不能提供防洪堤？我们为什么不从布林克斯和其他私人企业那里购买治安和消防服务？答案就是：所有这些物品都是公共产品——具有非排他性和非竞争性——会产生搭便车问题。

□ 10.2.1 搭便车问题

搭便车是指某人从一种产品或服务中受益却没有为此支付费用。因为每个人都消费相同数量的公共产品，没有人会被排除在这种收益之外，也就没有人愿意支付该费用。每个人都希望搭便车。搭便车问题就是一个自发的私人市场将提供极少量的公共产品。要达到有效率的数量，就需要有政府行为。

要了解为什么私人市场提供极少量的公共产品而政府却能提供有效数量的公共产品，我们需要考虑公共产品的边际收益和边际成本。公共产品和私人产品的边际收益略有不同，因此我们首先来看一下收益的计算。

□ 10.2.2 公共产品的边际效益

在学习公共产品的边际收益之前，我们先看一个实例。李莎和马克斯共同使用一个没有安全灯的公用停车场。他们都想要有安全灯，但要多少呢？一盏安全灯的价值或收益是多少呢？加到两盏或者三盏安全灯所带来的价值或收益又是多少呢？要回答这个问题，我们必须把安全灯对李莎和马克斯的价值加总，得出不同数量的安全灯带来的边际收益——即安全灯的边际收益曲线。

对于私人产品来说，边际收益曲线就是市场需求曲线。每个人购买同一种私人产品都要支付相同的市场价格，并选择在此价格下愿意购买的数量。与此不同，对于公共产品来说，每个人必须消费相等的数量。但是，同一数量下每个人会有不同的个人价值。我们怎样找到一种公共产品的需求曲线上的等价数量呢？图 10—2 回答了这个问题并且阐明了边际收益的计算和边际收益曲线。

李莎和马克斯知道不同数量的安全灯下各自的边际收益。图 10—2（a）和（b）中的表给出了这些边际收益，曲线 MB_L 和 MB_M 分别是李莎和马克斯的边际收益曲线。每个人从公共产品中获得的边际收益随着产品数量的增加而递减——这和私人产品一样。对李莎来说，第 1 盏安全灯带来的边际收益是 80 美元，第 2 盏带来的边际收益是 60 美元。当安装到第 5 盏安全灯时，李莎的边际收益是零。对马克斯来说，第 1 盏安全灯带来的边际收益是 50 美元，第 2 盏带来的边际收益是 40 美元。当安装到第 5 盏安全灯时，马克斯感觉到的边际收益只有 10 美元。

图 10—2（c）中的表表明了整个经济的边际收益。这条曲线由每一数量下个人的边际收益加总得出。例如，有 3 盏灯时，边际收益是 70 美元（李莎的 40 美元加马克斯的 30 美元）。有 4 盏灯时，边际收益是 40 美元（李莎的 20 美元加马克斯的 20 美元）。边际收益曲线在图中用 MB 表示。

由于公共产品的边际收益是把每个人在每一数量下的边际收益加总而得来的，这样我们发现，边际收益曲线是每个人的边际收益曲线的垂直相加。相反，为了得到私人产

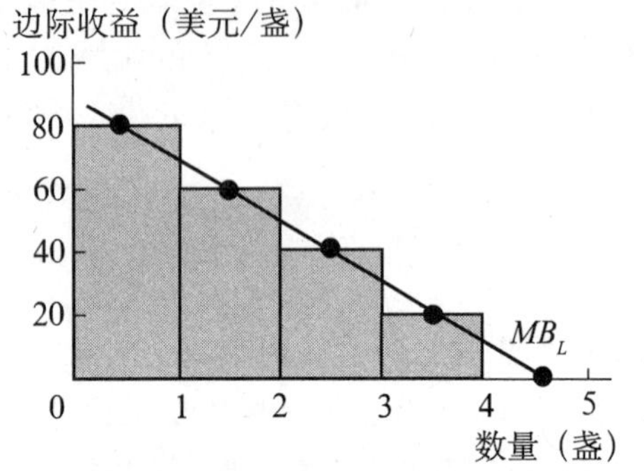

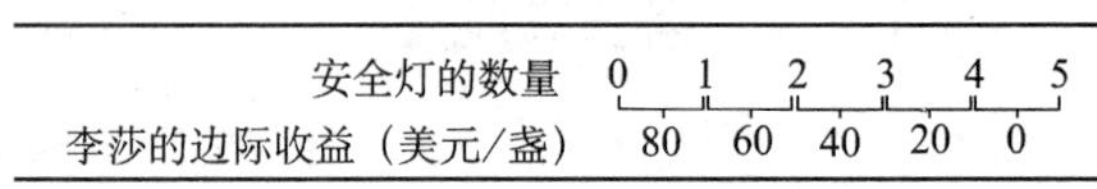

安全灯的数量	0	1	2	3	4	5
李莎的边际收益（美元/盏）	80	60	40	20	0	

(a) 李莎的边际收益

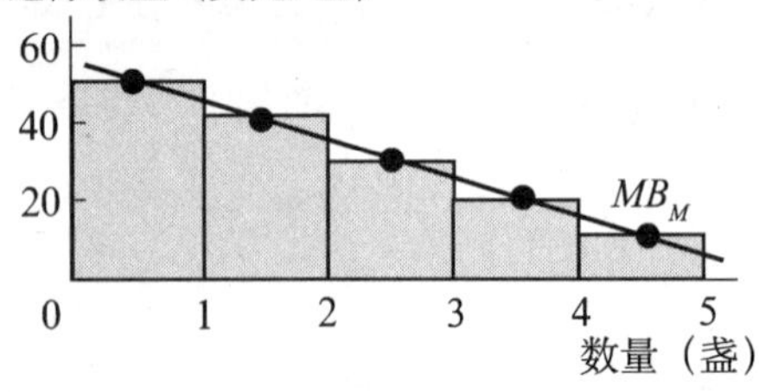

安全灯的数量	0	1	2	3	4	5
马克斯的边际收益（美元/盏）	50	40	30	20	10	

(b) 马克斯的边际收益

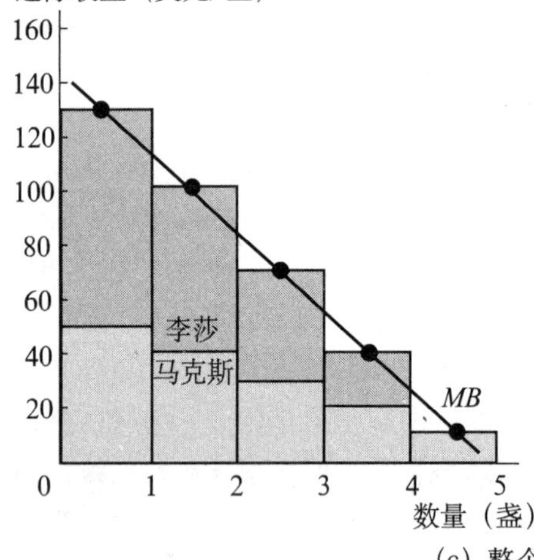

安全灯的数量	0	1	2	3	4	5
李莎的边际收益（美元/盏）	80	60	40	20	0	
马克斯的边际收益（美元/盏）	50	40	30	20	10	
整个经济的边际收益（美元/盏）	130	100	70	40	10	

(c) 整个经济的边际收益

图 10—2　公共产品的边际收益

对李莎和马克斯来说，公共产品的边际收益曲线分别是 MB_L 和 MB_M。整个经济中，公共产品的边际收益是每一数量下每个人的边际收益的总和。整个经济的边际收益曲线是 MB。

品的边际收益曲线，也就是市场需求曲线，我们把每一价格下每个人的需求量相加，即把每一个人的需求曲线水平相加（见第 4 章）。

我们发现，公共产品的边际收益曲线既是边际私人收益曲线，又是边际社会收益曲线。公共产品不具有外部收益，因为每个人都能消费相同数量的公共产品，每个人都能受益。边际收益曲线包括所有的收益。

我们从李莎和马克斯对安全灯需求的例子中所学到的原理，也适用于我们经济中诸如国防这样的公共产品对上亿美国人的边际收益。国防的边际收益是所有人边际收益的总和。

□ 10.2.3　公共产品的边际成本

公共产品的边际成本的决定和私人产品是完全一样的。你在第 6 章学到的边际成本递增的原理也同样适用于公共产品的边际成本。因此，公共产品的边际成本曲线是向上倾斜的。

□ 10.2.4　公共产品的有效率的数量

为了确定有效率的数量，我们将运用第 6 章学到的同一原理。我们发现这个数量就是边际收益等于边际成本时所决定的数量。

图 10—3 给出了提供国防服务的监视卫星的边际收益曲线（*MB*）和边际成本曲线（*MC*）。决定卫星的 *MB* 曲线的原理和决定两人社会（李莎和马克斯）中安全灯的边际收益曲线的原理是一样的。如果边际收益超过了边际成本，通过增加产量，可以更有效率地利用资源。如果边际成本超过了边际收益，通过减少产量，可以更有效率地利用资源。如果边际收益等于边际成本，资源便得到了有效利用。在这个例子中，边际收益等于边际成本决定的数量是 200 颗卫星。

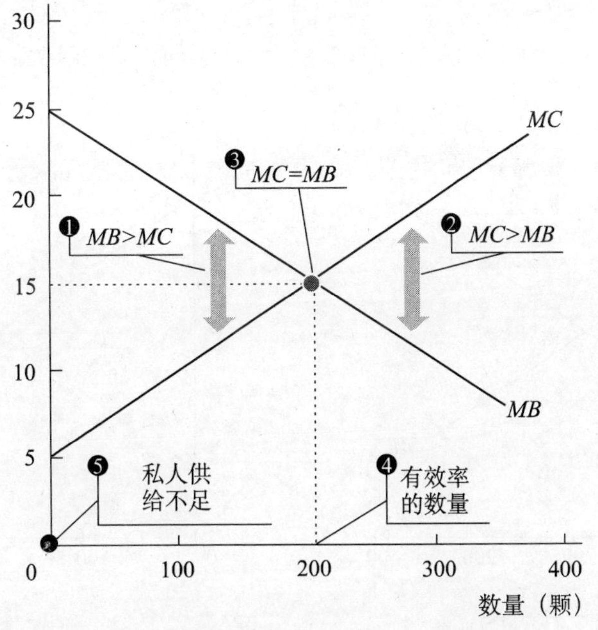

图 10—3　公共产品的有效数量和私人供给不足

①在卫星少于 200 颗时，边际收益（*MB*）超过边际成本（*MC*）。增加数量，资源可以得到更有效的利用。

②在卫星多于 200 颗时，边际成本超过边际收益。减少数量，资源可以得到更有效的利用。

③在 200 颗卫星下，边际收益（*MB*）等于边际成本（*MC*），资源得到有效的利用。

④有效率的数量是 200 颗卫星。

⑤私人供给导致供给不足，在极端情况下，产量为零。

□ 10.2.5 私人提供：供给不足

一家私人企业，比方说北极保安公司，能提供有效率的卫星数量吗？很有可能不行，这是因为没有人有购买卫星系统中他或她的那一份额的动机。每个人可能都这样想："我是否支付我的份额的决定不会影响北极保安公司提供的卫星数量。如果我搭便车，不去支付我的那份卫星系统成本，我的私人消费会更大。如果我不支付，我享受着同等水平的安全，与此同时，我可以买到更多的私人产品。我将把我的钱花在私人产品上，而对公共产品搭便车。"如此思考就是搭便车问题。如果每个人都这么样想，北极保安公司就不会有收入，也就不会提供卫星了。

□ 10.2.6 公共提供：有效生产

政治过程可能是有效的，也可能是无效的。我们首先看有效率的结果。假设有两个政党，鹰党和鸽党，除了国防卫星的数量外，它们的主张都一样。鹰党要提供 300 颗卫星，而鸽党要提供 100 颗。双方都想赢得这次选举，于是它们就进行了选民调查，发现了如图 10—4 所示的边际收益曲线。它们也咨询了卫星制造商，建立了一个边际成本表。接下来两个政党做了"如果这样会怎样"的分析。如果鹰党提议提供 300 颗卫星而鸽党提议提供 100 颗，选民对它们都不满意。与有效率的数量相比，鸽党想少提供 100 颗卫星，而鹰党想多提供 100 颗，无谓损失是一样的。因此这次选举对这两个政党来说将是难分胜负。

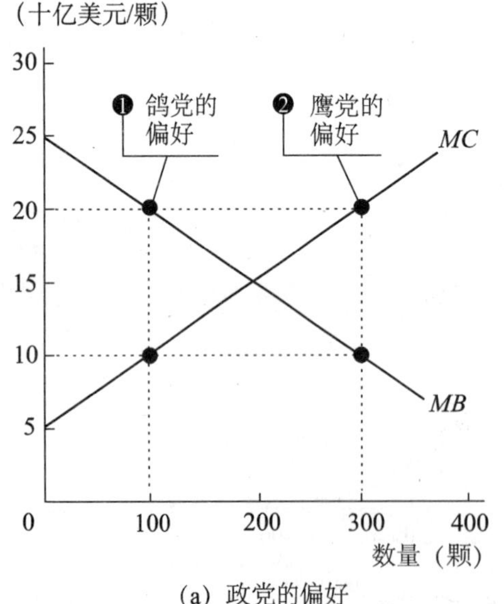

(a) 政党的偏好

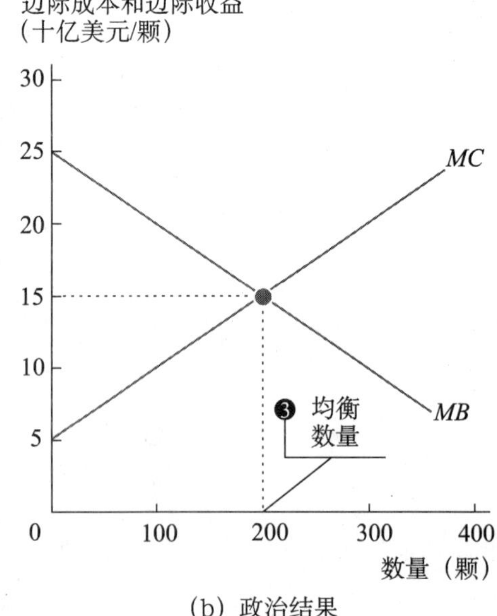

(b) 政治结果

图 10—4 有效率的政治结果

①鸽党想要提供 100 颗卫星。

②鹰党想要提供 300 颗卫星。

③政治结果是 200 颗卫星。除非每个政党都提议 200 颗卫星，否则在选举中将被另一政党所击败。

考虑到这个结果，鹰党认识到了它们太鹰派了而不能获胜。鹰党考虑如果它们提议的数量减少到250颗，而鸽党提议100颗卫星，它们就会获胜。鸽党以同样的思维考虑，如果它们提议的数量增加到150颗，而鹰党提议300颗卫星，它们就会获胜。两个政党都知道对方是怎么想的，它们都认识到必须提供200颗卫星，否则就会输掉这次选举。因此它们都提议200颗卫星。选民对这两个政党是无差异的，每个政党得到了50%的选票。

不管哪个政党赢得了选举，都会提供200颗卫星，这个数量是有效率的。在这个例子中，政治市场中的竞争将带来公共产品的有效供给。

要得到这样的结果，选民必须有充分的信息，权衡选择进行投票。各政党必须对选民的偏好有充分的信息。正如你将看到的，我们不能指望会发生这种结果。

最小差别原则

在我们刚刚研究的例子中，两个政党提出了相同的政策。这种走向相同政策的趋势就是**最小差别原则**的一个例子：为了赢得最大数量的客户或选民，竞争者会趋于相同。这个原则不仅描述了政党的行为，也解释了为什么快餐店会集中在一些街区，甚至为什么新车型会有相似的特点。如果麦当劳在一个新地方开了家餐馆，汉堡王很可能在它隔壁而不是在离那条街一英里的地方开一家餐馆。如果克莱斯勒设计了一款在驾驶位那边有一个滑动门的新型面包车，福特公司很有可能也会这样做。

□ 10.2.7 公共供给：生产过度

如果两个政党之间的竞争是为了得到有效数量的卫星，那么国防部——五角大楼——要合作来促成这个结果。

官员的目标

办公署长追求本部门预算最大化，因为更大的预算能提高地位和扩大权力。五角大楼的目标就是国防预算最大化。

图10—5表明如果五角大楼成功达到目标的结果。五角大楼也许会试图说服政治家，200颗卫星的成本将超出先前的预算额；或者五角大楼会更坚决地维护自己的立场，要求提供多于200颗的卫星。在图10—5中五角大楼说服政治家提供300颗卫星。

为什么政治家们不阻止五角大楼？过度支付或过度制造卫星不会牺牲未来的选举吗？如果选民有充分的信息，并且知道什么对他们是最好的，未来的选举就会受到影响。但选民的信息可能是不充分的，有充分信息的利益集团可能会帮助五角大楼达到目标并克服政治家的妨碍。

理性忽略

理性的选择权衡了边际收益和边际成本。理性的选择暗含着选民对一个问题的忽略是理性的，除非这个问题对选民的福利有显而易见的影响，并且选民能够影响政治结果。

理性忽略就是因为获得信息的边际成本超过边际收益而不去获得信息的一种决定。例如，美国的每个选民都知道他对美国的国防政策不会有太大的影响，他们还知道即便他们对可供选择的国防技术有适当的了解，他们也将花费大量的时间和精力，因此选民

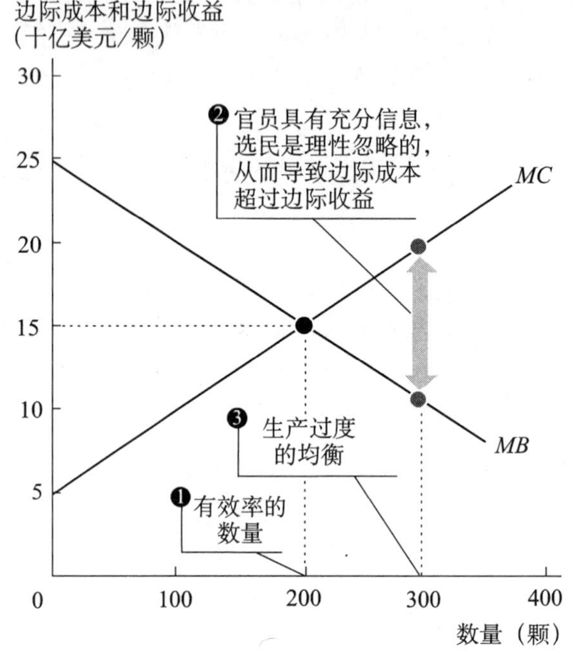

图 10—5　无效的官僚的生产过度

①边际收益（*MB*）=边际成本（*MC*）时，有效的产量为 200 颗卫星。

②官员有充分信息，选民是理性忽略的，所以官员会增加生产（和预算）到边际成本（*MC*）超过边际收益（*MB*）的水平。

③生产 300 颗卫星时，边际成本（*MC*）超过边际收益（*MB*），从而产生无效率的生产过度。

就不会花费太多精力去了解国防技术（尽管我们是把国防政策作为一个例子，同样的原理也适用于政府经济活动的各个方面）。

每个选民都是国防的受益者，但并非每个选民都是国防的生产者——只有一小部分人在国防行业工作。那些生产卫星的企业所有者或在这些企业工作的选民在国防中有直接的个人利益，因为这关系到他们的收入。这些选民就有了解国防信息的动机，游说政治家，以增加自己的利益。在与国防官员的合作中，和那些仅仅消费国防这种公共产品而相对不了解国防信息的选民相比，这些选民对公共政策有更大的影响力。

□ 10.2.8　为什么政府很大而且还在增长

政府很大并且比经济体系中的其余部门增长更快，承担了生产中前所未有的大份额。为什么？

选民对公共产品的偏好促进了政府的增长。对国家和个人安全的需求以及对其他公共服务的需求具有收入弹性。随着收入的增加，选民对这些公共服务需求的增加大大超过收入的增加。

公共产品和服务的无效率的过度供给，使政府过大并且增加了运行成本。这个问题没有容易的解决办法。我们对教育和医疗保健服务（接下来要学到的）的需求日益增加，促使政府大幅扩大和增长。

检查站 10.2 **解释公共供给如何带来有效率的公共产品数量并且帮助克服搭便车问题。**

现实问题

1. 解释下列物品是否存在搭便车问题。如果没有，它是如何避免的？

a. 消防。

b. 7 月 4 日的烟火表演。

c. 怀俄明州乡村地带的 80 号州际公路。

表 1 提供了一个灭蚊计划的信息，根据此表回答问题 2 和 3。

表 1

数量（平方公里/天）	边际成本	边际收益
	（美元/天）	
0	0	0
1	1 000	5 000
2	2 000	4 000
3	3 000	3 000
4	4 000	2 000
5	5 000	1 000

2. a. 一个私人灭蚊计划的喷洒量将是多少？

b. 有效率的喷洒量是多少？

c. 在关于喷洒量这个单纯问题的选举中，获胜者将选择多少喷洒量？

3. 在表 1 描述的情况中，政府设立了灭蚊部门并指派一名官员管理，喷洒量最有可能供给不足、过度供给还是有效供给呢？

4. 不愿接种疫苗者。

医生想要努力根除世界范围内的小儿麻痹症，但他们面临的最大问题就是劝说父母让小孩接种疫苗。疫苗的出现已经根除了欧洲的小儿麻痹症，并且法律要求每个人都接种疫苗。拒绝接种的人就是搭便车者。

资料来源：*USA Today*，March 12，2008.

解释为什么有些人基于医疗或宗教信仰原因没有退出并且拒绝接种疫苗就被称作搭便车者。

参考答案

1. a. 消防是一种公共产品。

b. 7 月 4 日的烟火表演是一种公共产品。以上两种情况可以通过公共提供和税收融资来避免搭便车问题。

c. 怀俄明州乡村地带的 80 号州际公路是一种公共产品。这种公共产品产生的搭便车问题是通过政府征收各种汽油税和收取车辆登记费来避免的。

2. a. 因为搭便车问题很普遍，一个私人灭蚊计划不会提供喷洒量。

b. 有效率的喷洒量是 3 平方公里/天——这个数量下的边际收益等于边际成本。

c. 获胜者将提供有效率的喷洒数量：3 平方公里/天。

3. 灭蚊部门最可能过度供给，因为政府部门会试图使预算最大化。

4. 小儿麻痹症是一种严重的疾病，会导致很大的痛苦。如果在一个小区所有人都接种了疫苗，只有一个人除外，那么这个没有注射疫苗的人就从所有邻居接种的疫苗中获益。这个人就是搭便车者。

10.3 教育和医疗保健服务

现在开始学习教育和医疗保健服务的有效供给。这些是具有正外部性的混合产品。我们将以大学教育为例，然后将相同的原理运用到医疗保健服务中。你的第一个任务就是区分私人收益、外部收益和社会收益。

10.3.1 私人收益、外部收益和社会收益

私人收益是消费者消费产品或服务获得的利益。边际私人收益（*MB*）是消费者每增加一单位该产品或服务消费所获得的收益。

外部收益是其他人而非消费者从产品或服务中获得的利益。边际外部收益是其他人而非消费者从每增加一单位产品或服务的消费中获得的利益。

边际社会收益（*MSB*）是社会得到的边际利益——包括消费者从产品或服务中得到的（边际私人收益）和其他所有人从中得到的利益（边际外部收益）。即 $MSB=MB+$边际外部收益。

图 10—6 举例说明了大学教育的边际私人收益、边际外部收益和边际社会收益的关系。边际收益曲线（*MB*）表示边际私人收益——例如更多就业机会和更高收入——由大学毕业生获得。边际私人收益随着受教育人数的增加而递减。

但是大学毕业生会带来外部收益。平均来说，大学毕业生能与他人更有效地交流并且更趋向于成为良好市民。他们的犯罪率更低，更容易接纳别人的观点。拥有大量大学毕业生的社会能够支持高雅活动，例如高雅的音乐、剧院和其他有组织的社会活动。

在图 10—6 的例子中，当大学招收 1 500 万学生时，每个学生每年的边际外部收益是 1.5 万美元。边际社会收益是边际私人收益和边际外部收益的总和。例如：大学每年招收 1 500 万学生，边际私人收益是每人 1 万美元，边际外部收益是每人 1.5 万美元，所以边际社会收益是每人 2.5 万美元。

边际社会收益曲线（*MSB*）是边际私人收益和边际外部收益的总和。它比 *MB* 曲线更陡峭，因为边际外部收益递减的原因和 *MB* 递减的原因相同。

当人们决定要接受多少教育时，他们只考虑私人收益，如果教育由私立学校提供并收取全额学费，那就只会有很少的大学毕业生。

图 10—7 表明如果大学教育全部由私人市场提供，就会出现供给不足。供给曲线是私人学校的边际成本曲线，$S=MC$。需求曲线是边际私人收益曲线，$D=MB$。当每个学生每年的学费为 1.5 万美元，每年招收 750 万名学生时，市场达到均衡。在这一均衡下，

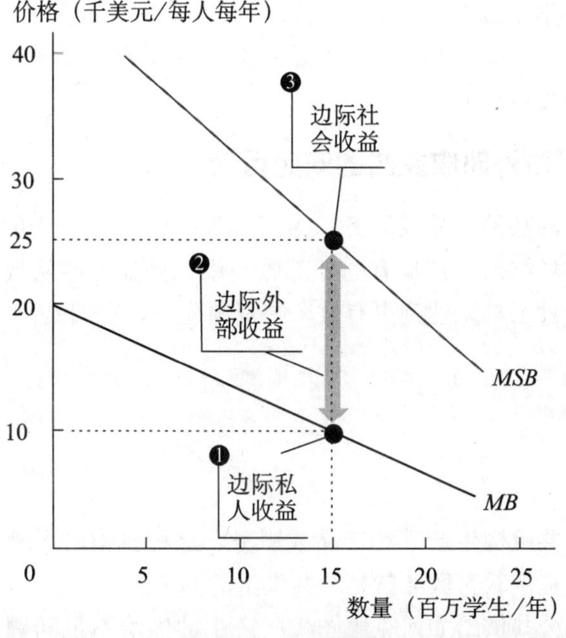

图 10—6　外部收益

MB 曲线表示人们接受大学教育得到的边际私人收益。*MSB* 曲线表示边际私人收益和边际外部收益之和。

当 1 500 万学生入学时，①边际私人收益为每个学生 1 万美元，②边际外部收益为每个学生 1.5 万美元，③边际社会收益为每个学生 2.5 万美元。

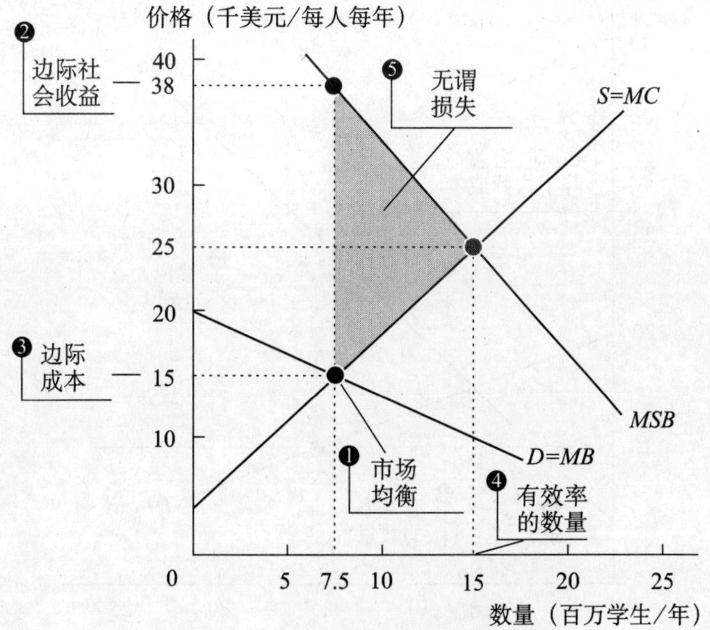

图 10—7　产出不足的外部收益

市场需求曲线是边际私人收益曲线，*D*=*MB*。供给曲线是边际成本曲线，*S*=*MC*。

①市场均衡是学费为每年 1.5 万美元和 750 万学生，市场没有效率是因为②边际社会收益超过③边际成本。

④边际社会收益曲线是 *MSB*，所以有效率的学生数量为每年 1 500 万。

⑤灰色三角形表示学校招生太少导致的无谓损失。

边际社会收益是每个学生 3.8 万美元，比边际成本多 2.3 万美元。大学招生人数太少。有效率的招生人数为 1 500 万，此时，边际社会收益等于边际成本。图中灰色三角区域表示供给不足导致的无谓损失。

□ 10.3.2 面对外部收益时的政府行为

对具有外部收益的某种产品或服务，为了得到接近效率的产量，我们通过政府做出公共选择并且修正市场结果。在现有的外部收益中，例如那些从教育和医疗保健中获得的，政府可以使用三种工具来达到更有效率的资源配置，它们是：

- 公共供给
- 私人补贴
- 代币券

公共供给

公共供给是由公共机构生产某种产品或服务，这种机构的大部分收入来自政府。公立大学、学院和学校提供教育服务就是公共供给的例子。

图 10—8 说明了公共供给如何克服图 10—7 中的供给不足问题。公共供给不能降低生产成本，所以边际成本和前面相同。边际私人收益、边际外部收益和边际社会收益也和前面相同。

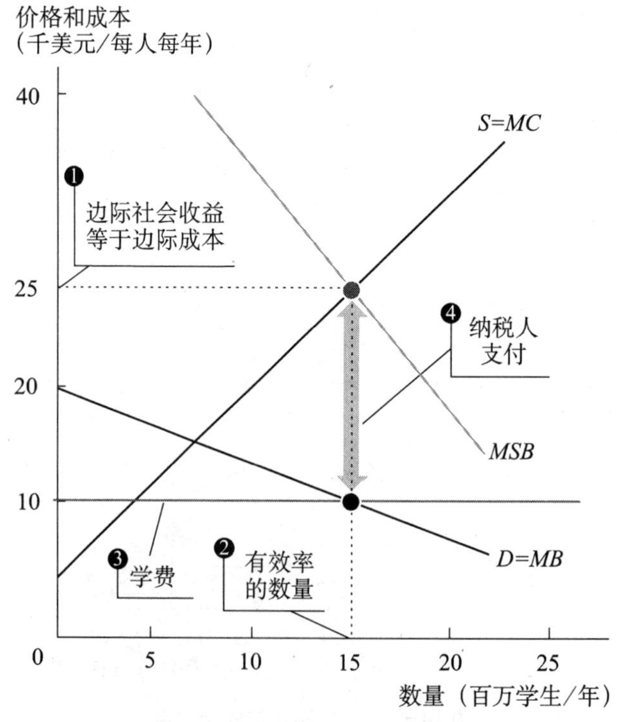

图 10—8 公共供给达到有效的结果

①边际社会收益等于边际成本，大学招收 1 500 万学生，这是②有效率的数量。③学费为每年 1 万美元，④纳税人支付每个学生边际成本剩余的 1.5 万美元。

当边际社会收益等于边际成本时，达到有效率的招生数量。图 10—8 中，这个数量是每年 1 500 万学生。学费设定要保证这个有效的招生规模。这就是说，学费水平等于有效招生数量下的边际私人收益。图 10—8 中，学费是每年 1 万美元。公立大学的剩余成本由纳税人承担，在此例中，承担每个学生每年 1.5 万美元。

私人补贴

补贴是政府支付给生产者的用以补贴部分生产成本的支出。通过补贴生产者，政府能促使私人决策者做出选择时考虑外部利益。

图 10—9 说明了对私立大学的补贴是怎样起作用的。没有补贴时，边际成本曲线就是私立大学教育的市场供给曲线，$S=MC$。边际收益就是需求曲线，$D=MB$。在这个例子中，政府给每个大学生每年提供 1.5 万美元补贴。我们必须从教育的边际成本中减去补贴来得到大学的供给曲线。这条曲线如图中的 $S=MC-$补贴所示。均衡的学费（市场价格）是每年 1 万美元，均衡数量是 1 500 万学生。要给 1 500 万学生提供教育，学校每年产生 2.5 万美元的边际成本。边际社会收益同样也是每年 2.5 万美元。所以当边际成本等于边际社会收益时，补贴就达到了有效的结果。学费和补贴就抵消了大学的边际成本。

公共供给对比私人补贴　在图 10—8 和图 10—9 的例子中，结果是有效率的，大学招生数量和学费都是一样的。由此可得出这两种提供教育服务的方法同样好吗？到底是公立学校（公共供给）还是补贴私人学校（私人补贴）能更好地起作用，是一个难以解决的问题。两种方法都涉及官僚政治成本填充和过度供给问题——为达到公共产品的有效供给而导致的，所以没有一种方法能最终达到我们刚刚所描述的有效产出。

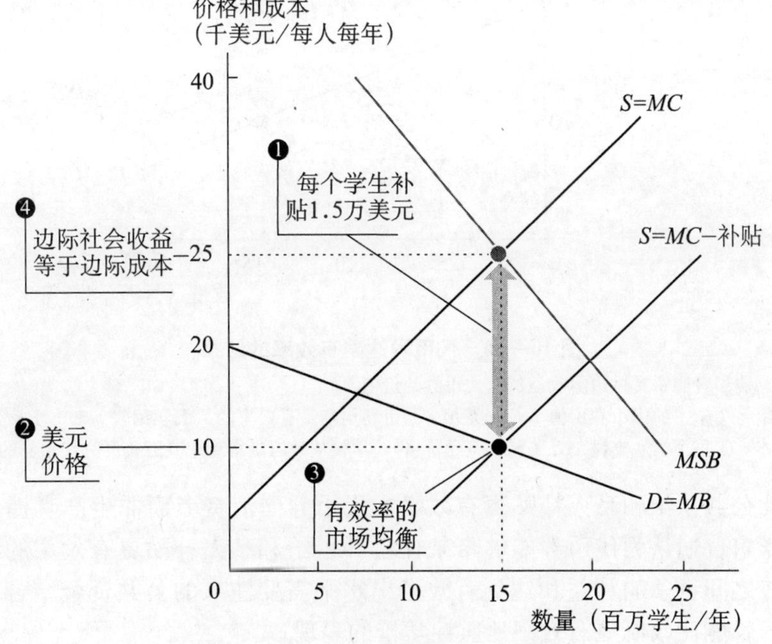

图 10—9　私人补贴达到有效的结果

①每个学生补贴 1.5 万美元，供给曲线为 $S=MC-$补贴。②均衡价格是 1 万美元。③大学招收 1 500 万学生时，市场均衡是有效率的，因为④边际社会收益等于边际成本。

代币券

代币券（voucher）是政府提供给家庭可以用来购买特定的产品和服务项目的一种凭证。美国农业部根据联邦食品印花项目提供的食品印花就是这样的例子。大学教育券也可以提供给学生。让我们看看它们是怎样起作用的。

政府会发给每个学生一张代币券。学生选择学校并用美元和代币券支付学费。学校将收到的代币券向政府兑换成美元。如果政府设置每张代币券等价于有效招生人数下学校每年的边际外部收益，那么结果就是有效率的。

图 10—10 说明了一个有效的代币券计划。政府每年发给每个学生价值 1.5 万美元的代币券。每个学生支付 1 万美元学费，政府支付每张代币券 1.5 万美元，所以学校能够向每个学生收取 2.5 万美元。这个代币券计划使 1 500 万学生入学，每个学生的边际成本等于边际社会收益，结果是有效率的。

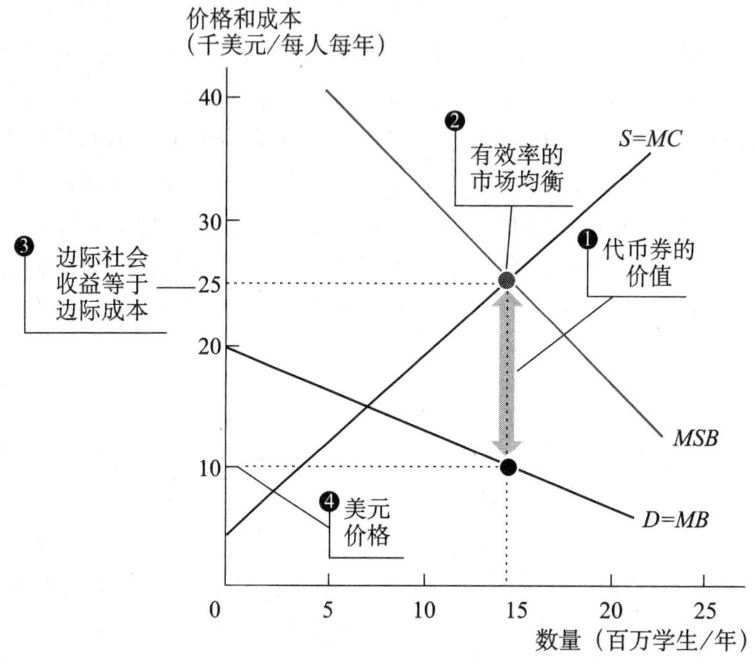

图 10—10 代币券达到有效率的结果

有了代币券，购买者愿意支付边际收益加上代币券的价值。

①政府提供给每个学生的代币券价值 1.5 万美元。②市场均衡是有效率的，大学招收 1 500 万学生。③边际社会收益等于边际成本。④每个学生支付 1 万美元（美元价格），学校从政府处得到 1.5 万美元（代币券的价值）。

代币券比公共供给和私人补贴更有效吗？代币券向消费者而非生产者提供公共财政资源。经济学家普遍认为代币券能够带来比公共供给和私人补贴更有效率的结果，因为它将私立学校之间竞争的利益和达到有效产出水平需要注入的公共资金结合在一起。而且，学生和家长能比政府更有效率地监控学校的表现。

□ 10.3.3 医疗保健供给不足

医疗保健是具有正的外部性的混合产品。外部收益的来源包括：避免传染性疾病，与健康的邻居一起生活及工作，对很多人来说，知道贫穷和患病的人能得到有能力支付的医疗保健。因为外部收益，医疗保健的边际社会收益超过边际私人收益，缺乏管制的市场只会提供很少的医疗保健。

图 10—11 表示医疗保健服务的市场。私人市场供给不足并且导致无谓损失，所以必须用本章中我们学过的一种或多种方法来达到效率。实际上，使用私人补贴和公共供给的混合策略，结果同样是无效率的。

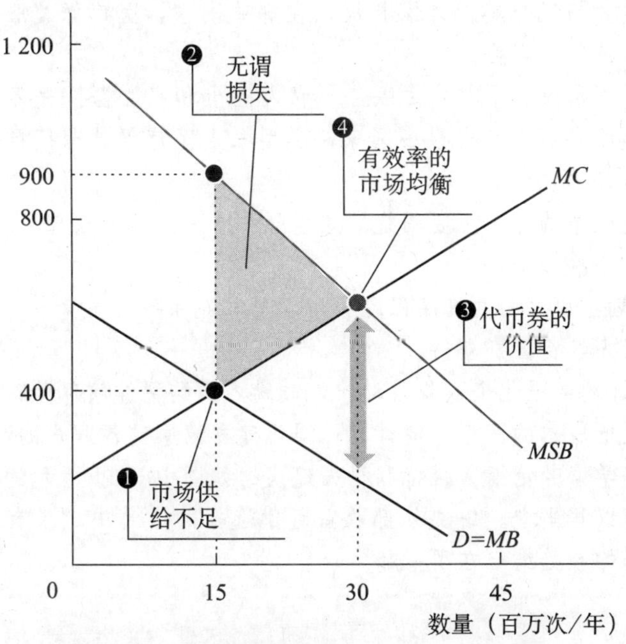

图 10—11　医疗保健代币券能达到有效率的结果

医疗保健服务的需求曲线和边际私人收益曲线是 *MB*，供给曲线和边际成本曲线是 *MC*。

①市场均衡只能生产很少的医疗保健服务。

②产生无谓损失。

③提供给人们其价值相当于边际外部收益的医疗保险代币券，医疗保健服务的需求增加到 *MSB*。

④需求等于 *MSB* 时，市场会移动到有效率的均衡，无谓损失就消除了。

劳伦斯·科特利科夫（Laurence Kotlikoff）——波士顿大学的经济学家——建议发放医疗保健代币券，它会和前面解释的教育代币券一样起作用。代币券能使私人供给的效率和公共融资的收益结合起来。图中表明代币券计划达到了有效率的结果。代币券等价于边际外部收益时，人们提供和购买的医疗保健服务是有效率的。

关注医疗保健

医疗保健需要调整吗?

医疗保健确实需要调整。美国医疗保健花费是 2.5 万亿美元，占总花费的 17%，每个人 8 000 美元，比其他富裕国家平均水平的两倍还要多。随着在生育高峰期出生的那代人退休，人口老龄化，这一成本还会增长。

除美国外的其他所有先进的经济体，都由政府提供医疗保险，覆盖到每个人。

在美国，4 700 万人没有健康保险，另有 2 500 万人保险数额很小。那些有健康保险的人，接近 4 000 万都是受益于政府的医疗保险和医疗补助项目。医疗保险项目的对象为 65 岁或以上的人群和部分低于 65 岁的人。医疗补助项目帮助低收入人群。其余的人都享有私人健康保险，其中大部分都是作为一种就业福利。

在美国，医疗保健服务主要由私人医生和私人医院提供，只有一小部分比例是由公立医院提供的。这种情况与其他国家相反，在那些国家，医疗保健服务主要由公立医院和向政府领取薪水的医生提供。

在几个国家——加拿大是其中之一——私人医生和私立医院是不允许存在的，只能提供公共医疗保健服务。但是在很多国家，小型私人医疗保健部门就开在占支配地位的公共医疗部门旁边。

美国医疗保健改革的争论主要围绕健康保险和全面覆盖的愿望。

正在讨论的几个抉择是：

1）奥巴马计划：成立公共健康保险公司，与私人保险公司竞争，并不准私人保险公司根据先决条件对人实行区别对待。

2）共和党人计划：强化个人税收动机，鼓励人们购买健康保险；鼓励国家和小公司集中资源，实行更低成本的医疗保健计划；强化建立健康储蓄账户的激励。

很遗憾，经济学家劳伦斯·科特利科夫建议的如图 10—11 所示的代币券方法没列在美国医疗保健改革议程当中。解决外部收益可供选择的方法中，只有代币券将私人供给的效率和公共融资的收益结合在了一起。

关注你的生活

学生的搭便车问题

MP3 文档是非竞争性的，因为只要点击一下鼠标就可以复制，文档能够以零机会成本得到。一个 MP3 文档是非排他性的，因为要将那些想非法复制一个文档的人排除在外的成本是昂贵的。

因为 MP3 文档是非竞争性的和非排他性的，因此会导致搭便车问题。

如果每个人都通过拷贝朋友的文档来获得自己的音乐，不久你就会看到歌曲供给市场枯竭。只有那些录唱片来寻找乐趣的业余歌手会留在这个圈子中。

要解决这个问题，我们是否应该让政府来提供流行、爵士、摇滚和古典音乐呢？你能想象希拉里·克林顿作为音乐部长指定委员会去告诉艾丽西亚·凯斯（Alicia Keys）她的下一张唱片是怎样的吗？这不是一个好主意！

我们解决这个问题的方法是用版权法来限定拷贝 MP3 文档的法律权利。问题是在很难监控、侦查和惩罚这些非法行为的情况下，简单地认定某事不合法是不会有很大效果的。

另一种解决方法是对 MP3 播放器征税，将税收收入分配给歌手和唱片公司。但这种方法不能提供限制非法文档的共享的动机。一旦支付了 MP3 播放器的税，也就不会对 MP3 播放器如何被使用有任何作用。

目前可行的最好的解决方法是政府支持财产权，唱片公司能追究非法文档共享者的责任并要求高额罚款。但是执行这些财产权的成本很高。

检查站 10.3 解释对具有外部收益的产品，例如教育和医疗保健服务，公共选择如何带来有效率的产出。

现实问题

图 1 表示大学教育的边际私人收益，根据图 1 回答问题 1～4。大学教育的边际成本是一个常量，每年 6 000 美元。大学教育的边际外部收益是一个常量，每个学生每年 4 000 美元。

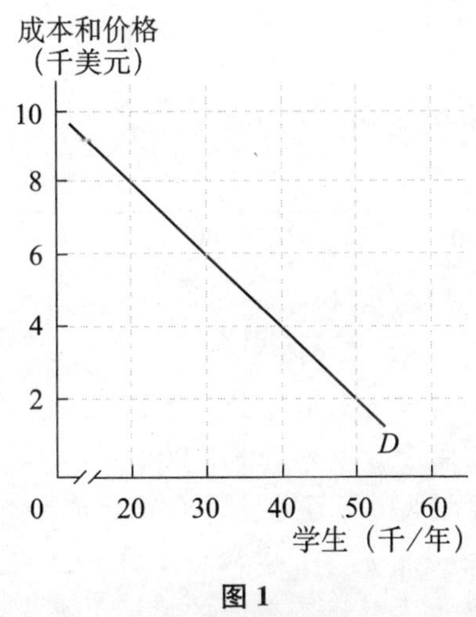

图 1

1. 有效率的学生人数是多少？如果大学是私立的，并且政府不介入大学教育，大学招生数量和学费各是多少？

2. 如果政府决定提供公立大学，大学将收取多少学费来达到有效率的招生数量？纳税人将要支付多少？

3. 如果政府决定补贴私立大学，要补贴多少才能达到有效率的招生数量？

4. 如果政府向大学招收的学生提供代币券，而不是提供补贴，代币券的价值为多少时能达到有效率的招生数量？

5. 学费增加，而非贷款途径，会让学生感到恐惧。

尽管出现信用危机，家庭还是不会被剥夺联邦学生贷款的途径。有 100 家银行不提供这种贷款，但 2 000 家仍然提供。真正的危机是上涨的学费。在过去的衰退中，各州常常削减提供给大学的资金，学费飞涨。卡托研究院（Cato Institute）称更好的政策是国家增加财政赤字，维持大学补贴。

资料来源：Michael Dannenberg，*USA Today*，October 22，2008.

如果政府削减大学补贴，为什么学费会上涨并且学校招生人数会减少？为什么卡托研究院称维持大学补贴是更好的政策？

参考答案

1. 图2说明：有效率的学生数量是每年5万人——*MSB*和*MC*曲线的交点。招生人数为每年3万人——*MB*和*MC*曲线的交点。学费是每年6 000美元。

2. 招收有效率的学生数量5万人时，公立大学向每人收取2 000美元，纳税人要支付每个学生4 000美元（图2）。

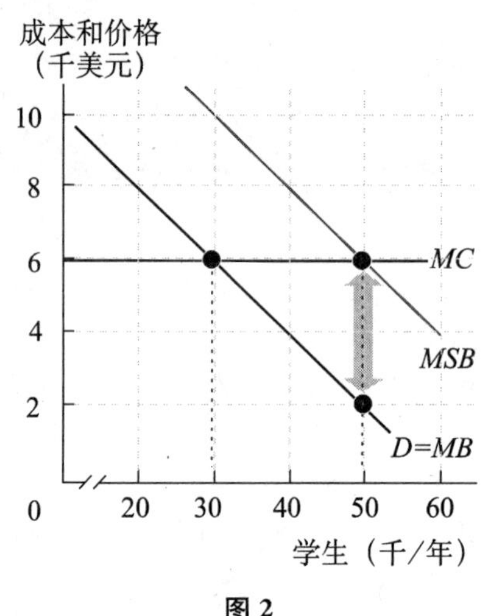

图2

3. 补贴额为每个学生4 000美元，等于边际外部收益。

4. 代币券的价值是4 000美元。当学费是2 000美元时，招生人数为5万人。私立大学学费是6 000美元，所以要招收5万名学生，代币券价值必须为4 000美元。

5. 缩减补贴会增加大学的边际成本。学费会上涨并且学生数量会减少——沿需求曲线向上移动。因为受教育的学生人数比有效率的情况下更少，所以卡托研究院称维持大学补贴是更好的政策。

本章总结

□ 要点

1. 区分私人产品、公共产品、公共资源和外部性。
   - 私人产品是具有竞争性和排他性的产品或服务。
   - 公共产品是具有非竞争性和非排他性的产品或服务。
   - 公共资源是具有竞争性但是具有非排他性的资源。
   - 混合产品是具有外部性的私人产品。
   - 外部性是给其他人带来的成本或收益，而不是给产品或服务的生产者或消费者。
2. 解释公共供给如何带来有效率的公共产品数量并且帮助克服搭便车问题。

- 公共产品产生了搭便车问题——没有人有私人动机去支付公共产品供给成本中各自应承担的份额。
- 公共产品的有效供给水平是边际收益等于边际成本之时的供给水平。
- 每个政党都想赢得最大多数选民的支持，它们的竞争会导致公共产品以有效率的数量提供，也会导致各政党一样的政策主张——最小差别原则。
- 官员试图使其预算最大化，如果选民是理性忽略的，他们就会投票支持征税，以便提供超过有效率数量的公共产品。

3. 解释对具有外部收益的产品，例如教育和医疗保健服务，公共选择如何带来有效率的产出。
   - 外部收益是除购买产品或服务的顾客以外的人获得的利益。边际社会收益等于边际私人收益与边际外部收益之和。
   - 具有正的外部性的混合产品，例如教育和医疗保健，通过公共供给、补贴和代币券能达到更有效的供给。经济学家们认为代币券是最有效的方法。

□ 关键术语

公共资源
排他性
外部性
搭便车
边际外部收益
私人产品
混合产品
非排他性
非竞争性
最小差别原则
代币券
边际社会收益
公共供给
理性忽略
竞争性
补贴
边际私人收益
公共产品

本章检查站

□ 学习计划中的问题与应用

1. 把下列各种物品按照私人产品、公共产品、公共资源和混合产品区分开来。对于每种公共产品，是否存在搭便车问题？如果没有，这个问题是怎样避免的？

   a. 纽约时代广场除夕夜的庆祝活动。

   b. 某个星期五的下午圣莫尼卡的高速公路。

   c. 城市的下水道系统。

   d. 铁路网。

   e. 滑雪板。

   f. 尼亚加拉瀑布。

图 1 表明了一个拥有 100 万人口的城市的废弃物处理系统的边际收益和边际成本，据此回答问题 2 和 3。

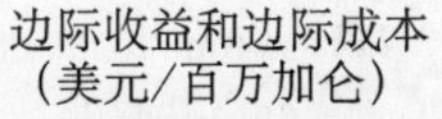

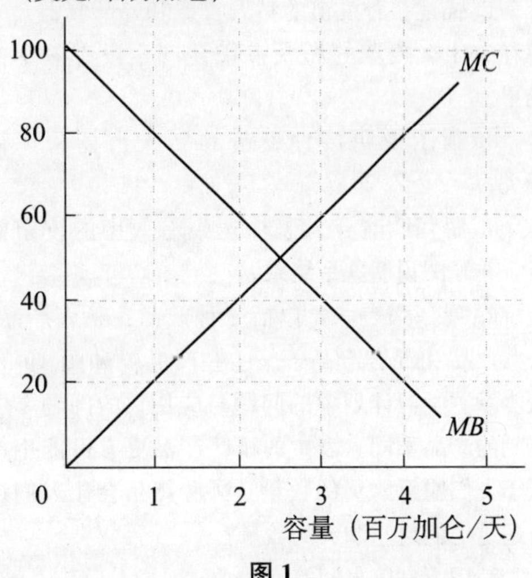

图 1

2. 废弃物处理系统的有效容纳力是多少？如果这个城市安置有效的容纳力，每人应为此交纳多少税？

3. 如果选民对废弃物处理系统的成本和收益有充分的信息，选民会选择多少的容纳力？如果选民是理性忽略的，政府官员会安置有效的容纳力吗？请解释。

医疗保健改革从急救室开始

要开始医疗保健改革，国会应该回顾一下很多急救室的情形。过度拥挤如此糟糕，从而导致紧急情况要等28分钟才能见到一个医生，而不是最佳时间1分钟。疾病防制中心称急救室太满了，以致救护车要将部分人转移到另一个地方。

资料来源：*Time*，June 19，2009.

4. 急救服务是私人产品、公共产品还是混合产品？

5. 急救室的情况怎样说明医疗保健服务的供给不足问题？画图分析说明你的答案。

利用下列信息回答问题6～8。

教育一个大学生的边际成本是每年5 000美元。表1列出了大学教育的边际收益。大学教育的边际外部收益固定为每个学生每年2 000美元。不存在公立大学。

表1

学生（百万/年）	边际收益（美元/每人每年）
1	5 000
2	3 000
3	2 000
4	1 500
5	1 200
6	1 000
7	800
8	500

6. 政府不介入大学教育，招生人数是多少？学费是多少？会产生多少无谓损失？

7. 如果政府给大学提供补贴，并设置补贴额使得招生数量达到有效水平，每个学生的补贴额为多少？招生数量是多少？纳税人的成本是多少？

8. 如果政府给学生提供代币券，代币券的价值为多少时有助于达到有效的招生人数？

□ 教师可布置的问题与应用

利用下列信息回答问题1～3。

我的孩子，我的选择

如果所有的美国儿童都接种疫苗，就能够挽救很多生命，感染人数就会减少，医疗成本就会降低。疫苗不仅可以保护接种疫苗的孩子，还可以保护没能接种疫苗的孩子。

资料来源：*Time*，June 2，2008.

1. 描述接种疫苗的私人收益和外部收益，并解释为什么疫苗的私人市场会产生没有效率的结果。

2. 画图说明接种疫苗的私人市场和无谓损失。

3. 解释政府介入怎样达到有效率的疫苗数量，并画图说明这个结果。

4. 列一张表，要包括三种产品：私人产品、公共产品和混合产品——这些产品要和图10—1及本章“学习计划中的问题与应用”的问题1中提到的产品不同。表中的哪些产品更有可能生产低于人们愿意购买的数量？哪些产品会让人们担心超过他们愿意购买的数量？

利用下列信息回答问题5～7。

给每个大学生提供在线教育的边际成本是每年3 000美元。表1列出了大学教育的边际私人收益。大学教育的边际外部收益是边际私人收益的一半。

表1

学生（百万/年）	边际私人收益（美元/每人每年）
1	6 000
2	5 000
3	4 000
4	3 000
5	2 000
6	1 000

5. 在政府没有介入大学教育的情况下，大学招生数量是多少？学费是多少？产生的无谓损失是多少？

6. 如果政府给大学提供补贴，并设置补贴额使得大学招生的数量达到有效水平，每个学生的补贴额是多少？招生数量是多少？纳税人的成本是多少？

7. 如果政府给学生提供代币券，并设定价值使得大学招生的数量达到有效水平，此时代币券的价值为多少？招生数量为多少？

利用下列信息回答问题 8 和 9。

不仅仅是一座桥梁

汽油税是为美国战后的许多高速公路系统而支付的，但是煤气税自 20 世纪 90 年代初以来就没有变化。将通货膨胀考虑在内后，现在的煤气税是 20 世纪 60 年代初期的三分之一。提高煤气税是一种"政治伎俩"，但建立收费公路却引发了众怒。

资料来源：*The Economist*，August 9，2007.

8. 为什么说提高煤气税来资助基础设施建设是一种"政治伎俩"？

9. 区分公共产品的私人生产和公共供给。想出三种由私人公司生产的公共产品。

表 2 提供了一个流感疫苗计划的信息，据此回答问题 10～12。

表 2

数量（支/天）	边际成本	边际收益
	（美元/支）	
0	0	0
100	10	50
200	20	40
300	30	30
400	40	20
500	50	10

10. 一个私人流感疫苗计划每天能够注射多少支疫苗？如果一支流感疫苗的边际外部收益等于 20 美元，有效率的注射数量为多少支？

11. 两个政党——保守党和自由党——在争夺选举，选举中的唯一问题就是提供流感疫苗的数量。保守党想要每天提供 100 支疫苗，自由党想要每天提供 500 支疫苗。选民对流感疫苗计划的收益和成本有充分的信息。选举的结果是怎样的？

12. 如果政府成立一个疫苗接种部门来经营国内治疗流感的诊所，流感疫苗是否能够以可能最少的成本来提供？

利用下列信息回答问题 13～15。

奥巴马总统倡导一个不包括强制性健康保险的医疗保健改革计划。希拉里·克林顿提议每个人都包括在内的强制性医疗保险。2009 年，总统称他支持医疗保险强制化的方案，成本由雇主承担，但是那些没有能力支付的雇主和小公司除外。

13. 如果健康保险是任选的，健康的人是更愿意还是更不愿意购买保险？

14. 任选的健康保险会给效率带来什么障碍？

15. 如果健康保险是强制性的，政府如何保证最贫困的美国人都能得到健康保险？

16. 描述给所有美国人提供基础教育的方式。然后想象用同样的方式来提供基本健康保险和医疗保健，描述所产生的医疗保健体系。你描述的这个医疗保健体系与加拿大的医疗保健体系相比怎样？

17. 几乎每天你都会读到或听到人们抱怨政府对一个显然的问题没有加以充分的解决。这个问题也几乎总是涉及要在某一特定的公共产品上花费更多的税收。这个公共产品可能是针对穷人和老人的低价药品、更好的公立学校，等等。

a. 在你所学的公共产品知识的基础上，你认为人们为什么会有这些抱怨？

b. 大量的游说是否表明政治体系供给的太少了？或者说尽管有人们抱怨，但是政府还是供给太多？

18. 你能想出一种公共产品只提供给那些自愿支付的人吗？搭便车的问题是怎样解决的？这个解决方法能够更广泛地应用吗？为什么？

第 11 章

外部性和环境

我们如何减慢全球变暖?

地球温度上升，两极冰川融化。我们能做什么来减慢这个进程?

本章要点

学完本章，你将能够:

1. 解释为什么负的外部性会带来无效率的生产过度，而产权和政府行为能带来更有效率的产出。

2. 解释公共悲剧，并评论可能的解决办法。

11.1 负的外部性：污染

我们在第 10 章定义了**外部性**，明白了污染是**负的外部性**的一个例子。生产活动和消费活动都能产生污染，但我们在这里仅仅考虑污染是一种负的生产外部性。在一个化工厂将废料倒入河流后，生活在河边的人们、在河边垂钓的人们以及乘船行驶的人们都承受了污染所带来的损失。化工厂在决定产量的时候没有考虑到污染的成本。它的供给曲线是建立在自身的成本基础上的，而不是以它对其他人所造成的损失为基础。你会发现当存在外部成本时，我们生产的产量超过有效产量，因此我们将制造出比有效数量多得多的污染。

污染和其他的环境问题不是最近才出现的。欧洲前工业时代的乡镇和城市就出现过严重的污水处理不当的问题，使上百万人死于霍乱和瘟疫。同时寻找解决环境问题的方法也不是近来才开始的，14 世纪在纯净水的供给及垃圾和污水的卫生处理方面的进展都是早期有效地改善环境质量的举措。

一般谈论污染和环境问题很少会涉及经济学。人们关注的是环境问题的自然方面，而不是成本和收益。通常人们会习惯性地认为破坏环境的行为都是错误的，并应该停止。与此相反，对环境的经济学分析强调的是成本和收益，经济学家谈论污染或环境破坏的有效数量。这并不意味着经济学家和一般市民关注的目标不一样，不珍视一个健康的环境，同时也不意味着经济学家是正确的而其他人是错误的。只是经济学家提供了一系列工具和原理，这对澄清环境问题是非常有帮助的。

对私人成本和社会成本的区分是经济学分析环境问题的起点。

□ 11.1.1 私人成本和社会成本

生产的**私人成本**是由产品生产者或服务提供者自己所承担的成本。**边际成本**是多生产一个单位的产品或服务所耗费的成本。因此**边际私人成本**（*MC*）是多生产一个单位的产品或服务所产生的由产品生产者或服务提供者自己所承担的成本。

你可以看到外部成本是生产一种产品或服务所产生的不是由生产者而是由其他人承担的成本。**边际外部成本**（*MEC*）是多生产一个单位的产品或服务所产生的由其他人而不是生产者或服务者承担的成本。

边际社会成本（*MSC*）是整个社会所承受的边际成本，包括生产者和其他人所承受的成本，等于边际私人成本和边际外部成本之和。即：

$$MSC=MC+MEC$$

我们在此用美元衡量成本。但我们必须知道成本是一种机会成本，即为得到一些事物所需放弃的其他最好选择。边际外部成本是在某位产品和服务生产者多生产一单位的产品时，其他人而不是该生产者或服务提供者自己必须放弃的东西。就像人们必须放弃所珍视的清澈的河流或清新的空气。

外部成本的衡量

经济学家用市场价格来衡量污染的成本。例如，假设有两条相似的河流，一条受到污染而另一条是清澈的。每条河的岸边都建造 500 户相同的房屋。清澈河流旁的房租是 2 500 美元/月，而受到污染的河流旁边的房租是 1 500 美元/月。如果污染是这两条河流和两个居住区可发现的唯一差别，每月减少的 1 000 美元房租就是污染的成本。对于 500 家住宅来说，外部成本就是 500 000 美元/月。

外部成本和产出

图 11—1 表明制造污染的化工厂的成本和产出的关系。边际成本曲线（*MC*）描述的是生产化工产品的企业承担的私人边际成本。随着化工产品产量的增加，边际成本也增加。如果企业将废水灌入河中，随着化工产品产量的增加，企业所造成的外部成本也要增加。边际社会成本曲线（*MSC*）是边际私人成本和边际外部成本之和。例如，当产出是 4 000 吨/月时，边际私人成本是 100 美元/吨，边际外部成本是 125 美元/吨，那么边际社会成本是 225 美元/吨。

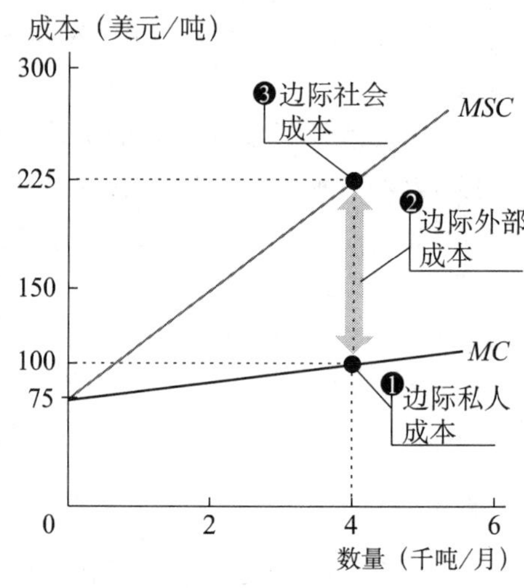

图 11—1　外部成本

MC 曲线表示的是生产化工产品的企业承担的边际私人成本。*MSC* 曲线表示的是边际私人成本和边际外部成本之和。当化学产品的产量是 4 000 吨/月时，①边际私人成本是 100 美元/吨，②边际外部成本是 125 美元/吨，③边际社会成本是 225 美元/吨。

图 11—1 中，随着化工产品数量的增加，污染量增加，污染的外部成本也增加。化工产品的产量和造成的污染量依赖于化工产品市场的运行。首先，我们将看到当企业可以随意污染环境时将会发生什么情况。

□ 11.1.2　生产和污染：究竟是多少?

当一个产业没有受到规制，这个产业所造成的污染取决于市场均衡的价格和所生产的产品数量。图 11—2 描述了某家制造污染的化工厂的市场结果。

市场上对化工产品的需求曲线为 *D*，这条曲线同时也度量了化工产品的买者的边际收益曲线（*MB*）（见第 6 章）。供给曲线为 *S*，该曲线同时也度量了生产者的边际私人成

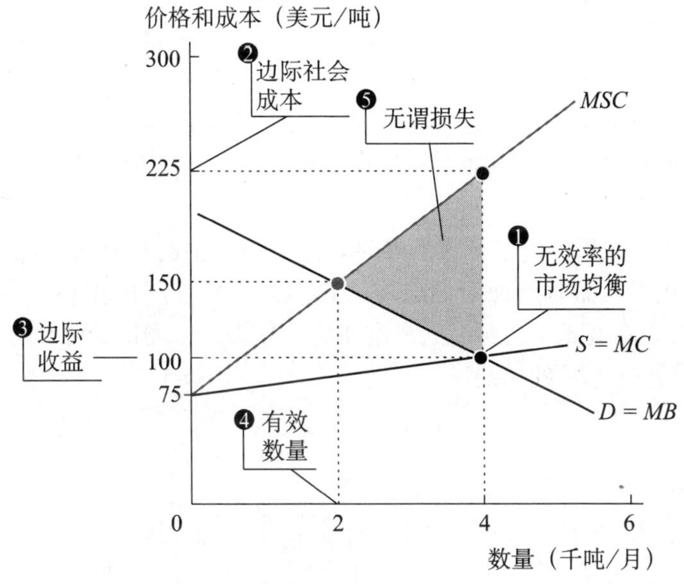

图 11—2　因外部成本而产生的无效率

市场供给曲线是边际私人成本曲线，$S=MC$。需求曲线是边际收益曲线，$D=MB$。边际社会成本曲线是 *MSC*。

①在价格为 100 美元/吨、产量为 4 000 吨/月时，市场均衡是无效率的，这是因为②边际社会成本超过了③边际收益。

④有效数量是 2 000 吨/月，此时边际收益等于边际社会成本。

⑤灰色三角形表示了由于污染的外部性所产生的无谓损失。

本（*MC*）（见第 6 章）。供给曲线也是边际私人成本曲线，这是因为当企业在决定它们的生产和供给数量时，它们考虑的仅仅是它们自身所承受的成本。在价格为 100 美元/吨、产量为 4 000 吨/月时，市场达到均衡。

但是这一均衡是无效率的。你在第 6 章学习了当边际收益等于边际成本时资源配置是有效率的。当我们在比较边际收益和边际成本时，我们必须考虑到所有的成本——私人的和外部的。一旦外部成本存在，边际收益等于边际社会成本才能使配置有效率。当化工产量达到 2 000 吨/月时，资源是有效配置的。市场均衡点**过度生产**了 2 000 吨/月，造成了无谓损失——图中用灰色三角形表示的部分。

因为污染产生损失，减少污染量和无谓损失可给每个人都带来潜在收益。如果能采取一些措施达到这一结果，每个人无论是化工厂厂主还是在河边居住的居民都能受益。住在被污染的河边的居民如何能让化工厂减少它们的产量并减少污染呢？让我们来探讨一下相关的措施。

□ 11.1.3　产权

有时候可以通过在以前未明确界定产权的地方设置产权来减少由外部性带来的非效率。产权是法律上确立的对生产要素和物品以及服务的拥有权、使用权、处置权，它由法庭强制实施。

假设化工厂拥有这条河流及沿河的 500 户房屋，人们愿意支付的租金取决于污染程度。用我们之前的例子，人们居住在没有污染的河畔愿支付 2 500 美元/月，而如果化工厂产量是 4 000 吨/月，居民居住在这样受到污染的河畔就只愿支付 1 500 美元/月。如果企业以这样的产量生产，它们就对每户每月损失 1 000 美元的租金，总损失为 500 000 美元/月。

因为化工厂拥有遭受污染的居民的房屋，现在化工厂面临着它们污染决策的成本。它们或许会决定继续污染，但是如果它们这样做，将面临这种行为的机会成本，即放弃了河边居民的部分租金。

图 11—3 解释了结果。由于产权的存在，图 11—2 中的边际成本曲线不能再衡量所有化工厂在生产化工产品时所面对的成本。它不包括化工厂现在必须承受的污染成本。以前的 *MSC* 曲线现在变成了边际私人成本曲线（*MC*）。市场供给曲线建立在所有的边际成本上，即标示为 *S*=*MC* 的曲线。

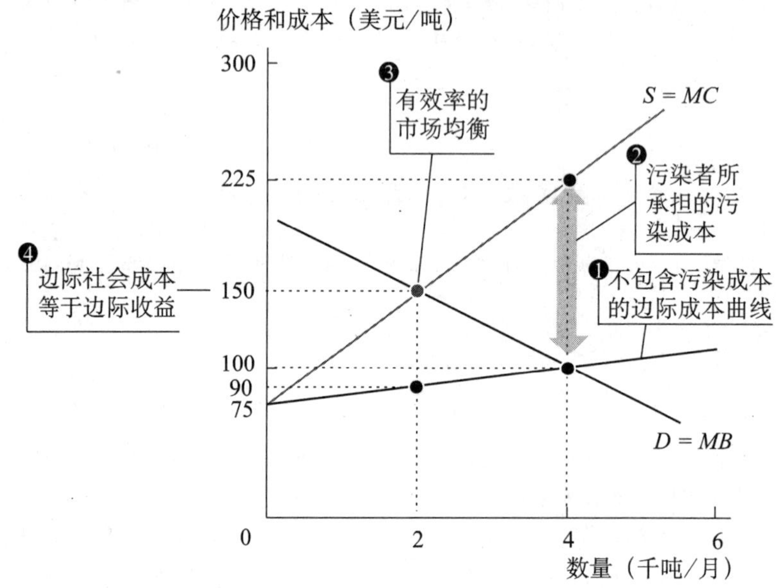

图 11—3　产权实现了某种有效率的结果

①在拥有产权时，不包含污染成本在内的边际成本曲线只显示了生产者边际成本的一部分。

边际私人成本曲线包括了②污染成本，因此供给曲线是 *S*=*MC*。

③在价格为 150 美元/吨、产量为 2 000 吨/月时，市场达到了均衡，而且是有效率的均衡，因为④边际社会成本等于边际收益。

在价格为 150 美元/吨、产量为 2 000 吨/月时市场达到均衡，这样的产量是有效率的。工厂依旧会造成一些污染，但是它们达到了有效产出。

□ 11.1.4　科斯定理

如何界定产权真的重要吗？是由污染制造者还是由受害者拥有可能被污染的资源很重要吗？直到 1960 年，任何人，包括长期苦苦思索这个问题的经济学家们，都认为这些是很重要的。但在 1960 年，罗纳德·科斯（Ronald Coase）提出了一个著名的见解，现在人们称之为科斯定理。

科斯定理认为如果财产权利存在，只涉及少数参与者，而且交易费用低，那么个人之间的交易是有效率的。这时不存在外部性是因为交易各方会考虑所有的成本和收益。而且，谁拥有产权并不重要。

科斯定理的运用

让我们将科斯定理运用到上述河流污染的例子中。在我们刚才研究的例子中，工厂既拥有河流也拥有房屋。现在假设与此相反，是居民既拥有河流也拥有房屋。现在工厂为取得倾倒废水的权利必须给房屋拥有者付费。向河里倾倒的废水越多，工厂所必须支付的费用就越多。工厂再次要面对着它们制造污染的机会成本。不管是谁拥有河流和房屋，生产的化工产品和倾倒的废水都一样多。如果工厂拥有它们，它们承担了污染成本，因为在房屋租金上它们会获得较少的收入。如果居民拥有了河流和房屋，工厂依旧承担了污染成本，因为它们必须因此向房屋拥有者付费。在这两个例子中，工厂都要承担它们的污染成本而因此向河里倾倒有效率的废水量。

科斯解仅在交易费用足够低的前提下才能起作用。**交易费用**是指进行交易的机会成本。例如，当你要买一个房屋时，就产生了一系列的交易费用。你可能要给你的房产经纪人支付费用以帮助你找到最合适的地方，给财务计划者支付费用以帮助你得到最优惠的贷款，也要给律师支付费用以确定卖方真正拥有产权，在你支付过房款之后，房主的产权就会转移给你。

在上述河畔住宅的例子中，少数化工厂和一些房主之间的交易费用可能低到足以通过协商达成有效率的结果。但在大多数情况下，交易费用会很高，以至于这样做会产生无效率的结果。在这些情况下，科斯解是不可行的。

例如，假设每个人都拥有其房屋上空高达 10 英里的领空，如果有人对你的领空造成了污染，你可以向其收费。但为了收费，你必须鉴别是谁污染了你的领空，而且要说服他们向你付费。设想一下你以及 5 000 万个居住在美国（或者加拿大、墨西哥）同样地区的居民与几千个排出二氧化硫、形成酸雨并造成你的财产损失的工厂进行谈判和执行这些协议的成本。

在这种情形下，我们通过政府利用公众选择来解决外部性。公众选择避免了我们采用的科斯解决办法所引起的个人交易成本，但是做出和监管公众选择的代价高昂，所以政府要解决外部性所做的尝试并不是轻而易举的事。让我们来看一下一些政府举措。

□ 11.1.5 面对外部成本时的政府行为

政府解决外部成本有三种主要方式：

- 排污限制
- 污染费或污染税收
- 可交易许可证

排污限制

排污限制通过对污染行为制定一个数量限制来寻找有效率的结果。环境保护署（EPA）实施的 1990 年《清洁空气法》(Clear Air Act) 采用了这个方法。图 11—4 显示了这个方法如何应用。如果生产的数量被限定在有效率的数量上，那么价格上升，边际收益等于边际社会成本。但由于价格大于边际私人成本（*MC*），生产者剩余增加。

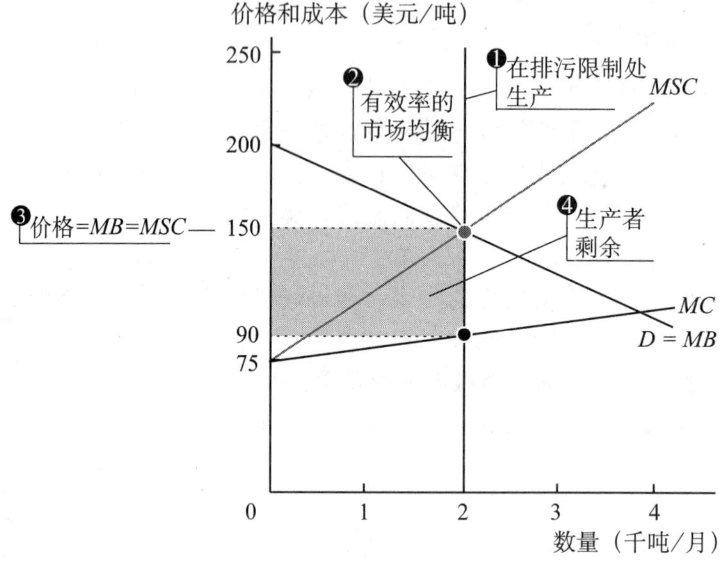

图 11—4　排污限制

①实行排污限制是把生产量限制在有效率的产量上。

②达到有效均衡。

③市场价格等于边际收益（*MB*）和边际社会成本（*MSC*）。

④因为价格大于边际成本，生产者获得与灰色长方形的面积相等的生产者剩余。

排污限制很难实施。总限制必须被转换为每个公司的限制，监管服从的代价很高。同样，因为价格大于边际社会成本，每个公司都有一个激励去生产超过限制的数量来增加生产者剩余。其他的两种方式克服了这些问题。

污染费或污染税收

污染费或污染税收是指使排污者支付排污的边际外部成本来寻找有效率的结果。污染费在美国运用得不太广泛，但在欧洲却很普遍。

图 11—5 描述了污染费或污染税收的效应。通过向生产者收费或收税的比率等于边际外部成本，边际社会成本曲线变成市场供给曲线。市场移动到有效率的数量，政府得到用灰色长方形表示的税收或污染费用收入。

可交易许可证

可交易许可证通过向单独的生产者发放或出售排污权，然后他们之间可自由买卖来寻找有效率的结果。1990 年《清洁空气法》和 1994 年在洛杉矶盆地制定的《地区空气净化激励市场》(RECAIM) 在处理空气污染的问题上都成功地运用了这种方法。这个方法也是 2009 提议的《美国清洁能源和安全条例》（American Clean Energy and Security Act）的焦点。

如果边际外部成本得到正确的评估，那么三种方式中的任一方式都可达到有效率的结果。但政府不能对外部成本做出精确的决定，同样，更加重要的是，一些生产者比其他生产者有更低的避免污染的边际成本。

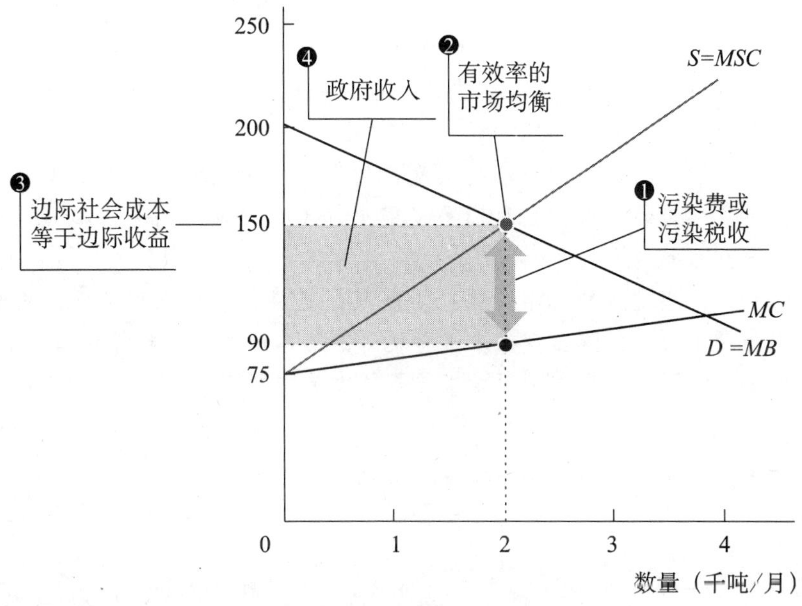

图 11—5　污染费或污染税收

①实行的污染费或污染税收等于污染的边际外部成本。因为污染费或污染税收等于边际外部成本，所以供给曲线是边际社会成本曲线 $S=MSC$。

②市场均衡是有效率的，因为③边际社会成本等于边际收益。

④政府得到等于灰色长方形面积的税收收入。

现实中，排污限制、污染费和税收最终未能实现有效率的结果，因为它们使所有的生产者面临避免污染的同样激励。可交易许可证消除了这个问题，是这三种方式中最有效的方式。可交易许可证要求对带来效率的污染总数量有一个精确的确定，而且它为单独的生产者提供最强烈的可获得的激励去寻找实现污染目标的成本有效率的技术。

关注气候变化

我们如何减慢全球变暖？

地球平均气温在上升，二氧化碳（CO_2）的大气含量也是如此。下面的第一幅图表示这些上升趋势。

科学家辩论人类经济活动是不是导致这个趋势的原因，大部分科学家相信人类经济活动是这个趋势的根源。经济学家讨论减少 CO_2 和其他温室气体排放的一些替代方法的成本和收益，大部分经济学家赞成采取行动。

经济学家们一致认为降低温室气体排放要求有激励办法来促成改变。

一种办法是限定排放物，然后发行可交易排放许可证，称为“限定—排放”（cap-and-trade）。二氧化碳排放许可证已经在全球碳交易市场定价。

这种办法在国会也有支持者。在 2009 年 5 月 15 日，代表人亨利·瓦克斯曼（Henry

Waxman）提出了 2009 年《美国清洁能源和安全条例》，此条例将采用“限定—排放”方案。以 2005 年的水平为基础，到 2012 年温室气体排放限定为 2005 年的 97%，到 2020 年为 83%，到 2030 年为 58%，到 2050 年为 17%。

国会预算办公室估计，在 2020 年被许可排放一吨温室气体将花费 28 美元，此方案的成本将大约为每年 175 美元/户。

另一种激励可能是增加汽油税，美国人付的汽油税比欧洲人低。下面的第二幅图表示美国和英国的巨大差异。为什么我们不采用更加激进和强劲的激励措施来鼓励大幅减少温室气体排放？有三个原因。

第一，许多人不接受这种科学依据：温室气体排放物引起全球变暖。第二，排污成本确定并要求当期承担，但收益却在未来兑现。第三，如果这个趋势持续到 2050 年，那么碳污染的四分之三不是来自美国而是来自那些发展中国家。

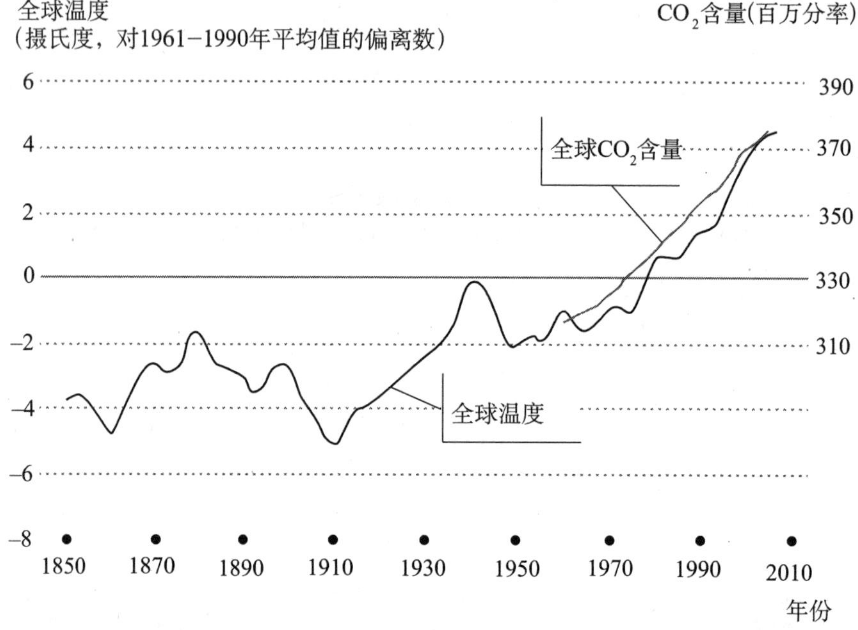

资料来源：Met Office Hadley Centre and Scripps Institution of Oceanography.

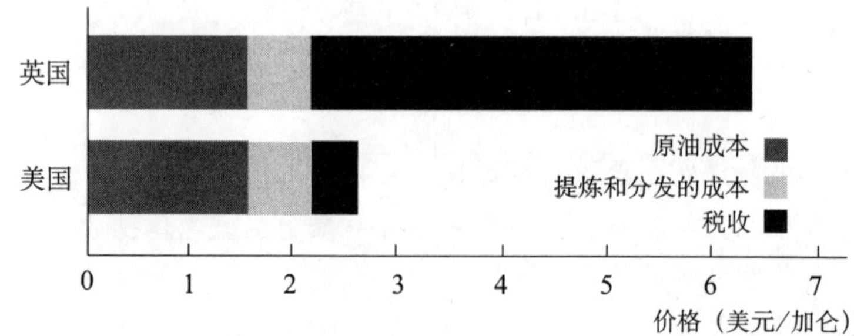

资料来源：Energy Information Administration，Automobile Association，and authors' assumption.

关注美国经济

美国的空气污染趋势

美国的空气质量已经提高。下图表明了自 1980 年以来环境保护署监管的五种主要空气污染物和从 1990 年开始监管的第六种污染物即悬浮颗粒的大气含量趋势。

通过采用混合管制、排污限制、经济激励和可交易许可证，EPA 已经消除了铅，二氧化硫、一氧化碳和悬浮颗粒也大大减少，但二氧化氮和臭氧的含量很难减少，基本上仍接近 1980 年的水平。

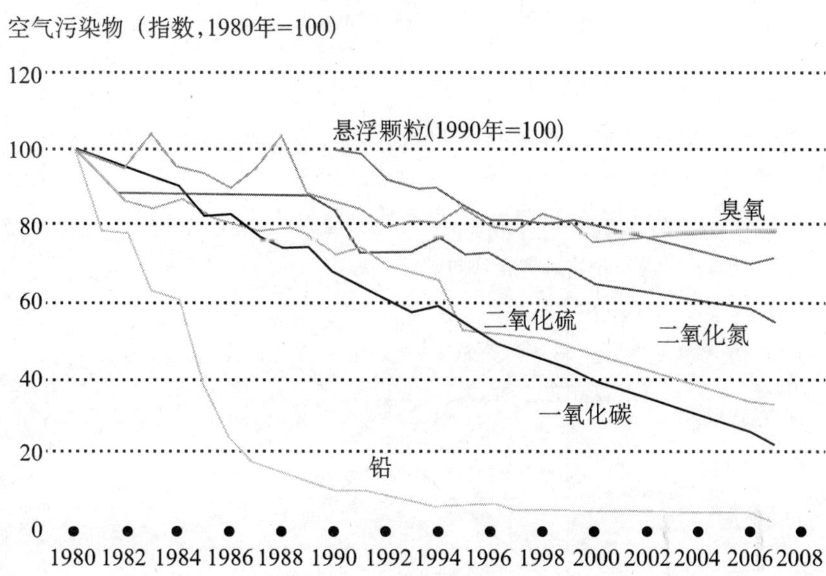

资料来源：Environmental Protection Agency，*National Air Quality and Emissions Trends Report*，*2003 Special Study Edition*，and www. epa. gov/air/airtrends/econ-emissions. html.

关注你的生活

你生活中的外部性

思考外部性，有负外部性和正外部性之分，它们在你的生活中发挥了重大的作用；想象试图使你的利益和社会利益一致的“大棒”和“胡萝卜”。

你通过比在通常情况下少买一点汽油来回应汽油税的上升。正如你在本节“关注气候变化”专栏中看到的那样，与其他国家的汽油税相比，此汽油税上升小一些。举一个例子，在更高的汽油税下，如在英国，你会寻找少用汽油的方法，你的行为和数以百万计的其他人的这些行为会使我们的道路和公路更加通畅。

你对学费补贴的反应是留在学校读书。假设面对全额学费，许多人会放弃读书。如你在第 10 章所看到的，在没有补贴的大学教育下，读大学的人会很少，大学毕业生也会减少，如此一来，我们从居住在一个高教育水准的社会中获得的好处就会越少。

思考一下你作为一个市民——选民对这两种外部性的态度。

我们的政客们已经制定出正确的激励办法了吗？汽油税是否应该上涨从而阻碍汽车的使用？学费是否应该再低一些从而鼓励更多的人去读书？或者从社会的利益来说，我们已经制定了正确的激励措施？

检查站 11.1 **解释为什么负的外部性会带来无效率的生产过度，而产权和政府行为能带来更有效率的产出。**

现实问题

利用下列信息回答问题 1～4。

图 1 描述了未受规制的杀虫剂市场的情况。当企业生产杀虫剂的时候，它们也产生了废料并将其倒入郊区的湖泊中。如果倒掉的废料的边际外部成本等于生产杀虫剂的边际私人成本，那么生产杀虫剂的边际社会成本是边际私人成本的两倍。

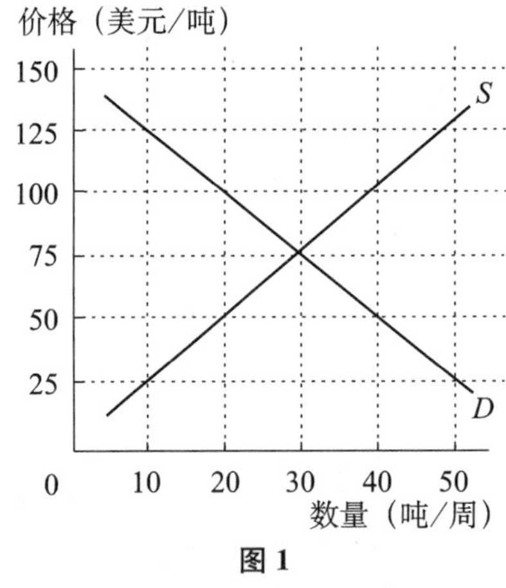

图 1

1. 如果没有人拥有这个湖泊的产权，杀虫剂的产量会达到多少？杀虫剂的有效产量是多少？

2. 如果当地居民拥有这个湖泊的产权，杀虫剂的产量会达到多少？本地居民向倒废料的工厂收取多少钱？

3. 如果杀虫剂企业拥有这个湖泊的产权，杀虫剂的产量会达到多少？

4. 假如没有人拥有这个湖泊的产权，但政府征收排污税，每吨杀虫剂要征收多少的税才能达到有效率的产出？

5. 排污规则排挤草莓作物。

去年，文图拉（Ventura）县农民的草莓收成将近 1.2 万英亩，价值大于 3.23 亿美元（占国家农业的四分之一）。为了遵行联邦的《清洁空气法》，种植者必须减少使用 50%的杀虫剂。估计草莓产量将会减少 60%。

资料来源：*USA Today*，February 29，2008.

解释杀虫剂限制将如何改变草莓业的效率。“限定—排放”方案会更有效吗？

参考答案

1. 杀虫剂的产量是30吨/周。杀虫剂的有效产量是20吨/周（图2）。

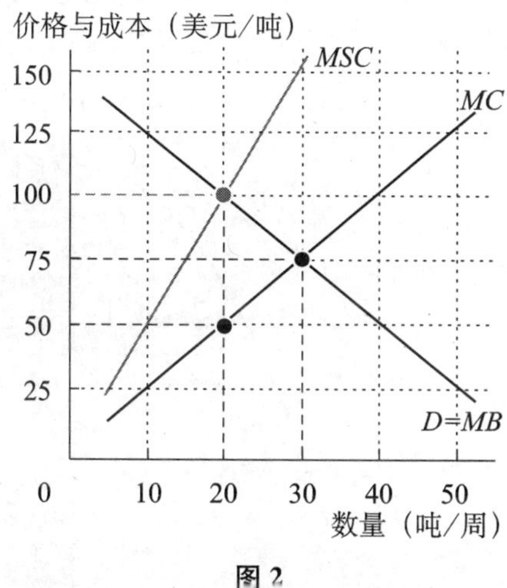

图2

2. 杀虫剂的产量是有效产量，即20吨/周。居民向企业收取的费用是50美元/吨，即为此产量产生污染的边际外部成本。

3. 企业生产的有效产量是20吨/周。居民为了得到没有被污染的河流的益处而向企业支付50美元/吨。

4. 如果政府征收排污税，并等于外部成本，则政府可以取得有效率的结果。因为税收使企业面临排污的社会成本。企业支付的排污税50美元/吨将会使杀虫剂达到有效产出。

5. 如果对杀虫剂的限制降低了边际外部成本，那么草莓业将会更有效率。在“限定—排放”方案下，“限定”的价格会调整直到它等于边际外部成本，农民的边际成本等于边际社会成本，因此“限定—排放”方案将是有效的。

11.2 公共资源

20世纪50年代后，大西洋鳕鱼数量开始减少，一些海洋生物学家担心在一些地区这个物种已濒临灭绝。在南太平洋，鲸的数量也在减少，一些团体要求在澳大利亚和新西兰附近的水域建立一个鲸保护区，以恢复鲸的数量。

这些状况涉及公共产权以及我们已经明确地称之为“公共悲剧”的问题。

□ 11.2.1 公共悲剧

公共悲剧（tragedy of the commons）就是人们缺乏激励去防止过度使用和耗尽公共拥有的资源。如果一项资源不归任何人所有，就没有人在乎他使用这项资源对别人所产生的影响。为了了解公共悲剧，让我们看一个实例：对北大西洋鳕鱼的捕捞。

图 11—6 表明了船的数量和鱼的可持续捕捞量之间的关系。随着船的数量从 0 增加到 5 000，鱼的可持续捕捞量增加到最大值——每月 25 万吨。当船的数量超过 5 000 时，鱼的可持续捕捞量开始减少。当有 1 万只船捕鱼时，鱼就会被捕光。船的数量超过 5 000 只，就是过度捕捞。鱼的可持续捕捞量开始减少，以至剩下的鱼很难被发现和捕捞。

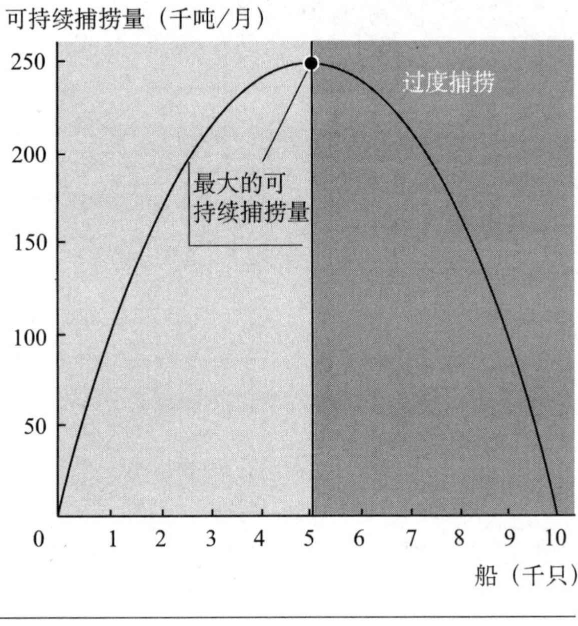

船的数量（千只）	0	1	2	3	4	5	6	7	8	9	10
可持续捕捞量（千吨/月）	0	90	160	210	240	250	240	210	160	90	0

图 11—6　鱼的可持续捕捞量

捕鱼量随着渔船数量的增加而增加，但至多达到最大的可持续捕捞量。超过这个数量后，更多的船只意味着鱼量的减少和更小的可持续捕捞量。

为什么会发生过度捕捞？为什么出海船只的最大数量不是鱼的可持续捕捞的最大数量？要回答这个问题，我们需要看一下单个捕鱼者的边际成本和边际收益——边际私人收益。

假设一只渔船的边际成本是每月 20 吨鱼。一只渔船每月捕到 20 吨鱼，船主就可抵消他的边际成本。图 11—7 显示了边际成本曲线，用 MC 表示。

一只船的边际私人收益是这只船一个月所能捕到的鱼的数量。这个数量取决于投入使用的渔船数量，我们用总的捕鱼量除以船的数量来计算。图 11—7 中的表反映了这一计算。当有 1 000 只船时，捕鱼总量是 9 万吨，平均每只船捕鱼 90 吨。当有 2 000 只船时，捕鱼总量是 16 万吨，平均每只船捕鱼 80 吨。随着更多的渔船进海捕捞，平均每只船的捕鱼量不断下降。当有 8 000 只船时，每只船每月只能捕到 20 吨鱼。图 11—7 表明了边际私人收益曲线（MB）。

从图 11—7 中你可以看出，当渔船少于 8 000 只时，每只船的捕鱼量大于它的捕捞成本。由于船主可以从捕鱼中获益，渔船的数量将增加到 8 000 只，达到过度捕捞的均衡。

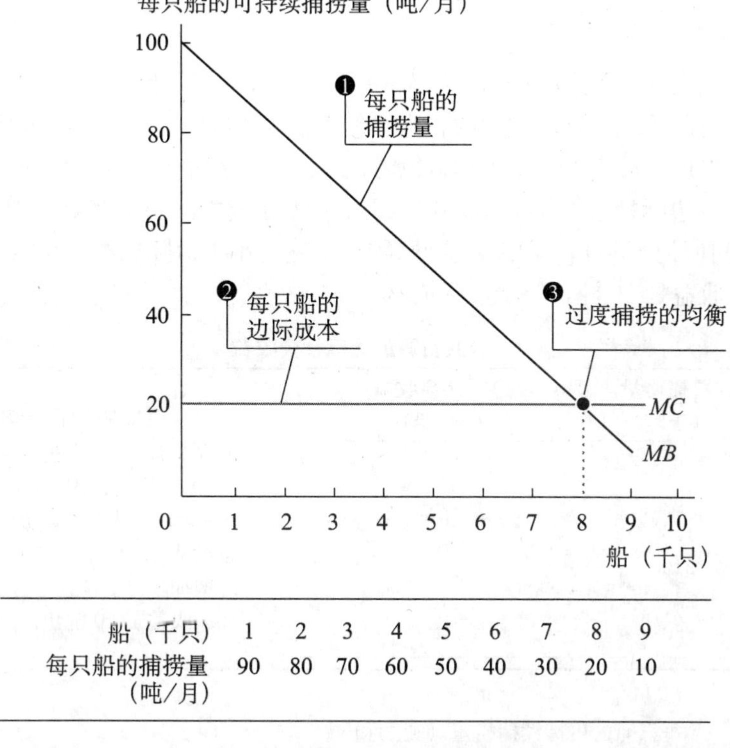

船（千只）	1	2	3	4	5	6	7	8	9
每只船的捕捞量（吨/月）	90	80	70	60	50	40	30	20	10

图 11—7　为什么会发生过度捕捞

①每只船的捕捞量（捕鱼总量除以船只数量）随着船只数量的增加而减少。每只船的捕捞量是它的边际私人收益（*MB*）。

②一只船的边际成本是每月 20 吨鱼，用 *MC* 表示。

③船只的均衡数量是 8 000，意味着存在过度捕捞的均衡。

□ 11.2.2　公共资源的有效使用

你已经知道每只船的捕鱼量随着船只数量的增加而减少。因为单个船主并不在意这种减少，他们只关心边际**私人**收益，这样**无效率的**过度捕捞就会发生。什么是鱼存量的**有效率的**使用？为了回答这个问题，我们要了解每只船的边际**社会**收益。

边际社会收益

一只船的边际社会收益是每增加一只船所带来的捕鱼总量的增加量，而不是每只船的捕鱼量。表 11—1 表明了边际社会收益的计算。边际社会收益是捕鱼总量的变化量除以船只总量的变化量。例如表中的 *C* 行和 *D* 行，当船只数量增加了 1 000 时，捕鱼总量增加了 5 000 吨，因此，每只船增加的捕鱼量就是 50 吨。在表中，我们把边际社会收益量放在两行的中间，因为它是 2 500 只船的边际社会收益量，是我们计算的两行船只数量的中间值。表中其他的数字也是这么算出来的。

图 11—8 显示出用 *MSB* 曲线表示边际社会收益，用 *MB* 曲线表示边际私人收益。注意：在任意给定的船只数量下，边际社会收益小于边际个人收益。每只船都从平均捕鱼量中受益，但增加一只船会使每只船的平均捕鱼量下降，这个下降的量必须从增加的船

只的捕鱼量中减去，从而得到增加的那只船的社会收益。

有效使用

图 11—8 也表示出了边际成本曲线（*MC*）和资源的有效使用。当边际社会收益等于边际成本时，资源的使用是有效率的。当渔船数量为 4 000 只，每只船每月捕鱼 60 吨时，这个结果就会出现。从表 11—1 中你可以看出，当船只数量从 3 000 增加到 4 000 时（中间值是 3 500），边际社会收益是 30 吨，超过了边际成本。当船只数量从 4 000 增加到 5 000 时（中间值是 4 500），边际社会收益是 10 吨，小于边际成本。在船只数量为 4 000 时，边际社会收益是 20 吨，等于边际成本。

表 11—1　　公共资源的边际社会收益

	船（千）	总捕捞量（千吨）	边际社会收益（吨/船）
A	0	0	
			90
B	1	190	
			70
C	2	160	
			50
D	3	210	
			30
E	4	240	
			10
F	5	250	

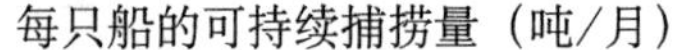

一只渔船的边际社会收益是增加的那只船所带来的总收益的变化量。例如，当船的数量从 2 000 增加到 3 000 时（从 *C* 行增加到 *D* 行），捕鱼总量从 16 万吨增加到 21 万吨，一个月增加了 5 万吨，所以一只船的边际社会收益是 50 吨鱼。

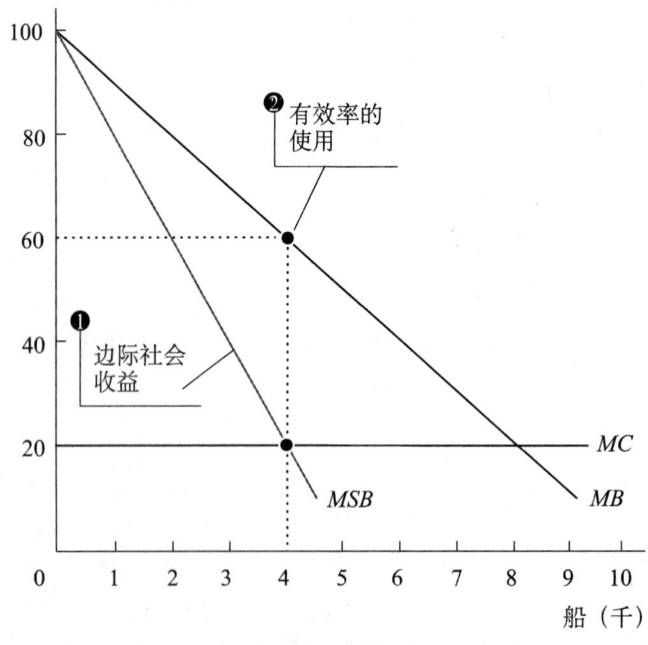

图 11—8　公共资源的有效使用

①一只船的边际社会收益（*MSB*，船只数量的增加引起的捕鱼总量的增加量）随着船只数量的增加而减少，对于任一船只数量，边际社会收益小于边际私人收益（*MB*）。

②有效率的船只数量是 4 000，每只船的可持续捕捞量是 60 吨。

关注过去

英国中世纪的公共资源

“公共悲剧”一词源自14世纪的英格兰。在当时，村庄周围有大面积的未开垦的草地，这一公共资源对所有的人都免费开放，村民用此饲养奶牛和羊群。

因为公共资源对所有人都免费开放，没有人有激励来确保草地不被过度放牧。结果和现在一些海洋中的过度捕捞一样，出现了过度放牧。

在16世纪，羊毛价格上涨，英国成为世界上的羊毛出口国，养羊变得有利可图，牧民需要更好地控制他们使用的草地。于是公共资源逐渐被圈了起来，私有化了。过度放牧停止了，草地得到了更有效率的使用。

□ 11.2.3 实现有效率的产出

明确界定公共资源被有效率使用的条件容易，可实现这些条件却很难。要有效使用公共资源，可以有三种主要的措施，它们是：

- 财产权
- 配额
- 个人可转让配额（ITQs）

财产权

公共资源没有所有者，任何人都可以免费使用。与此不同，**私有财产**则有所有人，该所有人有某种激励使其资源的价值实现最大化。解决公共悲剧的一个办法就是变公有财产为私有财产。通过界定私人财产权，每个所有者都将面临社会所面临的情形。图11—8中的*MSB*曲线变成了边际私人收益曲线，资源的使用是有效率的。

用私人财产权来解决公共悲剧在一些情况下是适用的。一个有趣的例子就是传输手机信号的无线电波。空间即波段的使用权被政府拍卖给出价最高的人，特定的波段的拥有者是唯一允许的使用者（或特许他人使用）。

但这种解并不总是有效的。比方说界定海洋的私人财产权就很困难。这不是不可能，而是执行几千平方公里海洋的私人财产权所花费的成本将很高。界定和保护大气的私人财产权就更加困难。当界定和执行私人财产权的成本很大时，就会使用某些形式的政府干预，配额是最简单的一种形式。

配额

配额是在一定时期合法生产产品的数量的限制。如果制定的配额低于有效率的产出水平，那么它会促使边际收益和边际成本之间产生一个楔子并且是无效率的。但在公有财产使用的例子中，由于过度生产，市场是无效率的。这种情况下，限制产量的配额能产生更加有效率的结果。

图11—9（a）表示配额实现了公共资源的有效使用。配额把总产量固定在边际社会收益等于边际成本之时的产量上。在这个例子中是4 000只船的捕鱼量。每个船主在总的允许

捕鱼数量中得到他们的份额。如果每个人都遵守这个指定的配额，其结果将是有效率的。

但是，每个人都有激励来违反这个配额。因为边际私人收益超过了边际成本，如果捕捞量大于分配给他的配额，船主将获得更多的收入。如果每个人都违反配额，过度生产又会出现，公共悲剧仍然存在。只有每个人的产量都能够被监督，一个简单的配额才能起作用。当生产者很难被监督时，配额就会失效。

个人可转让配额

当生产者很难被监督时，就可以使用一个更加复杂的配额制度。**个人可转让配额**是指分配给个人并可将此配额自由转让给其他人的一个产量限制。个人可转让配额市场出现后，它就以市场价格进行转让。

图 11—9（b）表明了个人可转让配额是怎么起作用的。在个人可转让配额市场上，个人可转让配额的价格是它所值的最高价格。如果个人可转让配额的发行数量等于有效率的产量，其价格就等于图中所示的价格量。这个价格等于配额数量所对应的边际私人收益减去使用船只的私人边际成本。个人可转让配额的价格之所以能达到这个水平是因为没有配额的船主愿意支付这个价格来取得捕鱼的权利，拥有配额的船主可以以这个价格出售配额，因此，如果船主不出售配额，他们会引起机会成本。结果是边际成本现在包含了个人可转让配额的成本，从 MC_0 上升到 MC_1。这个均衡是有效率的均衡。

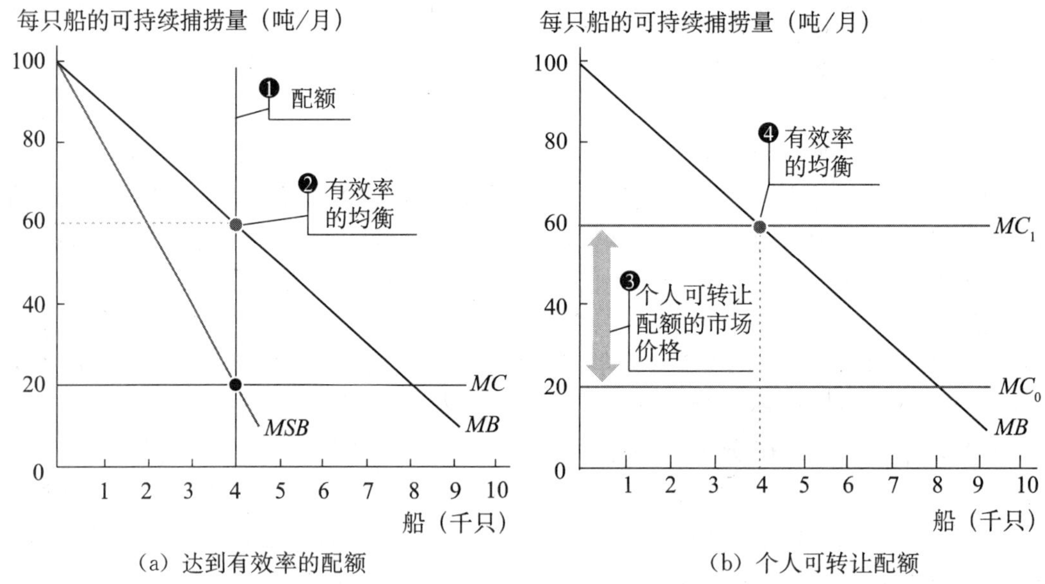

图 11—9　解决公共悲剧的两种办法

①总产量配额被设定在有效数量上，使船只的数量为边际社会收益（*MSB*）等于边际成本（*MC*）时的数量。②如果遵守配额，其结果将是有效率的。

ITQs 按把总产量定在有效水平上的规模发行。③每份 *ITQ* 的市场价格等于边际私人收益减去边际成本。④边际私人成本从 MC_0 上升到 MC_1，这个结果是有效率的。

个人可转让配额曾被新西兰和澳大利亚广泛用于保护南太平洋的鱼的数量，取得了良好的效果。人们仍然有某种激励去欺骗，生产大于其配额的产量。因为个人可转让配额这个政策容易制定，因此这种欺骗相对少多了。

检查站 11.2　解释公共悲剧，并评论可能的解决办法。

现实问题

利用下列信息回答问题1～6。

在1375年的一个英国村庄里，人们在公用草地上牧牛，其产奶量如表1所示，奶牛的边际成本为零。

表1

奶牛的数量	产奶量（加仑/天）
100	300
200	500
300	600
400	600
500	500
600	300
700	0

1. 每一数量的奶牛所对应的边际私人收益是多少？

2. 奶牛的均衡数量是多少？

3. 每一数量的奶牛所对应的边际社会收益是多少？

4. 有效率的奶牛的数量是多少？产奶量是多少？

5. 如果公用草地转成私人土地并圈起来，这块地的主人将养多少头奶牛？

6. 如果为了实现有效率的产奶量而发行个人可转让配额，个人可转让配额的市场价格将是多少？

7. 捕鲸破坏了旅游业。

世界动物保护协会的项目主任利亚·加尔斯（Leah Garces）报道，对人们和社区而言，鲸鱼观赏比捕鲸更具经济重要性和可持续性。据估计，每年有分布在90多个国家中超过1 000万的人观赏鲸鱼，全球鲸鱼观赏行业的商业价值估计为12.5亿美元。

资料来源：BBC，June 2，2009.

描述住在捕鲸区附近的社区所面临的权衡。兴盛的鲸鱼观赏行业如何避免公共悲剧？

参考答案

1. 表2表明了每头奶牛的边际私人收益。

2. 奶牛的均衡数量是700，没有产奶量。

3. 表2表明了每一数量的奶牛所对应的边际社会收益。

4. 有效率的奶牛数量是在边际社会收益等于零并等于边际成本时的数量。奶牛的数量是350头（表中300头和400头奶牛的中间值）。有效率的产奶量是350头奶牛的产奶量，即600加仑/天。

5. 如果公用草地转成私人土地并圈起来，这块地的主人将养350头奶牛，因为这个数量下奶牛的产奶量最大。

表 2

奶牛数量	产奶量（加仑/天）	MSB（加仑/奶牛）	MB（加仑/奶牛）
0	0		—
		3	
100	300		3.0
		2	
200	500		2.5
		1	
300	600		2.0
		0	
400	600		1.5
		−1	
500	500		1.0
		−2	
600	300		0.5
		−3	
700	0		0

6. 个人可转让配额的市场价格将是 1.75 加仑牛奶（表 2 中 2.0 加仑/头和 1.5 加仑/头的中间值）。这个价格等于有效数量时的边际私人收益减去边际成本，其中边际成本为零。

7. 住在捕鲸区附近的社区面临鲸鱼捕杀和发展鲸鱼观赏商业之间的权衡。由于兴盛的鲸鱼观赏行业，社区有保护鲸鱼和不过量使用自然资源的动机。

本章总结

□ 要点

1. 解释为什么负的外部性会带来无效率的生产过度，而产权和政府行为能带来更有效率的产出。
   - 外部成本是生产一种产品或服务所产生的不是由生产者而是由其他人承担的成本。边际社会成本等于边际私人成本与边际外部成本之和。
   - 当存在边际外部成本时，生产者只考虑了边际私人成本，因此会使产量大于有效率的产量。
   - 有时通过设置产权可以消除负的外部性。
   - 当不能设置产权时，政府可以通过采用排污限制、污染费或污染税收或者可交易许可证以便消除负的外部性。
2. 解释公共悲剧，并评论可能的解决办法。
   - 公共资源产生公共悲剧——没有人有保护资源和有效使用资源的个人激励。
   - 公共资源的使用处于边际私人成本等于边际成本的这一点。
   - 公共资源的有效率的使用处于边际社会收益等于边际成本的这一点。
   - 通过建立私人财产权、制定配额或发行个人可转让配额，公共资源可被有效率地使用。

□ 关键术语

科斯定理	边际社会成本	个人可转让配额
财产权	边际外部成本	公共悲剧
边际私人成本	交易成本	

本章检查站

□ 学习计划中的问题与应用

表 1 显示了对煤电的需求表。表 2 表示了生产电的效用成本和所引起的污染的外部成本。利用下列信息回答问题 1～3。

表 1　电的需求

价格（美分/千瓦）	需求量（千瓦/天）
4	500
8	400
12	300
16	200
20	100
24	0

表 2　私人成本和外部成本

数量（千瓦/天）	边际成本	边际外部成本
	（美分/千瓦）	
0	0	0
100	2	2
200	4	4
300	6	6
400	8	8
500	10	10

1. 如果没有污染控制，计算生产的电的数量、价格和所产生的污染的边际外部成本。

2. 如果没有污染控制，计算生产的电的数量、边际社会成本和无谓损失。

3. 如果政府征收排污税使得用煤发电是有效率的，计算生产的电的数量、价格以及排污税和税收收入。

利用下列信息回答问题 4 和 5。

汤姆和拉里必须在一起工作一天。汤姆喜欢抽烟，每天抽一根烟，每根雪茄烟的价格是 2 美元。拉里喜欢无烟环境。

4. 如果汤姆从一根雪茄中获得的边际收益是 20 美元/天，拉里从无烟环境中获得的边际收益是 25 美元/天，那么若他们在汤姆的家见面，结果会是怎样？若他们在拉里的家见面，结果会是怎样？

5. 如果汤姆从一根雪茄中获得的边际收益是 25 美元/天，拉里从无烟环境中获得的边际收益是 20 美元/天，那么若他们在汤姆的家见面，结果会是怎样？若他们在拉里的家见面，结果会是怎样？

利用下列信息回答问题 6～9。

表 3 显示了欧洲和北美洲的渔船在大西洋捕捞的鳕鱼的价值，每只渔船每月的边际成本是 5 万美元。

表 3

渔船数量	捕捞的鳕鱼的价值（千美元/月）
0	0
10	2 000
20	3 400
30	4 200
40	4 400
50	4 000
60	3 000
70	1 400

6. 如果渔船的数量从 20 增加到 30 再到 40，渔船的边际私人成本和边际社会成本分别是多少？

7. 在对捕鱼没有管制的情况下，渔船的均衡数量是多少？捕到的鳕鱼的价值是多少？是否存在过度捕捞？

8. 画一个图表示渔船和捕鱼的有效数量。

9. 如果美国、加拿大和欧盟限制渔船的数量为 20，鳕鱼捕捞是可持续和有效率的吗？解释你的答案。

10. 纽约市市长迈克尔·布隆伯格（Michael Bloomberg）提议向城市中的交通工具收取拥堵费：汽车 4 美元/辆，卡车 21 美元/辆，作为减少拥堵、缩短出行时间和提高公共交通的方法。

BBC News，New York，July 24，2007.

在拥堵费和更好的公共交通下，纽约市道路是公共产品还是私人产品？如果拥堵费能减少出行时间，在纽约居住或工作的人们会获得什么样的益处？解释你的答案。

□ 教师可布置的问题与应用

1. 欧洲的汽油价格大约是美国汽油价格的3倍，主要是因为欧洲的汽油税高于美国。鉴于你在本章已经学过的原理，赞成美国的汽油税增加至欧洲水平，情况会怎样？反对汽油税增加至欧洲水平，情况会怎样？

2. 北极冰川进一步萎缩和变薄。

因为地球变暖，北极冰川正在萎缩，北极海洋在扩大。随着冰川进一步萎缩，越来越多的水下矿产资源变得可被开采。许多国家公开宣布自己对北极地区部分的领域所有权。

资料来源：*Wall Street Journal*，April 7，2009.

解释矿产资源的所有权将如何影响北极海洋以及会对其中的野生物造成怎样的伤害。

3. 表1表示了驾驶私人汽车至伦敦中心的边际收益和边际成本。每天有多少辆车开入伦敦？2009年拥堵费定为每辆车10美元/天。征收拥堵费后，每天有多少辆车开入伦敦？拥堵减少了多少？拥堵费创造了多少财政收入？

表 1

每天的汽车数量	边际收益（英镑/辆）	边际成本（英镑/辆）
10 000	34	4
30 000	28	8
60 000	22	12
90 000	16	16
120 000	10	20

利用下列信息回答问题4～6。

计划缩减使用塑料袋但没有多少行动

塑料袋因是街道垃圾、会造成海洋污染以及生产和运输塑料袋会产生碳排放物，因此而受到指责。去年夏天，西雅图赞成向纸质和塑料购物袋收取20美分，目的是鼓励可回收袋的使用来减少污染。塑料袋行业发起了延迟计划请愿，不久投票者将要做出决定。

资料来源：*The New York Times*，February 23，2009.

4. 解释西雅图收取20美分将如何改变塑料袋的使用。

5. 画一个图来表示西雅图的政策将如何改变塑料袋引起的无谓损失。

6. 解释为什么完全禁止塑料袋的使用会是无效率的。

7. 环境保护署敦促企业记录温室气体。

迪纳·克鲁格（Dina Kruger）是环境保护署气候变化部的负责人，他说我们向解决气候变化迈进是非常重要的一步。国会计划使大型污染者如炼油商，汽车制造商，水泥、铝、玻璃和纸的生产商从明年开始记录它们的温室气体排放。将对排放占美国温室气体排放90%的企业采用“限定—排放”方案。

资料来源：*USA Today*，March 11，2009.

方案的监管成本预期大约为1.27亿美元/年。谁将从此方案中受益？谁将承担此方案的成本？

8. 如果要求远足者和其他人付费通过阿巴拉契亚山脉（Appalachian）的小道，公共资源的使用会更有效率吗？如果大多数有名的景点如安纳波利斯岩石的人口定价更高一些，此举措相比之前的举措会使公共资源的使用更有效率吗？你认为为什么我们不采用更多的市场解决办法来解决公共悲剧？

利用下列信息回答问题9～11。

表2表示了来自澳大利亚、新西兰和阿根廷的渔船在南部海洋捕捞的金枪鱼的价值。渔船使用的边际成本是6万美元/月。

表 2

渔船数量	捕捞的金枪鱼的价值（千美元/月）
0	0
10	1 200
20	2 000
30	2 400
40	2 400
50	2 000
60	1 200

9. 不对金枪鱼进行管制，渔船的均衡数量和相应的捕捞的金枪鱼的价值分别是多少？是否存在过度捕捞？

10. 有效率的渔船数量和相应的捕捞的金枪鱼的价值分别是多少？

11. 如果政府同意针对渔船发行个人可转让配额从而限制金枪鱼的捕捞数量为有效率数量，个人可转让配额的价格将是多少？

利用下列信息回答问题12～15。

一块土地的地底下有天然泉水。这块土地归10个人拥有，每个人都有权利在他或她的土地上打井取水，取水的多少取决于井的大小并在表3中表示了出来。打井的边际成本等于4加仑水/天。

表3

井的数量	水的产量（加仑/天）
0	0
2	12
4	22
6	30
8	36
10	40
12	42
14	42

12. 井的均衡数量和相应的从中取出的水的数量分别是多少？画一个图来解释你的答案。

13. 井的有效率的数量和相应的从中取出的水的数量分别是多少？画一个图来解释你的答案。

14. 如果政府对总水量采取配额从而使井的数量是有效率的，配额将是多少？

15. 一个人向土地的10个所有者支付多少钱获得使用公共储存的水的权利？（用加仑水做单位。）

第 12 章

消费者选择和需求

你为一首歌支付多少钱?

你可以以 99 美分下载一首歌，但你愿意为一首歌支付多少钱呢?

本章要点

学完本章，你将能够：

1. 计算并画出一条预算线，它显示了某个人消费可能性的极限。

2. 解释边际效用理论并用它来推导消费者的需求曲线。

3. 用边际效用理论来解释关于价值悖论的观点：为什么水必不可少但却便宜，而钻石相对无用但却昂贵。

12.1 消费可能性

我们通过了解对某个人的购买能力的限制来开始研究消费选择。收入和所购买产品的价格能够制约你的消费选择，我们用预算线来概括这些对购买计划的影响。我们将研究一个像你一样的学生的购买计划，我们称她为蒂娜。

□ 12.1.1 预算线

预算线描述了消费可能性的极限。蒂娜已经拿出她收入的大部分租了一套公寓、买教材和支付她的校园套餐计划，并且每个月还存了些钱。在做出了这些决定之后，蒂娜每天有 4 美元的剩余预算，她会把它用于两种产品的消费：瓶装水和口香糖。瓶装水是每瓶 1 美元，口香糖是每包 50 美分。如果蒂娜花掉她手头上所有的预算，那么她就会到达她所消费的瓶装水和口香糖的极限。

图 12—1 说明了蒂娜对瓶装水和口香糖的可能性消费。表中的 A 到 E 行显示了消费

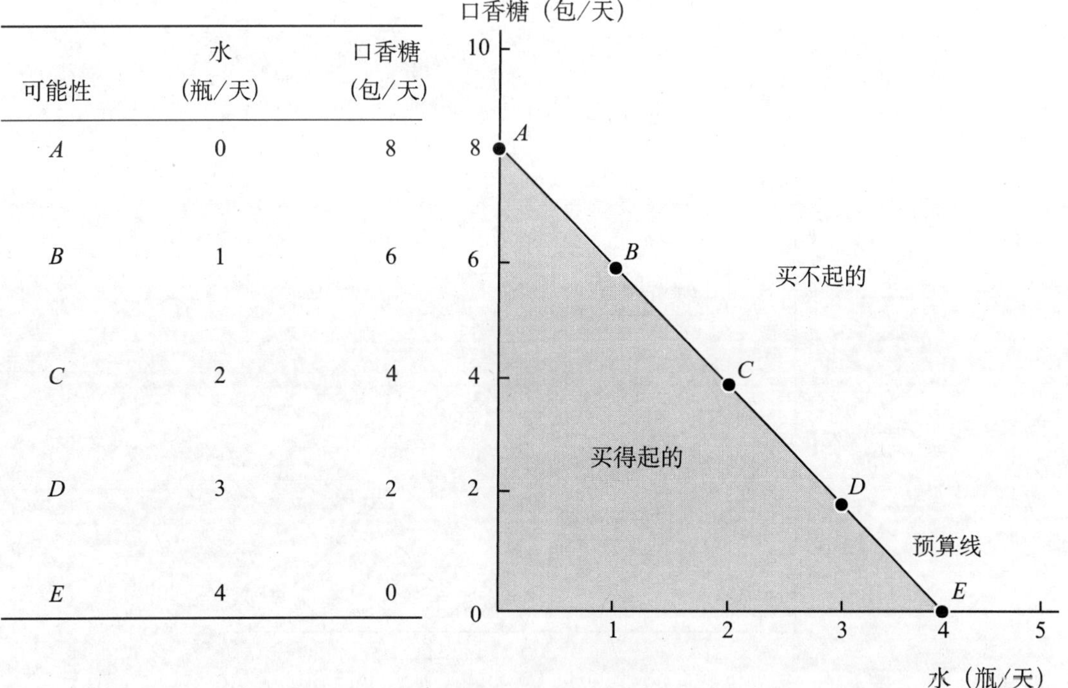

可能性	水（瓶/天）	口香糖（包/天）
A	0	8
B	1	6
C	2	4
D	3	2
E	4	0

图 12—1 消费可能性

蒂娜的预算线显示了她买得起和买不起的边界。表中的各行列出了当蒂娜每天的预算是 4 美元、瓶装水的价格是 1 美元/瓶、口香糖的价格是 50 美分/包时，她的瓶装水和口香糖的消费组合。例如，A 行告诉了我们，蒂娜用 4 美元买了 8 包口香糖而不买瓶装水的组合。

该图画出了蒂娜的预算线。该图中的 A 至 E 点反映了表中各行所示的产品组合。

4 美元在这两种产品上的五种可能选择。如果蒂娜把 4 美元都用于口香糖的消费，则她能够每天买 8 包。在这种条件下，她就没有什么余额来购买瓶装水了。*A* 行就显示了这种可能选择。而另一个极端就是蒂娜把 4 美元都用于瓶装水的消费，那么她就可以每天买 4 瓶，却不买口香糖。*E* 行就显示了这种可能选择。*B*、*C* 和 *D* 行显示了蒂娜买得起的其他三种可能组合。

图 12—1 中的 *A* 到 *E* 点反映了表中的可能性选择。通过这些点的线就是蒂娜的预算线。蒂娜的预算线画出了她买得起和买不起的产品组合的边界。她能够购买得起预算线上和预算线内侧（灰色区域）所有的产品组合。她买不起预算线外侧（白色区域）的任何组合。

图 12—1 中的预算线与生产可能性边界（*PPF*，见第 3 章）类似。两个曲线都显示了对可能性组合的限制。*PPF* 是技术限制，因此只有当技术变化时它才变化。预算线依赖于消费者的预算和价格，所以只有当预算或价格变化时它才变化。

□ 12.1.2 预算的变化

图 12—2 显示了蒂娜的预算变化时对消费可能性的影响。当蒂娜的预算增加时，她的消费可能性扩张，预算线也随之向外移动。若她的预算减少，她的消费可能性就萎缩，预算线也随之向内移动。

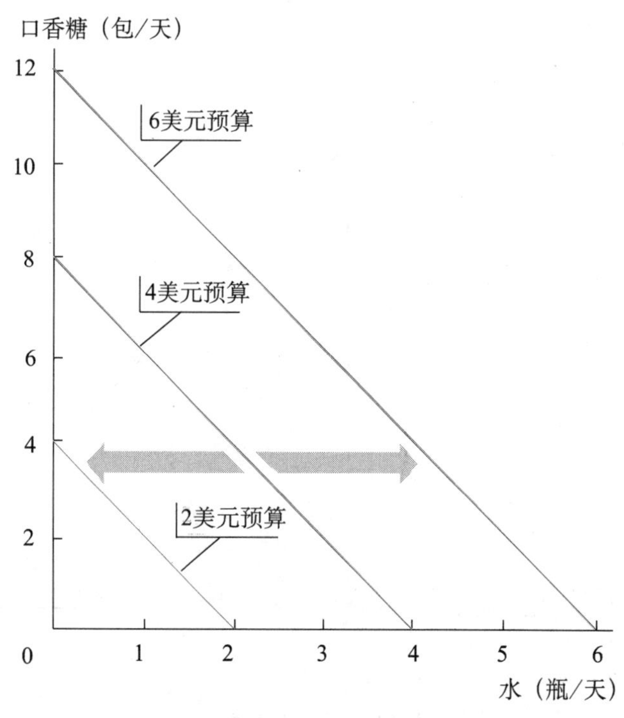

图 12—2 消费者预算线的变化

预算减少使预算线左移，预算增加使预算线右移。

最初的预算线与图 12—1 中当蒂娜的预算是 4 美元时的那一条是一样的。设想有一天，蒂娜丢失了装有 2 美元的钱包，这下她就只有 2 美元可供支出。图 12—2 中蒂娜的新的预算线显示了她的 2 美元支出能够买到多少产品。她可以购买在 2 美元预算线上的任意的产品组合。

又设想一下另外有一天，蒂娜出售一张旧 CD 得到了 2 美元，这下她就有 6 美元的可支配收入，同时她的预算线向右移动。她可以购买在 6 美元预算线上的任意的产品组合。

□ 12.1.3 价格的变化

当其他产品价格和预算保持不变时，如果一种产品的价格上升，那么消费可能性就会萎缩。同样地，当其他产品价格和预算保持不变时，如果一种产品的价格下降，那么消费可能性就会扩张。为了了解消费可能性的这些变化，让我们来观察当瓶装水的价格发生改变时，蒂娜的预算线是如何变化的。

瓶装水价格下降

图 12—3 显示了当口香糖价格和蒂娜的预算没有发生变化时，瓶装水的价格从每瓶 1 美元降到 50 美分对蒂娜的预算线的影响。如果蒂娜把所有的预算都花在瓶装水上，她现在每天就能够买得起 8 瓶水。她的消费可能性就扩张了。但是口香糖的价格没变，如果她的所有预算都花在口香糖上，那么她仍旧每天买得起 8 包口香糖。她的预算线向外旋转。

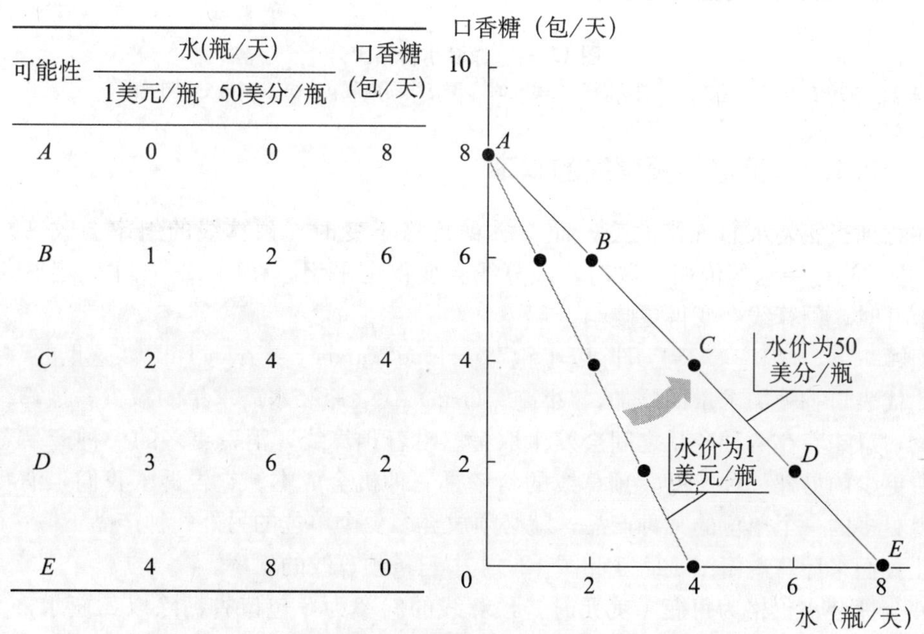

可能性	水(瓶/天) 1美元/瓶	水(瓶/天) 50美分/瓶	口香糖(包/天)
A	0	0	8
B	1	2	6
C	2	4	4
D	3	6	2
E	4	8	0

图 12—3　瓶装水价格下降

当瓶装水的价格从每瓶 1 美元降到每瓶 50 美分时，预算线向外旋转，并且变得平滑。

瓶装水价格上升

图 12—4 显示了当口香糖价格和蒂娜的预算没有发生变化时，瓶装水的价格从每瓶 1 美元上升到每瓶 2 美元对蒂娜的预算线的影响。如果蒂娜把所有的预算都花在瓶装水上，她每天只能买得起 2 瓶水。她的消费可能性就萎缩了。但是同样地，口香糖的价格没变，

如果她的所有预算都花在口香糖上，那么她仍旧每天买得起 8 包口香糖，她的预算线向内旋转。

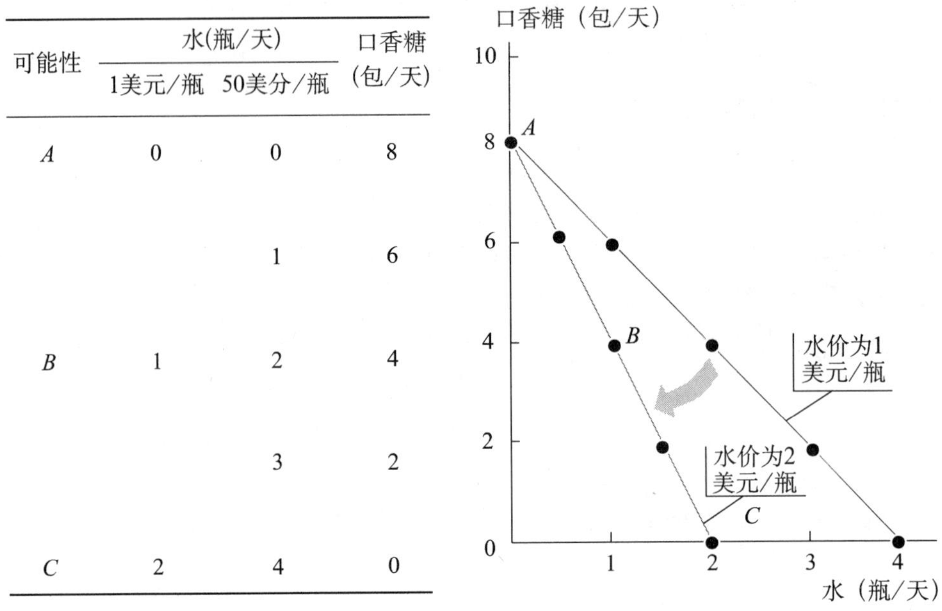

可能性	水(瓶/天) 1美元/瓶	水(瓶/天) 50美分/瓶	口香糖(包/天)
A	0	0	8
		1	6
B	1	2	4
		3	2
C	2	4	0

图 12—4　瓶装水价格上升

当瓶装水的价格从每瓶 1 美元上升为每瓶 2 美元时，预算线向内旋转，并且变得更加陡峭。

□ 12.1.4　价格和预算线的斜率

注意到当瓶装水的价格改变，而口香糖价格不变时，预算线的斜率会改变。在图 12—3 中，当瓶装水的价格下降时，预算线会变得更平坦。在图 12—4 中，当瓶装水的价格上升时，预算线会变得更陡峭。

回顾一下，"斜率等于上升除以小跑"（slope equals rise over run)。这里的"上升"(rise) 代表口香糖需求量的增加，"小跑"(run) 代表瓶装水需求量的减少。预算线的斜率为负，意味着在两种产品之间会发生取舍。沿着预算线，消费更多的一种产品意味着将消费更少的另外一种产品。预算线的斜率是一种机会成本。它告诉了我们，消费者为了获得更多的一个单位的某种产品，就必须放弃多少个单位的另外一种产品。

让我们来计算一下图 12—3 和图 12—4 中三条预算线的斜率。

- 当瓶装水价格为每瓶 1 美元时，预算线的斜率为 8 包口香糖除以 4 瓶水，等于 2 包口香糖/瓶装水。
- 当瓶装水价格为每瓶 50 美分时，预算线的斜率为 8 包口香糖除以 8 瓶水，等于 1 包口香糖/瓶装水。
- 当瓶装水价格为每瓶 2 美元时，预算线的斜率为 8 包口香糖除以 2 瓶水，等于 4 包口香糖/瓶装水。

思考一下这些代表机会成本的斜率意味着什么。当瓶装水价格为每瓶 1 美元，口香糖价格为每包 50 美分时，要放弃 2 包口香糖来买 1 瓶水。当瓶装水价格为每瓶 50 美分，口香糖价格为每包 50 美分时，要放弃 1 包口香糖来买 1 瓶水。当瓶装水价格为每瓶 2 美元，口香糖价格为每包 50 美分时，要放弃 4 包口香糖来买 1 瓶水。

机会成本的另一个名称是相对价格。**相对价格**是一种产品相对于另一种产品的价格。如果口香糖的价格是每包 50 美分，瓶装水的价格是每瓶 1 美元，那么瓶装水的相对价格是 2 包口香糖/瓶装水。它的计算公式是瓶装水的价格除以口香糖的价格（1 美元/瓶÷50 美分/包=2 包/瓶）。

在其他条件不变的前提下，当 x 轴的产品价格下降时，预算线会变得更不陡峭，同时 x 轴产品的机会成本和相对价格也会下降。

关注美国经济

变化中的相对价格

在过去很多年中，相对价格变化很大。一些最明显的变化发生在高科技产品上，如电脑。但是许多其他的相对价格也发生了相应的变化，其中许多呈下降的趋势。

右图显示了在 1997—2007 年之间在许多学生的预算中最具代表性的 16 种产品价格的变化。

汽油、课本的相对价格的增幅最大，鸡蛋、面包、牛肉和电的相对价格也有所增加。

相对价格降幅最大的是个人电脑，降低了 90%。电话、橘子和西红柿的相对价格也有所下降。

相对价格的这些变化改变了人们的消费可能性，也改变了他们所做出的消费选择。

价格降低激励人们增加购买数量，价格上升激励人们寻找替代品和减少购买数量。

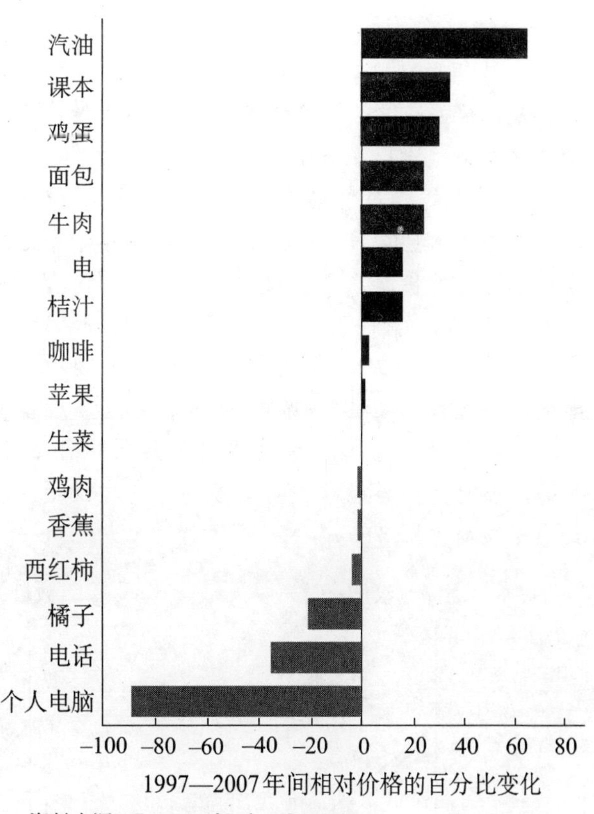

1997—2007年间相对价格的百分比变化

资料来源：Bureau of Labor Statistics.

检查站 12.1　计算并画出一条预算线，它显示了某个人消费可能性的极限。

现实问题

每星期杰里的汉堡和杂志的消费预算是 12 美元。汉堡的价格是每个 2 美元，杂志的价格是每份 4 美元。

1. 列出杰里买得起的汉堡和杂志的产品组合。

2. 杂志的相对价格是多少？解释你的答案。

3. 画出一条杰里的预算线（x 轴为汉堡的消费数量）。在其他条件不变的前提下，如果以下事件发生，描述一下预算线是如何变化的。

- 杂志的价格下跌。
- 杰里的汉堡和杂志的预算增加。

4. 汽油价格收缩预算。

当汽油价格高达 3.49 美元/加仑时，许多人缩减外出吃饭和购物的开支，有些人把他们的卡车换成小汽车。

资料来源：CNN，February 29，2008.

假如马克只买两样东西：汽油和便当。当汽油价格上升后，描述他的消费可能性的变化、便当的相对价格的变化，以及就便当而言，马克的实际收入的变化。

参考答案

1. 杰里的 12 美元预算能买到以下产品组合：买 3 份杂志不买汉堡；买 2 份杂志和 2 个汉堡；买 1 份杂志和 4 个汉堡；买 6 个汉堡不买杂志。

2. 杂志的相对价格是杰里为了得到 1 份杂志而必须放弃的汉堡数量。杂志的相对价格等于杂志的价格除以汉堡的价格，即 4 美元/杂志÷2 美元/汉堡＝2 汉堡/杂志。

3. 预算线是从 y 轴的 6 个汉堡到 x 轴的 3 份杂志的一条直线（图 1）。杂志的价格降低，杰里能买到的杂志数量会增加。预算线向外旋转（图 2）。当预算增加时，杰里能够买到更多的杂志和汉堡。预算线向外移动（图 3）。

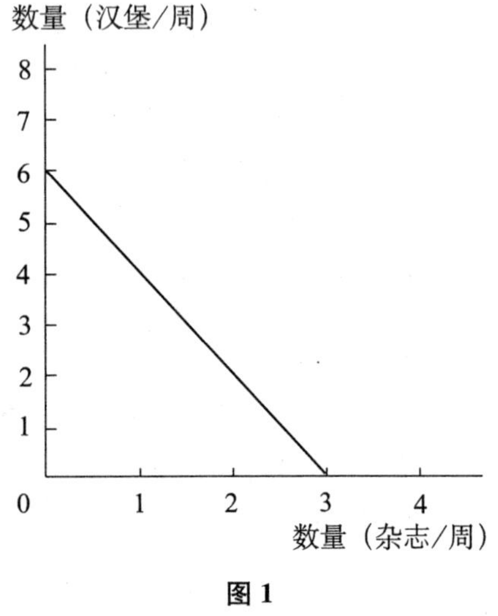

图 1

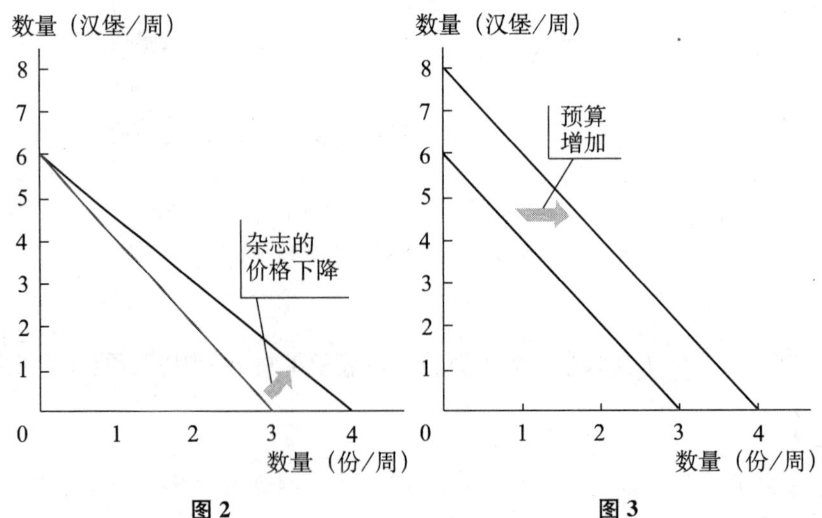

图 2　　**图 3**

4. 当汽油价格上升时，马克的消费可能性收缩，预算线向内旋转。便当的相对价格等于便当的价格除以汽油的价格。当汽油的价格上升时，便当的相对价格就会下降，马克针对便当的实际收入是他可以购买的便当数量。汽油价格的上升不会改变他针对便当的实际收入。

12.2 边际效用理论

预算线告诉了我们关于消费的**可能性**，但是它没有告诉我们消费者的选择。人们选择产品和服务的数量依赖于消费的**可能性**和**偏好**。经济学家用效用①来描述偏好。**效用**是人们从产品或服务的消费中所获得的收益或满足程度。为了理解我们如何使用效用来解释人们的选择，我们要区分两个概念：

- 总效用
- 边际效用

12.2.1 总效用

总效用是人们从消费产品或服务中所获得的总收益。总效用依赖于一定时期内所消费产品的数量——更多的消费一般会带来更多的总效用。表 12—1 显示了蒂娜从消费瓶装水和口香糖中所获得的总效用。如果她不消费瓶装水和口香糖，她就没有得到效用。如果她每天消费了 1 瓶水，她会得到 15 个单位的效用；如果她每天消费了 1 包口香糖，她会得到 32 个单位的效用。当蒂娜增加她所消费的瓶装水和口香糖的数量时，她的总效用也在增加。

表 12—1　蒂娜的总效用和边际效用

瓶装水			口香糖		
数量（瓶/天）	总效用	边际效用	数量（包/天）	总效用	边际效用
0	0		0	0	
		15			32
1	15		1	32	
		12			16
2	**27**		2	48	
		9			8
3	**36**		3	56	
		6			6
4	42		4	62	
		5			4
5	47		5	66	
		4			2
6	51		6	68	
		3			1
7	54		7	69	
		2			0
8	56		8	69	

该表显示了蒂娜消费瓶装水和口香糖所得到的总效用和边际效用。边际效用是当一种产品的消费增加额外一个单位时总效用的改变量。当蒂娜对瓶装水的消费从每天 2 瓶增加到每天 3 瓶时，她的总效用从 27 个单位增加到 36 个单位，所以蒂娜的第 3 瓶水的边际效用是 9 个单位。当消费量增加时，总效用增加了，但边际效用却减少了。

① 经济学还利用被称为“无差异曲线”的替代性方法来描述偏好。无差异曲线将在本章附录中讲解。

□ 12.2.2 边际效用

边际效用是由于某种产品的消费量增加 1 个单位所导致的总效用的改变量。表 12—1 显示了蒂娜的瓶装水和口香糖的边际效用的计算方法。我们来看一下每天蒂娜的第 3 瓶水（表中强调标出的）的消费所带来的边际效用。她的前 3 瓶水的消费所带来总效用是 36 个单位，前 2 瓶水则是 27 个单位，所以，对蒂娜来说，来自第 3 瓶水的消费所带来的边际效用是 9。

第 3 瓶水的边际效用＝36 个单位－27 个单位＝9 个单位

在表中，边际效用被标在两个消费量的中间，这是因为消费的**变化**产生了**边际**效用。该表显示了消费每个单位的瓶装水和口香糖所带来的边际效用。

请注意，当蒂娜消费的瓶装水和口香糖的数量增加时，她的边际效用在减少。例如，她的瓶装水的边际效用从第 1 瓶的 15 个单位减少到第 2 瓶的 12 个单位，再减少到第 3 瓶的 9 个单位。同理，她的口香糖的边际效用从第 1 包的 32 个单位减少到第 2 包的 16 个单位，再减少到第 3 包的 8 个单位。我们把某种产品的消费量增加时边际效用却减少的这种现象称为**边际效用递减**。

为了观察为什么边际效用会递减，想一想以下情形：在某种情况下，你学习了一整天但没有喝水，有人给你 1 瓶水，你从这瓶水中得到的边际效用是很大的。在第二种情况下，你一天已经喝了 7 瓶水。现在又有人给你 1 瓶水，你嘴上会说非常感谢，但却很慢地抿着喝。你在一天之内享用第 8 瓶水时，你从这瓶水中得到的边际效用是很小的。

同样地，假设一连几天你都没钱买 1 包口香糖，这时有个朋友给你 1 包口香糖，太棒了！你嚼着它，并得到了 32 个单位的效用。另外有一天，你嚼了 7 包口香糖，并嚼得下巴很痛，这时有人给你第 8 包口香糖，这次你说："非常感谢，但我把这包给其他人。"你知道第 8 包口香糖不会带给你任何效用。

关注过去

杰里米·边沁、威廉·斯坦利·杰文斯和效用的诞生

杰里米·边沁（Jeremy Bentham，1748—1832 年）在 19 世纪早期提出效用概念时，这一概念是革命性的。他用这个概念来深化他对免费教育、免费医疗和社会保障的强烈支持。又过了 50 年，威廉·斯坦利·杰文斯（William Stanley Jevons，1835—1882 年）提出了边际效用的概念，并用以预测人们的消费选择。第一次，经济学家能够区分成本和价值，由此诞生了需求的基本理论。

□ 12.2.3 画出蒂娜的效用图

我们可以用总效用和边际效用曲线来理解消费者偏好。图 12—5 (a) 显示当蒂娜喝更多的水时，总效用在增加，但却以一个递减的速度增加——边际效用递减。图 12—5 (b) 画

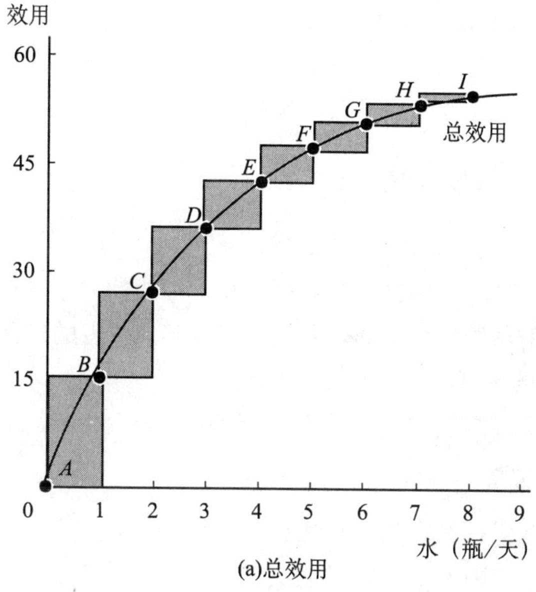

(a)总效用

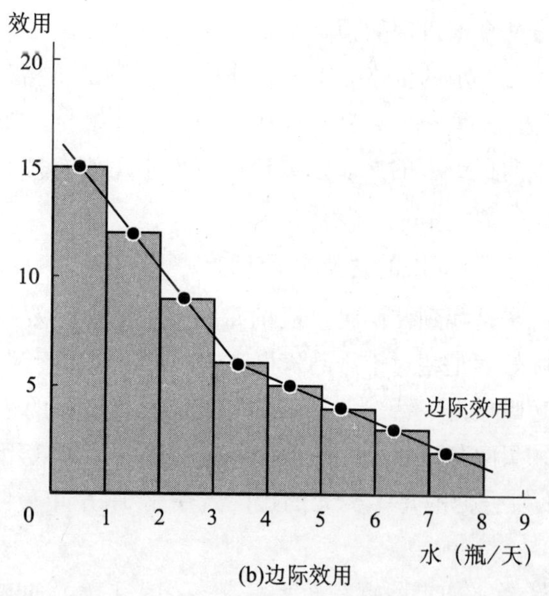

(b)边际效用

水（瓶/天）	0	1	2	3	4	5	6	7	8
总效用	0	15	27	36	42	47	51	54	56
边际效用	15	12	9	6	5	4	3	2	
	A	*B*	*C*	*D*	*E*	*F*	*G*	*H*	*I*

图 12—5　总效用和边际效用

图（a）画出了蒂娜从瓶装水中所得到的总效用。该图还用条形表示她从每增加 1 瓶水的消费中所得到的额外总效用——她的边际效用——它们是沿着总效用曲线的一步步台阶。

图（b）通过把图（a）中所示的条形一个挨着一个排列为一系列递减的台阶来表示蒂娜从瓶装水中所得到的边际效用是如何递减的。

出了蒂娜的边际效用。图（a）中的每一个台阶在图（b）中并列紧排。通过图（b）条形中点部分的曲线是蒂娜的边际效用曲线。表 12—1 中的数字和图 12—5 描述了蒂娜的偏好，再加上她的预算线，使我们能够预测她所做出的选择。这是我们的下一个任务。

□ 12.2.4 总效用最大化

消费者的目标是用可支配的预算使总效用最大化。通过选择预算线上的点，并使在这些点上从所消费的产品组合中获得的效用总和尽可能的大，消费者便实现了这一目标。运用以下两个步骤的**效用最大化原则**，我们可以找到消费者的最优预算分配：

1. 分配全部可用的预算。
2. 使所有产品的每一美元支出的边际效用相等。

分配全部可用的预算

如果消费者增加购买一种产品而不用减少另一种产品的购买，那么消费者的效用会增加。当效用最大化时，则不可能增加购买一种产品而不用减少另一种产品的购买。在这种情况下，消费者分配全部可用的预算。

蒂娜的预算为 4 美元，水的价格为 1 美元/瓶，口香糖的价格为 50 美分/包，她按图 12—1 中预算线上的点把预算分配给瓶装水和口香糖消费组合。如果她是按预算线里面的点分配，那么她可以购买更多的瓶装水或口香糖而不用放弃另一种产品，此时，她没有达到效用最大。

使所有产品的每一美元支出的边际效用相等

效用最大化的第二步是找到使两种产品的每一美元的边际效用相等且买得起的消费组合。每一美元的边际效用是相对于产品价格该产品带来的边际效用。

计算每一美元的边际效用　每一美元的边际效用是用产品的边际效用除以该产品的价格，例如，如果蒂娜买两包口香糖，两包口香糖带来的边际效用是 16 个单位，1 包口香糖是 50 美分，那么口香糖的每一美元的边际效用是 16 个单位除以 50 美分，等于 32 个单位效用/美元。

蒂娜的最大效用选择　如果蒂娜在瓶装水上多花费 1 美元而在口香糖上少花费 1 美元，那么瓶装水给她带来的总效用增加而口香糖带来的总效用减少。两种产品给她带来的总效用的变化取决于每种产品的每一美元的边际效用。

- 如果瓶装水的每一美元的边际效用大于口香糖的每一美元的边际效用，总效用增加。
- 如果瓶装水的每一美元的边际效用小于口香糖的每一美元的边际效用，总效用减少。
- 如果瓶装水的每一美元的边际效用等于口香糖的每一美元的边际效用，总效用不变。

通过在瓶装水上多消费 1 美元而在口香糖上少消费 1 美元，只有当瓶装水的每一美元的边际效用大于口香糖的每一美元的边际效用时，蒂娜的总效用才增加。当她增加瓶装水的消费而减少口香糖的消费时，瓶装水的边际效用减少，口香糖的边际效用增加。当蒂娜分配她的预算使两种产品的每一美元的边际效用相等时，总效用不可能再增加：此时效用最大化。

表 12—2 表示蒂娜的效用最大化选择。如果蒂娜选择 *B* 行（1 瓶水和 6 包口香糖），水的每一美元的边际效用（15 单位/美元）大于口香糖的每一美元的边际效用（4 单位/美元），那么她可以通过增加瓶装水的消费和减少口香糖的消费来增加总效用。

表 12—2　　蒂娜的每一美元的边际效用：瓶装水 1 美元/瓶，口香糖 50 美分/包

	瓶装水			口香糖		
	数量（瓶/天）	边际效用	每一美元的边际效用	数量（包/天）	边际效用	每一美元的边际效用
A	0			8	0	0
B	1	15	15	6	2	4
C	2	12	12	4	6	12
D	3	9	9	2	16	32

该表显示了当瓶装水每瓶 1 美元、口香糖每包 50 美分、蒂娜每天有 4 美元的预算时，她所买得起的消费组合中瓶装水和口香糖的每一美元的边际效用。通过使瓶装水和口香糖的每一美元的边际效用相等，蒂娜的总效用最大化。她的效用最大化选择是购买 2 瓶瓶装水和 4 包口香糖。

如果蒂娜选择 *D* 行（3 瓶水和 2 包口香糖），水的每一美元的边际效用（9 单位/美元）小于口香糖的每一美元的边际效用（32 单位/美元），那么她可以通过增加口香糖的消费和减少瓶装水的消费来增加总效用。

如果蒂娜选择 *C* 行（2 瓶水和 4 包口香糖），水的每一美元的边际效用（12 单位/美元）等于口香糖的每一美元的边际效用，那么这个消费组合使总效用最大。

□ 12.2.5　寻找需求曲线

我们能够用边际效用理论来找到一个人的需求表和一条需求曲线。事实上，我们发现了蒂娜的需求表中的一项和需求曲线上的一个点：当瓶装水的价格是每瓶 1 美元而其他条件不变时（口香糖的价格是每包 50 美分，每天的预算是 4 美元），蒂娜的瓶装水的消费量是每天 2 瓶（表 12—2 中的 *C* 行）。

为了找到蒂娜瓶装水需求曲线上的第二个点，我们看一下当瓶装水的价格下降到每瓶 50 美分的时候，蒂娜购买什么。如果蒂娜继续消费 2 瓶水和 4 包口香糖，她对瓶装水的每一美元支出的边际效用将会从 12 个单位增加到 24 个单位，是口香糖每一美元的边际效用的两倍。蒂娜将只支出 3 美元，所以她有另外 1 美元的剩余。

表 12—3 中的 *E* 行表示新的效用最大化选择，这个选择即为瓶装水需求曲线上的第二个点。在其他条件不变的前提下，瓶装水的价格是 50 美分，蒂娜每天购买 4 瓶瓶装水。图 12—6 表示我们刚刚推导出的蒂娜的需求曲线。

表 12—3　　蒂娜的每一美元的边际效用：瓶装水 50 美分/瓶，口香糖 50 美分/包

	瓶装水			口香糖		
	数量（瓶/天）	边际效用	每一美元的边际效用	数量（包/天）	边际效用	每一美元的边际效用
D	3	9	18	5	4	8
E	4	6	12	4	6	12
F	5	5	10	3	8	16

该表显示了当瓶装水每瓶 50 美分、口香糖每包 50 美分、蒂娜每天有 4 美元的预算时，她所买得起的消费组合中瓶装水和口香糖的每一美元的边际效用。通过使瓶装水和口香糖的每一美元的边际效用相等，蒂娜的总效用最大化。她的效用最大化选择是购买 4 瓶瓶装水和 4 包口香糖。

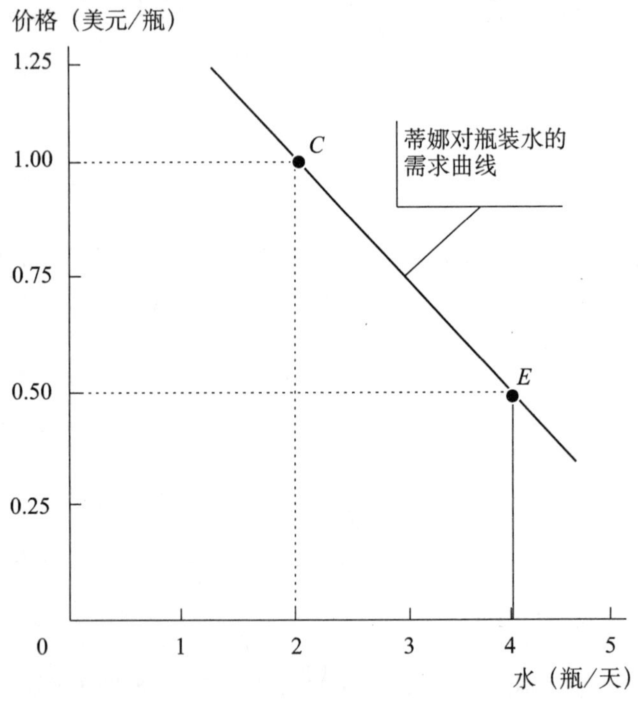

图 12—6　蒂娜对瓶装水的需求

当瓶装水每瓶 1 美元、口香糖每包 50 美分、蒂娜每天有 4 美元的预算时，她每天消费 2 瓶水和 4 包口香糖。此时她的消费组合位于瓶装水需求曲线的 *C* 点处。

在其他条件不变的前提下，瓶装水的价格下降到每瓶 50 美分时，蒂娜买 4 瓶水和 4 包口香糖，并从 *C* 点转移至 *E* 点。

检查站 12.2　　解释边际效用理论并用它来推导消费者的需求曲线。

现实问题

表 1 显示了杰里从消费汉堡和杂志中所得到的总效用。杰里每周有 12 美元支出，汉堡的价格是每个 2 美元，杂志的价格是每份 4 美元。利用以上信息回答问题 1～3。

表 1

汉堡		杂志	
个/周	总效用	份/周	总效用
0	0	0	0
1	14	1	100
2	24	2	120
3	32	3	134
4	38	4	144

1. 当杰里每周买 4 个汉堡时，计算他的边际效用和汉堡的每一美元的边际效用。当杰里每周买一份杂志时，计算他的边际效用和杂志的每一美元的边际效用。

2. 如果杰里每周买 4 个汉堡和 1 份杂志，他实现了效用最大化吗？为实现效用最大化，他会买更多还是更少的汉堡？解释你的答案。

3. 汉堡和杂志的数量应为多少能实现杰里的效用最大化？

4. 什么时候食品价格将停止上涨？即将到来。

食品价格在去年期间几乎上涨了 5%，这是近 20 年中最高的年增长。

资料来源：*USA Today*，June 8，2008.

食品价格的上涨将如何改变预算线和美国人购买的食品数量？

参考答案

1. 第 4 个汉堡的边际效用＝消费 4 个汉堡的总效用减去消费 3 个汉堡的总效用，即 38－32＝6 个单位。当杰里买 4 个汉堡时，汉堡的每一美元的边际效用等于第 4 个汉堡的边际效用（6 个单位）除以汉堡的价格（2 美元），等于 3 个单位/美元。

第 1 份杂志的边际效用＝消费 1 份杂志的总效用减去消费 0 份杂志的总效用，即 100－0＝100 个单位。当杰里买 1 份杂志时，杂志的每一美元的边际效用等于第 1 份杂志的边际效用（100 个单位）除以杂志的价格（4 美元），等于 25 个单位/美元。

2. 如果杰里用 8 美元买 4 个汉堡和用 4 美元买 1 份杂志，他花费了 12 美元的预算。汉堡的每一美元的边际效用（答案 1 中的 3 个单位）少于杂志的每一美元的边际效用（答案 1 中的 25 个单位），因此，杰里没有实现效用最大化，他必须少买一些汉堡和多买一些杂志。

3. 如果杰里每周买 2 个汉堡和 2 份杂志，那么杰里实现了效用最大化。他花费 4 美元在汉堡上和 8 美元在杂志上，这等于他的预算 12 美元。汉堡的边际效用是 24－14＝10，用 10 除以 2，等于 5 个单位/美元。杂志的边际效用是 120－100＝20，用 20 除以 4，等于 5 个单位/美元。杰里买的两种产品的每一美元的边际效用都是 5 个单位/美元，此时效用最大化。

4. 预算线向内旋转。消费者根据 $MU_F/P_F=MU_M/P_N$ 在食品类（F）和非食品类（N）之间配置预算。因为食品价格上涨即 MU_F/P_F 减小，所以 $MU_F/P_F<MU_M/P_N$，消费者将重新配置他的收入使 MU_F/P_F 增大到与 MU_M/P_N 相等。为增大 MU_F/P_F，购买的食品数量必须减少。

12.3 效率、价格和价值

边际效用理论帮助我们加深了对效率概念的理解，更清楚地了解了**价值**与**价格**之间的区别。让我们来看一看这是如何进行的。

□ 12.3.1 消费者效率

当蒂娜配置她有限的预算来获得效用最大化时，她正在有效率地使用她的资源。任何其他的预算配置都不能使她获得一个更高水平的总效用。

但是当蒂娜配置她的预算来实现效用最大化时，她正处于每一个产品的需求曲线之上。当总效用最大化时，需求曲线描述了在每个价格上的需求量。当我们在第 6 章研究效率时，我们知道需求曲线也是一条意愿支付曲线，它告诉了我们消费者的边际收益——消费额外一个单位的某种产品所获得的收益。你现在能了解边际收益的一个更深的含义。

边际收益就是当总效用最大化，消费者消费额外一个单位的产品或服务时所愿意支付的最高价格。

□ 12.3.2 价值悖论

几个世纪以来，哲学家们深受价值悖论的困扰。对生命来说，水比钻石更有价值，但是水却比钻石更便宜。为什么呢？亚当·斯密试图解释这个悖论，但是直到边际效用理论诞生之后，才能给出一个满意的答案。

你能够通过区分**总效用**和**边际效用**来解决这个难题，总效用告诉我们关于相对价值的信息，边际效用告诉我们关于相对价格的信息。来自水的总效用是巨大的，但是要记住，我们消费某产品越多，它所带来的边际效用就越小。我们使用如此多的水，它的边际效用——消费额外 1 杯水所带来的收益——会递减到一个很小的价值量。另一方面，钻石相对水来说总效用很小，但是因为我们买很少的钻石，所以它们有很大的边际效用。当家庭要最大化它们的总效用时，它们就安排预算使得对每种产品的每一美元支出的边际效用处处相等。钻石昂贵，边际效用高，水价低，边际效用低。当钻石的高边际效用除以钻石的高价格时，结果是其每一美元支出的边际效用等于水的低边际效用除以水的低价格，即钻石与水的每一美元支出的边际效用相等。

□ 12.3.3 消费者剩余

消费者剩余用来度量超过支付量的那部分的价值。图 12—7 中水的供给和需求图（a）决定了水价 P_W 和水的消费量 Q_W，钻石的供给和需求图（b）决定了钻石的价格 P_D 和消费量 Q_D。水便宜但提供了很大的消费者剩余，而钻石昂贵却提供了很少的消费者剩余。

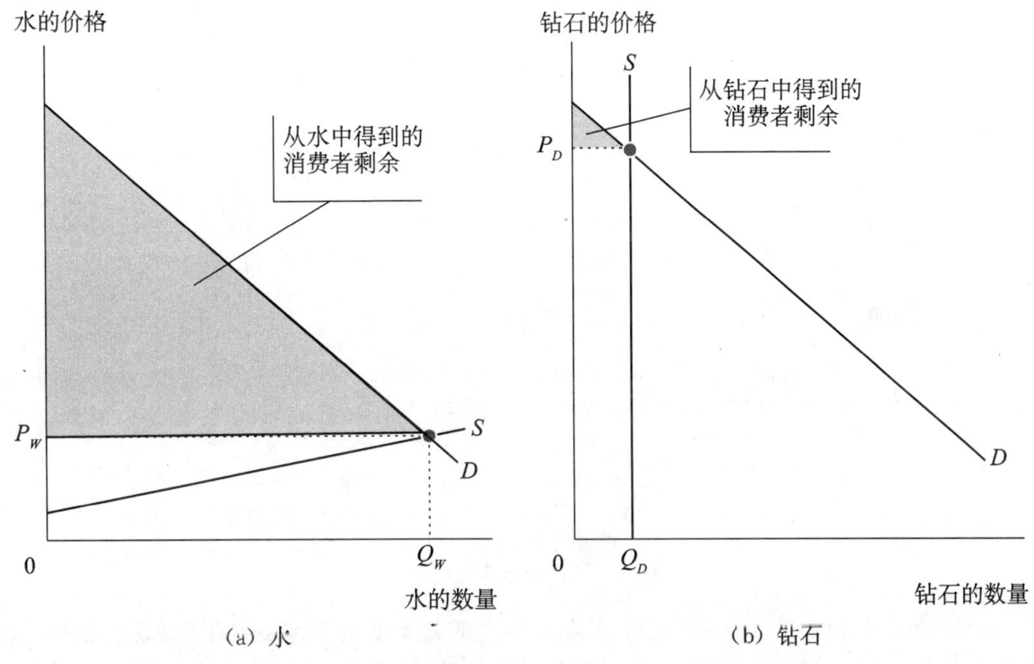

图 12—7　价值悖论

图 (a) 表示水的需求 D 和水的供给 S。需求和供给决定水的价格 P_W 和水的需求量 Q_W。从水的消费中得到的消费者剩余是大的灰色三角形。

图 (b) 表示钻石的需求 D 和钻石的供给 S。需求和供给决定钻石的价格 P_D 和钻石的需求量 Q_D。从钻石的消费中得到的消费者剩余是小的灰色三角形。

水是有价值的——有很大的消费者剩余——但它便宜。钻石的价值小于水——有很小的消费者剩余——但它昂贵。

关注歌曲下载

你为一首歌支付多少钱?

你可能会说你只愿意为一首歌花 99 美分，但那不是普通消费者的答案。那可能不是你真正的答案，也不是几年前的答案。

我们能够通过找到歌曲的需求曲线从而找到消费者剩余来计算出人们愿意为一首歌支付多少钱。

为了找到需求曲线，我们需要查看歌曲市场的价格和数量。

2007 年（我们拥有数据的最近的一年），美国人在各种形式的录音音乐上花费了 100 亿美元，与 2000 年的 140 亿美元相比下降了。但是歌碟和付费下载歌曲的总数从 2000 年的 10 亿美元增加到了 2007 年的 18 亿美元，单个录音音乐的平均价格从 14 美元下降到了 5.5 美元。

单个录音音乐的平均价格下降是因为格式组合变化巨大。2001 年，我们购买了 9 亿张 CD，但 2007 年我们仅购买了 5 亿张 CD 并下载了 12 亿个音乐文件。图 1 表示录音音乐格式变化的更长历史。

我们购买的音乐不仅仅是一种产品——是多种不同的产品。我们将区分专辑与单曲的不同和关注单曲的需求。

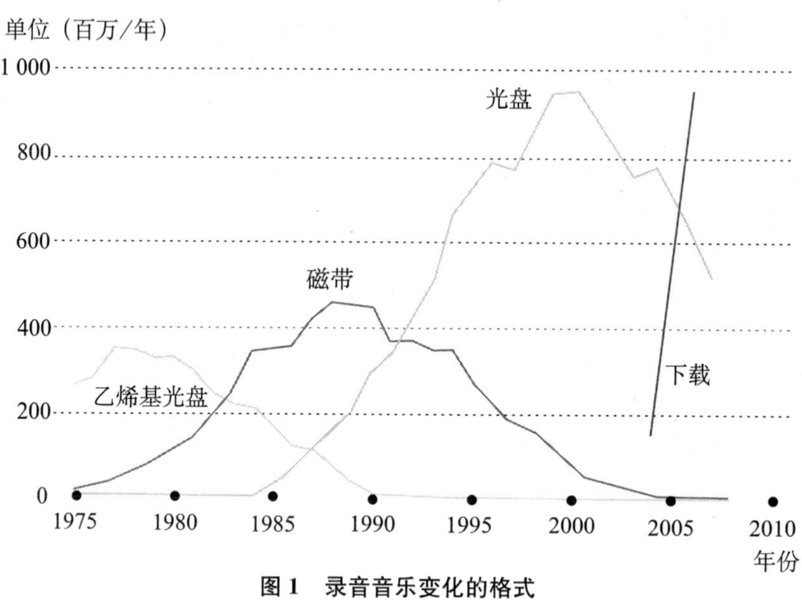

图 1　录音音乐变化的格式

2001 年，我们购买了 1.06 亿首单曲，平均每首单曲的价格是 4.95 美元。2007 年，我们下载了 8.02 亿个单曲文件，每个文件的价格是 99 美分。

单曲下载市场创造了消费者剩余。

图 2 表示单曲的市场需求曲线。需求曲线上的一点表示 2001 年单曲的价格和数量——平均价格为 4.95 美元时购买了 1.06 亿首单曲。需求曲线上的另一点表示 2007 年单曲的价格和数量——每首下载价格为 99 美分时购买了 8.02 亿首单曲。

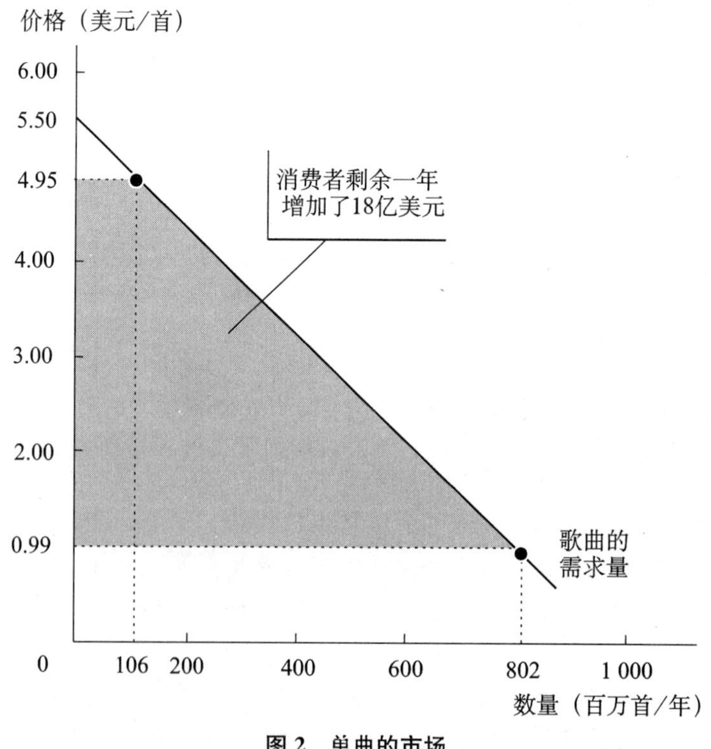

图 2　单曲的市场

如果需求曲线不变动且在此假定是线性的，我们可以计算由价格下降和需求数量增加引起的消费者剩余的变化。灰色区域即为消费者剩余的变化，增加了18亿美元或每首单曲增加了2.24美元。

每首歌曲的消费者剩余2.24美元是估计的普通购买者愿意为一首歌平均支付的钱。

关注你的生活

你的效用最大化了吗？

你可能正在想边际效用这种东西相当不切实际。你知道你在逛商店时，手里不可能拿着边际效用计算器，你只是购买你买得起和想要的东西，仅此而已。

然而，边际效用理论不是关于人们怎么做出选择的，它是关于人们做出什么样的选择的，是经济学家用来解释人们做选择的一个工具。

你看到很多例子，人们尽力改变他们购买的东西使得每一美元的边际效用相等。下次你在排队付款时，注意到有人犹豫再三是否要购买以及被塞在小报旁边杂志架上的物品。在付钱的紧要关头，每一美元的边际效用还不够高。

你甚至可能发现你自己正在使用边际效用来做出决定。边际效用使你的选择清晰并帮助使得替代选择的价值显现出来。

当杰里米·边沁和之后的威廉·斯坦利·杰文斯（见上一节“关注过去”专栏）最先开始形成效用观点时，他们推测了把效用表与一个人的大脑联系起来并确切度量效用的可能性。

今天，经济学的一个新分支——神经经济学（neuroeconomics）正在向实现19世纪的梦想迈进。

通过与神经科学家的合作和使用核磁共振成像扫描器，经济学家正在将项目纳入决策范围、设置情境并观察当做出选择和获得结果时大脑是如何运行的。

这些都处于初期，然而目前的结果表明虽然一些决定是理性的，可以在大脑前面的皮层计算出来，但是其他决定是由不经仔细运算就做出仓促决定的大脑的初始部分做出的。

随着神经经济学的发展，它将阐明做出选择的方式，可能提高我们预测人们做出选择的能力。

检查站12.3 用边际效用理论来解释关于价值悖论的观点：为什么水必不可少但却便宜，而钻石相对无用但却昂贵。

现实问题

1. 托尼每年以每张DVD 3美元的价格租了50张DVD，并且他花了50美元买了10 000加仑的水，这时他的总效用最大化了。如果托尼对水的边际效用是0.5个单位效用/加仑，他从租的 DVD 中所获得的边际效用是多少？

2. 很多年来，美国人花费在食物上的收入比例都较小，花费在汽车上的收入比例都较大。解释价值悖论。

参考答案

1. 租 1 张 DVD 的边际效用除以 3 美元等于 1 加仑水的边际效用除以 0.5 美分，所以租 1 张 DVD 的边际效用等于 600 乘以 1 加仑水的边际效用，即 600×0.5=300 个单位的效用。

2. 平均每个人有一辆车，开车的边际效用大于食物的边际效用。尽管食物便宜而汽车贵，但消费者要配置他们的收入使食物和汽车的每一美元的边际效用相等。因此不存在价值悖论。

本章总结

要点

1. 计算并画出一条预算线，它显示了某个人消费可能性的极限。
   - 消费可能性受到预算和价格的限制，一些消费组合是买得起的，一些是买不起的。
   - 预算线是在预算和价格给定的前提下，在人们买得起和买不起的消费组合之间划定的一条边界。
   - 预算线的斜率决定了 x 轴产品与 y 轴产品之间的相对价格。
   - 一种产品的价格变化会改变预算线的斜率。预算的变化会改变预算线，但不会改变它的斜率。
2. 解释边际效用理论并用它来推导消费者的需求曲线。
   - 消费可能性和偏好决定消费选择。
   - 当整个预算被支出，并且对所有产品的每一美元支出的边际效用相等时，总效用最大。
   - 如果 A 产品的每一美元支出的边际效用超过 B 产品的每一美元支出的边际效用，此时购买更多的 A 产品和更少的 B 产品会增加总效用。
   - 边际效用理论解释了需求法则，也就是说，在其他条件不变的前提下，一种产品的价格越高，该种产品的需求量就越小。
3. 用边际效用理论来解释关于价值悖论的观点：为什么水必不可少但却便宜，而钻石相对无用但却昂贵。
   - 当消费者最大化其效用时，他们有效率地使用了资源。
   - 边际效用理论解决了价值悖论问题。
   - 当我们谈到价值时，我们考虑到的是效用和消费者剩余，但价格是与边际效用有关的。
   - 我们大量消费的水具有更高的总效用和很大的消费者剩余，但是却只有较低的价格和较低的边际效用。
   - 我们少量消费的钻石具有较低的总效用和很少的消费者剩余，但是却具有较高的价格和较高的边际效用。

关键术语

预算线　　每一美元的边际效用　　效用

边际边用递减	相对价格	效用最大化原则
边际效用	总效用	

本章检查站

学习计划中的问题与应用

埃米每周有 12 美元用于咖啡和苏打水的消费。咖啡的价格是每杯 2 美元，苏打水的价格是每罐 1 美元。利用此信息回答问题 1 和 2。

1. 画出埃米的预算线图。埃米每星期能买 7 罐苏打水和 2 杯咖啡吗？她每星期能买 7 杯咖啡和 2 罐苏打水吗？一杯咖啡的相对价格是多少？

2. 假设苏打水的价格仍是每罐 1 美元，但是咖啡的价格涨到每杯 3 美元。画出埃米新的预算线。如果她买 6 罐苏打水，她每周最多能买多少杯咖啡？咖啡的相对价格变了吗？

表 1 显示了本从消费橘汁中所得到的效用。利用表 1 回答问题 3 和 4。

表 1

橘汁（箱/天）	总效用	边际效用
0	0	
		7
1	7	
		5
2	A	
		B
3	15	
		2
4	C	
		D
5	18	

3. 计算表中 A、B、C、D 的数值。边际效用递减规律是否适用于本对橘汁的消费？为什么适用或为什么不适用？

4. 本曾经想买多于 1 箱的橘汁还是不买橘汁？解释你的答案。

5. 乔茜每天午饭买 2 杯咖啡和 1 份三明治。咖啡每杯 2 美元，三明治每份 5 美元。乔茜午饭的消费选择最大化了她的总效用，并且她仅有 9 美元用于午饭支出。把咖啡的边际效用与三明治的边际效用进行比较。

6. 苏茜每周在圣代冰淇淋和杂志上支出 28 美元。圣代冰淇淋的价格是 4 美元/个，杂志的价格是 4 美元/本。表 2 表示苏茜从圣代冰淇淋和杂志中获得的边际效用。她买多少个圣代冰淇淋？在保持其他条件不变的前提下，如果圣代冰淇淋的价格翻倍为 8 美元/个，她将买多少个圣代冰淇淋？找出圣代冰淇淋需求曲线上的两点。

表 2

圣代冰淇淋		杂志	
个/周	边际效用	本/周	边际效用
1	60	1	40
2	56	2	32
3	50	3	28
4	42	4	25
5	32	5	23
6	20	6	22

7. 电影票的价格是 10 美元/张，6 罐装的苏打水是 5 美元/箱，埃琳共有 25 美元可以支配，她每周买一箱 6 罐装的苏打水和看 2 场电影。如果她的预算增加，她有 50 美元可用于苏打水和电影的支出，电影票的相对价格有何变化？她从电影中获得的边际效用和从苏打水中获得的边际效用如何变化？

8. 汽油价格使旅游者蜂拥选乘公共交通工具。

当汽油价格高达 4 美元/加仑时，更多的上下班往返的人从开车转向乘坐火车和公共汽车。在纽约和波士顿，今年到目前为止公共交通工具乘坐量占 5%或更高比例。

资料来源：*The New York Times*，May 10，2008.

解释汽油价格上涨对上下班往返的人的预算、汽油的数量和购买的公交服务的影响。

□ 教师可布置的问题与应用

1. 2007年，美国人下载了8亿首单曲和0.4亿份专辑，每首单曲的价格是99美分，一份专辑的价格是10美元。他们也买了碟装的300万首单曲和5亿份专辑，碟装单曲的价格是每张碟4.75美元，碟装专辑的价格是每张碟15美元。关于碟装单曲的边际效用对下载单曲的边际效用的比率，边际效用理论告诉了你什么？关于碟装专辑的边际效用对下载专辑的边际效用的比率，边际效用理论告诉了你什么？

利用下列信息回答问题2～5。

与其他液体相比，汽油算是便宜的

2008年，汽油价格高达4美元/加仑时，汽车驾驶员就抱怨了，但是他们不对20盎司佳得乐饮料（Gatorade）1.59美元和16毫升惠普油墨18美元抱怨。

资料来源：*The New York Times*，May 27，2008.

佳得乐饮料的价格是10.17美元/加仑，打印机油墨是4 294.58美元/加仑。

2. 边际效用理论对汽油、佳得乐饮料和打印机油墨的每一美元的边际效用有什么预示？

3. 关于汽油、佳得乐饮料和打印机油墨的边际效用，每加仑的价格告诉了你什么？

4. 关于1加仑汽油、一瓶20盎司的佳得乐饮料和一墨盒打印机油墨的边际效用，在新闻剪辑中报道的每单位价格告诉了你什么？

5. 价值悖论如何被用于解释为什么在新闻剪辑中列出的液体的价值低于汽油但价格却贵很多呢？

6. 电影票的价格是每场8美元，比萨饼的价格是每份4美元，蒂姆每周有16美元的支出，她买2份比萨饼和看1场电影。电影票的相对价格是多少？如果电影票的价格跌到每场4美元，蒂姆的消费可能性该如何改变？请解释。

表1显示了玛莎从蛋糕和意大利面中所得到的总效用。利用此信息回答问题7～9。

7. 当玛莎每周买3块蛋糕和2份意大利面时，计算玛莎的总效用。计算玛莎从第3块蛋糕中所得到的边际效用。如果蛋糕是每块4美元，计算蛋糕的每一美元的边际效用。

表1

蛋糕		意大利面	
块/周	总效用	份/周	总效用
0	0	0	0
1	10	1	20
2	18	2	36
3	25	3	48
4	31	4	56
5	36	5	60
6	40	6	60

8. 当蛋糕每块4美元、意大利面每份8美元、玛莎每周有24美元的支出时，她买2块蛋糕和2盘意大利面。她最大化她的总效用了吗？解释你的答案。

9. 当蛋糕每块4美元，玛莎有24美元的支出，意大利面的价格从每份8美元降到每份4美元时，玛莎会买多少数量的蛋糕和意大利面？找出玛莎对意大利面的需求曲线中的两点。

10. 吉姆把他所有的收入都用于房租、食物、衣服和度假的支出。他的工资从每月3 000美元增加到每月4 000美元，同时乘坐飞机和其他与度假相关的支出增加了50%。就乘坐飞机和其他与度假相关的支出而言，吉姆的真实收入会如何变化？在他新的境况中，他的福利是更好还是更差？

利用下列信息回答问题11和12。

在自由飞行的领地

因为穿行机场的时间增加了，其他的旅行方式显得更有吸引力。美国铁路公司在波士顿——纽约——华盛顿的高铁方面正在与美国航空公司轻松地竞争。

资料来源：*The Economist*，June 14，2007.

11. 对于从波士顿到华盛顿的路途，比较选用美国铁路公司和选用美国航空公司的机会成本。

12. 比较乘坐火车旅行和乘坐飞机旅行的每一美元的边际效用。

利用下列信息回答问题13和14。

表2表示阿里从果汁和电影中获得的边际效用。电影票的价格是6美元/张，果汁的价格是3美元/杯，阿里每周有30美元可用于消费。

表 2

数量/周	边际效用	
	果汁	电影
1	7	30
2	6	24
3	5	18
4	4	12
5	3	6
6	2	0

13. 如果阿里每周购买 4 杯果汁、看 3 场电影，他用完了 30 美元吗？从果汁和电影中获得的边际效用分别是多少？他的效用最大化了吗？如果没有，他应该多买哪种产品？

14. 当阿里配置他的预算实现效用最大化时，他购买的产品组合中果汁和电影分别是多少？每美元的边际效用是多少？

利用下列信息回答问题 15 和 16。

阿德里安娜喜欢骑马，她每月有 500 美元支付给马厩用于照顾她的马。她认为她进行了一个满意的交易，并愿意为她得到的服务支付这个报酬的 2 倍。与此不同的是，她每月支出 1 000 美元租一套公寓，她认为她与房东的交易并不很理想，她将要去寻找与此价格一样的更好的公寓。

15. 阿德里安娜从马匹中获得的总效用大，还是从租公寓中获得的总效用大？

16. 用阿德里安娜骑马和租公寓的信息解释价值悖论。

利用下列信息回答问题 17 和 18。

星巴克咖啡茶歇 3 月 15 日

在 2007 年 3 月 15 日，星巴克计划免费赠送长筒杯咖啡。

资料来源：*Slashfoods.com*，March 5，2007.

17. 在第二杯店（Second Cup），学生们可以买一杯咖啡，第二杯咖啡则免费。在这两个咖啡店，咖啡的价格一样，学生们认为品质也是一样好。为什么任何一个人都会去隔壁的星巴克？

18. 在“星巴克咖啡茶歇”的那一天，为什么任何一个人都会去第二杯店呢？

运用这一事实，即一些学生购买一份校园套餐计划而另外一些人则选择在他们用餐时付款这种方式，来回答问题 19 和 20。

19. 为什么一些学生决定购买校园套餐计划而不选择当他们用餐时付款呢？用边际效用理论来解释。

20. 对于两种人群的午餐需求，边际效用理论预示了什么？

附录：无差异曲线

你将会发现一个简单明了的概念——画一幅某个人的偏好图，它是基于直觉的假定：人们可以把所有的产品组合分成三组，偏好、不偏好和无差异。为了使这个概念具体一点，让我们来请蒂娜告诉我们她是如何划分瓶装水和口香糖的消费组合的。

□ 12.4.1 无差异曲线

图 A12—1（a）给出了一部分蒂娜的答案。她告诉我们她目前在 C 点处每天消费 2 瓶水和 4 包口香糖，她列出了所有的与她现在的消费有相同可接受程度的瓶装水和口香糖的消费组合。当我们在图上标出这些消费组合时，我们得到了一条曲线，这条曲线是偏好图的关键部分，并被称为无差异曲线。

无差异曲线是一条表示消费者对所消费的产品组合无差异的曲线，图 A12—1（a）中的无差异曲线告诉我们蒂娜在 C 点处每天消费 2 瓶水和 4 包口香糖的满足程度与其他

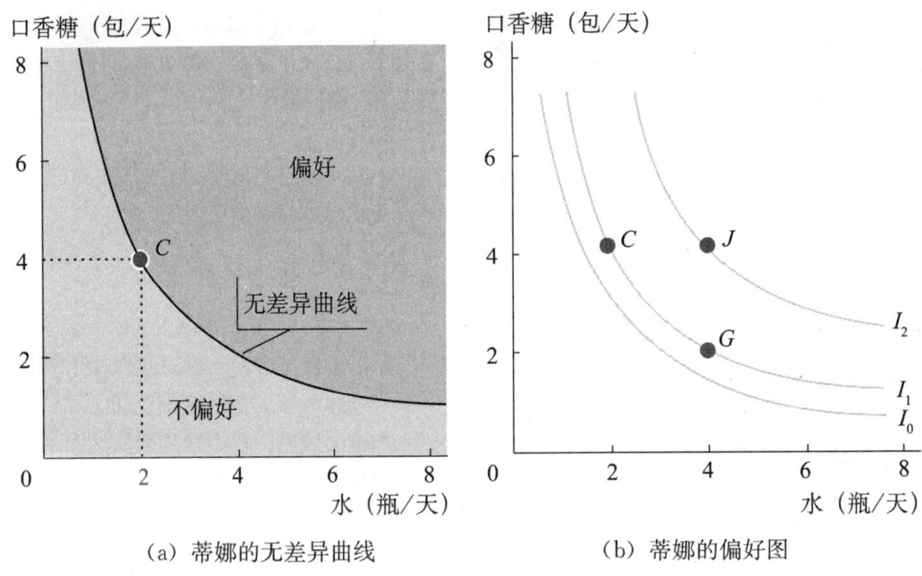

（a）蒂娜的无差异曲线　　（b）蒂娜的偏好图

图 A12—1　偏好图

在图（a）中，蒂娜在 C 点时每天消费 2 瓶水和 4 包口香糖。在无差异曲线的所有各点之间，她是无差异的。她对无差异曲线以上（深灰色区域）任何一点的偏好大于线上的任何一点，她对无差异曲线上任何一点的偏好大于无差异曲线以下（浅灰色区域）的任何一点。

图（b）表示作为蒂娜部分偏好图的三条无差异曲线——I_0、I_1 和 I_2。她对 J 点的偏好大于 C 点或 G 点，因此，她对 I_2上任何一点的偏好大于 I_1上的任何一点。

在无差异曲线上的消费组合是相同的。蒂娜还说，相对于无差异曲线上的各种消费组合，她更偏好所有无差异曲线上方——深灰色区域所显示的瓶装水和口香糖的消费组合，这些消费组合包括了更多的瓶装水、更多的口香糖，或者两者兼有。相对于无差异曲线下方浅灰色区域的各种消费组合，她更偏好无差异曲线上的消费组合。浅灰色区域的这些组合包含了更少的瓶装水、更少的口香糖，或者两者兼有。

图 A12—1（a）中的无差异曲线是众多无差异曲线中的一条。这条无差异曲线再次出现在图 A12—1（b）中，标记为 I_1。曲线 I_0和 I_2是另外两条无差异曲线。相对于曲线 I_1 上的 C 点或 G 点，蒂娜更偏好于 I_2上的 J 点。我们认为 I_2相对于 I_1 是一条更高的无差异曲线，同样 I_1 相对于 I_0 也是一条更高的无差异曲线。

偏好图是与地图上等高线类似的一系列无差异曲线。通过观察地图上等高线的形状，我们可能得出有关地形的结论。同样，通过观察无差异曲线的形状，我们可以得出有关一个人偏好的结论。

□ 12.4.2　边际替代率

边际替代率这一概念是读懂偏好图的关键所在。**边际替代率**（MRS）是一个人为了多得到 x 产品（用 x 轴衡量）而愿意放弃 y 产品（用 y 轴衡量）并保持无差异（仍然在同一条无差异曲线上）的比率。边际替代率是采用无差异曲线斜率的大小来衡量的。

如果无差异曲线陡峭，则边际替代率就高。在保持无差异时，一个人为了得到少量的 x 产品而愿意放弃大量的 y 产品。如果无差异曲线平坦，则边际替代率就低。在保持无差异时，一个人为了得到大量的 x 产品而愿意放弃少量的 y 产品。

图 A12—2 告诉了你该如何计算边际替代率。设想蒂娜在无差异曲线 I_1 上的 C 点处消费 2 瓶水和 4 包口香糖。我们通过 C 点处斜率的大小来计算边际替代率。为了计算它的大小，画一条线与无差异曲线相切于 C 点。在这条线上，当口香糖的消费从 8 包减少到 0 包时，瓶装水的消费从 0 瓶增加到 4 瓶，所以在 C 点处，蒂娜愿意放弃 8 包口香糖来得到 4 瓶水，或者说放弃 2 包口香糖来得到 1 瓶水，她的边际替代率是 2。

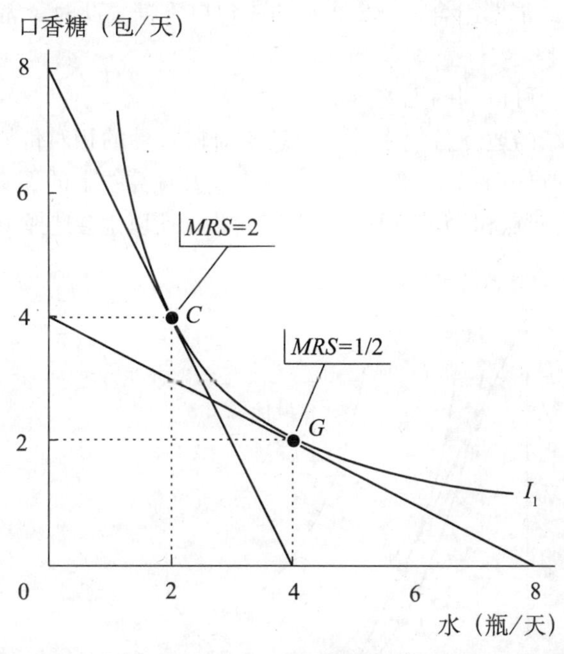

图 A12—2　边际替代率

无差异曲线斜率的大小称为边际替代率。直线上的 C 点告诉我们，蒂娜愿意为了得到 4 瓶水而放弃 8 包口香糖。她在 C 点的边际替代率是 8 除以 4，即等于 2。直线上的 G 点告诉我们，蒂娜愿意为了得到 8 瓶水而放弃 4 包口香糖。她在 G 点的边际替代率是 4 除以 8，即等于 1/2。

现在假设蒂娜在 G 点处消费 4 瓶水和 2 包口香糖，用无差异曲线在 G 点的斜率来衡量她的边际替代率。这时的斜率与无差异曲线在 G 点处的切点的斜率相同。当口香糖的消费从 4 包减少到 0 包时，瓶装水的消费从 0 瓶增加到 8 瓶，所以在 G 点处，蒂娜愿意放弃 4 包口香糖来得到 8 瓶水，或者说放弃 1/2 包口香糖来得到 1 瓶水，她的边际替代率是 1/2。

当蒂娜沿着无差异曲线移动时，她的边际替代率是递减的。边际替代率递减是消费者理论中的关键假设。**边际替代率递减**是当消费者沿着无差异曲线移动，增加 x 轴产品的消费，减少 y 轴产品的消费时，边际替代率递减的一种一般趋势。无差异曲线的形状体现了边际替代率递减的规律，这是因为该曲线是凸向原点的。

□ 12.4.3　消费者均衡

消费者的目的是购买能使消费者福利最大化的买得起的产品数量。无差异曲线描述了消费者的偏好，并且它们告诉我们无差异曲线越高，消费者的福利就越好。所以消费者的目的可以重述为：以某一方式配置他的或她的预算，从而达到消费者最高的、可得到的无差异曲线。

消费者的预算和产品价格限制了消费者的选择，图 12—1 的预算线概括了对消费者选择的限制。我们把图 A12—1（b）中的无差异曲线与图 12—1 中的预算线结合起来可以求出消费者选择并找出消费者均衡。

图 A12—3 表示图 12—1 蒂娜的预算线和图 A12—1（b）她的无差异曲线。蒂娜的最佳消费组合是在 C 点的消费组合——2 瓶水和 4 包口香糖。此时，蒂娜

- 在她的预算线上。
- 在她的最高的、可得到的无差异曲线上。
- 瓶装水对口香糖的边际替代率等于瓶装水对口香糖的相对价格。

相对于预算线内的每一个点，像 L 点，蒂娜更偏好预算线上的那些点。例如，相对于 L 点，她更偏好预算线上 F 点和 H 点之间任意的一个点，所以她会选择预算线上的某一点。

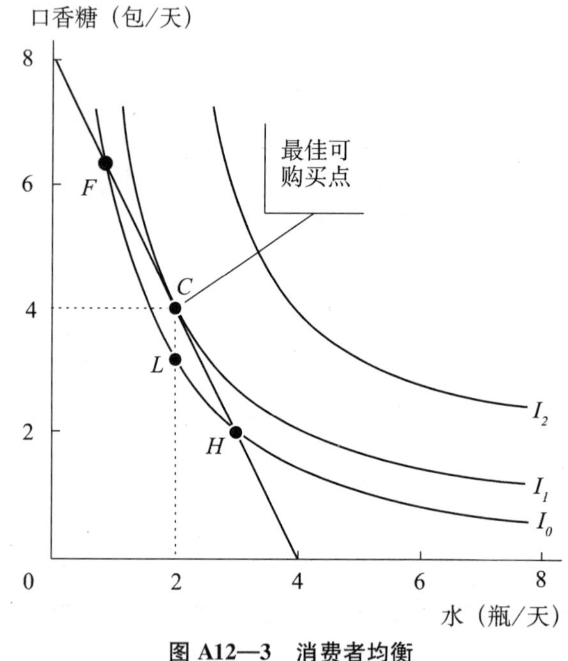

图 A12—3 消费者均衡

蒂娜的最佳的、买得起的点是 C 点。在这一点，她在自己的预算线上，而且也在最高的、可得到的无差异曲线上。在像 H 点这样的点上，蒂娜为了交换到口香糖所愿意放弃的瓶装水大于她必须放弃的。她可以移动到 L 点，这时与 H 点的情况一样，但有一些没有支出的预算。她可以支出那些没花掉的预算并移动到 C 点，她对这一点的偏好大于 L 点。

预算线上的每一个点都处于某条无差异曲线上。例如，F 点处于无差异曲线 I_0 上，此时蒂娜的边际替代率大于相对价格（预算线的斜率）。相对于预算线的约束，蒂娜更愿意放弃更多的口香糖以得到瓶装水，所以她沿着预算线从 F 点转移到 C 点。当她这样做时，她穿过了许多条在无差异曲线 I_0 和 I_1 之间的无差异曲线。所有这些无差异曲线都比 I_0 要高，因而相对于 F 点蒂娜更偏好那些点。但是，当蒂娜到达 C 点时，她就处在最高的、可得到的无差异曲线上。如果她继续沿着预算线移动，她就开始遇到低于 I_1 的无差异曲线，所以蒂娜选择 C 点——她的最佳可购买点。

在选择的这点上，边际替代率（无差异曲线的斜率）等于相对价格（预算线的斜率）。

我们能够用消费者选择模型来预测当瓶装水价格变化时对瓶装水需求的影响。也就是说，我们能够利用这个模型来推导出对瓶装水的需求曲线。

□ 12.4.4 推导需求曲线

为了推导蒂娜对瓶装水的需求曲线，我们改变瓶装水的价格，移动预算线，并得出新的最佳可购买点。图 A12—4（a）显示了当瓶装水的价格从每瓶 1 美元跌至每瓶 50 美分时，预算线和消费者均衡的改变。

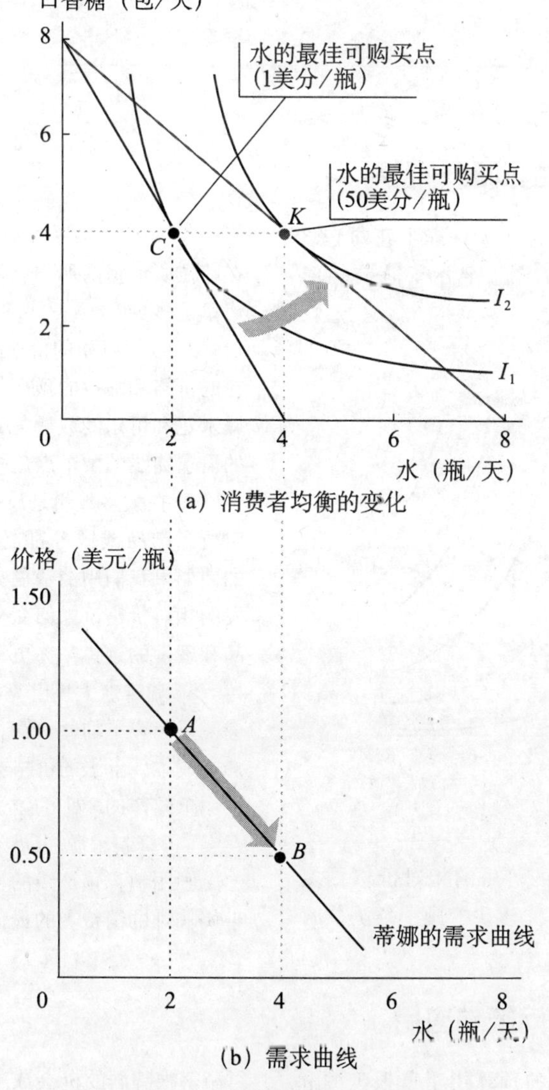

图 A12—4 推导蒂娜的需求曲线

在图（a）中，当瓶装水的价格是每瓶 1 美元时，蒂娜在 C 点上消费。当瓶装水的价格从每瓶 1 美元下降到每瓶 50 美分时，她在 K 点上消费。

在图（b）中，当瓶装水的价格是每瓶 1 美元时，蒂娜位于 A 点。当瓶装水的价格从每瓶 1 美元下降到每瓶 50 美分时，蒂娜对瓶装水的消费就从 A 点转移到了 B 点。

当瓶装水的价格最初是每瓶1美元时，蒂娜是在图（a）中的 C 点处消费，当瓶装水的价格从每瓶1美元跌至每瓶50美分时，她的预算线向外旋转，并且到达一个更高的无差异曲线处。现在的最佳可购买点是 K 点，蒂娜增加她购买瓶装水的数量，从每天2瓶上升到每天4瓶，她继续每天购买4包口香糖。

图 A12—4（b）显示了蒂娜对瓶装水的需求曲线。当瓶装水的价格是每瓶1美元时，她在 A 点处的消费是每天2瓶。当瓶装水的价格跌至每瓶50美分时，她在 B 点处的消费是每天4瓶。蒂娜的需求曲线标出了当瓶装水的价格发生变动时最佳可购买点的路径。

附录检查站

学习计划中的问题与应用

萨拉每周的预算为12美元，爆米花每包3美元，可乐每罐3美元。图1显示了萨拉的偏好。利用图1回答问题1～3。

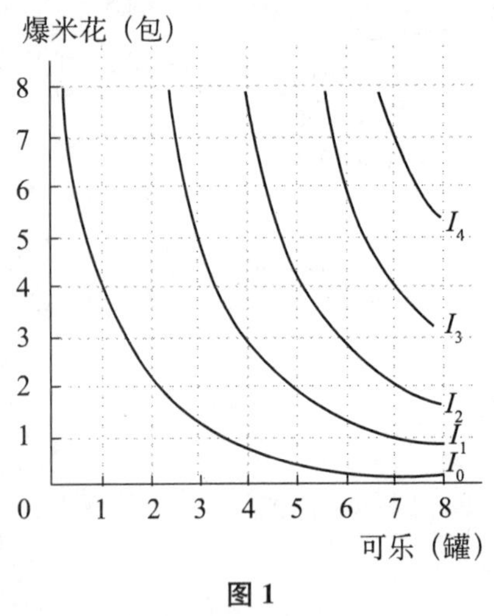

图1

1. 用爆米花来表示的可乐的相对价格是多少？每罐可乐的机会成本是多少？画一条萨拉的预算线（x 轴表示可乐）。

2. 萨拉购买爆米花和可乐的数量各为多少？在萨拉所消费的那一点，爆米花对可乐的边际替代率是多少？

3. 设想可乐的价格降至每罐1.5美元，爆米花的价格和萨拉的预算保持不变。萨拉现在购买爆米花和可乐的数量各为多少？找到萨拉对可乐的需求曲线的两个点。

4. 在大多数州是没有食品销售税的。有人说对所有产品或服务都必须征收的消费税是更好的。如果我们用消费税来替代销售税，食品和理发的相对价格该如何变化？你该如何改变你对食品和理发的选择？你更喜欢哪种税？

5. 咖啡老大星巴克价格上涨。

星巴克平均每份饮料将涨价9美分来弥补增加的成本。上涨的价格会使星巴克的爱好者减弱饮用爪哇产的咖啡的习惯吗？

资料来源：*USA Today*，July 25，2007.

画图解释预算线的变化，解释一周少买一些牛奶咖啡的消费者的最佳可购买点的变化。

教师可布置问题与应用

马克每月有20美元的预算用于草根啤酒和CD，草根啤酒每瓶5美元，CD每张10美元，图2显示了他的偏好。利用图2回答问题1～3。

1. 用CD表示的草根啤酒的相对价格是多少？每瓶草根啤酒的机会成本是多少？画一条马克的预算线（x 轴表示CD）。

2. 马克购买草根啤酒和CD的数量是多少？在他所消费的那一点，CD对草根啤酒的边际替代率是多少？

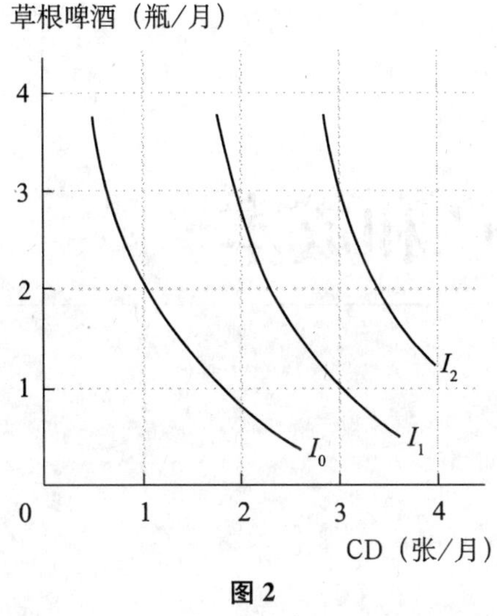

图 2

3. 设想 CD 的价格降至每张 5 美元，草根啤酒的价格和马克的预算线保持不变。马克现在购买草根啤酒和 CD 的数量是多少？找到马克对 CD 的需求曲线的两点。

4. AAA：更低的汽油价格促进了假期旅游。

AAA 报道，2 700 万假期旅游者将在阵亡战士纪念日平均行走 620 英里，比去年多了 2 630 万。汽油的价格是 2.25 美元/加仑，这比 2008 年纪念日的汽油价格低。

资料来源：*USA Today*，May 13，2009.

画图表示假期旅游者的偏好。画一个 2008 年汽油和路边旅馆的预算线，找出最佳可购买点。在这个图上找出 2009 年汽油价格降低的最佳可购买点。

第 13 章

生产和成本

沃尔玛和 7—11 便利店，哪一家成本更低呢？

沃尔玛的商品价格更低，但是它的每一个顾客的运营成本更低吗？

本 章 要 点

学完本章，你将能够：

1. 解释经济学家怎样衡量企业的生产成本和利润。
2. 解释短期中企业产量与所雇用的劳动之间的关系。
3. 解释短期中企业产量与成本之间的关系。
4. 推导并解释企业的长期平均成本曲线。

13.1 经济成本和利润

美国 2 000 万个企业虽然规模不同、产品各异，但它们都完成着同样的基本经济职能：它们雇用生产要素，并组织要素生产和销售产品与服务。为了理解企业的行为，首先我们需要了解它的目标。

□ 13.1.1 企业的目标

如果你问一些企业家他们想要得到什么，你会听到许多不同的回答。一些企业家会说是制造出高质量的产品，另一些企业家会说是企业增长，还有一些会说是市场份额，而也有一些则会说是职工岗位满意度。所有这些目标都是企业家所追求的，但它们并不是基本目标，它们是达到深层次目标的一些手段。

企业的目标是**利润最大化**。一个不追求利润最大化的企业要被追求利润最大化的企业消灭或购买。为了计算一家企业的利润，我们必须确定它的总收入和总成本。经济学家有其特殊的方法来定义和衡量成本与利润。为了解释和举例说明这一特定的方法，我们来看看萨姆冷饮公司，这是一家由萨曼莎拥有并经营的公司。

□ 13.1.2 会计成本与利润

在 2009 年，萨姆冷饮公司因销售冷饮而得到 150 000 美元收入。企业购买水果、酸乳酪和蜂蜜的支出是 20 000 美元，工资的支出是 22 000 美元，银行贷款利息支出是 3 000 美元，这些费用一共是 45 000 美元。

萨姆公司的会计师说在 2009 年，企业的榨汁机、冰箱和店铺的折旧是 10 000 美元。折旧是指企业资本的价值减少，并且会计师是根据美国国内税务署的规则（Internal Revenue Service's rules）来计算折旧，而这些规则又是以美国财务会计标准协会（Financial Accounting Standards Board）制定的标准为基础的。因此，会计师报告萨姆冷饮公司 2009 年的总成本是 55 000 美元，并且企业的利润为 95 000 美元——即 150 000 美元的总收入减去 55 000 美元的总成本。

萨姆公司的会计师核算成本与利润，是为了确保企业支付正确的所得税数额，并向银行表明萨姆公司如何使用银行贷款。而经济学家则有着不同的目的：预测企业为实现利润最大化而做出的决策。这些决策是对**机会成本和经济利润**做出的反应。

□ 13.1.3 机会成本

为了进行生产，一家企业需雇用生产要素：土地、劳动力、资本和企业家才能。另一家企业能够使用这些相同的资源生产其他产品或服务。在第 3 章中，资源能被用来生产手机或 DVD 光盘，因此，生产手机的机会成本就是放弃生产 DVD 光盘的数量。为联合航空公司运送乘客的飞机驾驶员就不能同时为联邦快递公司运送货物；正在建造高层写字楼的建筑工人不能同时建造公寓楼；具有最大传输能力的通信卫星能传送电视信号或电子邮件信息，但却不能同时做这两件事；一个为《纽约时报》（*The New York Times*）撰稿的记者不能同时为美国有线新闻电视网（CNN）提供网络新闻报道。萨曼莎不能在经营她的冷饮公司的同时又开一家花店。

企业生产一种产品的机会成本是它放弃生产的其他产品的价值中最高的价值。从企业的角度来说，机会成本是企业支付给它雇用的生产要素的拥有者，从而将资源从另一种最优用途中吸引过来所付出的成本。因此，一家企业生产的机会成本是它雇用生产要素所付出的成本。

为了确定这些成本，让我们回到萨姆公司，看看生产冷饮的机会成本。

显性成本和隐性成本

一家企业为了将资源从另一种最优用途中吸引过来而支付的成本不是显性成本，就是隐性成本。**显性成本**（explicit cost）是用货币来支出的一种成本。因为为一种资源支出的货币量可以用于另一件事的支出，因此，显性成本是一种机会成本。萨曼莎支付的劳动力工资、银行利息以及她购买水果、酸乳酪和蜂蜜的花费都是显性成本。

当一个企业使用了某种生产要素但又没有直接用货币支付所用资源时，**隐性成本**（implicit cost）便发生了。两种隐性成本是经济折旧和企业所有者自有资源的成本。

经济折旧（economic depreciation）是企业使用自有资本的机会成本，它可以用资本的**市场价值**变动来衡量——资本期初的市场价格减去期末的市场价格。假定萨曼莎在2008年12月31日将她的榨汁机、电冰箱和店铺出售，共卖得250 000美元。如果2009年12月31日出售同样的资本能获得246 000美元，那么她在2009年的经济折旧为4 000美元，这是她在2009年使用自有资本的机会成本，并不是萨姆公司的会计师所计算的10 000美元的折旧。

利息是另一种资本成本。当企业所有者将资金用于购买资本时，这些资金的机会成本是没有用于其他可供选择的最优用途而放弃的利息收入。如果萨曼莎借出企业的资金能获得1 000美元的利息，那么这个金额就是生产冷饮的隐性成本。

当企业所有者提供劳动时，企业所有者在企业工作的机会成本是他放弃的在其他工作岗位上工作所获得的最高工资收入。例如，萨曼莎因从事自己的冷饮生意而放弃了一份年薪34 000美元的工作，这笔34 000美元的隐性成本是生产冷饮的机会成本的一部分。

最后，企业所有者经常提供企业家才能，一种能组织企业并承担经营风险的生产要素。企业家才能的回报便是正常利润（normal profit）。正常利润也是企业机会成本的一部分，因为它是放弃了另一种用途——经营另一家企业的成本。若萨曼莎不经营冷饮公司，而是经营一家花店，她一年能获得16 000美元的收入，这是萨姆冷饮公司生产冷饮的隐性成本。

□ 13.1.4 经济利润

企业的**经济利润**（economic profit）等于总收入减去总成本。总收入是产品销售所得，它等于产品价格乘以销售量。总成本是显性成本与隐性成本之和，它是企业生产的机会成本。

因为正常利润是企业隐性成本的一部分，企业家的收益等于正常利润加上经济利润。如果企业遭受经济亏损，那么企业家所得会少于正常利润。

表 13—1 总结了经济成本的一些概念，图 13—1 比较了企业的经济成本和会计成本的不同观点。萨姆冷饮公司的总收入（价格乘以销售量）为 150 000 美元，所用资源的机会成本是 100 000 美元，因此，萨姆公司的经济利润为 50 000 美元。

表 13—1　　经济核算

项目		
总收入		150 000 美元
显性成本		
水果、酸乳酪和蜂蜜的成本	20 000 美元	
工资	22 000 美元	
利息	3 000 美元	
隐性成本		
萨曼莎放弃的工资	34 000 美元	
萨曼莎放弃的利息	1 000 美元	
经济折旧	4 000 美元	
正常利润	16 000 美元	
机会成本		100 000 美元
经济利润		50 000 美元

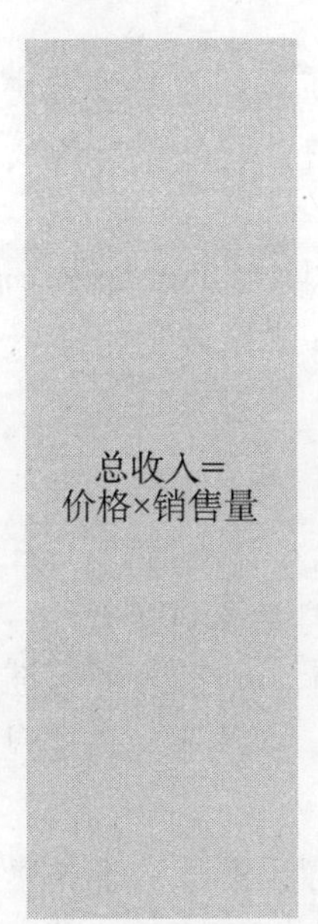

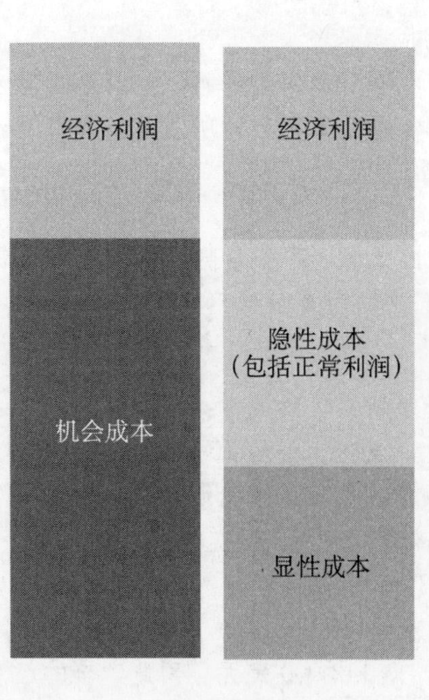

图 13—1　成本和利润的两种观点

经济学家和会计师都用相同的方法来核算企业的总收入，它等于价格乘以每件产品的销售量。经济学家用总收入减去机会成本的方式来核算经济利润。机会成本包括显性成本和隐性成本。正常利润是一种隐性成本。而会计师核算的会计利润则是总收入减去显性成本——用货币支付的成本——以及折旧。

检查站 13.1 **解释经济学家怎样衡量企业的生产成本和利润。**

现实问题

李是一个计算机程序员，他在 2008 年收入为 35 000 美元，但李喜欢水上运动，并且在 2009 年开办了一个生产冲浪板的公司。在经营的第一年年末，他提供了以下信息给他的会计师。请利用这些信息回答问题 1 和 2。

- 他停止出租一年可收租金 3 500 美元的海边别墅，并将它作为工厂。这栋别墅的市场价值已由 70 000 美元升到 71 000 美元。
- 他支付 50 000 美元用于材料、电话和水电等开支。
- 他一年支付 10 000 美元租用机器。
- 他支付 15 000 美元的工资。
- 他从银行储蓄账户上取出了 10 000 美元，这笔钱银行每年支付 5%的利息。
- 他从银行贷款 40 000 美元，每年需向银行支付 10%的利息。
- 他卖出了价值为 16 000 美元的冲浪板。
- 一年正常利润为 25 000 美元。

1. 计算李的显性成本、隐性成本和经济利润。

2. 李的会计师记录了李的海边别墅 2009 年的折旧为 7 000 美元。会计师认为一年来李是盈利还是亏损？

3. 生产 100 双跑步鞋的成本是多少？

跑步鞋的亚洲生产商支付给工人 275 美元，他们每小时生产 100 双。这些工人使用公司自有的设备，而这些设备的成本是公司所放弃的利息和经济折旧，其每小时的成本为 300 美元。材料成本为 900 美元。

资料来源：washpost. com.

上述成本中，哪些是显性成本，哪些是隐性成本？如果销售 100 双跑鞋的总收入为 1 650 美元，那么生产商的经济利润是多少？

参考答案

1. 李的显性成本是用货币所支付的成本：用于材料、电话和水电等开支的 50 000 美元、租用机器的 10 000 美元、支付工资的 15 000 美元和支付银行利息的 4 000 美元。这些支出项合计 79 000 美元。李的隐性成本是所放弃的工资 35 000 美元、所放弃的租金减去别墅的市场价值升值所获得的金额 2 500 美元、所放弃的存款利息 500 美元和正常利润 25 000 美元。这些项合计 63 000 美元。

李的经济利润等于总收入（160 000 美元）减去总成本。总成本等于显性成本和隐性成本之和：79 000 +63 000，即 142 000 美元。因此，李的经济利润为 160 000－142 000，即 18 000 美元。

2. 会计师核算李的利润为总收入减去显性成本再减去折旧，即利润为 160 000－79 000－7 000，等于 74 000 美元。

3. 显性成本是工资支出 275 美元和材料费用 900 美元。隐性成本是所放弃的利息和经济折旧，共 300 美元。经济利润等于总收入减去总成本。总成本为 1 475 美元。因此，经济利润等于 1 650－1 475，即 175 美元。

□ 短期和长期

本章的主要目标是探究影响企业成本的因素。影响企业成本的主要是企业每一时期所生产的产量。生产率越高，生产的总成本就越高。但企业通过改变产量来影响成本的效果取决于企业想采取行动的时间有多长。一个计划在明天改变自己生产率的企业的选择余地小于预先计划并准备在距今 6 个月以后改变自己生产率的企业。

为了研究企业的产量决策与其成本之间的关系，我们区分了两种决策的时间框架：

- 短期
- 长期

短期：固定的设备规模

短期（short run）是一些资源数量固定不变的时间框架。对绝大多数企业而言，固定的资源是指企业的技术和资本——它的设备和建筑物。在短期内，管理组织也是固定的。一个企业使用的固定资源是它的**固定生产要素**，使用的可变资源是**可变生产要素**。固定资源的集合称为企业的**设备**。因此，在短期中，企业的设备是固定不变的。

萨姆公司的设备是指它的榨汁机、冰箱和店铺。萨姆公司不能在短期内改变这些投入量；发电厂不能在短期内改变它的发电机数量；机场不能在短期内改变跑道、候机大楼和空中交通管制设备的数量。

企业为增加短期中的产量，就必须增加所使用的可变生产要素的投入量。劳动力通常是可变生产要素。为生产更多的冷饮，萨姆公司必须雇用更多的劳动力。同样，为生产更多的电量，发电厂必须雇用更多的工程师，并使其发电机运行更长时间；为增加机场的交通容量，机场必须雇用更多的检票员、货物搬运工和空中交通控制员。

短期决策很容易改变。企业在短期内可以通过增加或减少它所雇用的劳动力的劳动时间来增加或减少产出。

长期：可变的设备规模

长期（long run）是指所有资源量都可以改变的时间框架。这就是说，长期是企业可以改变其设备的时期。

企业在长期中要想增加产量，可以扩大其设备的规模。萨姆冷饮公司可以装备更多的榨汁机和冰箱，并且扩大其店铺的规模；发电厂可以安装更多的发电机；机场可修建更多跑道、候机大楼和添加交通管制设备。

长期决策不容易改变。一旦企业购买了新的设备，那么再次销售这些设备的价值通常低于企业所支付的成本。设备的购置成本与再次出售的价值之间的差额便为**沉没成本**。沉没成本与企业的决策无关（见第 1 章）。唯一影响企业决策的成本是改变其劳动投入的短期成本和改变其设备规模的长期成本。

我们将研究短期成本与长期成本。我们从短期成本开始，并描述企业面临的生产可能性的限制。

13.2 短期生产

在短期中，企业为了增加产量就必须增加雇用的劳动量。我们使用三个相关的概念来描述产量与雇佣劳动量之间的关系。

- 总产量
- 边际产量
- 平均产量

13.2.1 总产量

总产量（total product，TP）是指在一段给定的时间内所生产的产品总量。总产量是一种产出率——单位时间生产的产品数量（例如，每小时、每天或每周）。当所雇用的劳动量增加时，总产量就增加。我们用图13—2中的总产量表和总产量曲线来说明这种关系。总产量表（图下方的表）列举了萨姆公司在现有设备规模的条件下单位劳动量在每小时所能生产冷饮的最大产量，*TP*曲线上的*A*点到*H*点与表中的每一列相对应。

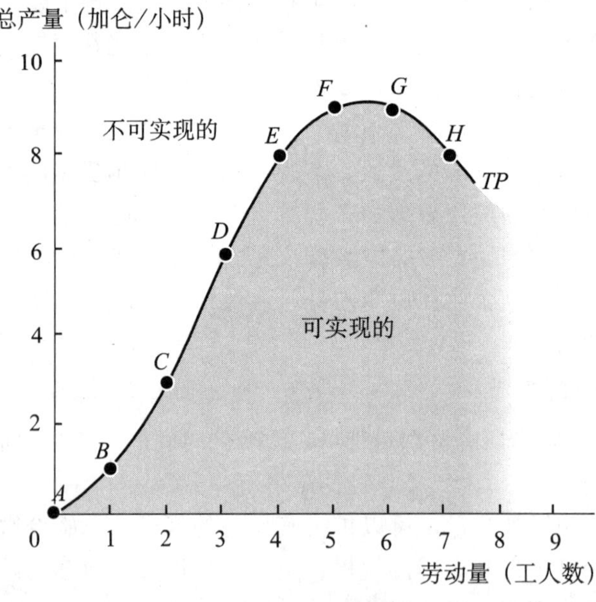

劳动量（工人数）	0	1	2	3	4	5	6	7
总产量（加仑/小时）	0	1	3	6	8	9	9	8
	A	*B*	*C*	*D*	*E*	*F*	*G*	*H*

图13—2 总产量表与总产量曲线

总产量表说明了萨姆公司所生产的冷饮数量是如何随着雇佣劳动量的变化而变化的。在*C*列中，萨姆公司雇用2个工人，每小时生产3加仑冷饮。

总产量曲线（*TP*）根据表中的数据画出。曲线上的点*A*到点*H*与表中的各列相对应。总产量曲线区分开了可实现的产量和不可实现的产量。*TP*曲线以下的点是没有效率的，而*TP*曲线上的点是有效率的。

总产量曲线类似于生产可能性边界（见第 3 章），它将可实现的产量与不可实现的产量分开了。所有这条线以上的点都是不可实现的。这条线以下的点，即灰色区域，是可实现的，但它们是无效率的：它们所用的劳动多于生产给定产量所必需的劳动。只有在总产量曲线上的点才是有效率的。

□ 13.2.2 边际产量

边际产量（marginal product，MP）是所雇用的劳动量增加 1 单位所引起的总产量的增加量。它告诉我们增加额外一个工人对总产量的贡献。当劳动量增加一个以上工人时，我们可以这样计算边际产量：

边际产量＝总产量变化量÷劳动量变化量

图 13—3 表示萨姆冷饮公司的边际产量曲线（*MP*）以及它和总产量曲线之间的关系。你能看到当劳动量从 1 个工人增加到 3 个工人时，边际产量在增加。但是，在雇用 3 个以上的工人后，边际产量却在递减。在雇用第 7 个工人后，边际产量为负数。

注意图（a）中的总产量曲线越陡峭，图（b）中的边际产量就越大。而且，当图（a）中的总产量曲线向下时，图（b）中边际产量为负。

在图 13—3 中的总产量曲线和边际产量曲线都有一个特点，而这个特点对于拥有不同生产过程的不同企业，如福特汽车公司、吉姆理发店和萨姆冷饮公司来说是相同的：

- 边际收益起初递增
- 边际收益最终递减

边际收益递增

当增加一个工人的边际产量大于前一个工人的边际产量时，就出现了**边际收益递增**（increasing marginal returns）。生产过程中专业化程度的提高和更大的劳动分工会产生边际收益递增。

例如，如果萨曼莎只雇用一个工人，那么这个工人必须学会生产冷饮的各个方面：操作和清洗榨汁机、修复机器的故障、购买和挑选水果，以及为客户服务。所有这些工作必须由这个人完成。

如果萨曼莎雇用了第二个工人，两个工人可以专门从事生产过程的不同环节。结果，两个工人生产的比一个工人所生产的两倍还要多，因此，第二个工人的边际产量大于第一个工人的边际产量，从而出现边际收益递增。大多数的生产过程起初都会出现边际收益递增。

边际收益递减

所有生产过程最终都会达到边际收益递减的那一点。当增加一个工人的边际产量小于前一个工人的边际产量时，**边际收益递减**（decreasing marginal returns）就发生了。边际收益递减产生于这样一个事实：越来越多的工人使用同样的设备并在同一个空间内工作。随着雇用的工人越来越多，新增加的工人的劳动生产率越来越低。例如，如果萨曼莎雇用第 4 个工人，则产量会增加，但并不如雇用第 3 个工人时增加的多。在本例中，在雇用 3 个工人之后，专业化和劳动分工的潜在收益都得到了充分的利用。而在雇用第 4 个工人后，萨姆公司每小时生产出更多的冷饮，但设备的运行接近极限。有时因为机器正常运转而无须照看，所以第 4 个工人甚至会无事可做。

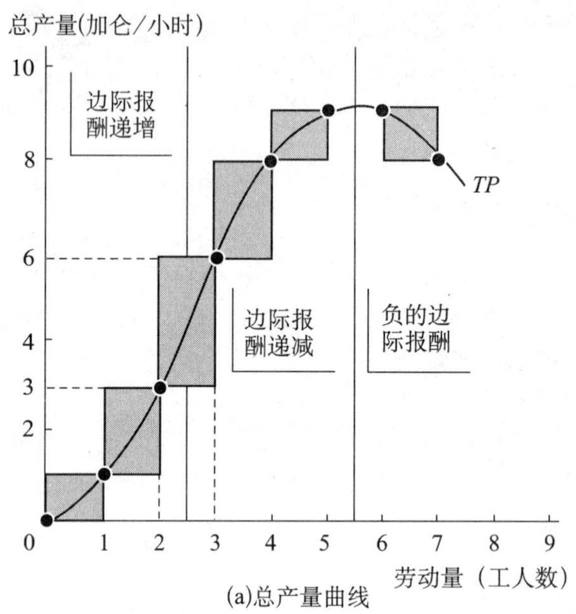

(a)总产量曲线

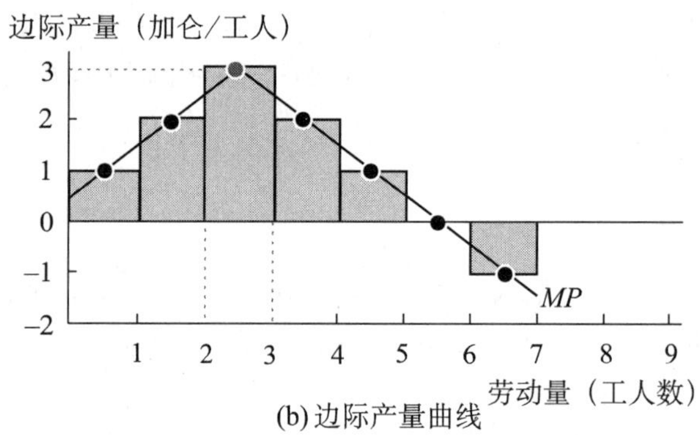

(b)边际产量曲线

劳动量（工人数）	0	1	2	3	4	5	6	7
总产量（加仑/小时）	0	1	3	6	8	9	9	8
边际产量（加仑/工人）	1	2	3	2	1	0	−1	

图 13—3　总产量与边际产量

表中计算了边际产量，并用灰色柱状图表示。当劳动量从 2 个工人增加到 3 个工人时，冷饮的总产量从每小时 3 加仑增加到每小时 6 加仑。因此，边际产量就是柱状图的高度，即 3 加仑（在图（a）、图（b）中）。

在图（b）中，边际产量用劳动投入的中点表示，强调它是投入要素变化的结果。边际产量增加到最大（在本例中是当雇用到第 3 个工人时）后减少——边际产量递减。

随着雇用越来越多的工人，产量会增加，但增加量越来越少。直到萨曼莎雇用了第 6 个工人，在这一点总产量停止增加。当增加第 7 个工人时，工作空间拥挤不堪，以至于工人们互相妨碍，从而导致总产量下降。

边际收益递减的这种现象如此普遍，以至于其被作为一个规律：**边际收益递减规律**（law of decreasing returns），它的表述如下：

在固定投入量给定时，随着一家企业使用的可变投入要素越来越多，可变投入要素的边际产量最终会递减。

□ 13.2.3 平均产量

平均产量（average product，AP）是雇用每个工人生产的总产量。它可以这样计算：

平均产量＝总产量÷劳动量

平均产量也被称为生产率。

图 13—4 说明了劳动的平均产量（*AP*）以及平均产量和边际产量之间的关系。当雇用工人从 1 个工人增加到 3 个工人（它的最大值）时，平均产量在增加，之后随着雇用工人的增加而在减少。还要注意的是，当平均产量和边际产量相等时，平均产量最大。这就是说，边际产量曲线与平均产量曲线在平均产量最大的一点相交。当边际产量大于平均产量时，平均产量曲线在相应的就业水平范围内向上倾斜，并且随着雇用劳动量的增加，平均产量递增；当边际产量小于平均产量时，平均产量曲线在这种就业水平范围内向下倾斜，并且平均产量随着雇用劳动量的增加而递减。

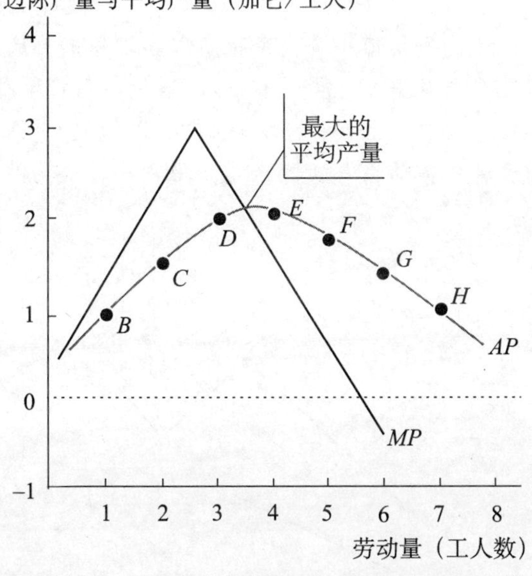

劳动量（工人数）	0	1	2	3	4	5	6	7
总产量（加仑/小时）	0	1	3	6	8	9	9	8
边际产量（加仑/工人）		1	2	3	2	1	0	−1
平均产量（加仑/工人）		1.0	1.5	2.0	2.0	1.8	1.5	1.1
	A	*B*	*C*	*D*	*E*	*F*	*G*	*H*

图 13—4 平均产量与边际产量

该表计算了平均产量。例如，当劳动量为 3 个工人时，总产量是每小时 6 加仑，因此，平均产量为 6÷3=2 加仑/工人。

平均产量曲线为 *AP*。当边际产量超过平均产量时，平均产量递增；当边际产量低于平均产量时，平均产量递减。

平均产量与边际产量之间的关系是任何一个变量平均值与边际值之间关系的一般特

征。在“关注你的生活”专栏中我们将看到一个熟悉的例子。

关注你的生活

你的边际成绩与平均成绩

耶恩是业余学生，并且在五个学期中，每个学期只选一门课。在第一个学期，她选了微积分，其成绩是C(2)（见下图）。这个成绩是她的边际成绩，同时也是她的平均成绩——她的GPA。

在下一个学期，耶恩选了法语，并得了B(3)——她的新的边际成绩是3。当边际值超过平均值时，平均值将上升。由于耶恩的边际成绩大于平均成绩，这就把她的平均成绩向上拉了。她的GPA提高到2.5。

在第三个学期，耶恩选了经济学，并得到A(4)。由于她的边际成绩再次超过了她的平均成绩，这又把平均成绩拉上去了。现在耶恩的GPA是3——即2、3和4的平均数。

在第四个学期，她选了历史，并得了B(3)，现在她的边际成绩等于她的平均成绩。由于当边际值等于平均值时，平均值不会改变，所以，耶恩的GPA没有变动。

在第五个学期，耶恩选了英语，并得了C(2)。当边际值低于平均价值时，平均值会下降。因为耶恩的边际成绩为2，低于平均成绩3，所以她的GPA下降了。

边际值与平均值的这种日常关系与边际产量和平均产量之间的关系是相似的。

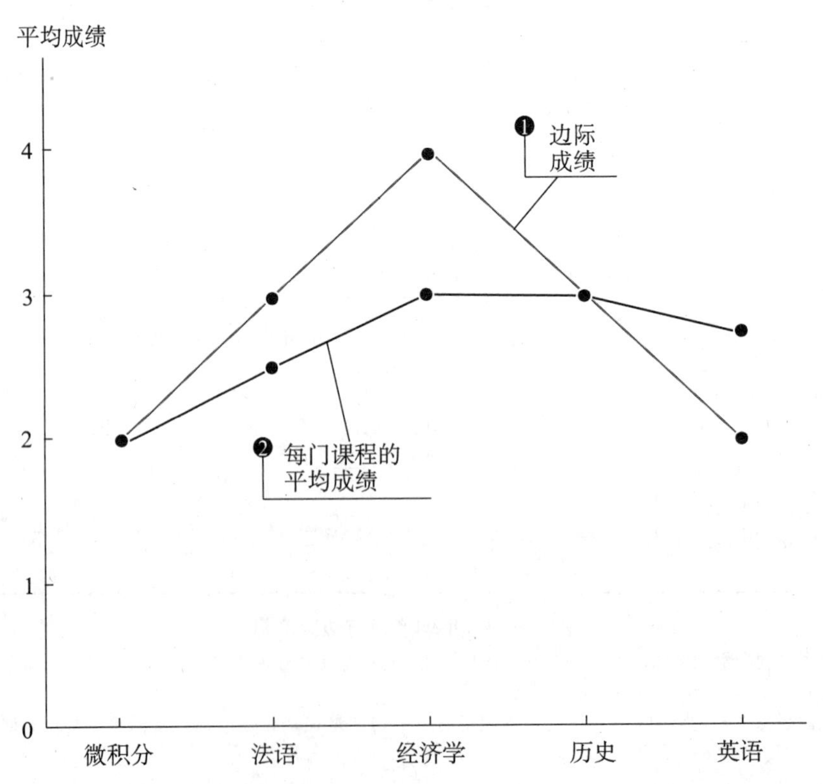

检查站 13.2　解释短期中企业产量与所雇用的劳动之间的关系。

现实问题

汤姆租用农民的土地用于种植菠萝树。汤姆雇用学生采摘和包装菠萝。表 1 列出了汤姆的生产计划表。利用这些信息回答问题 1～3。

表 1

劳动（学生）	总产量（菠萝/天）
0	0
1	100
2	220
3	300
4	360
5	400
6	420
7	430

1. 计算第三个学生的边际产量，以及前三个学生的平均产量。

2. 当边际产量递增时，雇用学生的数量是多少？

3. 当边际产量增加时，平均产量是大于、小于还是等于边际产量？

4. 预算减少导致博物馆裁员。

底特律的艺术学院将辞退 56 个全职雇员和 7 个临时雇员，并且取消了今年计划的部分展览活动。

资料来源：*The New York Times*，February 25，2009.

由于减少了博物馆的工作人员数量和取消了部分展览活动，你认为博物馆的工作人员在短期中的边际产量和平均产量将会发生怎样的变化？

参考答案

1. 第三个学生的边际产量是由于雇用第三个学生而导致的总产量的改变量。当汤姆雇用两个学生时，总产量为一天 220 个菠萝；当汤姆雇用三个学生时，总产量为一天 300 个菠萝。第三个学生的边际产量是三个学生的总产量减去两个学生的总产量，也就是一天 300 个菠萝减去一天 220 个菠萝，等于一天 80 个菠萝。

平均产量等于总产量除以学生人数。当汤姆雇用三个学生时，一天的总产量是 300 个菠萝，因此平均产量是一天 300 个菠萝除以三个学生，等于每人一天 100 个菠萝。

2. 第一个学生的边际产量是一天 100 个菠萝，第二个学生的产量是一天 120 个菠萝，而第三个学生的边际产量是一天 80 个菠萝，因此当汤姆雇用第一个和第二个学生时，边际产量是增加的。

3. 当汤姆雇用一个学生时，第一个学生的边际产量是一天 100 个菠萝，同时平均产量是每人一天 100 个菠萝。当汤姆雇用两个学生时，第二个学生的边际产量是一天 120 个菠萝，并且平均产量是每个学生一天 110 个菠萝。也就是说，当汤姆雇用第二个学生时，边际产量超过了平均产量。

4. 由于展览的数量在减少，博物馆的产量（参观博物馆的游客数量）可能会下降，但是产量下降的比例小于劳动量减少的比例。因此，每个工作人员的边际产量会增加，并且边际产量的增加将导致工作人员的平均产量上升。

13.3 短期成本

为了在短期中生产更多的产量，企业必须雇用更多的劳动，这就意味着它必须增加成本。我们使用三个成本概念来描述产量与成本之间的关系。

- 总成本
- 边际成本
- 平均成本

13.3.1 总成本

企业的**总固定成本**（total fixed cost，TFC）是企业固定生产要素的成本：土地、资本和企业家才能。由于在短期内，这些投入量并不会随着产量的变化而变化，所以，固定成本也不会随着产量的变化而变化。**总可变成本**（total variable cost，TVC）是企业可变动生产要素的成本——劳动。在短期内，企业为了改变产量就必须改变它所雇用的劳动量，因此，总可变成本随着产量的变化而变化。

总成本等于总固定成本加上总可变成本，也就是：

$$TC=TFC+TVC$$

表 13—2 显示了萨姆冷饮公司的总成本。不管萨姆公司生产与否，其固定成本都是 10 美元/小时——*TFC* 是 10 美元/小时。为了生产冷饮，萨曼莎雇用劳动，工人的工资是 6 美元/小时。*TVC* 随着产量的增加而增加，等于每小时的工人数量乘以 6 美元。例如，为了每小时生产 6 加仑冷饮，萨曼莎雇用了 3 个工人，因此 *TVC* 是 18 美元/小时。*TC* 是 *TFC* 和 *TVC* 的总和。因此，为了每小时生产 6 加仑冷饮，*TC* 是 28 美元。检查每一行的计算，并注意在生产某些数量时——例如，2 加仑/小时——萨姆公司只雇用工人的一部分时间。

表 13—2　　萨姆冷饮公司的总成本

劳动（工人/小时）	产量（加仑/小时）	总固定成本	总可变成本	总成本
			（美元/小时）	
0	0	10	0	10.00
1.00	1	10	6.00	16.00
1.60	2	10	9.60	19.60
2.00	3	10	12.00	22.00

续前表

劳动（工人/小时）	产量（加仑/小时）	总固定成本	总可变成本	总成本
			（美元/小时）	
2.35	4	10	14.10	24.10
2.65	5	10	15.90	25.90
3.00	**6**	**10**	**18.00**	**28.00**
3.40	7	10	20.40	30.40
4.00	8	10	24.00	34.00
5.00	9	10	30.00	40.00

萨姆公司的固定生产要素是土地、资本和企业家才能。无论产量是多少，其总固定成本都是不变的。萨姆公司的可变生产要素是劳动。总可变成本是劳动的成本。总成本等于总固定成本加上总可变成本。

表中生产 6 加仑冷饮的一行被突出显示。萨姆公司雇用 3 个工人。总固定成本是 10 美元/小时。总可变成本是雇用 3 个工人的成本。当工资为 6 美元/小时时，雇用 3 个工人的成本为 18 美元/小时。萨姆公司每小时生产 6 加仑的总成本等于 10 美元＋18 美元，即 28 美元。

图 13—5 说明了萨姆冷饮公司的总成本曲线。总固定成本曲线（*TFC*）是水平的，因为当产量变化时，总固定成本不变，一直是每小时 10 美元。总可变成本曲线（*TVC*）和总成本曲线（*TC*）都是向上倾斜的，因为可变成本随着产量的增加而增加。*TVC* 和 *TC* 曲线之间的垂直距离等于总固定成本，正如图中的箭头所示。

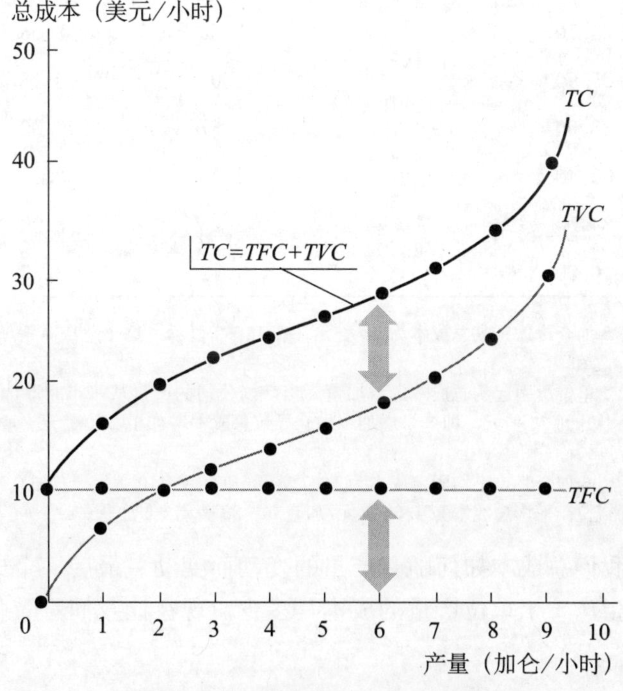

图 13—5　萨姆冷饮公司的总成本曲线

总固定成本（*TFC*）是不变的——图中为一条水平线。总可变成本（*TVC*）随着产量的增加而增加。总成本（*TC*）也随着产量的增加而增加。总成本曲线和总可变成本曲线之间的垂直距离是总固定成本，如图中的两个箭头所示。

现在让我们来看看萨姆冷饮公司的边际成本。

□ 13.3.2 边际成本

在图 13—5 中，总可变成本和总成本在产量水平低时按递减的增长率增加，然后随着产量的增加，开始按递增的增长率增加。为了理解总成本变动的这些形式特征，我们需要使用**边际成本**的概念。

企业的**边际成本**（marginal cost）是产量增加 1 单位引起的总成本增加量。表 13—3 计算出了萨姆冷饮公司的边际成本。例如，当产量从每小时 5 加仑增加到每小时 6 加仑时，总成本从 26.2 美元上升到 28 美元。因此，这一加仑冷饮的边际成本是 1.8 美元（=28 美元−26.2 美元）。

表 13—3　　萨姆冷饮公司的边际成本与平均成本

产量（加仑/小时）	总成本（美元/小时）	边际成本（美元/加仑）	平均固定成本（美元/小时）	平均可变成本（美元/小时）	平均总成本（美元/小时）
0	10.00		—	—	—
		6.00			
1	16.00		10.00	6.00	16.00
		3.60			
2	19.60		5.00	4.80	9.80
		2.40			
3	22.00		3.33	4.00	7.33
		2.10			
4	24.10		2.50	3.53	6.03
		1.80			
5	25.90		2.00	3.18	5.18
		2.10			
6	28.00		1.67	3.00	4.67
		2.40			
7	30.40		1.43	2.91	4.34
		3.60			
8	34.00		1.25	3.00	4.25
		6.00			
9	40.00		1.11	3.33	4.44

萨姆公司每小时生产 6 加仑冷饮，其总成本为 28 美元。表 13—2 显示了这个总成本等于总固定成本（10 美元）与总可变成本（18 美元）之和。

边际成本是产量增加 1 单位所引起的总成本的增加量。当萨姆公司的产量从每小时 5 加仑增加到每小时 6 加仑时，总成本从 25.90 美元上升到 28 美元，即产量增加一加仑导致总成本增加了 2.1 美元。增加第 6 加仑的边际成本为每小时 2.1 美元。

当萨姆公司每小时生产 6 加仑时，平均固定成本为 1.67 美元/加仑（=10 美元÷6 加仑）；平均可变成本为 3 美元/加仑（=18 美元÷6 加仑）；平均总成本为 4.67 美元/加仑（=28 美元÷6 加仑）。

边际成本告诉我们总成本如何随着产量的变动而变动。最后一个成本的概念将告诉我们：平均而言，生产 1 个单位产量的成本是多少。现在让我们看看萨姆冷饮公司的平均成本。

□ 13.3.3 平均成本

有三种平均成本的概念：

- 平均固定成本
- 平均可变成本
- 平均总成本

平均固定成本（average fixed cost，AFC）是每单位产量的总固定成本。**平均可变成本**（average variable cost，AVC）是每单位产量的总可变成本。**平均总成本**（average total cost，ATC）是每单位产量的总成本。平均成本可以通过如下方式从总成本的概念计算得到：

$$TC = TFC + TVC$$

把每个总成本项除以产量 Q，得出：

$$\frac{TC}{Q} = \frac{TFC}{Q} + \frac{TVC}{Q}$$

或者：

$$ATC = AFC + AVC$$

表 13—3 中表示了这些平均成本的计算。例如，当产量是 1 小时 6 加仑时，平均固定成本是（10 美元÷6），等于 1.67 美元；平均可变成本是（18 美元÷6），即等于 3 美元；同时平均总成本是（28 美元÷6），等于 4.67 美元。要注意的是，平均总成本（4.67 美元）等于平均固定成本（1.67 美元）加上平均可变成本（3 美元）。

图 13—6 根据表 13—3 中的数据画出了边际成本和平均成本图形。边际成本曲线（*MC*）是 U 形的，因为边际产量以这种方式发生改变。回想一下，当萨曼莎雇用第二个或第三个工人时，边际产量增加，并且产量增加到每小时 6 加仑（图 13—3）。在这个产

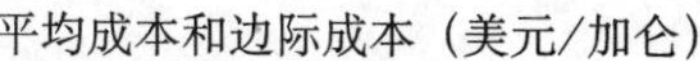

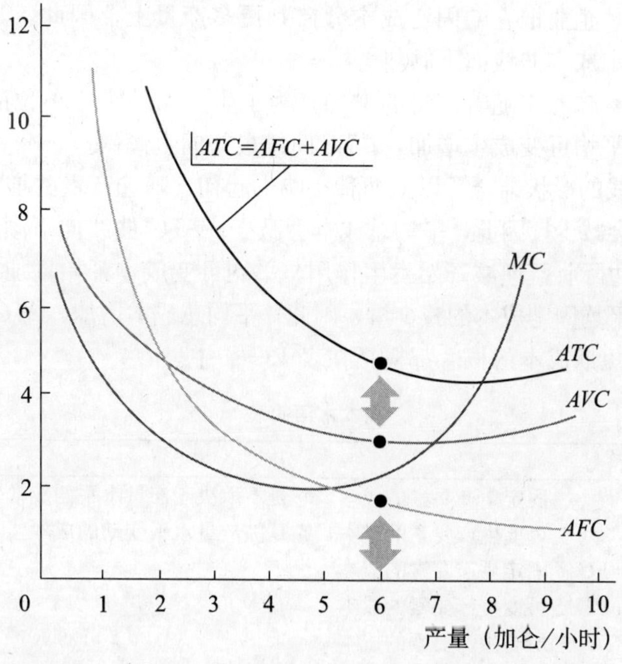

图 13—6　萨姆冷饮公司的平均成本曲线和边际成本曲线

当产量增加时，平均固定成本（*AFC*）会下降。平均总成本（*ATC*）和平均可变成本（*AVC*）则呈 U 形，并且这两条曲线之间的垂直距离等于平均固定成本，如图中的两个箭头所示。

边际成本是产量增加 1 单位所引起的总成本的增加量。边际成本曲线（*MC*）是 U 形的，并且分别与平均可变成本曲线和平均总成本曲线相交于它们各自的最低点。

量范围中，边际成本随着产量的增加而减少。当萨曼莎雇用第四个或更多工人时，边际产量减少，而产量会上升到每小时 9 加仑（图 13—3）。在这个产量范围内，边际成本随着产量的增加而增加。

平均固定成本曲线（*AFC*）向下倾斜。随着产量的增加，相同的不变的固定成本会被分摊到更多产量之上。平均总成本曲线（*ATC*）和平均可变成本曲线（*AVC*）都是 U 形的。平均总成本和平均可变成本之间的垂直距离等于平均固定成本——正如图中的两个箭头所示。随着产量的增加，平均固定成本会减少，因而，这段距离也会逐渐缩短。

边际成本曲线分别与平均可变成本曲线和平均总成本曲线相交于它们各自的最低点。也就是说，当边际成本小于平均成本时，平均成本递减。当边际成本大于平均成本时，平均成本递增。这种关系对 *ATC* 曲线和 *AVC* 曲线都成立，而且是你在图 13—4 中所看到的平均产量和边际产量之间关系的另一个例子。

□ 13.3.4 为什么平均总成本曲线是 U 形的

平均总成本（*ATC*）是平均固定成本（*AFC*）加上平均可变成本（*AVC*）。因此，*ATC* 曲线的形状结合了 *AFC* 曲线的形状与 *AVC* 曲线的形状。U 形的平均总成本曲线受到两种相反力量的影响。

- 固定成本分摊到更多产量上
- 边际收益递减

当产量增加时，企业把它的固定成本分摊到更多产量上，因此，其平均固定成本减少——它的平均固定成本曲线向下倾斜。

边际收益递减意味着，随着产量的增加，为了生产额外 1 个单位的产量需要越来越多的劳动。因此，平均可变成本增加，*AVC* 曲线最终向上倾斜。

平均总成本曲线的形状结合了以上两种影响。起初，随着产量的增加，平均固定成本和平均可变成本都会减少，因此，平均总成本会减少，*ATC* 曲线向下倾斜。但随着产量的进一步增加，以及边际收益递减开始发生作用，平均可变成本开始增加。最终，平均可变成本的增加量大于平均固定成本的减少量，因此，平均总成本增加，*ATC* 曲线向上倾斜。

你见到的所有短期成本的概念都概括在表 13—4 中。

表 13—4　成本术语简表

术语	符号	定义	方程
固定成本		固定生产要素的成本，它是不取决于产量水平的成本	
可变成本		可变生产要素的成本，它是随产量水平变动的成本	
总固定成本	*TFC*	固定生产要素的成本	
总可变成本	*TVC*	可变生产要素的成本	
总成本	*TC*	所有生产要素的成本	$TC=TFC+TVC$
边际成本	*MC*	产量（*Q*）增加 1 单位所引起的总成本的变动量	$MC=\Delta TC\div\Delta Q$*
平均固定成本	*AFC*	每单位产量的总固定成本	$AFC=TFC\div Q$
平均可变成本	*AVC*	每单位产量的总可变成本	$AVC=TVC\div Q$
平均总成本	*ATC*	每单位产量的总成本	$ATC=AFC+AVC$

* 在这个方程中，希腊字母（Δ）代表着变化量。

□ 13.3.5 成本曲线和产量曲线

企业的产量曲线和成本曲线是相互联系的，图 13—7 表示了它们是如何相关联的。图的上半部分表示平均产量曲线（*AP*）和边际产量曲线（*MP*）。图的下半部分表示平均可变成本曲线（*AVC*）与边际成本曲线（*MC*）。

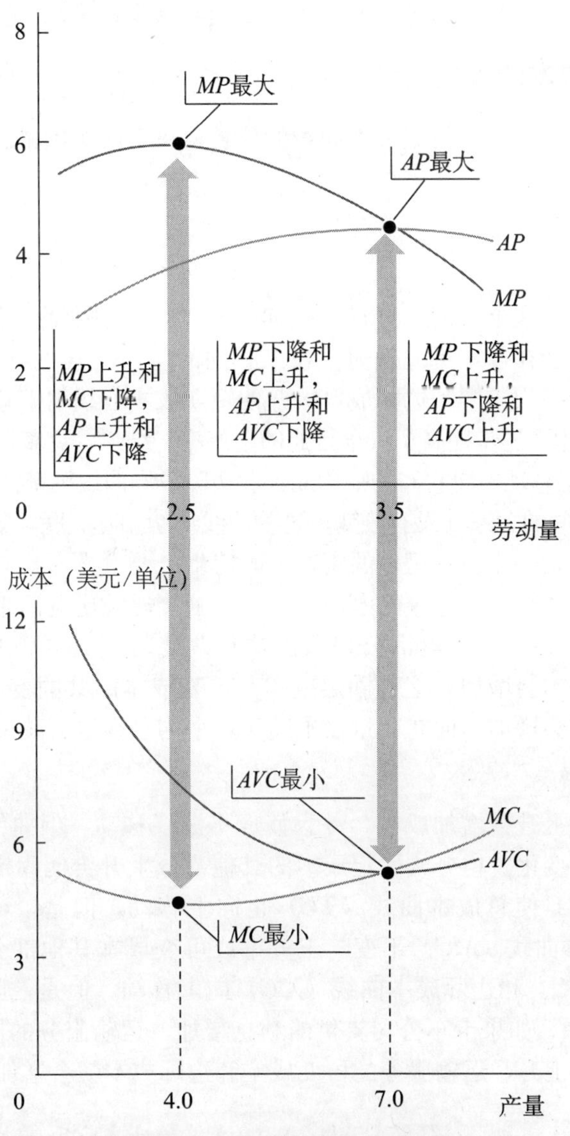

图 13—7　产量曲线与成本曲线

企业的 *MC* 曲线和 *MP* 曲线相联系。随着企业雇用的劳动量增加到每天 2.5 个工人，企业的边际产量会上升，而边际成本在下降。当边际产量最大时，边际成本则最小。随着企业雇用更多的劳动量，企业的边际产量会减少，而其边际成本会增加。

企业的 *AVC* 曲线和 *AP* 曲线相联系。随着企业雇用的劳动量增加到每天 3.5 个工人，企业的平均产量会上升，而其平均可变成本在下降。当平均产量最大时，平均可变成本则最小。随着企业雇用更多的劳动量，企业的平均产量会减少，而其平均可变成本会增加。

随着劳动量增加到每天 2.5 个工人（图的上半部分），产量增加到每天 4 个单位（图的下半部分）。边际产量和平均产量在增加，而边际成本和平均可变成本则在减少。当边际产量达到最高点时，边际成本也达到了最低点。

随着劳动量增加到每天 3.5 个工人（图的上半部分），产量增加到每天 7 个单位（图的下半部分）。边际产量下降，而边际成本上升。不过，平均产量仍然持续在增加，而平均可变成本持续在减少。当平均产量达到最高点时，平均可变成本达到了最低点。随着劳动量的进一步增加，产量会增加，而平均产量则会减少，平均可变成本会增加。

□ 13.3.6 成本曲线的移动

图 13—5 和图 13—6 中的短期成本曲线的位置取决于两个因素：

- 技术
- 生产要素的价格

技术

提高生产率的技术变革会使总产量曲线向上移动，它也会使边际产量曲线和平均产量曲线向上移动。由于在技术更先进时，投入相同的生产要素可以生产更多的产量，因此，技术进步会降低平均成本和边际成本，并使短期成本曲线向下移动。

例如，机器人技术的进步提高了汽车行业的生产率。结果，克莱斯勒、福特和通用汽车公司的产量曲线都向上移动，而它们的平均成本和边际成本曲线则都向下移动。但它们的产量曲线和成本曲线之间的关系并没有改变，这些曲线仍然相互关联，如图 13—7 所示。

技术进步往往导致企业使用更多的资本（固定生产要素投入），以及雇用更少的劳动（可变生产要素投入）。例如，如今的电话公司用电脑接通长途电话来代替它们在 20 世纪 80 年代所用的人工接线员。当电话公司做出这种改变时，总可变成本和总成本都会减少，但是，总固定成本会增加。这种固定成本与可变成本的共同变动意味着：在产量水平低时，平均总成本会增加，而在产量水平高时，平均总成本会减少。

生产要素的价格

生产要素价格的上升会增加成本，并且使成本曲线移动。但曲线如何移动取决于哪一种要素的价格发生变化。租金或固定成本的其他部分上升会使固定成本曲线（*TFC* 和 *AFC*）向上移动，并且使总成本曲线（*TC*）也向上移动，但是，可变成本曲线（*AVC* 和 *TVC*）与边际成本曲线（*MC*）不变。工资率或可变成本其他部分的上升使得可变成本曲线（*TVC* 和 *AVC*）和边际成本曲线（*MC*）向上移动，但是，固定成本曲线（*AFC* 和 *TFC*）不变。例如，如果卡车公司支付的利息增加，运输服务的固定成本会增加；如果卡车司机的工资率上升，运输服务的可变成本和边际成本就会增加。

检查站 13.3	解释短期中企业的产量与成本之间的关系。

现实问题

汤姆以一天 120 美元的价格租用农民的土地用于种植菠萝，一天支付 100 美元给采摘和包装菠萝的学生，并且以一天支付 80 美元的代价借到一笔资金。表 1 中给出了一天的产量。利用上述信息回答问题 1～3。

表 1

劳动（学生）	产量（个/天）
0	0
1	100
2	220
3	300
4	360
5	400
6	420
7	430

1. 汤姆一天生产 300 个菠萝的总成本和平均成本是多少？

2. 生产第 380 个菠萝时的边际成本是多少？

3. 汤姆生产多少个菠萝时其平均总成本最少？

4. 大城市的博物馆完成了一轮裁员工作。

博物馆已经减少了 74 个工作岗位，并且另外有 95 个工作人员退休了。博物馆同时也关闭了 15 个分布于城市中的零售商店，而且辞退了 127 名雇员。这次裁员使得其劳动成本减少了 1 000 万美元。博物馆期望这次裁员不会影响参观者人数或其参观体验。

资料来源：*The New York Times*，June 22，2009.

请解释减少工作岗位和关闭店铺如何改变博物馆的短期平均成本曲线和边际成本曲线。

参考答案

1. 总成本是总固定成本与总可变成本之和，汤姆租用农民的土地，一天支付 120 美元，同时因借贷资金一天支付 80 美元，因此，汤姆的总固定成本是一天 200 美元。总可变成本是雇用学生的工资。为了一天能采摘和包装 300 个菠萝，汤姆雇用了 3 个学生，因而，其总可变成本是一天 300 美元，总成本为一天 500 美元。表 2 的 *TC* 栏中显示了总成本表。

平均总成本是总成本除以总产量。当汤姆一天采摘和包装 300 个菠萝，并且他的总成本是一天 500 美元时，其平均总成本是一个菠萝 1.67 美元，表 2 的 *ATC* 栏中显示了平均总成本表。

表 2

劳动	*TP*	*TC*	*MC*	*ATC*
0	0	200		—
			1.00	
1	100	300		3.00
			0.83	
2	220	400		1.82
			1.25	
3	300	500		1.67
			1.67	
4	360	600		1.67
			2.50	
5	400	700		1.75
			5.00	
6	420	800		1.90
			10.00	
7	430	900		2.09

2. 边际成本是一天额外采摘和包装一个菠萝所引起的总成本的增加量。在表 2 中，产量为 380 个菠萝位于产量为 360 个和产量为 400 个的中间，因此，第 380 个菠萝的边际成本可以通过产量从 360 个增加到 400 个来计算得到。采摘和包装 400 个菠萝的总成本（见表 2）为一天 700 美元，而采摘和包装 360 个菠萝的总成本为一天 600 美元。采摘和包装菠萝的数量增加了 40 个，而总成本则增加了 100 美元。边际成本等于总成本的增加量除以采摘和包装菠萝数量的增加量，即等于 100÷40=2.5 美元/个。因此，采摘和包装第 380 个菠萝的边际成本是 2.5 美元/个。表 2 中的 *MC* 栏显示了边际成本表——不同产量的边际成本。

3. 在平均总成本的最低点，平均总成本和边际成本是相等的。在一天的产量为 330 个菠萝时，平均总成本到达最低点，为一个菠萝 1.67 美元——处于产量为 300 个和产量为 360 个菠萝的中点。

4. 劳动量减少，而产量保持不变，则将增加劳动的边际产量，减少生产的边际成本。*MC*、*AVC* 和 *ATC* 曲线向下移动。关闭店铺将减少总固定成本，使得 *AFC* 和 *ATC* 曲线向下移动。

13.4 长期成本

在长期中，企业可以同时改变劳动量和资本量。像萨姆冷饮公司那样的小企业能通过搬入更大的厂房和安装更多设备来扩大生产规模。如通用汽车公司那样的大企业可通过关闭一些生产线来减小工厂规模。

现在当企业改变它的工厂规模——它所使用的资本和劳动量时，我们将看到成本在长期中是如何变化的。

首先发生的变化是固定成本与可变成本之间的区别消失了。在长期中，所有的成本都是可变的。

13.4.1 生产规模与成本

在企业改变它的生产规模后，它生产一定产量所需的成本就会发生变化。从表 13—3 和图 13—6 中可以看到，当萨曼莎每小时生产 8 加仑的冷饮时，她使平均总成本达到最低的 4.25 美元/加仑。萨曼莎想知道：如果她租用更大的厂房，并且增加更多的榨汁机和冰箱，那么她的平均总成本会怎样变化呢？生产 1 加仑冷饮的平均总成本会下降、上升还是保持不变呢？

上述三种结果都有可能发生，之所以会这样是因为企业改变其工厂的生产规模时，它可能存在：

- 规模经济
- 规模不经济
- 规模收益不变

规模经济

如果企业以相同比例扩大生产规模和增加雇用劳动量后，其产量所增加的比例大于投入的比例，并且企业的平均总成本在下降，那么此时企业就存在**规模经济**（economies of scale）。规模经济的主要来源是劳动和资本的更加专业化。

劳动专业化　如果福特汽车公司一周生产 100 辆汽车，那么每一条生产线上的工人都将不得不从事许多不同的工作。但如果福特汽车公司一周生产 10 000 辆汽车，每个工人能够专门从事少量工作，并且对这部分工作非常精通，那么劳动的平均产量会增加，与此同时，生产每辆车的平均总成本也会下降。

在生产线之外也存在专业化。例如，一家小企业通常没有专业的销售主管、人事主管和生产主管，一个人就可能从事所有的工作。但当企业规模足够大时，企业就有专业人员从事这些工作。此时，平均产量会增加，而平均总成本则会下降。

资本专业化　在产出率比较低的情况下，企业通常使用一般的机器和设备。例如，当萨姆冷饮公司每小时只能生产较少加仑的冷饮时，它所使用的榨汁机与你的厨房里所使用的一样，都是普通的榨汁机。但如果萨姆公司的产量达到每小时几百加仑，它便会使用能自动装满、倒空和清洗的专业型榨汁机。由此使得产出率更大，并且生产 1 加仑冷饮的平均总成本也更低了。

规模不经济

如果一家企业以相同比例扩大其生产规模和增加所雇用的劳动量后，其产量所增加的比例小于投入的比例，并且企业的平均总成本在增加，那么此时企业就出现了**规模不经济**（diseconomies of scale）。规模不经济产生于协调和控制一家大企业存在困难。企业规模越大，管理者之间和上下层管理等级之间的沟通成本就越大。最终，管理的复杂性将引起平均成本增加。所有生产过程都会发生规模不经济，但在有些行业也许只有当产出率非常大时才会发生。

规模收益不变

如果一家企业以相同比例扩大其生产规模和增加所雇用的劳动量后，其产量所增加的比例等于投入的比例，并且企业的平均总成本保持不变，那么此时企业就出现了**规模收益不变**（constant returns to scale）。规模收益不变产生于企业能够复制它现有的生产设备，包括它的管理系统。例如，福特汽车公司可以通过将生产"金牛"（Taurus）汽车的生产规模扩大 1 倍，从而使这种汽车的产量增加 1 倍。它可以建立一条相同的生产线，并且雇用相同数量的工人。在使用两条相同的生产线进行生产后，福特汽车公司正好生产了两倍于过去产量的汽车量。生产一辆"金牛"汽车的平均成本在两条生产线中是一样的，因此，当产量增加时，平均总成本保持不变。

□ 13.4.2 长期平均成本曲线

长期平均成本曲线（long-run average cost curve）表示企业有足够的时间来调整生产规模和雇用的劳动量，从而使企业所生产的可实现产量处于最低平均成本上。

图 13—8 表示萨姆冷饮公司的长期平均成本曲线（*LRAC*）。长期平均成本曲线是从萨姆公司的不同生产规模的短期成本曲线得出的。

在现有生产规模较小时，萨姆冷饮公司的平均成本曲线就是图 13—8 中的平均成本曲线 ATC_1，而其他三个平均成本曲线则是萨姆公司生产规模逐渐扩大时的成本曲线。

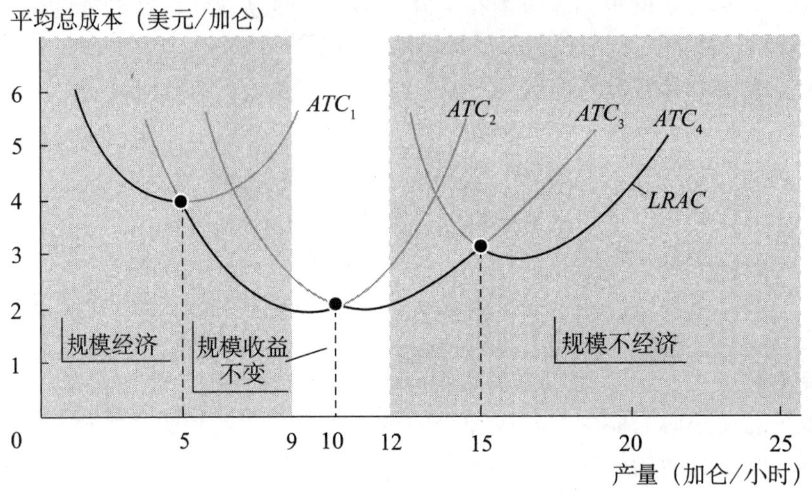

图 13—8　长期平均成本曲线

在长期中，萨曼莎既可以改变生产规模，也可以改变她所雇用的劳动量。长期平均成本曲线描绘了生产每个产量时可实现的最低平均总成本。黑色的曲线就是长期平均成本曲线（*LRAC*）。

在产量低于每小时 9 加仑时，萨姆公司处于规模经济；在产量为每小时 9～12 加仑时，萨姆公司处于规模收益不变；在产量超过每小时 12 加仑时，萨姆公司处于规模不经济。

在这个例子中，当萨姆公司每小时的产量为 5 加仑时，根据现有生产规模下的平均成本曲线 ATC_1，萨姆公司可以以最低平均成本进行生产；当萨姆公司每小时产量为 5～10 加仑时，其平均总成本的最低点出现在 ATC_2 曲线上；当萨姆公司每小时产量为 10～15 加仑时，其平均总成本的最低点出现在 ATC_3 曲线上；当萨姆公司每小时的产量超过 15 加仑时，其平均总成本的最低点就出现在 ATC_4 曲线上。

四条平均总成本曲线中每一条曲线的一部分都对应着萨姆公司在特定生产规模下的最低平均总成本，这些部分在图 13—8 中用黑色线段标出。由这四段所组成的扇形曲线就是萨姆冷饮公司的长期平均成本曲线。

规模经济与规模不经济

当存在规模经济时，*LRAC* 曲线向下倾斜。图 13—8 中的 *LRAC* 曲线表明在产出率低于每小时 9 加仑时，萨姆冷饮公司处于规模经济；当产出率在每小时 9～12 加仑之间时，萨姆公司处于规模收益不变；当产出率高于每小时 12 加仑时，萨姆公司处于规模不经济。

关注零售商的成本

沃尔玛和 7—11 便利店，哪一家成本更低?

沃尔玛的“小型”购物中心占地面积为 99 000 平方英尺，平均每周客流量为 30 000 名顾客。如今大部分位于加油站附近的普通 7—11 便利店占地面积为 2 000 平方英尺，每周客流量为 5 000 名顾客。

哪一种零售模式具有更低的经营成本？答案取决于经营规模。

当零售店每周客流量较少时，经营一家面积为 2 000 平方英尺的商店，其平均服务一位顾客的成本要低于经营一家面积为 99 000 平方英尺的商店。

从下图中可以看到，面积为 2 000 平方英尺的 7—11 便利店，其平均成本曲线为 ATC_{7-11}，而经营面积为 99 000 平方英尺的商店，其平均成本曲线为 $ATC_{沃尔玛}$。黑色的曲线是零售商的长期平均成本曲线（$LRAC$）。

假如每周客流量为 Q，那么两家商店每笔交易的平均总成本相同。如果零售商每周所服务的顾客数量超过 Q，那么经营大型商店是具有较低成本的方式；如果零售商每周所服务的顾客数量低于 Q，那么经营小型商店是具有较低成本的方式。具有最低成本的商店并不总是具有最大规模的商店。

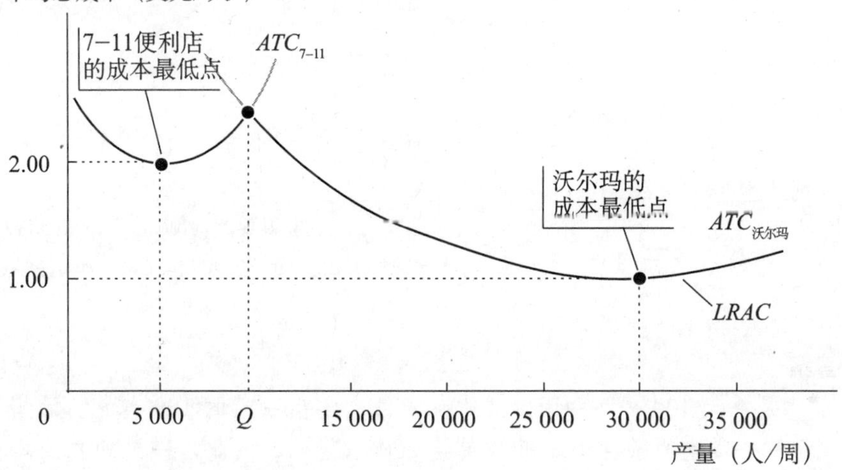

检查站 13.4 推导并解释企业的长期平均成本曲线。

现实问题

汤姆种植菠萝，他租用农民的土地一天需支付 120 美元，同时借贷资金一天需支付 80 美元的利息。他雇用学生，一天需支付 100 美元。假定汤姆租用农民两块土地，一天需支付 240 美元，并且借贷两倍的资金，一天需支付 160 美元的利息。表 1 中第三栏的数字是汤姆租用两块土地时的产量。第二栏中的数字是他在租用一块地和使用初始资金量的条件下的产量。利用这些信息回答问题 1～3。

表 1

劳动（学生/天）	一块土地的产量	两块土地的产量
	（菠萝/天）	
0	0	0
1	100	220
2	220	460
3	300	620
4	360	740

续前表

劳动（学生/天）	一块土地的产量	两块土地的产量
	（菠萝/天）	
5	400	820
6	420	860
7	430	880

1. 当汤姆种植两块土地，并且采摘和包装 220 个菠萝时，汤姆的平均总成本是多少？

2. 画出汤姆分别种植一块土地和两块土地时的平均总成本曲线。标示出汤姆的长期平均成本曲线。说明产量在什么范围内时，汤姆将种植一块土地，而在产量为多少时，他将种植两块土地。

3. 汤姆是处于规模收益不变、规模经济还是规模不经济？

4. 通用汽车公司重组计划发布。

白宫发布了通用汽车公司重组计划的详细内容：公司将关闭 11 家工厂，并且减少另外 3 家工厂的产量。

资料来源：boston. com，May 31，2009.

解释重组计划对通用总固定成本、总可变成本、短期 *ATC* 曲线和 *LRAC* 曲线的影响。

参考答案

1. 总成本是一天 400 美元的固定成本加上每个学生一天的 100 美元。汤姆在种植两块土地和雇用一个学生的条件下采摘和包装 220 个菠萝，因此，一天的总成本为 500 美元。平均总成本是总成本除以产量。当汤姆采摘和包装 220 个菠萝时，其平均总成本等于 500÷220，即 2.27 美元/个。表 2 中的“*ATC*（两块土地）”表示了汤姆种植两块土地时的平均总成本表。

表 2

TP（一块土地）	*ATC*（一块土地）	*TP*（两块土地）	*ATC*（两块土地）
100	3.00	220	2.27
220	1.82	460	1.30
300	1.67	620	1.13
360	1.67	740	1.08
400	1.75	820	1.10
420	1.90	860	1.16
430	2.09	880	1.25

2. 图 1 中显示汤姆种植一块土地时的平均总成本曲线为 ATC_1。这条曲线是根据表 2 中 *ATC*（一块土地）和 *TP*（一块土地）的数据画出的图形，这些数据来自检查站 13.3 中的表 2。当汤姆种植两块土地时，平均总成本曲线是 ATC_2。汤姆的长期平均成本曲线是在图 1 中所强调的两条 *ATC* 曲线的较低部分。如果汤姆一天采摘和包装的菠萝数量低于 300 单位，他将种植一块土地；如果汤姆一天采摘和包装的菠萝数量超过 300 单位，

他将种植两块土地。

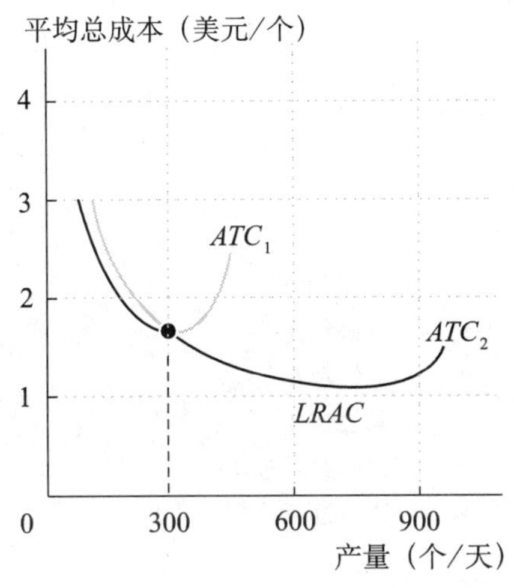

图 1

3. 汤姆在一天的产量提高到 740 个菠萝之前都将处于规模经济，因为当他扩大生产规模，使得一天的产量增加到 740 个菠萝时，采摘和包装菠萝的平均总成本在递减。（我们没有足够的信息来获知：如果他种植三块土地，并且能够使用三倍的资金，那么他的平均总成本会如何变化。）

4. 关闭 11 家工厂将减少通用汽车公司的总固定成本；关闭 11 家工厂和减少另外 3 家工厂的产量将降低通用汽车公司的总可变成本。通用汽车公司由于生产规模变小，所以将选择 *LRAC* 曲线左边的小规模生产时的 *ATC* 曲线进行生产。

本章总结

□ 要点

1. 解释经济学家怎样衡量企业的生产成本和利润。
   - 企业追求最大化其经济利润，它等于总收入减去总成本。
   - 总成本等于机会成本——显性成本加上隐性成本，并且包括正常利润。
2. 解释短期中企业产量与所雇用的劳动之间的关系。
   - 在短期中，企业只能通过改变雇用的劳动量来改变产量。
   - 总产量曲线表明了企业在给定的资本量和不同劳动量的条件下所生产的产量的界限。
   - 随着劳动量的增加，劳动的边际产量最初会增加，但最终会减少——边际收益递减规律。
3. 解释短期中企业产量与成本之间的关系。
   - 随着总产量的增加，总固定成本不变，而总可变成本和总成本都会增加。
   - 随着总产量的增加，平均固定成本会减少；平均可变成本、平均总成本和边际成本在产量较低的时候会递减，而在产量较高的时候则会递增，因此，它们的曲线呈 U 形。

4. 推导并解释企业的长期平均成本曲线。

- 在长期中，企业能够改变生产规模。
- 长期成本是指企业通过调整所有投入量，使得它能够在可实现的最低成本点处进行生产的成本。
- 长期平均成本曲线描绘了当资本和劳动投入量都能改变时，企业生产每单位产品所能实现的最低成本的轨迹。
- 长期平均成本曲线在规模经济时向下倾斜，而在规模不经济时向上倾斜。

□ 关键术语

平均固定成本	经济利润	边际成本
平均产量	规模经济	边际产量
平均总成本	显性成本	正常利润
平均可变成本	隐性成本	短期
规模收益不变	边际收益递增	总成本
边际收益递减	收益递减规律	总固定成本
规模不经济	长期	总产量
经济折旧	长期平均成本曲线	总可变成本

本章检查站

□ 学习计划中的问题与应用

1. 乔在飞机场里经营一个擦鞋摊。由于没有技术和工作经验，乔无法选择其他工作。他知道其他开擦鞋摊的人一年的收入为10 000美元。乔向飞机场一年支付2 000美元的场地使用费；他从擦鞋中得到的总收入为一年15 000美元；他用信用卡支付用于购买椅子、擦光剂和刷子的费用1 000美元，信用卡账户的年利率为20%。年末，乔以500美元出售他的生意和所有的工具。

请计算乔的显性成本、隐性成本和经济利润。

2. 莱恩的冲浪板工厂租用设备和雇用学生来生产冲浪板。表1列出了莱恩的总产量表。

表1

劳动（学生/天）	总产量（冲浪板/天）
0	0
1	20
2	44
3	60
4	72

请构建莱恩的边际产量和平均产量表，并且指出其边际收益递增时所雇用的学生数量是多少。

利用下列信息回答问题3～6。

莱恩的冲浪板工厂一天需为租用设备支付60美元，为雇用的每个学生支付200美元。表1列出了莱恩的总产量表。

3. 请构建莱恩的总可变成本和总成本表，并且说明在每一个相同产量下，总成本和总可变成本之间的区别是什么。

4. 请分别构建平均固定成本、平均可变成本、平均总成本和边际成本表。

5. 在产量为多少时，莱恩的平均总成本最低？在产量为多少时，莱恩的平均可变成本最低？

6. 请解释为什么平均可变成本最低时的产量小于平均总成本最低时的产量。

7. 表2显示了皮特的花生农场所发生的成本。请填写表2。

8. 最出色的咖啡店——星巴克——涨价了。

表 2

L	*TP*	*TVC*	*TC*	*AFC*	*AVC*	*ATC*	*MC*
0	0	0	100				
1	10	35					
2	24	70					
3	38	105					
4	44	140					

由于牛奶的批发价格在去年上涨了近 70%，因此，星巴克产品将涨价。来自加拿大商业帝国银行（CIBC）的全球餐饮市场分析员约翰·格拉斯说，星巴克的拿铁咖啡需要大量的牛奶。

资料来源：*USA Today*，July 24，2007.

请问购买牛奶的成本是固定成本还是可变成本？请描述牛奶价格的上涨如何改变星巴克的短期成本曲线。

□ 教师可布置的问题与应用

1. 假如沃尔玛和 7—11 便利店的 *ATC* 曲线同第 13.4 节“关注零售商的成本”专栏中的一样，并且每种类型的商店都在平均总成本的最低处经营，那么哪一家商店的总成本更小？你是如何确定的？哪一家商店的边际成本更低？你是如何确定的？画出每一家商店的边际成本曲线。

2. 索尼娅曾经从事房屋销售工作，每年赚 25 000 美元。但是，现在她卖贺卡。对于卖贺卡的零售商来说，其正常利润为 14 000 美元。在一年内，索尼娅从制造商那里购买了价值 10 000 美元的贺卡，并且以 58 000 美元将其全部卖出。索尼娅租用店铺，租金为每年 5 000 美元；支付水电费和办公费用共计 1 000 美元。索尼娅从当地的储蓄账户中取出 2 000 美元，用来购买一台收银机，而银行为其储蓄账户支付的利率为每年 3%。在年末，索尼娅的收银机里有 1 600 美元。

请计算索尼娅的显性成本、隐性成本和经济利润。

利用下列信息回答问题 3～5。

约兰达经营一家牛蛙饲养场。当她雇用一个工人时，她每周能供给 1 000 只牛蛙；当她雇用第二个工人时，她的总产量翻一倍；当她雇用第二个工人时，她的总产量又翻一倍；当她雇用第四个工人时，她的总产量仅增加 1 000 只牛蛙。

约兰达租用设备的租金为每周 1 000 美元，而她所雇用的每个工人的工资为每周 500 美元。

3. 请构建约兰达的边际产量表和平均产量表，并指出当雇用多少个工人时，边际收益在增加。

4. 请构建约兰达的总可变成本和总成本表，并说明约兰达的总固定成本是多少。

5. 当产量是多少时，约兰达的平均总成本最低？

6. 表 1 显示了关于比尔面包店的部分成本信息。请分别计算 *A*、*B*、*C*、*D* 和 *E* 的值。

表 1

L	*TP*	*TVC*	*TC*	*AFC*	*AVC*	*ATC*	*MC*
1	100	350	850	*C*	3.50	*D*	
							2.50
2	240	700	*B*	2.08	2.92	5.00	
							E
3	380	*A*	1 550	1.32	2.76	4.08	
							5.83
4	440	1 400	1 900	1.14	3.18	4.32	
							11.67
5	470	1 750	2 250	1.06	3.72	4.79	

7. 粮食价格延续着石油价格的走势。

粮食价格的上涨开始影响到数百万美国人的早餐价格了——麦片价格上涨。

资料来源：*The Economist*，July 21，2007.

请解释粮食价格上涨是如何影响生产早餐麦片的平均总成本和边际成本的。

利用下列信息回答问题 8 和 9。

马里兰州农场主的种植物从烟草改为鲜花

马里兰州种植烟草的农场主如果放弃种植烟草，而选择种植诸如鲜花和有机蔬菜等农作物，那么他们将会获得补贴。

资料来源：*The New York Times*，February 25，2001.

8. 使农场主放弃种植烟草所需支付的补贴是如何影响农场主种植烟草的机会成本的？一个种植烟草的农场主所拥有的设备的机会成本是多少？

9. 一个种植烟草的农场主如何决定是否放弃种植烟草，而选择种植其他农作物？

利用下列信息回答问题 10～15。

随着成本的飙升，航空公司正在寻求节省燃油的新方法

燃油是航空公司最大的一笔费用。在 2008 年，喷气式飞机的燃油成本迅速上涨。航空公司试图选择装配有更加省油的引擎的新一代飞机。

资料来源：*The New York Times*，June 11，2008.

10. 对于航空公司来说，燃油的价格是固定成本还是可变成本？

11. 请解释燃油价格的上涨如何改变航空公司的总成本、平均成本和边际成本。

12. 请解释使飞机引擎更加省油的技术得到发展将如何改变航空公司的总产量、边际产量和平均产量。

13. 请画图说明更加省油的飞机对于航空公司的 MP 曲线和 AP 曲线的影响。

14. 请解释使飞机引擎更加省油的技术得到发展将如何改变航空公司的平均可变成本、边际成本和平均总成本。

15. 请画图说明使飞机引擎更加省油的技术得到发展将如何改变航空公司的 MC 曲线和 ATC 曲线。

利用下列信息回答问题 16 和 17。

盖普公司将专注于小规模的店铺

盖普公司拥有太多面积为 12 500 平方英尺的店铺，而其想将店铺的规模设定在 6 000 平方英尺～10 000 平方英尺之间，因此，盖普公司计划合并以前分散的概念店。盖普的一些紧身衣店（Gap Body）、成人服装店（Gap Adult）、孕妇服装店（Gap Maternity）和儿童服装店（Gap Kids）都将合并为一家店。

资料来源：CNN，June 10，2008.

16. 将盖普公司的店铺看作是一家生产产品的工厂，请解释盖普公司为什么决定减小店铺的规模。盖普公司的决定是长期决策还是短期决策？

17. 将盖普公司的概念店合并为一家店会如何帮助它更好地实现规模经济？

第 14 章

完全竞争

为什么通用汽车公司会破产？

现在的通用汽车公司为什么能代替过去的通用汽车公司呢？

本章要点

学完本章，你将能够：

1. 解释完全竞争企业的利润最大化选择，并推导出其供给曲线。
2. 解释在短期中如何决定产量、价格和利润。
3. 解释在长期中如何决定产量、价格和利润，并解释完全竞争为什么是有效率的。

□ 市场类型

四种市场类型为：

- 完全竞争
- 垄断
- 垄断竞争
- 寡头

完全竞争

完全竞争（perfect competition）存在的条件为：

- 许多企业向众多的买者出售同质产品。
- 对于企业进入（或退出）市场没有限制。
- 原有企业不比新进入市场的企业更具优势。
- 卖者和买者充分了解价格。

当产品的市场需求相对于单一生产者的产量来说很大时，界定完全竞争的条件就出现了。当不存在规模经济时，每家企业的有效规模就很小，此时，这种情况也会出现。但是，一个巨大的市场和不存在规模经济这两个条件还不足以形成完全竞争。除此之外，为了使购买者不必关心从哪个企业购买，每个企业所生产的产品和服务必须是无差异的。在购买者看来，完全竞争企业都是相同的。

种植小麦、捕鱼、制浆与造纸、纸杯和塑料购物袋的制造、草坪修剪服务、干洗和洗衣服务，这些都是高度竞争性行业的例子。

其他市场类型

垄断（monopoly）　当一家企业所生产的产品和服务没有近似的替代品，并且对新企业的进入存在壁垒时，垄断就产生了。在一些地方，电话、天然气、电力和供水都是地方性垄断——该垄断仅限于某一给定的区域。多年来，一家名为戴比尔斯（DeBeers）的全球性公司在钻石业中几乎是国际性的垄断企业。微软公司在生产用于个人电脑的操作系统方面几乎形成垄断。

垄断竞争（monopolistic competition）　当众多企业通过生产相近的略有差别的产品进行竞争时，垄断竞争就产生了。所研究的企业每家都是特定类型产品的唯一生产者。例如，在运动鞋市场中，有耐克、锐步、斐乐、爱世克斯、纽巴伦以及其他拥有自主品牌运动鞋的企业。“垄断竞争”一词提醒我们各家企业在鞋的特定品牌上具有垄断性，而企业之间又相互竞争。

寡头（oligopoly）　当少数相互依赖的企业之间发生竞争时，寡头就产生了。飞机制造业就是一个寡头的例子。寡头们可以生产几乎同质的产品，例如金霸王电池和劲量电池；另外，寡头们也可以生产有差异的产品，例如，可口可乐和百事可乐生产的可乐。

我们将在本章学习完全竞争，垄断、垄断竞争和寡头将分别在第 15、16 和 17 章中学习。

14.1 企业的利润最大化选择

企业的目标是实现经济利润最大化。经济利润等于总收益减去生产的总成本。正常利润是企业家在可供选择的最佳行业中所得到的报酬，它是企业成本的一部分。

在短期中，企业通过决定产量来实现其目标。这个产量会影响企业的总收益、总成本和经济利润。在长期中，企业通过决定是否进入或退出市场来实现其目标。

这些是完全竞争企业所需做出的重要决策。这些企业不能为其销售的产品定价。完全竞争企业是一个**价格接受者**（price taker）——它不能影响其产品的价格。

□ 14.1.1 价格接受者

为了了解为什么完全竞争企业是价格接受者，现假定你是堪萨斯州的一个小麦种植者。你拥有 1 000 英亩的耕地——这听起来很多。但在你开车经过科罗拉多州、俄克拉何马州、得克萨斯州，再折回到内布拉斯加州和达科他州之后，你会发现连绵不绝的数百万英亩的麦田。而且，你也应该知道在加拿大、阿根廷、澳大利亚和乌克兰也有类似的景象。你的 1 000 英亩土地仅为沧海一粟。没有什么能使你所种植的小麦比其他种植者更好，并且所有小麦购买者都知道他们所必须支付的价格。如果小麦的当前价格为 4 美元/蒲士耳，你无法改变这一价格。你不能以高于 4 美元的价格出售，你也没有动力以低于 4 美元的价格出售，这是因为你要以这一价格售出所有产量。

大多数农产品的生产者都是价格接受者。我们将用另一个农业的例子来说明完全竞争：枫蜜。下一次你在你的薄煎饼上涂枫蜜时，想想把枫蜜从枫树上带到你的餐桌上的竞争市场！

戴夫（Dave）的枫蜜公司是北美枫蜜市场上 11 000 多家相似企业中的一家。戴夫是价格接受者。和堪萨斯州的小麦种植者一样，他在当前价格下能够销售所生产的任意数量，并且不会以高于此价格的价格进行销售。戴夫面对着完全有弹性的需求。他的枫蜜公司的需求具有完全弹性，是因为 Don Harlow 公司、Casper Sugar Shack 公司和其他北美洲的枫树农场所产的枫蜜都是戴夫的枫蜜公司的完全替代品。

我们将研究戴夫的决策，以及在竞争性市场中的工作方式及其含义。首先，我们定义一些与收益相关的概念。

□ 14.1.2 收益概念

在完全竞争市场中，市场需求和市场供给决定着价格。企业总收益等于给定价格乘以销售量。企业的**边际收益**（marginal revenue）为销售量增加一单位所引起的总收益的变化量。

在完全竞争市场中，边际收益等于价格。

这是因为企业可以在当前市场价格下选择销售任意数量的产品。因此，如果企业多出售一单位产品，那么它是以市场价格出售，并且总收益增加相同数额。此时总收益的增加量为边际收益。

图 14—1 中的表格说明了边际收益等于价格。枫蜜的价格为 8 美元/罐。总收益等于价格乘以销售量。所以，如果戴夫售出 10 罐，那么他的总收益为 10×8 美元＝80 美元。如果销售量从 10 罐增加到 11 罐，则总收益从 80 美元增至 88 美元，边际收益为 8 美元/罐，恰好等于价格。

图 14—1 说明了在完全竞争市场中价格如何决定收益。在图（a）中，市场需求和市场供给决定了市场价格。戴夫是价格接受者，因此，他以市场价格出售枫蜜。图（b）为戴夫的枫蜜公司的需求曲线，它是价格等于市场价格的水平直线。由于价格等于边际收益，所以戴夫的枫蜜公司的需求曲线就是边际收益线（*MR*）。在图（c）中，总收益曲线（*TR*）显示了在每个销售量上所对应的总收益。由于他以市场价格出售每一罐枫蜜，所以总收益曲线为一条向上倾斜的直线。

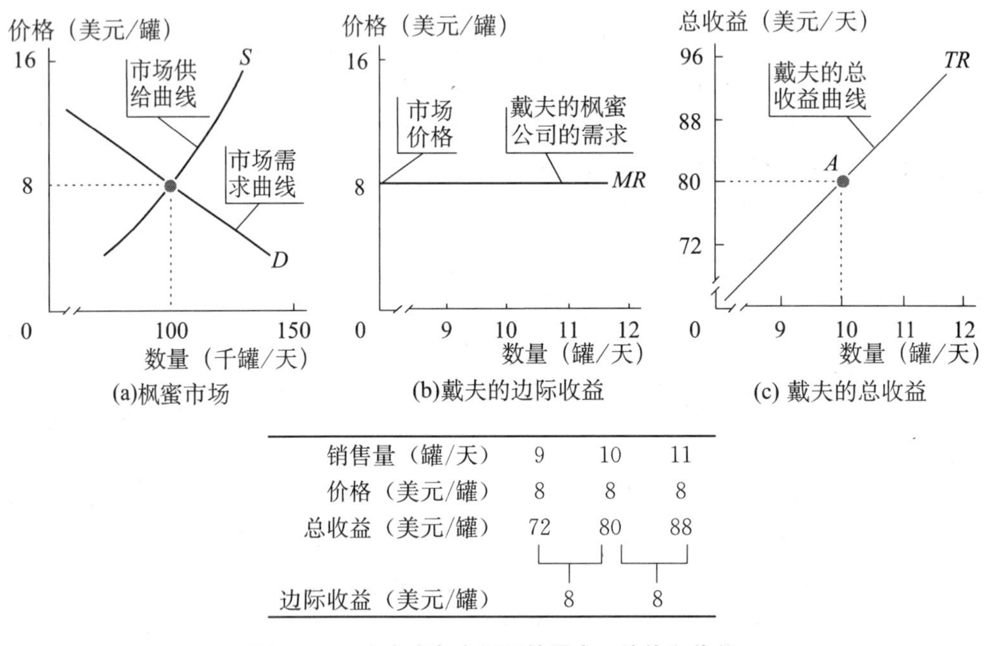

销售量（罐/天）	9	10	11
价格（美元/罐）	8	8	8
总收益（美元/罐）	72	80	88
边际收益（美元/罐）	8		8

图 14—1　完全竞争市场下的需求、价格和收益

图（a）显示了枫蜜的市场情况。市场价格为 8 美元/罐。表中计算了总收益和边际收益。

图（b）显示了戴夫的枫蜜公司的需求曲线，它是戴夫的边际收益曲线（*MR*）。

图（c）显示了戴夫的总收益曲线（*TR*）。点 *A* 与表中的第二列相对应。

□ 14.1.3　利润最大化产量

随着产量的增加，企业的总收益在增加，但是，总成本也在增加。由于边际收益递减，总成本的增速最终大于总收益的增速。因此，存在一个产量水平，使得企业的经济利润最大化，而完全竞争企业就选择这一产量水平进行生产。

找出利润最大化产量的一种方法就是利用企业的总收益曲线和总成本曲线。当总收益和总成本差额最大时，利润在相应产量水平上达到最大。图 14—2 显示戴夫的枫蜜公司是如何运用这种方法的。

表中列举了戴夫在不同产量水平下的总收益、总成本和经济利润。图 14—2（a）显示了总收益曲线和总成本曲线。这些曲线是根据表中前三列的数据所画的。总收益曲线（*TR*）与图 14—1（c）中的曲线相同。总成本曲线与你在第 13 章所遇到的曲线相似。图 14—2（b）为一条经济利润曲线。

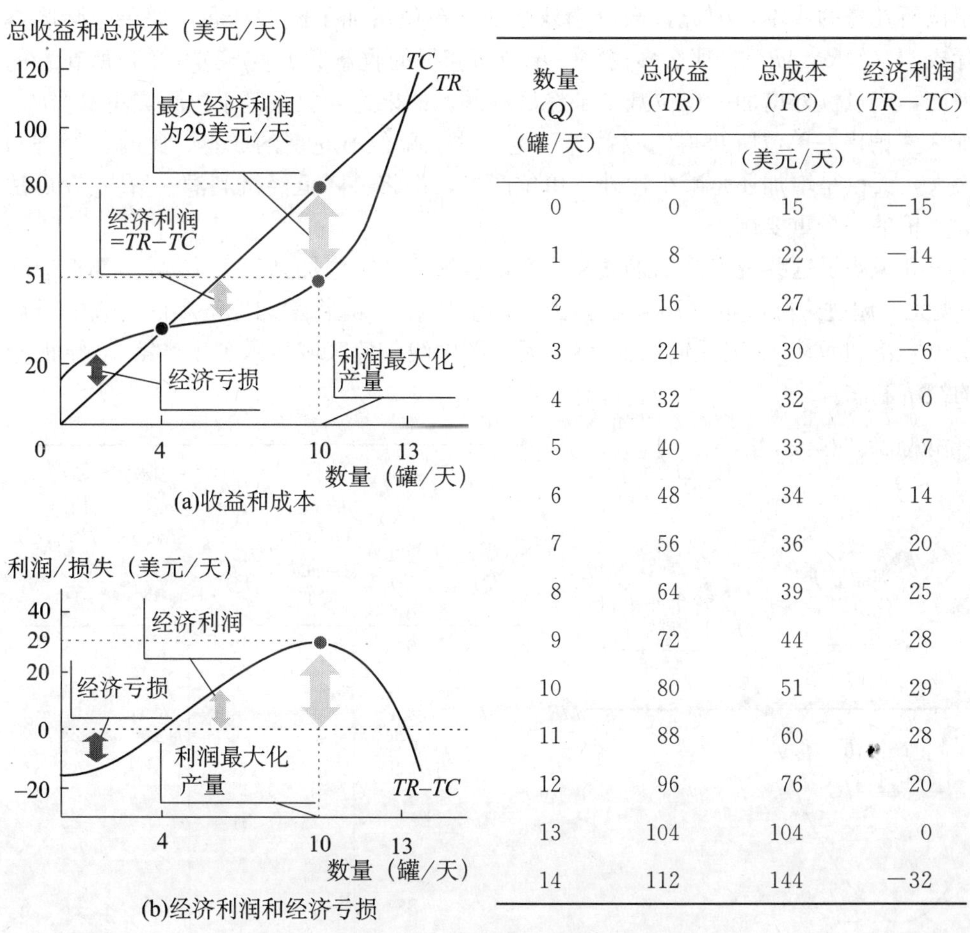

数量（*Q*）（罐/天）	总收益（*TR*）	总成本（*TC*）	经济利润（*TR*−*TC*）
	（美元/天）		
0	0	15	−15
1	8	22	−14
2	16	27	−11
3	24	30	−6
4	32	32	0
5	40	33	7
6	48	34	14
7	56	36	20
8	64	39	25
9	72	44	28
10	80	51	29
11	88	60	28
12	96	76	20
13	104	104	0
14	112	144	−32

图 14—2　总收益、总成本和经济利润

在图（a）中，经济利润是总成本曲线和总收益曲线的垂直距离。当戴夫的产量为每天 10 罐时，其最大经济利润为一天 29 美元（=80 美元−51 美元）。

在图（b）中，经济利润是利润曲线的高度。

戴夫每天的产量在 4 罐～13 罐枫蜜之间时能获得经济利润。当产量小于每天 4 罐，或者超过每天 13 罐时，他将遭受经济亏损；当产量为每天 4 罐或 13 罐时，总成本等于总收益，戴夫的经济利润为零——这是戴夫的盈亏平衡点。

当 *TR* 和 *TC* 之间的垂直距离达到最大时，其利润曲线达到最高点。在这个例子中，当产量为每天 10 罐时，利润实现最大化。在这个产量下，戴夫的经济利润为一天 29 美元。

□ 14.1.4 边际分析和供给决策

找出利润最大化产量的另一方法是使用边际分析，即比较边际收益（*MR*）和边际成本（*MC*）。随着产量的增加，边际收益保持不变，但是边际成本最终会增加。

如果边际收益超过边际成本（*MR*>*MC*），那么多销售一单位所获得的收益超过了生产这一单位所花费的成本，因此，产量额外增加一单位增加了经济利润。如果边际收益小于边际成本（*MR*<*MC*），那么多销售一单位所获得的收益低于生产这一单位所花费的成本，因此，产量额外增加一单位减少了经济利润。如果边际收益等于边际成本（*MR*=*MC*），那么多销售一单位所获得的收益等于生产这一单位所花费的成本。此时，经济利润达到最大，无论是增加还是减少额外一单位产量，都将会降低经济利润。*MR*=*MC* 法则是边际分析的一个重要例子。

图 14—3 说明了这些观点。如果戴夫将产量从每天 9 罐增加到每天 10 罐，那么边际收益（8 美元）超过边际成本（7 美元），因此，生产第 10 罐将增加经济利润。表的最后一栏显示出经济利润从 28 美元增加到 29 美元。图中浅灰色区域显示了生产第 10 罐枫蜜所带来的经济利润。

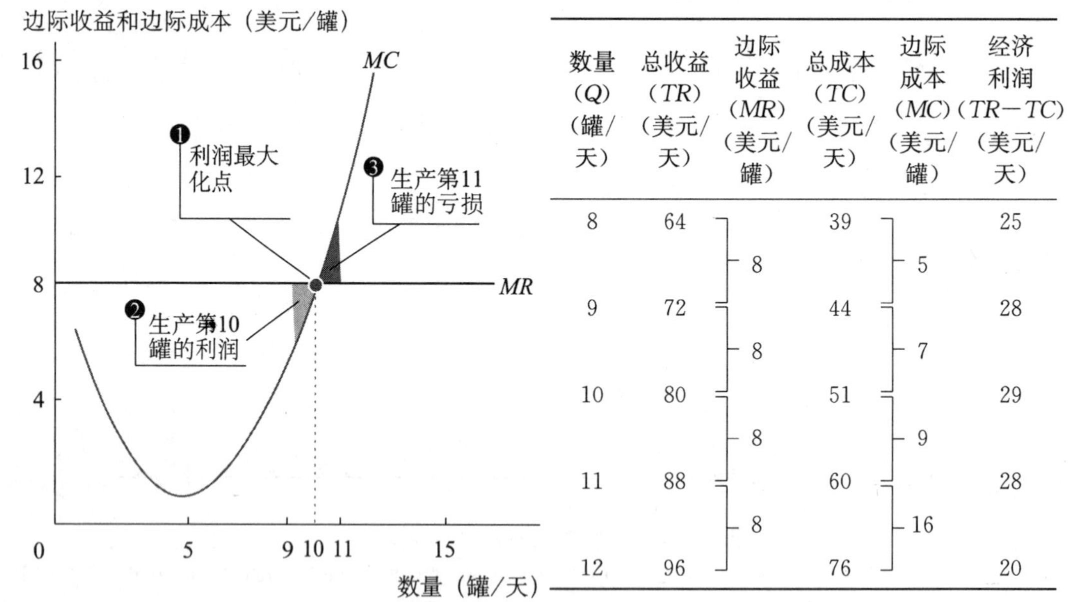

数量（*Q*）（罐/天）	总收益（*TR*）（美元/天）	边际收益（*MR*）（美元/罐）	总成本（*TC*）（美元/天）	边际成本（*MC*）（美元/罐）	经济利润（*TR*－*TC*）（美元/天）
8	64		39		25
		8		5	
9	72		44		28
		8		7	
10	80		51		29
		8		9	
11	88		60		28
		8		16	
12	96		76		20

图 14—3 利润最大化产量

①当产量为每天 10 罐时，边际收益等于边际成本，利润达到最大。②当产量从每天 9 罐增加到 10 罐时，边际成本为 7 美元，低于 8 美元的边际收益，利润增加。③当产量从每天 10 罐增加到 11 罐时，边际成本为 9 美元，高于 8 美元的边际收益，利润减少。

如果戴夫将产量从每天 10 罐增加到每天 11 罐，那么其边际收益（8 美元）低于边际成本（9 美元），因此，生产第 11 罐将减少经济利润。表的最后一栏显示了其经济利润从 29 美元减少为 28 美元。图中深灰色区域显示了生产第 11 罐枫蜜所带来的经济亏损。

戴夫每天生产 10 罐时，其经济利润最大，并且在这个产量水平上边际收益等于边际成本。

一家企业的利润最大化产量就是它所供给的数量。戴夫在价格为 8 美元/罐时的供给量是每天 10 罐。如果价格高于 8 美元/罐，他将会增加产量；如果价格低于 8 美元/罐，他将会减少产量。这些应对不同价格所做出的利润最大化的反应是供给法则的基础：

其他条件不变，商品的价格越高，产品的供给量就越大。

□ 14.1.5 暂时停业决策

有时候，价格会下跌到过低的水平，以至于企业不能承担其成本。在这种情况下，企业该怎么办？答案取决于企业预期这种低价是永久性的，还是暂时性的。

如果遭受经济亏损的企业相信这是永久性的，并且看不到亏损结束的希望，那么企业将退出市场。我们将在本章的后面学习这一行为的后果，那时我们将考察企业在长期中所做的决策。

如果遭受经济亏损的企业相信这种低价是暂时性的，那么它将仍然留在市场中。但是，企业可能暂时停业。为了决定是继续生产还是停业，企业将比较所受的亏损处于下面两种情况中的哪一种。

停业时出现亏损

如果企业选择暂时停业，那么它将没有收益，也没发生可变成本。企业依然产生固定成本。所以，如果某家企业停业，它会产生经济亏损，它等于总固定成本。这一亏损是企业可能发生的最大亏损。

生产时出现亏损

生产某一产量的企业将获得收益，同时发生固定成本和可变成本这两种成本。企业发生经济亏损，它等于总固定成本加上总可变成本减去总收益。如果总收益大于总可变成本，那么企业的经济亏损将小于总固定成本。但是，如果总收益小于总可变成本，那么企业的经济亏损将大于总固定成本。

停业点

如果总收益小于总可变成本，那么企业将暂时停业，并且把其亏损限制在总固定成本的数额上。如果总收益恰好等于总可变成本，那么企业选择继续生产或停业将没有差别。当价格等于最小平均可变成本，并且企业在最小平均可变成本的产量水平上进行生产时，上述情况会出现，而该产量水平称为**停业点**（shutdown point）。

图 14—4 说明了企业的停业决策和我们已经描述过的戴夫的枫蜜农场的停业点。戴夫的平均可变成本曲线是 *AVC*，他的边际成本曲线是 *MC*。当产量为每天 7 罐枫蜜时，其平均可变成本最低，等于每罐 3 美元。*MC* 曲线和 *AVC* 曲线在这个最低点相交。（我们在第 13 章中解释了边际价值和平均价值的关系。）该图显示了当价格等于 3 美元/罐并且价格等于最小平均可变成本时的边际收益曲线（*MR*）。

如果戴夫在停业点处生产，那么他将每天生产 7 罐枫蜜，并且以每罐 3 美元的价格出售。他所遭受的经济亏损为每罐 2.14 美元，总经济亏损为每天 15 美元，即等于其总固定成本。如果戴夫停业，他也将遭受经济亏损，其数额等于总固定成本。

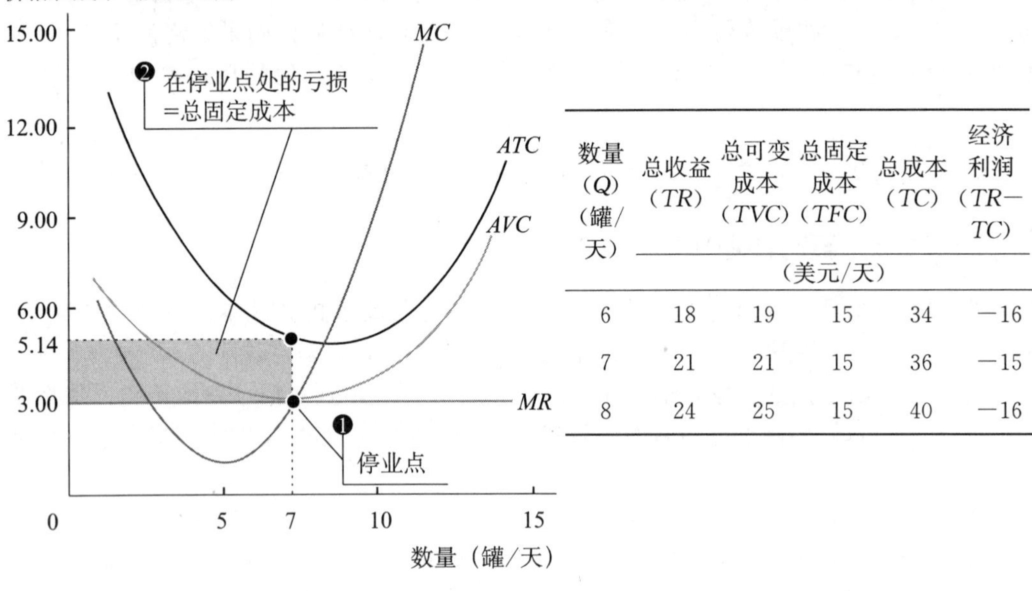

数量（Q）（罐/天）	总收益（TR）	总可变成本（TVC）	总固定成本（TFC）	总成本（TC）	经济利润（TR－TC）
	（美元/天）				
6	18	19	15	34	－16
7	21	21	15	36	－15
8	24	25	15	40	－16

图 14—4　停业决策

①停业点位于平均可变成本的最低点。当价格低于最小平均可变成本时，企业将停业，不进行生产。当价格等于最小平均可变成本时，企业选择以最小平均可变成本进行生产或停业不生产，两者没有差异，可任选一种方式。②企业使其经济亏损最小，并且所遭受的经济亏损等于总固定成本。

表中列出了戴夫在三个产量水平上的总收益、总可变成本、总固定成本、总成本和经济利润。位于表中间的产量，每天 7 罐枫蜜，是戴夫在最小平均可变成本（每罐 3 美元）处的产量水平。通过查看表中的数据，你会看到当价格等于 3 美元/罐时，戴夫所遭受的经济亏损等于其每天生产 7 罐枫蜜时的总固定成本。

□ 14.1.6　企业的短期供给曲线

完全竞争企业的短期供给曲线显示了其他条件保持不变，企业的利润最大化产量如何随着价格的变化而改变。这条供给曲线基于我们刚才所讨论的边际分析和停业决策。

图 14—5 推导出了戴夫的供给曲线。图（a）显示了边际成本曲线和平均可变成本曲线，而图（b）则显示了供给曲线。在边际成本、平均可变成本和供给曲线之间存在着直接的联系。让我们看看这种联系是什么。

在图 14—5（a）中，如果价格超过平均可变成本的最小值，戴夫在边际成本等于边际收益（即价格）的产量水平处进行生产，从而实现利润最大化。我们可以根据不同价格从边际成本曲线上决定所要生产的产量。当价格为 8 美元/罐，边际收益曲线为 MR_1，此时，戴夫的利润最大化产量为每天 10 罐枫蜜。如果价格上涨到 12 美元/罐，边际收益曲线为 MR_2，此时，戴夫的产量增加到每天 11 罐枫蜜。

如果价格等于最小平均可变成本，那么戴夫要想实现利润最大化（亏损最小化），只有通过在停业点的产量水平处进行生产，或者选择停业不生产。但是，如果价格低于平均可变成本的最小值，那么戴夫将停业不生产。

图 14—5（b）显示了戴夫的短期供给曲线。当价格超过最小平均可变成本时，供给曲线和边际成本曲线相同。当价格低于最小平均可变成本时，戴夫将会停业不生产，他的供给曲线为价格的纵轴。在价格等于 3 美元/罐时，戴夫在停业点（T）处选择停业不生产或者每天生产 7 罐枫蜜是没有差异的。他选择任何一种方式都将遭受亏损，亏损额相当于其总固定成本。

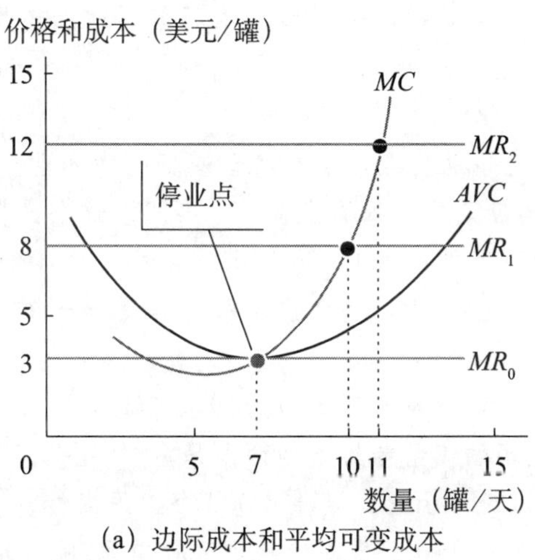

（a）边际成本和平均可变成本

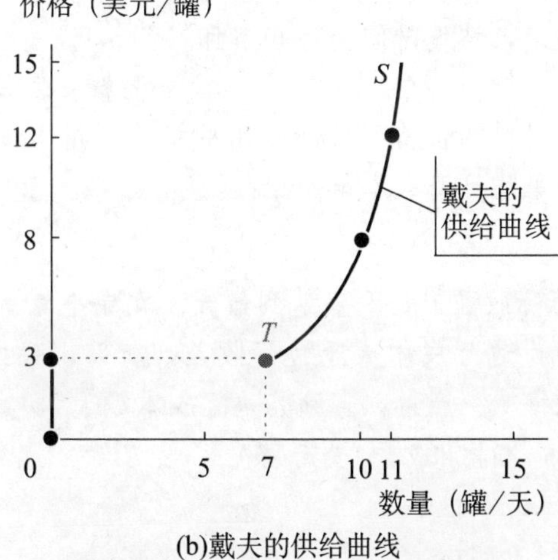

(b)戴夫的供给曲线

图 14—5　完全竞争企业的供给曲线

图（a）显示了当价格为 12 美元/罐时，戴夫每天生产 11 罐枫蜜；当价格为 8 美元/罐时，他每天生产 10 罐枫蜜；当价格为 3 美元/罐时，他要么每天生产 7 罐枫蜜，要么不生产。当价格低于 3 美元/罐时，戴夫不生产。最小平均可变成本就是停业点。

图（b）显示了戴夫的供给曲线。当价格为 3 美元/罐时，戴夫选择在停业点 T 处生产，或者停业不生产，两者没有差异。当价格高于 3 美元/罐时，戴夫的供给曲线由图（a）中的高于最小平均可变成本的边际成本曲线组成。当价格低于 3 美元/罐时，戴夫不生产，其供给曲线为价格的纵轴。

迄今为止，我们已孤立地研究了单个企业。我们看到企业利润最大化的行为取决于价格，而企业是价格的接受者。在下一节，你将学习如何决定市场供给。

检查站 14.1　解释完全竞争企业的利润最大化选择，并推导出其供给曲线。

现实问题

1. 萨拉的鲑鱼渔场上周产鱼 1 000 条。边际成本为 30 美元/条，平均可变成本为 20 美元/条，市场价格为 25 美元/条。萨拉实现利润最大化了吗？如果萨拉没有实现利润最大化，并且上述条件没有发生变化，那么她在本周需要增加还是减少鲑鱼的产量，才能实现利润最大化？

利用下列信息回答问题 2～4。

鳟鱼养殖是一个完全竞争的行业，所有鳟鱼渔场的成本曲线都相同。市场价格为 25 美元/条。渔场为实现利润最大化，每周产鱼 200 条。在这个产量水平上，渔场的平均总成本为 20 美元/条，平均可变成本为 15 美元/条。最小平均可变成本为 12 美元/条。

2. 如果价格下降为 20 美元/条，鳟鱼渔场每周会继续产鱼 200 条吗？请解释为什么会或为什么不会。

3. 如果价格下降为 12 美元/条，鳟鱼渔场将如何做？

4. 请指出位于鳟鱼渔场的供给曲线上的两点是多少。

5. 必和必拓公司（BHP Billiton）削减 6 000 个工作岗位。

煤的价格在过去六年连续上升，最高价达到 300 美元/吨。现在煤的价格已经下降到了 125 美元/吨。必和必拓公司的英美分公司将在 2009 年减产 10%～15%，裁减 6 000 名员工，并且关闭一些煤矿，持续时间大约 6 个月。

资料来源：FT. com，January 21，2009.

根据必和必拓公司应对煤的价格下降所采用的措施，指出该公司的边际成本将如何变化。关闭的煤矿的最小平均可变成本是多少？

参考答案

1. 当边际成本等于边际收益时，利润达到最大。在完全竞争中，边际收益等于市场价格，即 25 美元/条。因为边际成本大于边际收益，所以，萨拉没有实现利润最大化。为了实现利润最大化，她将减少产量，直到其边际成本等于 25 美元/条（图 1）。

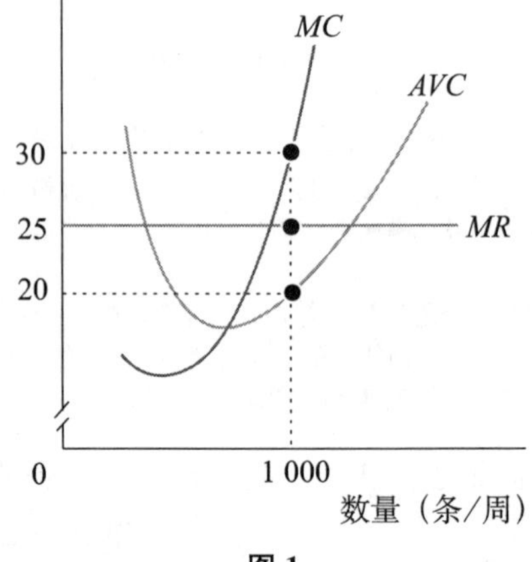

图 1

2. 渔场每周生产的产量将低于 200 条。边际成本会随着渔场产鱼量的增加而增加。因此，为了将边际成本从 25 美元减少到 20 美元，渔场将减少产量。

3. 如果鳟鱼价格下降到 12 美元/条，渔场将减少产量，以使其边际成本等于 12 美元。但是，由于 12 美元是最小平均可变成本，所以，该价格为渔场的停业点。此时，渔场选择生产利润最大化产量，或者选择停业不生产，两者没有差异。

4. 位于渔场供给曲线上的一个点是当价格为 25 美元/条时，供给量为 200 条；位于供给曲线上的另一个点是停业点（见答案 3），或者当价格低于 12 美元/条时，渔场供给量为零。

5. 边际成本从每吨 300 美元减少到 125 美元。暂时性关闭的煤矿处于停业点上，所以，其最小平均可变成本等于 125 美元/吨。

14.2 短期的产量、价格和利润

在完全竞争市场中，需求和供给决定价格和产量。首先，我们学习在企业数量保持不变时的短期供给。

□ 14.2.1 短期中的市场供给

短期市场供给曲线显示了企业数量给定时在不同价格上的供给量。给定价格下的供给量等于该价格下所有企业供给量的总和。

图 14—6 显示了竞争性枫蜜市场的供给曲线。在这个例子中，市场是由 10 000 家像戴夫的枫蜜公司一样的企业所组成的。图中的表显示了市场供给表是如何构建的。当价格低于 3 美元时，市场中的每一家企业都将停业，市场供给量为零。当价格为 3 美元时，每家企业是选择停业不生产，还是选择继续经营，并且每天生产 7 罐，两者没有差异。每家企业供给量为 0 罐/天或 7 罐/天，市场供给量在 0（所有企业都停业）和 70 000 罐（所有企业的产量都为 7 罐/天）之间。当价格高于 3 美元时，我们将 10 000 家企业的供给量相加，所以市场供给量为一家企业供给量的 10 000 倍。

当价格低于 3 美元时，市场供给曲线为价格轴。供给是完全无弹性的。当价格为 3 美元时，市场供给曲线是水平的，供给具有完全弹性。当价格高于 3 美元时，供给曲线的斜率为正。

□ 14.2.2 一般时期的短期均衡

市场需求和市场供给决定了购买和销售时的价格和产量。图 14—7（a）显示了枫蜜市场的短期均衡。市场供给曲线 S 与图 14—6 中的曲线相同。

如果需求曲线 D_1 表示市场需求，那么均衡价格为 5 美元/罐。市场需求和市场供给决定价格，而每家企业则将价格视为给定，并且生产利润最大化产量，即 9 罐/天。由于市场中有 10 000 家企业，所以，市场产量为 90 000 罐/天。

图 14—7（b）显示了戴夫所面对的情况。因为价格为 5 美元/罐，所以，戴夫的边际

收益固定为 5 美元/罐。戴夫每天生产 9 罐枫蜜，从而实现利润最大化。

图 14—7（b）也显示了戴夫的平均总成本曲线（ATC）。回想一下，平均总成本是指生产每一单位所需的成本。它等于总成本除以所生产的产出量。

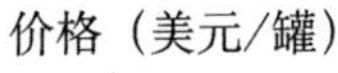

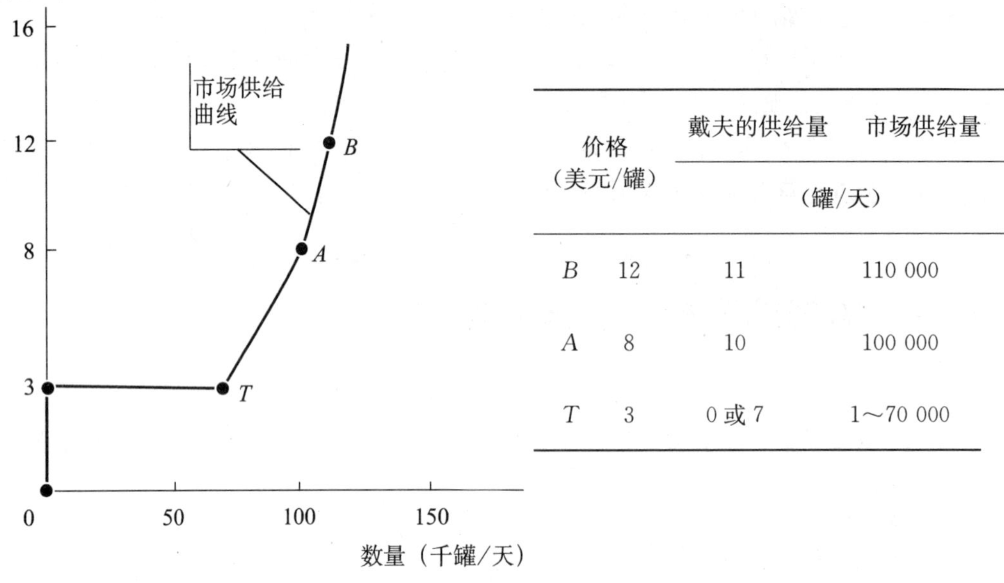

价格（美元/罐）		戴夫的供给量	市场供给量
		（罐/天）	
B	12	11	110 000
A	8	10	100 000
T	3	0 或 7	1～70 000

图 14—6　市场供给曲线

一个拥有 10 000 家同质性企业的市场，它的供给表与单个企业的供给表相类似，但是供给量是单个企业的 10 000倍。市场供给在停业点上是具有完全弹性的。

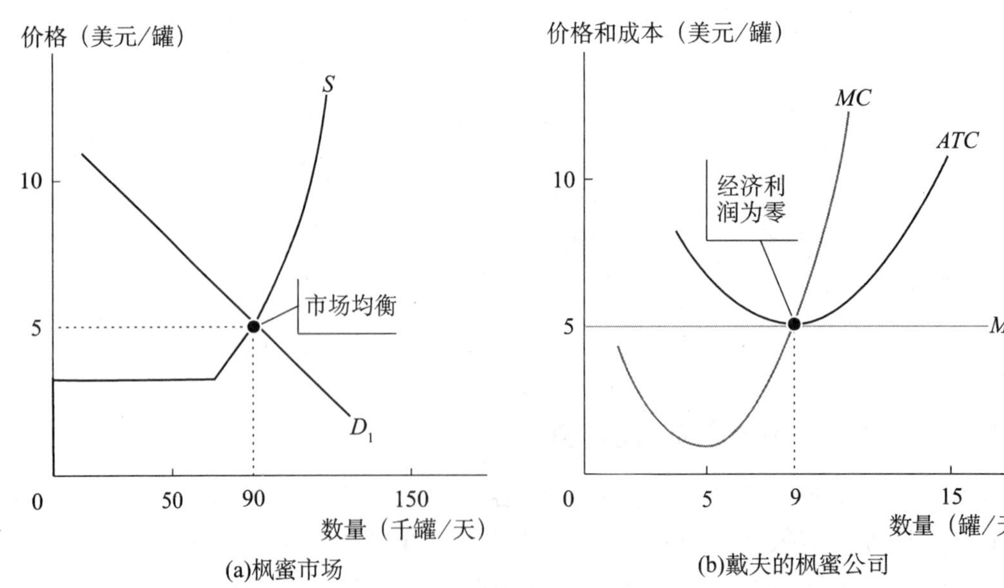

图 14—7　短期中经济利润为零的情况

在图（a）中，市场需求曲线 D_1 和市场供给曲线 S 决定的市场均衡价格为 5 美元/罐。

在图（b）中，戴夫的边际收益为 5 美元/罐，因此，他每天生产 9 罐枫蜜。在这个产量水平上，价格（5 美元）等于平均总成本，所以，戴夫的经济利润为零。

这里，当戴夫每天生产 9 罐时，他的平均总成本为 5 美元/罐，恰好和市场价格相同。因此，戴夫在平均生产成本和市场价格恰好相同的情况下出售枫蜜，而且其经济利润为零。

经济利润为零意味着戴夫从其经营的事业中获得了正常利润。

在短期均衡中，企业的经济利润为零，这是均衡时可能出现的三种情况之一。一个竞争性市场也可以出现正经济利润或者经济亏损。让我们观察其他两种情况。

□ 14.2.3 繁荣时期的短期均衡

由于市场需求曲线可能和图 14—7 中的 D_1 不同，因此，价格也可能不等于 5 美元/罐。图 14—8（a）显示了枫蜜市场中的另一种短期均衡情况。供给曲线 S 和图 14—6 中的曲线相同。

如果需求曲线 D_2 表示市场需求，那么市场均衡价格为 8 美元/罐。市场需求和市场供给决定市场价格，而企业则将价格视为给定，并且每天生产 10 罐枫蜜，以实现利润最大化。由于市场中存在 10 000 家企业，所以，市场产量为每天 100 000 罐。

图 14—8（b）显示了戴夫所面对的情况。因为价格为 8 美元/罐，所以，戴夫的边际收益固定为 8 美元/罐。戴夫每天生产 10 罐枫蜜，从而实现利润最大化。

图 14—8（b）也显示了戴夫的平均总成本曲线（ATC）。回想一下，平均总成本是指生产每一单位所需的成本。它等于总成本除以所生产的产出量。这里，当戴夫每天生产 10 罐时，他的平均总成本为 5.10 美元/罐，因此，8 美元的市场价格比平均总成本高出 2.90 美元。这个数额就是戴夫所生产的每罐枫蜜的经济利润。

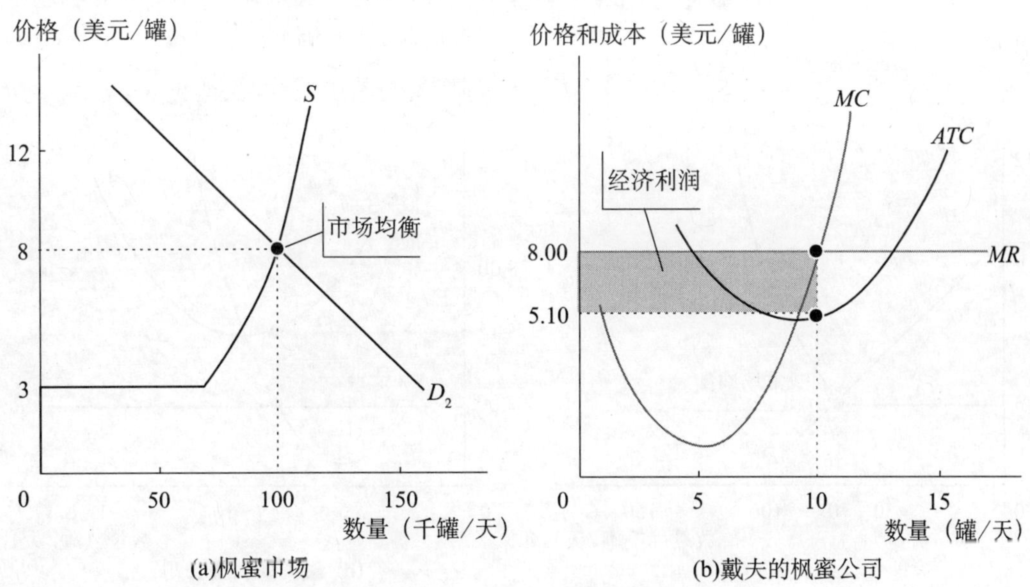

图 14—8 短期中的正经济利润

在图（a）中，市场需求曲线 D_2 和市场供给曲线 S 决定的市场均衡价格为 8 美元/罐。

在图（b）中，边际收益为 8 美元/罐。戴夫每天生产 10 罐枫蜜。因为价格（8 美元）大于平均总成本（5.10 美元），所以，企业获得正的经济利润。

如果我们将每罐的经济利润 2.90 美元乘以罐数——每天 10 罐，那么我们将得到戴夫的经济利润——每天 29 美元。

灰色矩形显示了这个经济利润。矩形的高度表示每罐的利润——2.90 美元，它的长度表示罐数——10 罐/天。因此，矩形的面积（长×高）就表示戴夫的经济利润为 29 美元/天。

□ 14.2.4 萧条时期的短期均衡

图 14—9 显示了枫蜜市场中的企业出现经济亏损的情况。当前市场需求曲线为 D_3。市场仍然有 10 000 家企业，这些企业的成本与前面所述相同。因此，市场供给曲线 S 也与前面所述的一致。

如图 14—9（a）中的供给和需求曲线所示，枫蜜的市场均衡价格为 3 美元/罐，均衡市场产量为 70 000 罐/天。

图 14—9（b）显示了戴夫所面对的情况。因为市场价格为 3 美元/罐，所以，戴夫的边际收益固定为 3 美元/罐。戴夫每天生产 7 罐枫蜜，以实现利润最大化。

图 14—9（b）也显示了戴夫的平均总成本曲线（ATC），而你可以看到当戴夫每天生产 7 罐枫蜜时，他的平均总成本为 5.14 美元/罐。目前市场价格为 3 美元/罐，比平均总成本低 2.14 美元/罐。这个数额是戴夫每罐所遭受的经济亏损。如果我们将每罐的经济亏损 2.14 美元乘以罐数——每天 7 罐，那么我们就可得到戴夫的经济亏损——如图中灰色矩形所示。

图 14—9（b）同样显示了戴夫的平均可变成本曲线（AVC）。注意戴夫在停业点上

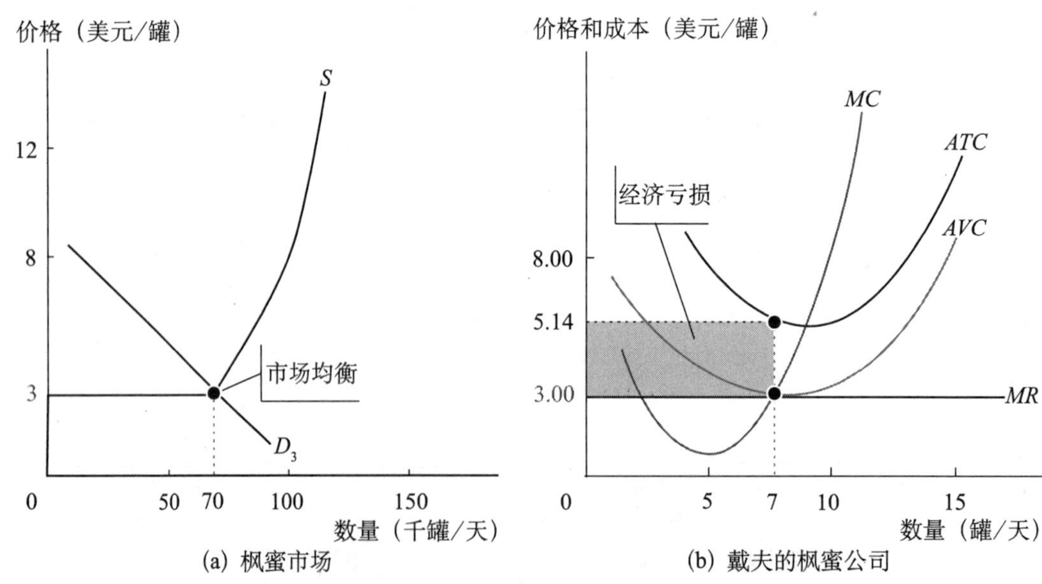

图 14—9 短期中的经济亏损

在图（a）中，市场需求曲线 D_3 和市场供给曲线 S 决定的市场均衡价格为 3 美元/罐。

在图（b）中，戴夫的边际收益为 3 美元/罐，因此，他每天生产 7 罐枫蜜。在这个产量水平下，价格（3 美元）低于平均总成本（5.14 美元），所以，戴夫遭受如灰色矩形所示的经济亏损。

的生产情况。戴夫同样也可以不生产。无论是哪种方式，他的经济亏损数额都等于他的总固定成本。如果价格略微高于3美元/罐，那么戴夫仍旧会出现经济亏损，但是亏损数额相对较小。如果价格低于3美元/罐，那么戴夫将会停业，其经济亏损数额等于总固定成本。

检查站 14.2　　解释在短期中如何决定产量、价格和利润。

现实问题

郁金香种植是一个完全竞争行业，所有郁金香种植者的成本相同。郁金香的市场价格为25美元/束，每个种植者每周生产2 000束，以实现其利润最大化。种植郁金香的平均总成本为20美元/束，平均可变成本为15美元/束。平均可变成本的最小值为12美元/束。利用上述信息回答问题1～3。

1. 每个种植者在短期中的经济利润是多少？

2. 种植者在停业点处的价格是多少？

3. 种植者在停业点处的经济利润是多少？

4. 玉米价格创新高。

由于受到全球对于人类和牲畜所食用的和用于提炼生物燃料的粮食的巨大需求的影响，玉米价格在过去一年上涨了80%。

资料来源：*USA Today*，June 26，2008.

请解释玉米的价格在短期内为什么会上涨，并且解释玉米种植者的边际收益、生产玉米的边际成本、一吨玉米的经济利润和种植者自身的经济利润是如何变化的。

参考答案

1. 因为市场价格（25美元）超过平均总成本（20美元），所以，郁金香种植者获得的经济利润为5美元/束。每个种植者每周生产2 000束，因此，每个种植者每周获得的经济利润为10 000美元。

图1显示了上述情况。郁金香种植者的边际收益等于市场价格（25美元）。种植者每周生产2 000束，以实现利润最大化。因此，在产量为2 000束时，边际成本曲线（*MC*）和边际收益曲线（*MR*）相交。生产2 000束郁金香的平均总成本是20美元，所以，*ATC*曲线通过这一点。经济利润等于灰色矩形区域。

2. 当价格等于平均可变成本的最小值——12美元/束（图1）时，种植者会暂时停业。

3. 在停业点上，种植者所遭受的经济亏损等于总固定成本。*ATC*=*AFC*+*AVC*。图2显示了计算*TFC*的数据。当每周种植2 000束时，*ATC*为20美元/束，而*AVC*为15美元/束，因此，*AFC*为5美元/束。总固定成本为每周10 000美元——5美元/束×2 000束/周。所以，在停业点上，种植者所遭受的经济亏损等于每周10 000美元。

4. 玉米的市场需求上升将提高玉米的市场价格。玉米市场是竞争性市场，所以，玉米种植者的边际收益等于市场价格，因而，边际收益上升。种植者通过生产边际收益等于边际成本时的产量水平，能够实现利润最大化。因为边际收益上升，因此种植者将增加产量，并且沿着各自的*MC*曲线向上移动。一吨玉米的经济利润（市场价格减去生产一吨玉米的边际成本）将会增加。在短期中，经济利润会增加。

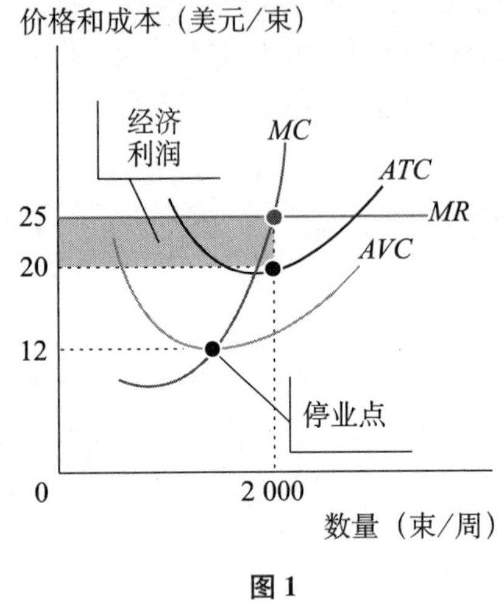

图 1

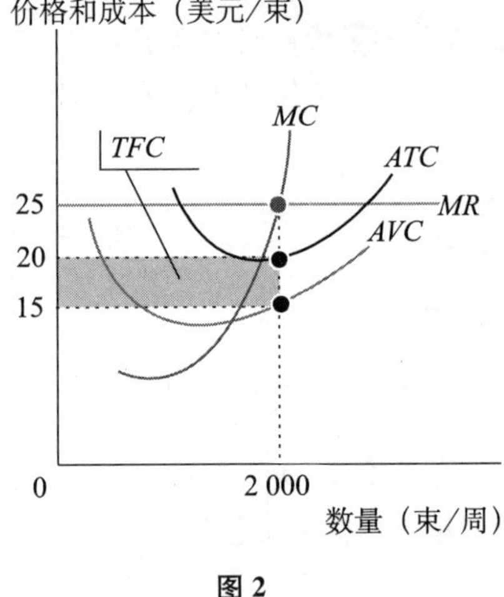

图 2

14.3 长期中的产量、价格和利润

完全竞争市场处于不断变化的状态。价格、产量和经济利润随着市场需求和市场供给的变化而变化。我们在上一节所描述的三种情况——一般时期、繁荣时期和萧条时期——都不会在完全竞争市场中永远存在。市场力量将会迫使企业为了经济利润而竞争，并且消除经济亏损，从而使市场价格移向尽可能最低的价格。这个价格就等于最小平均总成本。在长期中，完全竞争企业在最小平均总成本处进行生产，并且经济利润为零。(企业家获得正常利润——企业总成本的一部分。)

图 14—10 说明了一个完全竞争市场的长期均衡，而且突出了使市场达到这种状态的力量。在图 14—10（a）中，企业的平均总成本曲线是 ATC，而企业在最小平均总成本处进行生产——最小平均总成本为 5 美元/罐，产量为 9 罐/天。如果价格不等于 5 美元/罐，那么市场力量会使得价格重新回到 5 美元/罐。图中指向 5 美元的箭头代表了市场力量。

在图 14—10（b）中，市场需求曲线为 D。只有当市场供给曲线为 S 时，市场需求曲线和市场供给曲线相交处的价格才等于最小平均总成本。如果市场供给小于 S（供给曲线在曲线 S 的左侧），那么价格将高于 5 美元/罐；如果市场供给大于 S（供给曲线在曲线 S 的右侧），那么价格将低于 5 美元/罐。市场力量会使得供给曲线重新回到 S，并且图中指向 S 的箭头代表这种市场力量。

□ 14.3.1 进入和退出

进入和退出是一种市场力量，它们会使供给曲线移动，并且在长期中使价格移向最小平均总成本。在短期中，企业可能会获得正经济利润（如图 14—8 所示），或者遭受经济亏损（如图 14—9 所示）。但是在长期中，企业的经济利润为零。

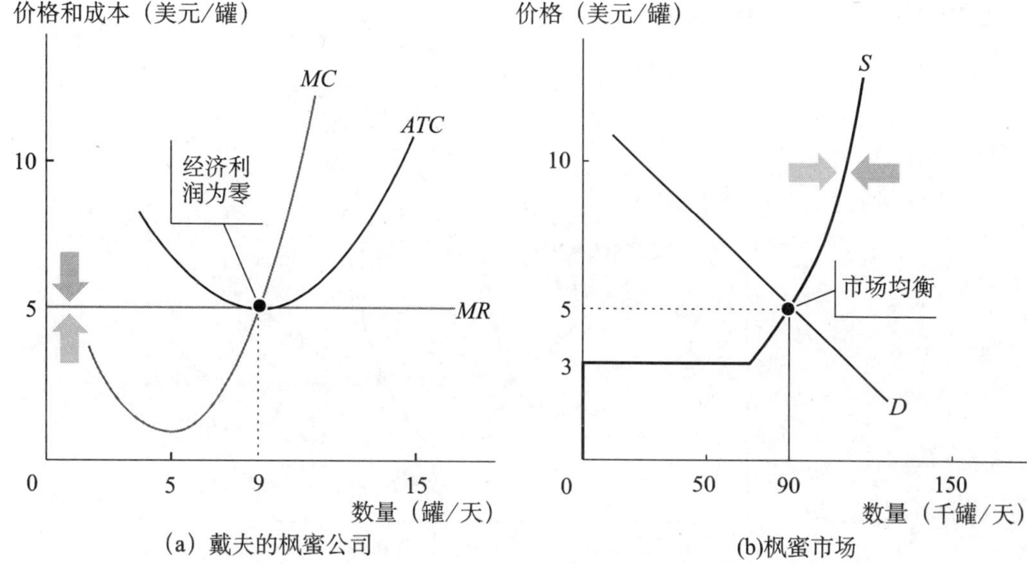

图 14—10　长期均衡

在图（a）中，最小平均总成本为 5 美元/罐。在长期均衡中，价格和边际收益都趋向这个水平。企业的经济利润为零。

在图（b）中 如果价格高于 5 美元/罐，即高于图（a）中的最小 *ATC*，那么供给增加，而价格下降。如果价格低于 5 美元/罐，那么供给减少，而价格上升。

在长期中，企业通过进入或退出市场对经济利润和经济亏损做出反应。当市场中的企业获得经济利润时，新的企业就会进入市场；而当市场中的部分企业遭受经济亏损时，它们会退出市场。暂时的经济利润或经济亏损就如在赌场中的赢或输，不会引发企业的进入和退出。但是，预期持续的经济利润或亏损却能做到。

进入和退出将影响价格、产量和经济利润。进入或退出决策直接的影响是使市场供给曲线发生移动。如果更多企业进入市场，那么供给增加，市场供给曲线向右移动。如果一些企业退出市场，那么供给减少，市场供给曲线向左移动。

让我们看看当新企业进入市场时会发生什么。

进入效应

图 14—11 显示了进入效应。最初，市场处于长期均衡状态。市场需求为 D_0，市场供给为 S_0，价格为 5 美元/罐，数量为 90 000 罐/天。枫蜜的风靡使得市场需求激增，需求曲线移动到 D_1。价格上升为 8 美元/罐，枫蜜市场的企业将产量增加到 100 000 罐/天，并且获得经济利润。

这对于像戴夫这样的枫蜜生产者而言是美好时光，所以，其他潜在的枫蜜生产者也希望采取一些行动。新的企业开始进入市场。当他们这样做时，供给就会增加，市场供给曲线向右移动到 S_1。随着供给变得更大而需求保持不变，价格从 8 美元/罐下降到 5 美元/罐，产量增加到 140 000 罐/天。

市场产量增加，但因为价格下降，戴夫和其他生产者将产量减少到最初水平。不过，由于市场中的企业数量增加了，总体而言，市场的供给量增加了。

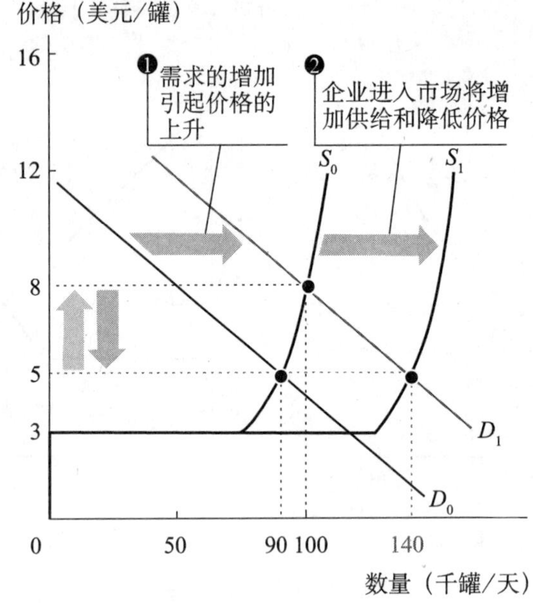

图 14—11　进入效应

从长期均衡开始。①需求增加，需求曲线从 D_0 移动到 D_1，价格从 5 美元/罐上升到 8 美元/罐。

经济利润引发进入。②随着企业进入该市场，供给曲线从 S_0 向右移动到 S_1，均衡价格从 8 美元/罐下降到 5 美元/罐，产量从 100 000 罐/天增加到 140 000 罐/天。

随着价格的下跌，每家企业的经济利润在减少。当价格下跌到 5 美元/罐时，经济利润将消失，每家企业的经济利润为零，进入过程停止，市场再次处于长期均衡。

你已经发现了第一个重要的论点：

> 经济利润是新企业进入市场的一种激励，但在它们进入市场后，价格下降，每家现有企业的经济利润将减少。

退出效应

图 14—12 显示了退出效应。我们再回到长期均衡的需求曲线 D_0 和供给曲线 S_0。假设现在对一种新的具有高营养和低脂特点的早餐食品的需求增加，这会减少对薄煎饼的需求，进而减少对枫蜜的需求。需求曲线从 D_0 移动到 D_2。企业成本与前面所述相同，因此，市场供给曲线仍为 S_0。

随着需求曲线移动到 D_2，供给曲线为 S_0，价格将下降为 3 美元/罐，而且产量为 70 000 罐/天。枫蜜市场中的企业将遭受经济亏损。

对于枫蜜生产者而言，这是艰难时光，戴夫必须认真考虑离开他梦寐以求的行业，而去寻找其他谋生方式。不过，其他生产者的处境与戴夫相同。当戴夫仍然在思考着他的选择时，一些企业开始退出市场。

随着企业的退出，市场供给曲线向左移动到 S_2。随着供给的减少，产量从 70 000 罐下降到 50 000 罐，价格从 3 美元/罐上涨到 5 美元/罐。

随着价格的上涨，戴夫和其他留在市场中的企业将沿着他们自己的供给曲线移动，

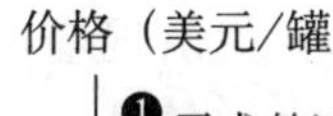
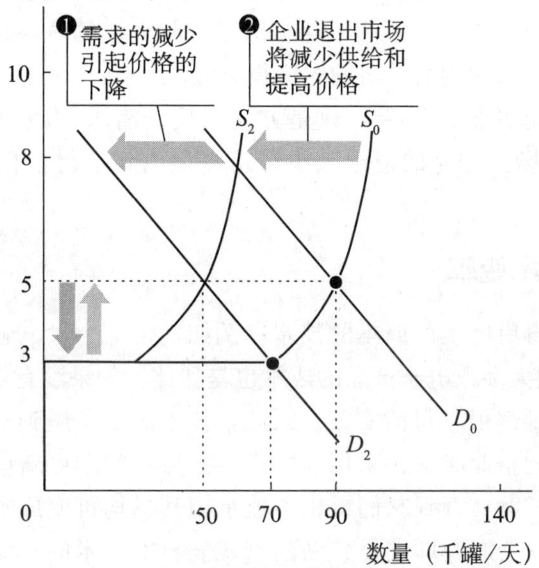

图 14—12　退出效应

从长期均衡开始。①需求减少，需求曲线从 D_0 移动到 D_2，价格从 5 美元/罐下跌为 3 美元/罐。

经济亏损引起退出。②当企业退出市场时，供给曲线从 S_0 向左移动到 S_2。均衡价格从 3 美元/罐上涨为 5 美元/罐，产量从 70 000 罐/天减少为 50 000 罐/天。

并增加产量。即，对于每家留在市场中的企业来说，利润最大化的产量增加了。随着价格的上涨，以及每家企业销售量的增加，经济亏损减少了。当价格上涨到 5 美元/罐时，每家企业的经济利润为零。戴夫获得了正常利润（企业总成本中的一部分），而且他对于能继续通过生产枫蜜来养家糊口而感到高兴。

你已经发现了第二个重要的论点：

> 经济亏损是企业退出市场的一种激励，但在它们退出市场后，价格上涨，每家留在市场中的企业的经济亏损将减少。

□ 14.3.2　需求变化

起初，竞争性市场处于长期均衡状态，企业的经济利润为零（企业家获得正常利润）。现在，市场需求增加了。这使得价格上涨，企业增加产量，以使边际成本等于价格，而且企业获得经济利润。市场现在处于短期均衡，而不是长期均衡。

经济利润是新企业进入市场的一种激励。随着企业的进入，市场供给增加，而市场价格下跌。在更低的价格水平下，企业将减少产量，以使边际成本等于价格。

请注意，随着企业进入市场，市场产量增加，但每家企业的产量在减少。最终，有足够多的企业进入市场，使得经济利润减少，市场回到长期均衡状态。

初始的长期均衡和新的长期均衡的重要区别在于市场中的企业数量。永久性需求的增加将会增加企业数量。每家企业在新的长期均衡下所生产的产量与初始长期均衡时的产量相同，并且每家企业的经济利润为零。在初始均衡移向新的均衡的过程中，企业获得了经济利润。

在世界经济中，对航空旅行的需求在20世纪90年代出现增长，对航空公司放松规制使得企业自由地寻找该市场的利润机会。结果引起大量的航空公司进入市场。航空公司的竞争过程及其变化与我们所学习的内容很类似。

需求的减少将引起相似的结果，只是方向相反。需求的减少导致更低的价格、经济亏损和企业退出市场。企业的退出减少了市场供给，使得价格上涨，进而减少经济亏损。

□ 14.3.3 技术变革

企业不断寻找获得更低生产成本的技术。例如，生产个人电脑的成本已经下降。生产MP3播放器和其他大多数电子产品的成本也是如此。如果没有对新设备的投资，大多数节约成本的生产技术都很难付诸实践。因此，技术进步扩展到整个行业需要时间。一些设备处于替代边缘的企业能很快采用新技术，而另一些刚更新设备不久的企业则会继续使用旧的技术进行经营，直到它们再也不能承担其平均可变成本为止。一旦难以承担平均可变成本，企业就会放弃即使是较新的（代表着旧技术的）设备，而采用具有新技术的设备。

新技术使企业的成本更低。因此，随着企业采用新技术，它们的成本曲线将向下移动。由于成本更低，企业愿意以更低的价格提供给定数量的产品，也就是说，它们愿意在给定价格下提供更多的产品。换句话说，市场供给增加，市场供给曲线向右移动。在需求不变的情况下，产量增加，而价格下降。

采用新技术的企业获得经济利润，因此，拥有新技术的企业将进入市场。坚持使用旧技术的企业将遭受经济亏损，所以它们要么选择退出市场，要么转向新技术。随着使用新技术的企业进入市场，而使用旧技术的企业退出市场，价格将下降，而产量会增加。最终，市场达到长期均衡，在这个均衡上，所有的企业都使用新技术，并且每家企业的经济利润都为零。

关注汽车行业

为什么通用汽车公司破产了？

2009年6月1日，通用汽车公司申请破产保护。

过去的通用汽车公司

通用汽车公司首席执行官亨德森（Fritz Henderson）将通用汽车公司的破产归咎于能以更低成本进行生产的全球性竞争对手的扩张。

通用汽车公司的运营成本是固定的工厂成本和可变的劳动成本。公司也有“传统”成本：一种向其退休员工支付退休金和向其债券持有者支付债务的固定成本。

通用汽车公司在2008年大约生产了800万辆汽车，总收益约为1 440亿美元，总成本约为1 760亿美元，经济亏损约为320亿美元（见下图）。为了维持企业运营，公司分别从美国和加拿大政府那里获得贷款。

上述数据说明了通用汽车公司在2008年所面对的情况。公司销售一辆汽车的平均价格为18 000美元。为了实现利润最大化（或亏损最小化），通用汽车公司销售了800万辆汽车。生产这些汽车的平均总成本为22 000美元，所以，每辆汽车的经济亏损为4 000美元。由于公司预期亏损情况不会改变，因此，过去的通用汽车公司没有其他选择，只能退出汽车行业。

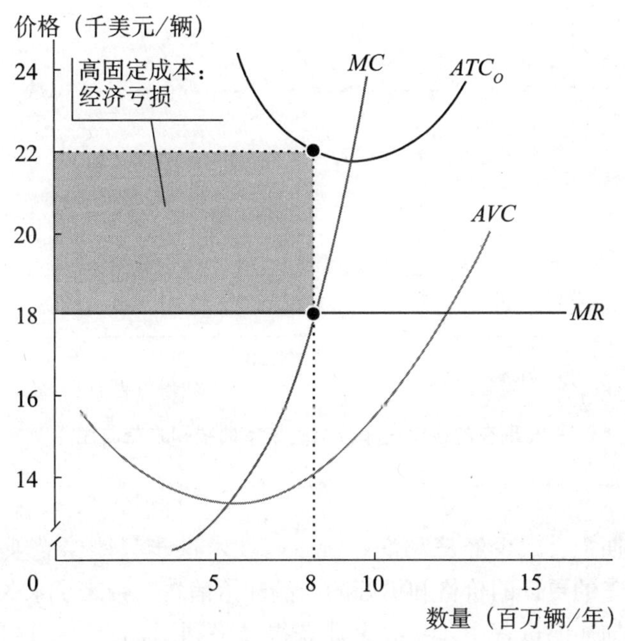

过去的通用汽车公司的成本曲线和收益曲线

现在的通用汽车公司

在过去的通用汽车公司申请破产保护的那天，它的行政官员开始谈论现在的通用汽车公司。通用汽车公司在其“重建”的网站上发布了公司的成本节约计划和投资于采用绿色技术的新型汽车计划。

建立一个盈利的新通用汽车公司是一项复杂烦琐的任务，它需要管理团队创造性的思考和行动。但是公司重建有一个重要的特征：削减传统的固定成本。

重建通用汽车公司不会改变汽车的市场价格——全球市场决定价格，也不可能对生产汽车的边际成本产生太大的影响——技术和要素价格决定边际成本。

削减固定成本是现在的通用汽车公司仅有的对于实现盈利具有较大影响的方法。

下图显示了现在的通用汽车公司必须达到的最低点：公司必须削减固定成本，从而使 ATC 曲线从 ATC_O 移动到 ATC_N。通用汽车公司可以在相同的产量水平上实现利润最大化。每年生产800万辆汽车，但是，公司运营的平均总成本等于每辆汽车的价格，因此，公司的经济利润为零。

更大幅度地削减固定成本将使现在的通用汽车公司获得正的经济利润。但是在长期中，随着新企业进入全球市场，经济利润会减少到零。

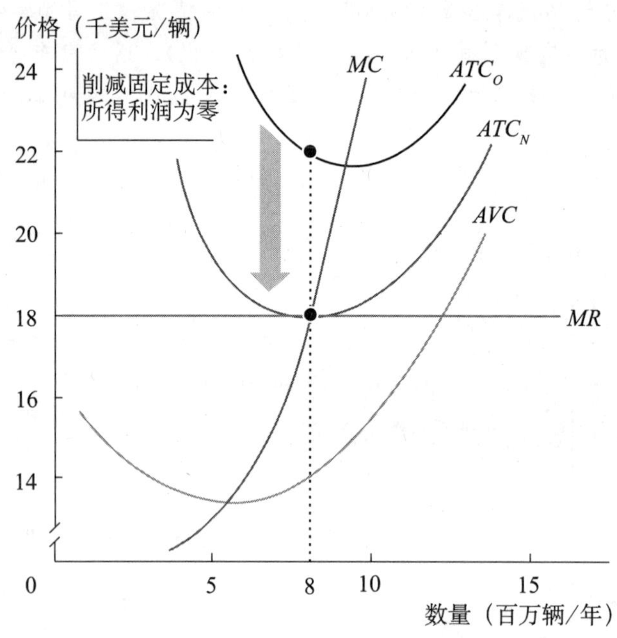

现在的通用汽车公司的成本曲线和收益曲线

由于竞争在长期中会减少经济利润，所以，技术进步只能给企业带来暂时性收益。但是技术进步所带来的更低的价格和更好的产品却给消费者带来了永久性收益。

在我们刚才所描述的过程中，一些企业获得经济利润，而另一些遭受经济亏损——这是市场动态变化的一个周期。一些企业运营得很好，而另一些则很糟。这一过程通常带有一种地域性的特征：拥有新技术的企业的扩张使曾经贫穷的地方变得繁荣，而随着拥有旧技术的企业停业，传统工业地区将会衰落。有时，新技术企业在国外，而旧技术企业则在国内。20 世纪 90 年代的信息革命产生了很多这样的例子。商业银行（一个竞争程度略低于完全竞争的行业）传统上集中于纽约、圣弗朗西斯科（又称旧金山）以及其他大城市，但现在它在北卡罗来纳州的夏洛特市繁荣起来了，该市已经成为美国第三大的商业银行聚集城市。电视节目和电影传统上在洛杉矶和纽约制作，而现在大部分则是在奥兰多和多伦多制作了。

技术变革不仅仅局限于信息和娱乐市场。食品生产也由于基因工程而经历了重大的技术变革。

□ 14.3.4 完全竞争是有效率的吗?

完全竞争是有效率的。为了了解其中的原因，我们首先回想一下资源有效分配的条件。当人们为了多获得一单位商品，而不得不放弃具有更高价值的另一种商品时，资源的使用是有效率的。为了实现这个结果，边际收益必须等于边际成本。这就是完全竞争所达到的结果。

我们可以从边际成本曲线推导出完全竞争企业的供给曲线。供给曲线由位于边际成本曲线上的所有高于最小平均可变成本（停业价格）的点构成。因为市场供给曲线是所有企业在不同价格下的产量的总和，所以，市场供给曲线是整个市场的边际成本曲线。

需求曲线是边际收益曲线。因为供给曲线和需求曲线在均衡价格处相交，所以，这个价格既等于边际成本，又等于边际收益。

图 14—13 说明了完全竞争的效率。我们将需求曲线标示为 $D=MB$，而供给曲线标示为 $S=MC$，从而便于提醒你这些曲线也表示边际收益和边际成本曲线。

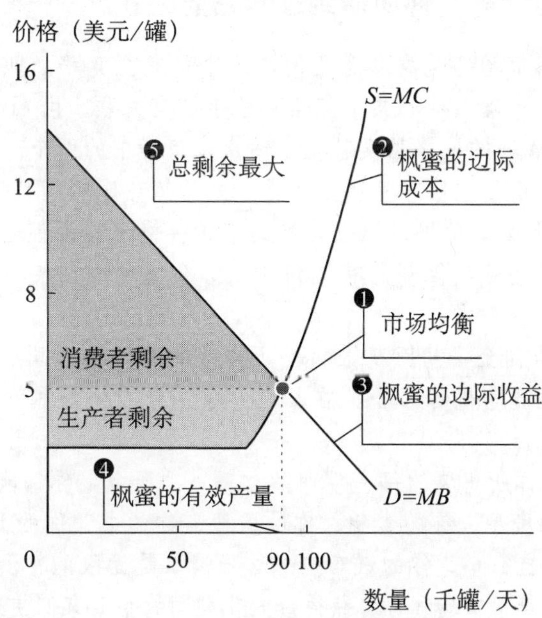

图 14—13　完全竞争的效率

①市场均衡时，价格为 5 美元/罐，产量为 90 000 罐/天。

②供给曲线也是边际成本曲线。

③需求曲线也是边际收益曲线。因为在市场均衡时，边际收益等于边际成本，④枫蜜的产量是有效率的。⑤总剩余（消费者剩余加上生产者剩余）实现最大化。

这些曲线在均衡价格和均衡产量处相交。价格等于边际收益，也等于边际成本，而且均衡产量是有效率的。总剩余是指消费者剩余和生产者剩余的总和，它实现了最大化。任何远离这个结果的情况都是没有效率的，而且会引起本可避免的无谓损失。

□ 14.3.5　完全竞争是公平的吗？

你在第 6 章已经学习过了市场的公平，并且了解了公平存在两个概念：规则公平和结果公平。如果在实施产权的情况下，人们通过自愿交易的方式来获得资源、商品和服务，那么这就是规则公平。如果最穷的人不是过于贫穷，而最富的人也不是过于富有，那么这就是结果公平。不过，没有一个统一的标准来界定什么是过于贫穷和过于富有。

在短期中，如果竞争市场中出现暂时的短缺，这可能是由恶劣天气或者自然灾害引起的，那么价格会急剧上涨。在这种情况下，一些人获得巨额的意外收益，而可能大部分人将面对价格较高的必需品。从结果公平的角度来看，这种情况被视为不公平。

然而，无论从规则公平还是结果公平的角度来看，长期中的完全竞争似乎都是公平的。它没有给任何人的行为施加限制，所有的交易都是出于自愿的，消费者支付尽可能低的价格，而企业家仅仅获得正常利润。

关注你的生活

你所遇到过的完全竞争

你每天遇到的许多市场都是高度竞争的，几乎是完全竞争。即使你在日常生活中没有遇到过完全竞争，你也确实会和某个完全竞争市场有关联。由 eBay 和其附属子公司之一 StubHub 公司分别管理的网络拍卖就是上述众多市场中的两个。

如果你有一张旧金山巨人队和亚特兰大勇士队的棒球比赛门票，但你又不想去观看，那么你可以在 StubHub 公司的网站上以当前的市场价格（减去佣金）出售这张门票。如果你极度渴望观看这场比赛，但却没有买到票，那么你可以在相同的网站上以当前的市场价格（加上佣金）购买一张。

StubHub 公司获得佣金，从而获得利润。但是 StubHub 公司、TicketMaster 公司和其他票务代理商之间的竞争确保了企业在长期竞争中没有经济利润，企业家只能获得正常利润。

无论你在哪里购买你所想要的每一件商品和每一项服务，你都能够买到，这是由于竞争所造成的影响。你的房屋、你的食物、你的衣服、你的书、你的 DVD 光盘、你的 MP3 文件、你的电脑、你的自行车、你的汽车……这张清单是无限的。没有人会魔法从而能使你买到这么多的产品。竞争市场和努力获得最大化利润的企业家们使这一切得以实现。

当需求或技术发生变化时，现有的资源分配将不再准确，此时，市场将快速而悄无声息地发挥作用。它向企业家们传递信号，从而使得企业家们做出进入或退出市场的决策，并且产生一种新的有效率的利用稀缺资源的方式。

毫不夸张地说，你的整个生活都受到竞争力量的影响，而且从中获益匪浅。亚当·斯密所说的看不见的手可能就隐含于这个观点中，但是它具有强大的力量。

检查站 14.3 解释在长期中如何决定产量、价格和利润，并解释完全竞争为什么是有效率的。

现实问题

郁金香种植是一个完全竞争行业，所有郁金香种植者都拥有相同的成本曲线。郁金香的市场价格为 15 美元/束，每个种植者的利润最大化产量为每周 1 500 束。生产郁金香的平均总成本是 21 美元/束。最低的平均可变成本为 12 美元/束，最低的平均总成本为 18 美元/束。利用这些信息回答问题 1 和 2。

1. 在短期中，郁金香种植者的经济利润是多少？而在长期中，郁金香种植者的数量怎样变化？

2. 在长期中，郁金香的价格和种植者的经济利润各是多少？

3. 棉花种植者面临强敌。

种植季节刚开始，藜草就已迅速蔓延了，比棉花长得更高，并且遮挡了阳光。这一新种类的藜草具有很强的抗除草剂的特点。科学家们估计数千英亩的田地已经重新耕种，而且每一英亩田地所需的用于抵御藜草的花费为 20 美元。

资料来源：*USA Today*，July 18，2008.

种植棉花的成本如何变化？这种藜草对于短期中的棉花市场将产生什么影响？在长期中，种植者是会选择种植棉花，还是选择种植其他农作物？棉花市场在长期中如何变化？

参考答案

1. 由于价格低于平均总成本，因此在短期中，郁金香种植者会遭受经济亏损。因为价格超过平均可变成本的最小值，所以郁金香种植者会继续生产。其经济亏损等于生产每束郁金香所造成的亏损（21 美元减去 15 美元）乘以花的数量（1 500 束），即等于 9 000 美元（图 1）。

因为郁金香种植者遭受经济亏损，所以在长期中，一些企业会退出，从而使得郁金香种植者的数量减少。

2. 长期中的价格等于使经济利润为零的价格。即，随着郁金香种植者的退出，价格会上涨，直到其等于平均总成本的最小值。因此，长期价格将为 18 美元/束（图 2）。

因为郁金香种植者在长期中的平均总成本等于价格，所以其经济利润将为零（图 2）。

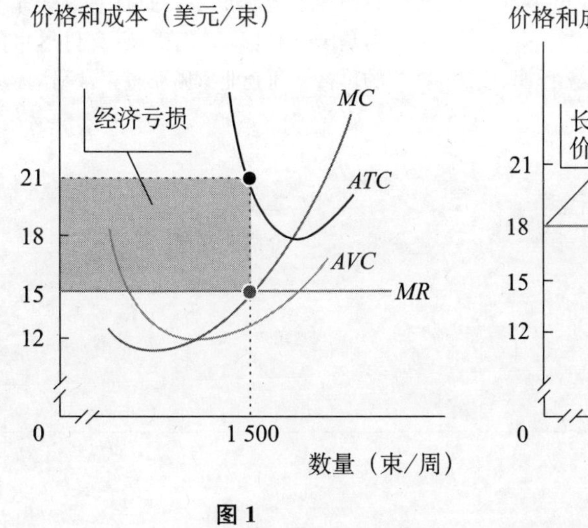

图 1

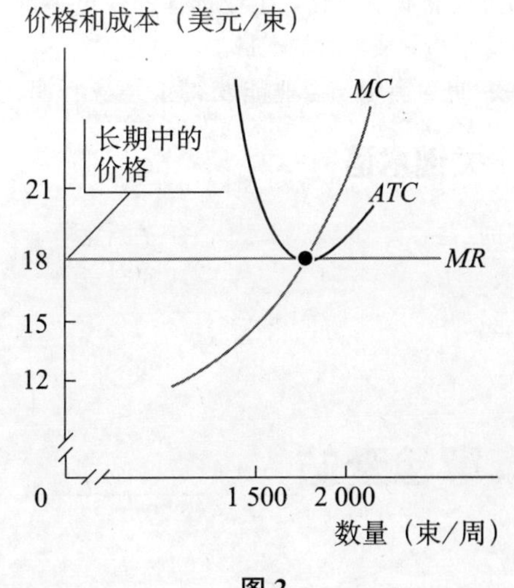

图 2

3. 无论生产多少棉花，棉花种植者都将承担除草的成本——每英亩 20 美元。这个成本是固定成本，因此，种植者的边际成本不变。由于一些棉花地已经重新耕种过了，棉花的市场供给在短期中将出现减少，而市场价格将上涨。为了实现利润最大化，棉花种植者要在边际收益等于边际成本时的产量水平处进行生产。由于价格提高而边际成本不变，因此种植者一次的收成将会有正的经济利润。在长期中，新的种植者将进入棉花种植行业，市场价格将会下降，直到市场中的种植者所获得的经济利润为零。

本章总结

要点

1. 解释完全竞争企业的利润最大化选择，并推导出其供给曲线。
   - 完全竞争企业是价格接受者。
   - 边际收益等于价格。
   - 企业在价格等于边际成本的产量水平上进行生产。
   - 如果价格低于平均可变成本的最小值，企业则暂时性停业。
   - 企业供给曲线是由边际成本曲线在平均可变成本最小值以上的部分、停业点处的边际成本曲线以及价格低于平均可变成本最小值时的纵轴所构成的。
2. 解释在短期中如何决定产量、价格和利润。
   - 市场需求和市场供给决定着价格。
   - 为实现利润最大化，企业选择的产量为价格等于边际成本时的产量。
   - 在短期均衡中，企业能获得正经济利润、零经济利润或者遭受经济亏损。
3. 解释在长期中如何决定产量、价格和利润，并解释完全竞争为什么是有效率的。
   - 经济利润导致企业进入市场，这将增加市场供给、降低价格以及减少利润。经济亏损导致企业退出市场，这将减少市场供给、提高价格以及减少亏损。
   - 在长期中，企业的经济利润为零，而且没有企业进入或退出市场。
   - 需求的增加将增加市场中的企业数量和市场的均衡产量。
   - 降低生产商品成本的新技术将会增加市场供给、降低价格以及增加产量。
   - 完全竞争是有效率的。这是因为它使边际收益等于边际成本，而且它是公平的。交易是出于自愿的，消费者支付尽可能最低的价格，而企业家则获得正常利润。

关键术语

边际收益	垄断竞争	垄断
寡头	完全竞争	价格接受者
停业点		

本章检查站

学习计划中的问题与应用

1. 下列出售的各种产品和服务分别属于哪种类型的市场？解释你的答案。

- 小麦
- 牛仔裤
- 打印机墨盒
- 牙膏
- 镇上唯一一家健身房的会员资格

2. 解释为什么在完全竞争市场中的企业是价格接受者。为什么企业不能选择出售其产品的价格？

3. 表1显示了林的幸运曲奇的需求表。

表 1

价格（美元/包）	需求量（包/天）
50	0
50	1
50	2
50	3
50	4
50	5
50	6

请计算林在不同需求量下的边际收益。比较林的边际收益和价格。林经营幸运曲奇的市场属于什么类型？

表 1 显示了林的幸运曲奇的需求表。表 2 显示了林的一些成本数据。请利用这些信息回答问题 4～7。（提示：作一个林的短期成本曲线示意图。）

表 2

产量（包/天）	*AFC*	*AVC*	*ATC*	*MC*
	（美元/包）			
1	84.0	51.0	135	
				37
2	42.0	44.0	86	
				29
3	28.0	39.0	67	
				27
4	21.0	36.0	57	
				32
5	16.8	35.2	52	
				40
6	14.0	36.0	50	
				57

续前表

产量（包/天）	*AFC*	*AVC*	*ATC*	*MC*
	（美元/包）			
7	12.0	39.0	51	
				83
8	10.5	44.5	55	

4. 当市场价格为 50 美元/包时，林在短期中的产量和企业的经济利润分别是多少？企业在长期中会选择进入市场还是退出市场？

5. 当市场价格为 35.20 美元/包时，林在短期中的产量和企业的经济利润分别是多少？在长期中，市场中的企业数量会如何变化？

6. 当市场价格为 83 美元/包时，林在短期中的产量和企业的经济利润分别是多少？企业在长期中会选择进入市场还是退出市场？林在长期中的经济利润是多少？

7. 构建林的短期供给表，并且画出林的短期供给曲线。请解释林的短期供给曲线为什么只有一部分和林的边际成本曲线相同。

利用下列信息回答问题 8 和 9。

农场的空气污染目标

加利福尼亚州计划打击蔬菜种植者使用熏蒸消毒剂的行为。地方官员估计每年花费的成本为 1 000 万～4 000 万美元。草莓、辣椒、胡萝卜和西红柿的种植者将成为重点打击对象。最大的打击对象是凡图拉郡（ventura county）的草莓种植者，他们的草莓产量占全国的 90%。

资料来源：*Los Angeles Times*，May 18，2007.

8. 请画出美国草莓市场在政府打击污染前的长期均衡：一个是美国市场，另一个是加利福尼亚州种植者的市场。现在说明治理污染的短期影响。

9. 根据所画的图说明治理污染的长期影响。

□ 教师可布置的问题与应用

1. 为什么过去的通用汽车公司会破产？

2. 现在的通用汽车公司如何克服过去的通用汽车公司所面临的问题？

3. 下列所出售的商品和服务分别属于哪种类型的市场？请解释你的答案。

- 谷物类早餐
- 手机
- 小镇上唯一的饭店
- 橘子
- 镇上由一家有线公司提供的有线电视

利用下列信息回答问题 4～6。

图 1 显示了一家玩具企业的短期成本曲线。假设存在 1 000 家相同的玩具生产者。表 1 显示了玩具的市场需求表。

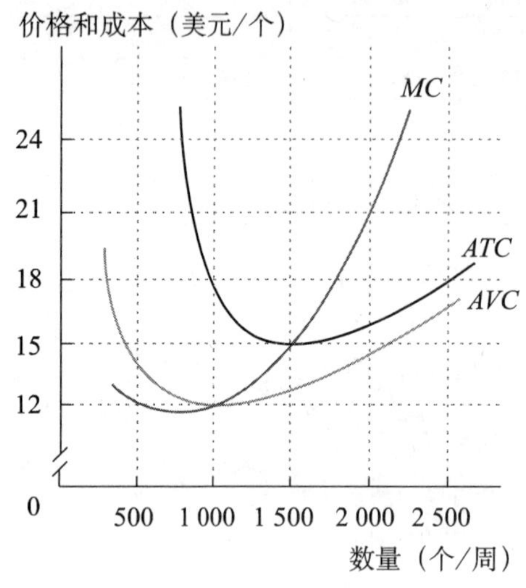

图 1

表 1

价格 （美元/个）	需求量 （千个/周）
24	1 000
21	1 500
18	2 000
15	2 500
12	3 000

4. 当市场价格为 21 美元/个时，企业在短期中的产量是多少？企业在短期中会出现正经济利润、零经济利润，还是经济亏损？企业是选择进入市场还是退出市场？

5. 当市场价格为 12 美元/个时，企业在短期中的产量和经济利润分别是多少？在长期中，玩具市场中的企业数量如何变化？

6. 当市场价格是多少时，企业会选择暂时停业？玩具的长期市场均衡价格是多少？在长期中，玩具市场中的企业数量是多少？请解释你的答案。

7. 假设餐饮行业是完全竞争的。乔的饭店总是在晚上客满，但是在午餐时间，客人却很少。请问乔的饭店为什么不在午餐时关门——暂时停业呢？

利用下列信息回答问题 8～10。

农作物的价格大幅下降使得经营农场变得很艰难

玉米、大豆和小麦的价格从今年年初的历史高位下跌了近 50%。由于玉米产量比预期要好，今年世界粮食产量比 2007 年几乎提高了 5%，达到了历史新高。由于受到以玉米为原材料的酒精行业扩张的影响，粮食价格也已经和石油价格更加紧密地联系在一起了。

资料来源：*USA Today*，October 23，2008.

8. 2008 年的粮食价格为什么下跌？请画图说明对于单个粮食种植者的经济利润的短期影响。

9. 请解释石油价格下跌对于酒精市场的影响。画图说明对于单个酒精生产者的经济利润的短期影响。

10. 如果近几年石油价格保持低价，那么这对于酒精市场和酒精生产者数量的长期影响是什么？

利用下列信息回答问题 11 和 12。

航空安全自 2001 年 9 月 11 日的恐怖袭击后得到了加强。私人企业提供了很多额外的安全服务，这些企业处于竞争性市场。请使用完全竞争模型来回答下面的问题。

11. 你认为航空安全提供商在 2002 年将会获得经济利润还是会遭受经济亏损？请解释你的答案。

12. 你预期航空安全服务的价格在 2003 年和 2004 年会上涨还是会下跌？为什么？

利用下列信息回答问题 13～16。

枫蜜生产商踏上财富之路

佛蒙特州的制糖季节即将全面开始。佛蒙特州是美国最大的枫蜜生产地，每年生产大约 500 000 加仑。在 2007 年，生产每加仑枫蜜的成本平均为 35 美元；今年，枫蜜的价格是 45 美元/加仑。加拿大通常是一个主要生产地，但是由于加拿大经历了一个歉收的季节，它的产量下降了 30%。由于消费者转向购买天然有机产品和当地生产的食品，因此，对于枫蜜的需求急剧增加。

资料来源：*USA Today*，March 30，2009.

13. 请列出枫蜜市场是完全竞争市场的特征。

14. 假设行业处于长期均衡，请画图描述枫蜜市场的情况，以及 2007 年的单个企业的成本和收益情况。

15. 从行业的长期均衡开始，解释在其他条件不变的情况下，加拿大的枫蜜供给量的下降在短期中如何影响枫蜜市场和单个生产者。

16. 从行业的长期均衡开始，解释在其他条件不变的情况下，对于枫蜜的需求上升在短期中如何影响枫蜜市场和单个生产者。

利用下列信息回答问题 17～19。

在路的两侧有两个加油站：拉特的农场商店和希茨加油站。拉特不需要走过马路就可以知道希茨何时调整了每加仑汽油的价格。当希茨提高价格时，拉特的加油站就变得很忙碌；当希茨降低价格时，拉特的加油站就变得很空闲。两家加油站都存在，但是没有一家能控制价格。

资料来源：*The Mining Journal*，May 24，2008.

17. 请描述每家加油站所面对的需求弹性。

18. 为什么每家加油站无法为各自销售的汽油定价？

19. 这些加油站如何决定所要销售的汽油数量？

第 15 章 垄断

微软的价格太高吗?

拷贝一份 Office 2007 只花费微软几美元，但它却将这一程序以 399.95 美元的价格出售。为什么价格这么高呢?

本章要点

学完本章，你将能够：

1. 解释垄断是如何产生的并能区分单一价格垄断和价格歧视垄断。
2. 解释单一价格垄断者如何决定其产出与价格。
3. 比较单一价格垄断和完全竞争市场的不同表现。
4. 解释价格歧视如何增加利润。
5. 解释为什么自然垄断会被管制以及管制的影响。

15.1 垄断及其产生

垄断（monopoly）是指只有一个生产者提供没有很近替代品的产品或服务的市场，它可以通过进入壁垒阻止来自新公司的竞争。

地方电话、天然气、电力和供水公司都是地区性垄断的例子。葛兰素史克公司（GlaxoSmithKline）垄断生产 AZT，这是一种用来治疗艾滋病（AIDS）的药物。南非的戴比尔斯公司控制着全世界 80％的原产未切割钻石的生产——虽说不完全是但已经接近于垄断。

□ 15.1.1 垄断的产生

垄断产生于：

- 没有很近的替代品
- 进入壁垒

没有很近的替代品

如果一种产品有很近的替代品，即使只有一家企业在生产它，这家企业也一定会面临其替代品生产者的竞争。比如，地区公用事业公司提供的自来水就是没有很近替代品的一种产品，虽然用作饮用水时倒是有很近的替代品——瓶装矿泉水，但是用来洗衣、洗澡、洗车的话，它就没有有效的替代品了。

很近替代品的产出并不是静态的。技术变化会创造出新的替代品从而削弱垄断。例如，联邦快递、UPS、传真机和电子邮件就都削弱了美国邮政总局的垄断；宽带光纤电话线和蝶形卫星天线的出现削弱了有线电视公司的垄断。

一种新产品的进入也会产生垄断。例如，信息时代的技术为谷歌和微软提供了机会，使它们成为在其市场中相近的垄断者。

进入壁垒

保护一家公司免于新的竞争者进入的任何事情被称为进入壁垒。它有三种类型：

- 自然进入壁垒
- 所有权进入壁垒
- 法律进入壁垒

自然进入壁垒（natural barrier to entry） 当某项技术使得一家企业生产某种产品或服务能比两家或更多的生产者以更低的平均总成本来满足整个市场需求的时候，就存在着**自然垄断**（natural monopoly）。一家电力公司配送整个市场的电力需求的成本要比两家或两家以上公司更低。想象一下，有两根或更多的电线接到你的家里，然后你就可以选择你的电力供应者。

图 15—1 描述了电力配送的自然垄断。图中，电力的需求曲线是 D，长期平均成本曲线是 $LRAC$。由该曲线向下倾斜这一事实可知，在整条 $LRAC$ 曲线上，都存在着规模

经济。一家企业可以以每千瓦时 5 美分的价格生产 400 万千瓦时。在这个价格上，需求量就是 400 万度电。因此，如果价格是 5 美分/千瓦时，一家企业就能供应整个市场。如果两个企业分享这个市场，平均总成本将会更高。

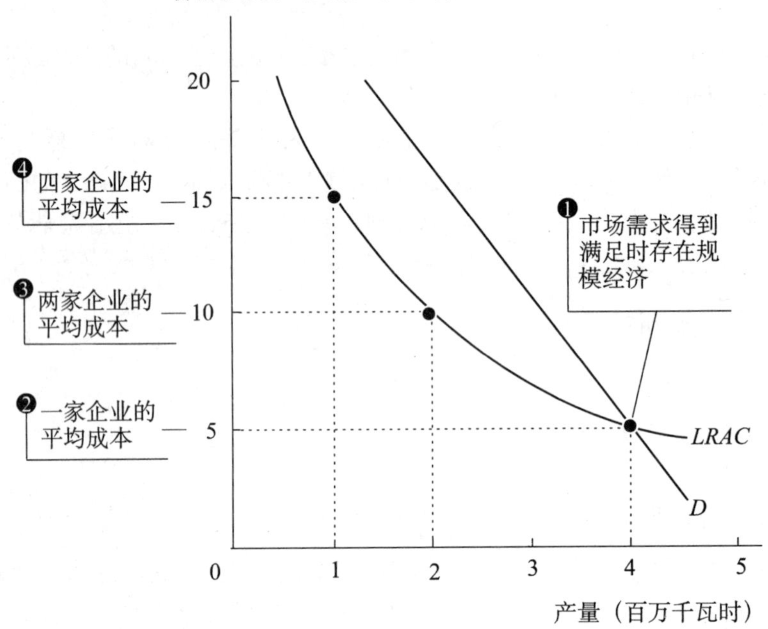

图 15—1　自然垄断

电力的需求曲线是 D，长期平均成本曲线是 $LRAC$。

①整条 $LRAC$ 曲线上都存在着规模经济。

一家企业可以②以 5 美分/千瓦时的成本输送 400 万千瓦时。

两家企业生产同样的产出③需要 10 美分/千瓦时。

四家企业生产同样的产出④需要 15 美分/千瓦时。

因此，一家企业能比两家或更多的生产者以更低的价格来满足整个市场需求，这个市场就是自然垄断的。

看看为什么如图 15—1 所示的情形会形成进入壁垒。考虑当第二个公司试图进入市场时会发生什么。这个公司会发现进入市场是无利可图的。如果它生产的数量比原公司少，那么它必须收取更高的价格而没有任何客户。如果它生产和原公司同样的数量，那么对这两个企业而言，价格会降至平均总成本以下，而它们之中的一个将被迫退出市场。这个市场只有一个企业的生存空间。

所有权进入壁垒（ownership barrier to entry）　一家企业通过买断大部分某种自然资源，就会限制竞争，阻碍企业进入，从而形成垄断。如果戴比尔斯公司能够控制全世界未切割钻石 100%的产量，那么它就是该类型垄断的例子。钻石行业没有自然进入壁垒。尽管钻石是一种相对稀有的矿物质，但在全球竞争性拍卖市场中却存在许多供给者。只有通过买断全世界所有的钻石，戴比尔斯公司才能阻碍这样的竞争。

法律进入壁垒（legal barrier to entry）　法律进入壁垒会产生一种法律垄断。通过某种自然资源所有权的集中或者通过公共特许权、政府许可证、专利或者版权来限制竞争和进入的那个市场就是法律垄断（legal monopoly）市场。

公共特许权是赋予某企业供给某种产品或服务的排他性权利，典型例子就是美国邮政总局，它有经营第一级邮件的排他性权利。**政府许可证**控制着某一职业、专业和产业的进入。一个例子就是位于罗得岛州查尔斯顿市的由迈克尔经营的特卡科公司（Texaco），它是该地区唯一一家被许可的可以测试车辆尾气排放的企业。

专利权是授予某一产品或服务发明者的一种排他性权利。**版权**是赋予文学、音乐、戏剧或艺术品的作者或创作者的一种排他性权利。它们在一定时期内有效，各国情况有所不同。在美国，专利权的有效期是20年。设立专利权就是为了鼓励新产品和新方法的**发明**。它也通过鼓励发明者公开自己的发现并在许可条件下方可运用，从而刺激了**创新**。专利权推动了黄豆种子、药物、记忆芯片和电子游戏这些不同领域里的创新。

大多数垄断会受到政府机构的规制。如果我们知道了无规制的垄断如何作为，我们就能够更好地理解为什么政府要规制垄断以及规制带来的影响。因此我们将先研究无规制的垄断，然后在本章的结尾再来考虑垄断规制。

垄断企业可以自己制定价格，但与此同时，它也要受到市场的约束。让我们看一下市场是如何限制垄断企业的定价选择的。

□ 15.1.2 垄断定价策略

垄断者都会面对销售价格与销售量之间的取舍。为了增加销售数量，垄断者必须制定较低的价格。但是存在着两种定价的可能性，它们会产生不同的取舍：

- 单一价格
- 价格歧视

单一价格

单一价格垄断（single-price monopoly）是以相同价格对所有顾客出售其每一单位产出的企业。戴比尔斯公司对其所有顾客都按相同价格出售（既定规格与质量的）钻石。如果它设法以低价格卖给一些顾客，而以相对较高的价格卖给另外一些顾客，那么就只有低价的顾客到戴比尔斯公司来购买钻石。其他人就会从戴比尔斯的低价顾客那里购买了。因此，戴比尔斯公司就必须是**单一价格**垄断者。

价格歧视

价格歧视垄断（price-discriminating monopoly）是可以在成本无差异的情况下以不同的价格销售不同单位的某种产品或服务的企业。很多公司都采用价格歧视策略。针对同一趟飞行旅程，航空公司会推出一系列令人眼花缭乱的不同票价。比萨饼生产者对单份饼收取一个价格，但对第二份比萨饼却几乎是赠送的。不同的顾客会支付不同的价格（像飞机票价），或者是同一顾客会为不同的购买量付出不同的价格（像特价的第二份比萨饼）。

当一家企业实行价格歧视时，这样做似乎有利于顾客。实际上，它是对售出的每一单位产品都索取了最高的可能价格，并赚取了最大可能的利润。

并不是所有的垄断者都能够实行价格歧视。实行价格歧视的最主要障碍是以低价购得产品的顾客会将其转售。由于有转售的可能性，价格歧视就仅限于提供无法转售服务的垄断者。

检查站 15.1 **解释垄断是如何产生的并能区分单一价格垄断和价格歧视垄断。**

现实问题

根据下列提供的关于公司的信息回答问题 1 和 2。

a. 可口可乐公司努力增加自己的利润，把自己产品的价格制定得低于百事可乐的价格。

b. 受到进入壁垒保护的某家企业提供没有很近替代品的个人服务。

c. 存在着进入壁垒，但是也存在着一些很近的替代品。

d. 某家博物馆向学生和老年人提供折扣优惠。

e. 某家企业在当前价格下可以出售任何数量的产品。

f. 政府颁发给泰格·伍兹股份有限公司生产高尔夫球的一张排他性的许可证。

g. 某企业即使当它生产满足整个市场需求量的产品的时候，它还处于规模经济阶段。

1. 以上 7 种情况中哪些是垄断或者哪种情形会出现垄断?

2. 以上情形中哪些属于法律垄断，哪些属于自然垄断? 它们都能施行价格歧视吗? 为什么?

3. 布兰森：英国航空公司与美国航空公司联盟将会是“魔鬼垄断者”。

维珍航空公司（Virgin Atlantic）的老板理查德·布兰森（Richard Branson）表示不应该允许美国航空公司（American Airlines，AA）和英国航空公司（British Airways，BA）形成联盟，因为这将“扼杀航空公司在大西洋两岸路线的竞争”。AA-BA 联盟在时间表、票价和成本削减上的合作会使乘客蒙受损失。

资料来源：*USA Today*，May 15，2009.

许多航空公司包括三角洲（Delta）、美国大陆航空（Continental）、全美航空公司（U. S. Airways）都提供大西洋两岸的航班。AA-BA 联盟会创造出一个“魔鬼垄断者”吗? 为了得到这一结果，在市场上会发生什么变化? AA-BA 联盟有没有可能可以提高效率?

参考答案

1. 当唯一一家企业生产没有很近替代品的某种产品或服务并存在进入壁垒时，就会产生垄断。因此，在 b、f 和 g 的情形下会出现垄断。在 a 中，存在着不止一家企业。在 c 中，该产品有许多很近的替代品。在 d 中，垄断企业有可能会采取价格歧视，但是另外一些企业（比如比萨饼生产者）虽然也采用价格歧视战略，但它们不是垄断者。在 e 中，该企业生产的这种产品的市场需求是具有完全弹性的，对它来说，想生产多少都可以，没有限制。这样的企业是处于完全竞争市场中的。

2. 当一家企业生产某种产品或服务能比两家或更多的生产者以更低的价格来满足整个市场需求的时候，就出现了自然垄断。因此，g 就是自然垄断，但 b 也有可能是。当赋予某项权利导致进入壁垒的时候就产生了法律垄断。所以说 f 是法律垄断，但是 b 也有可能是。垄断情况下的 b 可以采取价格歧视，因为个人服务无法转售。

3. 要成为一个垄断者，该联盟边际成本的降低将可能使票价下降到使得其他航空公司无法获得经济利润的程度。这一结果会减少竞争。如果该联盟在长期保持其低票价，效率可能会得到提高。

15.2 单一价格垄断

为了更好地理解单一价格垄断者是如何做出其产出与价格决策的，我们首先看一下价格与边际收益之间的关系。

15.2.1 价格和边际收益

由于在垄断市场中只有一家企业，因此该企业的需求曲线就是整个市场的需求曲线。让我们来看一下内布拉斯加州的开罗市唯一的一家理发店——波比理发店的情况。图 15—2 中的表显示了波比理发店的需求状况。例如，当价格为 12 美元时，每小时有 4 名顾客要理发（*E* 行）。

	价格（美元/次）	需求数量（次/小时）	总收益（美元/小时）	边际收益（美元/次）
A	20	0	0	
				18
B	18	1	18	
				14
C	16	2	32	
				10
D	14	3	42	
				6
E	12	4	48	
				2
F	10	5	50	

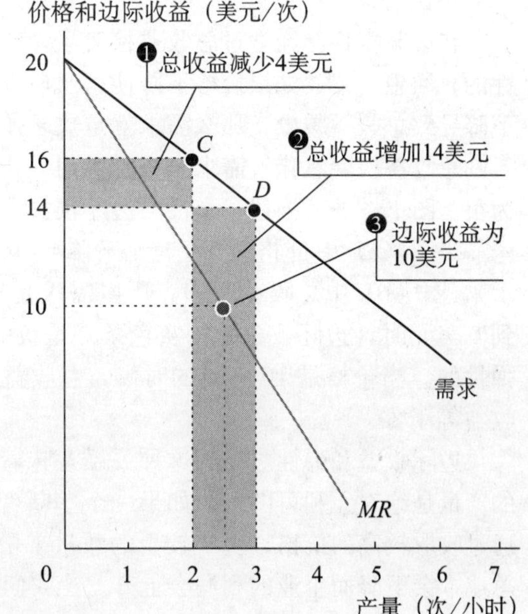

图 15—2 需求和边际收益

这张表显示的是波比理发店的需求、总收益和边际收益表。

如果价格从 16 美元降到 14 美元，销售数量从 2 次增加到 3 次：

①两次理发的总收益损失是 4 美元。

②多一次理发所增加的总收益是 14 美元。

③边际收益是 10 美元。

总收益等于价格乘以销售量。例如，在 *D* 行中，波比理发店提供 3 次理发服务，每次收取 14 美元，所以总收益就是 42 美元。**边际收益**是指销售量每增加一个单位所引起的总收益的变化量。比如，如果价格从 16 美元（*C* 行）降到 14 美元（*D* 行），销售数量从 2 次理发服务增加到 3 次。总收益从 32 美元上升到 42 美元，因此总收益变化了 10 美元。由于销售数量正好是增加了一次理发服务，因此边际收益就等于总收益的变化量 10 美元。边际收益放置在两行之间是为了强调边际收益与销售数量的**变化**有关。

图 15—2 显示了波比理发店的需求曲线和边际收益曲线（*MR*），并且演示了我们刚才所做的计算。注意到在每一产出水平下，边际收益总是小于价格——边际收益曲线位于需求曲线下面，这是因为更低的价格是在**所有**单位都售出的情况下获得的，而不仅仅是在边际单位上获得的。例如，当价格为 16 美元的时候，波比售出 2 次理发服务（*C* 点）。如果她把价格降到 14 美元/次，就可以售出 3 次理发服务并且增加的 1 次服务可以使她的收益增加 14 美元。但是她前两次提供的理发服务每次就只能收取 14 美元了，要比以前少 2 美元。结果，前两次提供的服务的收益就会减少 4 美元。要计算边际收益，她就必须从增加的 14 美元收益中减掉 4 美元。因此，她的边际收益就是 10 美元，这比价格要低。

注意边际收益曲线的**斜率**是需求曲线**斜率的两倍**。当价格从 20 美元降至 10 美元时，需求量从 0 上升到 5，而 *MR* 曲线上的数量只从 0 上升到 2.5。

□ 15.2.2 边际收益和弹性

在第 5 章你已经学过**总收益检验**了，它可以用来测试需求是富有弹性的还是缺乏弹性的。回想一下，如果价格**下降**使得总收益**增加**，那么需求就是有弹性的，但如果价格**下降**导致总收益**减少**，那么需求就是缺乏弹性的。

总收益检验意味着需求富有弹性时，边际收益为正，而需求缺乏弹性时，边际收益为负。图 15—3 就描述了弹性与边际收益之间的这种关系。

当图（a）中价格从 20 美元**下降**到 10 美元时，边际收益是正的（用浅灰色条表示），图（b）中总收益**增加**，所以需求是有弹性的。当图（a）中价格从 10 美元**下降**到 0 美元时，边际收益（深灰色条）是负的，图（b）中总收益**减少**，所以需求是**缺乏弹性**的。当价格是 10 美元的时候，总收益达到最大，需求处于单位弹性点，并且边际收益等于零。

边际收益和弹性之间的这种关系意味着垄断者在其需求曲线缺乏弹性的区间所生产的产量是绝对无利可图的。如果一个垄断者在其需求曲线上缺乏弹性的区域生产，它会通过收取较高的价格、生产较少的数量来增加其总收益。但是，通过降低产量，企业的总成本会下降而企业的利润会上升。让我们来看一下垄断者的产出和价格决策。

□ 15.2.3 产量和价格决策

为了确定垄断者利润最大化的产出水平和价格，我们需要研究收益和成本随产出变化的情况。

表 15—1 概述了我们需要的有关波比理发店收入、成本和经济利润的信息。经济利润等于总收益减去总成本，当波比每小时以 14 美元提供 3 次理发服务时，就获得了最大经济利润 12 美元。如果她以 16 美元提供 2 次理发服务，她的经济利润就只有 9 美元。如果她以 12 美元提供 4 次理发服务，她的经济利润就仅有 8 美元。

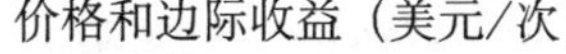

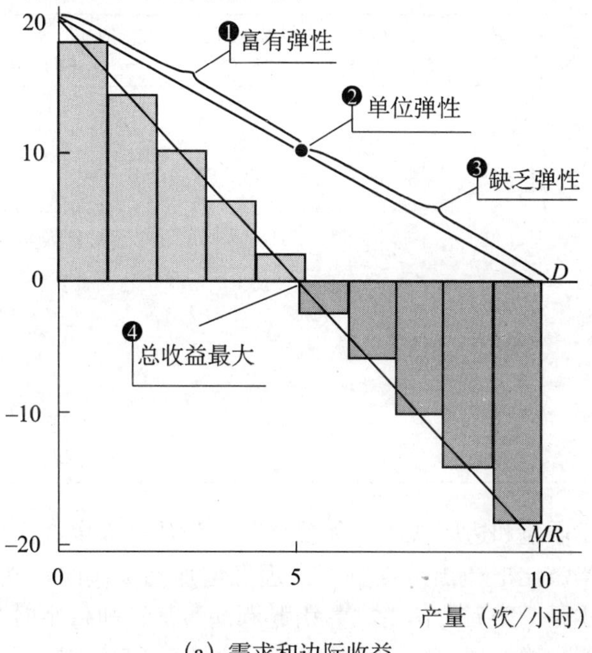

(a) 需求和边际收益

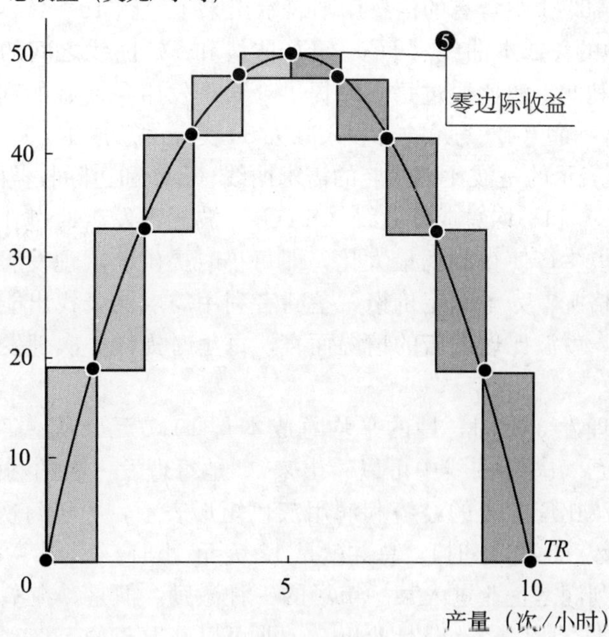

(b) 总收益

图 15—3　边际收益和弹性

随着价格的下降，当边际收益是正的（浅灰色条）时，①需求是有弹性的；当边际收益是零时，②需求是单位弹性的；而当边际收益是负的（深灰色条）时，③需求是缺乏弹性的。在图（a）的零边际收益处，④总收益最大。在图（b）中的总收益最大值处，⑤边际收益为零。

表 15—1　　垄断者的产出和价格决策

	价格（美元/次）	需求数量（次/小时）	总收益（美元/小时）	边际收益（美元/次）	总成本（美元/小时）	边际成本（美元/次）	利润（美元/小时）
A	20	0	0		12		−12
				18		5	
B	18	1	18		17		1
				14		6	
C	16	2	32		23		9
				10		7	
D	14	3	42		30		12
				6		10	
E	12	4	48		40		8
				2		15	
F	10	5	50		55		−5

通过观察其边际收益和边际成本，你就会明白为什么提供 3 次理发服务会是波比的利润最大化产出。当波比把产出从提供 2 次理发增加到 3 次时，她的边际收益是 10 美元，而她的边际成本是 7 美元，两者之差引起利润增加，即每小时 3 美元。如果波比进一步增加产出，从 3 次增加到 4 次，她的边际收益是 6 美元而边际成本是 10 美元。在这种情况下，边际成本超出边际收益 4 美元，因此一小时利润减少了 4 美元。

图 15—4 把表 15—1 中含有的信息用图表示出来了。图 15—4（a）表示波比的总收益曲线（*TR*）和她的总成本曲线（*TC*）。*TR* 曲线和 *TC* 曲线之间的垂直距离用于表示波比理发店的经济利润。波比通过每小时提供 3 次理发服务使她的利润最大化，每小时赚取 12 美元的经济利润（42 美元的总收入减去 30 美元的总成本）。

图 15—4（b）表示的是波比理发店的需求曲线（*D*）和边际收益曲线（*MR*）以及其边际成本曲线（*MC*）和平均总成本曲线（*ATC*）。波比理发店通过在其边际成本等于边际收益的产出水平上生产使得利润最大化，即每小时提供 3 次理发服务。但是理一次发她应该收取多少价格呢？为了确定价格，垄断者利用需求曲线找出能使它售出利润最大化产出的那个价格。就波比理发店的情况而言，每小时提供 3 次理发服务的最高价格是 14 美元/次。

当波比每小时理发 3 次时，她的平均总成本是 10 美元（从 *ATC* 曲线中可以看出来），价格是 14 美元（从 *D* 曲线中可以看出来）。她每理发一次的利润是 4 美元（14 美元减去 10 美元）。波比理发店的经济利润用灰色矩形表示，等于每次理发的利润（4 美元）乘以理发的次数（3 次/小时），总共就是 12 美元/小时。

获取正的经济利润是企业进入某一市场的一种激励。但是，在垄断市场中进入壁垒阻碍了这样的事发生。所以在垄断行业里，企业可以获取正的经济利润，并且无限期地继续盈利下去。

垄断者可以制定高于边际成本的价格，但是它是否能够一直获取经济利润呢？答案是，不！在图 15—4 中，波比理发店赚取了正的经济利润。但是假设波比的房东提高了理发店的租金。如果她要多付出 12 美元/小时的店面租金，她的固定成本也就随之增加。

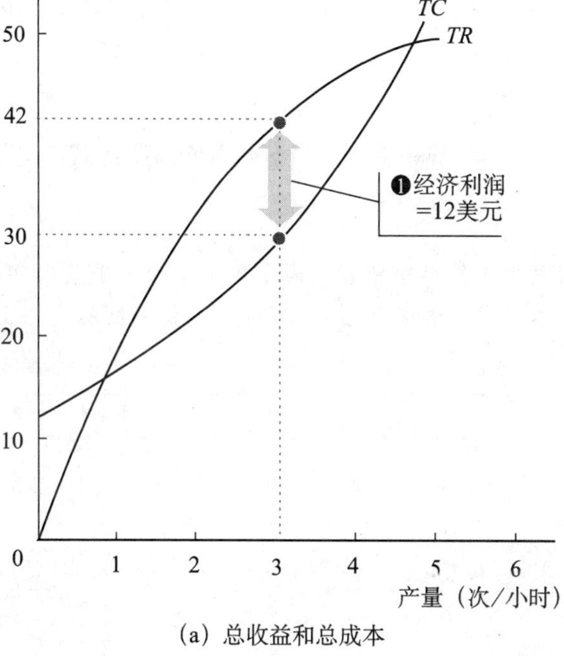

(a) 总收益和总成本

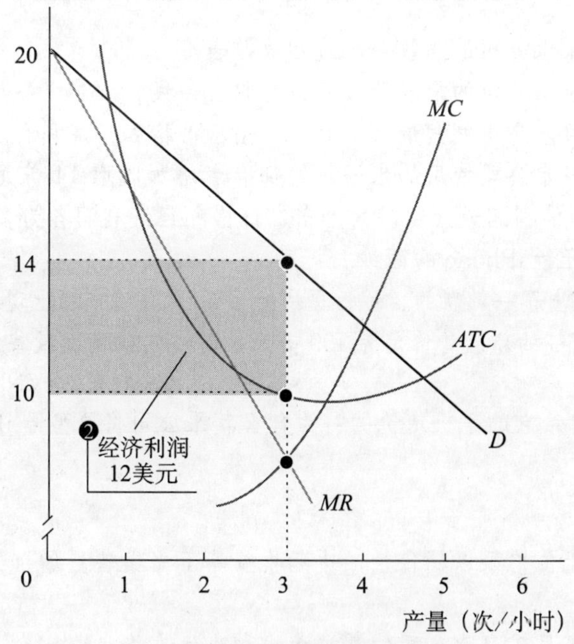

(b) 需求、边际收益和边际成本

图 15—4　垄断者的利润最大化时的产出和价格

在图（a）中，当总收益（*TR*）减去总成本（*TC*）为最大的时候，经济利润就最大化了。①在每小时理发 3 次时，经济利润即 *TR* 与 *TC* 之间的垂直距离是 12 美元/小时。

在图（b）中，当边际成本（*MC*）等于边际收益（*MR*）时，经济利润实现了最大化。价格由需求曲线（*D*）决定，为 14 美元。②经济利润（用灰色矩形表示）为 12 美元——每次理发所获利润（4 美元）乘以 3 次理发。

她的边际成本和边际收益没有变化，所以她的利润最大化产出依然是3次/小时的理发服务。她的利润就从每小时12美元减少到了0美元。如果波比要支付多于12美元/小时的店面租金，她就招致了经济亏损。如果这种情况是永久性的，波比就会离开这一行当。但是，垄断企业家的创造性很强，波比有可能找到另外一家租金更低的店面。

检查站15.2　解释单一价格垄断者如何决定其产出与价格。

现实问题

米尼矿泉水公司是单一价格垄断者。表1显示了米尼矿泉水公司的需求（第1和第2栏）以及公司的总成本（第2和第3栏）。利用这一信息回答问题1～4。

表1

价格（美元/瓶）	产量（瓶/小时）	总成本（美元/小时）
10	0	1
9	1	2
8	2	4
7	3	7
6	4	12
5	5	18

1. 计算米尼矿泉水公司的总收益和边际收益表。

2. 画出米尼矿泉水公司的需求曲线和边际收益曲线。

3. 计算米尼矿泉水公司利润最大化时的产出、价格和经济利润。

4. 如果米尼矿泉水公司使用的水资源的拥有者增加收取14美元/小时的保护税，那么米尼矿泉水公司新的利润最大化时的产出、价格和经济利润各为多少？

5. 苹果公司揭开新iPhone的面纱。

苹果公司正式推出了一款新的、运行更快的iPhone并将市场上现存型号的价格降至99美元。苹果公司将16G的新款售价定为199美元，而将32G的新款售价定为299美元。

资料来源：CNNMoney，June 8，2009.

苹果公司是如何给它的手机定价的？为什么苹果公司将原型号iPhone的价格降至99美元？

参考答案

1. 总收益就等于价格乘以销售量，边际收益等于当销售量增加一个单位的时候总收益的变化量（表2）。

2. 图1显示了米尼矿泉水公司的需求曲线和边际收益曲线。

3. 边际成本（*MC*）是每增加一瓶产量时的总成本的变化量（表3）。利润最大化时的产出是3瓶/小时，此时，边际收益等于边际成本（图1）。此时，米尼矿泉水公司利润最大化时的价格是7美元/瓶，经济利润等于总收益（21美元）减去总成本（7美元），即是14美元/小时。

表 2

产量（瓶/小时）	总收益（美元/小时）	边际收益（美元/瓶）
0	0	
		9
1	9	
		7
2	16	
		5
3	21	
		3
4	24	
		1
5	25	

表 3

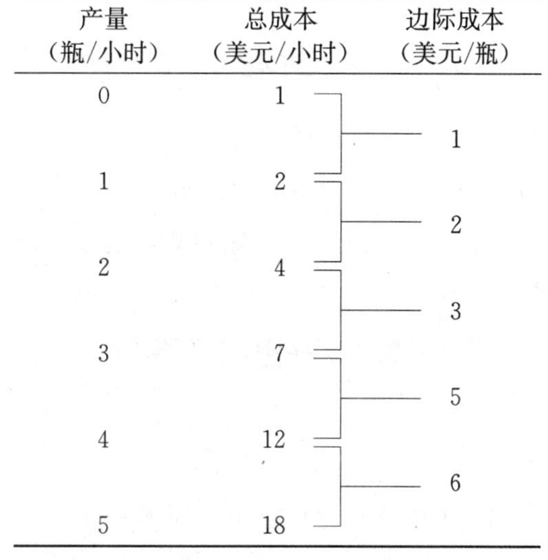

产量（瓶/小时）	总成本（美元/小时）	边际成本（美元/瓶）
0	1	
		1
1	2	
		2
2	4	
		3
3	7	
		5
4	12	
		6
5	18	

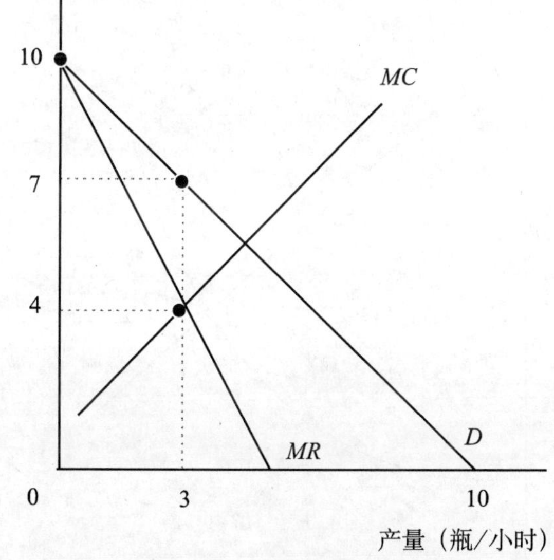

图 1

4. 如果米尼矿泉水公司使用的水资源的拥有者对它收取 14 美元/小时的保护税，米尼矿泉水公司的固定成本增加，但它的边际成本并没有变化，所以它利润最大化时的产出和价格没有改变。但此时经济利润为 0。

5. 苹果公司是生产 iPhone 的唯一厂商。对每个型号，苹果公司都会进行市场调研来评估市场对其的需求。苹果公司了解其生产成本，加上其市场成本，从而计算出总成本。然后计算出每个型号的利润最大化产量。根据它为这一型号估计出来的需求，苹果公司计算出销售的最高价格，在这个价格下公司可以销售这一型号手机的数量，达到利润最大化预期。在新型号手机可获得的情况下，对原来型号的需求将会下降。

15.3 垄断和竞争的比较

设想在完全竞争市场中有许多小企业在维持经营。然后有一家公司将所有这些小企业都买下，创造了一家垄断企业。那么该市场的产量、价格和效率将会有什么变化呢？

□ 15.3.1 产出和价格

图 15—5 显示了我们将要研究的这个市场。市场需求曲线是 D。原先，市场中有许多小企业存在，市场供给曲线 S 是所有单个企业的供给曲线，也即边际成本曲线之和。均衡价格是 P_C，在该价格下需求量等于供给量，均衡数量是 Q_C。每家企业都定价为 P_C，并且生产使其边际成本等于该价格时的产量，从而达到利润最大化。

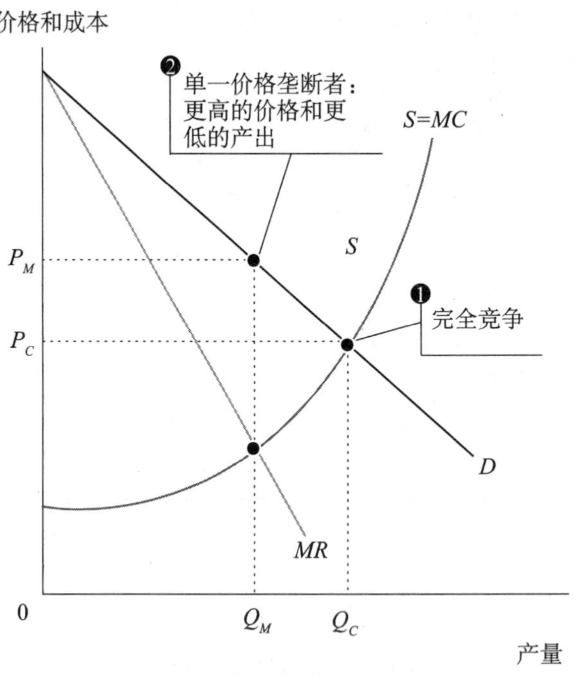

图 15—5 垄断者的低产高价

①竞争性行业在价格是 P_C 时生产数量为 Q_C。

②单一价格垄断者生产 Q_M 的产量，此时边际收益等于边际成本，并以 P_M 的价格出售其产量。与完全竞争相比，单一价格限制了产出却提高了价格。

现在一家公司将该市场中所有这些小企业购买下来。因为消费者并没有改变，所以需求曲线也就没有变化。但是垄断企业会认为该需求曲线是对它销售的约束，并且它知道自己的边际收益曲线是 MR。

在完全竞争中市场供给曲线就是某行业中所有企业的边际成本曲线之和。因此，垄断企业的边际成本曲线就是完全竞争市场的供给曲线，标记为 $S=MC$。它通过在边际收益等于边际成本时生产数量 Q_M，使利润最大化。这一产出量要比竞争均衡产出量 Q_C 小。但垄断企业的定价 P_M 却比 P_C 要高。因此，

与完全竞争相比，单一垄断者会减少产出而提高价格。

□ 15.3.2 垄断有效率吗?

在第 6 章中我们已经知道，当边际效益等于边际成本的时候，资源的配置是有效率的。图 15—6（a）就显示了完全竞争达到了这种资源的有效配置。需求曲线（$D=MB$）就是消费者的边际效益。供给曲线（$S=MC$）就是生产者的边际成本（机会成本）。在竞争均衡下，均衡价格是 P_C，均衡数量是 Q_C。边际效益等于边际成本，从而资源实现了有效配置，此时深灰色三角形表示的**消费者剩余**和浅灰色区域表示的**生产者剩余**的总和即总剩余（第 6 章）达到了最大值。

而图 15—6（b）则显示出垄断是缺乏效率的。垄断产出是 Q_M，垄断价格是 P_M。价格（边际效益）高于边际成本，这种供不应求产生了**无谓损失**（第 6 章），如它在图中的白色区域所示。消费者的损失一部分是因为得到的产品少了，即图中位于 P_C 上方的白色三角形区域；另一部分是因为购买产品支付得更多了。消费者剩余缩小为图中的小深灰色三角形区域。生产者的损失是因为销售的产品减少了，即图中位于 P_C 下方的白色区域，但是它由于抬高了价格出售产品，因而又增加了剩余，图中用浅灰色矩形区域表示。生产者剩余有所扩张，并且在垄断时比完全竞争时要大。

□ 15.3.3 垄断公平吗?

由于垄断带来了无谓损失，所以它是缺乏效率的。但是，垄断也**再分配**了消费者剩余。生产者有所受益，而消费者却受损。

图 15—6 显示了这种再分配。垄断企业得到了在销售量为 Q_M 时的较高价格 P_M 与竞争价格 P_C 的那部分差额。因此浅灰色矩形表示的就是被垄断者拿走的那部分消费者剩余。这部分消费者剩余的损失并不是整个社会的损失，它只不过是从消费者那里拿走而被再分配给了垄断生产者。

垄断生产者的受益与消费者的受损是否**公平**呢？你们在第 6 章已经学过关于公平有两种标准：**结果**公平和**规则**公平。从富人再分配给穷人与结果公平的观点相吻合。因此，基于这一公平观，垄断的再分配公平与否就取决于哪一个更富裕：垄断生产者还是其产品的消费者。可能是两者中的任何一个。**规则**是否公平则取决于垄断者是否受益于某种保护，而这种保护是不对其他任何人提供的。如果每个人都能自由地获取垄断，那么规则就是公平的。因此垄断是缺乏效率的，并可能是，但并不总是不公平的。

对垄断利润的追求导致我们现在将描述另外一项昂贵的活动：寻租。

□ 15.3.4 寻租

寻租（rent seeking）是获取政府的特殊待遇，从而赚取经济利润，或者从他人那里

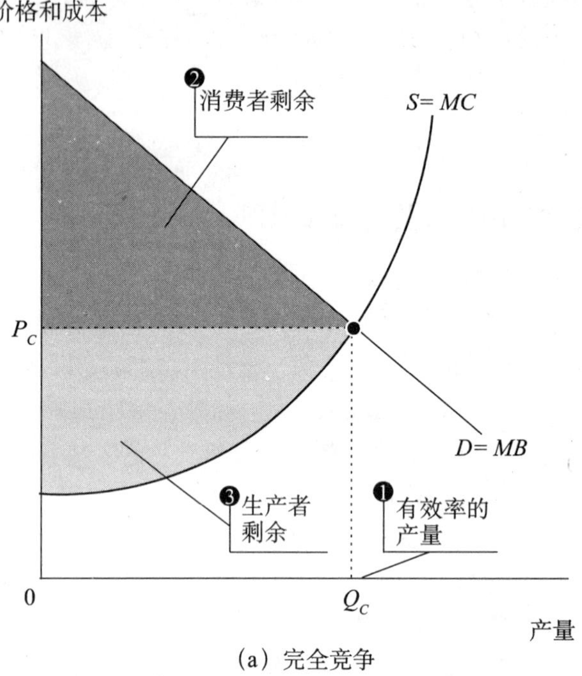

(a) 完全竞争

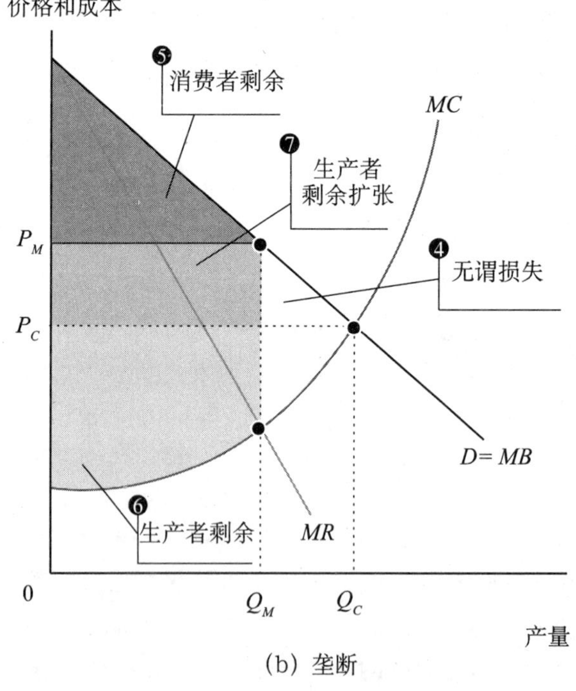

(b) 垄断

图 15—6　垄断无效率

在完全竞争条件下，①均衡产量是有效率的产量 Q_C，因为在该产量下，价格 P_C等于边际收益和边际成本。②消费者剩余和③生产者剩余之和为最大。

在单一价格垄断中，均衡产量 Q_M是缺乏效率的，因为价格 P_M等于边际收益，但又大于边际成本。产品供不应求就会产生④无谓损失。⑤消费者剩余减少，⑥生产者剩余⑦有所增加。

转移走消费者剩余或生产者剩余的行为。(“租金”在经济学中是一个广义的术语，包括所有形式的剩余，比如消费者剩余、生产者剩余和经济利润。)寻租并不一定导致垄断，但它总会限制竞争且往往会引起垄断。

稀缺资源可被用于生产人们认为有价值的产品或服务，也可被用于寻租活动。寻租对于寻租者来说是潜在有利可图的，但对于全社会来说却是昂贵的，因为它纯粹是利用稀缺资源将某个个人或某一集团的财富转移给其他的个人或其他集团，而不是去生产人们认为有价值的东西。

要理解为什么寻租活动会发生，就先来考虑一下某个人有可能成为垄断者的两种途径：

- 购买垄断
- 通过寻租创造垄断

购买垄断

一个人可以通过购买受到进入壁垒保护的某家企业(或某项权利)以便尽力赚取垄断利润。在纽约购买出租车牌照就是一个例子。牌照的数量有限，其拥有者就会受到保护，不会有大量的人进入该行业。想经营出租车的人就不得不到已经拥有牌照的人那里去购买。

但是任何人都可以自由进入为牌照竞价。买者之间的竞争使得价格一直上涨到他们只能够赚取正常利润为止。例如，为了在纽约得到出租车经营权而产生的竞争就会导致一张出租车牌照的价格高于 600 000 美元，这一价格已经足以使出租车经营者的经济利润消失而只留给他们赚取正常利润。

通过寻租创造垄断

购买一家垄断企业意味着要支付一笔费用，这会吸吮掉一部分经济利润，所以通过寻租创造垄断就是购买垄断的一个有吸引力的替代性选择。寻租是一种政治活动。它采取游说的形式，试图影响政治过程以达到立法目的，从而创造出法律进入壁垒。可以通过竞选捐赠来交换立法支持，或者通过媒体宣传间接影响政治结果，或者通过直接地与政治家和政府官员接触来产生这些影响。以这种方式所创造的一笔租金的一个案例就是立法限制进口到美国的纺织品数量。另外一个例子就是限制可以进口到美国而出售的番茄数量的法律。这些法规限制了竞争，导致销售量减少，价格提高。

寻租均衡

寻租是一种竞争性活动。只要有可能获得经济利润，寻租者就会尽力获取一部分。寻租者之间的竞争导致寻租成本的提高，直至上升到该垄断在支付寻租成本后只能赚取正常利润。

图 15—7 显示了一种寻租均衡。寻租成本是必须加到垄断者其他成本上的一项固定成本。包括寻租的固定成本在内的平均总成本曲线一直向上移动到与需求曲线相切为止。消费者剩余并没有受到影响。但是，垄断的无谓损失现在包括原来的无谓损失三角形，再加上寻租所消耗的经济利润，在图中用扩大了的白色区域来表示。

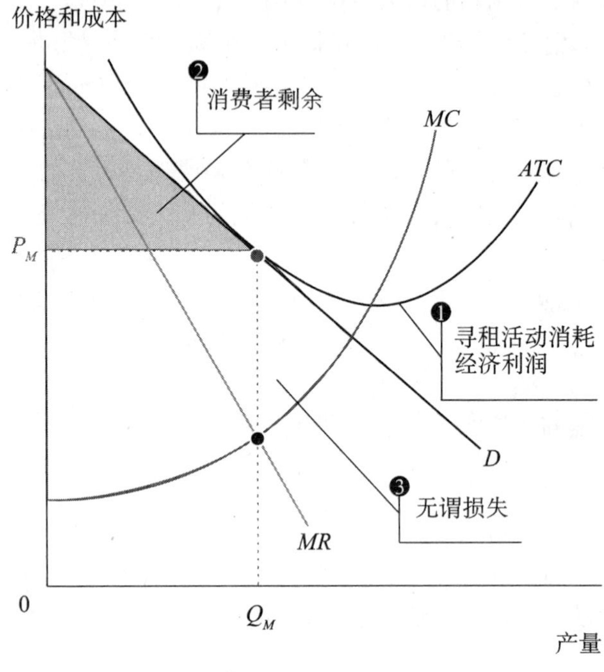

图 15—7　寻租均衡

①寻租成本耗尽了经济利润。企业的寻租成本是固定成本。它要加到总固定成本和平均总成本之中。*ATC* 曲线向上移动直到收支相抵为止，此时价格为利润最大化时的价格。

②垄断者利润最大化使消费者剩余相对完全竞争情况下的最大化水平有所缩小。但寻租活动不会再缩小消费者剩余。

③无谓损失增加。

检查站 15.3　比较单一价格垄断和完全竞争市场的不同表现。

现实问题

小镇是一个孤立的小社区，只要有一种报纸，就可以比两种乃至更多报纸以更低的价格满足市场需求。当地没有广播电台或电视台，也没有因特网接口。《镇报》（*Town Gazette*）是唯一的新闻来源。图 1 显示了印刷《镇报》的边际成本和它的需求曲线。《镇报》是追求利润最大化的单一价格垄断者。利用以上信息回答问题 1～4。

1. 每天要发行多少份《镇报》?《镇报》的价格是多少?

2. 印刷多少份《镇报》是有效率的? 销售有效率印刷份数报纸时的价格应该是多少?

3. 现在印刷的报纸份数是有效率时的份数吗? 解释你的答案。

4. 在图上表示出从消费者那里再分配给了《镇报》的消费者剩余。在图上表示出《镇报》的垄断所导致的无谓损失。

5. 随着技术的变化，票务大师近乎垄断的地位遭到挑战。

在 20 世纪 90 年代，想要看迈克尔·乔丹（Michael Jordan）或者加斯·布鲁克斯（Garth Brooks）的现场，你必须从票务大师（Ticketmaster）或者黄牛党那里买票。现在，票务大师不再控制体育赛事或音乐表演门票的销售，而更多的变化正在到来。演唱会承办商 Live Nation 公司——票务大师最大的客户——将自行售票。同时，体育及音乐事项的门票现在也通过网络竞价市场销售。

售票市场竞争的增加将如何影响构成价格成分之一的服务费用及市场效率？黄牛党还能继续生存吗？

参考答案

1.《镇报》的利润最大化产量是 150 份/天，这个时候边际收益等于边际成本。每份报纸的价格是 70 美分（图 2）。

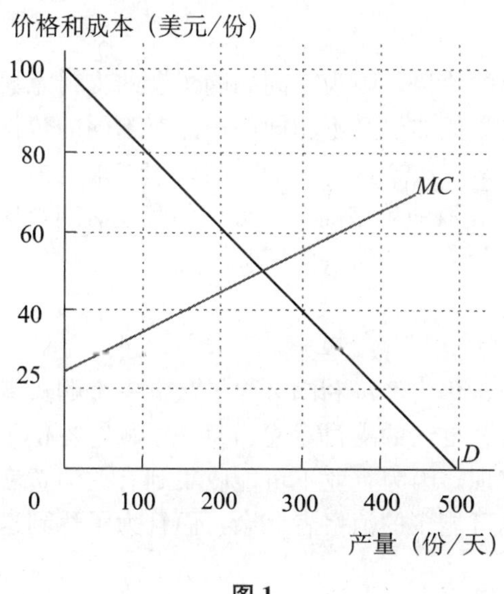

图 1

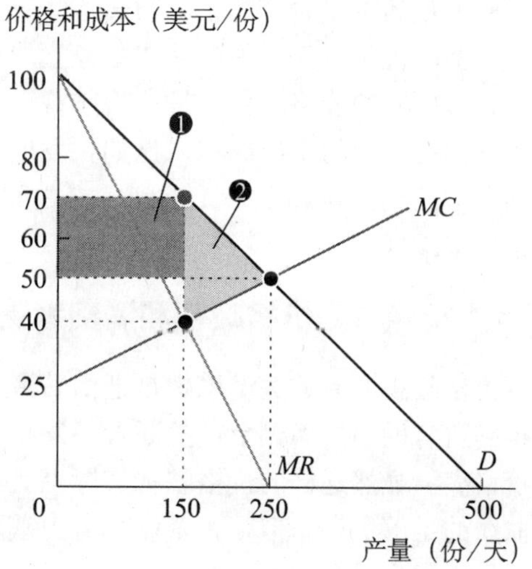

图 2

2. 有效数量是 250 份，这个时候需求（边际收益）等于边际成本（图 2）。有效数量所对应的价格为 50 美分/份（图 2）。

3. 印刷的数量不是有效率的，因为印刷 150 份时的边际收益（70 美分）大于它的边际成本（40 美分）（图 2）。

4. 图 2 中的深灰色矩形①表示的就是从消费者那里转移给《镇报》的消费者剩余。图 2 中的灰色三角形②表示的就是无谓损失。

5. 为一场赛事所支付的票价由这场赛事的价格和服务费用组成。作为一个垄断者，票务大师收取使得利润最大化的费用。当垄断减弱而竞争增强时，卖方仍然会收取使得利润最大化的费用，但这一费用会有所降低。卖票市场会更有效率。黄牛党将不得不与转售拍卖会竞争并且可能很难生存下来。

15.4 价格歧视

价格歧视——以多种不同价格出售某种产品或服务——是非常普遍的。当你去旅游、看电影、理发、买比萨饼或参观艺术博物馆时，都会遇到这种情况。乍一看，价格歧视似乎与利润最大化的假设相互矛盾。为什么电影院会给儿童提供半价？为什么理发店会对学生和老年人优惠？这些企业对它们的顾客如此“慷慨”难道不会损失利润吗？

进一步研究发现，价格歧视者不仅不会减少利润，还会赚取到比不歧视时更多的利润。因此，垄断者有某种激励去寻求歧视的方法并向每个购买者收取最高可能的价格。一些人在价格歧视时支付得更少了，但另一些人支付得更多了。

大多数价格歧视者并**不是**垄断者，但是，垄断者只要有可能就会实行价格歧视。为了实行价格歧视，企业必须：

- 识别并区分不同类型的购买者。
- 所出售的某种产品不能被转售。

价格歧视是对某一种产品或服务索取不同的价格，因为不同的购买者的支付意愿不同。并非所有的价格**差异**都是价格**歧视**。一些类似的但又不相同的产品有不同的价格是因为它们有不同的生产成本。比如，发电的成本取决于这一天的时间段。如果电力公司对上午 7 点到 9 点和下午 4 点到 7 点之间用电收取的价格高于一天中的其他时间，这并不是价格歧视。

□ 15.4.1 价格歧视和消费者剩余

价格歧视背后的关键思想是把消费者剩余转化为经济利润。为了从每一个购买者那里得到所有的消费者剩余，垄断者必须根据顾客自己的支付意愿为每一个顾客提供不同的价格表。显然这样的价格歧视实际上无法实现，因为企业不可能收集到有关消费者需求曲线的足够信息。但是，企业会努力获取尽可能多的消费者剩余，而且为了达到这个目的，它们会采取两种主要的方法进行歧视：

- 在不同购买者小组之间
- 在产品的不同购买单位之间

在不同购买者小组之间的歧视

价格歧视往往采取根据年龄、职业地位或其他一些容易辨认的特征在不同的消费者小组之间实行歧视的形式。当每个小组对产品或服务有不同的平均支付意愿时，这种类型的价格歧视就可以起作用了。

例如，与顾客面对面的直销会带来大量的有利润的订单。对营销人员和其他商务旅行者来说，一次航空旅行的边际收益大，因而这种旅行者愿意支付的价格也高。与此相反，对度假旅行者来说，可以选择几次不同旅行中的任何一次，甚至可以放弃度假旅行。因此，对度假旅行者来说，旅行一次的边际收益较小，因而，他们愿意为一次旅行支付的价格也低。由于商务旅行者的支付意愿高于度假旅行者，航空公司通过对这两个小组实行价格歧视来获得利润是有可能的。

在产品的不同购买单位之间的歧视

企业对其所有顾客定价一致，但是对大批量购买的单位产品就会提供更低的价格，这就是在不同购买单位之间的歧视。当必胜客（Pizza Hut）对一份送货上门的比萨饼定价 10 美元，而对两份比萨饼则定价 14 美元时，它就采取了这种形式的价格歧视。在这个例子中，第二份比萨饼的价格仅仅是 4 美元。

现在让我们来看看航空公司如何利用商务与度假旅行者之间的需求差别并通过价格歧视来增加其利润。

□ 15.4.2 从价格歧视中获利

环球航空公司（Global Air）是某条颇具异国情调的航线的垄断者。图15—8显示了这条旅行航线的需求曲线（*D*）和环球航空公司的边际收益曲线（*MR*）。它还显示了环球航空公司的边际成本曲线（*MC*）和平均总成本曲线（*ATC*）。

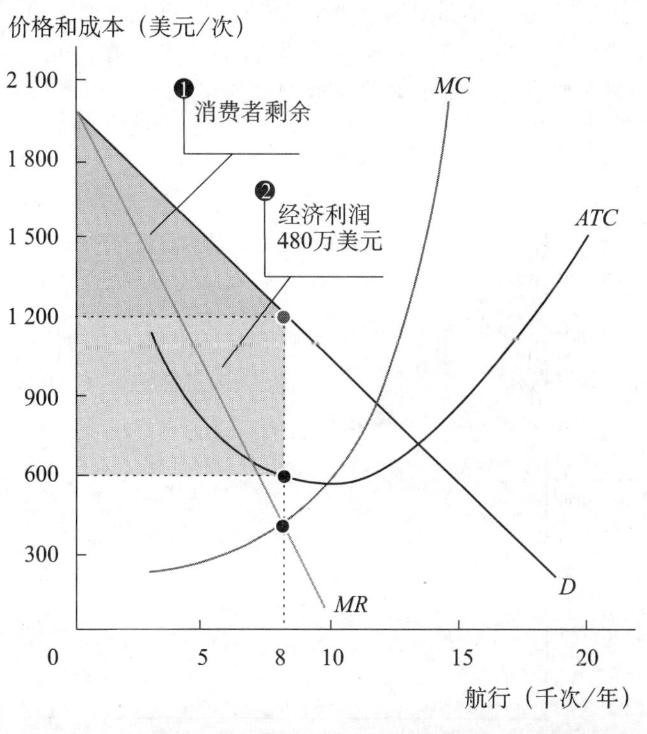

图15—8 单一价格的航空旅行

环球航空公司在一条航线上是个垄断者。环球航空公司的这条旅行航线的需求曲线为*D*，它的边际收益曲线为*MR*。它的边际成本曲线为*MC*，平均总成本曲线为*ATC*。

作为单一价格垄断者，通过一年运送8 000次旅客，定价为1 200美元/次，便实现了利润最大化。①环球航空公司的乘客享受着消费者剩余——灰色三角形，②环球航空公司的经济利润是480万美元/年——由灰色矩形表示。

起初，环球航空公司是单一价格垄断者，而且通过一年运送8 000次旅客（*MR*等于*MC*时的数量）使利润最大化。价格是1 200美元/次，而一次旅行的平均总成本是600美元，所以经济利润就是600美元/次。总共8 000次旅行，环球航空公司每年的经济利润就是480万美元，正如图中灰色矩形所示。环球航空公司的乘客享受到了灰色三角形所表示的消费者剩余。

环球航空公司突然意识到它的许多顾客是商务旅行者这一事实，而且猜测他们每次旅行愿意支付的价格会高于1 200美元。因此，环球航空公司进行了一些市场调研，结果表明，一些商务旅行者愿意支付的价格高达1 800美元/次。此外，这些顾客几乎总在最后时刻才决定自己的旅行计划。属于另一小组的商务旅行者愿意支付1 600美元，这些顾客在一周之前就知道他们何时旅行，而且，他们从来不想留下来度周末。然而，还有一小组愿意支付 1 400 美元，这些旅客在两周之前就知道他们何时要旅行，但是他们不想在周末外出。

据此，环球航空公司公布了它的新票价表。没有任何限制的，1 800 美元；提前 7 天购票不能取消的，1 600 美元；提前 14 天购票不能取消的，1 400 美元；提前 14 天购票必须留下来度周末的，1 200 美元。

图 15—9 显示了这种新票价表的结果，并说明了为什么环球航空公司对新票价很满意。它针对四种价格中的每一种都出售 2 000 个座位。环球航空公司增加的利润为图中的深灰色楼梯形区域。它现在的经济利润是原先的一年 480 万美元加上新的更高收费带来的 240 万美元。而消费者剩余缩小到更小的黑色区域。

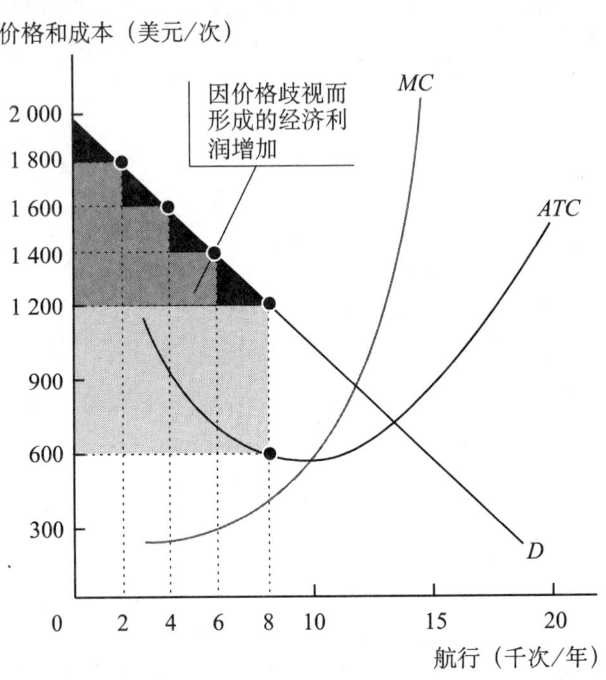

图 15—9 价格歧视

环球航空公司修改了它的票价结构。它现在提供以下票价：没有任何限制的，1 800 美元；提前 7 天购票价格不能取消的，1 600 美元；提前 14 天购票不能取消的，1 400 美元；提前 14 天购票必须留下来度周末的，1 200 美元。

环球航空公司对四种票价的每一种都销售 2 000 个座位。它的经济利润增加了 240 万美元/年，达到 720 万美元/年，用浅灰色矩形加上深灰色楼梯形表示。环球航空公司的乘客的消费者剩余缩小到为黑色区域之和。

□ 15.4.3 完全价格歧视

但是，环球航空公司估计它可以做得更好一些。它开始计划实行**完全价格歧视**（perfect price discrimination），这一计划抽走了全部消费者剩余。为了这样做，环球航空公司必须具有创造力，并且设置介于 2 000 美元到 1 200 美元之间的大量新增的商务旅行的票价标准，每一种票价对于商务旅行市场的任意一个微小的细分都颇具吸引力。

一旦环球航空公司最终对不同旅客实行了细分后的价格歧视，并从每一个旅客愿意支付的最高价格中得到好处，边际收益就会出现某种特殊变动。回想一下，在单一价格垄断时，边际收益小于价格，这是因为为了扩大销量而降价时，所有单位产品都要以此价格销售。但是，在完全价格歧视的情况下，环球航空公司只以更低价格销售其边际座位。所有其他顾客继续以他们愿意支付的最高价格购买机票。因此，对完全价格歧视者而言，边际收益便等于价格，而且，需求曲线就变成了边际收益曲线。

在边际收益等于价格时，环球航空公司可以使产量增加到价格（和边际收益）等于边际成本的那一点来获得更多的利润。

因此，环球航空公司现在要寻找另外的乘客，他们不愿支付 1 200 美元，但是，他们愿意支付高于边际成本的价格。更有创造性的定价策略需提出度假的专机和其他票价的设想。这些票价要综合考虑提前预订、最短停留和其他限制，这些其他限制对现有乘客没有什么吸引力，但是，对另一组旅客却有吸引力。利用所有这些票价以及专机，环球航空公司抽走了所有的消费者剩余，赚取了最大的经济利润。

图 15—10 显示了完全价格歧视的结果。原来愿意支付 1 200 美元到 2 000 美元之间的旅客所支付的几十种票价抽走了这个组的所有消费者剩余，并把它变为环球航空公司的经济利润。900 美元至 1 200 美元之间的新票价标准吸引了另外的 3 000 名乘客，但环球航空公司也拿走了他们的全部消费者剩余。环球航空公司赚取了高于 900 万美元/年的经济利润。

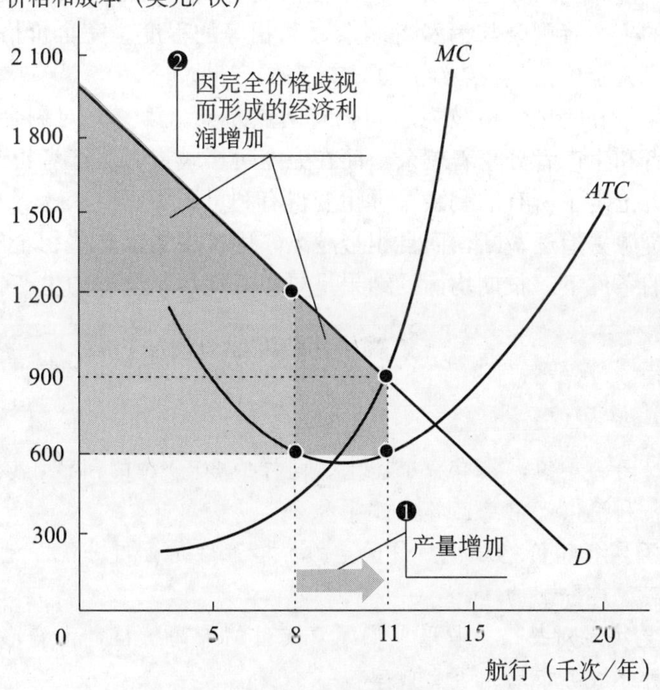

图 15—10 完全价格歧视

在完全价格歧视下，需求曲线变成了环球航空公司的边际收益曲线。当最低价格等于边际成本时，经济利润最大。

①产出增加到 11 000 人/年，②环球航空公司的经济利润增加到 935 万美元/年。

关注美国经济

航空票价歧视

从旧金山到华盛顿，正常的长途汽车票价为 670 美元。如果 14 天前预订，这笔费用就会降为 290 美元。在一个典型的航班上，乘客可能支付 20 种不同的票价。

航空公司依照旅客的意愿支付，通过提供各种预订购票以及周末限制来将旅客进行分类。这些限制会吸引对价格敏感的休闲旅行者，而不会让商务旅行者来购买。

尽管航空定价表十分复杂，但是仍有超过 20% 的空座率。填补一个空座的边际成本接近于零，所以低价出售机票还是有利可图的。

由于有了 Expedia、Orbitz 以及其他许多在线旅行代理网站，极其低的价格现在是可行的了。在这些网站上，通过旅客竞价，网站每天售出数千张机票，并使旅客得到可能的最低的票价。

□ 15.4.4 价格歧视和效率

在完全价格歧视时，垄断者将产量增加到价格等于边际成本的那一产量。这时的产量与完全竞争的产量相同。完全价格歧视迫使消费者剩余为零，而使生产者剩余增加到同在完全竞争时的生产者剩余与消费者剩余之和相等的程度。完全价格歧视下的无谓损失变为零。因此，完全价格歧视者生产了有效率的产量。

但是，完全竞争和完全价格歧视之间仍有两点差异。第一，对剩余的分配不同。在完全竞争时消费者和生产者分享着剩余，而在完全价格歧视时生产者抢走了全部的剩余。第二，由于生产者抢走了所有的剩余，寻租变得有利可图了。

寻租者利用资源去追逐垄断，而且租金越大，用资源追求这些租金的激励就越强烈。在自由进入寻租的条件下，长期均衡的结果是寻租者耗尽了全部的生产者剩余。

检查站 15.4 **解释价格歧视如何增加利润。**

现实问题

威力是一个封闭的小镇，只有一个医生。同样的 30 分钟的门诊，该医生对富人收费是对穷人的两倍。利用以上信息回答问题 1 和 2。

1. 该医生是否实行了价格歧视？该医生的价格策略是否再分配了消费者剩余？如果是，说明是如何实现再分配的。

2. 如果该医生决定对每个人收取他们愿意支付的最高价格，消费者剩余又会如何变化？威力小镇的医疗服务市场是否有效率？

3. 电影票能增加酒店房间入住量吗？

万豪酒店（Marriott Hotel）将给周末游客（从周四待到周日的人）提供 4 张免费电影票。在像纽约这样的城市的电影院，两个成人和两个儿童的票价为 35 美元甚至更高。

资料来源：*USA Today*，June 5，2009.

解释万豪酒店是如何施行价格歧视的。如果价格歧视促使游客多待一个晚上，游客的消费者剩余会如何变化，万豪酒店的生产者剩余又会如何变化？

参考答案

1. 医生实行了价格歧视，因为对于同样的30分钟门诊服务，富人和穷人支付了不同的价格。医生提供使得利润最大化的门诊数量，并对富人收取相对于穷人更高的费用。作为一个垄断者，门诊的总体数量将少于当边际收益等于边际成本时提供的医疗服务数量。因为边际收益不等于边际成本，所以说医生并没有有效地利用资源。由于价格歧视，医生拿走了部分消费者剩余。因此，消费者剩余减少，并且再分配给了医生，变成了他的经济利润。

2. 现在医生实施了完全价格歧视。在完全价格歧视下，边际收益等于价格。为了使得经济利润最大化，医生增加了诊断次数并且将最低价格定为等于边际成本。医生拿走了整个消费者剩余，所以消费者剩余为零。边际收益等于价格，因此资源得到有效利用。

3. 万豪酒店在连续留宿两个晚上的游客以及留宿到第三个晚上的游客之间实行免费电影票的价格歧视。第三个晚上的价格等于常规价格减去电影票的价值。假使免费电影票能够增加留宿额外一晚上的游客数量，如果这额外一晚上的边际收益大于价格（常规价格减去电影票价），消费者剩余就会增加。但如果边际收益等于价格，则消费者剩余不变。如果这额外一晚上的边际成本小于常规价格减去万豪酒店电影票的花费，生产者剩余会增加。如果万豪酒店预计它的生产者剩余（以及经济利润）不会增加，那么它就不会提供这一优惠政策。

15.5 垄断管制问题

自然垄断处于进退两难的境地。在规模经济下，一个自然垄断厂商会在最低的可能的成本上生产。但在市场力量的驱动下，垄断厂商有激励将价格提升至完全竞争价格以上从而生产的过少——以垄断者的自身利益而不是以社会利益为出发点进行运作。

管制（regulation）——由政府机构制定管理的规则，用以影响某一公司或行业中的价格、质量、准入市场以及经济行为的其他方面——这是解决这一两难境地的一种可能方法。

为了执行调控政策，政府会建立机构来监督和强制施行规则。例如，高速运输委员会（Surface Transportation Board）对州际铁路、货车运输、巴士路线以及水和油管道的价格进行管制。到20世纪70年代，整个国家几乎1/4的产出是由被管制企业生产的（远多于自然垄断行业的产出），而放松管制的进程由此开始。

放松管制（deregulation）是指解除对某一公司或行业中的价格、质量、准入市场以及经济行为的其他方面的管制的过程。在过去的30年间，放松管制出现在国有空运、电话服务、州际货运以及银行和金融服务等行业。1984年，有线电视（cable TV）得到放松管制，1992年被重新管制起来，1996年再次获得放松管制。

管制是解决自然垄断行业表现出的进退两难境地的一个可能方法，但并不是一个绝对有用的方法。关于管制实际上如何运作，有两个理论：社会利益理论和俘获理论。

社会利益理论（social interest theory）认为政治及管理过程不断地去寻求低效率情形并引入管制从而消除无谓损失并有效配置资源。

俘获理论（capture theory）认为政治及管理过程会被管制企业所俘获并最终以服务其自身的利益、获得最大化经济利润、减少产量以及造成无谓损失而收场。管制者被俘获是因为生产者的所得是巨大而可见的，而单个消费者的所得是渺小而不可见的。没有哪个单个消费者会有激励去反对管制，但生产者有巨大的激励去游说管制者。

哪种管制理论更好地解释了现实社会的管制呢？管制是为社会利益服务还是为垄断生产商自身利益服务呢？

□ 15.5.1 自然垄断的有效管制

有线电视公司是一个**自然垄断**企业——它可以向整个市场提供比两个或更多竞争企业所能提供的价格更低的价格。位于亚特兰大的考克斯通信公司（Cox Communication），为16个州的家庭提供有线电视。它大量投资于卫星接收盒、电缆以及遥控设备，因此有高额的固定成本。这些固定成本是公司平均总成本的一部分。随着接收服务的家庭数量的增加，其平均固定成本下降，这是因为固定成本被更大数量的家庭分摊。在未被管制的情况下，考克斯通信公司为家庭提供服务的数量恰好使得利润最大化。像所有单一价格垄断企业一样，利润最大化产量低于有效率的产量，而生产不足导致无谓损失（见图15—6）。

如何管制考克斯通信公司从而使其提供有效率的有线电视服务数量？答案是通过管制使其定价等于其边际成本，这称为**边际成本定价规则**（marginal cost pricing rule）。价格等于边际成本时的需求数量就是有效率的产量——边际收益等于边际成本时的产量。

图15—11解释了边际成本定价规则。对有线电视的需求曲线为 D。考克斯通信公司的边际成本曲线为 MC。边际成本曲线（假设）处于每个家庭每月10美元的水平位置——这就意味着，为每个额外家庭提供一个月有线电视服务的成本为10美元。如果价格被管制在每个家庭每月10美元的水平，有效率的服务数量为800万家庭。

但这里有一个问题：因为平均总成本高于边际成本，一个遵循边际成本定价规则的企业必将遭受经济亏损。因此一个被要求使用边际成本定价规则的有线电视公司无法在行业中长期生存。如何能使一个公司在弥补其成本的情况下同时又遵循边际成本定价规则呢？

一个可能性是价格歧视。另一个可能性是使用两部门定价（称为**两部收费**）。例如，地方电话公司为消费者连接电话系统而收取月费，然后对每个地方通话收取等于边际成本（等于零）的价格。一个有线电视运营商可以为首次连接收取弥补其固定成本的费用，然后每月收取等于边际成本的费用。

□ 15.5.2 自然垄断的次优管制

自然垄断并不能总是在被管制时就获得有效率的产出。两个有可能使一个受管制垄断者避免经济亏损的方法是：

- 平均成本定价规则

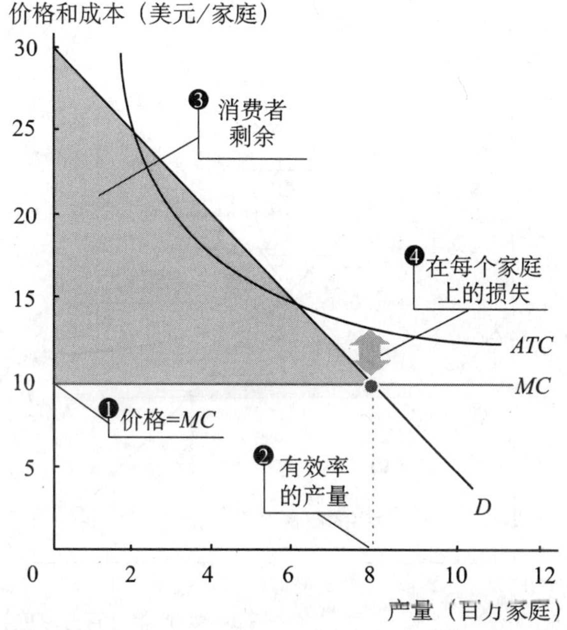

图 15—11　自然垄断：边际成本定价规则

有线电视的市场需求曲线为 D。一家有线电视运营商的边际成本（MC）固定为每家每个月 10 美元。其固定成本很大，并且其平均总成本曲线为 ATC，其中包括了平均固定成本。

①定价等于边际成本，为 10 美元/月。

在这一价格下，②得到服务的是有效率的数量（800 万家庭）。

③消费者剩余最大化，由图中的灰色三角形表示。

④企业在每个得到服务的家庭上都遭受损失，损失由灰色箭头表示 。

● 政府补贴

平均成本定价规则

平均成本定价规则（average cost pricing rule）将价格定在等于平均总成本的位置。在这一规则下，企业生产平均总成本曲线与需求曲线相交时的产量。这一规则使得企业获得零经济利润——收支相抵。但因为对自然垄断来说，平均总成本高于边际成本，生产数量少于有效率的产量，从而出现无谓损失。图 15—12 解释了平均成本定价规则。价格为 15 美元/月，有 600 万家庭获得有线电视。深灰色三角形表示其无谓损失。

政府补贴

政府补贴是对企业经济亏损的等额直接支付。但是为了支付补贴，政府必须向其他经济活动征收税费来提高财政收入。你在第 8 章已经看到征税本身会产生无谓损失。

次优是……

哪一个选择更好呢，平均成本定价规则还是附带政府补贴的边际成本定价规则？答案取决于两种规则造成的无谓损失的相对大小。平均成本定价规则会在自然垄断市场形成无谓损失。而补贴会因为支付补贴而在被征税行业市场上形成无谓损失。无谓损失更小的规则就是管制自然垄断的次优方法。实际进行这项计算过于困难，而平均成本定价

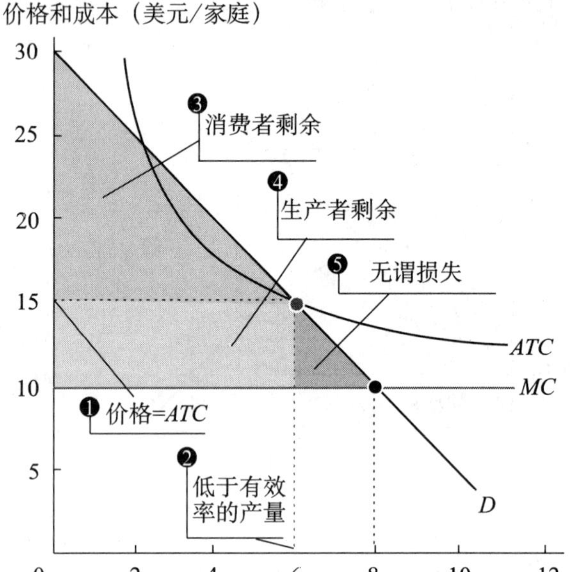

图 15—12　自然垄断：平均成本定价规则

①定价等于平均总成本，为 10 美元/月。
在这一价格下，②得到服务的数量（600 万家庭）少于有效率的产量（800 万家庭）。
③消费者剩余收缩为更小的浅灰色三角形。
④生产者剩余使得企业能够弥补其总固定成本，从而收支相抵。
⑤出现无谓损失，由灰色矩形表示。

规则相较政府补贴普遍更受欢迎。

关注微软

微软的价格太高了吗?

微软的价格超过了其边际成本从而导致 Windows 操作系统和办公软件份数比有效率的产量少，从这一点上看，微软的价格太高了。

利润最大化

下图解释了微软如何为其产品定价从而使其利润最大化。对 Windows Vista 操作系统的需求曲线为 *D*。边际收益曲线为 *MR*。每增加制作一份 Vista 系统的边际成本很低，在此我们假设为 0，即边际成本曲线为 *MC*。

通过生产边际收益等于边际成本时的数量，公司实现利润最大化。在该图中，这一数量是 400 万份 Vista 系统/月。价格是 300 美元/份，微软得到生产者剩余，由灰色矩形表示。

无效率

当价格和边际收益等于边际成本时得到有效率的产量，为 800 万份/月。因为实际产量小于有效率的产量，因而出现无谓损失，深灰色三角形表示其大小。浅灰色三角形表示消费者剩余。

固定成本

一份 Windows Vista 操作系统的边际成本可能接近于零，但开发这一软件的固定成本是巨大的。微软必须至少赚取足够的收益以弥补这些固定成本。

赚取足够的收益以弥补固定成本并不一定意味着导致无效率。一些具有零边际成本并具有市场力量去收取高价的公司的确选择在零价格的情况下向市场提供有效率的服务数量。

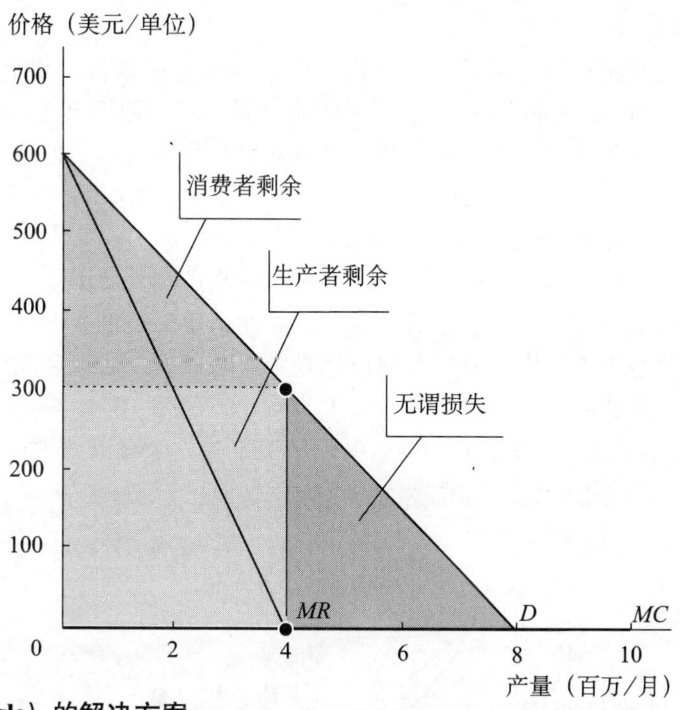

谷歌（Google）的解决方案

谷歌就是这样一个公司。谷歌搜索引擎的价格为零。搜索数量是一次搜索的边际收益等于其零边际成本时的数量，因此，搜索数量就是有效率的数量。

谷歌通过销售高于弥补其固定成本的数额的广告赚取收益，并且是十分巨大的收益。

在谷歌上做广告比在电视上做广告或张贴广告都更加有效，因为它根据网民搜索的主题锁定潜在的产品购买者。

这一解决方案并不是完全有效的。很显然，它能得到零边际成本情况下的有效率产量。但它是否得到广告的有效率产量就不清楚了。在不存在外部性的情况下，广告的利润最大化产量小于有效率的产量。但广告对许多人都有一个负外部效应，因而利润最大化产量有可能是有效率的产量。

执行平均成本定价法为管制者提出了一个挑战，这是因为不可能确定一个企业的成本。因此管制者使用以下两个实际规则之一：

- 回报率管制
- 价格上限管制

回报率管制

在**回报率管制**（rate of return regulation）下，价格设定在使得企业获得特定目标资本回报率的水平。这种管制最终是为企业自身利益而不是社会利益服务。企业的经理有激励去通过在私人飞机、免费棒球门票（被掩饰成公关花费）以及休闲娱乐等项目上消费来增加成本。经理同样会有激励使用比有效数量更多的资本。资本回报比率受到管制而不是资本总回报受到管制，因此，投入的资本数量越多，总体回报就越多。

价格上限管制

由于以上我们刚刚检验过的原因，回报率管制越来越多地被价格上限管制所代替。**价格上限管制**（price cap regulation）是一种价格上限——一种规定允许企业所能设定的最高价格的规则。这种管制降低了价格并刺激企业最小化其成本。但这对生产数量有何影响呢?

回想在完全竞争市场，价格上限设定在均衡价格以下，会减少产量从而造成短缺（见第 7 章）。相反，在自然垄断市场，价格上限会提高产量。原因是在管制价格下，企业可以出售任何它选择的最多需求数量的数量。因此销售每个额外单位就会带来相同的额外收益：边际收益等于价格。因为管制价格高于边际成本，所以利润最大化产量就是在价格上限时的需求数量。

图 15—13 显示了这一产出。在未受管制的情况下，一个有线电视运营商通过为 400

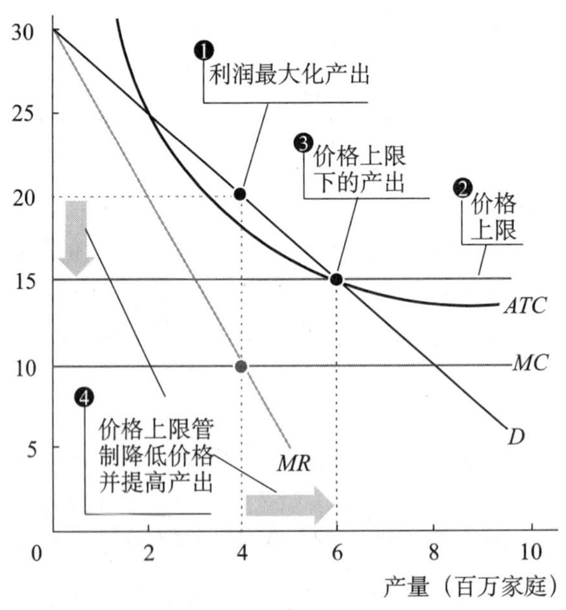

图 15—13　自然垄断：价格上限管制

①在没有管制的情况下，一家有线电视运营商向 400 万家庭提供价格为 20 美元/月的服务。

②价格上限管制将最高价格设定为 15 美元/月。

③只有当向 600 万家庭提供服务时，企业才能收支相抵。（当向低于或高于 600 万家庭提供服务时，企业都会遭受经济亏损。）企业有激励将成本降至尽可能低的水平并生产在价格上限上的需求数量。

④ 价格上限管制降低了价格并增加了产量。

万家庭用户提供每月 20 美元的服务从而达到利润最大化。在价格上限设定在每月 15 美元时，企业被允许选择销售在此价格上或低于这一价格的任何数量。利润最大化产量增加至 600 万家庭用户。向少于 600 万家庭用户提供服务，企业会遭受亏损——平均总成本高于价格上限。只有通过沿着需求曲线降低价格才有可能向超过 600 万家庭用户提供服务。再次，平均总成本高于价格，从而企业遭受亏损。

在图 15—13 中，价格上限优于平均成本定价规则。实际上，管制者可能将价格上限设得过高。为此，价格上限管制常常与**收入分享管制**（earnings sharing regulation）——一种当利润上升到超过目标水平时，即要求企业向消费者提供补偿的管制制度——联合实施。

关注你的生活

你日常生活中的垄断

当比尔·盖茨在 1975 年决定从哈佛大学退学时，他意识到电脑需要一个操作系统和一些应用软件来与电脑硬件配合。他也知道任何拥有这些软件版权的人就等于"拥有印钱的执照"，而他正想成为那个人。

在不到三十年的时间里，比尔·盖茨成为了世界首富。这就是垄断的力量。

你，还有数以万计的其他电脑用户，都愿意为 Windows 和 Microsoft Office 办公软件支付垄断价格。当然，一套这些软件的边际成本接近于零，因此销售数量太少了。存在着巨大的无谓损失。

与没有 Windows 相比，你会变得更好。但如果有很多 Windows 的替代品相互竞争以赢取你的注意，你会变得更好吗？要回答这个问题，考虑那些你需要用来使你的电脑变得有用的程序——试算表、文字处理程序等。对许多操作系统而言，开发这些程序的成本为多少？你会有更多还是更少的选择？

检查站 15.5　解释为什么自然垄断会被管制以及管制的影响。

现实问题

长寿矿泉水公司是一家未受管制的自然垄断企业，公司生产独一无二的没有任何替代品的产品。该垄断企业的总固定成本为 150 000 美元，而边际成本为 10 美分/瓶。图 1 显示了长寿矿泉水的需求情况。利用以上信息回答问题 1～3。

1. 该垄断企业将销售多少瓶长寿矿泉水？每瓶长寿矿泉水的价格是多少？该垄断企业的资源利用是否有效？

2. 假设政府实行边际成本定价规则，那么长寿矿泉水的价格、销售数量以及垄断企业的经济利润将会是多少？

3. 假设政府实行平均成本定价规则，此时长寿矿泉水的价格、销售数量以及垄断企业的经济利润又会是多少？

4. 墨西哥抗议“终止国家石油垄断计划”。

数以千计的抗议者游行以抗议墨西哥国家石油垄断向私人投资开放的计划。在墨西哥，政府制定石油价格，目前为2.48美元/加仑，而美国的平均价格为3.37美元/加仑。政府向国家石油垄断利润课征90%的税额。

资料来源：*USA Today*，April 13，2008.

描述墨西哥政府如何管制国内石油市场。

参考答案

1. 该垄断企业会每年生产100万瓶长寿矿泉水——边际收益等于边际成本时的数量。价格是30美分/瓶——其销售100万瓶/年情况下的最高价格（图2）。该垄断企业的资源利用是无效率的。如果资源利用有效率，企业会生产边际收益（价格）等于边际成本时的数量：200万瓶/年。

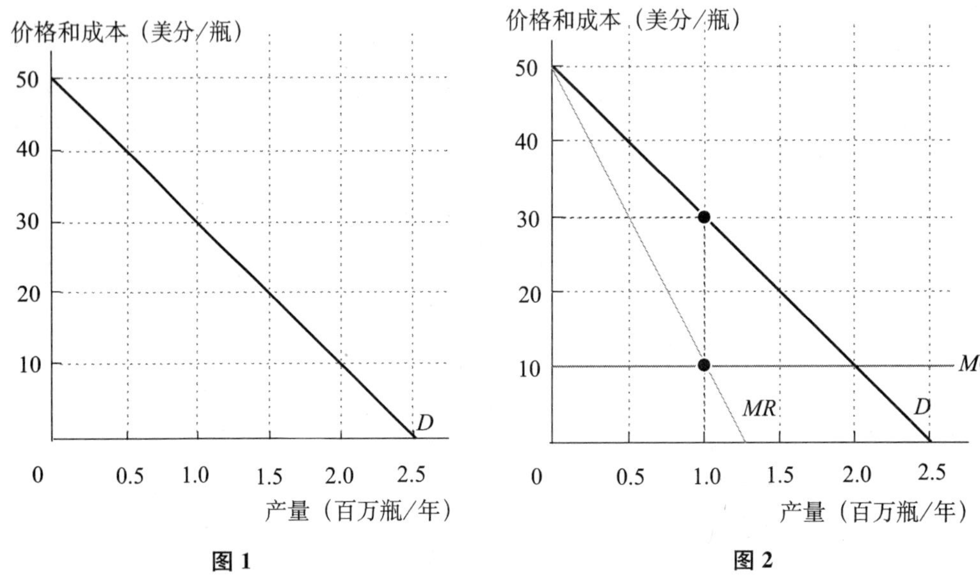

图1 **图2**

2. 实行边际成本定价规则时，价格为10美分/瓶，企业一年生产200瓶长寿矿泉水。该垄断企业每年会遭受等于其总固定成本15万美元的经济亏损。其需要政府的补贴才能维持经营。

3. 实行平均成本定价规则时，企业会生产价格等于平均总成本时的数量。平均总成本等于平均可变成本加上平均固定成本。平均可变成本等于边际成本且为10美分/瓶，平均固定成本等于15万美元除以生产数量。例如，当生产100万瓶时，平均固定成本为15美分/瓶，而当生产150万瓶时，平均固定成本为10美分/瓶。生产150万瓶的平均总成本为20美分/瓶，而这150万瓶会以20美分/瓶的价格销售。因此，该垄断企业会生产150万瓶/年并刚好收支相抵。

4. 因为石油公司没有得到补贴，所以价格不会设定为等于边际成本（边际成本定价）。因为石油公司无法收支相抵，所以价格不会设定为等于平均总成本（平均成本定价）。政府会实行价格上限管制，而公司要支付90%的利润税。

本章总结

要点

1. 解释垄断是如何产生的并能区分单一价格垄断和价格歧视垄断。
   - 垄断是唯一一家企业提供没有很近替代品的某种产品或服务的市场，该市场存在着自然的、所有权的和法律的进入壁垒。
   - 当不存在转售的可能性时，垄断者就可以实行价格歧视。
   - 当存在转售的可能性时，企业会采取单一价格策略。
2. 解释单一价格垄断者如何决定其产出与价格。
   - 垄断者的需求曲线就是市场的需求曲线，单一价格垄断者的边际收益低于价格。
   - 垄断者通过生产边际收益等于边际成本时的产量并收取消费者在该产量下愿意支付的最高价格使其利润最大化。
3. 比较单一价格垄断和完全竞争市场的不同表现。
   - 与完全竞争市场相比，单一价格垄断者收取更高的价格而生产更少的产量，并导致无谓损失。
   - 垄断带给全社会的损失等于无谓损失加上用于寻租的资源成本。
4. 解释价格歧视如何增加利润。
   - 完全价格歧视获取了所有的消费者剩余。价格定在每个消费者购买每一单位的产品所愿意支付的最高价格上。
   - 在完全价格歧视下，垄断是有效率的，但是，寻租活动会消耗一部分生产者剩余。
5. 解释为什么自然垄断会被管制以及管制的影响。
   - 管制可能实现资源的有效利用，或者帮助垄断者实现经济利润最大化。
   - 如果自然垄断者的价格等于其边际成本，那么，它是有效率的。但是，一个次佳的结果就是要求价格等于其平均总成本。
   - 制定价格上限的方法受到了收入分享管制的认同，它是管制自然垄断的一个最有效和最现实的办法。

关键术语

平均成本定价规则	边际成本定价规则	回报率管制
进入壁垒	垄断	管制
俘获理论	自然垄断	寻租
放松管制	完全价格歧视	单一价格垄断
收入分享管制	价格上限管制	社会利益理论
法律垄断	价格歧视垄断	

本章检查站

学习计划中的问题与应用

利用下列信息回答问题1～3。

长寿矿泉水公司生产一种独一无二且广受好

评的矿泉水。该企业的总固定成本是 5 000 美元/天，它的边际成本为零。表 1 显示的就是长寿矿泉水的需求表。

表 1

价格 （美元/瓶）	产量 （瓶/天）
10	0
8	2 000
6	4 000
4	6 000
2	8 000
0	10 000

1. 构建长寿矿泉水公司的总收益表和边际收益表，并画出它的需求曲线和边际收益曲线。计算长寿矿泉水公司利润最大化时的价格、产量和经济利润。

2. 对长寿矿泉水公司利润最大化时的价格与生产利润最大化产出时的边际成本进行比较。在利润最大化的价格下，对长寿矿泉水的需求是缺乏弹性的还是富有弹性的？

3. 假设有 1 000 家矿泉水公司，它们都能以零边际成本生产，总固定成本也都是零。将该均衡时的价格和生产数量与长寿矿泉水公司的价格和生产数量进行比较。

4. 蓝玫瑰公司是唯一一家破解了种植蓝玫瑰秘密的花木公司。图 1 显示了对蓝玫瑰的需求及生产一枝蓝玫瑰的边际成本。蓝玫瑰公司的利润最大化产量及收取的价格是多少？蓝玫瑰公司有效利用了它的资源了吗？

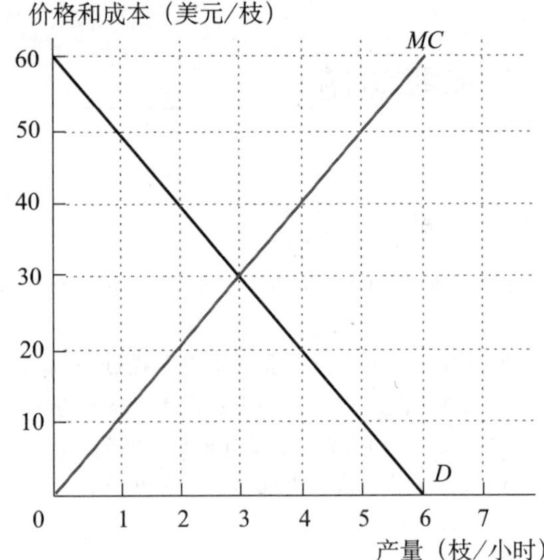

图 1

夏威夷有线电视公司是一个自然垄断企业。作图构建揭示夏威夷有线电视公司情况的市场需求曲线、企业边际收益曲线、平均总成本曲线以及边际成本曲线。根据你的作图回答问题 5～7。

5. 如果夏威夷有线电视公司未受到管制并使其利润最大化，在你所作的图中指出相应的价格、产量、经济利润、消费者剩余以及无谓损失。

6. 如果夏威夷有线电视公司受制于社会利益，在你所作的图中指出相应的价格、产量、经济利润、消费者剩余以及无谓损失。

7. 如果夏威夷有线电视公司受制于价格上限管制从而使它刚好收支相抵，在你所作的图中指出相应的价格、产量、经济利润、消费者剩余以及无谓损失。

利用下列信息回答问题 8 和 9。

联邦通信委员会（Federal Communication Commission，FCC）计划开放有线电视市场

联邦通信委员会将使独立程序及视频租赁服务更易进入有线频道。联邦通信委员会同时也会将每家有线电视公司的市场份额控制在 30%以下。

资料来源：*The New York Times*，November 10，2007.

8. 进入现有有线电视市场的壁垒是什么？是垄断势力造成的高额有线电视价格吗？

9. 作图阐述联邦通信委员会新的管制政策对价格、产量、消费者剩余、生产者剩余及无谓损失的影响。

□ 教师可布置的问题与应用

利用下列信息回答问题 1 和 2。

微软：我们不会在欧洲进行 Windows 7 价格欺诈

欧盟管制者已经对微软非法将 Internet Explorer（IE）绑定在 Windows 系统上提出控诉，并要求微软在 Windows 界面去除 IE 浏览器。一个新闻报道指出当微软推出 Windows 7 时，它对不包括 IE 的 Windows 7 版本的收费将高于包括

IE 的完整版本。微软否认这一报道并声明完整版本的价格会更高。

资料来源：computerworld. com.

1. 微软如何对 Windows 定价，它会出于自身利益考虑而对除去 IE 的版本制定不同的价格吗？

2. 为什么微软公司可能对为欧洲消费者提供的完整版本的 Windows 7 收取更高的价格？

利用下列信息回答问题 3 和 4。

波比理发店是一个封闭小镇的自然垄断者。表 1 显示了波比理发的需求表（前两栏）以及波比的边际成本表（中间栏和第三栏）。波比做了一个调查发现，她一小时内遇到了四种类型的顾客——一位愿意支付 18 美元的妇女，一位愿意支付 16 美元的老年顾客，一名愿意支付 14 美元的学生，还有一个愿意支付 12 美元的男孩。假设波比的固定成本为 20 美元/小时并且波比实行价格歧视策略。

3. 波比对每种类型的顾客应该定价多少呢？每小时提供多少次理发服务？因价格歧视而增加的经济利润是多少？

表 1

价格（美元/次）	产量（次/小时）	边际成本（美元/小时）
20	0	—
18	1	1
16	2	4
14	3	8
12	4	12
10	5	18

4. 谁会从波比的价格歧视中受益？这种理发的数量是有效率的吗？

利用下列信息回答问题 5～10。

马戏篷（Big Top）是国内唯一的马戏团。表 2 列出了对马戏团门票的需求表以及马戏团表演的成本表。

表 2

价格（美元/张）	产量（张/场）	总成本（美元/场）
20	0	1 000
18	100	1 600
16	200	2 200
14	300	2 800
12	400	3 400
10	500	4 000
8	600	4 600
6	700	5 200
4	800	5 800

5. 计算马戏篷利润最大化时的价格、产量以及它对所有门票收取单一票价时的经济利润。

6. 当马戏篷实现利润最大化时，消费者剩余和生产者剩余是多少？此时马戏团是有效率的吗？解释你的答案。

7. 马戏篷为儿童提供 50%的折扣。这一折扣会如何改变消费者剩余和生产者剩余？通过向儿童提供折扣，会使马戏篷更加有效率吗？

8. 如果马戏篷被管制去生产有效率的产出数量，会出售多少张门票？每张门票的票价是多少？消费者剩余会是多少？

9. 如果马戏篷被管制收取等于平均总成本的价格，会出售的门票数量、每张门票的票价以及经济利润分别是多少？

10. 作图说明管制者设定价格上限使得马戏篷刚好收支相抵时的马戏团市场。在你所作的图中标出无谓损失。

利用下列信息回答问题 11～13。

美国全国大学生体育协会（NCAA）控制着大学体育市场。它规定付给这些运动员的酬劳是低于竞争市场下的价格的，并且确保这些大学不违犯它所拟定的规章。

11. NCAA 是自然垄断、法律垄断还是两者都不是？解释之。

12. 在 NCAA 对大学体育市场的控制下，谁受益？谁受损？

13. NCAA 经营下的这一体系是有效率的吗？

利用下列信息回答问题 14～16。

美国职业棒球大联盟享有用于限制市场力量的法律豁免权，从而可以实行垄断经营。

14. 怎样才有可能把竞争引入棒球市场？

15. 如果棒球市场变成竞争性的，你预测参赛的队伍数会怎样？每支队伍的经济利润又会怎样？

16. 如果棒球市场变成竞争性的，你预测参赛的运动员人数会怎样？他们的平均酬劳又会怎样？

利用下列信息回答问题 17 和 18。

在 1991 年以前，美国常青藤（Ivy League）八大盟校（布朗大学、哥伦比亚大学、康奈尔大学、达特茅斯学院、哈佛大学、普林斯顿大学、宾夕法尼亚大学和耶鲁大学），再加上麻省理工学院，它们共享信息并且一致通过规章对教育统一定价（价格等于学费减去奖学金）。1991 年以后，这些学校自主定价并且互相竞争。

17. 比较常青藤盟校在 1991 年前后的市场情况。

18. 预测该市场的效率状况、生产者剩余和消费者剩余之间的分配以及无谓损失发生了什么变化。

利用下列信息回答问题 19 和 20。

AT&A：垄断 iPhone？

AT&A 是苹果公司 iPhone 的独家运营商。购买 iPhone 的美国人无法对其解锁从而使用其他的无线载体。

资料来源：*USA Today*，October 11，2007.

19. AT&A 作为 iPhone 手机无线服务的独家供应商，它是如何影响无线通信市场的？

20. 解释为什么无线市场可能“倾向于单一公司或者一群小公司”。为何这会证明垄断监管存在于这个市场？

第 16 章

垄断竞争

哪款手机呢?

2009 年 9 月，你能选择 265 种不同的手机。为什么会有这么多种类呢?

本章要点

学完本章，你将能够：

1. 描述并识别垄断竞争。
2. 解释垄断竞争企业如何决定其短期及长期的产量和价格。
3. 解释垄断竞争的广告成本为什么较高以及企业为什么使用商标名。

16.1 什么是垄断竞争？

现实世界中的大部分市场介于我们在第 14 章所介绍的完全竞争和第 15 章所介绍的垄断这两个极端之间。大多数企业多少拥有一些像垄断企业那样的定价能力。与完全竞争企业一样，它们也面临着新进入企业的竞争。我们将这样的企业所运行的市场称为**垄断竞争**（monopolistic competition）。（另外一种介于完全竞争和垄断之间的市场被称为**寡头**（oligopoly），我们将在第 17 章学习它。）

垄断竞争是这样一种市场结构：

- 大量的企业相互竞争。
- 每家企业生产有差异的产品。
- 企业在价格、产品质量以及营销方面进行竞争。
- 企业进退自由。

16.1.1 大量企业

和完全竞争一样，垄断竞争行业由大量的企业组成。大量企业的存在对该行业中的企业有三点含义。

市场份额小

每家企业的产量只占市场供给的一小部分。因此，每家企业可以决定自己产品的价格，但是它几乎没有力量影响市场的平均价格。

无市场主导者

每家企业对产品的平均市场价格必须非常敏感，但无须关注任何一家单个竞争对手。这是因为每家企业都相对较小，没有一家企业能够左右市场环境。因此，没有一家企业的行为能够直接影响到其他企业的行为。

勾结的不可能性

企业有时试图与其他企业一起达成非法协议——勾结——固定价格和互不减价来获取利润。但是，在垄断竞争这样的市场，由于存在着大量的企业，所以勾结是不可能的。

16.1.2 产品差异

产品差异（product differentiation）就是使自己的产品与竞争对手的产品有所不同。某种有差异的产品有着相近的替代品，但是没有完全的替代品。一些人愿意为某种产品的一种变体支付更高的价格，因此，当该产品的价格上升时，其需求量将会下降但不会（必须地）降至零。例如，阿迪达斯、爱世克斯、迪亚多纳（Diadora）、埃托尼克（Etonic）、斐乐（Fila）、纽巴伦、耐克、彪马和锐步都制造有差别的跑鞋。保持其他条件不变，如果阿迪达斯跑鞋的价格提高了，而其他跑鞋的价格维持不变，那么，阿迪达斯跑鞋的销售量将会减少。

□ 16.1.3 质量、价格和营销的竞争

产品差异能够使一家企业与其他企业在三个领域内展开竞争：质量、价格和市场营销。

质量

某种产品的质量是区别于其他企业产品的物质特征。质量包括产品设计、可靠性、提供给买者的服务水准以及消费者购买该产品的容易程度。质量可以从高到低进行排列。登录 jdpower. com 网站访问 J. D Power 消费者中心，你将能够看到这家评级中介从很多方面对汽车、船只、金融服务、旅行及住宿服务、电信服务以及新住宅等进行质量评述——所有的产品样本都有不同层次的质量变体。

价格

由于产品差异性的存在，在垄断竞争中的某家企业面对着一条向下方倾斜的需求曲线。因此，该企业可以像垄断者那样确定自己的产品价格和产量。但是，在产品质量和价格之间存在着某种取舍，生产高质量产品的企业可以比生产低质量产品的企业对其产品索要更高的价格。

营销

由于产品差异性的存在，在垄断竞争中的某家企业必须对其产品进行市场营销。市场营销采用两种主要形式：广告和包装。生产高质量产品的企业想把其产品卖个好价钱，为了做到这一点，企业必须对其产品进行广告宣传和包装，使消费者相信他们所购买的产品物有所值。例如，医药公司通过对其有自己商标的药品进行广告宣传及包装使消费者相信，这些药品优于那些价格较低的但没有商标的药品。类似地，生产低质量产品的企业也通过广告宣传和产品包装使消费者相信，尽管它们的产品质量低，但低廉的价格已远远弥补了这一缺陷。

□ 16.1.4 进入与退出

在垄断竞争中，不存在进入壁垒。因此，企业在长期将没有经济利润。当企业获得经济利润时，新企业将会进入该行业。新企业的进入降低了产品价格，并最终消除经济利润。当出现经济亏损时，有些企业将会离开该行业。部分企业的退出将会提高产品价格，增加利润，并最终消除经济亏损。在长期均衡中，企业既不进入也不退出该行业，企业将获得零经济利润。

□ 16.1.5 识别垄断竞争

为了识别垄断竞争，并将其一方面与完全竞争、另一方面与寡头以及垄断区别开来，必须考虑一些因素。其中之一就是少数几家企业控制着某一市场的程度。为了衡量市场的这一特征，经济学家使用了测量集中度的两个指数。这些指数分别是：

- 四企业集中率

- 赫芬达尔-赫希曼指数

四企业集中率

四企业集中率是指某一行业中最大的四家企业的销售额在整个市场中所占的百分比。集中率的取值范围很广，在完全竞争市场几乎为0，在垄断市场为100%。这一比率是评价市场结构的主要指标。

表16—1向我们展示了对两个行业四企业集中率的测算：一个是轮胎生产行业，另外一个是打印机生产行业。在这个例子中，有14家企业生产轮胎，最大的四家企业拥有80%的市场份额，因此这一行业四企业集中率是80%。在打印机行业，有1 004家企业，最大的四家企业仅拥有0.5%的市场份额，所以这一行业的四企业集中率为0.5%。

表16—1　　集中率测算

(a) 企业销售额

轮胎生产商		打印机	
企业	（百万美元）	企业	（百万美元）
Top，Inc.	200	Fran's	4
ABC，Inc.	250	Ned's	3
Big，Inc.	150	Tom's	2
XYZ，Inc.	100	Jill's	1
最大的4家企业	700	最大的4家企业	10
其他10家企业	175	其他1 000家企业	1 990
行业	875	行业	2 000

(b) 四企业集中率

轮胎生产商		打印机	
企业	（百万美元）	企业	（百万美元）
最大4家企业的销售额	700	最大4家企业的销售额	10
行业销售额	875	行业销售额	2 000
四企业集中率	$\frac{700}{875}\times 100\%=80\%$	四企业集中率	$\frac{10}{2\ 000}\times 100\%=0.5\%$

行业中低的市场集中率意味着该行业的竞争程度很高，高的市场集中率则意味着缺乏竞争性。垄断企业的市场集中率为100%——最大的企业（只有一家）拥有100%的市场份额。四企业集中率超过60%的市场被认为是高度集中的市场——被少数几个寡头企业所主宰。四企业集中率小于40%的市场被认为是竞争性的市场——垄断竞争。

赫芬达尔-赫希曼指数

赫芬达尔-赫希曼指数（Herfindahl-Hirschman Index，HHI）是指一个市场中最大50家企业的市场份额的平方和（如果该市场的企业数少于50家，则把该市场中所有企业的市场份额的平方相加）。例如，假设一个市场有四家企业，每家企业的市场份额分别为50%、25%、15%和10%，则HHI为：

$$HHI=50^2+25^2+15^2+10^2=3\ 450$$

在完全竞争市场，HHI很小。例如，如果一个行业中最大的50家企业的市场份额均为0.1%，则HHI为：$0.1^2 \times 50 = 0.5$。在垄断市场，HHI为10 000——一家企业拥有100%的市场份额：$100^2 = 10\ 000$。

在20世纪80年代，美国司法部使用HHI来界定市场，这一指数成为衡量竞争程度的普遍标准。HHI小于1 000的市场被认为是竞争性的，可视为垄断竞争的一个实例。HHI在1 000～1 800之间的市场被认为是中度竞争性的，它可能属于垄断竞争的一个实例。但是，当一个市场的HHI超过1 800时，它就会被认为是非竞争性的了。对于HHI超过1 000的市场中企业之间的合并，司法部将会进行严格审查；当这一指数超过1 800时，司法部则可能会对企业间的合并提出异议了。

集中度是衡量一个市场竞争程度的有用指标。但是，它还必须与其他信息相结合才能决定一个行业的市场结构。表16—2总结了其他一些信息，并和决定市场结构的集中度一起，为我们描述了一个准确的、真实世界的市场。

表16—2 **市场结构**

特　征	完全竞争	垄断竞争	寡　头	垄　断
行业中的数量	很多	很多	很少	一家
产品	同质	有差异	同质或有差异	无相近替代品或被管制
进入壁垒	无	无	中等	高
企业控制价格的能力	无	有些	相当大	相当大
集中率	0	低	高	100
HHI	接近于0	不到1 800	超过1 800	10 000
例子	小麦、玉米	食品、服装	谷类食品	地方供水

集中度的局限性

仅仅把集中度作为衡量市场结构的决定性因素有两点局限，这是因为集中度未能恰当地考虑到：

- 市场的地理范围
- 进入壁垒及企业更新

市场的地理范围　集中度是从全国范围内来看待市场的。许多商品在**国内**市场上销售，但是有些商品在**地区**市场上销售，还有一些商品在**全球**市场上销售。预拌混凝土(ready-mix concrete)产业存在于地方性市场。预拌混凝土产业的四企业集中率是6.2%，HHI是26，这两个数字意味着这一产业接近完全竞争。但是在大多数城市预拌混凝土产业的集中度是很高的，因此尽管这一产业的集中度低，但仍是非竞争性的。汽车产业四企业集中率是87%，HHI是2 725。这两个数字意味着这是一个高度集中的产业。但是来自进口的竞争赋予了汽车市场许多垄断竞争的特点。

进入壁垒及企业更新　集中度体现不出进入壁垒。许多产业尽管是高度集中的，但却容易进入，并有大量的企业更新。例如，许多小镇的餐馆很少，但是开一家餐馆没有什么限制，许多企业也试图这样做。

因为低的进入壁垒带来了**潜在的竞争**，集中度高或HHI大的产业也依然可能是竞争性的。如果一个产业容易进入，此产业中的少数企业将面临来自其他众多进入者的竞争，如果能获得利润，其他企业便会进入。

关注美国经济

垄断竞争的例子

下图这十个行业都是垄断竞争的例子。这些行业中有许多家企业，行业名称后的括号内注明了该行业中的企业数。黑色条显示了行业中最大 4 家企业的收入占该行业总收入的百分比。深灰色条显示了次大 4 家企业收入占该行业总收入的百分比。整个黑、深灰色、浅灰色条显示了最大的 20 家企业的收入占该行业总收入的百分比。右侧的数字为 HHI。

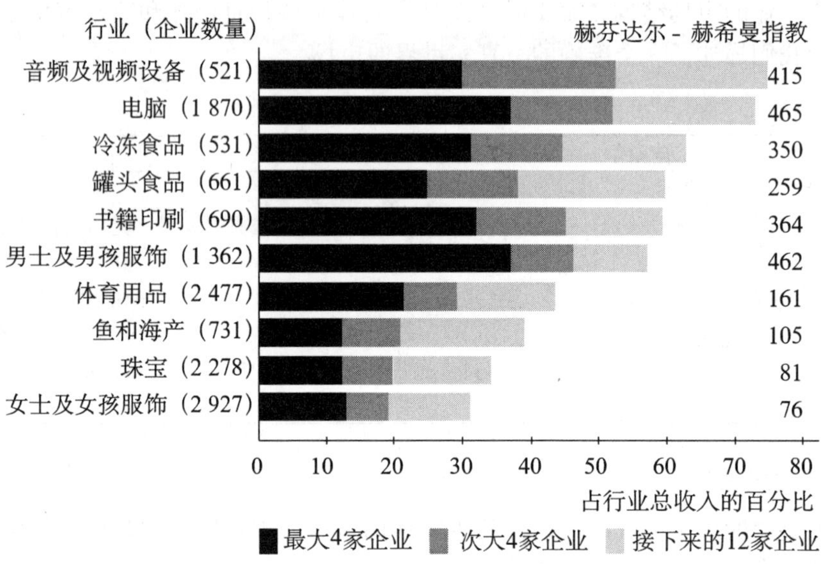

检查站 16.1 描述并识别垄断竞争。

现实问题

表 1 显示了构成文身行业的 50 家企业的销售情况。利用表 1 回答问题 1～4。

表 1

公司	总收益（美元）
Bright Spots	450
Freckles	325
Love Galore	250
Native Birds	200
接下来的 16 家企业（每个）	50
接下来的 30 家企业（每个）	20
行业	2 625

1. 计算四企业集中率和 HHI。文身行业属于什么市场结构？
2. 假如文身行业的 50 家企业分散在全国的不同城市进行经营，文身行业的市场结

构会是怎样的？

3. 为确定文身行业属于垄断竞争行业，你还需要其他的什么信息？

4. 假如文身技术的一项革新使得任何人进入该行业都更为容易。这一革新将如何影响该行业的市场结构？

5. 预付费手机计划对你适用吗？

手机供应商正在提供一种新的无合约计划。例如，T-Mobile 公司有一个"flexpay"套餐计划，这一计划可以让用户购买包月服务；Boost Mobile 公司的无合约计划提供无限制通话、短信以及网络使用服务；而 Virgin Mobile 公司则提供 49.99 美元/月封顶的无限制通话。所有无合约计划的供应商都在积极推销它们的计划。

资料来源：*Wall Street Journal*, April 22, 2009.

该手机计划是在哪种类型的市场上销售的？解释你的答案。

参考答案

1. 四企业集中率为 46.6%，这四家最大企业的市场份额分别为 17.1%、12.4%、9.5%和 7.6%。

HHI 为 671.14。企业市场份额从大到小依次为 17.1%、12.4%、9.5%、7.6%、1.9%和 0.8%。将这些数字平方后并相加，得：292.41＋153.76＋90.25＋57.76＋(3.61×16)＋(0.64×30)＝671.14。

如果没有其他因素的影响而使得集中度变成一个不可靠的指标，则四企业集中率以及 HHI 说明了文身行业是垄断竞争行业。

2. 如果文身行业的 50 家企业分散在全国不同的城市进行经营，并且每家企业在没有竞争的情况下仍有效率，则这一行业可认为是由一系列的垄断企业所组成。

3. 我们需要知道这一行业的产品差异性；价格、质量以及营销竞争；新企业的进入壁垒低的证据等。

4. 文身技术的一项革新使得任何人进入文身行业都更为容易，将很可能导致更多企业的进入、产品差异性变大以及更激烈的竞争。

5. 该市场结构为垄断竞争。手机供应商的数量很大，而且它们提供差异化服务。没有哪家企业主导市场，而企业的竞争集中在质量、价格和市场营销上。新的手机供应商可依据自己的计划进入市场。

16.2 产量和价格决策

考虑汤米·西菲格公司（Tommy Hilfiger）必须为汤米牌牛仔裤做出决策。首先，企业必须决定牛仔裤的设计、质量以及市场计划。我们假定汤米·西菲格已做出了这些决定，这样我们就可以将注意力集中到企业的产量及价格决策上了。但在下一节我们将研究企业的产品质量及市场决策。

给定牛仔裤的质量以及市场营销活动的数量，汤米·西菲格就面临给定的成本及市场环境。给定其牛仔裤的成本及需求，汤米·西菲格如何决定其牛仔裤的生产**数量**及销售**价格**呢?

□ 16.2.1 企业的利润最大化决策

垄断竞争企业的产量及价格决策与垄断企业一样。汤米·西菲格通过生产使得边际收益等于边际成本的数量并收取消费者为这一数量所愿意支付的最高价格来实现利润最大化。

图 16—1 说明了汤米牛仔裤的这一决策。汤米牛仔裤的需求曲线为 *D*。*MR* 曲线是与需求曲线相对应的边际收益曲线。这条曲线的导出与你在第 15 章中所学习的单一价格垄断的边际收益曲线的导出相类似。*ATC* 曲线表示生产汤米牛仔裤的平均总成本，*MC* 是边际成本曲线。通过每天生产 125 条牛仔裤并按 75 美元/条的价格出售使得利润最大化。当汤米·西菲格每天生产 125 条牛仔裤时，每条牛仔裤的平均总成本是 25 美元。这时，汤米·西菲格每天将获得 6 250 美元的经济利润（=50 美元/条×125 条）。灰色的矩形区域表示汤米·西菲格每天获得的经济利润。

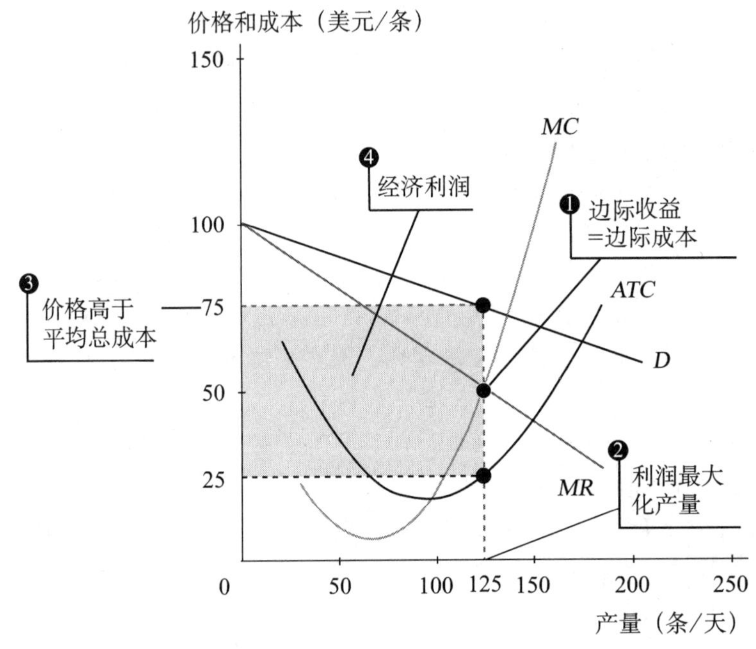

图 16—1 垄断竞争的产量与价格

①当边际收益等于边际成本时，利润最大。

②利润最大化的产量是每天生产 125 条汤米牛仔裤。

③每条牛仔裤的价格是 75 美元，平均总成本是 25 美元，因此，对每条牛仔裤企业可赚取 50 美元的经济利润。

④灰色的矩形区域表示经济利润，即每天 6 250 美元（=50 美元/条×125 条）。

□ 16.2.2 利润最大很可能就是亏损最小

在图 16—1 中，汤米·西菲格获得正的经济利润。但事实并非总是如此，一家企业可能会面临对其产品非常低的需求水平，以至于不能获得经济利润。Excite@Home 就是这样一家企业。借助传送电视节目的电缆，提供高速因特网服务，Excite@Home 希望通过与 AOL、MSN 以及其他一系列供应商的竞争获得因特网门户服务一个较大的市场份额。

图 16—2 说明了 Excite@Home 在 2001 年所面临的情况。对其门户服务的需求曲线为 D，边际收益曲线是 MR，平均总成本曲线为 ATC，边际成本曲线为 MC。Excite@Home 通过生产边际收益等于边际成本的产量使其利润最大化——或者说，使其亏损最小。在图 16—2 中，这一产量是 40 000 个客户。Excite@Home 把价格定在客户在这一产量下所愿意支付的价格上，它由需求曲线决定，为 40 美元/月。拥有 40 000 个客户，Excite@Home 对于每个客户的平均总成本是 50 美元，因此 Excite@Home 每月将蒙受 400 000 美元的经济亏损（每个客户 10 美元乘以 40 000 个客户）。灰色的矩形区域表示 Excite @Home 的经济亏损。

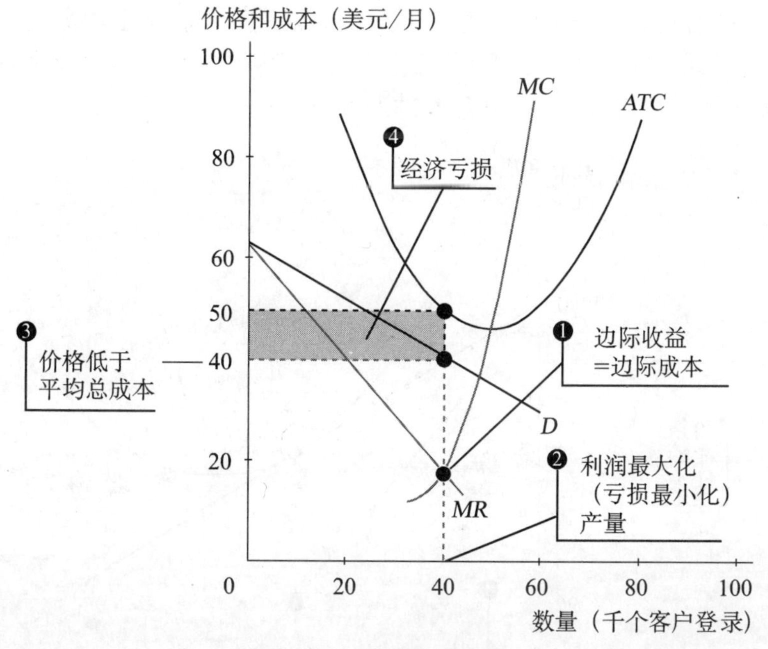

图 16—2　短期经济亏损

①当边际收益等于边际成本时，利润最大，亏损最小。

②亏损最小化的产量是 40 000 个客户。

③产品的价格是每月 40 美元，比其每月的平均总成本 50 美元要小，因此，企业在每个客户身上将损失 10 美元。

④灰色的矩形区域表示经济亏损，即每月 400 000 美元（每个客户 10 美元乘以 40 000 个客户）。

企业可能遭受的最大亏损等于其总固定成本。原因是如果利润最大化（亏损最小化）价格低于平均可变成本，企业会暂时关闭不生产（就像完全竞争市场里的企业）。

至此，垄断竞争的企业看起来似乎像一个单一价格垄断者。它把产量定在边际收益等于边际成本之时，收取消费者愿意为这一产量所支付的价格，而这一价格又是由需求曲线所决定的。垄断与垄断竞争的主要区别在于当有经济利润或经济亏损时，下面所要发生的情况。

□ 16.2.3　长期：零经济利润

像 Excite @ Home 这样的企业是不会蒙受长期经济亏损的，最终它将退出该产业。

因此，在长期，存在于市场中的企业都不会蒙受经济亏损。同样地，在垄断竞争中没有进入的限制，所以假如一个产业中的企业获得了经济利润，其他企业将有某种激励进入该产业，从而每个企业的经济利润都下降。因此，在长期，企业会一直进入市场，直到每个企业都只获得零经济利润为止。

汤米·西菲格赚取了经济利润，从而刺激了盖普和卡尔文（Calvin Klein）开始制造与汤米牛仔裤相似的牛仔裤。随着它们进入牛仔裤市场，对汤米牛仔裤的需求将下降。在每一个时点上，企业通过生产边际收益等于边际成本时的产量并收取消费者为这一产量所愿意支付的最高价格来使其利润最大化。但是随着需求的减少，边际收益减少，利润最大化的产量及价格将下降。

图 16—3 说明了长期均衡。汤米牛仔裤的需求曲线及边际收益曲线向左移动。企业每天生产 75 条牛仔裤，每条牛仔裤卖 50 美元。在这一产出水平上，每条牛仔裤的平均总成本也是 50 美元。因此汤米·西菲格只能获得零经济利润。当该产业中所有的企业都只获得零经济利润时，就没有新企业愿意进入该产业了。

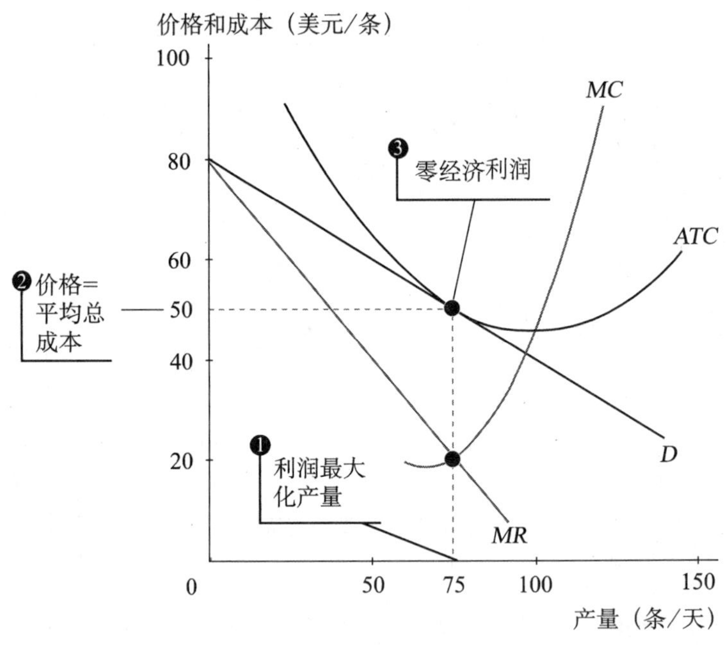

图 16—3 长期的产量与价格

经济利润鼓励进入，并降低对每家企业产品的需求。经济亏损鼓励退出，并增加对每家企业产品的需求。当需求曲线与平均总成本曲线在与边际收益等于边际成本相对应的产量点相切时，市场就达到了长期均衡。

①利润最大化的产量是每天生产 75 条汤米牛仔裤。

②每条牛仔裤的价格是 50 美元，等于平均总成本。

③经济利润为零。

如果相对于成本，需求如此之低，以至于企业出现了经济亏损，那么退出将会出现。随着企业从一个行业退出，对留下企业的产品需求将会增加，这些企业的需求曲线将向右移动。当该行业的所有企业都获得零经济利润时，退出过程结束。

□ 16.2.4 垄断竞争和完全竞争

图 16—4 将垄断竞争和完全竞争进行了比较，并强调了二者的两点重要区别：过剩生产能力（excess capacity）和加成（markup）。

过剩生产能力

企业**有效率的规模**（efficient scale）是其平均总成本最小时的产量规模，这一产量在 U 形平均总成本（*ATC*）曲线的底端。当一个企业在低于其有效率的规模处进行生产时，就存在着**过剩生产能力**（excess capacity）。图 16—4（a）显示，在长期汤米·西菲格有过剩生产能力。因为对汤米牛仔裤的需求曲线是向下倾斜的，这意味着零经济利润在 *ATC* 曲线向下倾斜的时候获得。在长期处于完全竞争市场的企业（图 16—4（b））没有过剩生产能力。因为其需求曲线是水平的，零经济利润在平均总成本最小点获得。

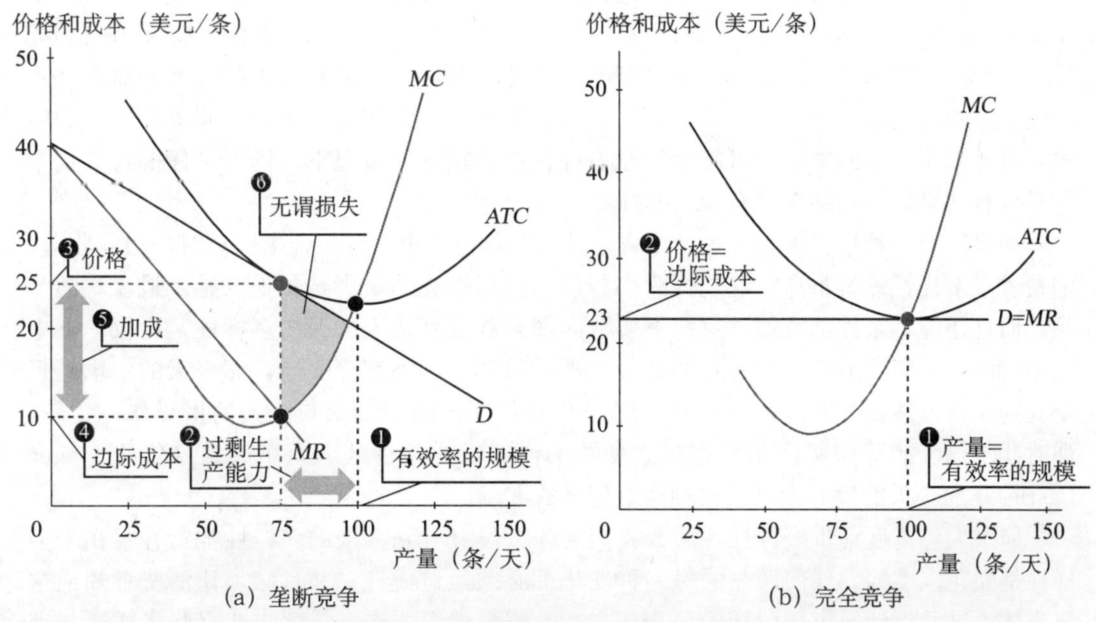

图 16—4 长期的过剩生产能力与加成

在图（a）中，①有效率的规模是每天生产 100 条牛仔裤。在垄断竞争的长期，企业每天生产 75 条牛仔裤，企业有②过剩生产能力。③价格超过了④边际成本，超过的那一部分即⑤加成，产生了⑥无谓损失。

相反，在图（b）中，因为企业产出的需求是有完全弹性的，所以完全竞争的企业没有过剩生产能力和加成。①生产的产量等于有效率的规模，②价格等于边际成本。

加成

企业的**加成**（markup）是价格超过边际成本的部分。图 16—4（a）说明了汤米牛仔裤的加成。在完全竞争市场，价格总是等于边际成本，因此，不存在加成，图 16—4（b）说明了这一情况。在垄断竞争情况下，消费者所支付的价格要高于完全竞争时支付的价格，并且高于产品的边际成本。

□ 16.2.5 垄断竞争有效率吗？

你已知道，当边际收益等于边际成本时，资源便得到有效的利用。你还知道价格衡量了边际收益。所以当一条汤米牛仔裤的价格高于生产它的边际成本时，汤米牛仔裤的产量便小于有效率时的产量。而且你刚看到在垄断竞争的长期均衡中，价格**的确**高于边际成本。

无谓损失

由于价格高于边际成本，和垄断一样，垄断竞争会造成无谓损失。图 16—4（a）显示了这种无谓损失。但是不是垄断竞争相对于完全竞争更没有效率呢？

进行有关比较

两个经济学家在街上相遇，其中一位问另一位的丈夫怎么样，这位马上问："和什么相比？"这个经济学小智慧说明了很重要的一点：在为某些事物下定论前，我们必须考虑其他的可能选择。

垄断竞争市场中价格与边际成本之间的差额——加成——来自产品的差异性。汤米牛仔裤与 Banana Republic、CK、Diesel、DKNY、Earl Jeans、盖普、Levi 和 Ralph Lauren 或其他数十个生产商生产的牛仔裤并不十分相同，因此对汤米牛仔裤的需求并不是完全有弹性的。当只有一种牛仔裤，并且汤米·西菲格与其他企业一起进行生产的时候，对汤米牛仔裤的需求才可能是完全有弹性的。在这种情况下，汤米牛仔裤与其他牛仔裤没有区别，它们甚至没有识别的标签。

如果只有一种牛仔裤，几乎可以肯定其边际收益会小于有多种牛仔裤时的边际收益。消费者对多样性评价很高。这是因为多样性不仅可以让消费者选择他（她）最喜欢的产品，而且还能带来外部收益。我们大多数人都喜欢看到他人选择的多样性。比较一下中国 20 世纪 60 年代的情景与现在的情景，那时每个中国人都穿军装，而今天的中国，每个人则穿自己选择的衣服。或是将 20 世纪 30 年代德国的情景与今天的世界作一比较，那时几乎每个能买得起汽车的德国人所买的汽车都是第一代大众甲壳虫（Volkswagen Beetle)，而今天的世界则有无数种类及型号的汽车。

如果人们高度评价多样性，那么我们为什么没有看到无限的多样性呢？答案在于多样性是要花成本的。任何产品的每一种变化都必须经过设计，并且必须让消费者知道这一变化。这些设计及市场营销的最初成本——叫做组织成本——意味着有些多样性与现存的产品太接近了，并不值得去开发。

底线

产品多样性既有价值，又要花费成本。产品多样性有效率的程度就出现在其边际收益等于其边际成本之时。增加一单位给定的多样性所带来的边际收益超过其边际成本所造成的损失被某一有效率的产品多样性所带来的收益所补偿，因此与另外一种选择——产品的完全一致——相比，垄断竞争是有效率的。

检查站 16.2 **解释垄断竞争企业如何决定其短期及长期的产量和价格。**

现实问题

纳蒂是一位网络企业家，她建立了一家网站，在这个网站顾客可以设计并购买一副玩酷太阳镜（way-cool sunglasses）。纳蒂每月要交纳 4 000 美元的网络服务器和因特网连接费。她的顾客所设计的太阳镜由另外一家企业定制，并且纳蒂就每副眼镜向这家企业支付 50 美元。此外，纳蒂没有其他成本。表 1 显示了对纳蒂太阳镜的需求表。利用这些信息回答问题 1～3。

表 1

价格（美元/副）	产量（副/月）
250	0
200	50
150	100
100	150
50	200
0	250

1. 计算纳蒂利润最大化时的产量、价格及经济利润。

3. 你认为其他企业会进入网络太阳镜业务并与纳蒂进行竞争吗？

3. 在长期，对纳蒂太阳镜的需求会有何变化？在长期，纳蒂所获得的经济利润会有何变化？

4. 康泰纳仕（Condé Nast）关闭了《公文包》（*Portfolio*）。

康泰纳仕出版社在近两年前推出了月刊型商业杂志《公文包》。在 2008 年年底，康泰纳仕削减了覆盖其所有图书成本 5%的薪金和广告预算。《公文包》被这一最大削减案击中。近日，康泰纳仕关闭了《公文包》。

资料来源：*Wall Street Journal*，April 28，2009.

试解释薪金及广告预算削减在短期对康泰纳仕亏损的影响。康泰纳仕为什么关闭《公文包》？

参考答案

1. 每副太阳镜的边际成本（*MC*）为 50 美元，是纳蒂向其供应商所支付的价格。为得到边际收益，要计算总收益的变化。图 1 表示出了需求曲线、边际收益曲线以及边际成本曲线。当 *MC*=*MR*，纳蒂每月销售 100 副眼镜时，利润达到最大化。这时，价格为 150 美元，平均总成本（*ATC*）为 90 美元——50 美元的边际成本（平均可变成本）加上 40 美元的平均固定成本。经济利润是每副眼镜 60 美元，每月生产 100 副眼镜，因此总经济利润为每月 6 000 美元。

2. 因为纳蒂有经济利润，其他企业倾向于进入该行业并与纳蒂进行竞争。

3. 因为其他企业的进入，对纳蒂太阳镜的需求将会下降，其需求曲线向左移动。随着对纳蒂太阳镜的需求下降，其经济利润也会减少，在长期，纳蒂只能获得零经济利润。

4. 薪金和广告预算是可变成本，因此削减这些成本会使 *ATC* 和 *MC* 曲线向下移动。在杂志的价格不变的情况下，康泰纳仕的经济亏损减少。康泰纳仕关闭杂志《公文包》是因为《公文包》的亏损超过了它的总固定成本而且企业预计这一亏损在来年还将继续。

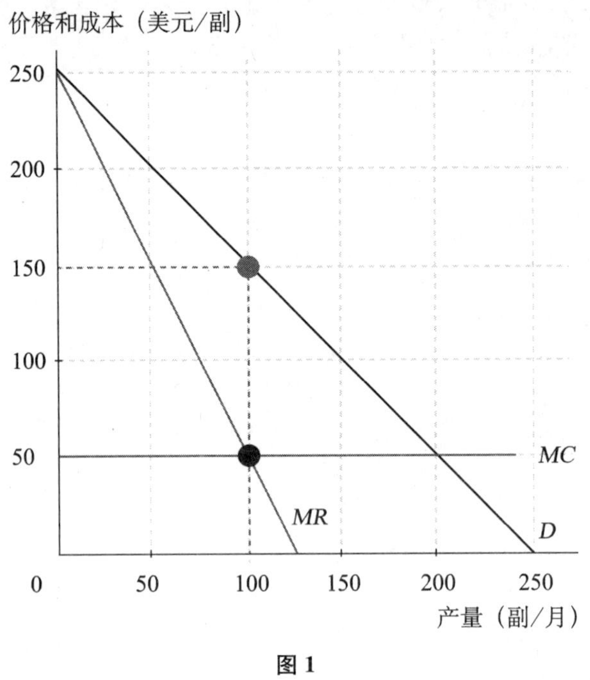

图 1

16.3 产品开发和营销

在学习某家企业的产量及价格决策时，我们假定该企业已经决定了其产品的质量以及营销决策。我们现在来学习企业的这些决策并研究它们对企业的产量、价格及经济利润的影响。

□ 16.3.1 创新和产品开发

为享有经济利润，垄断竞争企业必须不断地开发新产品。原因在于一旦存在经济利润，其他人将会效仿并创建自己的企业。所以一家企业要维持其经济利润，就必须开发新产品并以此来获得竞争优势，即使这种优势是暂时性的。一家企业推出一种新的、有差异的产品时，将会暂时面临一条缺乏弹性的需求曲线并能够暂时提高其产品价格。这时它会获得经济利润。最终，生产这种新产品的相近替代品的企业将会进入并攫取这家企业通过创新所获得的经济利润。所以为重新获得经济利润，这家企业必须再进行创新。

产品创新的成本及收益

创新的决策建立在你已学过的利润最大化决策的基础之上。创新及产品开发是要花钱的活动，但是它们也带来了额外收益。企业必须平衡边际成本及边际收益。在产品开发的低级阶段，从一种改进了的产品中所获得的边际收益大于边际成本。当产品开发所花费的 1 美元（产品开发的边际成本）带来 1 美元的额外收益（产品开发的边际收益）时，企业正是花费了使其利润最大化的钱进行产品开发。

例如，当电子艺术公司（Electronic Arts）推出最新版的《疯狂橄榄球》（Madden NFL）时，它可能并不是电子艺术公司所能开发出来的最好的游戏，但是它却是一个具备这样特征的游戏——它的边际收益（顾客所愿意支付的价钱）等于这些特征的边际成本。

效率与产品创新

产品创新是有效率的活动吗？它会给消费者带来好处吗？对这些问题的回答有两种不同的观点。一种观认为，垄断竞争给市场带来了许多改进的产品，它们给消费者带来了巨大的利益。服装、厨具及家庭用具、电脑、电脑程序、汽车以及其他的许多产品每年都在改进，消费者从这些改进的产品中受益。

但是，许多所谓的改进只不过是改变一下产品的外观或变换一下包装。在这些情况下，消费者得不到什么实在的收益。

但是无论一种产品的改进是真实的还是想象的，它对消费者的价值都是其边际收益，并且与消费者所愿意支付的价钱相等。换句话说，产品改进的价值是消费者所愿意支付价格的增加额。对生产者来说，边际收益就是边际收入，在均衡时它等于边际成本。因为垄断竞争的价格大于边际成本，所以产品改进没有达到有效率的水平。

□ 16.3.2 广告

企业通过产品设计及利用产品特征使自己的产品与其他企业的产品区别开来。但是即使当企业的产品与其他企业的产品实际差异很小时，它们还是试图让消费者感觉到产品差异。广告和包装是企业实现这一目标的主要手段。美国运通卡（American Express card）与维萨卡（Visa card）不同，但它们的实际差别并不是美国运通卡在其市场营销中所强调的主要差别。深层次的信息是，如果你使用运通卡，你就像泰格·伍兹（或其他非常成功的人士）一样了。

广告支出

垄断竞争企业花费大量的成本使消费者重视并高度评价它们的产品与其他竞争对手产品的差别。因此，我们所支付的价格中有很大一部分是用来补偿产品的销售成本的，并且这一比重还在上升。在报纸、杂志、电台、电视台、因特网上做广告是主要的销售成本，但这并不是唯一的销售成本。销售成本还包括花在像电影背景一样的购物商场中的成本、印刷精美的产品目录及宣传册的成本以及销售人员的薪水、机票和旅馆账单等。

广告费用的总规模很难估计，但是有些部分是可以衡量的。一家商业机构所做的一项调查表明，烈性酒广告费用约占其价格的 15%，电影和医师的广告费用占其价格的 12%，而啤酒的广告费用约占其价格的 10%。

关注手机市场

哪款手机呢？

手机有很多产品差异：三星（Samsung）有 55 种型号，诺基亚（Nokia）有 52 种，而摩托罗拉（Motorola）有 41 种。2009 年 4—6 月这三个月间，市场上顶级的 14 家公司总共宣布推出了 56 种新款手机。为什么手机有这么多种类呢？

答案是消费者的偏好是各种各样的且匹配各种不同偏好的成本很低。

考虑手机实现差异化的手段：它们中的一小部分包括体积、重量、导航工具、可通话时间、待机时间、屏幕、摄像头功能、音频功能、内存、连通性以及上网功能。

这些特征中的每一种都有数以十计的不同类型。如果我们组合 10 种特征，每种特征只有 6 种类型，就有 100 万种不同可能的手机设计。

企业只生产那些边际成本少于边际收益的手机类型。有些手机类型的边际成本不高。加入摄像头功能、扩大内存容量以及使用更加经济的电池都是相对较低的成本调整，手机设计者都能做到。

有一个增加不同型号的新方法可以在几乎零成本的情况下实现产品差异，从而使每款手机都是独一无二的，得以满足每个个体的偏好。这一方法就是手机应用软件。

苹果公司只有两款 iPhone，但由于其大量并一直处于增长之中的应用软件，每个 iphone 用户都能选择他们想要的应用软件载入他们的手机中。

在长期均衡中，每个竞争者的进入及创新会使得经济利润趋向于零。每个手机制造商会提供一定程度的产品差异使得其边际成本等于边际收益。但是对经济利润的追求会刺激更多的创新，因而消费者会面临更大范围的选择。

在整个美国经济中，约有 20 000 家广告机构，其从业人员在 200 000 人以上，并有 450 亿美元的销售收入。但是这些数字仅是广告总成本的一部分。因为许多企业拥有自己内部的广告部门，对这部分成本我们只能猜测。

广告支出及其他的销售成本从两个方面影响企业的利润。它们增加了成本，也改变了需求。现在让我们来看看这些影响。

销售成本和总成本

广告支出之类的销售成本使垄断竞争企业的成本增加到了高于完全竞争企业和垄断企业的成本。广告成本和其他销售成本是固定成本，它们并不随总产量的变动而变动。因此，正如固定生产成本一样，每单位的广告成本随产量的增加而下降。

图 16—5 说明了销售成本和广告支出如何改变企业的平均总成本。黑色曲线表示生产的平均总成本，灰色曲线表示企业生产的平均总成本加广告成本，这两条曲线之间灰色区域的高度表示广告的平均固定成本。广告**总**成本是固定的，但是广告的**平均**成本随着产量的增加而下降。

图 16—5 还说明，如果广告增加的销售量足够大，它就可以降低平均总成本。例如，如果牛仔裤的日销售量从没有广告时的 25 条上升到有广告时的 100 条，每条牛仔裤的平均总成本将从 60 美元下降到 40 美元。原因在于，虽然**总**固定成本增加了，但更多的固定成本被分摊到更大的产量中，因此，**平均**总成本减少了。

销售成本和需求

广告和其他销售努力改变了对某家企业产品的需求。但如何改变呢？需求增加了还

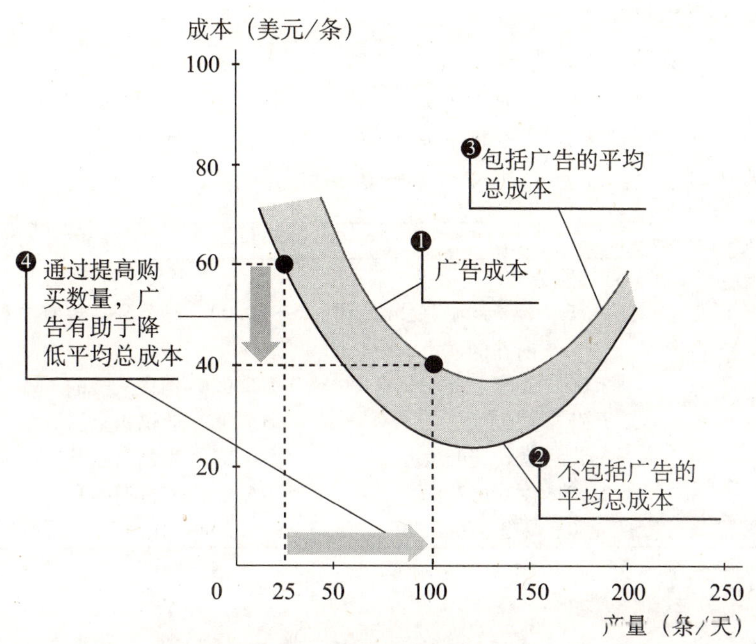

图 16—5　销售成本和总成本

广告费用之类的销售成本是固定成本。

①当广告成本被加到②生产的平均总成本上时，③平均总成本的增加量在产量小时比产量大时要大。

④如果广告能够使牛仔裤的销售量从每天 25 条增加到每天 100 条，那么这就会使每条牛仔裤的平均总成本从 60 美元下降到 40 美元。

是减少了？最常见的回答是，广告增加了需求。通过向消费者宣传自己的产品质量信息，或通过劝说把其他企业的顾客拉到自己这边来，企业就能期望增加对自己产品的需求。

但是，垄断竞争的所有企业都做广告。而且，所有广告都努力说服顾客自己的买卖最划算。假如广告能使某家企业生存，市场中的企业数量就可能增加。而且，在增加了企业数量的同时，又会降低对任何一家企业的产品需求。它还会使任何一家企业的产品需求更富有弹性。因此，广告不但降低了平均总成本，也降低了加成和价格。

图 16—6 说明了广告的这一可能的效果。在图（a）中，没有广告，对汤米牛仔裤的需求不是很有弹性。利润最大化的产量是每天生产 75 条牛仔裤，这时加成很大。在图（b）中，作为固定成本的广告，增加了平均总成本，使平均总成本曲线由 ATC_0 上移至 ATC_1，但是边际成本曲线 MC 保持不变。需求变得更加富有弹性，利润最大化的产量增加，加成缩小。

关注你的生活

一双跑鞋的销售成本

当你购买一双新跑鞋时，你是在购买成本为 9 美元的原材料，支付给亚洲的生产商以及运输公司 8 美元的生产和运输成本，支付给美国政府 3 美元的进口关税以及支付给广告商、零售商和其他提供销售及分发服务的工作人员 50 美元的服务费用。

下表对这些成本提供了一个较详细的分析。注意零售商的成本与你所支付的价格之间的巨大差距。零售商的利润几乎是100%。

跑鞋并不是一个特例。几乎你买的每一件东西都包含销售成本这一组成部分，并且超过总成本的一半。你的衣服、食物、电子产品、DVD、杂志甚至你的笔记本，为了看到它们所花费的成本都比生产它们所花费的成本多。

生产商（亚洲）		耐克（比弗顿，俄勒冈州）		零售商（你的城镇）	
材料	\$9.00				
劳动力成本	\$2.75	鞋子到耐克公司手中所花的成本	\$20.00	鞋子到零售商手中所花的成本	\$35.50
资本成本	\$3.00	销售、分发及管理	\$5.00	销售人员的工资	\$9.50
利润	\$1.75	广告	\$4.00	店铺租金	\$9.00
运输	\$0.50	调研与开发	\$0.25	零售商的其他成本	\$7.00
进口关税	\$3.00	耐克的利润	\$6.25	零售商的利润	\$9.00
耐克的成本	\$20.00	零售商的成本	\$35.50	你所支付的价格	\$70.00

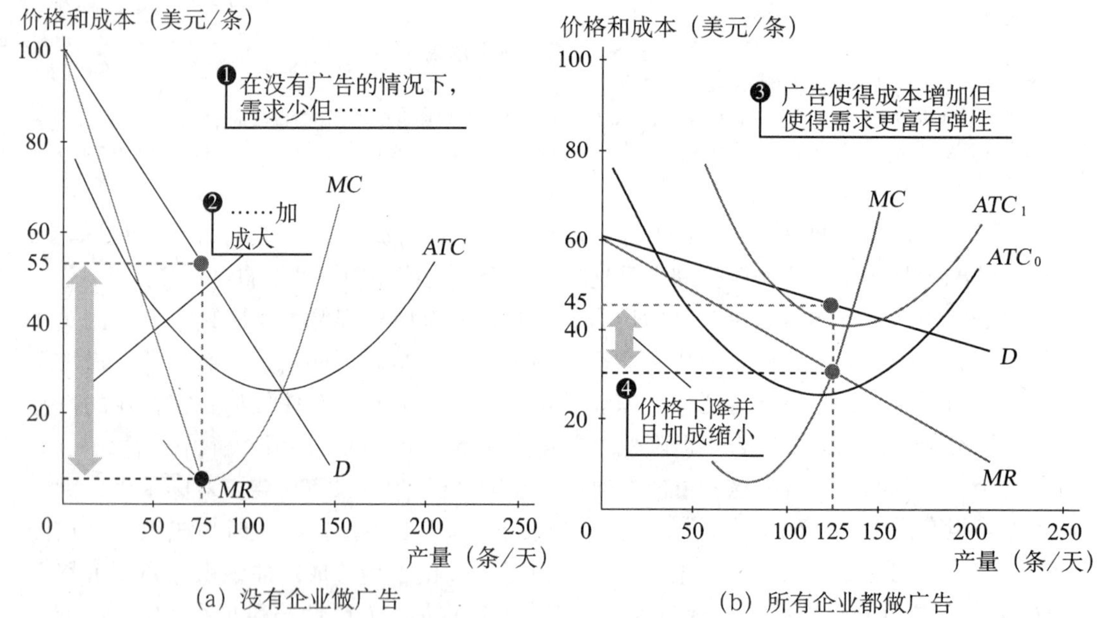

图16—6 广告和加成

①没有企业做广告时，需求较少，并且弹性也较小，所以②加成很大。

③广告增加了平均总成本（使平均总成本曲线由 ATC_0 上移至 ATC_1），并且使需求更富有弹性。④当所有的企业都做广告时，价格下降，加成缩小。

□ 16.3.3 利用广告标识品质

有些广告活动，像丹尼尔·克雷格（Daniel Craig）为欧米茄（Omega）手表在电视台和印刷精美的杂志上所做的广告，或是可口可乐和百事可乐在广告上所花费的巨额支出，看起来似乎很难理解。一名高尔夫球手灿烂的笑容里似乎没有什么关于信用卡的具体信息。而且，每个人也都必然知道可口可乐和百事可乐，这些著名的可乐公司每月投入数百万美元做广告，它们得到了什么呢？

一个答案是，对消费者来说，广告是高质量产品的一个信号。**信号**（signal）是知情人（或企业）向非知情人传达信息的一种行为。想象一下有两种可乐：可口可乐（Coke）和 Oke。

Oke 知道自己的可乐并不是很好，而且口味变化很大，这取决于它每周所购买的是哪一批未售出的廉价可乐。因此，Oke 知道如果它通过做广告来使许多人尝试 Oke，这些人会很快发现它的产品是多么的差，并转而消费他们以前所购买的可口可乐。

与此相反，可口可乐知道自己的产品品质卓越，口味始终如一，而且一旦有人尝试了，他们以后非常有可能只喝可口可乐。

基于这种原因，Oke 不会去做广告，而可口可乐却会，并且可口可乐会花很多钱来炫耀自己。

看到可口可乐阔气广告的可乐消费者知道，如果它的产品不是真的好，它就不会花那么多钱做广告。所以可乐消费者会得出可口可乐确实是好产品的结论。无须提到可口可乐本身，可口可乐阔气并且昂贵的广告就传达了它是一个好产品的信号。

注意，如果广告只是一个信号，它就不需要任何具体的产品信息，只需要昂贵并且让人难以错过就行了。许多广告看起来也正是这样。因此，广告标识理论预示了我们所看到的许多广告。

□ 16.3.4 商标名

许多企业创造商标名并且花很多钱去推广它，为什么呢？树立一个商标名往往要很高的成本，商标名能够带来什么好处呢？基本答案是商标名向消费者提供了产品质量信息，并促使生产者努力达到较高的且稳定的质量标准。

为了理解商标名是如何帮助消费者的，想一想你是如何使用商标名来获取质量信息的。假设你正在旅途中，天黑了，你要找个地方过夜。你看到路边假日饭店（Holiday Inn）、大使套房（Embassy Suites）的广告以及乔的汽车旅社（Joe's Motel）、安妮司机停靠站（Annie's Driver's Stop）的广告。你知道假日饭店和大使套房，因为以前你曾在它们那里住过，并且你也看到过它们的广告，你知道你期望从它们那里得到什么服务。你根本没有乔的汽车旅社和安妮司机停靠站的信息。它们提供的住宿可能比你了解的要好，但是你没有这方面的信息，你可能不会去它们那里。你利用商标名的信息，选择了住在假日饭店。

这个故事也说明了为什么商标名促使企业提供较高的且稳定的质量。因为没有人知道乔的汽车旅社和安妮司机停靠站是否提供高标准的服务，所以它们也没有动力提供高品质的服务。但是，类似地，因为每个人都盼望得到假日饭店的标准服务，让顾客失望一次，就几乎肯定地将这位顾客推向竞争对手那里，因此，假日饭店有很强的激励去履行其在树立其商标名的广告中所做的承诺。

□ 16.3.5 广告和商标名的效率

在一定程度上，广告和商标向消费者提供了有关产品差别的准确属性以及产品质量的信息，这些信息使消费者受益并使消费者做出更好的产品选择。但是必须根据消费者的受益来衡量增加的信息的机会成本。

对于垄断竞争效率的最终判断是不确定的。在有些情况下，从产品多样性中所得到的好处毫无疑问抵消了销售成本和过剩生产能力所产生的额外成本。种类繁多的图书、杂志、服装、食品和饮食就是此类好处的例子。从能买到与普通药品化学成分相同的名牌药品中得到的好处并不容易看出来，但是许多人还是愿意花更多的钱去买名牌药品。

检查站 16.3　解释垄断竞争的广告成本为什么较高以及企业为什么使用商标名。

现实问题

比安卡烤制美味饼干，她的总固定成本是每天 40 美元，她的平均可变成本是每袋饼干 1 美元。很少有人知道比安卡的饼干，她每天售出 10 袋饼干，每袋饼干售价为 5 美元，此时利润达到最大化。比安卡认为如果她每天花 50 美元做广告，在每袋售价还是 5 美元时她每天将卖出 25 袋饼干。利用这些信息回答问题 1～3。

1. 假如比安卡对广告效果的想法是正确的，通过做广告，比安卡可以增加她的经济利润吗？

2. 假如她做广告，在其产量点上平均总成本是上升还是下降？

3. 假如她做广告，每袋饼干她是仍卖 5 美元，还是提高或降低价格？

4. Dial 公司推陈出新，扭转艰难的市场环境。

美国人在洗衣服的时候喜欢倒入各种洗衣剂，对此 Dial 公司正计划推出一种“3 合 1”洗衣剂，其中包含有清洁剂、织物柔软剂和抗静电剂。只有约 50%的消费者目前使用柔软剂和抗静电剂（洗衣添加剂）。Dial 公司希望花费 5 000 万美元为新的洗衣剂做市场营销。

资料来源：*Wall Street Journal*，April 28，2009.

为什么在存在这么多种洗衣剂的情况下还要推出一种新的洗衣剂？你会在营销活动中着重强调什么？

参考答案

1. 在没有广告时，比安卡的总收入为 50 美元（＝10 袋×5 美元/袋），她的总成本也是 50 美元（40 美元的总固定成本以及 10 美元的总可变成本）。因此，她的经济利润为零。当每天花费 50 美元做广告时，比安卡的总收入为 125 美元（＝25 袋×5 美元/袋），总成本为 115 美元（总固定成本现在变为 90 美元，总可变成本现在变为 25 美元）。在价格不变的情况下，她的经济利润为 10 美元。所以比安卡可以通过广告增加其经济利润。

2. 如果比安卡做广告，她的平均总成本会下降。不做广告时，她的平均总成本是每袋 5 美元（＝50 美元÷10）。做广告后，她的平均总成本变为每袋 4.60 美元（＝115 美元÷25）。

3. 我们无法断定她是否继续维持其每袋饼干 5 美元的价格，这取决于对她的需求曲线的移动。广告成本是固定成本，因此它不会改变其边际成本，边际成本仍为每袋饼干 1 美元。她将按她所能索要到的最高价格来决定其利润最大化的产量（边际收益与边际成本相等时的产量）。

4. 当某种产品研发的边际收益大于研发的边际成本时，这种新的产品就会被研发出来并推向市场。因为许多消费者似乎发现使用这种独立洗衣添加剂不方便，因此营销活动应当锁定这些人群并且着重强调这种方便的特性。

本章总结

□ 要点

1. 描述并识别垄断竞争。
   - 垄断竞争是一种存在大量相互竞争企业的市场结构；每家企业所生产的产品与其竞争对手的产品略有不同；企业之间在价格、质量以及市场营销等方面进行竞争；新企业可以自由进入该行业。
   - 垄断竞争可以通过较低的集中度来确定，集中度可以通过四企业集中率或 HHI 来衡量。
2. 解释垄断竞争企业如何决定其短期及长期的产量和价格。
   - 垄断竞争企业面临向下方倾斜的需求曲线，并生产边际收益等于边际成本的产量。
   - 进入和退出导致零经济利润以及长期均衡时的过剩生产能力。
3. 解释垄断竞争的广告成本为什么较高以及企业为什么使用商标名。
   - 为维持经济利润，垄断竞争企业要创新并开发新产品。
   - 广告支出增加了总成本，但是如果广告所增加的销售量足够大，它也有可能降低平均总成本。
   - 广告支出可能会增加需求，但是也有可能因为加剧的竞争而降低单个企业的产品需求。
   - 垄断竞争是不是无效率的，取决于人们对产品多样性的评价。

□ 关键术语

有效率的规模
过剩生产能力
四企业集中率
赫芬达尔-赫希曼指数
加成
产品差异
信号

本章检查站

□ 学习计划中的问题与应用

1. 下列哪些产品和服务是由垄断竞争企业所提供的？解释你的选择。

- 有线电视服务
- 小麦
- 运动鞋
- 汽水
- 牙刷
- 预拌混凝土

2. 视听设备制造商的四企业集中率为 30%，电灯制造商的则为 89%，它们的 HHI 分别为 415

和 2 850。哪个市场是垄断竞争市场？

耐特和库耳公司（Lite and Kool，Inc.）是一家生产跑鞋的垄断竞争企业，图 1 显示了其需求曲线、边际收益曲线及成本曲线。利用图 1 的信息回答问题 3～5。

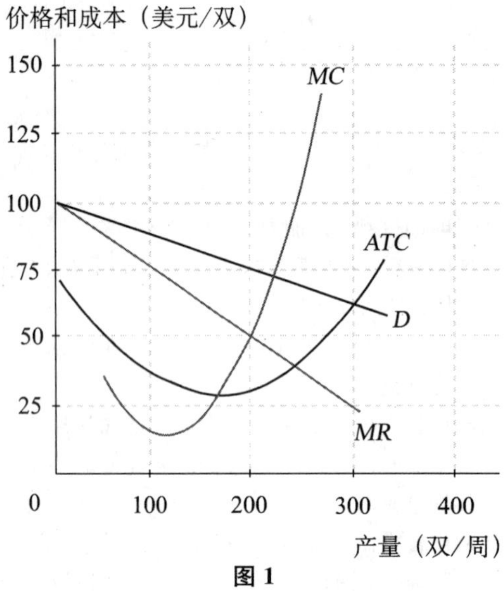

图 1

3. 在短期，耐特和库耳公司生产的产量是多少？它所索要的价格是多少？耐特和库耳公司所获得的利润是多少？

4. 在短期，耐特和库耳公司有过剩生产能力吗？公司的加成是多少？

5. 你认为在长期，有企业进入或退出跑鞋市场吗？解释你的回答。

史蒂夫衬衫公司（Stiff Shirt，Inc.）是一家生产衬衫的垄断竞争企业，图 2 显示了其需求曲线、边际收益曲线及成本曲线。利用图 2 的信息回答问题 6 和 7。

6. 在短期，史蒂夫衬衫公司所生产的产量、其所索要的价格、公司的经济利润、加成及过剩生产能力分别为多少？

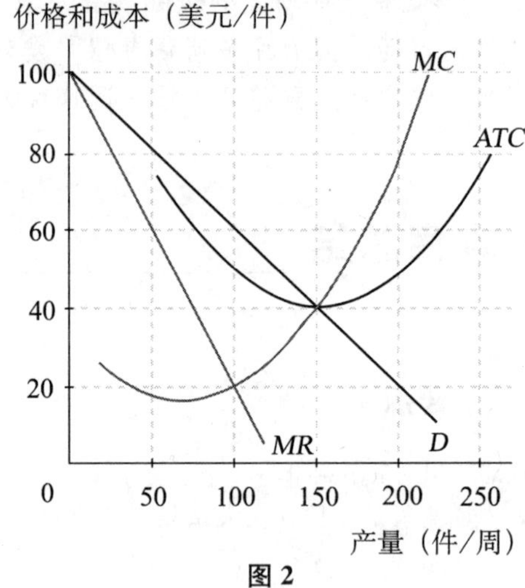

图 2

7. 你认为在长期，会有企业进入或退出衬衫市场吗？衬衫的价格上升还是下降？解释你的回答。

8. 迈克是一家生产跑鞋的垄断竞争企业。没有广告时，迈克利润最大化的产量是每天生产 500 双鞋，价格是每双鞋 100 美元。现在这一行业的企业开始做广告，迈克也做广告。做广告后，迈克的利润最大化的产量上升到每天生产 1 000 双鞋，但是价格下降为每双鞋 50 美元。解释广告如何改变迈克的加成和过剩生产能力。

9. 我们正在甩开竞争！

Cuppy's Coffee 移动咖啡厅是唯一一家向消费者提供外送咖啡服务的公司，不到一分钟就能向消费者递上烘焙咖啡和混合咖啡。感受不一样的味道！

Cuppy's Coffee 授权广告

Cuppy's 是如何使它的咖啡有别于星巴克的？从这则广告你所得出的市场结构是怎样的？你认为 Cuppy's Coffee 在长期会有过剩生产能力并获得经济利润吗？

□ 教师可布置的问题与应用

1. 位于密歇根州安阿伯市的沃什特诺乳制品公司（Washtenaw Dairy）销售 63 种风味的斯特罗摩尼（Strohs Mooney）冰淇淋，而本与杰瑞网站同样列出了 63 种不同风味的冰淇淋。这一数字同三星、诺基亚以及摩托罗拉销售的手机种类相近。丰田只有 16 种不同型号的车而波音也只有 16 种不同型号的飞机。为什么手机市场与冰淇淋市场上的产品种类会多于汽车及飞机市场上的产品种类？

2. 下列哪些产品和服务是由垄断竞争企业所

提供的？解释你的选择。

- 橘子汁
- 汤品罐头
- 个人电脑
- 口香糖
- 早餐谷类食品
- 玉米

3. 汽车的 HHI 为 2 350，运动品为 161，电池为 2 883，而珠宝为 81，以上哪个市场是垄断竞争市场？

拉巴拉比萨饼公司（La Bella Pizza）是一家生产比萨饼的垄断竞争企业，图 1 显示了其需求曲线、边际收益曲线及成本曲线。利用图 1 的信息回答问题 4 和 5。

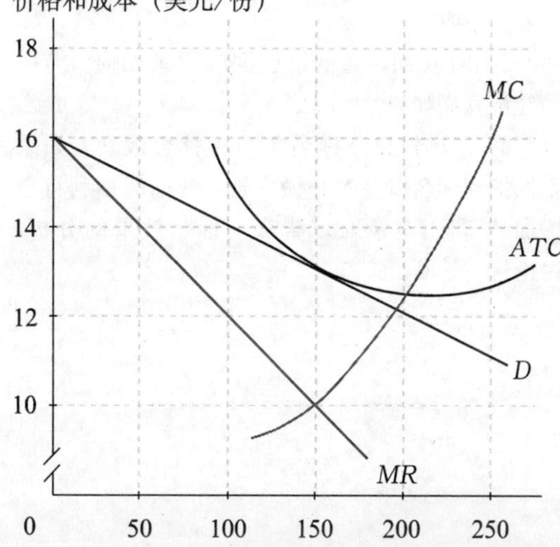

图 1

4. 在短期，拉巴拉比萨饼公司所生产的产量、索要的价格、加成以及其过剩生产能力是多少？

5. 你认为在长期，会有企业进入或退出比萨饼市场吗？过剩生产能力以及造成的无谓损失是多少？解释你的回答。

利用下列信息回答问题 6～9。

女性高尔夫球者的新挥杆

卡拉威（Callaway）和耐克是全球最大的两个高尔夫球具厂商，最近，它们推出了为女性设计的新型球杆。这是高尔夫界最热门的革新。

资料来源：*Time*，April 21，2008.

6. 卡拉威和耐克试图如何维持它们的经济利润？

7. 作图描述市场上卡拉威和耐克为女性提供的高尔夫球杆的成本曲线及收益曲线并标出其短期经济利润。

8. 解释为什么卡拉威和耐克为女性提供的高尔夫球杆的经济利润很有可能只是暂时的。

9. 作图描述在长期，市场上卡拉威和耐克为女性提供的高尔夫球杆的成本曲线及收益曲线。标出企业的过剩生产能力。

10. 与非名牌可乐相比，有些人非常愿意为可口可乐和百事可乐支付更高的价格。而且与普通醋氨酚（acetaminophen）相比，有些人也非常愿意为羟苯基乙酰胺（Tylenol）支付更高的价格。商标名是如何帮助消费者的？商标名是如何改变生产者行为的？为什么禁用商标名将是无效率的？

鲍博最佳汉堡公司（Bob's Best Burger）是一家生产汉堡包的垄断竞争企业，图 2 显示了其需求曲线、边际收益曲线及成本曲线。利用图 2 的信息回答问题 11 和 12。

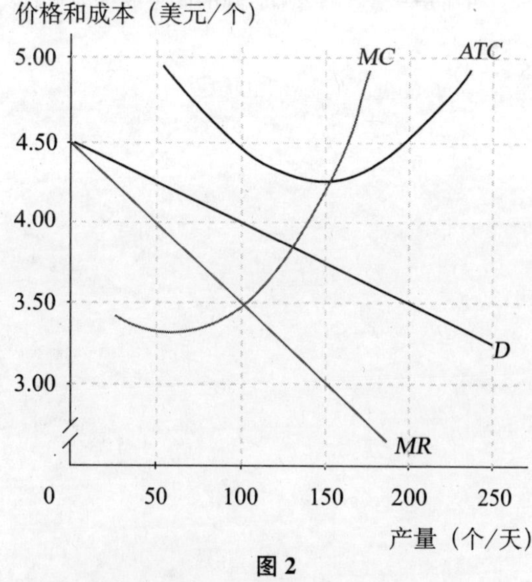

图 2

11. 在短期，鲍博最佳汉堡公司所生产的汉堡包的数量、索要的价格以及获得的经济利润是多少？

12. 鲍博最佳汉堡公司的加成是多少？你认为会有其他企业进入汉堡包行业并与鲍博进行竞

争吗？解释你的答案。

利用下列信息回答问题 13~17。

假设汤米·西菲格公司每生产一件夹克的边际成本为 100 美元（不变的边际成本），而汤米·西菲格公司的某一家商店每天花费的固定成本为 2 000 美元。该家商店中使得利润最大化的夹克销售数量为每天 20 件。其附近的商店开始为它们自己的夹克做广告。汤米·西菲格商店现在每天花费 2 000 美元为自己的夹克做广告，此事使得它利润最大化的夹克销售数量跃至每天 50 件。

13. 在开始做广告之前，商店每销售一件夹克的平均总成本是多少？

14. 在开始做广告之后，商店每销售一件夹克的平均总成本是多少？

15. 你能说出汤米·西菲格夹克的价格有什么变化吗？为什么有或没有？

16. 你能说出汤米·西菲格的加成有什么变化吗？为什么有或没有？

17. 你能说出汤米·西菲格的经济利润有什么变化吗？为什么有或没有？

利用下列信息回答问题 18～20。

劳丽是一名歌唱老师。她的固定成本为每月 1 000 美元，而每上一节课要花费她 50 美元的劳动成本。表 1 显示了对劳丽歌唱课的需求表。

表 1

价格 （美元/节）	产量 （节/月）
0	250
50	200
100	150
150	100
200	50
250	0

18. 计算劳丽利润最大化时的产量、价格以及经济利润。

19. 你认为会有其他公司进入歌唱课行业与劳丽竞争吗？

20. 在长期，劳丽歌唱课的需求如何？劳丽的经济利润如何？

21. “广告和商标名是一种社会浪费。如果不保护商标名以及禁止做广告，我们的福利将会增加。”利用本章对广告和商标名效果的分析，讨论这一论断。

第 17 章

寡 头

两个太少吗？

你的电脑中的核心智能来自仅仅两个生产商中的一个制造出来的芯片。芯片市场具有足够的竞争性以使消费者获益吗？

本章要点

学完本章，你将能够：

1. 描述和识别寡头，并解释它是如何产生的。
2. 解释寡头企业所面临的困境。
3. 利用博弈论解释在寡头中价格和产量是如何决定的。
4. 描述规制寡头的反托拉斯法。

17.1 什么是寡头？

寡头，与垄断竞争一样，是介于完全竞争和垄断之间的一种市场类型。寡头企业可以生产完全相同的产品而只在价格上竞争，也可以生产有差别的产品并且在价格、产品质量以及市场营销方面竞争。寡头的显著特征是

- 少数企业竞争
- 自然的或法律的壁垒阻止新企业的进入

17.1.1 少数企业

与垄断竞争和完全竞争相比，寡头是由少数企业组成的。每个企业拥有巨大的市场份额，企业之间相互依存，而且它们面临着合谋的诱惑。

相互依存

市场上只有几家企业，每家企业的行动都会影响其他企业的利润。为了说明原因，假设你经营一个小镇上三家煤气站中的一家。如果你降价，你的市场份额会增加，利润也会增加。但是，另外两家企业的市场份额和利润会减少。在这种情况下，其他企业很可能也会降价。如果它们的确降价了，你的市场份额和利润将会急剧下降。因此，在决定降价之前，你必须预测其他企业将会如何反应并考虑这些反应对你的利润的影响。你的利润依赖于其他企业的行为，它们的利润也依赖于你的行为。你和其他两家企业是相互依存的。

合谋的诱惑

当少数企业共同占有市场时，它们可以通过形成卡特尔和采取类似垄断的行动来提高利润。**卡特尔**（cartel）是共同行动——合谋——以限制产量、提高价格、增加经济利润的一群企业。卡特尔在美国（以及大部分其他国家）是非法的，虽然国际卡特尔能够合法运作（参见第 17.2 节“关注全球经济”专栏）。但即使没有正式的卡特尔，企业也会试图像卡特尔一样运作。然而由于某些你将在本章看到的原因，卡特尔趋向于不稳定并最终分裂。

17.1.2 进入壁垒

自然的或法律的进入壁垒会造成寡头。你在第 15 章看到了规模经济和需求是如何形成自然的进入壁垒的，这种壁垒会造成**自然垄断**。这些相同的因素也会造成自然寡头。

像自然垄断一样，自然寡头产生于一种货物或劳务的市场需求和生产中的规模经济程度的相互影响。图 17—1 表示两个自然寡头。

需求曲线 D（在两幅图中）表示一个城镇乘坐出租车的市场需求。如果一家出租车公司的平均总成本曲线是图（a）中的 ATC_1，那么市场是**自然双寡**（natural duopoly）——一个只有两家企业的市场。也许你在生活中能够看到一些寡头的例子。有些城

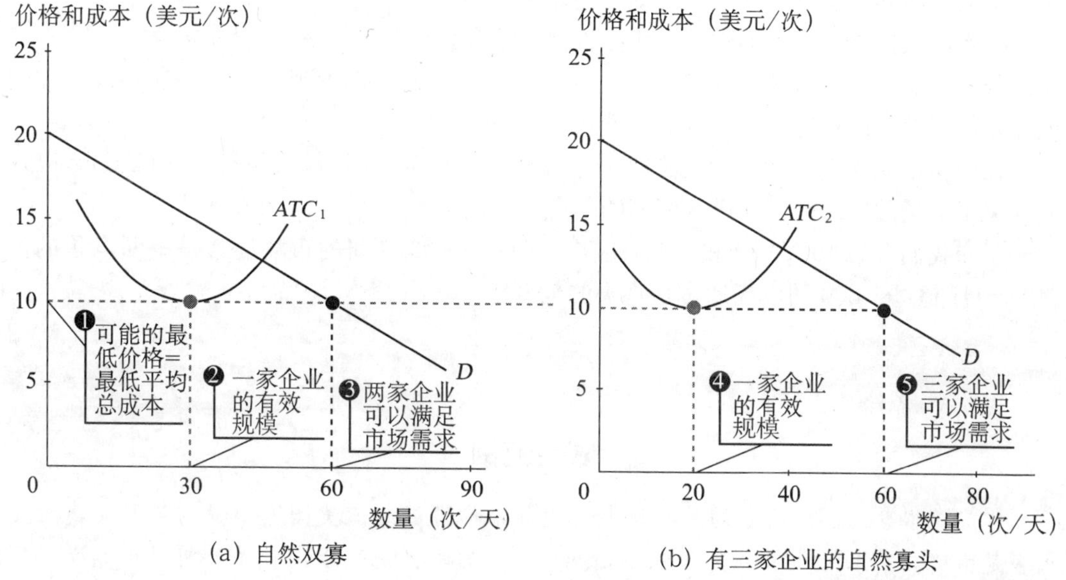

(a) 自然双寡

(b) 有三家企业的自然寡头

图 17—1　自然寡头

①可能的最低价格是每次乘载 10 美元，这是最低平均总成本。②这时一家企业一天提供 30 次乘载，达到有效规模。③两家企业可以满足市场需求。这个自然寡头有两家企业——自然双寡。

④这时一家企业的有效规模是每天 20 次乘载。⑤三家企业可以在可能的最低价格水平上满足市场需求。这个自然寡头有三家企业。

市只有两家牛奶供应商、两家地方报纸、两家出租车公司、两家汽车租赁企业、两家复印中心或者两家大学书店。

注意在图（a）中，一家企业的有效规模是每天 30 次乘载。该企业保持营业的最低价格是每次乘载 10 美元。在这个价格上，乘载需求量是每天 60 次，该数量恰好可以由两家企业提供。市场上没有空间容纳三家企业。为了销售 60 次以上的乘载，价格将不得不低于 10 美元，这样企业将蒙受经济亏损，其中一家将退出。如果市场上只有一家企业，它将能获得经济利润，第二家企业会进入，抢走部分生意和经济利润。

如果一家出租车企业的平均总成本曲线是图（b）中的 ATC_2，则该企业的有效规模是每天 20 次乘载。市场大得足以容纳三家企业，但不能再容纳第四家企业。规模经济把市场容量限制在三家企业，因为如果有四家，则每家企业都会蒙受亏损。这个市场也不会只存在两家企业，因为如果只有两家企业，经济利润会激励第三家企业进入。

当法律的进入壁垒保护市场中的少数企业时，法律寡头就出现了。比如，某一城市只给两家出租车企业或两家公共汽车公司发放许可证，即使市场需求和规模经济都留有空间给更多的企业。

当进入壁垒产生寡头时，企业可以获得长期经济利润而不必担心引发其他企业的进入。

□ 17.1.3　识别寡头

识别寡头是识别垄断竞争的反面。但是，这两个市场类型的边界线很难确定。有两个原因使我们需要判断某个市场是寡头还是垄断竞争的。首先，我们希望能够预测市场是如何运作的，以及价格和数量是如何对诸如需求变化或成本变化之类的因素做出反应的。其次，我们想知道市场中的企业能否提供符合公众利益的有效结果。

我们需要识别的市场的关键特征在于，企业的数量是否少到使它们认识到彼此之间的相互依存性，以及它们是否以同种方式行动而形成垄断。

在现实中，我们尝试通过观测四企业集中率和赫芬达尔-赫希曼指数（HHI），以及其他关于市场的地理范围和进入壁垒的信息来识别寡头。

正如我们在第 16 章提到的，HHI 在 1 000～1 800 之间的市场通常是垄断竞争的范例，HHI 超过 1 800 的市场通常是寡头的范例。

关注美国经济

寡头范例

你应该很熟悉图中所示的一些行业。比如，你可能知道美国人消费的早餐谷类食品大多是由美国家乐氏食品公司（Kellogg's）生产的。据说家乐氏食品公司早上 8 点之前的生意超过许多企业全天的生意。

你也许还知道，美国国内销售的香烟绝大部分是由菲利普·莫里斯集团（Philip Morris）和雷诺烟草控股公司（RJ Reynolds）生产的。你还知道，当你买电池时，你会看到金霸王（Duracell）、劲量（Energizer）以及其他几个品牌。你家里的洗衣机和烘干机很可能是由通用电气（General Electric）、美泰（Maytag）或惠而浦（Whirlpool）制造的。

下图中的有些行业你不怎么熟悉，虽然你不认识它们，但却见过它们的许多产品，其中之一就是玻璃瓶罐制造业。当你购买任何玻璃包装的商品时，很可能该容器是由位于俄亥俄州托莱多市的欧文斯-伊利诺伊公司（Owens Illinois）所生产的，它是世界上最大的玻璃包装生产商。

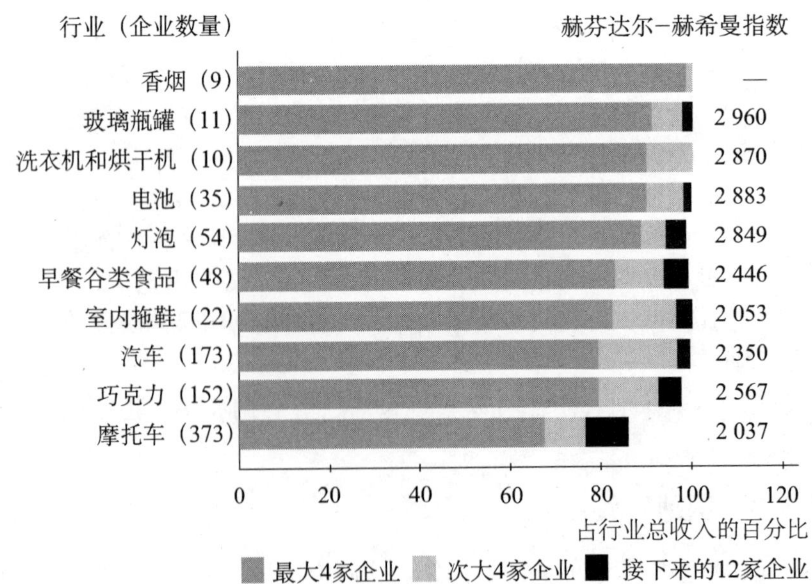

资料来源：U. S. Census Bureau.

在确认图中所示的前七个行业为寡头时不必有丝毫犹豫。它们只有少数企业，四企业集中率很高并且HHI超过2 000。在所有这些行业中，最大的企业彼此之间小心翼翼，慎重考虑它们的决定对竞争对手产生的影响，以及它们可能面临的来自竞争对手的反应所造成的影响。图中最后三个行业不太容易分类。它们可以被认为是处在寡头和垄断竞争的边界。四企业集中率和HHI都很高，但是这些行业中企业数量很多。当其中一些企业很大时，它们将面临来自许多其他企业的激烈竞争。

检查站 17.1　描述和识别寡头，并解释它是如何产生的。

现实问题

1. 寡头的显著特征是什么？

2. 为什么早餐谷类食品是由寡头企业生产的？为什么这个行业没有垄断竞争？

3. 劲量火花飞扬。

在同竞争对手金霸王的竞争中，劲量正在获得市场份额，尽管电池的主要成分锌的价格急剧上升，其利润仍然增加。

资料来源：www.businessweek.com，August 2007.

电池销售的市场类型是什么？解释你的答案。

参考答案

1. 寡头的显著特征是少数相互依存的企业在自然的或法律的进入壁垒保护下相互竞争。

2. 早餐谷类食品由寡头企业生产是因为规模经济和市场大小限制了可能获得利润的企业数量。

3. 电池的市场类型是寡头，只有两个主要企业，因而是双寡。企业数量很少，它们的反应是相互依存，规模经济和市场需求产生了自然的进入壁垒。

17.2　寡头企业的困境

寡头也许会像垄断、完全竞争一样运作，或者处于两种极端之间。为了探究这些可能的结果，我们将研究飞机市场中的双寡。空中客车和波音是仅有的两个大型商用飞机的生产商。假设它们的生产成本完全相同。为了简化数字，假定总的固定成本为零，且不考虑生产率，飞机的边际成本为100万美元。

图17—2显示了飞机市场的需求曲线。空中客车和波音共同占有这个市场。飞机总销售量以及每家企业的销售量依赖于飞机价格。

□ 17.2.1　垄断结果

如果这个行业只有一家企业，像单一价格垄断者一样运作，它的边际收益曲线就是

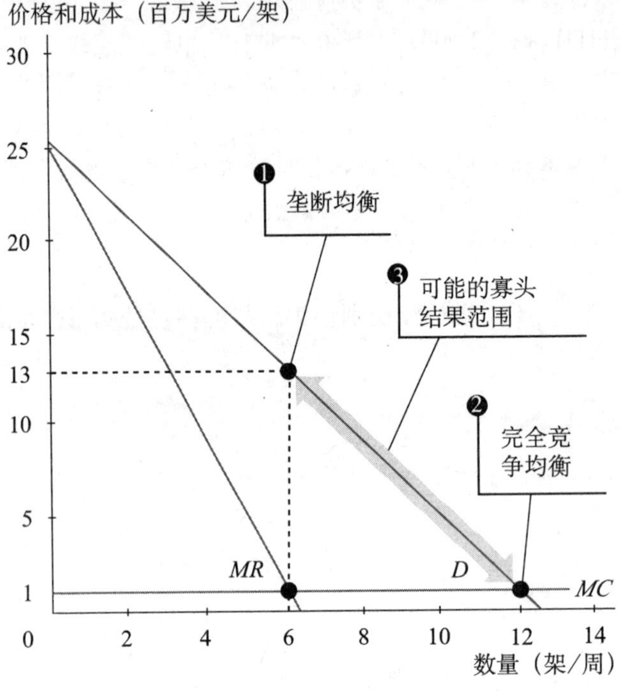

图 17—2 飞机市场

①市场需求曲线为 D，边际收益曲线为 MR，边际成本曲线为 MC，一个垄断的飞机制造商通过每周生产 6 架飞机并以每架飞机 1 300 万美元的价格出售，来最大化利润。

②在飞机制造商之间完全竞争的情况下，市场均衡数量是每周 12 架飞机，均衡价格是每架飞机 100 万美元。

③卡特尔也许获得了垄断均衡，然后瓦解，最后实现完全竞争均衡，或者在这两种极端结果之间运作。

图 17—2 中所示的那条曲线。当每周生产 6 架飞机并且价格是 1 300 万美元时，边际收益等于边际成本。总成本是 600 万美元，而总收益是 7 800 万美元，所以经济利润是每周 7 200 万美元。

形成卡特尔以获得垄断结果

这两家企业可以获得我们刚才发现的垄断结果并且最大化它们的共同利润吗？它们可以通过形成卡特尔来试图这样做。

假设空中客车和波音同意将飞机的总产量限制在每周 6 架。市场需求曲线告诉我们，每架飞机的价格将会是 1 300 万美元，经济利润将为每周 7 200 万美元。假设这两家企业还同意最终分割市场，每家企业每周生产 3 架飞机。它们每周将各自获得经济利润 3 600 万美元——见表 17—1。

表 17—1 **垄断结果**

	波音	空中客车	市场总量
数量（架/周）	3	3	6
价格（百万美元/架）	13	13	13
总收益（百万美元）	39	39	78
总成本（百万美元）	3	3	6
经济利润（百万美元）	36	36	72

遵守协议并且限制产量为各自每周生产 3 架飞机，将对空中客车和波音有利吗？

为了回答这个问题，注意当飞机价格大于边际成本时，如果一家企业增加产量，它的利润也会增加。但是如果两家企业增加产量，无论价格是否大于边际成本，这个过程的结果都将和完全竞争相同。

□ 17.2.2 完全竞争结果

你可以在图 17—2 中看到完全竞争结果。均衡点是市场供给曲线——也就是边际成本曲线——与市场需求曲线的交点。数量是每周生产 12 架飞机，价格和边际成本相同——每架飞机 100 万美元。

□ 17.2.3 其他可能的卡特尔瓦解

因为价格大于边际成本，卡特尔可能会瓦解。但是卡特尔可能不会瓦解成完全竞争。在本节“关注全球经济”专栏中，你可以看到有时成功、有时不成功的全球石油市场卡特尔的历史简介。通过观察飞机行业例子的一些其他的结果，你就会明白为什么卡特尔瓦解但不会成为完全竞争。

波音增加产量至每周 4 架飞机

假设从获得垄断结果的卡特尔开始，波音每周增加一架飞机的产量。表 17—2 记录了相关数据。波音每周生产 4 架飞机，空中客车每周生产 3 架，每周总产量是 7 架飞机。为了每周销售 7 架飞机，价格必须下降。图 17—2 中的市场需求曲线告诉我们当价格为 1 100 万美元时，需求量是每周 7 架飞机。

表 17—2　　波音增加产量至每周 4 架飞机

	波音	空中客车	市场总量
数量（架/周）	4	3	7
价格（百万美元/架）	11	11	11
总收益（百万美元）	44	33	77
总成本（百万美元）	4	3	7
经济利润（百万美元）	40	30	70

现在市场总收益是 7 700 万美元，总成本是 700 万美元，经济利润下降到 7 000 万美元。但现在经济利润的分配是不平等的。波音受益，空中客车受损。

波音获得的总收益是每周 4 400 万美元，总成本是 400 万美元，获得经济利润 4 000 万美元。空中客车每周的总收益是 3 300 万美元，总成本是 300 万美元，获得经济利润 3 000 万美元。

所以通过每周多生产 1 架飞机，波音可以增加 400 万美元的经济利润，并且使空中客车的经济利润减少 600 万美元。

由于例子中的两家企业是完全相同的，我们可以按空中客车每周多生产 1 架，而波音保持每周 3 架的产量来重复上述的分析。在这个案例中，空中客车将每周获利 4 000 万美元，而波音每周获利 3 000 万美元。

如果空中客车保持每周生产 3 架飞机，波音每周生产 4 架飞机将会更有利。但是保持每周 3 架的产量符合空中客车的利益吗？为了回答这个问题，我们需要比较空中客车保持每周 3 架产量的经济利润和每周生产 4 架的经济利润。如果空中客车每周生产 4 架飞机，波音也每周生产 4 架，空中客车将获得多少经济利润？

空中客车增加产量至每周 4 架飞机

两家企业每周都生产 4 架飞机，总产量是每周 8 架。为了每周售出 8 架飞机，价格必须进一步下降。图 17—2 的市场需求曲线告诉我们，当价格为 900 万美元时，需求量是每周 8 架飞机。

表 17—3 反映了相关数据。现在市场总收益是 7 200 万美元，总成本是 800 万美元，经济利润下降为 6 400 万美元。两家企业生产相同产量时，经济利润的分配是平等的。

每家企业的总收益是每周 3 600 万美元，总成本是 400 万美元，经济利润是 3 200 万美元。对于空中客车，这个结果相比之前，每周增加了 200 万美元的利润。而对于波音，这个结果比之前减少了 800 万美元的利润。

表 17—3　　空中客车增加产量至每周 4 架飞机

	波音	空中客车	市场总量
数量（架/周）	4	4	8
价格（百万美元/架）	9	9	9
总收益（百万美元）	36	36	72
总成本（百万美元）	4	4	8
经济利润（百万美元）	32	32	64

这个结果对空中客车更好，但波音会接受吗？我们知道，如果波音减少产量至每周 3 架飞机，它会更糟糕，因为它将得到空中客车在表 17—2 中的结果——每周的经济利润只有 3 000 万美元。但是如果波音增加产量至每周 5 架飞机，它的境况会改善吗？

波音增加产量至每周 5 架飞机

假设空中客车保持每周 4 架飞机的产量，而波音增加产量至每周 5 架飞机。表 17—4 反映了相关数据。现在总产量是每周 9 架飞机。为了售出这个数量，价格必须降到每架飞机 700 万美元。市场总收益是 6 300 万美元，总成本是 900 万美元，因此两家企业的经济利润是 5 400 万美元。经济利润的分配再次不平等。但现在两家企业都将蒙受损失。

表 17—4　　波音增加产量至每周 5 架飞机

	波音	空中客车	市场总量
数量（架/周）	5	4	9
价格（百万美元/架）	7	7	7
总收益（百万美元）	35	28	63
总成本（百万美元）	5	4	9
经济利润（百万美元）	30	24	54

现在波音每周获得的总收益是 3 500 万美元，总成本是 500 万美元，获得的经济利润为 3 000 万美元——相比它保持 4 架飞机的产量，利润少了 200 万美元。空中客车每周的总收益是 2 800 万美元，总成本是 400 万美元，获得的经济利润为 2 400 万美元——比之

前少了 800 万美元。因此当增加总产量至每周超过 8 架飞机时，两家企业都没有受益。

□ 17.2.4 寡头卡特尔困境

通过形成卡特尔，两家企业获得最大的可能的利润。如果两家企业增加产量，两家企业都将看到自己的利润下降。如果只有一家企业增加产量，这家企业将获得更大的经济利润，而另一家企业将获得更少的经济利润。那么，两家企业将会怎么做呢？我们可以推测它们的行为，但是为了获得答案，我们需要利用博弈论。

关注全球经济

OPEC 全球石油卡特尔

石油输出国组织（OPEC）是一个石油生产国家的国际卡特尔。OPEC 由伊朗、伊拉克、科威特、沙特阿拉伯和和委内瑞拉政府于 1960 年建于巴格达。其他七个国家，卡塔尔、利比亚、阿拉伯联合酋长国、阿尔及利亚、尼日利亚、安哥拉以及厄瓜多尔现在是成员。

OPEC 的目标是“在成员国之间协调并统一石油政策，以获得公平而稳定的石油价格……给消费国有效、经济、有规律的石油供给；给行业投资者公平的资本回报”。这些话可以理解为“限制石油产量以保持高价”的意思。

在 20 世纪 60 年代，OPEC 悄悄建立了自己的组织，并准备推进主宰全球石油市场。1973 年第一次机会来了，阿拉伯以色列战争打响，OPEC 组织禁止石油出口到美国和欧洲，并将石油价格提升至原先的四倍。1979 年伊朗改革，OPEC 的第二次机会来了，石油价格翻了一番。

下图表示了这些主要的价格上涨。你可以看到价格从 1970 年的每桶 8 美元上升到了

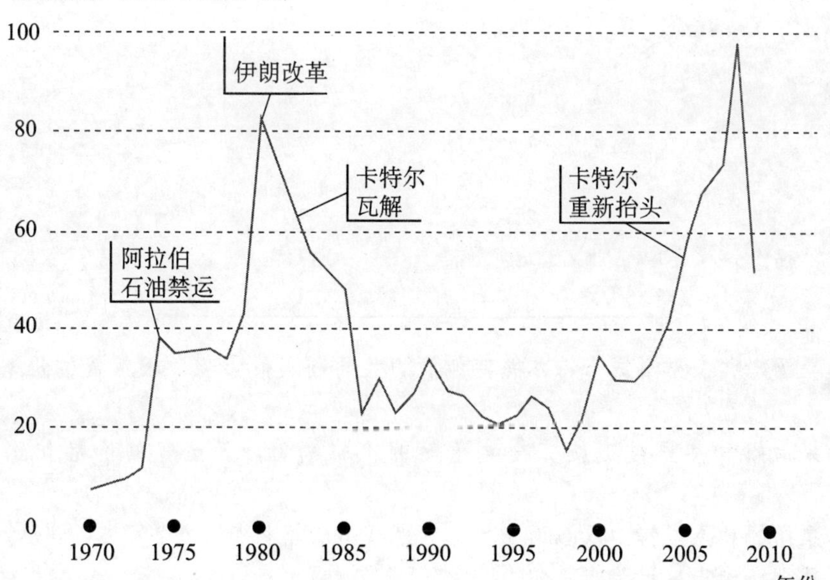

资料来源：OPEC and Bureau of Economic Analysis.

第17章 寡头

1980 年的每桶超过 82 美元。(为了比较许多年份的价格，我们用 2009 年的美元价值表示。)

20 世纪 80 年代，许多新的石油供给来源开放，OPEC 卡特尔对全球石油市场失去了控制。卡特尔瓦解，石油价格下跌。

20 世纪 90 年代石油价格保持得非常稳定，OPEC 的力量被许多来自其他来源的石油供给打压。

从 2003 年到 2008 年，中国及其他亚洲经济体的石油需求剧烈上升，OPEC 再次主宰全球石油市场，限制石油产量，将 2008 年世界石油价格推至新的高度。但是 OPEC 在 2009 年的全球萧条中再次失去力量。

检查站 17.2 **解释寡头企业所面临的困境。**

现实问题

孤岛上有两口天然气井，一口属于汤姆，另一口属于杰里。每口井都有控制天然气流速的阀门，生产天然气的边际成本为零。表 1 给出了岛上对天然气的需求表。利用这一信息回答问题 1～3。

表 1

价格 (美元/单位)	需求量 (单位/天)
12	0
11	1
10	2
9	3
8	4
7	5
6	6
5	7
4	8
3	9
2	10
1	11
0	12

1. 如果汤姆和杰里形成卡特尔并使他们的共同利润最大化，天然气的价格和产量将是多少?

2. 如果汤姆和杰里被迫按完全竞争时的价格销售，天然气的价格和总产量将是多少?

3. 如果汤姆和杰里作为双寡而竞争，天然气的价格将是多少?

4. 以亚洲大米出口讨论卡特尔。

世界上最大的大米出口国泰国建议亚洲大米出口国（泰国、柬埔寨、老挝、缅甸）

形成一个卡特尔。菲律宾人认为这是个傻主意。

资料来源：CNN，May 6，2008.

如果大米出口国成为利润最大化的卡特尔，解释它们将如何影响全球大米市场以及世界大米价格。菲律宾人是正确的吗？

参考答案

1. 如果汤姆和杰里形成卡特尔并使他们的共同利润最大化，他们将索取垄断价格。当产量使得边际收益等于边际成本时，这个价格是市场可以承受的最高价格。边际成本为零，所以我们需要找到边际收益为零时的价格。当产量为每天 6 单位（表 2）、价格为每单位 6 美元（见表 1 的需求表）时，总收益达到最大，此时边际收益为零。

表 2

价格（单位/元）	总收益（美元/天）	边际收益（美元/单位）
0	0	
		11
1	11	
		9
2	20	
		7
3	27	
		5
4	32	
		3
5	35	
		1
6	36	
		−1
7	35	
		−3
8	32	
		−5
9	27	
		−7
10	20	
		−9
11	11	
		−11
12	0	

2. 如果汤姆和杰里被迫按完全竞争时的价格销售，该完全竞争价格等于边际成本，边际成本为零，所以在这个例子中，价格为零。这时总产量为每天 12 单位。

3. 如果汤姆和杰里作为双寡展开竞争，他们将把产量提高到垄断水平之上，价格下降，但是不会使价格降为零。

4. 如果大米出口国形成卡特尔，并以利润最大化的垄断形式运作，它们将在边际收益等于边际成本处生产以最大化利润。垄断者生产的利润最大化产量少于竞争性的大米生产商的产量。世界市场的大米供给将会下降，而大米的世界价格将会上升。

如果卡特尔不瓦解，那么菲律宾人就是正确的：亚洲人的重要商品——大米的价格将会上升。

17.3 博弈论

博弈论（game theory）是经济学家用来分析**策略行为**的工具——这种策略行为承认相互依存性并且考虑其他人的预期行为。约翰·冯·诺依曼（John von Neumann）于1937年发明了博弈论，今天它已成为经济学的主要研究领域。

博弈论帮助我们理解寡头以及经济、政治、社会甚至生物对抗的许多其他形式。通过思考我们所熟悉的为了好玩而进行的博弈，我们开始研究博弈论以及它在企业行为中的应用。

17.3.1 什么是博弈?

什么是博弈？最初想一想，这个问题似乎很可笑。毕竟有许多不同的博弈。有球类博弈和室内博弈，机会博弈和技能博弈。是什么使这些不同的行为成为博弈的呢？所有这些博弈有什么共同点？所有的博弈都有三个特征：

- 规则
- 策略
- 收益

让我们看看这些共同的特征是怎样运用到所谓的“囚犯困境”博弈中的。**囚犯困境**（prisoners' dilemma）是两个囚犯之间的博弈，表明了为什么合作很难，即使合作对双方都有利。这个博弈抓住了前面我们研究的双寡困境的本质特征。囚犯困境也很好地说明了博弈论是如何工作的以及它是如何预测的。

17.3.2 囚犯困境

阿特和鲍博在偷一辆汽车时被抓了个正着。在与囚犯面谈时，地方检察官开始怀疑他已经无意中找到了几个月前实施数百万美元银行抢劫的两个人。但这仅仅是一种怀疑。除非能使他们自己承认，不然地方检察官没有证据证明他们犯有这项更大的罪行。他要囚犯们根据以下规则进行博弈。

规则

将每个囚犯（选手）关在一间单独的房子里，不能与另一个选手交流。每个人都被告之他被怀疑涉嫌这起银行抢劫案，并且

- 如果他们都承认这项更大的罪行，每个人都将因为两起犯罪判刑3年。

- 如果一个人承认而他的同伙不承认，他将只判 1 年，而他的同伙将判 10 年。
- 如果两人都不承认这项更大的罪行，每个人都将因偷窃汽车罪判刑 2 年。

策略

在博弈论中，**策略**（strategy）是每个选手所有可能的行动。阿特和鲍博都各有两种可能的策略：

- 承认抢劫银行
- 否认抢劫银行

收益

因为有两个选手，每个人有两种策略，所以有四种可能的结果：

- 双方都承认。
- 双方都否认。
- 阿特承认而鲍博否认。
- 鲍博承认而阿特否认 。

每个囚犯都可以准确地知道他在这四种状况中的每一种状况下将会发生什么——即他的收益。我们可以把每一个囚犯在所谓的博弈收益矩阵中的四种可能的收益制成表格。**收益矩阵**（payoff matrix）是一种表格，表示在给定其他选手的每种可能行动的前提下，每个选手每种可能的行动的收益。

表 17—5 表示阿特和鲍博的收益矩阵。方框表示每一个囚犯的收益——每一个方框中的灰色三角形表示阿特的收益，白色三角形表示鲍博的收益。如果两个囚犯都承认（左上角），每人判刑 3 年。如果鲍博承认而阿特否认（右上角），阿特判 10 年而鲍博判 1 年。如果阿特承认而鲍博否认（左下角），阿特判 1 年而鲍博判 10 年。最后，如果两个囚犯都否认（右下角），都不能因为银行抢劫而定罪，但都因为偷窃汽车而判 2 年的徒刑。

表 17—5 **囚犯困境收益矩阵**

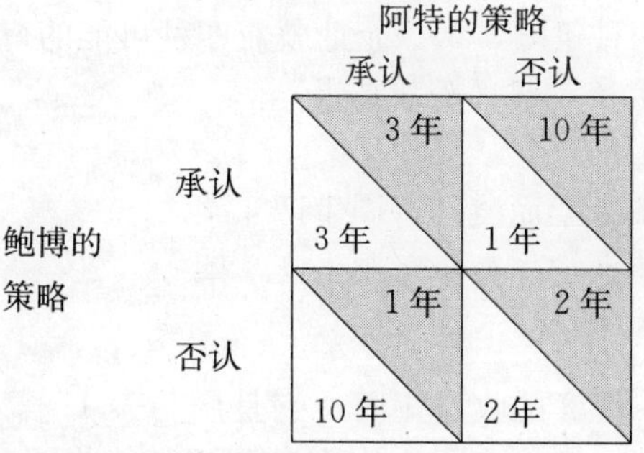

每个方框表示两个选手阿特和鲍博可能的每对行动的收益。在每个方框中，灰色三角形表示阿特的收益，白色三角形表示鲍博的收益。比如，如果双方都承认，收益就是左上角的方框。

均衡

给定其他选手的行动，每个选手都采取最佳的可能的行动时，博弈的均衡就产生了。这个均衡概念被称为**纳什均衡**（Nash equilibrium）。这样命名是因为普林斯顿大学的约翰·纳什（John Nash）提出了这个概念，纳什在 1994 年获得了诺贝尔经济学奖（在电影《美丽心灵》中约翰·纳什由罗素·克洛（Russell Crowe）扮演）。

在囚犯困境中，给定鲍博的选择，阿特做出自己最好的选择；同时，给定阿特的选择，鲍博做出自己最好的选择，这样均衡就出现了。让我们找出这一均衡。

首先，从阿特的角度来看这一情形。如果鲍博承认，阿特也会承认，因为在这种情况下他只要判 3 年而不是 10 年。如果鲍博不承认，阿特还是承认，因为在这种情况下他只要判 1 年而不是 2 年。因此不管鲍博怎么做，阿特的最优行动都是承认。

其次，从鲍博的角度来看这一情形。如果阿特承认，鲍博也会承认，因为在这种情况下他只要判 3 年而不是 10 年。如果阿特不承认，鲍博还是承认，因为在这种情况下他只要判 1 年而不是 2 年。所以不管阿特怎么做，鲍博的最优行动都是承认。

由于每个选手的最佳行动都是承认，所以每个人都承认，都判 3 年徒刑，而且地方检察官破了银行抢劫案。这就是这一博弈的均衡。

不是最佳结果

囚犯困境博弈的均衡对囚犯而言并不是最佳的结果。是否有某种方法使他们合作而只判更短的 2 年徒刑？没有，因为选手不能相互交流。每个选手都会设身处地地想出对方将做什么。囚犯处于两难困境。每个人都知道如果他相信对方会否认，那么他只会判 2 年。但是每个人也知道否认对于对方不是最有利的。因此每个囚犯都知道他必须坦白，从而将会产生对双方都不利的结果。

现在让我们看看如何利用我们刚刚形成的思想来理解寡头企业的行为。我们将返回到前面的双寡困境，从那里开始。

□ 17.3.3 双寡困境

空中客车和波音的困境类似于阿特和鲍博的困境。每个企业都有两种策略。可以按照以下速率生产飞机：

- 每周 3 架
- 每周 4 架

由于每家企业都有两种策略，两家企业就有四种可能的行动组合：

- 两家企业每周都生产 3 架（垄断结果）
- 两家企业每周都生产 4 架
- 空中客车每周生产 3 架而波音每周生产 4 架
- 波音每周生产 3 架而空中客车每周生产 4 架

收益矩阵

表 17—6 列出了这一博弈的收益矩阵。它是用与表 17—5 中囚犯困境的收益矩阵完全相同的方法构造出来的。方框表示空中客车和波音的收益。在这个例子中，收益是经济利润（在囚犯困境的例子中，收益是损失）。

这张表显示如果两个企业都每周生产 4 架飞机（左上角），每个企业获得 3 200 万美元的经济利润。如果两个企业都每周生产 3 架（右下角），它们将获得垄断利润，每个企业获利 3 600 万美元。右上角和左下角方框表示如果一个企业每周生产 4 架，而另一个企业每周生产 3 架将发生的情况。增加产量的企业获利 4 000 万美元，保持垄断产量不变的企业获利 3 000 万美元。

表 17—6　　双寡困境的收益矩阵　　（单位：万美元）

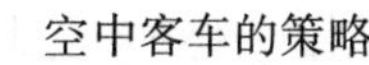

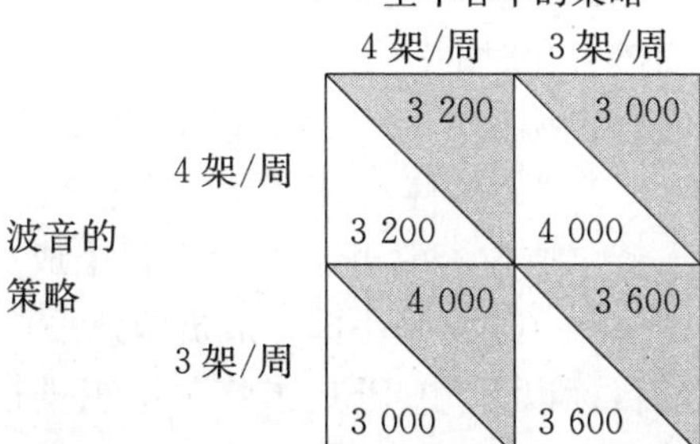

每个方框表示每一对行动的收益。比如，两家公司都每周生产 3 架飞机时，收益在右下角的方框。灰色三角形表示空中客车的收益，白色三角形表示波音的收益。

双寡困境的均衡

企业会怎样行动？为了回答这个问题，我们必须找到双寡博弈的均衡。

利用表 17—7 中的信息，从空中客车的角度分析。空中客车的推理如下：假设波音每周生产 4 架飞机。如果我——空中客车——每周生产 3 架，我将获得 3 000 万美元的经济利润。如果我也每周生产 4 架，我将获得 3 200 万美元的经济利润。因此，我每周生产 4 架飞机更好。空中客车继续推理：现在假设波音每周生产 3 架飞机。如果我每周生产 4 架，我将获利 4 000 万美元，如果我每周生产 3 架，我将获利 3 600 万美元，4 000 万美元的经济利润比 3 600 万美元的经济利润更好。因此我每周生产 4 架飞机会更好。所以不管波音每周生产 4 架还是 3 架，空中客车每周都生产 4 架飞机。

由于两个企业面临完全相同的状况，波音得出与空中客车一样的结论。所以两个企业都是每周生产 4 架。双寡博弈的均衡是两个企业每周都生产 4 架飞机。

表 17—7　　纳什均衡　　（单位：万美元）

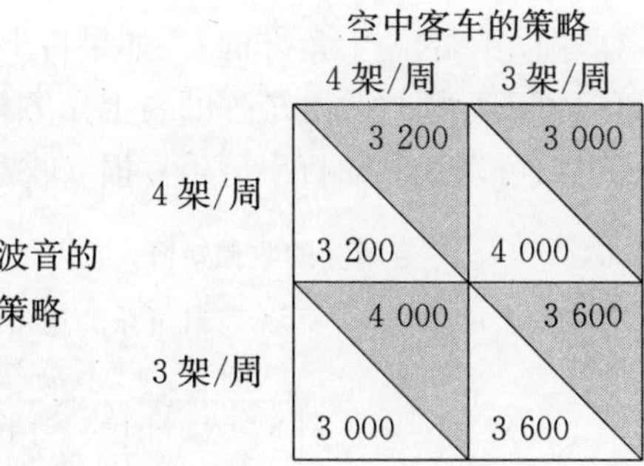

纳什均衡是每家企业每周生产 4 架飞机。

合谋有利可图但难以实现

在刚才研究的双寡困境中，空中客车和波音的最终状况类似于囚犯困境博弈中囚犯的状况。它们没有实现最优的共同结果。因为每个企业每周生产 4 架飞机，它们各获得 3 200 万美元的经济利润。

如果企业可以合谋，它们将同意把各自产量限定为每家企业每周 3 架飞机，每周各获得 3 600 万美元的垄断利润。

双寡困境的结果说明了为什么企业难以合谋。即使合谋是合法的行为，双寡头企业也会发现很难执行协议来限制产量。与囚犯困境博弈中的选手一样，双寡达到纳什均衡时它们的产量大于共同利润最大化时的产量。

如果两家企业难以遵守合谋协议，那么两家以上的寡头企业更是如此。OPEC 的运作说明了这种困难（见第 17.2 节“关注全球经济”专栏）。为了提高石油价格，OPEC 必须限制全球石油产量。卡特尔成员经常开会并设定每个成员国的产量限额。在决定限制产量之后的最初几个月，一些（通常是小国）成员国几乎总是会突破限额，产量上升，石油价格跌到卡特尔期望的目标以下。OPEC 卡特尔组织进行着与囚犯困境相似的寡头困境博弈。仅在 1973 年、1979—1980 年以及 2005—2007 年，OPEC 成功地控制了其成员国的产量，并提升了石油价格。

□ 17.3.4 广告以及寡头博弈研究

可口可乐和百事可乐、耐克和阿迪达斯、宝洁（Procter & Gamble）和金佰利-克拉克（Kimberly-Clark）、诺基亚和摩托罗拉以及其他数百对陷入激烈竞争的大型企业，每月支出数百万美元用于广告宣传活动以及研究与开发。它们要做出决定是增加还是减少广告预算，或者，进行大量的研发努力使产品更值得信赖（通常，产品越值得依赖，其生产就越昂贵，但人们更愿意购买）还是使产品成本更低。这些选择可以作为博弈来分析。让我们看一些这种类型博弈的例子。

广告博弈

软饮料行业成功的关键在于进行大量的广告宣传活动。这些活动影响市场份额但是进行起来很昂贵。表 17—8 表明了百事可乐和可口可乐进行的广告博弈的一些假设数字。每家企业都有两种策略：做广告或者不做广告。如果两家企业都不做广告，每家获得 5 000 万美元的经济利润（收益矩阵的右下角方框）。如果两家企业都做广告，由于广告花费，每家企业获得的经济利润更低（收益矩阵的左上角方框）。如果百事可乐做广告，但可口可乐不做广告，百事可乐获利而可口可乐亏损（收益矩阵的右上角方框）。最后，如果可口可乐做广告而百事可乐不做广告，可口可乐获利而百事可乐亏损（收益矩阵的左下角方框）。

表 17—8　　广告博弈的收益矩阵　　（单位：万美元）

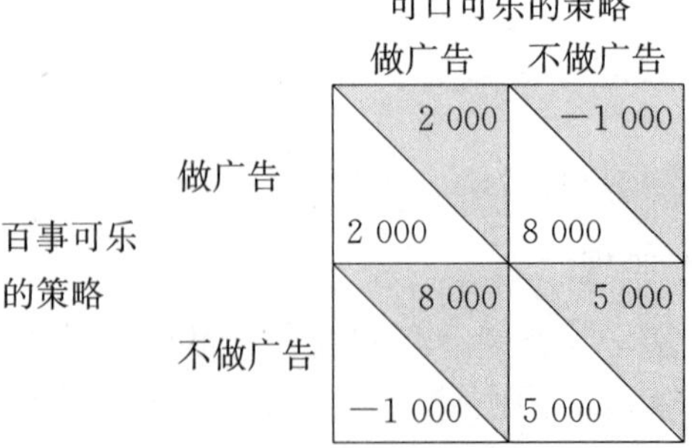

		可口可乐的策略：做广告	可口可乐的策略：不做广告
百事可乐的策略	做广告	可口可乐 2 000；百事可乐 2 000	可口可乐 −1 000；百事可乐 8 000
百事可乐的策略	不做广告	可口可乐 8 000；百事可乐 −1 000	可口可乐 5 000；百事可乐 5 000

对于每对策略，灰色三角形表示可口可乐的收益，白色三角形表示百事可乐的收益。如果两家企业都做广告，它们的收益少于两家企业都不做广告时的收益。但是如果另一家企业不做广告，对每家企业而言做广告会更好。这个囚犯困境广告博弈的纳什均衡是两家企业都做广告。

百事可乐推理如下：无论可口可乐是否做广告，我们做广告都更好。可口可乐同样推理：无论百事可乐是否做广告，我们做广告都更好。因为做广告是两个选手的最佳策略，所以这就是纳什均衡。这一博弈的结果就是两家企业都做广告，获得的利润少于如果它们能够合谋以达到不做广告的合作结果所能获得的利润。

研究与开发博弈

一次性尿布行业成功的关键在于，设计出相对其生产成本而言人们评价更高的产品。开发了最高评价的产品并且开发了生产这种产品的最低成本技术的企业将占据竞争优势，削弱市场上其他企业的力量，增加自己的市场份额和利润。但是，为实现改进产品和降低成本而进行的研发是昂贵的。所以必须从降低成本而实现的市场份额增长所带来的利润中，减去研发的成本。如果没有一家企业进行研发，每家企业都会更好，但是如果有一家企业开始研发行动，所有企业都必须跟从。

表 17—9 说明了金佰利-克拉克和宝洁进行研发博弈的困境（用假设的数字）。每家企业都有两种策略：进行研发或者不进行研发。如果两个企业都不进行研发，金佰利-克拉克获利 3 000 万美元，宝洁获利 7 000 万美元（收益矩阵的右下角方框）。如果每家企业都进行研发，市场份额保持不变，但是由于研发费用，每家企业利润减少（收益矩阵的左上角方框）。如果金佰利-克拉克进行研发而宝洁没有，金佰利-克拉克获利而宝洁亏损（收益矩阵的右上角方框）。最后，如果宝洁进行研发而金佰利-克拉克没有，宝洁获利，而金佰利-克拉克亏损（收益矩阵的左下角方框）。

表 17—9　　研发博弈的收益矩阵　　（单位：万美元）

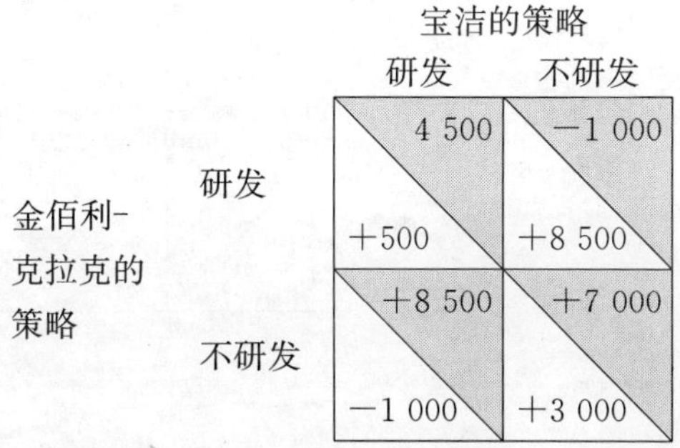

对于每对策略，灰色三角形表示宝洁的收益，白色三角形表示金佰利-克拉克的收益。如果两家企业都研发，它们的收益少于两家企业都不进行研发时的收益。但是如果另一家企业不研发，对每家企业而言研发会更好。这个囚犯困境研发博弈的纳什均衡是两家企业都研发。

金佰利-克拉克推理如下：无论宝洁是否进行研发，我们进行研发都更好。宝洁同样推理：无论金佰利-克拉克是否进行研发，我们进行研发都更好。

由于研发是两个选手的最优策略，所以它是纳什均衡。博弈的结果是两家企业都进行研发。它们获得的利润少于如果它们能够合谋实现没有研发的合作结果所能获得的利润。

现实世界中不只有金佰利-克拉克和宝洁两个选手。许多企业都想抢夺金佰利-克拉克和宝洁的市场份额，因此，这两家企业致力于研发不仅实现了在它们自己的争斗中保持市场份额的目的，而且有助于保持高的进入壁垒，以保护它们共同的市场份额。

关注你的生活

一个你也许进行过的博弈

下面的收益矩阵描述了一个你也许熟悉的博弈。但它不是囚犯困境。

如果简和吉姆一起，相比各自分开，他们将玩得更快乐。

但是简喜欢电影多于球类游戏，而吉姆喜欢球类游戏多于电影。

下面的收益矩阵描述了他们对各种结果的喜爱（以效用为单位来测量）。

他们将怎么做呢？

通过比较不同策略的效用数字，你可以得出，吉姆不会一个人去看电影，而简也不会一个人去玩球类游戏。

你还可以得出，吉姆不会一个人去玩球类游戏，简也不会一个人去看电影。

他们总是一起出去。但是他们是去看电影还是玩球类游戏？

答案是，我们无法预测。这个博弈没有唯一均衡。收益告诉你，简和吉姆也许去玩球类游戏或者去看电影。

在一个重复博弈中，他们也许会在两种情况中轮流选择，甚至通过抛硬币来决定在任何给定的晚上去玩球类游戏还是看电影。

吉姆的策略 \ 简的策略	球类游戏	电影
球类游戏	5 10	1 1
电影	0 0	10 5

□ 17.3.5 重复博弈

我们所研究的博弈只进行了一次。相反，现实中大多数博弈都是重复进行的。这一事实表明现实中的双寡可能会找到某种方法进行合作以便它们可以享受垄断利润。如果博弈可以重复进行，某一选手就有机会惩罚另一选手之前的“坏”行为。如果空中客车这周生产 4 架飞机，也许波音下周也会生产 4 架飞机。在空中客车生产 4 架飞机之前，难道它不会考虑波音下周生产 4 架飞机的可能性吗？当博弈可以无限重复时，这个更为复杂的困境博弈的均衡是什么？

如果每家企业都知道对方将用超产来惩罚超产，一报还一报，就可能出现垄断均衡。让我们看看为什么。

表 17—10 列出了有关的数字。假设波音考虑第一周生产 4 架飞机。这一行动将带来

4 000 万美元的经济利润，并使空中客车的经济利润减少到 3 000 万美元。第二周空中客车将惩罚波音，也生产 4 架飞机。然而波音必须回到以前 3 架飞机的产量以使得空中客车在第三周重新合作。所以在第二周，空中客车获得 4 000 万美元的经济利润，而波音获得 3 000 万美元的经济利润。把这两周的利润加起来，波音第一周生产 4 架，引起空中客车一报还一报的反应，从而获利 7 000 万美元；相比之下，波音可以通过合作获得 7 200 万美元（=2×3 600 万美元）。

表 17—10　　带惩罚的收益

博弈的阶段	合作		过量生产	
	波音的利润	空中客车的利润	波音的利润	空中客车的利润
	（百万美元）			
1	36	36	40	30
2	36	36	30	40

对波音是如此，对空中客车也是如此。每家企业保持垄断产量可以获得更大的利润，所以双方都会这样做，从而产生了垄断价格、垄断产量和垄断利润。

在现实中，双寡（或更一般的寡头）是像一次博弈那样运作还是像重复博弈那样运作，主要取决于选手的数量和监督并惩罚过量生产的容易程度。选手数量越多，维持垄断结果就越困难。

关注芯片双寡

两个太少吗?

你的电脑或者游戏机中的 CPU——机器的核心智能——是由英特尔或者 AMD（Advanced Micro Devices，Inc.）生产的。这些双寡企业之间的竞争是否能达到有效结果——消费者胜利，或者仅仅一个或两个生产者胜利?

答案是英特尔才是最大的赢家。下面的饼图表示英特尔主宰了这一市场，下面的 CPU 价格图表明了英特尔的价格通常高于 AMD 的价格。

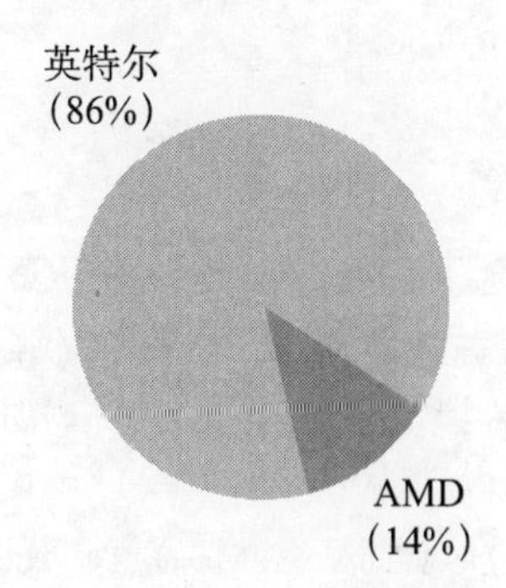

2009年第一季度的市场份额

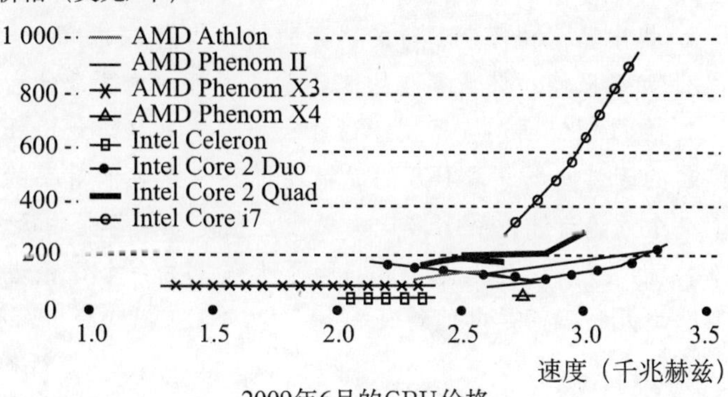

2009年6月的CPU价格

资料来源：英特尔、AMD 以及 sharkyextreme. com。

在英特尔和AMD的博弈中，结果近乎于垄断而不是完全竞争。生产者剩余最大化，而消费者剩余要比竞争性市场中的小。存在生产不足和无谓损失。

□ 17.3.6 寡头有效率吗？

当价格（衡量边际效益）等于边际成本时，任何产品或服务的产量都是有效率的产量。寡头能提供有效率的产品或服务数量吗？

你已经看到如果寡头企业进行重复的囚犯困境博弈，它们最终能够把产量限制在垄断水平并且获得与垄断相同的经济利润。你也看到即使企业不合作，它们也没有必要把价格降低到等于边际成本。因此一般地讲，寡头是缺乏效率的，其原因与垄断缺乏效率的原因是一样的。

同时，寡头企业最终会在高于可达到的最低平均总成本的地方生产，因为它们的广告和研发预算高于社会效率水平。

由于寡头会产生非效率，并且有像垄断企业一样行动的动机，美国建立了反托拉斯法，以减少市场力量，改变寡头结果使其接近于竞争的有效率的结果。我们将在本章的下一节中研究反托拉斯法。

检查站 17.3　利用博弈论解释在寡头中价格和产量是如何决定的。

现实问题

巴德和怀斯是仅有的两个茴香饮料生产商，茴香饮料是一种设计出来代替根汁饮料的新时代产品。巴德和怀斯试图计算出这种新饮料的产量。他们知道，如果他们都把产量限制在每天1万加仑，他们将实现共同利润的最大化，每天20万美元，各得10万美元。他们还知道如果其中一方每天生产2万加仑，而另一方每天生产1万加仑，生产2万加仑的一方将获得15万美元的经济利润，而仍然生产1万加仑的一方将蒙受5万美元的经济亏损。他们各自也知道如果他们都提高产量至每天2万加仑，两者的经济利润都为零。利用这些信息回答问题1～3。

1. 构造一个巴德和怀斯必须参与的博弈的收益矩阵。
2. 找出巴德和怀斯参与的博弈的纳什均衡。
3. 如果巴德和怀斯参与的博弈重复进行，均衡是什么？
4. 微软因特网浏览器快于谋智火狐浏览器（Mozilla Firefox）。

新的因特网浏览器IE8的促销商说，它比其他对手的浏览器更快、更可靠并且更安全。一个评论者注意到IE8比火狐慢，但是如果你是白天使用并且被新IE的一系列强大的新特征所吸引，你也许喜欢它胜于火狐。另一个评论者说关键并不在于哪一个浏览器快百分之几秒，而是其他特征。

资料来源：*USA Today*，March 23，2009.

微软和谋智在过去的几年里所进行的博弈是什么？在未来的几年里，你认为博弈将会怎样变化？

参考答案

1. 表 1 表示巴德和怀斯必须参与的博弈的收益矩阵。

2. 纳什均衡是双方每天都生产 2 万加仑。要知道原因就要注意，不管巴德生产多少，怀斯选择每天生产 2 万加仑都将获得更多的利润。对巴德也是如此。所以，巴德和怀斯每天都将各生产 2 万加仑。

表 1 （单位：万美元）

		巴德的策略：1 万加仑	巴德的策略：2 万加仑
怀斯的策略	1 万加仑	10（巴德） 10（怀斯）	15（巴德） −5（怀斯）
	2 万加仑	−5（巴德） 15（怀斯）	0（巴德） 0（怀斯）

3. 如果巴德和怀斯重复进行该博弈，各自将每天生产 1 万加仑，并获得最大化的经济利润。通过实施一报还一报的策略，他们可实现这一结果。

4. 微软和谋智所进行的博弈是产品开发：改进速度或者增加特征。结果是两者都进行开发以提升速度，并且正如评论者所表明的那样，它们的速度仅仅是百分之几秒的差别（基本上相同）。在未来的几年里，开发博弈很可能会从速度移至其他特征，以保持或者增加市场份额。

17.4 反托拉斯法

反托拉斯法（antitrust law）是规制寡头并禁止其形成垄断或者像垄断一样行动的主要法律。

□ 17.4.1 反托拉斯法

1890 年国会在对 J.P. 摩根（J.P. Morgan）、约翰・D・洛克菲勒（John D. Rockefeller）和 W.H. 范德比尔特（W.H. Vanderbilt）——所谓的“强盗大亨”（robber barons）——的行为和事实感到愤怒和厌恶的情况下，通过了第一部反托拉斯法，即《谢尔曼法案》（Sherman Act）。

在 20 世纪的转折点上，一波合并浪潮促使了更为有力的反托拉斯法的出台。1914 年的《克莱顿法案》（Clayton Act）补充了《谢尔曼法案》，国会创建了联邦贸易委员会（Federal Trade Commission）来强制实施反托拉斯法。

表 17—11 总结了《谢尔曼法案》的两个主要条款。法案的第一个条款很明确。与他

人合谋而限制竞争是非法的。但是第二个条款比较笼统而且不明确。什么是“企图垄断”?《克莱顿法案》及其两个修正案，1936年的《罗宾逊-帕特曼法案》(Robinson-Patman Act) 和1950年的《塞勒-克福弗法案》(Celler-Kefauver Act)，规定了具体的非法行为，从而回答了这个问题。表17—11描述了这些行为，并且总结了这三个法案的主要条款。

表 17—11　　反托拉斯法：总结

《谢尔曼法案》，1890年

第一款：

以托拉斯或其他方式，或者共谋，或者在各个州之间或者与外国一起限制贸易或商务的任何一种契约和联合，在此均被宣布为非法。

第二款：

每一个将要垄断，或者企图垄断，或者与其他任何个人或多人联合或共谋，在各州之间或与外国一起对贸易或商务的任何部分实施垄断的人，都被认为犯有重罪。

《克莱顿法案》，1914年
《罗宾逊-帕特曼法案》，1936年
《塞勒-克福弗法案》，1950年

这些法案禁止以下行为，仅当它们明显地减少了竞争或产生了垄断时：

1. 价格歧视。
2. 要求购买同一企业其他物品的合约（称为捆绑安排）。
3. 要求一个企业从单个企业购买某一特定物品的所有必需物的合约（称为必需物合约）。
4. 阻碍某一企业出售竞争性产品的合约（称为排他性交易）。
5. 禁止某一买主在某一特定地区之外转售某种产品的合约（称为地区限制）。
6. 获得竞争者的股份或资产。
7. 成为某家竞争性企业的董事。

□ 17.4.2　三个反托拉斯政策讨论

限价 (price fixing) 一直被认为是违背了反托拉斯法。如果司法部门能够证明限价的存在，那么被告就没有让人可以接受的借口。但是其他事实更有争议，并且在反托拉斯的律师和经济学家中激起了争议。我们来考察其中三种行为：

- 维持转售价格
- 掠夺性定价
- 捆绑安排

维持转售价格

大部分生产商通过批发和零售分销系统向最终消费者间接出售它们的产品。当某一制造商与某一分销商就其产品转售价格达成协议时，就出现了**维持转售价格** (resale price maintenance)。

维持转售价格（也叫做垂直限价）协议在《谢尔曼法案》下是非法的。但是生产商拒绝给不接受生产商价格指导的零售商供货，并不违法。

41个州的律师指控环球 (Universal)、索尼 (Sony)、华纳 (Warner)、贝塔斯曼

(Bertelsmann）和百代（EMI）在1995—2000年间，通过“最低广告定价”人为地保持很高的CD价格。这些公司否认该指控，但是花了一大笔钱才平息这一事件。

维持转售价格产生了无效率的还是有效率的资源利用？经济学家对此各持不同的观点。

无效率的维持转售价格 如果维持转售价格使得交易者获取垄断价格，那么它就是无效率的。通过设定零售价格并强制执行，生产商也许能够获得垄断价格。

有效率的维持转售价格 如果维持转售价格使得生产商促使交易者提供有效的服务标准，那么它就是有效率的。假定柔肤公司（SilkySkin）希望商场在吸引人的地方陈列并演示它们新生产的保湿霜的神奇功效。在维持转售价格下，柔肤公司能够给所有的零售商提供同样的激励和补偿。如果没有维持转售价格，一家折扣药店也许能够在很低的价格下提供柔肤产品。买方就有激励去逛价格高的商店并得到试用品，然后去低价商店购买产品。低价商店成了一个搭便车者（就像第10章中公共产品的消费者一样），将会提供无效率的服务水平。

柔肤公司可以给提供优质服务的零售商支付一笔费用，使得转售价格由供给和需求的竞争性力量决定。但是对柔肤公司而言也许成本太高，致使其不能监控商店并确保它们提供期望的服务水平。

掠夺性定价

掠夺性定价（predatory pricing）就是设置低价将竞争者驱逐出市场，意图将竞争者驱逐出市场后再设置垄断价格。约翰·D·洛克菲勒公司是19世纪90年代第一个被指控有此行为的公司，并且，从那时起，本案就常在反托拉斯案例中被提及。掠夺性定价是指试图建立垄断价格，在《谢尔曼法案》的第二个条款下它是非法的。

很容易看出，掠夺性定价只是一种想法，而非事实。经济学家对于掠夺性定价的产生持怀疑态度。他们指出将价格降低至利润最大化水平以下的企业，在降价期间会发生亏损。即使企业成功地将竞争者驱逐出市场，当企业将价格提升至平均总成本以上并且获得经济利润时，新的竞争者又会进入。所以垄断位置上的任何潜在获利都是暂时的。一个高额的、确定的亏损只能可怜地换来一个暂时的、不确定的收益。目前为止，还没有确切地发现一个掠夺性定价的案例。

捆绑安排

捆绑安排（tying arrangement）是在仅当买方同意购买另一种不同产品的情况下出售某种产品的协议。在捆绑销售下，买方得到某种产品的唯一方式，就是同时购买另一种商品。微软被指控捆绑销售因特网浏览器（Internet Explorer，IE）和Windows。教材出版商有时将进入网站的权利和教材捆绑销售，并强制学生购买两者。（没有网站，你就不可能买到正在看的这本新教材。但是如果你购买进入网站的权利而不买教材，这两种产品就不是捆绑的。）

教材出版商将教材和进入网站的权利捆绑，能够赚更多的钱吗？答案是有时是，但不是总是。考虑一下你愿意为一本教材和进入网站的权利支付多少。为了简化数字，假设你和其他学生愿意为一本教材支付40美元，为进入网站的权利支付10美元。出版商可以在这些价格下分别出售这些商品，或者以50美元捆绑销售。对出版商而言，捆绑销售并未多获得任何利润。

但是现在假设只有一半的学生愿意为一本教材支付 40 美元，为进入网站支付 10 美元。并且假设另一半学生愿意为网站支付 40 美元，为教材支付 10 美元。现在，如果这两种商品分开销售，出版商可以对教材要价 40 美元，对网站要价 40 美元。一半学生购买教材而非网站，另一半学生购买网站而非教材。但是如果教材和网站以 50 美元捆绑销售，每个人都购买这一捆绑商品，那么出版商在每个学生身上要多赚 10 美元。在这个例子中，捆绑使得出版商实施了价格歧视。

现在还没有简单明了的检测方法来证明企业是否正在从事捆绑活动，或者是否通过这种行为增加了其市场力量和利润并导致了无效率。

□ 17.4.3 最近的反托拉斯案例：美国对微软

1998 年，美国司法部门和许多州一起指控世界上最大的个人计算机软件生产商微软违背了《谢尔曼法案》的两个条款。长达 78 天的审判主要是两位著名的麻省理工学院经济学教授之间的论战（代表政府的富兰克林·费希尔（Franklin Fisher），代表微软的理查德·施马兰希（Richard Schmalensee））。

反对微软的案例

反对微软的指控包括微软：

- 在个人计算机操作系统市场上拥有垄断力量。
- 利用**掠夺性定价**和**捆绑安排**以便在网页浏览器市场获得垄断。
- 利用其他反竞争性行为来强化它在这两个市场的垄断。

据称，微软在 80%的个人计算机操作系统市场拥有过度的垄断力量。这种垄断力量来自两个进入壁垒：规模经济和网络经济。微软的平均总成本随着产量的增加而下降(规模经济)，因为开发一个像 Windows 一样的操作系统的固定成本是巨大的，但是生产一个 Windows 的复制品的边际成本却很小。再者，随着 Windows 用户数量的增加，Windows 的适用范围也扩大了（网络经济），所以潜在的竞争者不仅需要生产一个有竞争力的计算机操作系统，而且还需要有整个支持其应用的范围。

当微软以因特网浏览器进入网页浏览器市场时，它以零价格提供浏览器。这一价格被认为是**掠夺性定价**。微软将 IE 和 Windows 结合，以便任何使用这一操作系统的人不再需要单独的浏览器，例如 Netscape communicator。微软的竞争者声称这种行为属于非法的捆绑安排。

微软的回应

微软反对所有这些指控。它认为，虽然 Windows 是主要的操作系统，但是面对来自其他操作系统，例如 Linux 和苹果公司的 Mac OS 的竞争，以及来自新企业进入的永久性威胁，微软还是很脆弱的。

微软声称将因特网浏览器和 Windows 结合，提供了一个具有更大的消费者价值的简单而统一的产品。微软说，浏览器和操作系统构成了一个单一产品，而不是捆绑。这就像一台冷冻机带有冷水分配器，或像一辆汽车带有立体声音响一样。

结果

法庭认为微软违背了《谢尔曼法案》并且令其分为两个企业：一个操作系统生产企业和一个应用软件生产企业。微软成功地对这一命令进行了上诉。但是在最终判决中，微软被命令向其他软件开发商公开操作系统如何工作的细节，以便它们可以和微软有效竞争。2002 年夏，微软开始遵守这一命令。

□ 17.4.4 合并规则

现在你已经看到反托拉斯法能被用来禁止寡头成为垄断或者企图像垄断一样行动。我们通过检查企图获取垄断力量的另一种方式——两个或者更多的寡头企业合并以增强控制市场价格的能力，来结束这一章。合并受那些被设计来限制垄断力量出现的规则的制约，我们通过看看反托拉斯法如何被用来审查并且阻止合并，来结束对反托拉斯法的解释。

联邦贸易委员会（FTC）反对将会充分减少竞争并且不会带来更低成本的合并提议。为了确定合并对竞争力的影响，FTC 利用了基于在第 16 章解释过的赫芬达尔-赫希曼指数（HHI）的指南。

HHI 低于 1 000 的市场被认为是竞争性的，在这样一个市场中的合并不是问题。

1 000～1 800 之间的 HHI 暗示了中度集中的市场，如果 HHI 增加 100 个点，在这样的市场中的合并将充分地减少竞争。高于 1 800 的指数表示集中的市场，在这样一个市场中的合并将会使指数增加 50 个点。

以下是“关注美国经济”专栏，看看被这一规则所阻止的合并。

关注美国经济

没有苏打合并

下图（图 (a)）总结了联邦贸易委员会的合并指南。在赫芬达尔-赫希曼指数低于 1 000 的市场，提议合并将不会遭到异议。但是，如果 HHI 高于 1 000，FTC 会考虑提出异议。如果 HHI 在 1 000～1 800 之间，当合并能使 HHI 增加 100 个点时，合并将会遭到异议。如果 HHI 高于 1 800，市场已经如此集中，以至于即使合并只使指数增加 50 个点，合并也会遭到异议。

1986 年，百事可乐想购买七喜（7-Up），可口可乐想购买胡椒博士（Dr Pepper）。但是碳酸软饮料市场高度集中。可口可乐拥有 39%的市场份额，百事可乐公司拥有 28%，下一个是胡椒博士拥有 7%的市场份额，接着是七喜拥有 6%的市场份额。另一个生产商 RJR 拥有 5%的市场份额。所以这一市场的五个最大企业拥有 85%的市场份额。赫芬达尔-赫希曼指数超过 2 400。

在 HHI 如此大的情况下，只使指数增加 50 个点的合并也会被 FTC 检查。

图 (b) 表示了 HHI 如何随着合并变化。百事可乐和七喜的合并会使指数增加 300 多个点，可口可乐和胡椒博士的合并会使指数增加 500 多个点，两次合并总共会使 HHI 增加差不多 800 个点。FTC 决定阻止这些合并。

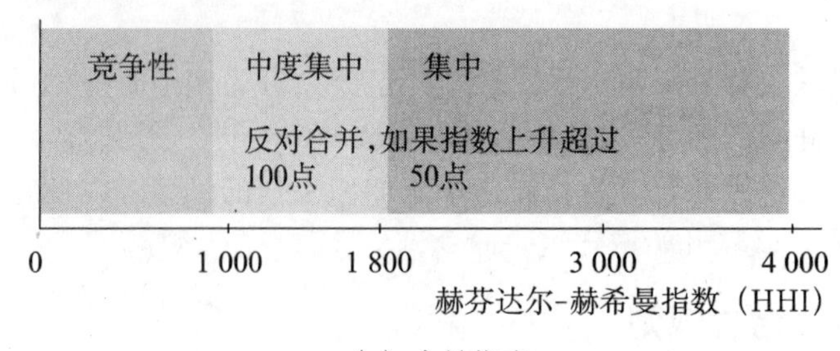

(a) 合并指南

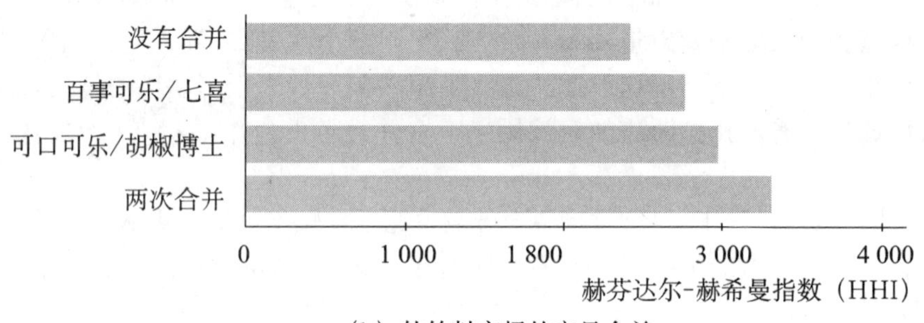

(b) 软饮料市场的产品合并

检查站 17.4　描述规制寡头的反托拉斯法。

现实问题

1. 解释以下术语：

- 企图垄断
- 限价
- 掠夺性定价
- 捆绑安排

2. 1987 年以来，美国发生了成百上千的医院合并。美国联邦贸易委员会很少反对医院合并。你能推断出医院服务的市场结构是什么吗？

3. 英特尔将在法庭上找到庇护。

欧盟最近对英特尔罚款 14.5 亿美元，因为它给重复的消费者“忠诚折扣”，很可能增加了英特尔在微处理器业务上的支配地位——在美国被称为掠夺性定价。

资料来源：*Wall Street Journal*，June 2，2009.

英特尔实行掠夺性定价了吗？如果每天早晨你在星巴克端起一杯咖啡，它给你忠诚折扣，这是掠夺性定价吗？

参考答案

1. 企图垄断是指一家公司试图驱逐竞争者以便它能像垄断企业一样运作。

限价是指和竞争者达成协议来设置具体价格并且不再改变。

掠夺性定价是指通过收取很低以至于任何人都不能获利的价格，试图驱逐竞争者。

如果不同时购买另一商品，一家公司就不给买者提供机会来购买某一件商品时，存在捆绑安排。

2. 如果合并不会充分地减少竞争，美国联邦贸易委员会将不反对医院合并。如果(1)合并不会增加市场力量的可能性，这或者是因为存在强大的竞争者，或者是因为合并的医院足够差异化；(2)合并将使得医院的成本降低；(3)合并会淘汰将会失败并离开市场的医院，那么这种情况会出现。

3. 掠夺性定价是指设置一个低价，目的是将竞争者驱逐出市场，在竞争者离开后再设置垄断价格。如果忠诚折扣是为了将英特尔的竞争者 AMD 驱逐出去，那么英特尔的行为就是掠夺性定价。

星巴克的忠诚折扣不是掠夺性定价，因为咖啡市场是竞争性的。将一家咖啡店驱逐出去，不会产生垄断。

本章总结

要点

1. 描述和识别寡头，并解释它是如何产生的。
   - 寡头是少数几家相互依存的企业在进入壁垒的保护下展开竞争的一种市场类型。
   - 自然的（规模经济和市场需求）以及法律的进入壁垒会造成寡头。
2. 解释寡头企业面临的困境。
   - 如果寡头企业能够一起行动，限制产量，它们将获得与垄断者一样的经济利润，但是通过提高产量，每家企业都可以获得更大的利润。
   - 寡头困境就是是否限制或者增加产量。
3. 利用博弈论解释寡头中价格和产量是如何决定的。
   - 在囚犯困境中，两囚犯的自利行为损害了他们的共同利益。寡头是一个囚犯困境博弈。
   - 如果企业合作，它们将获得垄断利润，但是在一次博弈中，它们会超产并提升价格和经济利润至完全竞争水平。
   - 广告以及研究和开发会造成寡头企业的囚犯困境。
   - 在重复博弈中，惩罚策略可以导致垄断产量、垄断价格以及垄断经济利润。
   - 寡头通常是无效率的，因为价格（边际利益）大于边际成本，成本也许不是最低成本。
4. 描述规制寡头的反托拉斯法。
   - 《谢尔曼法案》（1890 年）以及《克莱顿法案》（1914 年）使得企业间的限价协议成为非法。
   - 如果维持转售价格使得一家生产商能确保批发商有效的服务水平，维持转售价格也许有效率。
   - 掠夺性定价也许会带来暂时的盈利。
   - 捆绑安排容易产生价格歧视。
   - 如果合并过于限制竞争，联邦贸易委员会将检查并且很可能阻止合并。

关键术语

反托拉斯法	博弈论	囚犯困境
卡特尔	纳什均衡	维持转售价格
双寡	收益矩阵	策略
掠夺性定价	捆绑安排	

本章检查站

学习计划中的问题与应用

利用下列信息回答问题 1 和 2。

1901 年生产第一批汽车的时候，它们是由技术工人用手工工具制造出来的。随后在 1913 年，亨利·福特（Henry Ford）引进了流水装配线，降低成本并加速了生产。多年来，生产线越来越机械化，今天机器人在许多操作中代替了工人。

1. 草拟 1901 年和 2009 年汽车的平均总成本曲线和需求曲线。

2. 描述汽车行业变化的进入壁垒，并解释在过去的一百年里市场需求和规模经济的组合如何改变汽车行业的结构。

利用下列信息回答问题 3～5。

孤岛上有两家出租车公司，一家属于安，另一家属于扎克。图 1 显示了乘坐出租车的市场需求曲线（*D*）和其中一家企业的平均总成本曲线（*ATC*）。

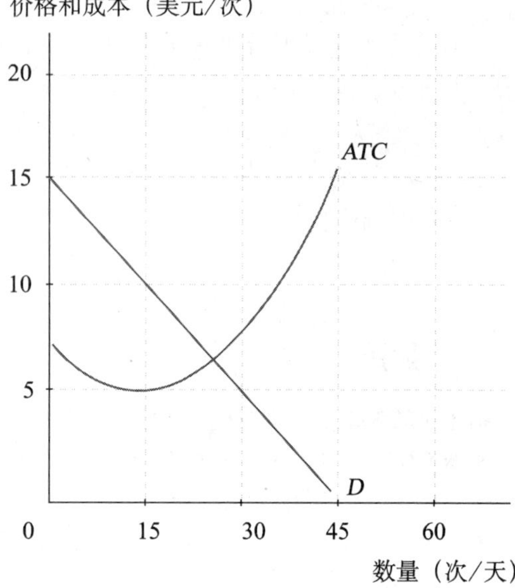

图 1

3. 如果安和扎克提供与完全竞争条件下一样的乘载次数，安和扎克的乘载次数、乘载价格及经济利润是多少？安和扎克是否有动机合谋并且提高价格？解释为什么有或者没有。

4. 如果安和扎克形成卡特尔，提供与垄断条件下一样的乘载次数，安和扎克的乘载次数、乘载价格及经济利润各是多少？安和扎克是否有动机去破坏卡特尔协议并且降低价格？解释为什么有或者没有。

5. 假设安和扎克有两种策略：合谋，维持垄断价格，限制乘载数量；或者打破合谋，降低价格，提供更多的乘载次数。构造安和扎克参与的博弈的收益矩阵。如果博弈只进行一次，找出该博弈的纳什均衡。孤岛上的人们得到了有效率的出租车乘载量吗？

利用下列信息回答问题 6 和 7。

可口可乐和百事可乐在战斗

直到 2004 年，都是百事可乐在海湾出售，而非可口可乐。百事可乐正在努力奋斗以保持其在中东的主导地位。可口可乐和百事可乐避免了一场价格战，进入了一场“显性营销”战。每家公司都复制另一家公司的促销战略，并且试图做得更好。可口可乐和百事可乐扼住了对方的喉咙，这对每个人来说都是好消息。

AME Info，April 8，2004.

6. 描述可口可乐和百事可乐在中东进行的博弈。为什么它对中东的“每个人来说都是好消息”？

7. 为什么可口可乐和百事可乐避开了一场价格战，即便它们扼住了对方的喉咙？

教师可布置的问题与应用

1. 英特尔和 AMD 有两种定价策略：设定一个高的（垄断）价格或者设定一个低的（竞争性）价格。假设如果它们都设置了竞争性价格，两者的经济利润都是零。如果两者都设置了垄断价格，英特尔获得 86 000 万美元的经济利润，AMD 获得 14 000 万美元的经济利润。如果英特尔设置一个低价而 AMD 设置一个高价，英特尔获得 10 000 万美元的经济利润，AMD 发生 1 000 万美元的经济亏损。如果英特尔设置一个高价而 AMD 设置一个低价，英特尔发生 10 000 万美元的经济亏损，AMD 获得 1 000 万美元的经济利润。

● 构建这一博弈的收益矩阵。

● 这一博弈的均衡是什么？

● 该均衡是有效率的吗？

● 这一博弈是一个囚犯困境吗？

利用下列信息回答问题 2 和 3。

美国宣称加拿大补贴针叶木材的生产以及加拿大木材进口损害了美国生产商的利益。美国对加拿大的进口产品征收关税以反击补贴。加拿大正在考虑拒绝出口水到美国加利福尼亚州以报复美国。表 1 表示美国和加拿大进行的博弈收益矩阵。

表 1

		加拿大 出口	加拿大 不出口
美国	不征税	100 / 100	50 / 25
美国	征税	125 / 50	75 / 0

2. 美国的最优策略是什么？加拿大的最优策略是什么？博弈的结果是什么？请给出解释。

3. 该博弈在某种程度上是类似于还是不同于囚犯困境？请给出解释。哪个国家将从自由贸易协议中受益更多？

利用下列信息回答问题 4 和 5。

消费者推动大部分黑莓的增长

手机制造商移动研究公司（Research In Motion，RIM）最近一个季度新增加了 380 万美元黑莓订户，并且利润增加了 33%。随着 RIM 引进新的特征并且降低价格，消费者构成了新订户的 80%。但是随着苹果公司引进新的 iPhone 并且降低旧款价格，竞争加剧了。RIM 说它“并不担心这场竞争”。

资料来源：*Wall Street Journal*，June 19，2009.

4. 描述 RIM 和苹果公司在智能电话市场进行的博弈。

5. 构建 RIM 和苹果公司正在进行的博弈的收益矩阵。这一博弈的均衡是什么？

6. 阿吉尔航空公司（Agile Airlines）在某条拥有垄断地位的航线上一年获取 1 000 万美元的经济利润。万纳华航空公司（Wanabe）正在考虑进入市场并且经营该航线。阿吉尔警告万纳华不要进入，并且威胁说，如果万纳华进入，阿吉尔将把价格降到万纳华无法获利的水平。万纳华经过调查确定它与阿吉尔的博弈收益矩阵如表 2 所示。万纳华相信阿吉尔的威胁吗？万纳华进入还是不进入？请给出解释。

表 2

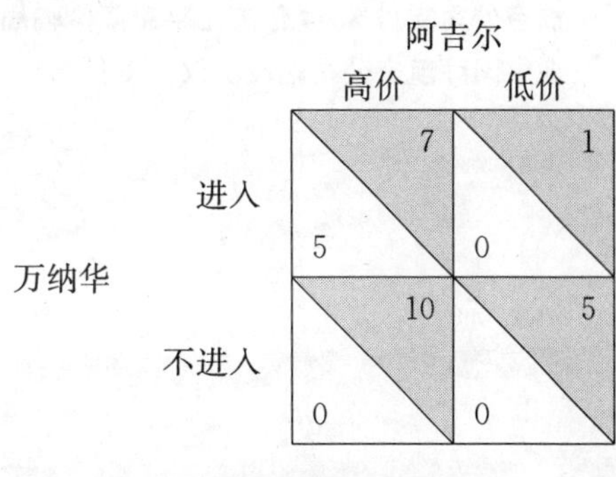

		阿吉尔 高价	阿吉尔 低价
万纳华	进入	5 / 7	0 / 1
万纳华	不进入	0 / 10	0 / 5

利用下列信息回答问题 7 和 8。

可口可乐和百事可乐公司知道，它们花费数百万美元的广告费用只是为了反击对方的广告。两家企业的市场营销经理用一个周末的时间在高尔夫球场密谋合作，这将使两家企业每年减少 1 亿美元的成本。星期一回到办公室，他们开始向学过一些经济学的首席财务总监（chief financial officer，CFO）推销他们的计划，首席财务总监告诉市场营销经理，他们的计划不可能实现。

7. 为什么首席财务总监这么肯定？草拟一个可口可乐和百事可乐参与的广告博弈的收益矩阵，这个矩阵会支持首席财务总监的观点。找出并描述这一博弈的纳什均衡。

8. 草拟一个可口可乐和百事可乐参与的广告博弈的收益矩阵，这个矩阵不支持首席财务总监的观点，并且使市场营销经理的计划有可能实现。找出并描述这一博弈的纳什均衡。

利用下列信息回答问题 9 和 10。

“我即将失去你”

手机行业在美国消费者满意指数（American Customer Satisfaction Index）排名中处于最后五大行业中。批评家们认为无线行业已经成为一个舒适的卡特尔，只有几个主要的提供商。他们指出一些不公平的事实：高昂的终端费；昂贵的转换提供商费用；手机仅在单载波下工作；限制访问网站。现在华盛顿正在聆听。

资料来源：*Newsweek*，August 6，2007.

9. 如果“无线行业已经成为一个舒适的卡特尔，只有几个主要的提供商”，解释它们如何设定价格并且分享市场。

10. 如果转换提供商没有成本，解释手机市场将会发生什么变化。华盛顿会允许这一角色存在吗？

利用下列信息回答问题 11 和 12。

航空公司支付 5.04 亿美元平息限价骗局

四个国际航空公司达成协议，支付 5.04 亿美元的罚款以平息指控：在 2001—2006 年间设定限价阴谋来提高装载率、燃油附加费和安全成本。这一阴谋使消费者花费数亿美元。司法部门称这一案子是美国历史上解决的最大的反托拉斯案子之一。

资料来源：*USA Today*，June 26，2008.

11. 解释限价阴谋如何使航空公司受益，并且给消费者增加成本。

12. 描述作为四个国际航空公司进行的寡头卡特尔博弈均衡结果的限价阴谋。解释为什么卡特尔得以幸存以及为什么囚犯困境不能带来竞争性结果。

13. 亚当·斯密在 1776 年出版的《国富论》中写道：“做同样生意的人们很少在一起聚会，即使是为了娱乐消遣，但最终会在对付公众或抬高价格的密谋中交流。”这段关于亚当·斯密所处的 18 世纪后期主要的市场结构的话暗示着什么？为什么？

第 18 章

生产要素市场

为什么一个教练值 400 万美元?

亚拉巴马大学支付给足球教练的薪水是支付给教授的40倍：这怎么可能呢?

本 章 要 点

学完本章，你将能够：

1. 解释边际产品价值如何决定生产要素需求。
2. 解释工资率和就业是如何决定的，以及工会是如何影响劳动力市场的。
3. 解释资本和土地的租金率以及自然资源的价格是如何决定的。

□ 要素市场的解剖

产品四要素为：

- 劳动力
- 资本
- 土地（自然资源）
- 企业家才能

劳动力、资本和土地的服务在**要素市场**（factor markets）上进行交换，要素市场决定**要素价格**（factor price）。企业家的服务不在市场上交换。企业家赚取利润或者承担亏损均来自他们的决策。

让我们简单地看看要素市场的剖析。

劳动力市场

劳动力服务是人们用于生产产品和服务的体力和脑力工作的努力程度。劳动力市场是人们和企业交易劳动力服务的集合。一些劳动力服务是按天交易的，称为临时工。在农场里采摘水果和蔬菜的人们经常是在某家农场露露脸，有什么活就干什么活。但大多数劳动力服务是经过签订合同而交易的，称为**工作岗位**（job）。劳动力的价格就是工资率。

大部分劳动力市场有许多买者和卖者，并且是竞争性的。但是在一些劳动力市场，工会组织劳动力，并且给市场带入一些垄断因素。这一章我们将学习竞争性劳动力市场和工会。

资本市场

资本包含了劳动工具、仪器、机器、厂房和其他建筑物，它们都是过去制造出来的，而现在被用于生产产品和服务。这些实物本身就是产品——资本品——同样在市场中交易，就像瓶装水和牙膏一样。

资本服务市场就是一个租金市场——雇用资本服务的市场。资本服务市场的一个例子就是车辆租赁市场，阿维斯（Avis）、百捷乐（Budget）、赫兹（Hertz）、友好（U-Haul）以及许多其他企业提供汽车和卡车的租赁。资本服务的价格就是租金率。

大部分资本服务并不在市场中进行交易。相反，企业购买资本器材并自己使用。但是企业拥有并自己运作的资本，有一个来自折旧和利息成本（见第 13 章）的隐性价格。你可以把价格看成是资本的隐性租金率。

土地和自然资源市场

土地包括了所有自然赐予——自然资源。作为一种生产要素的土地的市场是土地服务即土地使用的市场。土地服务的价格就是一种租金率。

大部分自然资源，例如土地，能被重复使用。但是少数自然资源是不可再生自然资源。**不可再生自然资源**（nonrenewable natural resources）是只能被使用一次并且一旦被使用就不能被替代的资源。例如石油、天然气和煤炭。自然资源的价格由全球商品市场决定，并被称为商品价格。

18.1 生产要素需求

我们通过学习生产要素需求来开始要素市场的研究，并且用劳动力作为例子。对某种生产要素的需求是一种**派生需求**（derived demand）——它是由用该生产要素生产出的产品和服务的需求派生出来的。从第 14 章到第 17 章你已经知道，一家企业应该如何决定它的利润最大化的产量。生产要素的需求量是企业产出决策的直接结果。企业雇用能使它获得最大利润的生产要素数量。

为了决定雇用多少数量的生产要素，一家企业将会比较增加一个单位要素的成本及其给企业带来的价值。增加雇用一个单位的某种生产要素的成本就是该要素的价格。增加雇用一个单位的某种生产要素给企业带来的价值被称为该生产要素的**边际产品价值**（value of marginal product）。生产要素的边际产品价值等于单位产出的价格乘以该生产要素的边际产量。我们以劳动力需求为例，来学习生产要素的需求。

□ 18.1.1 边际产品价值

表 18—1 告诉了你如何计算"马克斯洗车和上蜡"洗车店的劳动力的边际产品价值。前两列显示了马克斯的总产量表——每一个劳动力每小时所能洗的车辆数。第三列告诉我们劳动力要素的边际产量——即多雇用一个劳动力所导致的总产量的变化量。（请回顾第 13.2 节的产量表。）马克斯在现行市场以每洗一次 3 美元的价格出售洗车服务。根据这些信息，我们能计算出边际产品价值（第四列）。它等于产品价格乘以要素的边际产量。例如，雇用第 2 名工人的边际产量是每小时洗 4 辆车，每洗一辆车可以带来 3 美元的收入，因此第 2 名工人的边际产品价值就是 12 美元（每次 3 元，洗 4 次）。

表 18—1　　计算边际产品价值

	劳动力数量（名）	总产量（洗车数量/小时）	边际产量（洗车数量/新增一名工人）	边际产品价值（美元/新增一名工人）
A	0	0		
			5	15
B	1	5		
			4	12
C	2	9		
			3	9
D	3	12		
			2	6
E	4	14		
			1	3
F	5	15		

洗一辆车的价格是 3 美元。劳动力的边际产品价值等于产品的价格乘以生产要素的边际产量（第三列）。第 2 名工人的边际产量是洗车 4 次，因此第 2 名工人的边际产品价值（第四列）就是 3×4=12（美元）。

边际产品价值曲线

图 18—1 中的曲线表示随着马克斯所雇用的工人数量的变化，“马克斯洗车和上蜡”洗车店的边际产品价值。灰色方条表示劳动力的边际产品价值，对应表 18—1 中的数字。标有 *VMP* 的曲线就是马克斯的边际产品价值曲线。

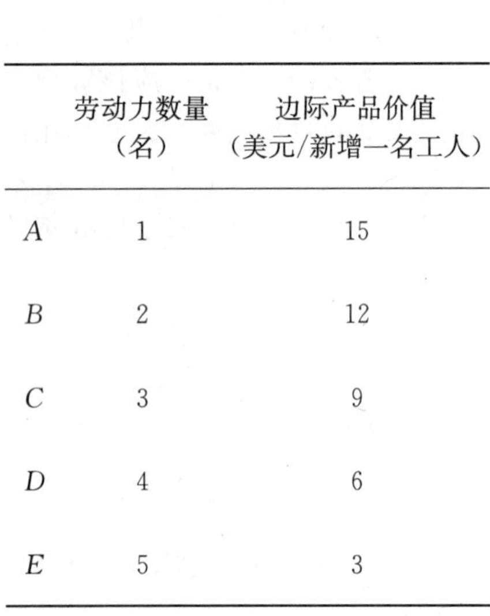

	劳动力数量（名）	边际产品价值（美元/新增一名工人）
A	1	15
B	2	12
C	3	9
D	4	6
E	5	3

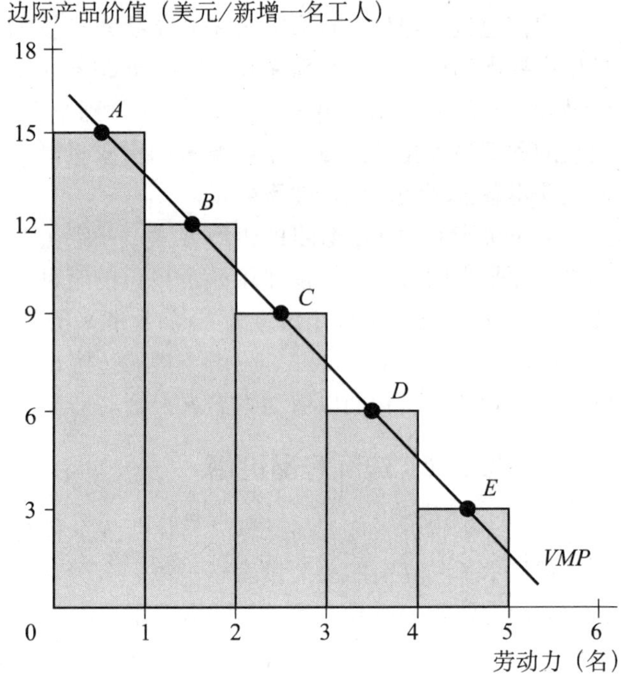

图 18—1 “马克斯洗车和上蜡”洗车店的边际产品价值

灰色方条显示了马克斯所雇用的劳动力的边际产品价值，它是依据表 18—1 中的数据计算出来的。黑色直线就是该企业的劳动力的边际产品价值曲线。

□ 18.1.2 企业的劳动力需求

劳动力的边际产品价值和工资率共同决定了企业的劳动力需求量。劳动力的边际产品价值表示的是企业多雇用一名工人而增加的收益。工资率表示的是企业多雇用一名工人而增加的成本。

因为劳动力的边际产品价值随着雇用的劳动力数量的增加而减少，因而有了一个利润最大化的简单法则：雇用边际产品价值和工资率相等时的劳动力数量。如果边际产品价值大于工资率，企业可以通过雇用更多工人来增加利润。如果工资率大于边际产品价值，企业可以通过雇用更少的工人来增加利润。但是如果边际产品价值等于工资率，企业不能通过变动雇佣工人的数量来增加利润。这时该企业实现了最大可能的利润。

因此企业所需要的劳动力数量就是当工资率等于劳动力的边际产品价值时的数量。

□ 18.1.3 企业的劳动力需求曲线

企业的劳动力需求曲线也就是它的边际产品价值曲线。如果工资率下降而其他因素保持不变，企业将会雇用更多的工人。图 18—2（a）表示马克斯的边际产品价值曲线，图（b）表示的是劳动力需求曲线。两个图中的 x 轴表示雇用的工人数量。图（a）中的 y 轴表示的是边际产品价值，图（b）中的 y 轴表示的是工资率——美元/小时。

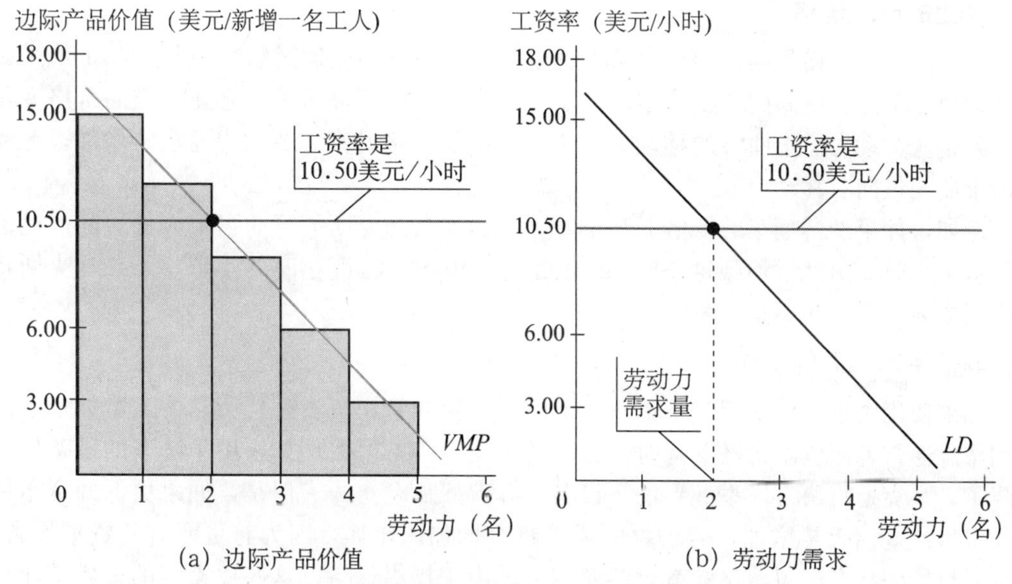

(a) 边际产品价值　　(b) 劳动力需求

图 18—2　“马克斯洗车和上蜡”洗车店的劳动力需求

在 10.50 美元/小时的工资水平下，马克斯雇用 2 名工人赚了钱，但是雇用 3 名工人就要亏本（图（a）），因而劳动力需求量就是 2 名工人（图（b））。马克斯的劳动力需求曲线（图（b））就是边际产品价值曲线。劳动力需求曲线向下倾斜是因为随着雇用的劳动力数量的增加，劳动力的边际产品价值减少。

假如工资率是 10.50 美元/小时。在图（a）中，你可以看到如果马克斯雇用 1 名工人，劳动力的边际产品价值是 15 美元/小时。因为这名工人只花费了马克斯 10.50 美元/小时，因此马克斯每小时获得了 4.5 美元的利润。如果马克斯雇用 2 名工人，第 2 名工人的边际产品价值是 12 美元/小时。因此马克斯从第 2 名工人身上获得了 1.5 美元/小时的利润。马克斯每小时获得的总利润是 6 美元——第 1 名工人的 4.5 美元加上第 2 名工人的 1.5 美元。

如果马克斯雇用 3 名工人，他的利润将会下降。第 3 名工人每小时仅创造了 9 美元的边际产品价值，但他却花费了每小时 10.5 美元的成本，因此马克斯不会雇用 3 名工人。工资率是 10.5 美元/小时的时候，马克斯的劳动力需求量是 2 名工人，即为图 18—2（b）中马克斯的劳动力需求曲线 *LD* 上的一点。

如果工资率上升至 12.50 美元/小时，马克斯会将劳动力需求量减少至 1 名工人。如果工资率下降至 7.5 美元/小时，马克斯会增加劳动力需求量至 3 名工人。

工资率的变化带来劳动力需求量的变化，以及沿着劳动力需求曲线的移动。影响企业劳动力雇佣计划的任何因素的改变都会导致劳动力需求的变化，并使劳动力需求曲线移动。

□ 18.1.4　劳动力需求的变化

劳动力需求取决于：

- 企业的产品价格
- 其他生产要素的价格
- 技术

企业的产品价格

企业的产品价格越高，劳动力需求就越大。产品价格是通过影响边际产品价值来影响劳动力需求的。更高的产品价格增加了劳动力的边际产品价值。企业的产品价格变化将导致企业劳动力需求曲线的移动。如果企业产品价格升高，劳动力需求将增加，劳动力需求曲线将向右移动。

例如，如果洗一辆车的价格上升至 4 美元，那么马克斯的第 3 名工人的边际产品价值将从每小时 9 美元增加到每小时 12 美元。在 10.50 美元/小时的工资率下，马克斯将会雇用 3 名工人，而不是 2 名。

其他生产要素的价格

如果使用资本的价格相对于工资率下降了，企业将用资本替代劳动力，增加资本的使用量。通常，当资本价格下降时，劳动力的需求将下降。例如，用于洗车的设备价格下降了，马克斯将决定增添一台洗车设备，并解雇一名工人。但是，如果更低的资本价格使得生产规模大量增加，劳动力的需求将会增加。比如，因为有更便宜的资本设备，马克斯将增添洗车设备，这样就要多雇用劳动力来操纵设备。这些要素间的替代是在长期中出现的，此时企业能改变工厂的规模。

技术

新技术会减少某些劳动类型的需求，同时增加对另一些劳动类型的需求。举个例子，如果出现了一种新型自动洗车机，马克斯可能会安装一些自动洗车机并解雇大部分的工人——对洗车工人的需求下降了。但生产并提供这些自动洗车机的企业将会雇用更多的工人——对这种类型的劳动力需求上升了。在 20 世纪 80—90 年代，电子电话交换机的出现减少了对电话接线员的需求，但增加了对电脑程序员和电子工程师的需求。

检查站 18.1　　解释边际产品价值如何决定生产要素需求。

现实问题

凯泽冰沙室生产冰沙。冰沙市场是完全竞争的，每份冰沙的价格是 4 美元。劳动力市场也是竞争性的，工资率是 40 美元/天。表 1 显示了凯泽的总产量表。利用这些信息回答问题 1～4。

表 1

工人数	冰沙份数/天
1	7
2	21
3	33
4	43
5	51
6	55

1. 计算雇用第 4 名工人的边际产量以及第 4 名工人的边际产品价值。

2. 凯泽将会雇用多少名工人以最大化利润？凯泽一天生产多少份冰沙？

3. 如果冰沙的价格上涨到每份 5 美元，凯泽将会雇用多少名工人？

4. 凯泽购置了一台新设备，使得工人的生产率提高了 50%。如果每份冰沙的价格仍是 4 美元，而工资率上升至每天 48 美元，凯泽将会雇用多少名工人？

5. 高工资对小企业意味着什么？

经济政策研究所（Economic Policy Institute）报告，零售商店和快餐馆需要将数以百万计的工人工资提升至每小时最少 7.25 美元。许多小企业担心这个要求将会强迫它们停业。

资料来源：*Wall Street Journal*，July 27，2009.

解释雇佣工人工资上涨的影响。为什么小企业会关闭？

参考答案

1. 雇用第 4 名工人的边际产量等于前四名工人的总产量（43 份冰沙）减去前三名工人的总产量（33 份冰沙），也就是 10 份冰沙。第 4 名工人的边际产品价值（*VMP*）等于第 4 名工人的边际产量（10 份冰沙）乘以每份冰沙的价格（4 美元），也就是每天 40 美元。

2. 凯泽将会雇用 *VMP* 等于工资率（40 美元/天）时的工人数量，以最大化利润。凯泽将会雇用 4 名工人。当凯泽雇用 4 名工人时，劳动力的边际产量是 10 份冰沙。每份冰沙的价格是 4 美元，所以 *VMP* 是每天 40 美元。凯泽每天生产 43 份冰沙。

3. 凯泽将会雇用 5 名工人以最大化利润。当凯泽雇用 5 名工人时，第 5 名工人的边际产量是 8 份冰沙。每份冰沙的价格是 5 美元，所以 *VMP* 是每天 40 美元——等于工资率。

4. 当凯泽雇用 5 名工人时，第 5 名工人的边际产量是 12 份冰沙。每份冰沙的价格是 4 美元，所以 *VMP* 是每天 48 美元——等于工资率。

5. 利润最大化的企业支付的工资率等于边际产品价值（*VMP*），也就是边际产量乘以产品价格。边际产量随着雇佣工人的增多而递减。一家每小时支付 7.25 美元的企业将会雇用一定数量的工人，使得边际产量等于 7.25 除以产品价格。如果每小时 7.25 美元大于工人的 *VMP*，企业就会停业。

18.2 劳动力市场

对于我们大多数人来说，劳动力市场是我们唯一的收入来源。我们工作并赚取工资。是什么决定着我们提供的劳动力数量呢？

□ 18.2.1 劳动力供给

人们通过提供劳动力获取收入。影响人们计划提供的劳动力数量的因素有很多，但最主要的因素还是工资率。

为了弄清楚工资率是如何影响劳动力供给数量的，我们来看拉里的劳动力供给决策，如图 18—3 所示。拉里过着悠闲的日子，如果他晚上或周末不用在马克斯的洗车店工作，他会感到很高兴。但是马克斯付给他 10.50 美元/小时，在这样的工资水平下，拉里选择了一周工作 30 个小时。因为他认为这样的工资水平高到足以使他认为，如此安排时间是最佳的。如果给他一个更低的工资水平，拉里将不会愿意放弃如此多的休息时间。如果给他一个更高的工资水平，拉里将愿意工作更长的时间，但仅仅直到某一点。假设给拉里 25 美元/小时，他将愿意一周工作 40 小时（赚取 1 000 美元)。拉里可以购买 1 000 美元的产品和服务，如果工资率进一步提高，他的偏好可能是更多的休闲。如果工资率超过 25 美元/小时，拉里将会减少工作时间并增加休闲时间。拉里的劳动力供给曲线最终将会反向弯曲。

	工资率（美元/小时）	劳动力数量（小时/周）
A	40.00	30
B	35.00	35
C	30.00	38
D	25.00	40
E	20.00	38
F	15.00	35
G	10.50	30
H	5.00	0

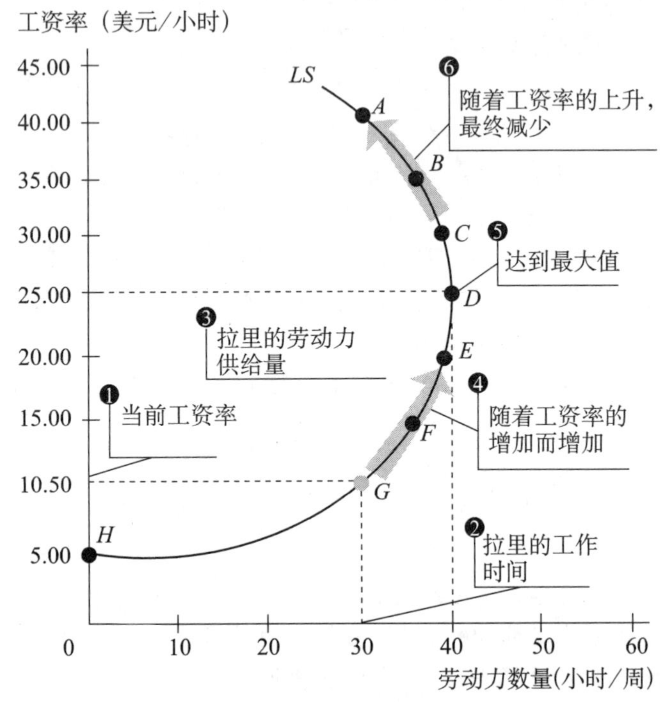

图 18—3　个人的劳动力供给曲线

①工资率为 10.50 美元/小时，②拉里愿意一周工作 30 小时。③拉里的劳动力供给④随着工资率的提高而提高，并⑤达到最大值。然后，⑥随着工资率的进一步上升，劳动力供给量下降。拉里的劳动力供给曲线最终将会反向弯曲。

市场供给曲线

拉里的劳动力供给曲线表示随着工资率变动的一个人的劳动力供给量。大多数人像拉里一样行动。但是，人们有着不同的工资率，在这一点，人们愿意工作并且劳动力供给曲线反向弯曲。市场供给曲线显示了所有家庭在某一特定工作上的劳动力供给量。它是通过将所有家庭在每一工资率下的供给量加总而得到的。当然，沿着某一市场供给曲线移动，其他工作岗位的工资率保持不变。例如，沿着洗车工的劳动力供给曲线移动，我们假定汽车销售人员、机械师以及其他类型的劳动力的工资率不变。

提高洗车相对于换机油这项工作的工资率，拉里将会提供更多的劳动来洗车。某一特定工作岗位的市场供给曲线斜率向上，如图 18—4 中的曲线所示，它表示在某一大城市洗车工人的市场供给曲线。

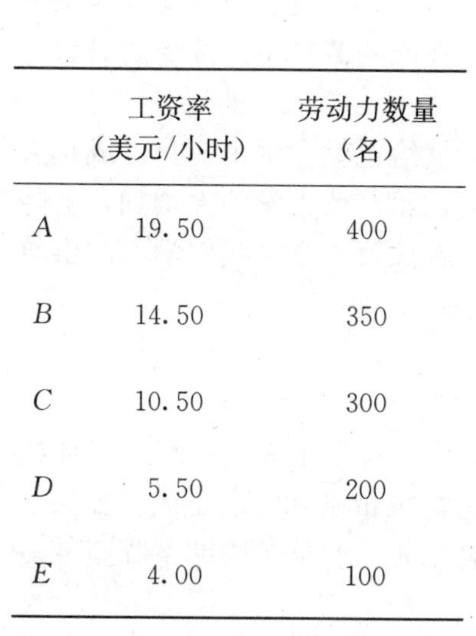

	工资率（美元/小时）	劳动力数量（名）
A	19.50	400
B	14.50	350
C	10.50	300
D	5.50	200
E	4.00	100

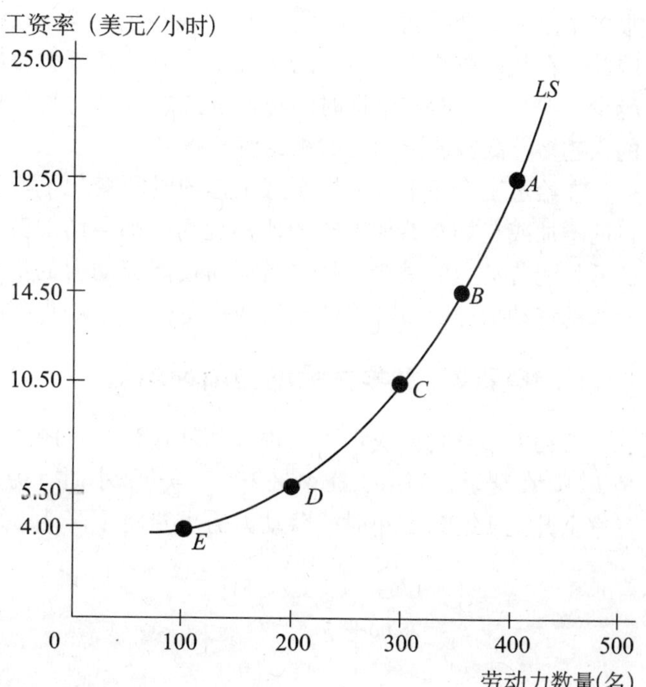

图 18—4　洗车工人的劳动供给

洗车工人的劳动力供给曲线表明：在其他影响因素不变的条件下，劳动力的供给量如何随着工资率的变化而变化。在某一类型的劳动力市场中，如果其他影响因素不变，劳动力的供给量随着工资率的提高而增加。

□ 18.2.2　劳动力供给的影响因素

当工资率以外的其他因素变化时，劳动力供给发生变化。改变劳动力供给的主要因素有：

- 成年人口
- 偏好
- 教育和培训时间

成年人口

成年人口数量的增加将会增加劳动力供给。出生率超过死亡率或者通过移民，成年人口数量都会增加。历史上美国人口受移民影响非常之大。

偏好

2009 年 60%的妇女参加工作，这个比率从 1959 年的 37%上升而来。相比之下，2009 年 72%的男士参加工作，从 1959 年的 84%降了下来。造成这种变化的因素有很多，经济学家归结为偏好的变化。这些变化发生缓慢，但是经过积累，对劳动力供给产生了极大的影响。结果导致了女性劳动力供给的大量增加，而男性劳动力供给下降。

教育和培训时间

在学校接受全日制教育和培训的人越多，低技能的劳动力的供给就越少。今天在美国，几乎每个人都完成了高中学业，超过50%的高中生继续在学院或者大学深造。尽管很多学生在课余时间打工，但这比如果他们是全日制工人所提供的劳动时间要少得多。因此，在其他影响因素不变的情况下，追求高等教育的人越多，低技能的劳动力供给就越少。但是，教育和培训时间将低技能的劳动力转化成高技能的劳动力。按受高等教育的人越多，高技能劳动力的供给将会越多。

在给定工资率下，人们愿意工作的时间变化了，劳动供给也就发生了变化。成年人口的增加或是妇女参加工作的比例提高，都会增加劳动力供给。读大学的人增加，会降低低技能劳动力的供给，随之增加高技能劳动力的供给。就像第4章中我们学习的供给曲线的移动那样，劳动力供给的变化使得劳动力供给曲线移动。

□ 18.2.3 竞争性劳动力市场均衡

劳动力市场均衡决定了工资率和就业量。在图18—5中，洗车工人的市场需求曲线是*LD*。在这里，如果工资率是10.50美元/小时，劳动力需求量是300名工人。如果工资率上升至14美元/小时，劳动力需求量将下降为200名工人。如果工资率下降至9美

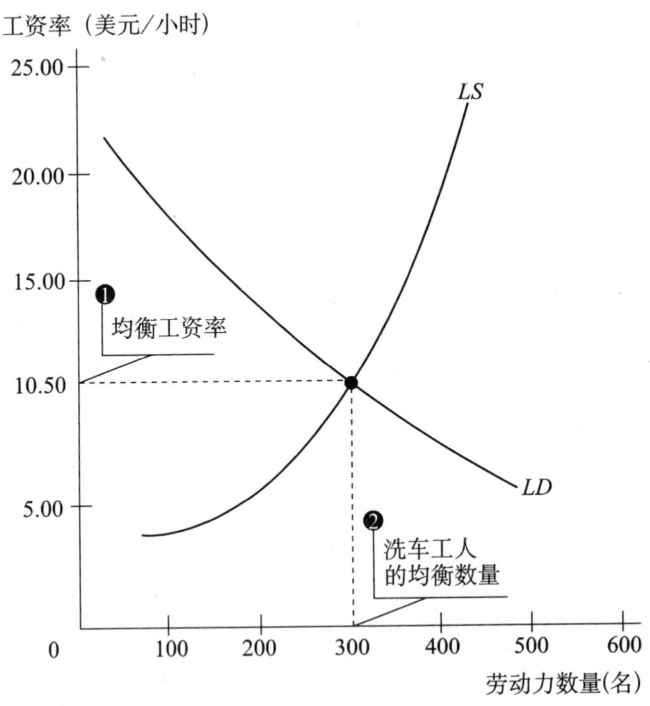

图18—5 劳动力市场均衡

劳动力市场均衡决定工资率和就业量。工资率调整以使劳动力需求量等于劳动力供给量。①均衡工资率是10.50美元/小时，②劳动力均衡数量是300名工人。

如果工资率超过10.50美元/小时，劳动力供给量大于劳动力需求量，工资率下降。如果工资率低于10.50美元/小时，需求量大于供给量，工资率上升。

元/小时，劳动力需求量将上升至350名工人。图18—5还表示了洗车工人的劳动力供给曲线 LS——和图18—4中的一样。

图18—5表示的是劳动力市场的均衡。均衡工资率是10.50美元/小时，均衡就业量是300名洗车工人。如果工资率超过10.50美元/小时，洗车工人的供给将过剩。寻找洗车工作的人数将会比企业愿意雇用的人数要多。在这种情形下，工资率将下降，因为企业发现在更低的工资水平下也很容易雇到工人。如果工资率低于10.50美元/小时，洗车工人将会出现短缺。企业雇不到想雇的人数。在这种情况下，工资率会上升。因为企业发现有必要提供更高的工资来吸引劳动力。只有在10.50美元/小时这一点上，不再有力量来改变工资率的升降。

关注教练

为什么一个教练值400万美元?

尼克萨班（Nick Saban）是亚拉巴马红潮队（Alabama Crimson Tide）的主教练，每年赚400万美元。亚拉巴马大学正教授每年大约赚10万美元。为什么亚拉巴马大学支付给足球教练的数量是支付给教授的四十倍?

尼克萨班价值四十个教授，因为他对亚拉巴马大学的边际产品价值是一个教授的四十倍。

很少有人有天赋而且愿意努力工作，并承担作为一流大学足球队主教练的压力。萨班先生就是这些少数人之一，并且很可能是他们中最好的。结果是像尼克萨班这样的教练，供给非常少并且缺乏弹性。

为了雇用一个顶级教练，亚拉巴马大学必须支付市场价格，而这一价格由少的供给和高的边际产品价值决定。

一个足球教练的边际产品价值非常高，远远高于一个教授。这是由于一个成功的足球队所产生的收益。一些收益直接来自球赛，包括由大学许可的比赛装备和主题服装。但是大部分收益来自校友和当地及本国富有的赞助者增加的捐款。教练越好，球队的业绩就越好，这些来源的收益也就越大。尼克萨班每年给亚拉巴马大学至少带来了400万美元的收益。

相比之下，一个教授，即使是一个杰出的教授，给大学带来的收益也是逊色的。他或者她吸引少数学生，并且从国家科学基金会（National Science Foundation）或者其他私人基金会获得一些研究资助基金。但是一个教授的边际产品价值是逊色的——大约是尼克萨班的边际产品价值的四十分之一。

□ 18.2.4 工会

工会（labor union）是一个组织起来的工人集团，旨在提高工资并且影响成员的其他工作条件。在一些劳动力市场，工会对工资率和就业有着有力的影响。为了弄清工会的影响，让我们看看如果工会进入一个竞争性劳动力市场，会发生什么。

工会进入一个竞争性劳动力市场

进入一个竞争性劳动力市场的工会，可以试图限制劳动力供给，或者可以试图增加劳动力需求。如果工会限制劳动力供给，使其低至竞争性水平，工资率就会上升。如果所有的工会都可以这样做，工资率就会上升，但是工作岗位的数量会减少。在工资率和工作岗位的数量之间有一个取舍。

图 18—6 表示工会进入之前和进入之后的一个劳动力市场。在工会进入劳动力市场之前，需求曲线是 LD_0，供给曲线是 LS_0，工资率是一小时 10.50 美元，雇用 300 个工人。

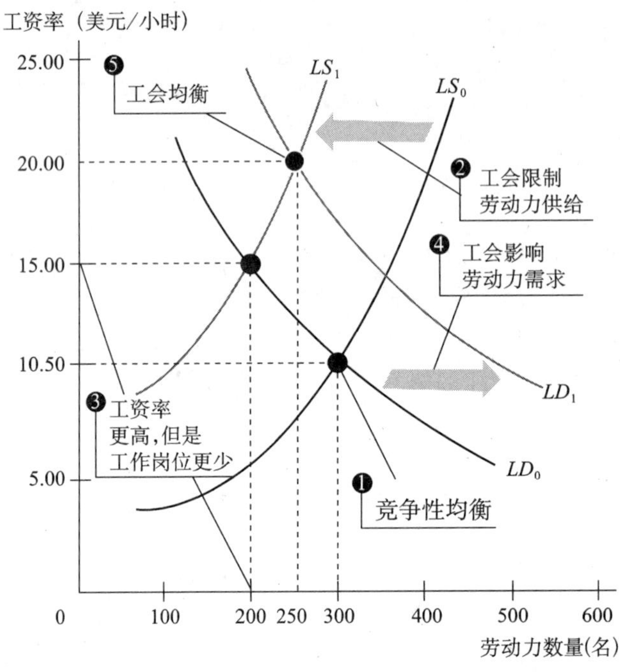

图 18—6　比较竞争性劳动力市场和加入工会的劳动力市场

① 在一个竞争性的劳动力市场，劳动力需求是 LD_0，劳动力供给是 LS_0，均衡工资率是 10.50 美元/小时，劳动力均衡数量是 300 名工人。

②工会限制劳动力供给，劳动力供给曲线左移至 LS_1。

③ 工资率上升至 15 美元/小时，但是就业量下降到 200 名工人——工作岗位是更高的工资率的取舍。

④如果工会行动提高了劳动生产率并增加了工会的劳动力需求，劳动力需求曲线向右移至 LD_1。

⑤工资率进一步提高到 20 美元/小时，就业量增加到 250 名工人。

在工会进入劳动力市场之后，限制了劳动力供给，劳动力供给曲线向左移动至 LS_1，工资率上升至每小时 15 美元，雇佣工人减少至 200 名。工会沿着需求曲线选择它偏好的位置，需求曲线定义了它所面临的就业和工资率之间的取舍。

因为在工作岗位减少的代价下，限制劳动力供给带来了更高的工资率，工会还试图增加劳动力需求。

工会如何试图增加劳动力需求？

工会试图通过以下途径为其成员增加劳动力需求：

- 增加工会成员的边际产品价值

- 支持最低工资法
- 支持移民限制
- 支持进口限制

工会成员的边际产品价值也许可以通过工会组织和工会赞助的就业培训项目、工会支持的学徒制和其他在职培训活动以及专业证书来增加（工会劳动力需求也增加了）。

最低工资法也许通过增加雇用低技能非工会劳动力的成本而增加工会劳动力需求。低技能劳动力工资率的增加导致对低技能劳动力需求量的减少以及高技能工会劳动力需求量的增加，以替代低技能劳动力。

移民增加了劳动力供给。通过支持限制移民法，工会试图减少外国工人的供给，并增加对工会劳动力的需求。

通过支持进口限制，工会试图增加对工人生产的商品和劳务的需求。

图 18—6 表示了一个能够增加对其成员的劳动力需求的工会的影响。需求曲线向右移动至 LD_1，工资率上升至每小时 20 美元，雇佣工人增加至 250 名。

工会能够限制劳动力供给吗?

工会限制劳动力供给的能力是有限的，它要受到如何阻止非工会工人与工会工人在同样的市场上提供劳动力的限制。工会控制的这一部分工作岗位的比重越大，工会在这方面就越有效。

工会很难在存在充足的非工会工人供给的市场上运作。例如，加利福尼亚南部的农业劳动力市场，对工会运作而言是非常困难的，原因在于来自墨西哥的稳定的非工会的并且通常是非法的工人流入。在另一个极端，建筑行业的工会能更好地控制劳动力供给，因为它们能够影响获得技能的工人诸如电工、泥水匠、木匠以及管道工等的数量。虽然牙医和内科医师职业协会在法律意义上不是工会，但它们设置良好以限制牙医和内科医师的供给。这些团体通过控制新进入者必须通过的考试，或者专业学位课程的入学口，来控制合格的工人数量。

工会与非工会工资差距的幅度

工会对工资率产生了多大的影响呢？要回答这个问题，我们必须考察从事相似工作的工会工人和非工会工人的工资。有关证据表明，在考虑技能差异之后，工会和非工会的工资差距在 10%～25%之间。例如，在同样的技能水平下，加入工会的民航飞行员比没有加入工会的民航飞行员多挣大约 25%的工资。

检查站 18.2　**解释工资率和就业是如何决定的，以及工会是如何影响劳动力市场的。**

现实问题

格林威尔的快餐店雇用青少年和老年人，在其他条件保持不变的情况下，以下事件一次一件地发生。请解释问题 1～4 中每一事件对快餐工人市场的影响。

1. 老年人涌向格林威尔并以此为家。
2. 格林威尔成为主要的游客中心，并且每天吸引了成千上万的观光者。
3. 快餐价格下降。

4. 工会组织了快餐工人们并且使得提高最低工资、降低人们在快餐行业工作的最高年龄的法律获得通过。

5. 随着特许学校加入工会，产生了许多争论。

由于长时间的工作、许多教师更替以及在某些情况下工资率低于公立学校的老师，越来越多特许学校的老师加入工会。

资料来源：*The New York Times*，February 5，2009.

你认为工会将会如何影响工作时间、教师更替以及工资率？

参考答案

1. 老年人数量增多增加了快餐劳动力的供给。供给曲线从 S_0 向右移动至 S_2（图 1）。工资率下降，雇用的快餐店工人数量增加。

2. 来格林威尔的游客人数上升，快餐需求增加，反过来增加了对快餐工人的需求。需求曲线从 D_0 向右移动至 D_1（图 2）。工资率上升，雇用的快餐店工人数量增加。

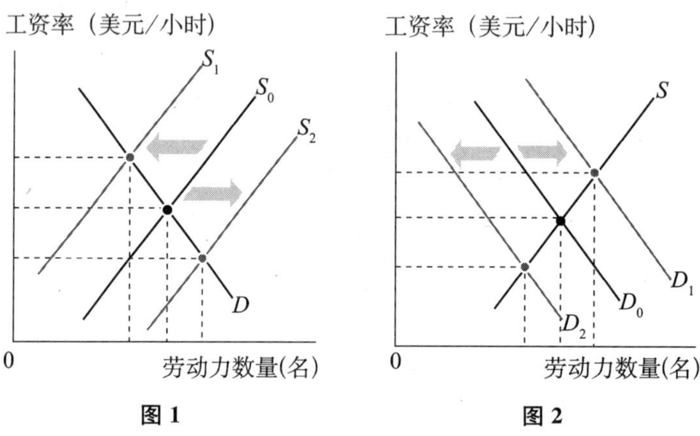

图 1　　**图 2**

3. 快餐价格下降将减少对快餐工人的需求。需求曲线从 D_0 向左移动至 D_2（图 2）。工资率下降，雇用的快餐店工人数量减少。

4. 最低工资上升以及人们在快餐行业工作的最高年龄下降，减少了快餐劳动力的供给。供给曲线从 S_0 向左移动至 S_1（图 1）。工资率上升，雇用的快餐店工人数量减少。

5. 工会将会试图提高其成员的工资率，并且改进雇佣条件。如果工会能够提高其成员的边际产品价值，那么工资率将会上升。但是，如果工会试图在边际产品价值没有增加的情况下提高工资率，特许学校将会减少雇用的教师数量。如果工作时间更短，教师更替更少，那么教师的边际产量可能就会增加。在这种情况下，其结果就是工资率更高。

18.3 资本和自然资源市场

资本和土地市场可以通过使用研究劳动力市场时学过的同样的基本概念来理解。但是不可再生自然资源市场是不一样的。现在让我们考察三种要素市场：

- 资本市场
- 土地市场
- 不可再生自然资源市场

□ 18.3.1 资本市场

对资本的需求是基于资本的边际产品价值。利润最大化企业雇用资本服务直至资本的边际产品价值等于资本的租金率的那个点。在其他因素不变的条件下，租金率越低，对资本的需求量就越大。资本需求量和租金率呈反方向变动。在其他因素不变的条件下，租金率越高，资本供给量就越大。资本供给量和租金率呈同方向变动。均衡租金率使得资本需求量等于资本供给量。

图 18—7 表示用于建造高层建筑物的资本塔式起重机的租赁市场。在需求曲线 D 和供给曲线 S 下，均衡租金率是每天 1 000 美元，租赁 100 台塔式起重机。

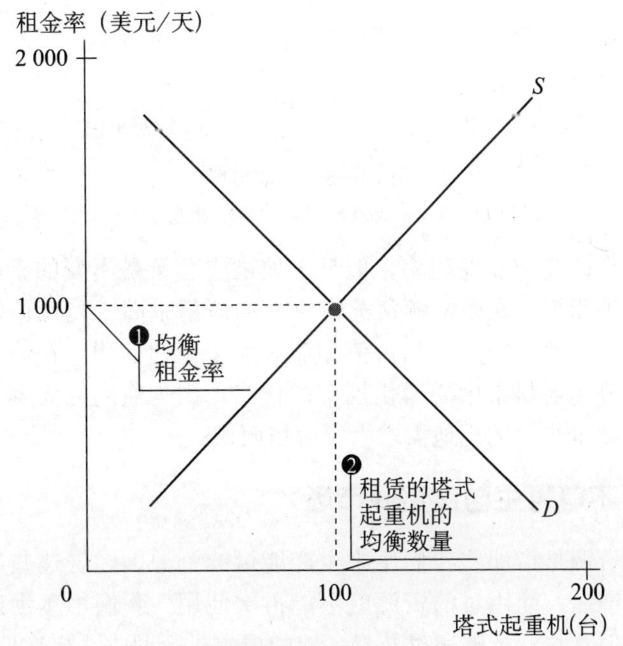

图 18—7 资本服务市场

塔式起重机租赁的需求曲线是 D，供给曲线是 S。均衡发生在①租金率为每天 1 000 美元、②租赁 100 台塔式起重机时。

□ 18.3.2 土地市场

对土地要素的需求是基于对劳动力需求和资本需求而言同样的因素——土地的边际产品价值。企业通过租用土地的边际产品价值等于土地的租金率那个点的土地数量来最大化利润。在其他因素不变的条件下，地租越低，对土地的需求量就越大。

但是土地供给是很特殊的。土地总量是固定的，所以土地供给量不能随人们的决策而变化。每块特定的土地其供应是完全无弹性的。

均衡地租率使得土地需求量等于土地供给量。图 18—8 表示的是一块特定的土地即芝加哥“黄金地段”面积为 10 英亩的土地的市场。需求曲线是 D，均衡地租率是每天 1 000 美元/英亩。

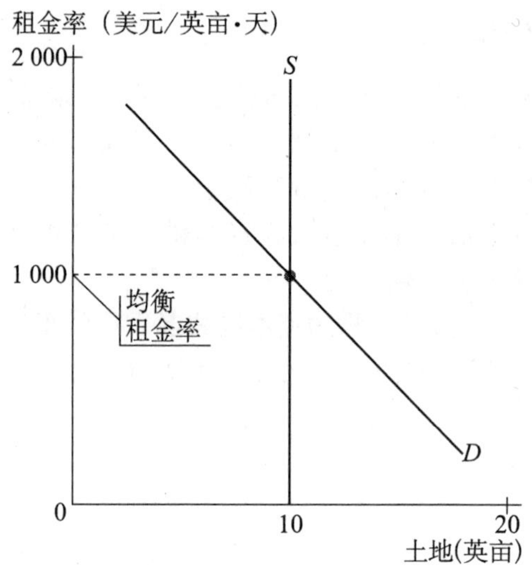

图 18—8 土地市场

对这 10 英亩土地的需求曲线为 D，供给曲线为 S，均衡发生在租金为每天 1 000 美元/英亩时。

土地需求变化会改变均衡地租率，但是土地供应总量是不变的。需求越大，租金就越高——需求决定地租率。在曼哈顿每英亩土地的地租率高于爱达荷州每英亩土地的地租率，因为在曼哈顿土地的边际产品价值和需求大于爱达荷州。在第五大道的麦当劳巨无霸的价格高于在爱达荷州市中心博伊西市的价格，因为纽约巨无霸（以及大部分其他商品）的巨大需求使得纽约的土地需求大于博伊西市。

□ 18.3.3 不可再生自然资源市场

不可再生自然资源是指那些我们用来生产能量的资源。燃烧这些燃料，使其转变成能量以及其他二次产品，而用过的资源就不能再次使用。我们用于生产金属的自然资源也是不可再生的，但是它们能够通过花费一定的成本进行回收，再次使用。

石油、天然气以及煤炭的边际产品价值决定了这些不可再生自然资源的需求。这些自然资源的市场的需求就像所有要素市场的需求。

不可再生自然资源市场的供给非常特殊。

不可再生自然资源数量

不可再生自然资源的存量是在一个给定的时间存在的数量。这一数量是由自然界和过去的使用来固定的，并且它独立于资源的价格。不可再生自然资源的探明储量就是已经发现的数量，并且在接近当前的价格下可以获得。这一数量会随着时间的推移而增加，因为技术进步使得我们能够发现很多原来不容易获取的资源。

不可再生自然资源的这些数量概念会影响其价格，但是这种影响是间接的。对价格有直接影响的是资源被供给于生产使用的速度——资源供给。

关注你的生活

工作选择以及收入预期

你的工作选择对你的收入有着重大影响。下图表示美国劳工统计局报告的 16 种职业（或者 16 组职业）的工资率，可以给你提供一些关于这种影响的指导。

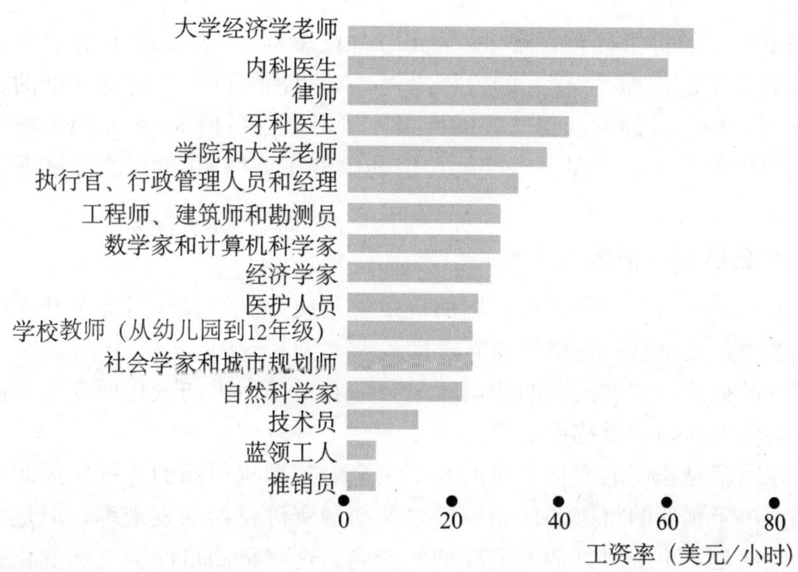

资料来源：National Compensation Survey，Bureau of Labor Statistics.

你可以看到，平均来说经济学家收入很高。

20 世纪的主要的经济学家之一——约翰·梅纳德·凯恩斯——表达了希望经济学家有一天和牙医一样有用的期望。如果工资率可以测度有用性，你可以看到，一般的经济学家没有一般的牙医有用。

但是大学的经济学老师却非常有用——他们排在顶端。

不可再生自然资源的供给

不可再生自然资源的拥有者在合适的价格下愿意提供任何数量。但是什么是合适的价格呢？合适的价格就是使持有资源和下一年售出资源获得同样的预期利润的价格。这个价格比下一年的预期价格要低，这一差异由利率导致。

为了弄清楚这是为什么，考虑沙特阿拉伯这个拥有大量石油储备的国家的选择。沙特阿拉伯可以现在售出石油，并且用所获得的收益购买美国政府债券，也可以把石油存储在地下，来年出售。

如果沙特阿拉伯现在售出石油并购买债券，它可以赚得债券的利率。如果沙特阿拉伯保存石油并来年出售，它赚得的利润等于现在和下一年的价格增长（或者发生的亏损等于价格下跌）。如果沙特阿拉伯预期石油价格上升的比例大于它可以从债券上赚得的利率，它将持有石油而非出售。如果沙特阿拉伯预期石油价格上升的比例小于它可以从债券上赚得的利率，它会现在出售石油。

如果来年的预期价格高于现在价格的百分比等于利率，那么沙特阿拉伯将会同等乐意地出售石油或者持有石油。例如，如果下一年的预期价格是每桶 84 美元，利率是 5%（0.05），沙特阿拉伯将会愿意在每桶 80 美元的价格下现在出售。在低于每桶 80 美元的价格下，它不会出售任何石油，而在超过 80 美元的价格下，它会尽可能地多卖。

当预期下一年的价格升至每桶 84 美元时，在每桶 80 美元的价格下现在出售和现在不出售等到来年以每桶 84 美元的价格出售，对沙特阿拉伯是没有区别的。沙特阿拉伯预期到任何一种方式都能获得同样的回报。所以，在每桶 80 美元的价格下，沙特阿拉伯将会出售任何需求的数量。沙特阿拉伯的供给在每桶 80 美元的价格下是完全有弹性的。

不可再生自然资源市场的均衡

在一个不可再生自然资源市场，均衡价格就是使得供给者获得等于利率的预期利润的价格。均衡数量就是这一价格下的需求量。

随着时间的推移，自然资源的均衡数量会随着对其需求的变化而变化。由于两个原因，价格也会随着时间的推移而变化。

第一个原因就是预期的变化。我们并不完全清楚影响预期的力量。预期的自然资源的未来价格取决于预期的将来的使用率，以及新的资源供给的发现率。但是一个人关于将来价格的预期也取决于对其他人的预期的猜测。这些猜测可能会突然变化并且自我强化。无论预期的自然资源的未来价格因为何种原因而变动，供给都会发生变动以反映这种预期。

第二个原因就是自然资源的供给者预期价格上升的百分比等于利率。如果预期一般情况下是正确的，并且没有发生什么而改变预期，那么价格的确以等于利率的百分比上升。不可再生自然资源的价格预期以等于利率的百分比上升的观点被称为霍特林原理。这个原理由哥伦比亚大学的经济学家哈罗德·霍特林（Harold Hotelling）首先认识到。

下面的“关注全球经济”专栏表明，实际价格并不遵循霍特林原理预期的路径。原因就是未来并不是可以预测的，而关于未来价格的预期是不断变化的。

但是一般情况下，石油（以及其他能源）的价格以等于利率的比率增长，并且被预期可能会持续增长。

关注全球经济

石油和金属价格

由中国和印度的繁荣所驱动，2008 年石油价格达到每桶 100 美元的新高。但是全球经济萧条使得高价只是短暂的，2009 年这一价格就减半了。

下图表示石油的真实价格（以 2009 年的货币价值度量）的历史。该图也表示了如果价格以等于利率的比率上升（霍特林原理）所遵循的路径。你可以看到，虽然价格剧烈波动，但它仍然是沿着预期路径波动的。

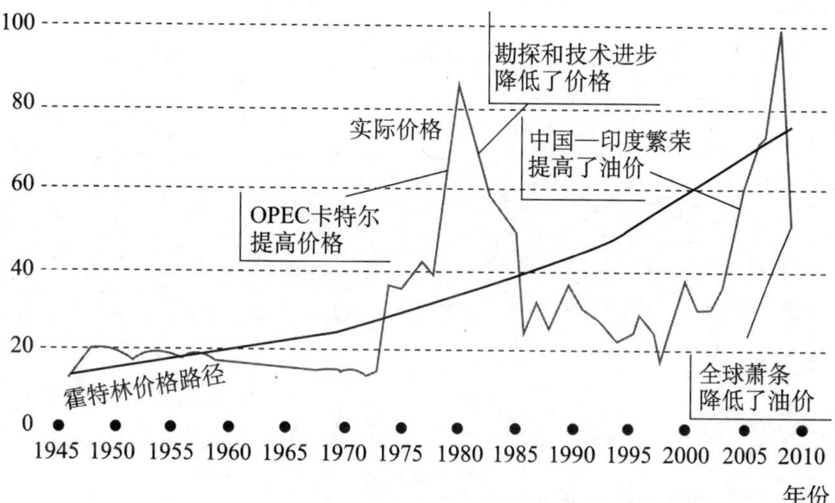

资料来源：International Monetary Fund，World Economic Outlook Database，April 2009.

金属矿石（下图中所示）的价格与石油价格完全不同。

早在 1980 年，生态学家保罗·埃利希（Paul Ehrlich）就说道，由于人口的快速增长，我们将会用尽自然资源。经济学家朱利安·西蒙（Julian Simon）与埃利希打赌，认为人类的足智多谋可以克服资源的压力，20 世纪 80 年代五大金属价格将会下降。

下图表明这次打赌西蒙赢了，金属价格一直到 2002 年持续下降。

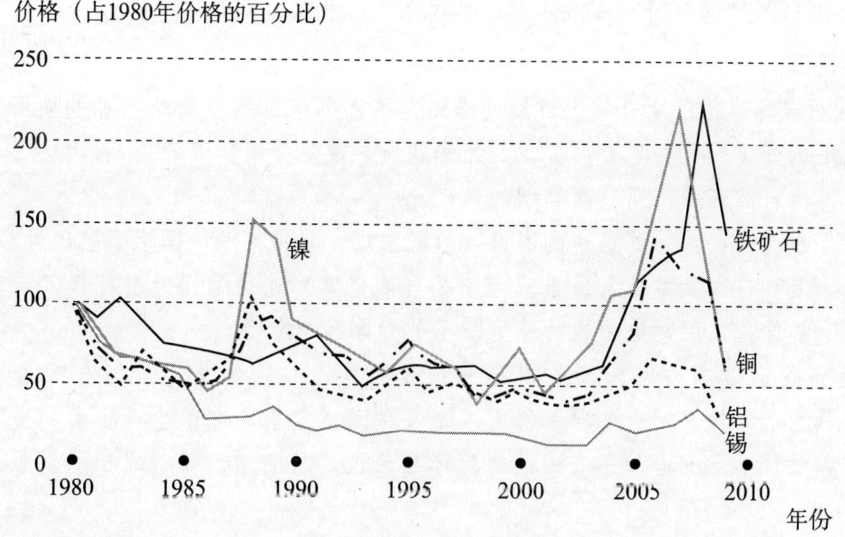

资料来源：International Monetary Fund，World Economic Outlook Database，April 2009.

但是 2003 年金属价格开始上升，并且随着中国和印度的需求增长，金属价格到 2007 年上升得更加陡峭。

检查站 18.3 **解释资本和土地的租金率以及自然资源的价格是如何决定的。**

现实问题

1. 下列各项中哪些是不可再生自然资源？哪些是可再生自然资源？哪些不是自然资源？请解释你的回答。

- 佛罗里达的海滩
- 鲍威尔湖
- 帝国大厦
- 亚利桑那州的银矿
- 格雷特湖
- 国家公园
- 红杉林
- 自由女神

利用下列信息回答问题 2 和 3。

农田比以前更有价值

由食物、能源和出口导致的对谷物不断增长的需求，使得农田的平均价格自 2002 年以来翻倍。艾奥瓦州、内布拉斯加州、南达科他州以及怀俄明州的农田价格自 2007 年以来上升幅度超过 20%。

资料来源：*USA Today*，February 5，2008.

2. 解释增长的谷物需求如何影响农田市场。

3. 在土地数量没有增大的情况下，农民如何满足增长的农产品需求？

参考答案

1. 自然资源包括了所有的大自然的恩赐。不可再生自然资源是指那些使用了一次就不能再使用的资源。可再生自然资源是指那些能够重复使用的资源。

不可再生自然资源：亚利桑那州的银矿。

可再生自然资源：佛罗里达的海滩，鲍威尔湖，格雷特湖，国家公园，红杉林。

帝国大厦和自由女神是人造景观，不是自然资源。建造帝国大厦耗费了劳动力和资本。自由女神像是法国政府赠送的礼物，不是大自然的恩赐。

2. 随着谷物需求的不断增长而谷物产量不变，谷物价格上升。农田是可再生资源——一种生产要素。对生产要素的需求是一种派生需求，它由生产要素的边际产品价值决定。谷物价格上升增加了农田的边际产品价值，从而增加了对农田的需求。农田价格上升。

3. 为了在不使用更多土地的情况下增加农业产出，农民不得不更多产。也就是说，他们将不得不使用更好的技术。在更好的技术下，土地的边际产量将会上升，这会增加土地的边际产品价值。

本章总结

□ 要点

1. 解释边际产品价值如何决定生产要素需求。
   - 对生产要素的需求是一种派生需求——它是由对生产要素所生产的商品和劳务的需求派生出来的。
   - 生产要素的需求量取决于生产要素的价格和它的边际产品价值，边际产品价值等于产品的价格乘以边际产量。
   - 技术变革带来劳动力需求的变化。
2. 解释工资率和就业是如何决定的，以及工会是如何影响劳动力市场的。
   - 个人的劳动力供给数量受工资率影响：在低的工资率下，劳动力的供给数量随着工资率的上升而上升；在高的工资率下，劳动力的供给数量随着工资率的上升而减少——个人的劳动力供给曲线最终会反向弯曲。
   - 所有家庭的劳动力供给数量随着工资率的上升而上升——劳动力的市场供给曲线向上倾斜。
   - 工资率由劳动力市场的需求和供给决定。
   - 工会可以通过限制劳动力供给或者增加劳动力需求来提高工资率。
3. 解释资本和土地的租金率以及自然资源的价格是如何决定的。
   - 租金率以及自然资源的价格由资本、土地以及商品市场的需求和供给决定。
   - 资本、土地以及不可再生自然资源的需求由它们的边际产品价值决定。
   - 土地供给是完全无弹性的，对土地的需求决定了地租率。
   - 在预期价格上升的比率等于利率的情况下，不可再生自然资源的供给是完全有弹性的。预期是波动的，因而自然资源的价格也是波动的。

□ 关键术语

派生需求	工会	要素市场
不可再生自然资源	要素价格	边际产品价值
工作岗位		

本章检查站

□ 学习计划中的问题与应用

1. 在整个 20 世纪 90 年代，高中生中决定上大学的人数的百分比上升了。画出供求曲线图来表示这一人数增长对大学毕业生市场的影响。并解释这一人数增长对大学教授市场的影响。

2. 如果你上的大学开始对其课程进行网络教学，请你预测这将会对你的大学所在城市的要素市场发生什么影响。

3. 一个加利福尼亚芦笋农场主正在最大化他的利润。芦笋价格是每箱 2 美元，一个农场工人的工资率是每小时 12 美元，该芦笋农场主雇了 6

名工人。第六名工人的边际产量是多少？如果芦笋的价格涨至 3 美元/箱，农场主将雇 8 名工人，请问第八名工人的边际产量是多少？

4. 假设世界上最大的椰子出产地棕榈岛计划在一块 100 英亩的农田上建造岛上的第一座机场。岛上居民预期明年椰子的世界价格将会上涨 200%，并且在未来十年保持高价位。解释这些事件对棕榈岛的劳动力市场和土地市场的影响。

5. 如果足球在美国越来越受欢迎，而篮球却不那么受欢迎了，职业篮球运动员将比他们今天赚得更多，这一观点正确吗？使用要素市场中的需求和供给原理来解释你的答案。

6. 在加拿大育空地区，钻石矿的开采将使世界钻石价格下降，同时使得南非开采钻石的工人的工资率下降，这一观点正确吗？画图证明你的答案。

利用下列信息回答问题 7～9。

机器人在美国农场也许会更必要

随着边境控制越来越严格，一些依靠移民来经营农场的农场主正在寻找新的装备，包括采摘水果的机器人以及可以采摘优质酿酒葡萄、清洗并且去掉莴苣果核的高科技机器人。一些种植者看到了用机器人替代体力劳动者的前景，这将使农业中产生报酬更高的工作，并且很可能使美国人不再认为在农场工作是件很脏的活。

资料来源：*The New York Times*，September 6，2007.

7. 解释美国边境控制越来越严格对农业劳动力市场的影响。

8. 机器人的使用将会怎样改变农场工人的边际产品价值？

9. 解释机器人的使用怎样产生报酬更高的农场工作。

□ 教师可布置的问题与应用

1. 大学足球教练市场是竞争性的吗？如果是竞争性的，为什么他们没有赚得同样的工资率？尼克·萨班面临的市场是竞争性的吗？他的报酬是如何决定的？

2. 二战后的几年间，出生率迅速提高，产生了所谓“婴儿潮”（baby boom）的一代。这一代人现在正在开始退休。画出供求曲线图来表示这一老年人口数量增长对医疗服务市场的影响。

利用下列信息回答问题 3 和 4。

一家新的咖啡店开业了，为了最大化利润，这家店在竞争性工资率下雇用了 5 名工人。一杯咖啡的价格是 4 美元，咖啡店工人的边际产品价值是每小时 12 美元。

3. 咖啡店工人的边际产量是多少？一个咖啡店工人赚了多少？

4. 一杯咖啡的价格从 4 美元上升至 5 美元，咖啡店继续在竞争性工资率下雇用工人，解释边际产品价值以及雇用的工人数量将会如何变化。

5. 假设香蕉乡（Bananaland）是世界上最大的香蕉种植地。香蕉乡计划在未来三年通过从美国雇用受过良好教育的人，使其人口翻倍。为了增加企业家的数量，香蕉乡鼓励任何拥有 100 万美元的人移民。解释这些事件对香蕉乡劳动力市场和土地市场的影响。

6. 中国香港的人口密度比美国大得多。比较香港和芝加哥的地租。你能解释为什么芝加哥市中心新建商务楼的百分比比香港要低吗？

7. “随着越来越多的人购买因特网服务，因特网服务的价格将会下降。而因特网服务的价格下降将会导致网页设计员的工资水平下降。”这句话是对还是错？请解释你的答案。

利用下列信息回答问题 8 和 9。

放松“伍德斯托克国度”的资本

1969 年 8 月在纽约贝塞尔，有大约 40 万人涌进马克斯·雅斯格（Max Yasgur）的农场，参加伍德斯托克（Woodstock）音乐节和艺术博览会，来听像谁人（The Who）和吉米·亨特里克斯（Jimi Hendrix）之类的摇滚歌手的演唱。2007 年，在拥有许多土地以及离纽约市仅一百英里的情况下，人们在家度周末。由于新近发展的结果，贝塞尔暂时禁止土地出售。

资料来源：*The New York Times*，September 21，2007.

8. 画图表示土地市场从 1969 年到 2007 年的变化。解释这一禁令如何影响 2008 年的土地市场。

9. 画图表示 2007 年贝塞尔的劳动力市场。

解释这一禁令如何影响 2008 年贝塞尔的劳动力市场。

利用下列信息回答问题 10～12。

在佛罗里达的果园里，机器取代了劳动力

仅一个小时，两个遮盖振动器从 100 棵树上采下了 144 000 磅橙子，并且将这些水果装进了一个大贮藏车。四个采摘工人花四天（每天八小时）时间才能采摘 144 000 磅橙子。一个遮盖振动器驾驶员每小时赚 15 美元，而一个采摘工人每小时赚 10 美元。果园主每磅橙子赚 1 美元。

10. 计算一个采摘工人和一个遮盖振动器驾驶员的平均产量。

11. 计算一个采摘工人和一个遮盖振动器驾驶员的边际产量。

12. 解释为什么遮盖振动器正在代替手工采摘。

利用下列信息回答问题 13～16。

在 1811 年的英格兰，年轻而低技能的工厂工人的实际工资率被削减了。工人在纳德·卢德（Ned Ludd）的带领下（被称为卢德派），乘着夜色闯入工厂，并且毁坏了雇主正在使用的新机器。

13. 如果技术进步能够提高生产力，为什么在 19 世纪初期新的棉纺和毛纺技术并没有提高工人的工资水平呢？

14. 在 19 世纪初期，你认为会有工人从棉纺和毛纺行业的技术进步中获益吗？

15. 卢德派的行为如何影响低技能工厂工人的工资率？

16. 从 19 世纪初期棉纺和毛纺工厂机器的引进以及 20 世纪末电信行业电脑的引进，你可以看出什么相似之处？考虑在所有受影响的市场中它对劳动力需求的影响。

利用下列信息回答问题 17～19。

石油公司减少也许会导致将来某个时候石油价格上升

石油行业正在酝酿：一旦需求随着经济从萧条中复苏而回升，就通过减少新的投资和生产，实现石油价格的剧烈上涨。自从 2008 年 7 月每桶高达 147 美元之后，原油价格下降了 70%。许多项目推迟了，包括从西得克萨斯到俄罗斯的油田以及加拿大的油砂项目。在原油价格为每桶 30～40 美元的情况下，许多传统的油田是可以获利的，但是非常规的钻井更贵。例如，新的加拿大油砂项目需要每桶 80 美元的油价。

资料来源：*USA Today*，March 3，2009.

17. 原油价格下降如何改变原油存量和原油的探明储量？

18. 原油价格下降如何影响石油供给？如果价格回升至每桶 80 美元，石油的投资和生产将会如何变化？

19. 为什么随着需求的回升，石油价格会急剧上升？

第19章 不平等与贫穷

谁是富人，谁是穷人?

收入的什么影响使得有的人富裕而有的人贫困?

本章要点

学完本章，你将能够：

1. 描述美国的经济不平等及贫困现象。
2. 解释经济不平等及贫困是如何产生的。
3. 解释政府是如何再分配收入的，并描述再分配对经济不平等及贫困的影响。

19.1 美国的经济不平等

我们通过考察收入与财富的分配来衡量经济的不平等。一个家庭的收入是它在既定时期所得到的数额。一个家庭的**市场收入**（market income）等于其在缴纳收入税之前在生产要素市场上所获得的工资、利息、租金及利润。美国人口普查局定义了收入的另一种概念，**货币收入**（money income）等于市场收入加上政府对家庭的现金支付。

一个家庭的财富是它在某一时点所拥有的东西的价值。财富是用一个家庭所拥有的房屋、股票及有价证券的市场价值，加上其银行账户中的资金减去它的负债（如一笔数额很大的信用卡欠款）来衡量的。

为了描述收入的再分配，想象一下美国的人口都按收入最低者到收入最高者排列。现在将这些人口均分成五组，每组有20%的人口。这些组被称为五分之一对座。

把总货币收入按组分摊，因而这些份额就代表了美国的收入分配。表19—1（a）列出了每组所占的份额。

把总财富按同样的方式分摊。表19—1（b）表明了7组各自所占的比例。最富裕的五分之一对座被拆分成许多小组，表明了最高的五分之一人口的财富分配状况。

表19—1　　美国的收入分配与财富分配

(a) 2007年的收入分配：中等家庭收入49 240美元

	百分比		累计百分比	
	家庭	收入	家庭	收入
A	最低的20	0.9	20	0.9
B	第二个20	7.1	40	8.0
C	第三个20	14.3	60	22.3
D	第四个20	24.4	80	46.7
E	最高的20	53.3	100	100.0

(b) 2004年的财富分配：中等家庭财富77 900美元

	百分比		累计百分比	
	家庭	财富	家庭	财富
A'	最低的40	0.2	40	0.2
B'	下一个20	3.8	60	4.0
C'	下一个20	11.3	80	15.3
D'	下一个10	13.4	90	28.7
E'	下一个5	12.3	95	41.0
F'	下一个4	24.6	99	65.6
G'	最高的1	34.4	100	100.0

在表（a）中，收入最低的20%的家庭得到市场收入的0.9%，然而，收入最高的20%的家庭所获收入占市场收入的53.3%。

在表（b）中，最穷的40%的家庭拥有总财富的0.2%，而最富裕的1%的家庭占有总财富的34.4%。

资料来源：表（a）：Current Population Survey 2008 Annual Social and Economic Supplement.

表（b）：Edward N. Wolff, "Recent Trends in Household Wealth in the United States: Rising Debt and the Middle-Class Squeeze," www.levy.org/pubs/wp-502.pdf.

□ 19.1.1　洛伦兹曲线

洛伦兹曲线（Lorenz curve）是用 x 轴表示家庭的累计百分比、y 轴表示收入（或财富）的累计百分比的一种图像。图 19—1 显示了根据表 19—1 的数据所绘制的美国收入与财富的洛伦兹曲线。用横轴和纵轴分别代表家庭的累计百分比和收入的累计百分比，便可以得到洛伦兹的收入曲线，图中从 A 点到 D 点依次与表中相应字母的各行相对应。比如说，B 行与 B 点都表示收入最低的 40%的家庭得到了总收入的 8%（详见表 19—1（a），0.9%+7.1%）。

用横轴和纵轴分别代表家庭的累计百分比和财富的累计百分比，便可以得到洛伦兹的财富曲线，图中从 A'点到 F'点依次与表中相应字母的各行相对应。比如说，C'行与 C'点都表示最贫穷的 80%的家庭拥有总财富的 15.3%（详见表 19—1（b），0.2%+3.8%+11.3%）。

如果收入（或财富）是平均分配的，每 20%的家庭会挣取总收入的 20%（或拥有总财富的 20%），洛伦兹曲线应该是标示为“平等线”的一条直线。根据收入和财富的实际分配所绘制的洛伦兹曲线总是低于这条线。洛伦兹曲线越接近平等线，分配就越平等。你可以看到，洛伦兹的财富曲线比起洛伦兹的收入曲线离平等线更远。财富的分配比收入的分配更加不平等。

累计百分比				
家庭	收入		财富	
20	A	0.9		0
40	B	8.0	A'	0.2
60	C	22.3	B'	4.0
80	D	46.7	C'	15.3
90			D'	28.7
95			E'	41.0
99			F'	65.6

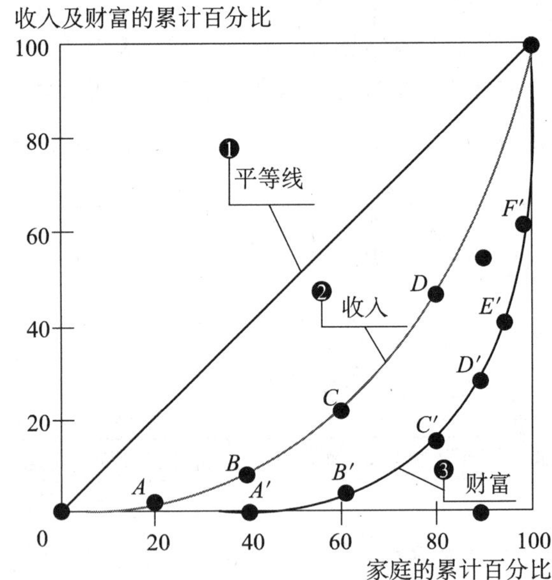

图 19—1　美国收入及财富的洛伦兹曲线

①如果收入和财富均匀分配，那么洛伦兹曲线将和“平等线”重合。

②收入洛伦兹曲线显示了与家庭的累计百分比相对应的收入的累计百分比。收入最低的 20%的家庭获得了总收入的 0.9%，而收入最低的 80%的家庭获得了总收入的 46.7%。

③财富洛伦兹曲线显示了与家庭的累计百分比相对应的财富的累计百分比。最贫穷的 40%的家庭拥有总财富的 0.2%，而 99%的家庭拥有总财富的 65.6%。最富有的 1%的家庭拥有总财富的 34.4%。

资料来源：见表 19—1。

□ 19.1.2　随着时间推移的不平等

美国的收入更加不平等了。最高收入者的收入增长速度比最低收入者的收入增长速度快得多，贫富差距日益加大。

图 19—2（a）通过观察 1968—2008 年间每 20%的人群所占的收入份额，表明了这一正在加大的差距。该数据是基于货币收入这一概念。该图显示了收入最高的 20%的人群所占份额由 20 世纪 60 年代的 43%上升到了 21 世纪初的 50%。其他各组所占的总收入份额都有所减少。最穷 20%的人群所占份额由 4%跌至 3%；第二穷困组所占比例由 11%下降至 9%；第三（中间）组所占比重由 17%跌至 15%。

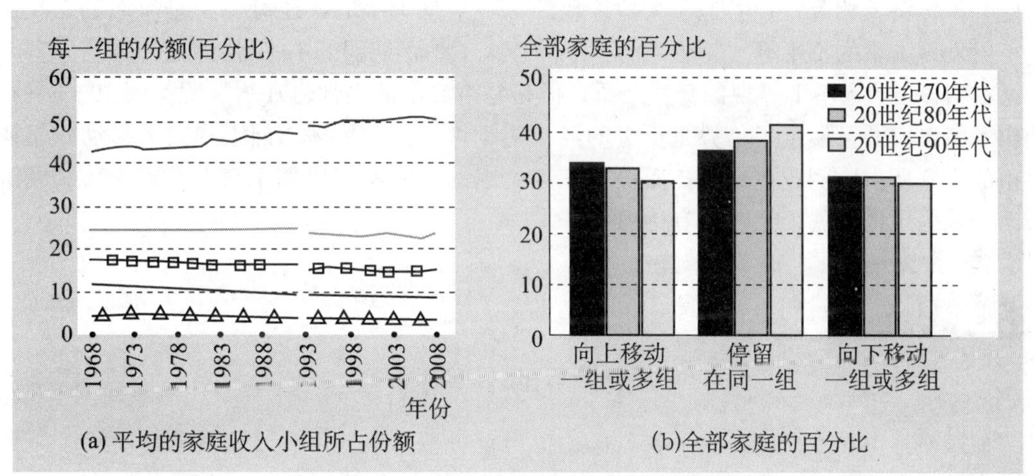

图 19—2　收入分配和经济波动趋势

在图（a）中，从 1968 年到 2008 年，最高组所获得的收入份额从 43%上升到 50%。其他组的收入份额则下降了。最低组的收入份额从 4%下降到 3%。第二个最低组的收入份额从 11%下降到 9%，中间组的收入份额从 17%下降到 15%。

在图（b）中，十年间，30%的家庭向上移动一组或多组，相近比例的家庭则向下移动一组或多组。大约 35%～40%的家庭保持在原有组内。组间的移动在 20 世纪 80 年代和 90 年代已经减少了。

资料来源：图（a）：DeNavas-Walt，Carmen，Bernadette D. Proctor，and Jessica C. Smith，U. S. Census Bureau，Current Population Reports，P60-236，*Income，Poverty，and Health Insurance Coverage in the United States：2008*。注意：数据收集方式在 1993 年发生变化。

图（b）：Katharine Brabury and Jane Katz，"Are lifetime incomes becoming more unequal? Looking at new evidence on family income mobility，" *Regional Review*，Federal Reserve Bank of Boston，Volume 12，Number 4，Quarter 4 2002，pp. 2-5.

□ 19.1.3　经济流动性

经济流动性是指通过收入分配一个家庭经济水平上下的移动。如果没有经济流动性，在收入分配中一个家庭将会停留在一点，持续贫穷、持续富裕或者持续处于中等水平。并且，在这种情况下，年收入分配数据将会是生存期间不平等的一个很好的指示器。

但是，如果存在经济流动性，通过收入分配家庭的经济水平可能会上下移动，生存期间的不平等不能由某一年度的数据表示。那么，究竟存在多大的经济流动性呢？

波士顿联邦储蓄银行的经济学家凯瑟琳·布拉德伯里（Katharine Bradbury）和简·卡特兹（Jane Katz）给这一问题提供了答案，图 19—2（b）表明了这一答案。该图显示了 10 年期间内停留在同一组的家庭的百分比以及上下移动一组或多组的家庭所占的百分比。

有 30%的家庭向上移动一组或多组，所占比例稍小一些的家庭则向下移动一组或多组。35%～40%的家庭则停留在同一组中。

经济流动性的来源是什么呢？大部分的经济流动性源于一个家庭生命周期的正常变动。随着家庭成员的技术愈加熟练以及经验愈加丰富，家庭经历了收入的增长。随着一个家庭成员的年龄增长、工人退休，它的收入开始下降。因此，假设有三个同样收入的家庭——经济上相等——但是一个是年轻的、一个是中年的，还有一个是年老的，我们仍可以发现大量的不平等。年收入的不平等夸大了生存期间的不平等。

很明显，收入不平等现象日益严重，但是是否经济流动性也在增加呢？图 19—2（b）给出了答案，并且显示了趋势是更少的经济流动性，而非更多。向上或向下移动一组或多组的家庭所占比例正在减少，而停留在同一组的家庭所占比例正在上升。为什么经济流动性减少了仍是一个问题，有待探究。

关注全球经济

全世界的不平等

全球经济中存在的收入不平等要比美国严重得多。下图中的洛伦兹曲线提供了一幅对比图。可以看到，全球的洛伦兹曲线比美国的洛伦兹曲线离平等线远得多。

图中突出了累计收入达 50%的家庭占比的对比数据。在美国，最富裕的 20%的家庭获得了全部收入的 50%，而 80%的家庭所获收入为剩下的 50%。在全球经济中，最富裕的 10%的家庭占有一半的收入，剩下的 90%的家庭获得另一半收入。

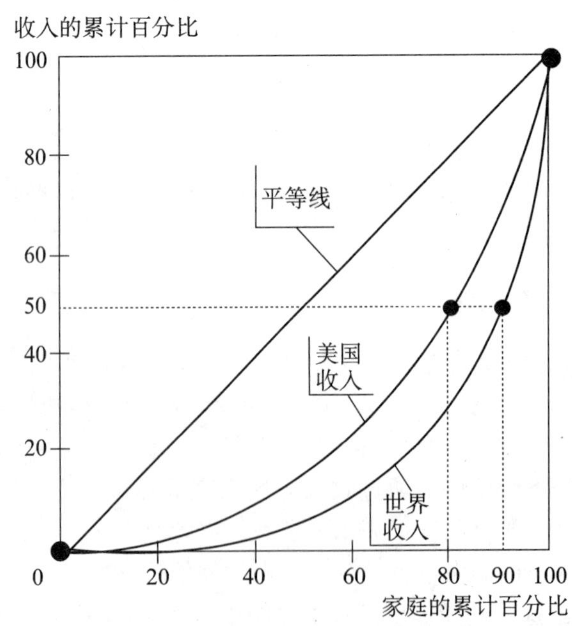

资料来源：美国：见图 19—1。世界：Branko Milanovic，"True World Income Distribution，1988 and 1993：First Calculation Based on Household Surveys Alone，" *Economic Journal*，112，2002。

全球收入正在增加，且据一些机构估计，不平等正在减少。但是其他推测表明，全世界不平等像美国的不平等一样正在增加。对此，仍需要更多数据去解决这一问题。

关注不平等

谁是富人和穷人?

美国今天（排除最富裕的体育、娱乐界明星和公司高层）收入最高的家庭可能是受过大学教育的亚裔已婚夫妇，他们的年龄在45～54岁之间，和两个孩子一起住在西部某地。

另一个极端，收入最低的家庭可能是年龄在75岁以上的黑人妇女，她们独自居住在美国南部某地，只受过不到9年的基础学校教育。另一个收入较低的群体为年轻妇女，她们没有读完高中，有一个小孩（或者多个小孩），独自居住。这些简要的人物形象都处在下图中最底端的部分。

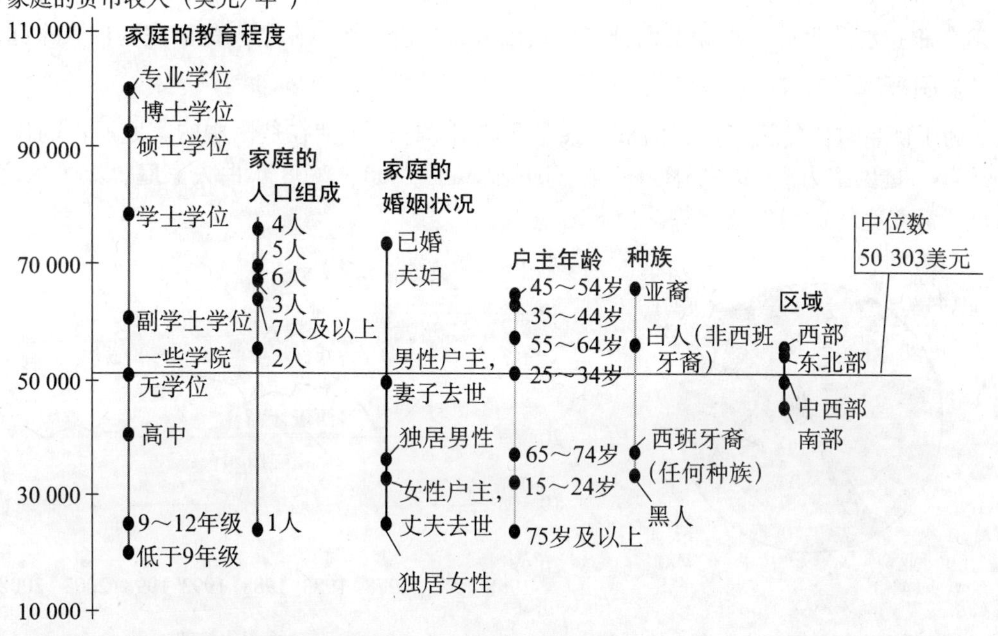

资料来源：Current Population Survey，HINC-01. Selected Characteristics of Households，by Total Money Income in 2008.

该图说明了教育对收入的显著影响。有专业硕士学位（如工商管理硕士、法学硕士等）或者博士学位的人平均收入是没有完成高中教育的人收入的五倍。

家庭规模及婚姻状况是影响收入的第二大因素。一对已婚夫妇，带有两个孩子，其收入一般为单身女性家庭的收入的三倍。

年龄和家庭规模及婚姻状况一样，对收入有重要影响。年龄在45～54岁之间的人的收入是年龄在75岁及以上的人的收入的近三倍。

种族是影响收入的又一重要因素。亚裔家庭的收入平均是西班牙裔家庭收入的两倍。

居住地区对收入影响较小，西部人口收入最高，比南部人口的收入高出近20%。根据这些分类，有多种个体变化情况。

□ 19.1.4 贫困

低收入的家庭被认为是生活在贫困中。那么什么是贫困呢？我们如何测量它？有多少贫困人口？贫困人口是在增加还是在减少呢？

贫困的定义及衡量

贫困（poverty）是家庭收入低到买不起必要的食物、住房和衣服这种地步的一种状态。

美国人口普查局认为，如果一个家庭的收入低于某个限定的水平，便被认定生活于贫困之中。这个水平随家庭规模的不同而不同，并且会被更新。2008年，一户四口之家（两个成人及两个小孩）的贫困线为年收入21 834美元。

2008年，3 900万美国人生活在收入低于贫困线的家庭里。图19—3（a）显示了2008年根据种族划分而得的贫困分布。贫困人口中近一半（44%）的家庭为白人家庭。

贫困概率及趋势

为了衡量贫困的概率，我们来观察一下贫困率——生活在贫困中的家庭所占的比例。2008年，贫困率为13.2%。图19—3（b）显示了1968—2008年白人家庭、黑人家庭及西班牙裔家庭的贫困率及趋势。

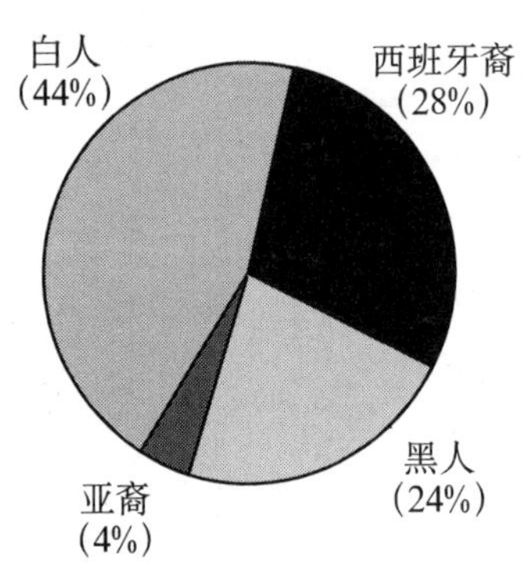

(a)2008年在全部贫困家庭中所占的百分比

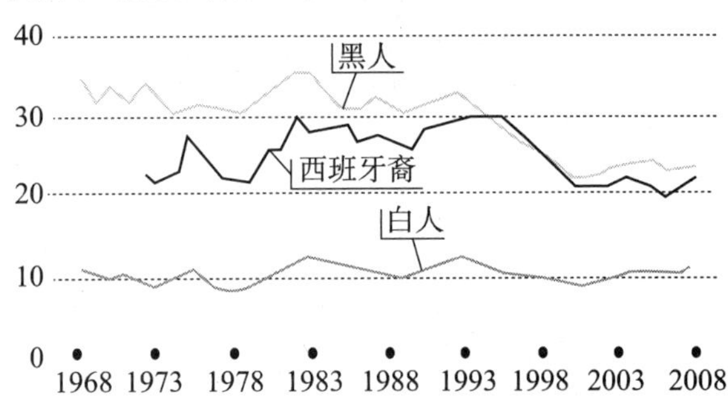

(b)贫困率的变化趋势

图19—3 美国的贫困率

在图（a）中，白人家庭占贫困人口的44%。但是在图（b）中，黑人和西班牙裔家庭的贫困率是白人的两倍。黑人家庭的贫困率在20世纪60年代和90年代下降了。西班牙裔家庭的贫困率也在20世纪90年代下降了，但是它先前有增加。白人家庭的贫困率保持稳定。

资料来源：DeNavas-Walt，Carmen，Bernadette D. Proctor，and Jessica C. Smith，U. S. Census Bureau，Current Population Reports，P60-236，*Income，Poverty，and Health Insurance Coverage in the United States：2008.*

白人家庭的贫困率围绕10%的水平波动。而黑人家庭的贫困率由1968年的40%下降到了2008年的24%。因此，在1968—2008年间，黑人家庭的贫困率几乎减半。尽管经历了大幅的降低，但是其贫困率仍是白人家庭贫困率的两倍以上。西班牙裔家庭的贫困率在 20 世纪 80 年代有所上升，但在 20 世纪 90 年代，其贫困率开始下降。时至 2008 年，西班牙裔家庭的贫困率接近于其 30 年前的水平。

贫困持续时间

贫困的另一个维度是持续时间。如果一个家庭在几个月内处于贫困中，那么在那几个月中，它的生活会比较困难。但是，如果它的贫困持续了几个月，或者（更糟糕）是几年时间，甚至是几代人的时间，那么，它面临的困难将远比几个月的贫困严重得多。

因为贫困持续时间是贫困带来的困难的一个附加的重要指示器，美国人口普查局提供了 2001—2003 年的持续时间的测量数据。图 19—4 显示了这些数据。

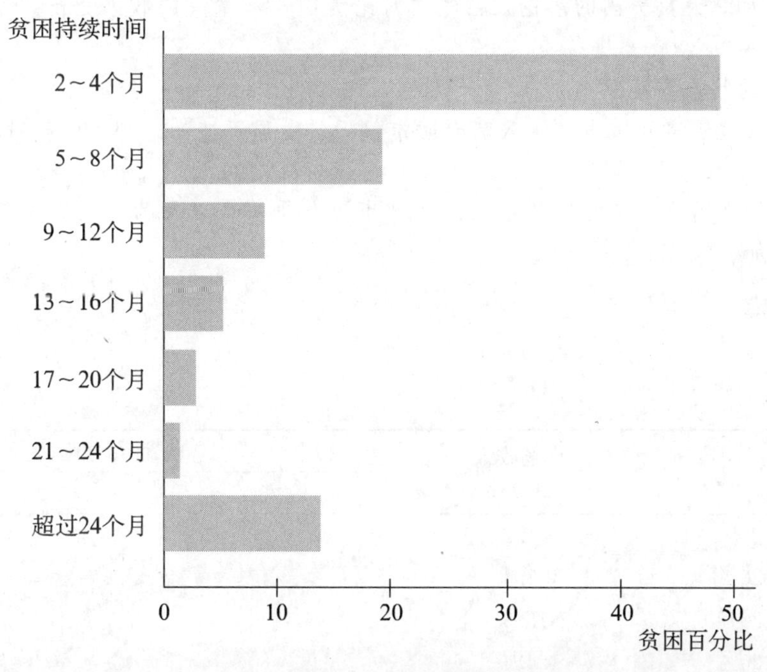

图 19—4　美国的贫困持续时间

处于贫困水平中的大约 50%的人贫困时间为 2～4 个月。处于贫困水平中的超过 20%的人贫困时间超过 1 年。

资料来源：U. S. Census Bureau，*Dynamics of Economic Well-Being*：*Poverty 2001-2003.*

结果显示，50%的贫困持续了 2～4 个月的时间。所以近一半的贫困家庭，它们的贫困状态是不持久的。但是仍有超过 20%的贫困家庭的贫困持续时间超过一年，因此，有非常多的家庭生活是极度贫困的。

在下一节，我们将分析不平等和贫困的来源以及致力于再分配收入和提高贫困人口的生活水平的政策。

检查站 19.1　　描述美国的经济不平等及贫困现象。

现实问题

表 1 显示了加拿大的收入分配，本章的表 19—1 (a) 显示了美国的市场收入分配情况，使用这两个表的数据，回答问题 1 和 2。

表 1

家庭	市场收入 （百分比）
最低的 20%	1.2
第二个 20%	7.4
第三个 20%	15.3
第四个 20%	24.4
最高的 20%	51.7

1. 画一个反映加拿大家庭和收入的累计百分比的表。

2. 画出加拿大及美国的洛伦兹曲线。对比美国及加拿大的收入分配。哪个国家更不平等？

3. 近郊的收入差距缩小了。

中等收入家庭离开城市，搬入离大城市很近、发展迅速的近郊，购买可支付的房屋。

资料来源：*USA Today*, September 14, 2007.

解释为什么迅速发展的近郊收入比大城市更加平等，以及为什么大城市的收入不平等现象在增加。

参考答案

1. 表 2 显示了家庭和收入的累计百分比。

表 2

家庭	市场收入 （百分比）	累计百分比	
		家庭	收入
最低的 20%	1.2	20	1.2
第二个 20%	7.4	40	8.6
第三个 20%	15.3	60	23.9
第四个 20%	24.4	80	48.3
最高的 20%	51.7	100	100.0

2. 洛伦兹曲线刻画了与家庭的累计百分比相对应的收入的累计百分比。图 1 的黑色曲线刻画了这些数据。平等线显示了平等分布。加拿大的洛伦兹曲线比美国的洛伦兹曲线离平等线更近，所以美国的收入分配比加拿大的收入分配更加不平等。

3. 离开城市，搬入近郊的中等收入家庭为中间三组 20%的家庭。因为中等收入家庭集中在近郊，因此近郊的收入变动幅度很小，不平等程度较低。仍在城镇生活的家庭一般为穷人（最贫困的 20%）和富人（最富裕的 20%），这些群体的不平等差距很大。

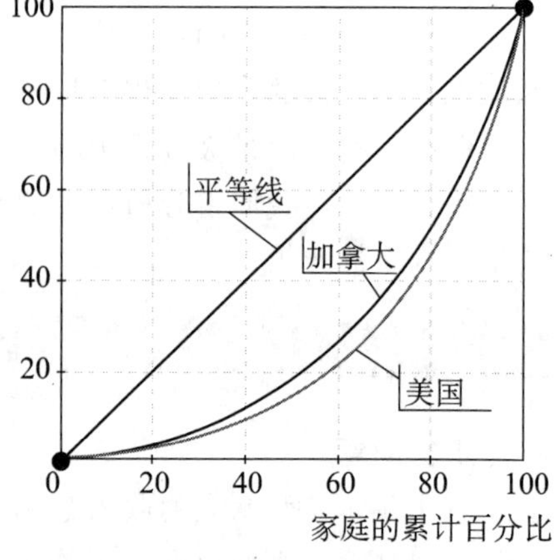

图 1

19.2 不平等和贫困是如何产生的

经济性不平等及贫困源于多种不同的因素。我们将讨论以下五个要素：

- 人力资本
- 歧视
- 金融及物质资本
- 企业家才能
- 个人及家庭特征

□ 19.2.1 人力资本

人力资本（human capital）是指人类累积的技能和知识。为了研究人力资本差别是如何影响经济性不平等的，我们将研究一个经济模型，它有两种水平的人力资本——熟练劳动力和非熟练劳动力。非熟练劳动力可能是一个法庭书记员、医院护工或是银行出纳，而熟练劳动力可能是一个律师、外科医生或是银行的首席执行官。

熟练和非熟练劳动力的需求

熟练工人能够完成很多任务，而非熟练工人可能做得很糟，甚至可能一点都做不了。设想一下一个未经培训的、没有经验的人去完成一个外科手术或是驾驶一架飞机！熟练工人比非熟练工人有更高的边际产品价值。正如我们在第 18 章所学的，一个公司对劳动力的需求曲线和劳动力的边际产品价值曲线是一样的。

图 19—5（a）显示了对熟练劳动力和非熟练劳动力的需求曲线。在任何既定的就业水平上，公司将愿付更高的工资率给熟练工人，而不是给非熟练的工人。两个工资率之间的差额衡量了技术的边际产品价值——比如说，在 2 000 小时的就业水平上，公司愿意支付给熟练工人 25 美元/小时，而只给非熟练工人 10 美元/小时，每小时相差 15 美元。因此，熟练者的技能的边际产品价值是 15 美元/小时。

熟练和非熟练劳动力的供给

获取技能的机会成本包括实际的花费，比如学费，以及在获取技能时以所失去或减少的收入这种形式所表示的成本。当一个人进行脱产学习时，那个成本就是所放弃的全部收入。但是，一些人在工作时获取技能，这种技能的获得叫做在职培训。通常，一个正在接受在职培训的工人比和他做相近工作却没有在接受在职培训的人所得到的工资要低。在这种情况下，获取这一技能的成本等于一个没有在培训的人的工资减去一个正在培训的人的工资。

因为技能的获得是需要成本的，因此，一个熟练工人不愿意接受非熟练工人所愿意接受的同样的工资水平。熟练工人的供给曲线的位置反映了获取技能的成本。图 19—5（b）显示了两条供给曲线：一条是熟练工人的，另一条是非熟练工人的，熟练工人的供给曲线是 S_H，非熟练工人的则是 S_L。

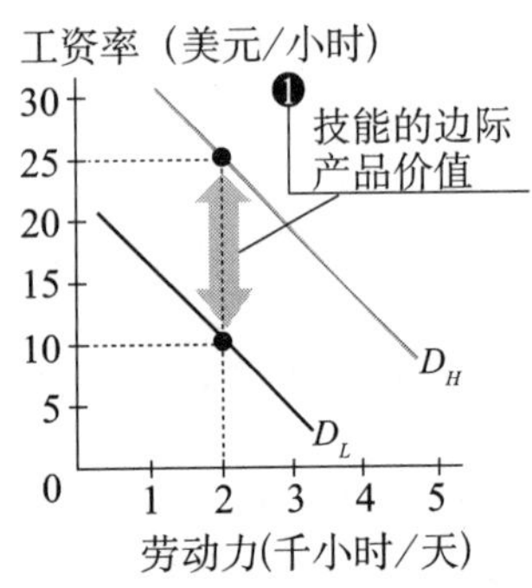

(a)对熟练劳动力和非熟练劳动力的需求

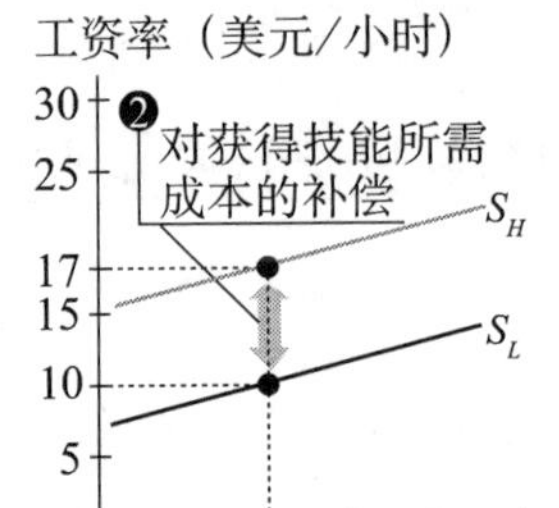

(b)熟练劳动力和非熟练劳动力的供给

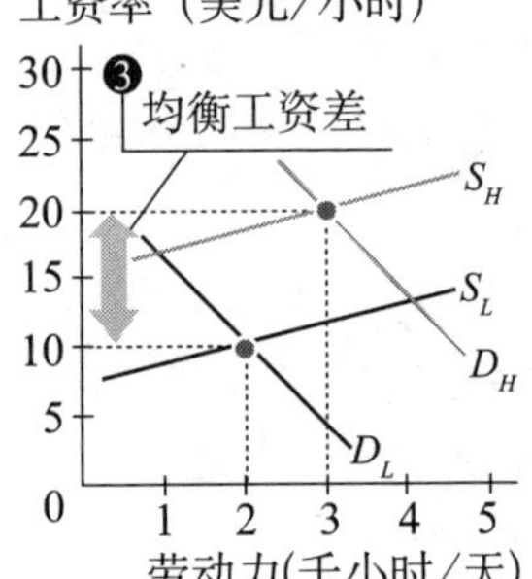

(c)熟练劳动力和非熟练劳动力市场

图 19—5　技能差异

在图（a）中，D_L 为非熟练劳动力的需求曲线，D_H 为熟练劳动力的需求曲线。①这两条曲线的垂直距离是技能的边际产品价值。

在图（b）中，S_L 为非熟练劳动力的供给曲线，S_H 为熟练劳动力的供给曲线。②这两条曲线的垂直距离是对获得技能所需成本的补偿。

在图（c）中，均衡情况下，非熟练劳动力的工资率为 10 美元/小时，而熟练劳动力的工资率则为 20 美元/小时。③10 美元的差距就是获得技能的均衡影响。

熟练工人的供给曲线在非熟练工人供给曲线的上方。两条供给曲线的垂直距离则是对熟练工人获得技能的成本的补偿。例如，假设非熟练劳动力的供给数量在工资率为 10 美元/小时是 2 000 小时。这个工资率主要是对非熟练工人花费在工作上的时间的补偿。接下来考虑熟练工人的供给。为了促使熟练工人供给 2 000 个小时，公司必须支付 17 美元/小时的工资率。熟练劳动力的工资比给非熟练劳动力的高，因为熟练劳动力不仅要为其花费在工作上的时间得到补偿，也要为其获得技术而支付的其他成本和时间得到补偿。

熟练和非熟练劳动力的工资率

为了算出熟练劳动力和非熟练劳动力的工资率，我们必须综合考虑技能对劳动力的供给与需求的影响。

图 19—5（c）显示了熟练劳动力和非熟练劳动力的需求与供给曲线，这些曲线与图 19—5（a）、（b）中的是一样的。市场中非熟练劳动力的均衡发生在非熟练劳动力的供给与需求曲线相交处。均衡工资率是 10 美元/小时，非熟练劳动力的就业数量是 2 000 小时。市场中熟练劳动力的均衡发生在熟练劳动力的供给与需求曲线相交处。均衡工资率是 20 美元/小时，熟练劳动力的就业数量是 3 000 小时。

正如你在图 19—5（c）中所看到的那样，熟练劳动力的均衡工资率高于非熟练劳动力的均衡工资率。之所以发生这种情况，原因有两个：首先，熟练劳动力比非熟练劳动力有着更高的边际产品价值，因此在既定的工资率上，熟练劳动力的需求数量超过了非熟练劳动力。其次，获得技术是有成本的，因此，在既定的工资率上，熟练劳动力的供给数量少于非熟练劳动力。工资差别（在这个例子中是 10 美元/小时）取决于技术的边际产品价值和获取它的成本。技术的边际产品价值越高，需求曲线间的垂直距离就越大。获取技术的成本越高，供给曲线间的垂直距离就越大。技术的边际产品价值与获取技术的成本越高，熟练工人与非熟练工人的工资差别就越大。

教育和在职培训使人获得技能并改变收入分配。但是，正如我们在下面的"关注美国经济"专栏中将看到的那样，教育是高收入者收入的最重要的来源。

我们下一个将考察的因素，歧视，是经济性不平等的另一个可能的来源。

关注美国经济

教育合算吗？

下图显示了基于教育程度的不同而出现的巨大的收入差别。

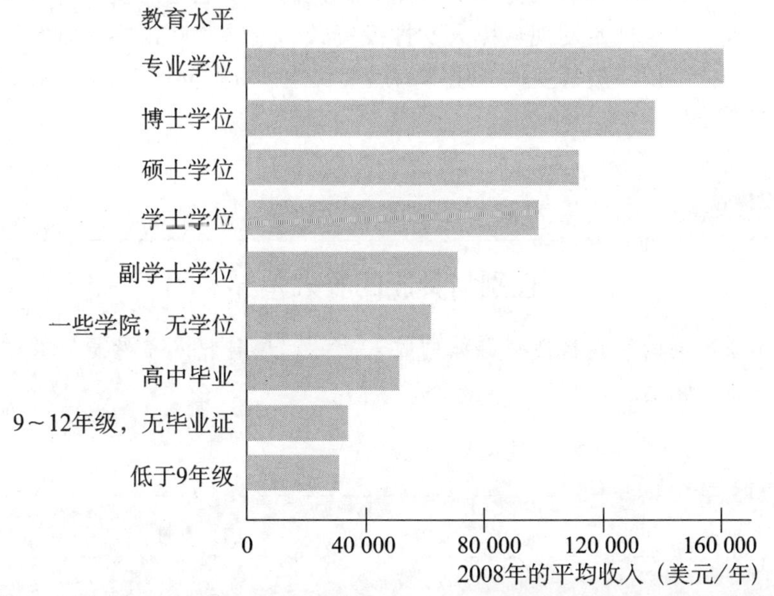

资料来源：Current Population Survey，HINC-01. Selected Characteristics of Households，by Total Money Income in 2008.

在考虑了通货膨胀后，高中与大学教育的回报率被估计为每年 5%～10%，这说明大学学历比起一个人所能从事的几乎所有其他投资都要更好。

从平均收入数据来看，高中毕业的人的年收入为一年 56 000 美元。但是，读过大学的、获得学士学位的人的年收入比高中学历的人的年收入额外多出 47 000 美元。

读完大学后继续深造，获得硕士学位的人（通常多学习了一年时间）的年收入比有学士学位的人的年收入多 13 500 美元，并且，有职业学位的人年收入还会另外多出 50 000 美元。

□ 19.2.2 歧视

男人和女人之间、种族之间存在持续的收入差异。这一点我们可以从下面的"关注美国经济"专栏中看到。歧视引起了这些差异吗？可能是，但是经济学家们不会隔离和衡量歧视的影响，所以我们不能说影响有多大，甚至是否收入差异来源于此。

为了了解隔离歧视的影响是一件很困难的事情，想象一下投资顾问市场。现在假设，黑人女性和白人男性作为投资顾问都具有相同的能力——相同的边际产品价值。如果每个人都没有种族和性别偏见，那么无论什么种族，市场都会决定所有的投资顾问具有相同的工资率。

但是如果投资者愿意支付给白人男性投资顾问比黑人女性投资顾问更多的钱，那么市场决定的黑人女性投资顾问的边际产品价值将比白人男性投资顾问低，而且对于黑人女性的投资建议的需求就比白人男性低。结果黑人女性的投资顾问的均衡工资率将比白人男性投资顾问的低（或者更少的高收入工作）。

如果歧视通过这种方式造成持续工资差异，人们必须愿意持续支付比投资建议所需的更多的钱。人们将会开始发现从黑人女性投资顾问处购买建议会更划算。高成本的白人男性投资顾问的建议将被替换成低成本的黑人女性投资顾问的建议，需求曲线将移动，最终将消去工资差异。

关注美国经济

性别与种族的收入差异

下图显示了不同的种族和性别群体的收入差异，这种收入差异是以其收入占白人男性收入的百分比表示的。

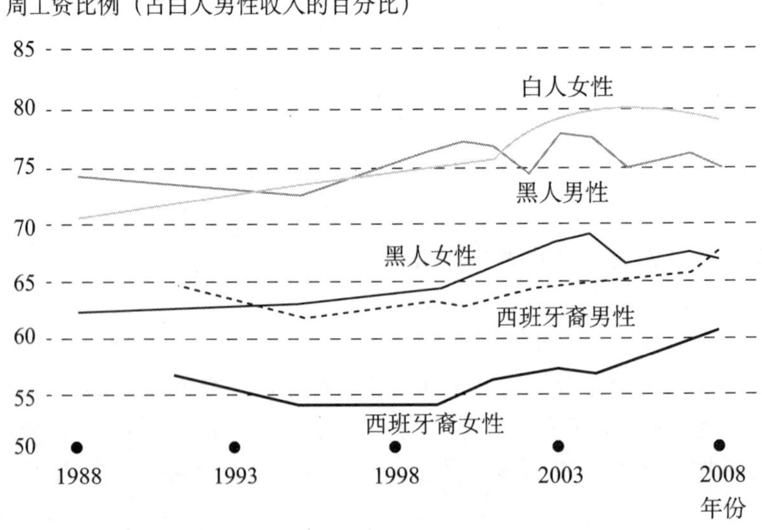

资料来源：Bureau of Labor Statistics and Current Population Reports.

2008 年，白人女性的平均收入是白人男性的 80%，黑人男性为 75%，黑人女性为 67%。最低的收入群体，即西班牙裔的男性和女性的收入分别只为白人男性的 68%和 61%。

这种收入差异已经持续很多年了，并且只有女性的收入差异已经开始显著变小。

□ 19.2.3 金融及物质资本

拥有最高收入的人群通常有大量的金融及物质资本。他们以利息及股息支付的形式获得资本回报——即股票市场价值增加。

拥有大量资本的家庭历经数代之后能够获得更多的财富。因为有以下两个原因：第一，他们给下一代遗赠财富；第二，富人通常会和富人联姻。

富人积累所带来的储蓄并不必然成为不平等加剧的根源，甚至可以说是日益平等的根源。如果一个家庭是为了在其整个生命周期中再分配其参差的收入而储蓄，那么这个家庭将获得更平稳的消费。并且，如果某个拥有高收入的幸运的一代储蓄了一大笔钱并遗赠给了不幸的后代，这种储蓄行为就降低了不平等程度。

□ 19.2.4 企业家才能

最富裕的人中，有一些得益于不同寻常的企业家才能。这些人如比尔·盖茨（微软）、迈克·戴尔（戴尔电脑）和山姆·沃尔顿（沃尔玛），他们都是一开始只拥有少量的财富、获得少量的收入，但是通过努力工作、好的运气及自身的企业家才能，而变得极其富裕。

但是有些穷人，他们生活在贫困线以下，也尝试过通过自己的努力成为企业家。我们却很少听到他们的名字。新闻的标题里没有他们。但是他们整合出了一个商业计划，大量借款，结合努力工作、坏的运气以及在某些情况下不好的决定等因素，他们变得极度贫困。

□ 19.2.5 个人及家庭特征

无论是健康还是疾病，每个人的个人及家庭特征对经济福利都会产生重要影响。

那些有着非常出众的外表和稳定、有创造力的家庭的人，比普通人具有优势。许多影星、娱乐明星和极富天分的运动员都属于这一类。这些人获得高收入，是因为他们的个人或家庭特征使他们的边际产品价值很大。

成功通常孕育着更进一步的成功。大笔的收入能产生大额的储蓄，从而也能带来更多的利息收入。

在相反的个人情况下，诸如身体或精神上的疾病，吸毒或者由来自单亲家庭或父母的忽视所造成的不稳定的家庭生活，将会给许多人带来沉重的负担，从而导致低收入甚至是贫困。

一种艰难的生活，正如它的反面一样，可以被自我强化。虚弱的身体或者是低下的智商将使他们更难以学习、获得技能，从而劳动收入较低或者是因为他们的工作很难持续而没有收入。此外，穷人的孩子将很难进入大学学习，因而很难打破贫困的循环。

检查站 19.2 解释经济不平等和贫穷是如何产生的。

现实问题

2000 年，美国有 3 000 万人有全职的管理性和专业性工作，其薪酬平均为 800 美元/

周。同时，1 000 万人有全职的销售职位，其薪酬平均为 530 美元/周。利用这些信息回答问题 1～3。

1. 解释为什么付给经理和专业人员的报酬要比销售人员多。

2. 解释为什么尽管有着更高的周工资，经理和专业人员的就业人数还是多于销售人员。

3. 网上购物越来越普遍，更多的公司愿意在网上销售产品和提供服务。如果该趋势持续下去，你认为在最近几年销售人员市场会如何改变？

4. 职业学校繁荣发展，注册学员来自各年龄段。

工作机会的消失使更多的人进入了州办的职业学校，在那里，他们可以接受从驾驶卡车到医疗账单等任何方面的培训。58 岁的帕特里夏·帕克（Patricia Parker）说道："我已经厌倦了从工厂里下岗了。我需要接受再教育。"她希望完成商业系统技术的课程并且能在医疗室找到工作。有些学生正在接受再培训（如自动机修工），学习一些不会被淘汰的技能。

资料来源：*USA Today*，July 19，2009.

为什么之前在工厂里工作的人可能会去职业学校？

参考答案

1. 典型的经理或专业人员比起典型的销售人员付出了更多的教育和在职培训成本。经理和专业人员的供给曲线 S_H 位于销售人员的供给曲线 S_L 之上（图 1）。更好的教育和更多的在职培训导致经理和专业人员比销售人员有更多的人力资本和更高的边际产品价值，因此对经理和专业人员的需求 D_H 比对销售人员的需求 D_L 要大。图 1 显示了供需结合导致经理和专业人员具有比销售人员更高的工资率。

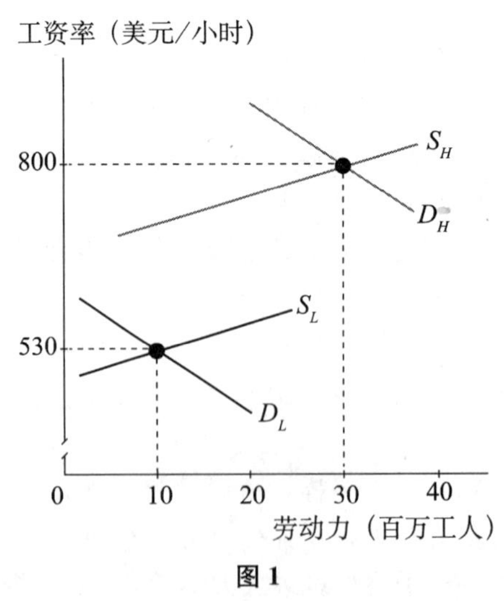

图 1

2. 图 1 显示了每一种劳动力的供给及需求导致了经理和专业人员的就业人数多于销售人员。

3. 网上购物持续增长，公司将雇用更少的销售人员。对销售人员的需求减少，更少的人愿意做销售。工资率如何变动取决于对销售人员的供给如何变动。

4. 由于工厂（诸如家具制造商及纺织企业）关闭或工作外包，工作机会减少。帕特里夏·帕克正在获得一种技能，她认为这种技能不会被外包，而且，她可以在很多不同的岗位上用上这一技能。其他学生认为机修工的技能对他们的将来可能会有用。

19.3 收入再分配

我们描述了美国的收入分配及财富分配，并且验证了经济性不平等及贫困的五种来源。本章最后一节，我们的任务是学习政府如何再分配收入。

政府如何再分配收入？再分配的规模有多大？为什么我们为收入再分配政策投票？要达到公平效率原则的收入再分配及贫困减少的政策的制定将面临什么困难？

□ 19.3.1 政府如何再分配收入

美国政府再分配收入的三种主要方法是：

- 所得税
- 收入维持项目
- 劳务补贴

所得税

所得税可以是累进的、累退的或比例的（参见第 8 章）。**累进所得税**（progressive income tax）是对收入按随收入水平增加而增加的平均税率征税的税收。**累退所得税**（regressive income tax）是对收入按随收入水平增加而减少的平均税率征税的税收。**比例所得税**（proportional income tax）（也叫**单一税率所得税**（flat-rate income tax））是无论收入水平如何都按固定税率征税的税收。

联邦政府、许多州政府及一些城市政府征收入税。在各个州有各种详细的税收安排，但是，无论是联邦政府还是州政府，其税制都是累进的。最贫穷的工作家庭通过所得税收优惠减免从政府那里得到钱，联邦收入税从对最低纳税收入每额外一美元征收 10%的税上升到 15%、25%、28%、33%和 35%，依次对收入逐渐上升的工作者征收。

收入维持项目

通过直接支付（以现金、服务或实物形式）给收入分配的底层人员来进行收入再分配的项目有三大类型。它们是：

- 社会保障项目
- 失业津贴
- 福利项目

社会保障项目　社会保障是一种公共保险系统，它通过对雇主和员工强制征收的收入税来支付。社会保障由两大主要部分构成：一部分是老年人（Old Age）、幸存者（Survivors）、丧失劳动能力者（Disability）和医疗保险（Health Insurance）（OASDHI），它按月以现金形式支付给了退休的人或失去劳动能力者，或是他们幸存的配偶及子女；

另一部分是医疗保障，它向老人和失去劳动能力者提供医疗和健康保险。2008 年，社会保障资助了 4 900 万人，这些人平均每月收到社会保障支票 1 000 美元。

失业津贴 为了向失业工人提供收入，每个州都建立了失业津贴项目。根据这个项目，每个被社保覆盖的工人都得依其收入缴税，当这些工人失业时就能得到津贴。津贴的条款随各州而不同。

福利项目 福利项目的目的是向那些没有资格获得社会保障和失业津贴的人提供收入，这些项目是：

1. 补充性保障收入项目（Supplementary Security Income，SSI），旨在帮助最困难的老年人、丧失劳动能力者和盲人。

2. 困难家庭的临时资助（Temporary Assistance for Needy Families，TANF）项目，旨在帮助那些财务资源不足的家庭。

3. 食品券项目，旨在帮助最穷的家庭获取基本食物。

4. 医疗补助，旨在为那些得到了 SSI 和 TANF 项目帮助的家庭支付医疗费用。

劳务补贴

在美国，大量的再分配是对服务提供补贴——政府以远远低于产品成本的价格提供服务。消费这些产品和服务的纳税人实质上从不消费这些的纳税人那里得到了转移支付。进行这种形式的再分配的两个最重要的领域是教育——从幼儿园到 12 年级再到大学——和医疗。但是两者都不是从富人转移到穷人的再分配。

2009—2010 年，在加利福尼亚大学注册的非加利福尼亚州（简称加州）居民的学生每年交 32 418 美元的学费。这个数量可能接近于在加州大学洛杉矶分校（UCLA）或伯克利（Berkeley）分校提供一年教育的成本。但是，加州居民的学生仅交 9 748 美元的学费。因此，有家庭成员在加利福尼亚大学上学的加州家庭每年从政府处得到的好处接近 23 000 美元。许多这种家庭有高于平均收入的收入。

政府提供的医疗保健服务已增加到等于私人提供的范围。国民医疗补助制为千百万因收入太少以至于买不起这种服务的人提供了高质量、高成本的医疗，并且实现了由富人到穷人的再分配。医疗对年过 65 岁的人有效，而不是以穷人为对象的。

□ 19.3.2 收入再分配的规模

没有政府再分配的一个家庭的收入被称为**市场收入**（market income）。我们可以通过计算在每一收入水平上，市场收入所支付税额的百分比减去所获津贴的百分比来衡量收入再分配的规模。有效数据包括税收和给福利领取者的现金与非现金津贴这些再分配，但不包括像大学这种可能降低由富人到穷人的再分配总规模的补贴劳务的价值。

图 19—6 显示了 2007 年政府行为如何改变了收入分配。该图显示了两条洛伦兹曲线，并将它们与平等线相比较。黑色的洛伦兹曲线描绘了市场收入的分配。灰色的洛伦兹曲线显示了**可支配收入**（disposable income），即扣除所有税收与救济金之后的收入分配，包括国民医疗补助和医疗救济金。这条可支配收入的洛伦兹曲线比市场收入的洛伦兹曲线离平等线更近。

图 19—6（b）显示了再分配增加了低收入三组 20%人口的收入份额，降低了最高两

组 20%人口的收入份额。

(a)再分配前及再分配后

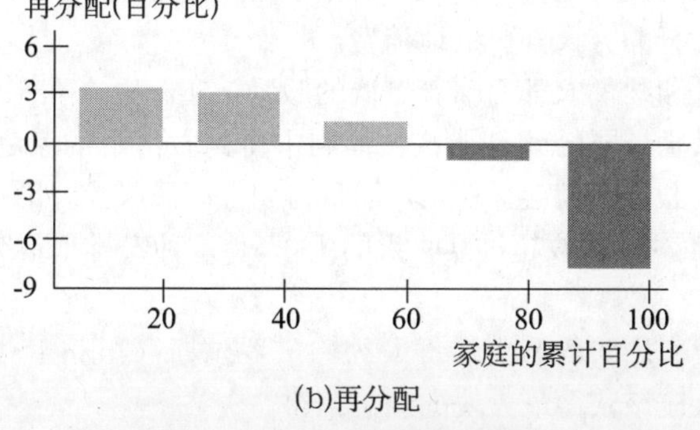

(b)再分配

图 19—6　收入再分配的规模

税收和收入维持方案减少了由市场产生的不平等程度。在图（a）中，洛伦兹曲线更靠近平等线。

图（b）显示了 2007 年的再分配情况。最低收入组获得的净补贴，增加了其 3.5 个百分点的总收入份额。最高收入组支付税收，减少了其 7.5 个百分点的总收入份额。

资料来源：U. S. Census Bureau，Current Population Survey Annual Social and Economic Supplement.

再分配规模的另一种衡量指标是由不同收入水平的收入来源提供的。最穷的 20%的家庭从政府那里得到了他们收入的 80%，第二个 20%的家庭从政府那里得到了他们收入的 32%左右。相对而言，最富有的 20%的家庭从政府那里几乎什么也没有得到，但他们从资本——来自金融资产的利息和分红中得到了他们收入的 1/3。

□ 19.3.3　为什么要再分配收入

为什么我们要为政府的收入再分配政策投票呢？为什么不直接让每个人自愿做慈善，捐款给穷人呢？

有两种办法可以解决这些问题：规范分析和实证分析。规范分析方法讨论的是为什么我们应该鼓励大家帮助穷人并且寻找一种引导合理收入再分配规模的准则。而实证分析主要是研究原因，为什么我们要鼓励大家帮助穷人并且尽量解释再分配的实际规模。

收入再分配的规范理论

哲学和政治（而不是经济学）是考虑收入再分配的规范理论的主题。毫无疑问，在讨论收入是否应该再分配以及以何种规模再分配等问题上有几种不同的观点。

效用主义指出，最佳分配状态应该是人人平等。但是效率也是大家希望达到的。并且，更多的公平是以更低的效率作为代价换来的——大取舍（在第 6 章作过定义）。收入再分配导致了公平与效率的较大的取舍，这种现象的发生是因为再分配降低了可被分享的经济馅饼的总规模。

从富人那里收来的一美元没有变成穷人得到的一美元。它们中有一些在再分配的过程中被用掉了。像国内税务局这样的税收机构和福利管理机构（以及税收会计师和律师）用熟练的劳动力、计算机和其他稀缺资源来工作。再分配的规模越大，管理它的机会成本就越大。

然而，收集税款和实施福利支付的成本只是再分配总成本中的一小部分。更大的成本产生于税收和救济金的无效率——过度负担（见第 8 章）。只有向工作或储蓄这类生产性活动征税才能实现更多的平等。对人们工作和储蓄的收入征税降低了他们所得的税后收入。这一更低的收入使得他们更少地工作和储蓄，进而导致了更少的产出，同时交税的富人以及收到救济金的穷人都更低地消费。

救济金的接受者和纳税人都面临着更低的激励。实际上，在 1996 年改革前所盛行的福利安排下，工作激励最弱的就是那些从福利中得到救济金的家庭。一旦某位福利接受者得到了一份工作，救济金就会被取消，而且得到像国民医疗补助这类项目的资格也终止了，因此，家庭实际交付的税收超过其收入的 100%。这种安排把贫穷家庭锁定在福利陷阱之中。

认识到平等与效率之间的张力，哲人约翰·罗尔斯（John Rawls）认为收入应该再分配，最少份额的人应该获得最大块的经济馅饼。

民主主义哲人如罗伯特·诺齐克（见第 6 章）认为任何的再分配都是错误的，因为它违反了神圣的私有财产和自主交换的权利。

现代政党的立场处于上述两种极端之间。有些支持更多的再分配，但是大多数政党都乐见当前的再分配规模。

收入再分配的实证理论

收入再分配的实证理论将解释为什么有一些国家的再分配比其他国家更多，为什么再分配在过去的 200 年间有所增加。我们没有此项理论，但是经济学家们提出了一种理想的方案，名为中间选民理论。**中间选民理论**（median voter theory）是指政府应该尽可能争取中间选民的投票。如果一项提案可以提高中间选民的福利，那么制定该提议的政党在竞选中地位就会得到提高。

中间选民理论源于思考民主政党体系（如美国的）是如何运行的。在这一体系中，政府应该提出会让它们获得足够多选票的提案，以使它们能当选。在多数投票体系中，最有分量的投票是中间的部分——中间选民。

中间选民希望收入再分配政策可以使他们的税后收入尽可能最大。向富人征税过多将会减弱他们经商及提供工作岗位的动机，并且会降低中间选民的税后收入。但是对富人征税太少将会使原本可以转给中间选民的钱流失。

中间选民可能会关心穷人并且希望减少贫困。毫不自私地来说，中间选民可能仅仅只是考虑穷人的困境，单纯地想帮助他们。自私地来说，中间选民可能认为如果贫困过多，将会增加犯罪的可能，从而影响到他们（或她们）的生活。

如果不去管中间选民希望帮助穷人是出于何种原因，政治的进程将会是更多的再分配以反映这些选民的偏好。

□ 19.3.4 重大的福利挑战

美国最穷的人是没有上完高中的年轻妇女，她们有一个孩子（或几个孩子），没有生活伴侣，而且是黑人或拉丁美洲裔的可能性大于白人。这些年轻妇女以及他们的孩子向福利提出了某种重大的挑战。

单身母亲大约有1 000万，她们中有1/4没有从她们孩子的父亲那里得到资助。这些妇女的问题的长期解决方法是教育和工作培训——获得人力资本。短期解决方法是福利，但是福利的制定必须能增强追求长期目标的动力。在追求这个方法的20世纪90年代，美国福利项目做出了改变。

现有方案：TANF

1996年通过的《个人责任与工作机会协调法案》建立了对贫穷家庭的临时补助（TANF）计划。TANF是给予各州来管理个人支付的一揽子拨款。它不是开放式的福利项目。一个得到补助的家庭的成年成员必须工作或完成社区服务，而且补助以五年为限。

当对福利的潜在的无效率更敏感时，这些措施要消除一些最为严重的贫困问题还要走好长一段路。但是，一些经济学家想要更进一步——引入负所得税。

负所得税

负所得税尚未列入政治议题，但在经济学家中很受欢迎，而且它是一些现实世界试验的项目。**负所得税**（negative income tax）给每一个家庭提供一个有保障的最低年收入，并且对所有在有保障的最低收入之上的收入以固定税率征税。假如有保证的最低年收入是1万美元，税率是25%。没有市场收入的家庭从政府处收到1万美元的有保障的最低收入。这个家庭“支付”了负1万美元的所得税，因此被称作“负所得税”。

一个年收入4万美元的家庭支付了1万美元——其收入的25%——给政府，但是它也从政府处得到了1万美元的有保障的最低收入。因此，这个家庭没有支付所得税，它拥有收支相抵的收入。收入介于0～4万美元之间的家庭从政府处得到的多于他们支付给政府的，因此他们“支付”了负的所得税。

一个年收入6万美元的家庭支付了1.5万美元——其收入的25%——给政府，但是它从政府处得到了1万美元的有保障的最低收入，因此这个家庭支付所得税5 000美元，所有收入超过4万美元的家庭支付给政府的多于他们从政府处获得的。因此，他们支付了正的所得税。

负所得税不会消除税收的过度负担，但是它会提高各收入阶层工作和储蓄的动机。

关注你的生活

通过再分配你所支付的及所得到的

你处于再分配等式的两边，但你的底线是什么呢？你是一个净接受者还是一个净支付者？想办法弄清楚你到底属于哪一种。

你的税收支付

你可能要支付一些收入税，你也肯定支付过消费税、汽油税以及其他项的税收。

如果你有工作，你的工资单上显示了你将支付的收入所得税金额。

你也可以通过每周记录自己每次购买的东西来计算消费税。

你可以在网站 www.taxadmin.org 上查询你所在州的相关税收规模，计算应支付的汽油税和其他税收。

你的收益

现在我们来看看获得的好处。如果你收到了任何直接的现金支付如失业津贴，这些都很容易查询。但是，很有可能你根本没有从政府那里得到任何支付。

但是你的确接受了政府提供的服务。最大的一部分可能是你的教育成本。

这部分成本比你教育所需的学费更多。一个对教育价值的估算是非本州学生所须支付的学费减去本州居民所支付的学费。计算出那个数额。

现在想想你从政府获得的所有其他好处。试着估算哪些是政府提供的对你有价值的服务。

你的底线

现在，计算出你的底线——你所获得的好处减去你支付的税收。很有可能，你有净收入，但是当你毕业了，这种情况将会改变。随着你的收入的增长，你将移到再分配等式的另一边。

检查站 19.3 解释政府是如何再分配收入的，并描述再分配对经济不平等及贫困的影响。

现实问题

表 1 显示了某一经济体中的市场收入的分配。政府通过如表 2 所示的征税和支付救济金的方法对收入进行再分配。

表 1　市场收入

家庭	收入（百万美元/年）
最低的 20%	5
第二个 20%	10
第三个 20%	18
第四个 20%	28
最高的 20%	39

表 2　税收及所得

家庭	收入税（百分比）	所得（百万美元）
最低的 20%	0	10
第二个 20%	10	8
第三个 20%	18	3
第四个 20%	28	0
最高的 20%	39	0

利用表 1 及表 2 的信息回答问题 1 和 2。

1. 计算税收以及再分配之后每个 20%的家庭的收入份额。

2. 画出这个经济体中的纳税与救济前后的洛伦兹曲线。

3. 税率为零的解决办法。

2006 年，收入最低的 40%的人口所得到的净支付额为总税收的 3.6%。中间 20%的人口支付了总收入税的 4.4%。这意味着收入最低的 60%的人口只支付了不到 1%的税收。

资料来源：*The Wall Street Journal*，July 14，2009.

对收入最低的 60%的收入所得者以零税率征税，由此而产生了税收总额 1%的再分配，这样一项政策有其长处吗？

参考答案

1. 为了获得收入的分配，用税率乘以每组人群的市场收入，再减去支付的税额加上得到的救济，便得到了纳税及接受救济金后的收入，然后按照总收入的百分比计算每组的收入。表 3 汇总了计算。

表 3

家庭	市场收入（百万美元）	支付的税收（百万美元）	收到的救济金（百万美元）	纳税与救济之后的收入（百万美元）	纳税与救济之后的收入（百分比）
最低的 20%	5	0.0	10	15.0	16.0
第二个 20%	10	1.0	8	17.0	18.1
第三个 20%	18	3.2	3	17.8	19.0
第四个 20%	28	7.8	0	20.2	21.5
最高的 20%	39	15.2	0	23.8	25.4

2. 为了画出洛伦兹曲线，计算累计份额。例如，纳税与接受救济金之前，最低的 20%的人群收入占总收入的 5%，最低的 40%的人群收入占总收入的 15%（=5%+10%）。纳税与接受救济金之后，最低的 20%的人群收入占总收入的 16%，最低的 40%的人群收入占总收入的 34.1%（=16%+18.1%）。图 1 给出了洛伦兹曲线。

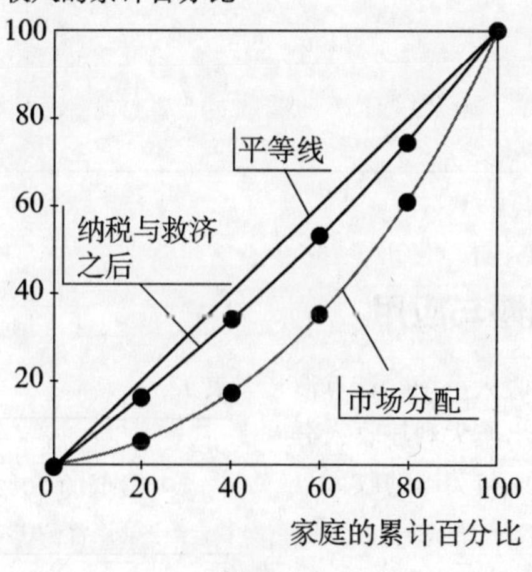

图 1

3. 再分配的过程需要使用资源。从高收入所得者处拿走的一美元，不会转变成低收入所得者的一美元。减少记录60%的工人的所得税的一些必要环节将会节省资源。这样就会存在着某种净社会收益，可以用此来帮助穷人。

本章总结

要点

1. 描述美国的经济不平等及贫困现象。
   - 收入和财富分配描述了经济性不平等。
   - 收入最低的20%的家庭占总市场收入的近1%，收入最高的1%的家庭占总财富的三分之一。
   - 在过去几十年间，收入分配越来越不平等。
   - 在过去十年间，近30%的家庭向上移动了一组或多组，所占比例稍小一些的家庭向下移动了一组或多组。
   - 近12%的美国人收入低于贫困线，近20%的美国人，其贫困持续了一年以上。
2. 解释经济不平等和贫困是如何产生的。
   - 经济不平等来自劳动力市场上不平等的结果、不平等的资本所有权、企业家才能和个人及家庭特征。
   - 在劳动力市场上，技能差别导致收入差别，歧视也促成了收入差别。
   - 继承的资本、不同寻常的企业家才能、个人或家庭的好运或者不幸加剧了贫富差距。
3. 解释政府是如何再分配收入的，并描述再分配对经济不平等及贫困的影响。
   - 政府通过累进所得税、收入维持项目和提供劳务补贴对收入进行再分配。
   - 再分配的规范理论认识到了平等和效率之间的张力——大取舍——并寻求引导政治竞选的法则。
   - 再分配的主要实证理论是中间选民理论。
   - 负所得税是解决大取舍的提案。

关键术语

可支配收入　　货币收入　　洛伦兹曲线
负所得税　　市场收入　　贫困
中间选民理论

本章检查站

学习计划中的问题与应用

1. 表1显示了澳大利亚的收入分配。计算澳大利亚的累计的收入分配并画出澳大利亚收入分配的洛伦兹曲线。比较澳大利亚与美国的收入分配。哪一种更不平等？

表1

家庭	市场收入（百分比）
最低的20%	1
第二个20%	3

续前表

家庭	市场收入（百分比）
第三个 20%	15
第四个 20%	26
最高的 20%	55

2. 图 1 显示了非熟练工人市场。通过在职培训，非熟练工人可以成为熟练工人。每一雇佣水平上熟练工人的边际产品价值是非熟练工人的边际产品价值的两倍，但是获得技能的成本使雇用熟练工人的工资率提高了 2 美元/小时。非熟练工人的均衡工资率和均衡雇佣人数各是多少？熟练工人的均衡工资率和均衡雇佣人数各是多少？

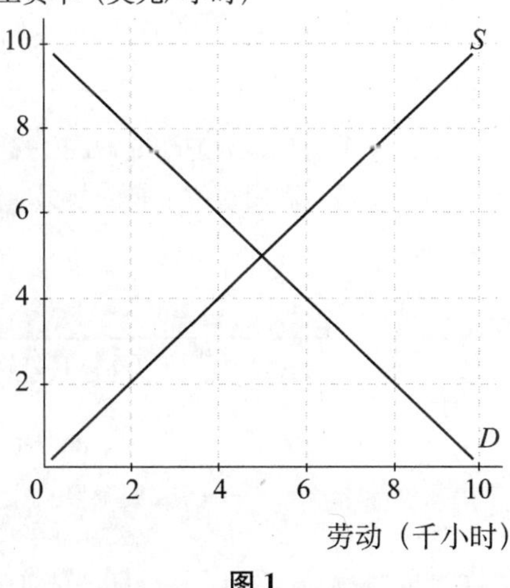

图 1

3. 贫富差距使中国规划人员担忧。

1985 年，中国城市人口的收入是农村人口（总人口的 60%）收入的 1.9 倍。到 2007 年，根据联合国的数据，城市人口的收入是农村人口收入的 3.3 倍。

资料来源：*The New York Times*，November 22，2008.

请解释中国的洛伦兹曲线在 1985—2007 年间是如何变化的。

表 2 显示了一个经济体的市场收入分配，利用表 2 的数据回答问题 4～6。

表 2

家庭	收入（百分比）
最低的 20%	5
第二个 20%	9
第三个 20%	20
第四个 20%	30
最高的 20%	36

假设政府通过向收入最高的 60%的人群征收 10%的所得税进行再分配，然后给市场收入最低的 40%的人口等额的转移支付。

4. 计算税后的收入分配，画出纳税和补助前后的洛伦兹曲线。

5. 如果执行一个再分配计划将花费税收的 50%，计算新的收入分配。

6. 如果被征税的人们减少了他们的工作时间，收入降低了 10%，那么现在的收入分配如何？（忽略执行该计划的行政成本。）

利用下列信息回答问题 7 和 8。

一份令人清醒的统计报告：美国人微薄的所得收入

美国人口普查局报道，2006 年中等家庭收入上升了 0.7 个百分点至 48 201 美元，但仍比 2000 年（上一次衰退之前）少 1 000 美元。生活在贫困中的家庭所占的比例在 2005 年由 12.3% 变为 12.6%。但是在 2006 年，3 650 万美国人生活在贫困中——比 2000 年多了 500 万，当时的贫困率为 11.3%。

资料来源：*The New York Times*，August 29，2007.

7. 新闻剪辑中的数据告诉了我们美国怎样的洛伦兹曲线？

8. 比较 2000 年、2005 年及 2006 年的数字。描述这些年间收入分配是如何变化的。

□ 教师可布置的问题与应用

1. 教育、家庭规模、婚姻状况、户主年龄及居民的种族及居住区域均对收入不平等的程度有影响。请对这些因素按重要到不重要排序。

2. 表 1 显示了前 20 名职业高尔夫球员的奖金分配。计算这些高尔夫球员的累计的收入分配并画出这些球员奖金分配的洛伦兹曲线。比较这些球员的收入分配与把美国作为一个整体的收入分配。哪种分配更不平等？

表 1

家庭	收入（百分比）
最低的 20%	15
第二个 20%	16
第三个 20%	18
第四个 20%	20
最高的 20%	31

3. 假设获得技能的成本增加了技能提高后的边际产品价值。画出劳动力市场对非熟练工人及熟练工人的需求及供给曲线，解释非熟练工人和熟练工人各自的均衡工资率如何变化以及受雇用的熟练工人数量。

利用下列信息回答问题 4 和 5。

2002 年，在美国，13 万飞机技工和服务性的技术人员平均每小时赚 20 美元，而 3 万电梯安装工和修理工平均每小时赚 25 美元。这两个工作所需的技能与培训是相似的。

4. 画出这两种劳动力的供求曲线。描述你的图形特征以说明这两种群体工资率的差别和这两种群体雇用数量的差别。

5. 假如政府法令规定两个群体都付给每小时 22.50 美元的酬金，画图说明两个市场会发生什么。

6. 表 2 显示了每组家庭的收入份额及累计份额。为 A、B、C、D、E 赋值。

表 2

家庭	收入	
（20%）	（百分比）	（累计百分比）
第一组	7.4	7.4
第二组	13.2	A
第三组	B	38.7
第四组	25.0	C
第五组	D	E

利用下列信息回答问题 7～9。

纽约的收入差距号称全国最高

最近的一项调查表明，纽约仍有全国最高的收入差距。最高收入组家庭的平均收入（130 431 美元）是最低收入组家庭平均收入（16 076 美元）的 8.1 倍。预算专家认为，收入差距源于大量的贫困的非熟练移民工人。这些工人的贫困源于对教育获得的缺乏和无法顺利地接受教育。

资料来源：nytimes. com，January 27，2006.

7. 解释大规模的移民（贫困、没有技能的工人，即在市场上被称为非熟练工人）带来的影响。

8. 解释更好的学校及更多的教育是如何改变非熟练工人的工资率及雇用情况的。

9. 解释降低“教育门槛”是如何减少收入差距的。

10. 表 3 显示了市场收入分配情况。画出该经济体的洛伦兹曲线。

表 3

家庭	市场收入（百分比）
最低的 20%	1.1
第二个 20%	7.1
第三个 20%	13.9
第四个 20%	22.8
最高的 20%	55.1

表 3 显示了市场收入分配情况，表 4 显示了货币收入分配情况，利用这两个表的数据回答问题 11 和 12。

表 4

家庭	货币收入（百分比）
最低的 20%	3.4
第二个 20%	8.6
第三个 20%	14.6
第四个 20%	23.0
最高的 20%	50.4

11. 来自最高收入组的再分配收入占总的市场收入的比例为多少？再分配给最低收入组的收入占总市场收入的多少？

12. 描述收入再分配金额增加的影响，其中最低收入者获得总收入 15%的金额，最高收入者获得总收入的 30%。

13. 为什么经济学家认为劳动力市场上的歧视不构成男女之间、种族之间收入持续差异的原因。

14. 中国和印度的收入相当于美国收入的很小的一部分。但是中国和印度的收入增长比美国快得多。给定这条信息，你可以对中国及印度人口收入不平等的变化及美国人口收入不平等的变化得出什么结论？洛伦兹曲线如何变动？

15. 你认为美国现有的收入与财富的分配是

很不公平、很公平还是不错？运用经济效率的思想、第 6 章中所解释的关于公平的两个见解、大取舍的概念和本章诸表中所示的数据为你的观点提供详细的证明。

16. 伯南克将教育和平等联系起来。

本·伯南克（Ben Bernanke，美联储主席）说道，教育的扩张可以帮助减少美国不平等的情况。教育给工人带来更多的技能和更好的收入。

资料来源：*International Herald Tribune*，June 5，2008.

画图描述技能增加是如何提高收入、减少不平等的。

17. 加利福尼亚进程。

5 月，加利福尼亚州的选民否决了提高税收以填补 260 亿美元的预算缺口的提案。为了带来更多的税收，加利福尼亚不得不开办新的工商企业并创造工作机会。在 50%的税收来源于最富裕的 1%的居民的情况下，该州需要更低的税率。收入再分配已走得太远。

资料来源：*Wall Street Journal*，July 22，2009.

中间选民理论能否解释选民否决该提案的行为？如果加利福尼亚州把最高税率降低至低于现有水平的 10.5%，并减少某些免费的福利开支，那么加利福尼亚州的洛伦兹曲线会如何变化？

18. “某一国家的收入分配只是经济不平等故事中的一个小小的部分。令人懊恼的不平等存在于国家之间。富国一定要给穷国更多的帮助。”评价这个论述。你赞同还是不赞同这个观点？运用经济效率的思想、第 6 章中解释的关于公平的两个见解、大取舍的概念和本章诸表中所示的数据为你的观点提供详细的证明。

译后记

中国人民大学出版社崔惠玲女士邀请我主持翻译罗宾·巴德（Robin Bade）和迈克尔·帕金（Michael Parkin）的《微观经济学基础》（第五版），我欣然接受了。原因有三：其一，我是他们的学生，1986—1988年我曾在加拿大西安大略大学经济学系读研究生。当时，迈克尔·帕金是系主任，罗宾·巴德是系里的老师。在2003年，我写过一篇《我和帕金先生二三事》，深情地回忆起我读书期间与他们相处的一些难忘的事情。其二，他们两人在2004年访问过中国，第一站便是访问我所供职的江西财经大学，我前往机场欢迎，他们竟然一出机场便认出了我。我还陪同他们登上庐山，品味一览众山小的感觉。其三，我曾主持翻译过第二版，深知这的确是一本国际水准的优秀教材，再译第五版会让更多的中国读者从中受益。

经过一年的努力，翻译的任务基本完成了。本书由江西财经大学校长助理王秋石教授、李胜兰博士担任主译。参加初稿翻译的有王秋石教授（第1、2章）、李胜兰教授（第3、4章）、宋蔼瑕（第5、6章）、刘萍（第7、8章）、陈海丹（第9、10章）、陈欢欢（第11、12章）、汪家裕（第13、14章）、丁芬（第15、16章）、刘晓（第17、18章）、鄢嫣（第19章）。初译后，在译者中交叉校对一遍，李胜兰负责二校，王秋石负责统稿和定稿。

由于水平和能力有限，加之原教材专业性强、知识面宽、信息量大，难免出现错译等问题，敬请读者提出宝贵建议并批评指正。

我们还盛情邀请了他们为此书中文版作序。

王秋石

2012年12月22日

定稿于江西财经大学蛟桥园蓝石斋

图书在版编目（CIP）数据

微观经济学原理：第5版/（美）巴德，（美）帕金著；王秋石，李胜兰译．—北京：中国人民大学出版社，2012.12

（经济科学译丛）

“十一五”国家重点图书出版规划项目

ISBN 978-7-300-16930-9

Ⅰ．①微…　Ⅱ．①巴…②帕…③王…④李…　Ⅲ．①微观经济学　Ⅳ．①F016

中国版本图书馆CIP数据核字（2012）第313909号

“十一五”国家重点图书出版规划项目

经济科学译丛

微观经济学原理（第五版）

罗宾·巴德
迈克尔·帕金　著

王秋石　李胜兰　等译

Weiguan Jingjixue Yuanli

出版发行	中国人民大学出版社		
社　　址	北京中关村大街31号	**邮政编码**	100080
电　　话	010－62511242（总编室）		010－62511398（质管部）
	010－82501766（邮购部）		010－62514148（门市部）
	010－62515195（发行公司）		010－62515275（盗版举报）
网　　址	http://www.crup.com.cn		
	http://www.ttrnet.com(人大教研网)		
经　　销	新华书店		
印　　刷	涿州市星河印刷有限公司		
规　　格	185 mm×260 mm　16开本	**版　　次**	2013年3月第1版
印　　张	33 插页3	**印　　次**	2013年3月第1次印刷
字　　数	764 000	**定　　价**	65.00元

PEARSON ALWAYS LEARNING

尊敬的老师：

您好！

为了确保您及时有效地申请培生整体教学资源，请您务必完整填写如下表格，加盖学院的公章后传真给我们，我们将会在2～3个工作日内为您处理。

请填写所需教辅的开课信息：

采用教材			□ 中文版 □ 英文版 □ 双语版
作　者		出版社	
版　次		ISBN	
课程时间	始于　　年　月　日	学生人数	
	止于　　年　月　日	学生年级	□ 专科　□ 本科 1/2 年级 □ 研究生　□ 本科 3/4 年级

请填写您的个人信息：

学　校			
院系/专业			
姓　名		职　称	□ 助教 □ 讲师 □ 副教授 □ 教授
通信地址/邮编			
手　机		电　话	
传　真			
official email（必填） （eg：×××@ruc. edu. cn）		email （eg：×××@163. com）	
是否愿意接受我们定期的新书讯息通知：　□ 是　□ 否			

系/院主任：＿＿＿＿＿＿＿＿（签字）

（系 / 院办公室章）

＿＿＿＿年＿＿月＿＿日

资源说明：

——教材、常规教辅（PPT、教师手册、题库等）资源：请访问 www. pearsonhighered. com/educator；（免费）

——MyLabs/Mastering 系列在线平台：适合老师和学生共同使用；访问需要 Access Code。（付费）

100013　北京市东城区北三环东路 36 号环球贸易中心 D 座 1208 室

电话：(8610) 57355169

传真：(8610) 58257961

Please send this form to：Service. CN@pearson. com

经济科学译丛						
序号	书名	作者	Author	单价	出版年份	ISBN
1	微观经济学原理(第五版)	巴德、帕金	Bade, Parkin	65.00	2013	978-7-300-16930-9
2	宏观经济学原理(第五版)	巴德、帕金	Bade, Parkin	65.00	2013	978-7-300-16929-3
3	高级宏观经济学导论:增长与经济周期(第二版)	彼得·伯奇·索伦森等	Peter Birch Sørensen	95.00	2012	978-7-300-15871-6
4	宏观经济学:政策与实践	弗雷德里克·S·米什金	Frederic S. Mishkin	69.00	2012	978-7-300-16443-4
5	宏观经济学(第二版)	保罗·克鲁格曼	Paul Krugman	45.00	2012	978-7-300-15029-1
6	微观经济学(第二版)	保罗·克鲁格曼	Paul Krugman	69.80	2012	978-7-300-14835-9
7	微观经济学(第十一版)	埃德温·曼斯费尔德	Edwin Mansfield	88.00	2012	978-7-300-15050-5
8	《计量经济学基础》(第五版)学生习题解答手册	达摩达尔·N·古扎拉蒂等	Damodar N. Gujarati	23.00	2012	978-7-300-15091-8
9	《宏观经济学》学生指导和练习册	罗杰·T·考夫曼	Roger T. Kaufman	52.00	2012	978-7-300-15307-0
10	现代劳动经济学:理论与公共政策(第十版)	罗纳德·G·伊兰伯格等	Ronald G. Ehrenberg	69.00	2011	978-7-300-14482-5
11	宏观经济学(第七版)	N·格里高利·曼昆	N. Gregory Mankiw	65.00	2011	978-7-300-14018-6
12	环境与自然资源经济学(第八版)	汤姆·蒂坦伯格等	Tom Tietenberg	69.00	2011	978-7-300-14810-0
13	宏观经济学:理论与政策(第九版)	理查德·T·弗罗恩	Richard T. Froyen	55.00	2011	978-7-300-14108-4
14	宏观经济学(第十版)	鲁迪格·多恩布什等	Rudiger Dornbusch	60.00	2010	978-7-300-11528-3
15	宏观经济学(第三版)	斯蒂芬·D·威廉森	Stephen D. Williamson	65.00	2010	978-7-300-11133-9
16	微观经济学(第七版)	罗伯特·S·平狄克等	Robert S. Pindyck	75.00	2009	978-7-300-11073-8
17	平狄克《微观经济学》(第七版)学习指导	乔纳森·汉密尔顿	Jonathan Hamilton	28.00	2010	978-7-300-11928-1
18	经济学原理(第四版)	威廉·博伊斯等	William Boyes	59.00	2011	978-7-300-13518-2
19	计量经济学基础(第五版)(上下册)	达摩达尔·N·古扎拉蒂	Damodar N. Gujarati	99.00	2011	978-7-300-13693-6
20	计量经济分析(第六版)(上下册)	威廉·H·格林	William H. Greene	128.00	2011	978-7-300-12779-8
21	计量经济学导论(第四版)	杰弗里·M·伍德里奇	Jeffrey M. Wooldridge	95.00	2010	978-7-300-12319-6
22	货币金融学(第九版)	弗雷德里克·S·米什金等	Frederic S. Mishkin	79.00	2010	978-7-300-12926-6
23	米什金《货币金融学》(第九版)学习指导	爱德华·甘伯,戴维·哈克斯	Edward Gamber	29.00	2011	978-7-300-13542-7
24	金融学(第二版)	兹维·博迪等	Zvi Bodie	59.00	2010	978-7-300-11134-6
25	财政学(第八版)	哈维·S·罗森等	Harvey S. Rosen	63.00	2009	978-7-300-11092-9
26	国际经济学:理论与政策(第八版)(上册 国际贸易部分)	保罗·R·克鲁格曼等	Paul R. Krugman	36.00	2011	978-7-300-13102-3
27	国际经济学:理论与政策(第八版)(下册 国际金融部分)	保罗·R·克鲁格曼等	Paul R. Krugman	49.00	2011	978-7-300-13101-6
28	克鲁格曼《国际经济学:理论与政策》(第八版)(学习指导)	琳达·戈德堡等	Linda Goldberg	22.00	2011	978-7-300-13692-9
29	国际经济学(第三版)	W·查尔斯·索耶等	W. Charles Sawyer	58.00	2010	978-7-300-12150-5
30	国际贸易	罗伯特·C·芬斯特拉等	Robert C. Feenstra	49.00	2011	978-7-300-13704-9
31	芬斯特拉《国际贸易》学习指导与习题集	斯蒂芬·罗斯·耶普尔	Stephen Ross Yeaple	26.00	2011	978-7-300-13879-4
32	经济增长(第二版)	戴维·N·韦尔	David N. Weil	63.00	2011	978-7-300-12778-1
33	博弈论	朱·弗登博格等	Drew Fudenberg	68.00	2010	978-7-300-11785-0
34	投资学精要(第七版)(上下册)	兹维·博迪等	Zvi Bodie	99.00	2010	978-7-300-12417-9
35	社会问题经济学(第十八版)	安塞尔·M·夏普等	Ansel M. Sharp	45.00	2009	978-7-300-10995-4
36	投资科学	戴维·G·卢恩伯格	David G. Luenberger	58.00	2011	978-7-300-14747-5

经济科学译库						
序号	书名	作者	Author	单价	出版年份	ISBN
1	经济地理学:区域和国家一体化	皮埃尔-菲利普·库姆斯等	Pierre - Philippe Combes	42.00	2011	978-7-300-13702-5
2	社会与经济网络	马修·O·杰克逊	Matthew O. Jackson	58.00	2011	978-7-300-13707-0
3	克鲁格曼经济学原理	保罗·克鲁格曼等	Paul Krugman	58.00	2011	978-7-300-12905-1
4	环境经济学	查尔斯·D·科尔斯塔德	Charles D. Kolstad	53.00	2011	978-7-300-13173-3
5	金融风险管理师考试手册(第五版)	菲利普·乔瑞	Philippe Jorion	148.00	2011	978-7-300-13172-6
6	空间经济学——城市、区域与国际贸易	保罗·克鲁格曼等	Paul Krugman	42.00	2011	978-7-300-13037-8
7	国际贸易理论:对偶和一般均衡方法	阿维纳什·迪克西特等	Avinash Dixit	45.00	2011	978-7-300-13098-9
8	契约经济学:理论和应用	埃里克·布鲁索等	Eric Brousseau	68.00	2011	978-7-300-13223-5
9	经济学简史——处理沉闷科学的巧妙方法	E·雷·坎特伯里	E. Ray Canterbery	55.00	2011	978-7-300-13127-6
10	国际经济学(第十版)	罗伯特·J·凯伯	Robert J. Carbaugh	68.00	2011	978-7-300-13128-3
11	宏观经济学原理(第四版)	罗宾·巴德等	Robin Bade	62.00	2010	978-7-300-12970-9
12	微观经济学原理(第四版)	迈克尔·帕金等	Michael Parkin	66.00	2010	978-7-300-12969-3
13	微观经济学	保罗·克鲁格曼等	Paul Krugman	68.00	2009	978-7-300-10557-4
14	克鲁格曼、韦尔斯《微观经济学》学习指导	罗斯玛丽·坎宁安等	Rosemary Cunningham	39.00	2010	978-7-300-12965-5
15	宏观经济学	保罗·克鲁格曼等	Paul Krugman	68.00	2009	978-7-300-10393-8
16	克鲁格曼、韦尔斯《宏观经济学》课后习题解答	罗宾·韦尔斯等	Robin Wells	25.00	2010	978-7-300-12871-9
17	克鲁格曼、韦尔斯《宏观经济学》学习指导	伊丽莎白·索耶·凯利等	Elizabeth Sawyer Kelly	35.00	2010	978-7-300-12466-7
18	反垄断与管制经济学(第四版)	W·基普·维斯库斯等	W. Kip Viscusi	89.00	2010	978-7-300-12615-9
19	拍卖理论	维佳·克里斯纳等	Vijay Krishna	42.00	2010	978-7-300-12664-7
20	计量经济学指南(第五版)	皮特·肯尼迪	Peter Kennedy	65.00	2010	978-7-300-12333-2
21	MBA微观经济学	理查德·B·麦肯齐等	Richard B. McKenzie	68.00	2010	978-7-300-12098-0
22	管理者宏观经济学	迈克尔·K·伊万斯等	Michael K. Evans	68.00	2010	978-7-300-12262-5
23	英国历史经济学:1870—1926——经济史学科的兴起与新重商主义	杰拉德·M·库特等	Gerard M. Koot	42.00	2010	978-7-300-11926-7
24	利息与价格——货币政策理论基础	迈克尔·伍德福德	Michael Woodford	68.00	2010	978-7-300-11661-7
25	理解资本主义:竞争、统制与变革(第三版)	塞缪尔·鲍尔斯等	Samuel Bowles	66.00	2010	978-7-300-11596-2
26	递归宏观经济理论(第二版)	萨金特等	Thomas J. Sargent	79.00	2010	978-7-300-11595-5
27	数理经济学(第二版)	高山晟	Akira Takayama	69.00	2009	978-7-300-10860-5
28	时间序列分析——单变量和多变量方法(第二版)	魏武雄	William W. S. Wei	65.00	2009	978-7-300-10313-6

经济科学译库

序号	书名	作者	Author	单价	出版年份	ISBN
29	经济理论的回顾(第五版)	马克·布劳格	Mark Blang	78.00	2009	978-7-300-10173-6
30	策略博弈(第二版)	阿维纳什·迪克西特等	Avinash Dixit	65.00	2009	978-7-300-10135-4
31	税收筹划原理——经营和投资规划的税收原则(第十一版)	萨莉·M·琼斯等	Sally M. Jones	49.90	2008	978-7-300-09333-8
32	剑桥美国经济史(第一卷):殖民地时期	斯坦利·L·恩格尔曼等	Stanley L. Engerman	48.00	2008	978-7-300-08254-7
33	剑桥美国经济史(第二卷):漫长的19世纪	斯坦利·L·恩格尔曼等	Stanley L. Engerman	88.00	2008	978-7-300-09394-9
34	剑桥美国经济史(第三卷):20世纪	斯坦利·L·恩格尔曼等	Stanley L. Engerman	98.00	2008	978-7-300-09395-6
35	管理者经济学	保罗·G·法尔汉	Paul G. Farnham	68.00	2007	978-7-300-08768-9
36	组织的经济学与管理学:协调、激励与策略	乔治·亨德里克斯	George Hendrikse	58.00	2007	978-7-300-08113-7
37	横截面与面板数据的经济计量分析	J.M.伍德里奇	Jeffrey M. Wooldridge	68.00	2007	978-7-300-08090-1
38	微观经济学:行为,制度和演化	萨缪·鲍尔斯	Saumuel Bowles	58.00	2007	7-300-07170-8
39	统计学:在经济和管理中的应用(第六版)	凯勒	Keller	88.00	2007	7-300-07742-0

金融学译丛

序号	书名	作者	Author	单价	出版年份	ISBN
1	个人理财——理财技能培养方法(第三版)	杰克·R·卡普尔等	Jack R. Kapoor	66.00	2013	978-7-300-16687-2
2	金融理论与公司政策(第四版)	托马斯·科普兰等	Thomas Copeland	69.00	2012	978-7-300-15822-8
3	应用公司财务(第三版)	阿斯沃思·达摩达兰	Aswath Damodaran	88.00	2012	978-7-300-16034-4
4	资本市场:机构与工具(第四版)	弗兰克·J·法博齐	Frank J. Fabozzi	85.00	2011	978-7-300-13828-2
5	衍生品市场(第二版)	罗伯特·L·麦克唐纳	Robert L. McDonald	98.00	2011	978-7-300-13130-6
6	债券市场:分析与策略(第七版)	弗兰克·J·法博齐	Frank J. Fabozzi	89.00	2011	978-7-300-13081-1
7	跨国金融原理(第三版)	迈克尔·H·莫菲特等	Michael H. Moffett	78.00	2011	978-7-300-12781-1
8	风险管理与保险原理(第十版)	乔治·E·瑞达	George E. Rejda	95.00	2010	978-7-300-12739-2
9	兼并、收购和公司重组(第四版)	帕特里克·A·高根	Patrick A. Gaughan	69.00	2010	978-7-300-12465-0
10	个人理财(第四版)	阿瑟·J·基翁	Athur J. Keown	79.00	2010	978-7-300-11787-4
11	统计与金融	戴维·鲁珀特	David Ruppert	48.00	2010	978-7-300-11547-4
12	国际投资(第六版)	布鲁诺·索尔尼克等	Bruno Solnik	62.00	2010	978-7-300-11289-3
13	财务报表分析(第三版)	马丁·弗里德森	Martin Fridson	35.00	2010	978-7-300-11290-9
14	财务管理原理(第11版)	劳伦斯·J·吉特曼	Lawrence J. Gitman	89.00	2009	978-7-300-08789-4
15	银行风险管理(第二版)	乔尔·贝西斯	Joel Bessis	86.00	2009	978-7-300-11135-3
16	金融机构、金融工具和金融市场(第四版)	克里斯托弗·瓦伊尼	Christopher Viney	89.00	2008	978-7-300-09348-2
17	投资学导论(第七版)	赫伯特·B·梅奥	Herbert B. Mayo	118.00	2008	978-7-300-09116-7
18	国际金融(第二版)	爱默德·A·穆萨	Imad A. Moosa	70.00	2008	978-7-300-09009-2
19	现代投资管理——一种均衡方法	鲍勃·李特曼	Bob Litterman	68.00	2007	978-7-300-08339-1